류진동 기자는 22년 동안 여주에서 취재하고 보도한 신문 지면을 하나도 빠짐없이 모아서 보관하고 있다. 빼곡하게 쌓아 놓은 철재 책장 앞에 서면 엄숙한 전율이 흐른다. 여주를 아끼고 신문을 애정하는 그만의 사랑법이다.

여주를 기록하는 시간여행

류진동 기자

도서출판 위

기록하는

경기일보 류진동 기자의 취재수첩

프롤로그

상고대가 눈부신 아침의 도시 여주.
눈을 뜨면 맞이하는 강변의 일출.
축복의 땅에서 태어나 자란 것은 행운이다.
게다가, 이 모든 게 무료 관람이라니!

물길따라 通하고… 흙길따라 變하고…

지금까지 기자로 걸어온 22년의 길은 반짝이는 남한강 물결과 정직한 흙이 만들어 낸 선물이었다. 일을 밥벌이로 생각하지 않고 고향을 지키는 사명으로 한자 한자 써 놓은 기사들을 모아보니 어느새 머리에는 하얀 연륜이 내렸다. 그리고 그 중심에 여주가 있었다.

어린 시절, 어쩌다 새벽 잠이 깨면 부스럭거리는 엄마 소리를 따라 반은 감은 눈으로 부엌을 찾는다. 다독다독 안아주시는 포근함에 다시 잠이 든다. 지금 엄마는 이 세상에 안계시지만 여주의 대지는 달달한 공기로 힘겨운 날들을 이겨내게 하는 母情이 된다.

이제, 지금껏 누렸던 천혜를 갚아야 할 때가 온 것 같아서 누렇게 변한 신문들을 들춰냈다. 마치 어제 일처럼 생생한 파노라마가 그려진다. 남한강변에서 모닥불, 기타, 노래하던 청운의 기억들에 묻어나는 30대의 취재가 만취와 함께 해온 날 것이었다면 50대, 어깨가 무거워지는 책임감과 지킴, 변치 않으려는 발버둥으로 펜끝이 무뎌지지 않기를 애썼다.

평소 신념 애기애타처럼 나를 사랑하는 마음으로 남을 사랑하려 했기에 미움과 주관적인 잣대를 들이대지 않고 공정한 팩트를 전달하여 감히 여주의 역사에 한 점을 남기게 되어 영광이다. 부족하고 부끄럽지만 일생을 한 가지만 보고 뚜벅 뚜벅 걸어온 일과 사랑을 담았기에 추억을 공유하는 마음으로 내 놓는다. 되돌아보는 시간들, 그리움은 미래가 된다.

발간사

기록자원수집공모전 수상작 단행본

김 진 오
여주세종문화재단 이사장

넓고 기름진 대지 위에 남한강이 어우러진 천혜의 자연조건을 갖춘 여주에는 역사의 깊은 향기와 문화예술의 숨결이 서려있습니다.

이러한 유서 깊은 역사와 전통의 계승을 위해 다양한 지역문화예술자원을 발굴하고, 연구하는 것은 현재를 살아가는 우리들의 숙제가 되었습니다.

이번 기록자원수집공모전 수상작 단행본 발간은 여주시민의 삶과 역사, 문화를 기록하고, 나아가 기록문화자원을 기반으로 미래세대를 연결하는 중요한 자료인 점에서 매우 뜻깊습니다.

많은 분의 격려와 참여로 정리되지 않았던 여주의 모습을 여주 기록자원들을 통해 일목요연하게 정리할 수 있었습니다.

향후 이 책이 여주를 기록하고 연구하는 이들과 교육·전시 등의 관계자들에게 유익한 기초자료로 활용되기를 바라봅니다.

여주기록자원 수집과 발간을 위해 애써주신 류진동 기자님과 모든 관계자 분들께 감사의 인사를 드립니다.

CONTENTS

프롤로그 003

시간여행 1. 2000~2005 달빛 연인 009

In 2000
지켜야할 우리문화재 매룡리 고분군 010

In 2001
세계로 향한 여주의 손짓 029

In 2002
천년 숨결이 살아있는 고품격 관광도시 057

In 2003
농촌향수로 도시민을 유혹하다 080

In 2004
여주 밤고구마, 웰빙식품 딱이야! 103

In 2005
"집에 가면 부모님께 존댓말 쓸 거예요" 121

시간여행 2. 2006~2010 은빛 추억 131

In 2006
봄밤을 수놓은 불꽃의 향연 '낙화놀이' 132

In 2007
기업하기 좋은 "여주로 오세요" 150

In 2008
삶은 풍경 하나에 녹아내리는 변덕쟁이 156

In 2009
사람 냄새 간직한 '5백년 情터' 170

In 2010
추억 빚고 사랑도 빚는 행복한 도자여행 181

CONTENTS

In 2011
긴 잠에서 깨어난 江 생명·웃음이 흐른다 191

In 2012
한글의 소중함 되새기는 뜻깊은 시간 211

In 2013
굿바이 '여주군', 이젠 '여주시'라 불러주세요 219

시간여행 3. 2014~2018 금빛 물결 245

In 2014
오곡나루, 먹거리·볼거리·놀거리 3樂 나들이 246

In 2015
뉴욕페스티벌 in 여주 2015 263

In 2016
수도권에서 가장 큰 유채꽃물결 보러오세요 285

In 2017
여주팔도한마당 조성, 전국팔도 건축양식 재현 310

In 2018
세종이 꿈꾼 세상, 인문도시 여주서 꽃 핀다 323

시간여행 4. 2019~2022 새빛 비상 351

In 2019
여주에 뽕나무가 사라져 가요 352

In 2020
여주시, '꿈꾸는 여주'로 市歌 교체 394

In 2021
여주의 세월 품고 흐르는 물길 名作이 되다 437

In 2022
여주 KTX시대 활짝 484

에필로그 495

부록 519

CONTENTS

여주를
기록하는
시간여행

경기일보 류진동 기자의 취재수첩

시간여행 1

2000~2005

달빛 연인

달맞이의 아름다움이 드리우는 연인교,
취재도 연인처럼

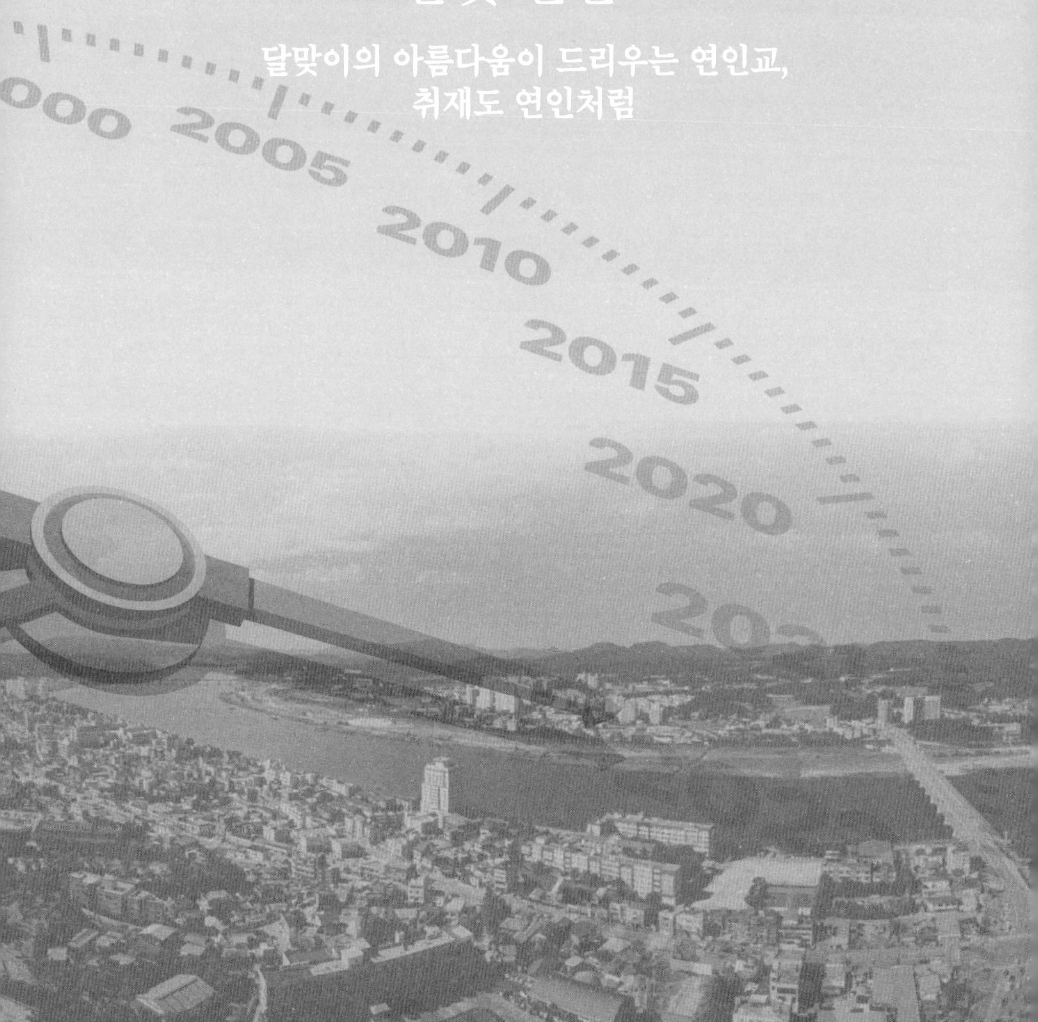

In 2000

지켜야할 우리문화재 매룡리 고분군

매룡리·상리일대 유적지 무차별 개발 道 최대 고분군 사라진다 2000/5/22

경기일

여주 매룡리·상리일대 유적지 무차별 개발

道 최대 고분군 사라진다

종합 3

社 說

개정해야 할 문화재보호법

'반미' 이념화를 경계한다

경기도내 최대 고분군으로 통일신라시대 유물이 대량 매장된 여주군 여주읍 매룡리 일대 유적지가 무분별한 개발로 마구 파헤쳐지고 있다. 20일 경기문화재단과 여주군에 따르면 일제시대인 1920년대 후반부터 유적 발굴이 시작된 매룡리일대는 패총, 고배, 석침, 토기류 등이 다량 매장돼 있는 도내 최대의 고분군으로 알려져 있다. 이와관련 이달초 여주군으로부터 이 일대 지표조사를 의뢰받은 경기문화재단은 조사결과를 토대로 공청회 등을 거쳐 문화재보호지구 지정을 추진할 계획이다. 여주군이 지난 2월부터 오는 2002년 6월 완공을 목표로 매룡리 고분군지구내에 상리~연양리간 총연장 2.3㎞의 4차선 도로확·포장공사를 벌이면서 고분군 일대 산자락이 흔적도 없이 사라지고 있다.

군은 지난해 8월 경기문화재단 산하 기전매장문화재연구원에 이들 공사구간 일대 유적지 발굴을 의뢰했으며 당시 연구원은 38일간의 조사를 거쳐 고분군의 경관을 고려해 공사가 이루어져야 한다는 의견을 냈다. 이 과정에서 기전매장문화재연구원은 매룡리와 상리일대의 문화재 8기의 석실분에서 신라시대의 토기 철기(청동제관)등 10여점을 발굴, 경기도 박물관에 보존시켰다. 이 일대는 지난해 10월에도 개발에 따른 민원이 발생했으며 당시 발굴 조사에 참여했던 서울대와 한림대 박물관 관계자들은 매룡리와 상리 고분군지역에 대한 무분별한 개발을 반드시 막아야 한다고 주장해 왔다. 경기문화재단 기전매장문화재연구원 김무중 발굴팀장은 "매룡리 고분군을 발굴하면서 파괴된 고분의 흔적을 여러곳 확인할 수 있었다"고 말했다.

• 막연하게 품고 있던 문화재의 가치와 그 소중함을 한층 더 깊이 있게 이해하게 되었던 때로 기억한다. 이때 처음으로 대서특필이 됐고, 문화재는 현대를 살아가는 후손으로서 모두가 지켜야 하는 문화유산이라는 사실을 다시 한 번 깨닫게 되는 계기가 되었다. 기자를 하다 보니 주변의 이런저런 유혹들이 적지 않았지만 이 기사를 취재할 때의 마음으로 흔들리지 않는 초심을 지킬 수 있었다.

장마철 전원마을 매몰 위기 2000/6/2

경기일보 2000년 6월 2일 금요일 제3601호

여주 렉스필드 골프장 공사현장 깎아낸 토사 55만㎡ 방치

장마철 전원마을 '매몰위험'

마을위 골짜기 산중턱 3곳에 토사더미

차양막만 달랑…유출시 인명피해 우려

렉스필드 골프장 공사장 배수흐름도

여주군 산북면 앵자봉(666m)일대에 렉스필드 골프장 건설을 위한 토목공사가 한창인 가운데 산중턱 3곳에

또 공사장 곳곳은 산사태에 대비한 안전망조차 설치되지 않은 상태로 최근 내린 30㎜의 비에도 토사가 밀려내린 실정이다.

특히 공사장 전체의 우수로가 공사장 진입로 옆 계곡으로 유입되도록 설계돼 집중호우로 토사가 휩쓸려 내려올 경우 100여m 떨어진 계곡 가운데 위치한 전원주택단지(13가구 30명)의 매몰우려를 낳고 있다.

경기도 관계자는 "수방대책을 현장 점검한 결과 렉스필드 공사장은 폭우시 토사와 바위들이 밀려내려 계곡 중간에 위치한 전원주택단지가 매몰될 우려가 있어 여주군에 대책을 지시했다"고 밝혔다.

이에대해 골프장공사 관계자는 "우기시까지 10곳의 침사지와 유속 감속시설 등을 완료해 수방대책을 마련하겠다"고 말했다.

/최해영 · 류진동기자
hychoi@kgib.co.kr

환경평가 무시 배짱공사 물의 2000/6/12

멸강나방 들녘 점령 2000/6/20

14 사회 Ⅱ

멸강나방 들녘 점

농민들…속수무

여주등 17개시군 26.4ha서 발생…피해 확산

벼·옥수수 등 농작물 닥치는대로 갉아 먹어

멸강나방이 경기도내 전역으로 확산되면서 들녘을 초토화시키고 있다.

19일 오후 2시 여주군 가남면 장단리 손익범씨(46)와 이홍균씨(37)의 논 1천500여평은 멸강나방 애벌레가 벼를 갉아먹는 소리로 가득차 있다. 손씨와 이씨는 더이상 확산되지 않기를 바라며 방제에 여념이 없지만 수작업으로 급속히 늘어나는 애벌레를 박멸하기는 역부족이다.

이같이 멸강나방이 극성을 부리면서 이 일대 양화천 제방의 억새풀과 잡초는 앙상한 줄기만 남은 상태다.

멸강나방은 가뭄으로 물이 마른 논으로 이동하면서 벼를 갉아먹으며 피해를 주기 때문에 가뭄으로 고통을 겪던 농민들의 애를 태우고 있다.

여주지역은 9개면 53개리 160ha의 논과 수로, 야산 등지에서 멸강나방이 널려있어 농민들과 농업기술센터 직원들이 멸강나방 확산을 방지하느라 밤을 지새는 실정이다.

이같은 멸강나방의 피해는 고온건조한 날씨가 지속되면서 도내 전지역으로 확산되고 있으며 용인, 양주, 화성 등 일부 시·군 지역의 벼에서도 피해가 나타나고 있다.

현재 발견되고 있는 멸강나방 애벌레 크기는 0.5㎝~1.5㎝로 앞으로 4㎝~5㎝까지 자라게 되며 이때는 밤낮 구분없이 잡초, 옥수수 등 농작물을 닥치는 대로 갉아먹어 애벌레때 방제가 되지 않으면 피해 규모가 커질 것으로 우려된다.

경기도농업기술원이 최근 도내 18개 시·군 73개 읍면 936곳을 대상으로 멸강나방 발생상황을 조사한 결과 연천군을 제외한 …4ha에서 멸강나방이 발생한 것…

경기도농업기술원 작물환경… 은 "옥수수 등 사료작물을 …

일보 2000년 6월 12일 월요일 제3609호

여주 렉스필드 골프장 녹지보존 '나몰라라'

환경평가 무시 배짱공사

원형보존해야할 녹지자연도 8등급 산림 44만㎡

마구 파헤치고…깎아내고…절·복토도 멋대로

(속보) 웅진코웨이(주)가 강산건설에 발주, 여주군 산북면 상품리 일대 렉스필드 골프장을 건설하면서 생태계 보전을 위해 녹지자연도 8등급 이상인 44만㎡(전체 계획면적 139만㎡중 31.8%)를 원형보존 하라는 환경영향평가를 무시한채 공사현장에 녹지도도 없이 산림을 마구잡이로 파헤치며 공사를 강행, 물의를 빚고 있다.

특히 이 골프장은 지난 96년2월 착공했으나 원주지방환경청이 지난 90년 생태계조사를 거쳐 지난 95년 발행한 녹지자연도에는 여주군 산북면 일대 임야의 상당부분이 원형보존돼야 할 8등급 지역으로 나타나 골프장 허가에 의문이 제기되고 있다.

9일 경기도와 여주군에 따르면 당초 (주)금사리조트가 90년 10월 골프장을 승인받아 이듬해인 … 실시한 환경영향평가 결과 … 존을 위해 녹지자연도 8… ㎡는 원형대로 보존하고 … 과 인접한 지역은 일정폭… 존하는 한편 절·성토고… 로 최대한 축소해 산림훼… 하도록 했다. 그러나 공사… 지자연도조사 갖추지 않… (666m) 밑부분까지 산… 상태며 일부 공사구간에… 씩 절토를 했는가 하면 … 30m 높이의 흙이 쌓여 …

특히 원주지방환경청이 … 자연생태계를 조사해 95… 녹지자연도에는 산북면 … 방도를 경계로 앵자봉과 … 의 전체 격자수가 32개… 지자연도 8등급의 격자… 적은 1만1천228㎢로 … 역의 상당부분이 원형… 것으로 나타났다.

이에 대해 웅진코웨이… 는 "보존임야중 일부는 … 제외하고 일부는 편입… 있으며 개발이 법으로 … 지는 원형보존하고 있다"…

그러나 인근 주민들은 … 의 벌거숭이로 만들어 … 경을 위해 산림을 부분적… 태에서 공사했던 생태계… 원형보존은 불가능한 … 장하고 있다.

렉스필드 골프장은 지… 코웨이가 인수, 96년 … 사를 발주받아 현재 30… 을 보이고 있다.

/최해영·류진동기자

사진/최해영기자

…렉스필드 골프장을 건설하면서 원형보존해야할 녹지자연도 8등급인 산림을 마구잡이로 파헤쳐 민둥산을 방불…

신음하는 팔당호

무심코 흘린 오.폐수 2000/7/17

이천 복하천◀ 지천별 오염실태 ⑸ ▶여주 대신천

공사장 토사·부대 오수등

하천유입 수질오염 불구

하수종말처리시설 턱부족

무심코 흘린 오·폐수

하천은 '痛…痛…痛'

이천 복하천(01)	
유 역 면 적	118.7㎢
유 로 연 장	㎞
소 하 천	우천, 배월천, 단천, 애곡천, 동신천
행 정 구 역	용인시 양지면, 이천시 마장면, 호법면, 광주군 도척면
인 구	11,195명
하 수 발 생	2,608t/일
하수처리율	14.7%

여주 대신천	
유 역 면 적	56.4㎢
유 로 연 장	12.5㎞
소 하 천	천서천
행 정 구 역	여주군 가남면, 이천시 설성면
인 구	9,881명
하 수 발 생	1,214t/일

<기자노트>

흔들리는 지방행정조직 2000/9/21

흔들리는 지방행정조직

일선 지방행정조직이 흔들리고 있다.

최근 여주군의 읍·면사무소를 방문해본 군민이라면 누구나 흔히 체감할 수 있는 현상이다.

지난 98년부터 시작된 공무원 구조조정으로 인해 지금까지 수많은 지방공무원들이 공직을 떠났다.

현직에서 행정능력을 인정받는 30~40대 젊은 공무원들조차도 계속되는 인원감축과 격무에 시달리고 연금법개정 문제 등으로 공직에 대한 회의감과 상대적 박탈감에 빠져 일찌감치 다른 일자리를 찾아 떠나고 있다.

2001년까지 연차적으로 줄어드는 인원과 조직개편, 명퇴신청으로 인한 행정공백은 차치하고라도 공무원 조직전체가 흔들리고 있다.

공무원 구조조정은 시·군별 행정수요나 지역의 특수한 여건, 행정구역 관할면적 등을 감안하지 않고 칼로 무를 자르듯 획일적·일률적으로 이뤄져 줄어든 공무원 수만큼이나 하부조직부터 서서히 문제점으로 불거지고 있다.

먼저 공직사회 내부를 들여다보면 참으로 안타깝기 그지없다.

하부조직의 재해상황발생시 인원부족으로 긴급대처가 어렵고 예방행정보다는 사후 복구행정으로 일관해 결국 모든 피해는 주민들의 몫으로 돌아간다.

구조조정 원년에는 퇴출대상에서 제외되기 위해 몸부림쳐야 했고, 지방자치단체별 인터넷 홈페이지에는 서로 헐뜯고 비방하는 글로 도배되다시피하더니 지금에 와서는 비판하는 글만이 오르고 있다.

또 지방자치단체의 사무와 각종 조사, 보고, 통계사무 등은 구조조정이 50%이상 진행된 현시점까지도 줄어들지 않고 있다.

늘어나는 주민들의 행정서비스에 대한 욕구에 부응할 수 있는 지방행정조직의 새바람이 아쉽게만 느껴지는 것은 기자만의 생각일까.

류 진 동
제2사회부/여주

일선 지방행정조직이 흔들리고 있다. 최근 여주군의 읍.면사무소를 방문해본 군민이라면 누구나 흔히 체감할 수 있는 현상이다. 지난 98년부터 시작된 공무원 구조조정으로 인해 지금까지 수 많은 지방공무원들이 공직을 떠났다. 현직에서 행정능력을 인정받는 30-40대 젊은 공무원들조차도 계속되는 인원감축과 격무에 시달리고 연금법개정 문제 등으로 공직에 대한 회의감과 상대적 박탈감에 빠져 일찌감치 다른 일자리를 찾아 떠나고 있다. 2001년까지 연차적으로 줄어드는 인원과 조직개편, 명퇴신청으로 인한 행정공백은 차치하고라도 공무원 조직전체가 흔들리고 있다 공무원 구조조정은 시.군별 행정수요나 지역의 특수한 여건, 행정구역 관할 면적 등을 감안하지 않고 칼로 무를 자르듯 획일적. 일률적으로 이뤄져 줄어든 공무원 수 만큼이나 하부조직부터 서서히 문제점으로 불거지고 있다. 먼저 공직사회 내부를 들여다보면 참으로 안타깝기 그지없다. 하부조직의 재해상황발생시 인원부족으로 긴급대처가 어렵고 예방행정보다는 사후 복구행정으로 일관해 결국 모든 피해는 주민들의 몫으로 돌아간다. 구조조정 원년에는 퇴출대상에서 제외되기 위해 몸부림쳐야했고, 지방자치단체별 인터넷 홈페이지에는 서로 헐뜯고 비방하는 글로 도배되다시피하더니 지금에 와서는 비판하는 글만이 오르고 있다. 또 지방자치단체의 사무와 각종 조사, 보고, 통계사무 등은 구조조정이 50%이상 진행된 현시점까지도 줄어들지 않고 있다. 늘어나는 주민들의 행정서비스에 대한 욕구에 부응할 수 있는 지방행정조직의 새바람이 아쉽게만 느껴지는 것은 기자만의 생각일까.

"무료측량으로 어려운 이웃도와요"

삼창측량설계기술공사 경규명씨

"측량 업무에 대한 주민들의 불신을 해소하기 위해 최선을 다하고 있습니다"

어려운 이웃들을 위해 무료로 측량을 해주고 있는 측량설계기사가 있어 지역에서 칭송을 받고 있다.

주인공은 여주군 소재 삼창측량설계기술공사에 근무하는 경규명씨(37).

지난 89년 서울시 동작구청에서 공직에 첫발을 내디딘뒤 고향인 여주군청에서 3년간 근무하다 퇴직한 경씨는 지난해 삼창측량설계기술공사에 입사, 측량비가 없어 경계 등 관할측량을 하지 못해 어려움을 겪는 주위 이웃에게 무료로 측량해주고 있다.

경씨가 이같은 어려운 이웃을 해 무료측량에 나선 것은 공무 재직시 지적과에서 근무하면서 민들이 군행정에 대한 전문지식 이해부족으로 공무원들을 불신하 사례가 많다는 것을 몸으로 느껴기 때문.

이에 경씨는 생활형편이 어려 이웃이 사무실에 찾아와 사정을 뗨하면 토요일 오후나 공휴일에 을 내 주민들과 공무원의 중간입에 서서 불신해소와 민원해결에 력하고 있다.

경씨는 "주민들이 돈이 없어 계측량 등을 하지 못해 불이익 받는 경우를 볼때면 마음이 아다"면서 "어려운 이웃을 위해 울 수 있는 일이 있다는 것이 무 좋다"며 환하게 웃었다.

/여주=류진동기자 jdyu@kgib.co

역사·문화가 살아 숨쉬는 곳, 驪州 여주 일대 볼거리·먹거리 2000/9/23

역사·문화가 살아 숨쉬는 곳, 驪州

▲가볼만한 곳 '이레 자연사전시관'의 쥬라기 공룡 대탐험공원은 전세계에서 생존했던 공룡 수십마리가 실물크기로 제작돼 있어 어린이들의 공룡에 대한 호기심과 궁금증을 해결해 줄 수 있는 자연학습장이 된다. 이곳의 공룡 화석 전시관, 곤충표본전시관, 살아 있는 나비와 동식물전시관 등은 많은 흥미를 더해준다. 주변의 울창한 소나무숲은 산림욕 하기에 제격이다. 국내 민간최대의 천체관측시설을 보유한 '세종천문대'는 도시생활을 벗어나 별자리를 관측하며 천문교육을 할 수 있는 곳. 별자리 캠프와 극기, 도자기체험, 풍물놀이, 래프팅캠프 등 다양한 프로그램이 청소년들에게 많은 즐거움을 준다. 강천면 이호리목아불교박물관 역시 여주의 빼놓을 수 없는 자랑거리. 불교 목공예의 1인자인 박찬수씨(중요무형문화재)가 건립한 박물관으로 불교와 관련된 5천여점의 불교유물과 문화재, 조각작품 등을 만날 수 있다. 이외에도 여주에선 천년의 고찰인 신륵사와 고달사지, 명성황후생가, 세종대왕을 모신 영릉, 파사성지, 석봉도자미술관 등 들러 볼 곳들이 많다.

▲먹거리·특산물 여주는 남한강이 흐르는 곳으로 옛부터 토양이 비옥하고 기후조건과 일조량이 알맞아 쌀과 밤고구마, 땅콩 등의 맛이 뛰어나다. 또 대신면 천서리의 막국수는 순국산 메밀로 면을 뽑아 만들어 그 맛이 담백하고 육수 또한 진한 맛을 내며 새콤달콤한 맛의 양념 역시 일품이어서 많은 미식가들이 찾고있다. 맑은물과 좋은 쌀로 빚은 능서면 능서리의 능서막걸리와 능서읍내에 자리한 돼지족탕집은 감자와 고추장 그리고 족발을 넣어 얼큰한 맛을 느낄 수 있으며, 순국산콩으로 만든 강천면 강천리의 순두부요릿집, 돼지 갈비와 장어구이가 일품인 가남면 삼군리 자유CC 입

구의 맹골가든 등은 여주를 찾는 미식가들이라면 한번 찾아볼만한 명소다. 또한 국내 생활도자기의 절반을 생산하는 여주생활도자기는 가격이 저렴하고 품질이 우수해 여주를 관광하고 지역 무공해 특산물과 생활자기를 기념품으로 구입해 사용하는 것도 삶의 지혜일 듯 싶다.

▲쉴만한 곳 북내면 천송리에 위치한 일성 남한강콘도는 남한강의 정취를 맘껏 느낄 수 있는 곳으로 쾌적하고 아늑한 168개의 객실이 마련돼 있다. 또 최신시설의 장비와 시스템을 갖춘 600여명을 수용할 수 있는 연회장과 3곳의 세미나실, 강을 바라보며 라이브를 즐길 수 있는 13층 스카이라운지, 피곤함을 없애주는 천연옥사우나, 생필품과 지역 특산품을 구입할 수 있는 수퍼와 지역특산물 코너, DDR댄스 오락실도 갖춰져 있어 편안한 휴식과 여가를 즐길 수 있다.

• 평소 알고 있었던 고향의 축제들이 기사로 활자화되어 여주지역 뿐만 아니라 전국 방방곡곡에 알려진다는 사실이 처음에는 정말 뿌듯했으며 나름의 사명감도 생기기 시작했다. 내가 쓴 기사로 인해 여주의 이곳저곳이 전국적으로 알려진다니 얼마나 신나는 일이었겠는가. 그 당시의 나는 아직 애송이 기자에 지나지 않았으니 말이다.

'여주 밤고구마' 맛보세요! 2000/9/25

'여주 밤고구마' 맛보세요!

여주 밤고구마는 남한강변 충적토 지역과 야산개발지인 대신면과 가남·능서·점동지역에서 주로 재배되고 있다. 고구마 재배에 알맞은 기후조건을 갖고 있으면서 수확기에 기온차가 커 고구마 맛에 큰 영향을 줘 타지역과 맛이 다르기 때문. 여주의 비옥한 토양과 최적의 기후에서 재배되어 전분축적이 많고 유기물함량이 높아 색깔이 좋고 육직이 치밀해 꿀밤맛과 같다 해 '여주 밤고구마' 로 불린다. 최근 고구마재배와 수요가 급증하면서 고구마에 대한 연구가 활발하게 진행돼 항암작용과 황산화작용, 혈중 콜레스테롤 수치의 강화작용 등 약리적인 효과가 속속 발표되면서 성인병 예방과 자연건강식품으로 큰 인기를 얻고 있다. 고구마는 알칼리성식품으로 각종 비타민과 무기질 및 양질의 식이섬유가 많이 함유돼 있어 농약을 사용하지 않고도 재배가 가능한 무공해 건강식품으로 널리 알려져 있다. 여주밤고구마의 올해 총재배면적은 2천여ha로 생산량은 3만5천여4 t 에 달하며 전국생산량의 약 20%을 차지, 서울과 수도권 농산물도매시장에서 최고 높은 값을 받고 있다. 현재 여주밤고구마는 12kg 1상자에 1만5천~2만원선이다.

- 고구마를 좋아해서 평소에 즐겨 먹었지만 그 효능에는 별다른 관심이 없었다. 고구마의 여러 가지 효능을 알아가면서 새로운 상식들에 희열이 일었던 시기였다. 고구마가 건강 웰빙 식품으로 각광 받은 덕분에 고구마는 자랑스러운 고향의 산물로 기억하고 있다. 지금은 고구마 10kg에 약 3만 원 정도하는 걸 보면 20년의 세월 속에서도 고구마는 물가 상승과는 거리가 먼 작물인 듯하다.

쓰레기 대란 우려 2000/9/27

경기일보 2000년 9월 27일 수요일 제3699호

여주군 쓰레기 대란 우려

12월말 완공예정 부평리매립장 공정 65%에 그쳐

하루발생 30t 쓰레기 처리곤란…시민 피해 불보듯

군 "새 매립장 조기 완공할터"

여주지역이 또다시 쓰레기 처리에 비상이 걸렸다. 이는 점동면 사곡리매립장 사용기간이 오는 12월말까지 인데다 새로 만들고 있는 강천면 부평리매립장 조성사업이 차질을 빚게 됐기 때문이다. 26일 여주군에 따르면 지난 78년부터 20여년동안 사용해온 점동면 사곡리 쓰레기 매립장이 오는 12월말로 사용기간이 끝나 더 이상 쓰레기를 처리하지 못하게 됐다. 더욱이 군이 131억원을 들여 지난 98년 12월 착공, 오는 12월말 완공예정으로 강천면 부평리552 일원 99만 6천여㎥ 규모의 부평리매립장을 조성하고 있으나 진입로 건설업체 부도와 주민반발로 늦어지는 바람에 현재 총 공사 공정률이 65%에 그치고 있는 실정이다. 이에따라 내년 1월전까지 쓰레기처리 방안이 마련되지 않을 경우 군내에서 하루 발생하는 30여t 씩의 쓰레기를 처리하지 못해 쓰레기대란이 우려되고 있는 실정이다. 주민 이모씨(46·여주군 여주읍) "올해말 완공예정으로 추진중인 부평리매립장이 현재까지 65%의 공정밖에 보이지 못하고 있다는 것은 군이 쓰레기관리 행정을 안일하게 펴고 있음을 보여주는 실증"이라며 "대다수의 시민들만 피해를 볼 것은 뻔한 것 같다"고 말했다.

- 환경에 관심이 높아지면서 쓰레기 처리문제는 전국적인 근심거리가 되었다. 군청에서는 앞선 행정으로 시민들의 불평을 최소화시키려 노력했으나 일처리가 매끄럽지 못한 결과를 가져왔다. 좀 더 적극적으로 일처리를 하지 못한 군청의 안일함은 시민들의 불안과 비판을 불러올 수밖에 없었다.

임금님이 인정한 '여주쌀'… 가격도 최고 2000/10/3

여주쌀이 전국 최고의 쌀로 각광을 받으면서 가장 비싼 가격으로 판매되고 있다. 이는 옛부터 임금님께 진상했던 진상미로 널리 알려진 여주쌀이 최근 품종개발과 재배기술보급에 지속적인 노력을 해온 여주농업기술센터에 의해 쌀의 품질이 향상됐기 때문이다. 여주농업기술센터는 97년부터 '대왕님표 여주쌀 브랜드화와 세계제일의 품질향상' 을 위해 노력한 결과 올해 최고의 가격을 받는 쌀이 됐다. '대왕님표 여주쌀'은 역사적으로 '자채(自蔡)벼'라는 이름으로 윤택이 나고 밥맛이 탁월해 성종이 세종대왕릉에 성묘하고 돌아갈 때 여주쌀로 밥을 지어 진상했다는 기록이 전해지고 있다. 여주지역의 입지적 조건은 타지역에 비해 벼 생육 초기에는 비가 많고 지중 온도는 낮으며 결실기에도 적정 온도 범위내에서 기온이 다소 낮은 것이 특징. 또 토양이 마사토분으로 구성돼 배수가 잘되고 낮과 밤의 기온차가 커 벼의 생육과 미질에 좋은 조건으로 작용하는 것으로 나타났다. 쌀 품질에 큰영향을 주는 농업용수의 수질은 다른지역과 큰 차이를 보이지는 않았으나 발원지가 인근 강원도와 충북의 높은 산이고 팔당 상수원보호지역으로 주변에 오염원이 거의 없다. 특히 깨끗한 농업용수와 지하수에는 질좋은 쌀 생상에 필요한 마그네슘(mg) 함량이 많은 것으로 알려졌다.

• 여주 쌀에 대한 자존심이 있었다. 남다른 자부심이라고 할까. 우선 진상미라는 사실이 그렇고 기후조건과 토질, 수질 등의 입지조건이 타 지역보다 뛰어난 사실도 한몫했음을 인정한다. 이에 더해 품질향상과 친환경농업의 길을 가고자 하는 농민들의 노력이 더해졌으니 여주 쌀이 인정받은 건 당연한 일로 여겨졌다. 나 역시 가난한 농부의 아들이었으니까.

'여주도자기 박람회' 2000/10/9

우리나라 최대의 도자기 생산지이며 생활도자의 본산지인 여주군이 '2000 여주도자기 박람회'를 10일부터 22일까지 천년고찰 신륵사 관광지에서 펼친다. 2001세계도자기엑스포의 사전행사로 마련된 이번 행사에는 여주 도자기의 우수성과 다양성, 실용성 등을 국내외에 알리는 다채로운 프로그램으로 마련된다. 고려시대부터 질좋은 고령토와 백토 등 도자기의 원료가 생산돼 여주의 찬란한 도자문화를 이루게 한 싸리산 고령토 광산에서 하늘과 땅의 신에게 도자기박람회를 알리는 고신제를 시작으로, 도자기를 빚어 굽기위한 가마를 만들기 전 야외에서 소성하던 방식을 그대로 재연하고자 50톤의 장작을 이용해 프레엑스

포 개막전일인 9일 전야제로 신륵사 남한강변에서 야외소성을 갖는다. 또한 국제화시대를 맞아 세계의 도자거장들이 나라별로 특색있게 빚는 모습을 볼 수있는 국제도예워크숍과 세계유명도자기를 감상할 수 있는 세계도자전, 북한도자기를 직접 감상할 수 있는 북한도자전, 최고의 생활도자를 공모해 선정된 작품을 전시한 경기생활도자 명품전, 꽃과 화분전 등 도자기와 관련된 다양한 전시를 선보인다.

• 도자 박람회는 기자의 길을 걷기 시작한 이후 맞이한 제일 큰 행사였다. 가슴이 뛰고 흥분되었던 느낌이 아직도 생생하다. 내 고향 여주에서 세계적인 축제가 열린다는 사실만으로도 자랑스러웠다. 그러다보니 행사의 잘못된 점을 들추고 지적하기보다는 귀한 손길들을 맞이하는 다양한 움직임에 귀를 크게 열고 집중했으며, 맘껏 자랑하고 싶은 마음이 더 컸던 기억이 있다.

여주 장묘시범단지 조성 '난항' 2000/10/26

<속보>경기도가 민간자본을 유치해 여주군 강천면 도전1리 일대 30여만평에 종합장묘시범단지를 추진(본보 19일자 5면보도)하고 있는 것과 관련, 여주군의회와 건립예정지 인접지역 주민들이 크게 반대하고 나서 설립에 난항이 예고되고 있다. 2일 군에 따르면 도가 추진중인 세계적수준의 종합장묘시범단지의 민간사업주체인 재단법인 '사랑의 동산' 측이 지난 15일 강천면 도전1리일대에 29만 9천여평에 대한 국토 이용변경계획 등 허가신청서를 제출했다. 이에따라 '사랑의 동산'측은 장묘단지조성을 위해 현재 장묘단지부지 15만평을 이미 매입해 놓은 상태이며 나머지 부지는 오는 26일까지 한국자산관리공사로부터 매입해 내년 4월에 공사를 착공, 오는 2004년초에 문을 열 계획이다. 이와관련 사랑의 동산측은 지난 24일 군을 방문, 도와 군관계자들이 참석한 가운데 장묘단지조성 추진방안 등에 대해

협의를 가졌다. 그러나 이같은 사실이 알려지자 군의회와 도전 2·3·4리 주민들은 화장로 8기를 포함해 대규모 장묘단지가 들어서면 유해분진, 대기환경오염, 혐오시설에 따른 지가하락 등 재산산 피해가 우려된다며 크게 반발하고 있다. 신승균 군의회 의장은 "경기도가 주민들의 의견도 수렴하지 않고 일방적으로 종합장묘시범단지를 조성하려는 것은 도저히 있을 수 없는 처사로 계속 강행시에는 주민들과 연대해 저지운동을 강력하게 펼치겠다"고 말했다.

- 혐오시설이라 불리는 곳도 우리가 살아가는데 꼭 필요하고, 어딘가에는 반드시 세워져야하기 때문에 받아들여야 한다고 머리로는 누구나 생각한다. 하지만 내가 사는 우리 고장에는 절대 안 된다는 강력한 반발이 날을 세웠다. 하지만 누가 맞고 틀린 문제가 아니기 때문에 이 또한 이해가 되었다. 기자는 어느 편에도 설 수 없지만 형평성 있는 객관적 보도가 되도록 노력했다.

흉가가 된 농가 2000/11/02

사진/여주=류진동기자
흉가가 된 농가
치되고 있는 여주군 가남면 화평1리 농가. 농촌지역의 이농현상으
내에 1일 현재 비어있는 집은 모두 333동(주택 325동, 창고 5동,
며 이들 빈집의 상당수는 외지인들에게 헐값에 팔렸다는 것이 주민

수년째 방치되고 잇는 여주군 가남면 화평1리 농가. 농촌지역의 이농현상으로 빈집이 늘면서 여주군내에 1일 현재 비어있는 집은 모두 333동(주택 325동, 창고 5동, 기타 5동)에 달하고 있으며 이들 빈집의 상당수는 외지인들에게 헐값에 팔렸다는 것이 주민들의 귀띔이다.

- 여주는 이제 폐허가 될지도 모른다는 생각에 마음이 아팠다. 여주만큼 농사에 적합한 좋은 땅이 또 어디 있을까. 더 이상 농사를 짓지 않겠다고 대도시를 찾아 떠나는 이들을 돌아오게 해야겠다는 사명감이 싹트기 시작했다.

농업인 한마당 축제 2000/11/11

여주군 농민단체 회원들의 화합과 친목을 다지는 제 43회 농업인 한마당축제 및 군 4-H 경진대회가 6,7 양일간 농업기술센터에서 이재룡 농업기술센터소장과 박용국 군수, 신승균 군의장·군의원, 가족 등 1천500여명이 참여한 가운데 개최됐다. 이번 행사에서는 개막식과 민속놀이 경연등을 시작으로 4-H 경진대회 및 풍물한마당이 열렸다. 특히 6일 열린 개막식에서는 점동면 덕평1리 이석진씨, 여주읍 하거리 권순돈씨가 우수농업인에게 수여하는 농촌진흥청장상을 수상한 것을 비롯, 도지사상에 능서면 구양리의 김춘섭씨, 군수상에 점동면 덕평1리 김선길·산북면 후리 김한성·북내면 신접리 박주윤씨 등이 상을 받았다.

- 4-H 경진대회는 여주 농업에 대한 기관의 노력이 담긴 행사다. 우수농업인을 가려내어 수상하는 농업인 한마당 축제가 농민 가족에게는 힘이 되기를 바라는 마음이 컸다. 급격한 도시화로 농촌을 떠나는 이들도 많지만 여전히 고향을 지키기 위해 노력하는 농민들에게는 작은 힘이나마 보탬이 될 거라 믿는다.

정화안된 오폐수 남한강에 무단 방류 2000/11/13

경기일보 2000년 11월 13일 월요일 제3739호

정화안된 오·폐수 남한강에 방류

여주하수종말처리장, 미생물처리에 문제발생…98년부터 5만여t

군, 지난 3월 환경부 개선명령 지적에 '예산없다' 방치

2천만 수도권 시민의 젖줄인 팔당호상류인 여주 남한강이 여주환경사업소 하수종말처리장에서 마구 흘려내버린 각종 오·폐수로 썩어가고 있다.

12일 군에 따르면 여주하수종말처리장 1일 평균 하수처리량은 1만3천t이며 하루 최대처리용량은 1만5천t이다.

그러나 지난 98년부터 1차 정화된 축산폐수와 인분, 음식물찌꺼기에서 나온 침출수 등이 함께 처리되면서 미생물처리에 문제가 발생, 심한 악취와 부유물질, 색도가 높게 형성된 채 남한강으로 그대로 방류되고 있다.

실제로 지난 2일 오후 1시께부터 4시간여동안 검게 썩은 물과 부유물이 함께 방류됐다.

군은 그동안 이같은 문제점을 알면서도 예산부족 등을 들어 추가설비를 미뤄 지난 98년부터 정화가 덜된 각종 오·폐수와 부유물 5만여t정도를 방류시켜온 것으로 드러났다.

여주하수종말처리장은 지난 97년 9월 200억여원을 들여 건립됐으나 당초 축산폐수와 음식물 침출수에서 발생되는 부유물질 제거방안은 충분한 검토없이 건립해왔다는 지적이다.

이에따라 지난 3월 환경부 환경유역관리청에 생물학적산소요구량(BOD)이 기준치(20PPM)보다 초과해 방류하다 개선명령을 받은 바 있다.

이에 대해 여주환경사업소 관계자는 "음식물침출수와 축산폐수는 고농도라 쉽게 응고돼 기존설비로 완전히 제거할 수 없다"며 "지난달 용역을 주어 시설진단을 하고 있다"며 "내년 3월에 결과가 나오는 대로 대책을 세울 것"이라고 말했다.

/여주=류진동기자 jdyu@kgib.co.kr

'소득도 올리고 쓰레기도 줄이고' 2000/11/16

'소득도 올리고 쓰레기도 줄이고'

여주군, 음식물쓰레기 활용 지렁이 사육

분변토 원예농가에 판매 '일거양득'

/여주 ─ 류진동기자

여주군이 음식물쓰레기를 이용한 지렁이 사육에 성공을 거둬 농가에 고소득을 올려줌은 물론 토양오염을 막는 등 일거양득의 효과를 거두고 있다. 14일 군에 따르면 갈수록 늘어나는 음식물 쓰레기를 활용, 환경 친화적으로 고소득을 올릴수 있는 지렁이 사육기술을 개발하는데 성공, 농가에 고소득을 올려주고 있다. 여주에서 하루 발생되는 음식물 쓰레기량은 28t으로 이를 활용해 처리할 경우 연간 5억8천만원의 이득을 얻을 수 있다. 이에따라 군은 지난 95년도부터 시범사업으로 지렁이 사육을 운영해오다 98년부터 총사업비 16억7천900만원을 들여 점동면 처리739 1만여평에 지렁이를 이용해 음식물쓰레기 자원화사업을 추진하고 있다. 이 기술은 음식물쓰레기에 함유돼 있는 수분을 탈취한후 톱밥과 섞어 15일동안 발효시킨 뒤 발효쓰레기에 섞인 염분을 지렁이가 먹어 배출하면 염분이 없는 분변토가 만들어진다. 이 분변토는 20kg들이로 포장대 1포에 2천500원을 받고 원예농가와 수목재배, 밭작물재배 농가에 전량 인기리에 판매되고 있다. 이 기술은 특히 염분에 의한 토양오염, 소각처리의 단점인 다이옥신 발생 등 2차 환경오염을 유발하지 않는 동시에 고부가가치를 생산, 친환경성과 경제성을 함께 갖고 있는 것이 가장 큰 장점.

• 여주는 환경에 높은 관심을 갖고 있는 지역이다. 농사 토양을 위해 분변토마저 활용하는 지혜를 발휘했고, 일거양득이라는 효율성에서는 앞서가는 환경 친화적인 사업이라 하겠다. 여주는 농사를 짓기에 타고난 지리적 환경적 배경도 뛰어나지만 환경을 지키고 보호하는 다양한 활동도 소홀히 하지 않는다.

명성황후 숭모제전 2000/11/17

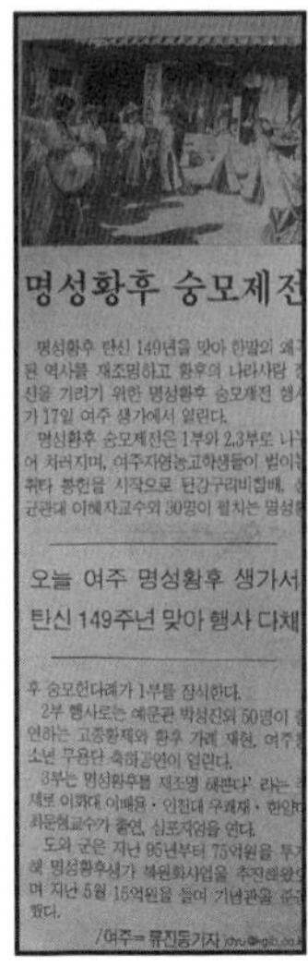

명성황후 숭모제전

명성황후 탄신 149년을 맞아 한말의 왜곡된 역사를 재조명하고 황후의 나라사랑 정신을 기리기 위한 명성황후 숭모제전 행사가 17일 여주 생가에서 열린다.

명성황후 숭모제전은 1부와 2,3부로 나누어 치러지며, 여주자영농고학생들이 법이취타 봉헌을 시작으로 단강구리비접배, 성균관대 이혜자교수외 30명이 펼치는 명성황

오늘 여주 명성황후 생가서

탄신 149주년 맞아 행사 다채

후 숭모헌다례가 1부를 장식한다.

2부 행사로는 예문관 박성진외 50명이 출연하는 고종황제와 황후 가례 재현, 여주청소년 무용단 축하공연이 열린다.

3부는 명성황후를 재조명 해본다' 라는 주제로 이화대 이배용·인천대 우쾌재·한양대 최문형교수가 출연, 심포지엄을 연다.

도와 군은 지난 95년부터 75억원을 투자해 명성황후생가 복원화사업을 추진해왔으며 지난 5월 15억원을 들여 기념관을 준공했다.

/여주=류진동기자

명성황후 탄신 149년을 맞아 한말의 왜곡된 역사를 재조명하고 황후의 나라사랑 정신을 기리기 위한 명성황후 숭모제전 행사가 17일 여주 명성황후 생가에서 열린다. 2부 행사로는 예문관 박성진외 50명이 출연하는 고종황제와 황후 가례 재현, 여주청소년 무용단 축하공연이 열린다. 3부는 '명성황후를 재조명 해본다'라는 주제로 이화대 이배용·인천대 우쾌재·한양대 최문형교수가 출연하는 심포지엄을 연다. 도와 군은 지난 95년부터 75억원을 투입해 명성황후생가 복원화사업을 추진해왔으며 지난5월 15억원을 들여 기념관을 준공했다.

- 여주는 국모를 배출한 곳으로 잘 알려진 곳이다. 명성황후를 주제로 한 뮤지컬도 서울의 대공연장에서 성황리에 이뤄졌다. 명성황후 시해에 대한 숭고한 정신을 잊지 않고 지역에서 기리는 행사가 지속적으로 이어지고 있다. 극으로 다시 보는 황후의 시해 장면은 가슴 먹먹한 애국심을 갖게 했다.

고달사지 3차 발굴 착수 2000/11/18

고달사지 3차 발굴조사작업이 이달부터 8개월동안 경기문화재단에 의해 착수된다. 17일 여주군에 따르면 도박물관이 지난 98년 고달사지에 대한 1차 발굴 및 시굴조사를 벌여 초석 돌과 명문기와 등을 출토, 통일신라시대의 대사찰임이 밝혀졌다. 이어 지난해 9월 박물관과 경기문화재단부설 기전문화재연구원에 의해 이뤄진 2차 발굴조사에서는 1만2천500여평에 대한 공동발굴을 통해 13개동의 건물터와 탑지·석등지·장대석·축대시설 등이 확인됐다.

• 여주는 예부터 많은 문화재가 산재해 있는 곳이다. 현대의 눈과 가치관으로 그냥 지나치지 않고 여주군에서 문화재에 대한 관심을 갖는 일이 참으로 감사하다는 생각이 들었다. 고달사지는 비록 터만 남아 있지만 발굴조사는 창건 당시를 알 수 있는 의미 있는 작업이었다.

여주쌀 역시 '전국 최고' 2000/11/21

대왕님표 여주쌀이 전국 환경농산물 품평경진대회에서 2년연속 쌀부문 최우수상을 차지, 농림부 장관상을 수상했다. 20일 군에 따르면 농림부가 주관하고 농협중앙회와 환경농업단체중앙회 공동 주최로 서울 양재동 농협하나로마트에서 열린 '제5회 농업인의 날 행사'에서 전국 환경농산물 품평회 결과 여주쌀이 2년 연속 최우수상을 차지했다. 출품된 농산물은 쌀을 비롯, 과수류, 채소류, 축산가공품 등으로 나누어 전국에서 우수한 환경농산물들이 출품된 가우데 여주군은 환경농법을 하는 이길정씨(59·흥천면 계신리)가 오리농법으로 재배한 '추정쌀'을 출품, 전국 최우수쌀로 인증받게 됐다. 이번 평가심사는 학계, 농업중앙회, 탤런트, 가락시장경매사, 소비자단체, 일반소비자 등의 육안심사와 맛을 직접보는 방식으로 종합평점을 매겨 평가했다. 상을 받은 이길정씨는 8년전부터 환경농업의 중요성을 깨닫고 8㏊의 농경지에 오리 유기농업을 시작 지난해 최고 유기재배 품질인증을 받았다. 여주쌀은 지난 해 강천면 이정모씨가 최우수 평가를 받은 것은 유기농업 기술외에도 남한강을 낀 자연환경이 큰 몫을 한 것으로 평가되고 있다.

• 전국적으로 다양한 품종의 쌀들이 각 지역을 대표하면서 사람들에게 사랑을 받고 있지만 여주 쌀은 그 중 으뜸이라 할 수 있다. 이렇게 전국 최고의 밥맛을 자랑하는 여주 쌀의 인기는 물 맑고 비옥한 토지, 친환경 농법으로 재배했기 때문이라고 생각한다. 여주 쌀의 명성이 앞으로도 쭉 이어지길 바란다.

옥수수 보급종 신청접수 2000/12/15

여주군농업기술센터는 내년 옥수수보급종 신청을 이달 말일까지 접수한다. 신청은 각 읍·면사무소와 마을이장, 지역농민상담소에서 접수하며 옥수수 종자는 횡성옥을 비롯, 3종으로 신청기준은 1포/2kg이다. 공급가격은 수송제작비 12/kg을 포함해 수원19호, 광안옥이 6천344원/2kg, 횡성옥 2천604원/2kg, 찰옥 1호가 1만884원/2kg이다. 센터는 신청받은 물량이 확보되는 대로 내년 3월 10일부터 4월 20일까지 농협을 통해 회망농가에 공급할 예정이다.

- 옥수수는 많은 사람들이 좋아하는 간식거리다. 뽀송뽀송한 솜털만 봐도 알알이 익은 차진 맛 생각에 군침이 넘어간다. 여주의 비옥한 토질은 천혜의 환경으로 손꼽힌다. 그래서 여주는 벼와 농작물이 참 잘 자라는 지역으로 흐드러진 먹거리와 풍부한 인심이 남아 있다. 이번에 각 농가에 보급되는 보급종 옥수수도 여주의 비옥한 땅에서 무럭무럭 자랄 것이다.

'여주땅콩 名聲 이젠 옛말' 2000/12/15

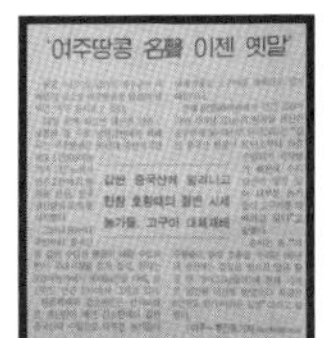
'여주땅콩 名聲 이젠 옛말'

땅콩 주산지로 알려진 여주군이 재배면적 감소로 여주땅콩의 명성이 명맥만 겨우 유지되고 있다. 14일 군에 따르면 대신면 양촌·보통리 등 주로 남한강변에서 재배되는 여주땅콩은 90년대 중반까지만해도 연간 2천여t의 땅콩을 생산, 전국 생산량의 30%를 차지했다. 그러나 연작피해로 생산량이 매년 감소한데다 90년대 후반부터 중국산 등 값싼 수입산 땅콩이 대량 수입되면서 국내시장을 점차 잠식, 현재는 연간 190여t에 그치고 있다.

- 값싼 수입 땅콩에 밀려 명성을 잃어가는 여주땅콩이 안타깝기만 하다. 서울 등 대도시에 갔을 때 '여주땅콩'이라는 허름한 종잇장에 쓴 글만으로 빛을 발하던 시기가 있었는데 이제 그 명성은 다시 오지 않을지도 모른다. 장터에서 여주땅콩에 몰려 있는 손님들을 보면서 어깨에 잔뜩 뽕을 없었던 자부심이 그립다.

여주 백로서식지 오염 심각 2000/12/12

> **여주 백로서식지 오염 심각**
>
> 신접1리 일대 하천오염·나무고사등 서식환경 부적합
>
> 대부분 둥지 이동… 천연기념물 보호구역 기능 상실
>
> 국내의 대표적인 백로 및 왜가리 집단 번식지인 여주군 북내면 신접1리 일대가 수목(아카시아)의 고사로 개체수가 급감하면서 천연기념물 서식지로서의 가치와 기능을 상실하고 있다.
>
> 11일 여주군에 따르면 천연기념물 제 209호인 백로와 왜가리가 지난 60년대초부터 북내면 신접리에서 집단 서식함에 따라 지난 68년 7월 이 일대 1만여㎡를 왜가리와 백로서식지로 지정했다.
>
> 이 일대는 지난 68년 천연기념물 번식지로 지정될 당시 300여마리가 찾았으나 해마다 늘어 지난 72년 1천여마리로 최고를 기록했다.
>
> 그러나 이들 백로와 왜가리떼의 배설물이 강독성 … 면서 나무들이 고사하자 이들이 점차 서식지를 주 … 으로 옮기고 있다.
>
> 이에 따라 신접리를 찾던 백로와 왜가리는 최근 … 식환경이 좋은 여주군 여주읍 여주고등학교 일대 … 신진리일대 둥지로 분산돼 이 일대가 천연기념물 … 호구역으로서의 의미를 잃어가고 있다고 했다.
>
> 이로인해 지난 97년엔 700여마리로 줄기 시작 … 최근에는 300여마리로 급감했다.
>
> 이에 대해 군관계자는 "94년부터 이 일대의 나 … 들이 배설물로 고사하면서 객토와 나무보식을 … 까지 3회에 걸쳐 실시했다"며 "생태계 파괴로 백 … 및 왜가리 서식지의 기능을 잃어가고 있는 실정"

국내의 대표적인 백로 및 왜가리 집단 번식지인 여주군 북내면 신접1리 일대가 수목(아카시아)의 고사로 개체수가 급감하면서 천연기념물 서식지로서의 가치와 기능을 상실하고 있다. 11일 여주군에 따르면 천연기념물 제 09호인 백로와 왜가리가 지난 60년대초부터 북내면 신접리에서 집단 서식함에 따라 지난 68년 7월 이 일대 1만여㎡를 왜가리와 백로서식지로 지정했다. 이 일대는 지난 68년 천연기념물 번식지로 지정될 당시 300여마리가 찾았으나 해마다 늘어 지난 72년 1천여마리로 최고를 기록했다. 그러나 이들 백로와 왜가리떼의 배설물이 강독성인데다 농약사용과 하천오염 등으로 환경이 훼손되면서 나무들이 고사하자 이들이 점차 서식지를 주변으로 옮기고 있다. 이에 따라 신접리를 찾던 백로와 왜가리는 최근 서식환경이 좋은 여주군 여주읍 여주고등학교 일대와 신진리 일대 등지로 분산돼 이 일대가 천연기념물 보호구역으로서의 의미를 잃어가고 있다고 했다.

백로·왜가리 보호병원 짓는다 2000/12/26

<속보>농약 등 환경오염으로 여주 백로와 왜가리가 서식지를 옮기고 있는 것과 관련(본보 12일자 16면보도), 70년대 1천여마리까지 찾아온 백로와 왜가리는 최근 농약 등과 각종 환경오염으로 인해 수난을 당해, 차츰 숫자가 줄어들기 시작해 최근에는 300여마리정도만이 신접리일대를 찾고 있다.

• 하얗게 강을 수놓은 듯 우아한 자태의 백로를 보고 있으면 시끄러운 속이 정화되곤 한다. 철새 서식지에는 천연기념물이기에 더 귀한 손님이 천 마리씩 날아들던 곳이었는데 인간의 이기심으로 그 수가 점점 줄어들고 있다니 그저 안타까울 뿐이다. 배설물 처리와 농약 사용에 대한 지침 마련이 한참 고민되던 때이다.

오리농법쌀 재배면적 확대 2000/12/25

여주군은 '대왕님표 여주 쌀'의 고품질화를 위해 오리를 이용한 쌀이 소비자들에게 인기가 높고 품질이 좋은 것으로 평가를 받고 있음에 따라 내년부터 재배면적을 확대키로 했다. 24일 군에 따르면 오리농법을 재배한 쌀이 상품성이 뛰어나고 농약을 거의 사용하지 않음으로써 올해 50여농가 80ha에서 390여t 의 쌀을 생산, 소비자들로부터 인기가 높아 내년에는 90여농가 140ha에서 670t의 쌀을 생산할 계획이다.

• 여주 쌀의 상품성은 이미 최고로 인정받고 있지만 쌀의 변신은 무죄다. 여주 쌀이 품질을 업그레이드하기 위해 오리를 이용하고 있다니, 이 정도의 노력은 해 주어야 명품의 가치가 있다고 하겠다. 다양한 실험과 효능을 등에 업고 여주 쌀은 한층 더 성장하고 발전하고 있다.

In 2001

세계로 향한 여주의 손짓

국제적인 관광도시 개발 역점 2001/1/5

국제적인 관광도시 개발 역점

여주군

박용국 군수

도자엑스포 성공개최 노력

지역농축산물 경쟁력 강화

국내 최대 유통단지 조성

여주군은 2001년을 '아름다운 관광 여주건설'의 발판을 구축하는 원년으로 정하고 세계속에 여주군을 알리는데 역점을 두고 군정을 펼치기로 했다. 2001 세계도자기엑스포의 성공적인 개최를 위해 군청내에 행사지원본부를 설치하고 외국방문객들을 위한 국제도예산업유치, 세종대왕의 업적을 알리는 세종문화큰잔치, 명성황후 생가복원 등 우리의 전통문화를 세계에 알리는데 노력할 방침이다. 품격있는 문화관광도시의 육성차원에서 고달사지 발굴 및 복원사업추진과 파사성지복원, 명성황후 성역화사업, 고려백제가마터 발굴작업, 신륵사 관광지에 유스호스텔 등 다양한 시설을 민자유치, 여주를 국제적 관광명소로 만들어갈 계획이다. 침체된 지역경제 활성화를 위해 지역상권회복 운동을 지속적으로 전개하고 세계도자기 엑스포 행사시 소득연계 효과가 높은 기업의 활동을 적극 지원하며 국내 최대 유통산업단지를 조성해 나가기로 했다.

• 여주 관광의 체계적인 발돋움이 시작됐다. 고품격 문화관광도시의 육성과 다양한 민자 시설 유치 등 여주를 국제적 관광명소로 만들어갈 계획이 세워졌다. 내 고향이 세계적인 문화명소가 된다는 생각만으로도 가슴이 벅차다. 시작이 반이라고 했으니, 세계를 향한 손짓으로 이미 문을 연 세계도자기엑스포가 있기에 반은 됐다.

<기자노트>

범법자 만들기 2001/1/15

기자 노트

범법자 만들기

유 신 동

제2사회부/여주

농촌지역 지하수시설에 대한 정부의 갑작스런 단속이 농심을 멍들게 하고 있다.정부가 관련법을 명분으로 그동안 '생계용'으로 사용해왔던 농가 지하수시설에 대해 올 초부터 강력 단속하겠다는 입장을 밝혔기 때문이다.규정시설로 변경할 경우 1개 공당 100만원이상 추가비용이 발생돼 어려운 경제여건으로 이러지도 저러지도 못하고 있는 일부 농민들이 법범자 신세로 전락할 우려가 높다. 정부는 지난해 하반기중 전국에 산재한 지하수시설에 대해 이 기간중 허가 및 신고대상인 불법지하수시설을 자진 신고토록하고 현행법에 맞게 개보수해 사용토록 했다.신고기간 이후 자진신고를 하지 않고 사용하다 적발될 경우 현행 지하수법(제 37조)을 적용, 1년이하의 징역 또는 500만원이하의 벌금형에 처해진다. 이법은 지난 94년 재정이후 지난 97년부터1일 최대 양수능력이 100t이상이면 허가를, 100t 이하일때는 신고토록 개정했다. 이에 따라 지하수 공구주변 일대는 제적 1세제곱미터를 콘크리트 박스포장하고 관정의 뚜껑을 씌운뒤 수질검사를 받아 사용해야 한다. 그러나 이 규정에 맞게 추가시설을 할 경우 기존 관정보유 농가는 100여만원이 넘는 가외비용 목돈이 들게된다. 상수도보급률이 전체의 38%에 달하고 있는 여주군의 경우 전체 관정보유 농가수가 3만가구로 이들 대부분이 순수농촌지역 지하수시설로 나타나 농업용 또는 공업, 가정용으로 사용하고 있는 것을 감안하면 이들 농가가 관정시설을 새로 설치시 많게는 총 30여억원의 추가비용 발생될 지경에 처한 셈이다. 정부가 관련법을 제정한 후 한 번도 지도나 단속이 없다가 갑자기 '처벌한테니 기존의 지하수시설물들을 개보수하라'는 것은 농촌현실을 외면한 행정 편의주의적 발상이 아닌가 싶다.

논농업직불제 '그림의 떡' 2001/1/27

정부가 논농사 보호를 위해 올해부터 '논농업 직불제'가 현실과 먼 제도적 문제점으로 실효를 거두기 어려울 것으로 예상된다. 그러나 논농사는 실제 경작자(임차인)의 소유주(임대인)가 서로 다른 경우가 많아 실경작자에게만 지급되는 보조금이 결국 소유주 몫이 될 수도 있으나 이를 방지할 제도적 장치가 마련돼 있지 않다. 특히 이 제도는 300평 이하의 소작농은 지급대상에서 제외돼 있어 영세농의 반발도 예상되고 있다. 농민 이모씨(48·여주군 점동면)는 "환경기준에 맞춰 농약 사용량을 줄이면 당연히 수확량이 감소해 적자를 볼 것이 뻔한데 얼마 안되는 보조금을 타기 위해 그렇게 할 농사꾼이 있겠느냐"고 의문을 제기하고 있다.

• 농민이 농사의 중심이 되어야 한다. 그들의 힘이 되어 주고 싶었다. 논농업직불제는 가난한 농부의 아들이었던 기자에게도 설득력을 잃었다. 보조금으로 구미를 당기게 하는 전략은 수확량에 심혈을 기울이는 농부에게는 그림의 떡이다. 농민들의 목소리에 더 세심하게 귀 기울이고 좀 더 현실에 맞는 꼼꼼한 정책이 필요해 보인다.

한전 심야전기료 멋대로 인상 2001/2/15

한전 심야전기료 '멋대로'

수용가 보조금制 슬그머니 폐지후 kW당 4만5천원 부과

설치업체 자금난·일반가정 부담 가중 '반발'

한국전력공사가 심야전기 보급 확대를 명분으로 그동안 수용가에게 지원해주던 보조금제도를 폐지한 뒤 신규신청자에게는 kW당 4만5천원에 이르는 부담금을 부과하자 수용가들이 크게 반발하고 있다.

14일 도내 동부지역 전력 수용가 신청한 심야전기 신청건수는 99년 1천167건에서 지난해 2천629건, 이천과 양평지역도 지난 99년 1천633건과 1천374건에서 각각 2천544건, 3천12건으로 늘어났다.

이에따라 신청수용가들은 기계값 300만~500만원에다 공사시설비 kW당 4만5천원을 부과해 일반가정 30kW기준 120만원이 넘는 부담금을 수용가들에게 부담시키고 있다.

이로인해 심야전기를 이용하려는 가구가 줄면서 여주 등 인근 3개 지역 100여개 심야보일러 설치업체도 자금난을 겪어 도산위기에 놓인데다 기존 설치 수용가들도 A/S마저 제대

'사이버영농 시대 열린다' 2001/2/22

위성인터넷을 이용한 과학적이고 체계적인 사이버 영농이 오는 4월이면 실현될 전망이다. 21일 여주군에 따르면 위성인터넷을 통해 벽지와 산간지역 축산농가에 사이버 영농기술지도와 컨설팅을 전담할 프로그램과 시설을 설치중이다. 군과 군농촌기술센터는 축산농가의 기술지도와 생산성 향상을 위해 소득과 직결되는 연구사업을 추진, 정보통신부·축산기술연구소와 함께 위성인터넷을 통해 지원할 계획이다. 군은 또 축산농가에 오는 24일까지 축산기술연구소에서 5년간 연구 끝에 개발한 낙농체계관리 프로그램 DIMS를 축산농가에 공급키로 했다.

- 농사가 천하지대본이라면 시대가 요구하는 대로 따라가는 것도 순리다. 배움에는 끝이 없으니 농사도 끊임없는 연구가 필요하다. 영농도 이제 똑똑하고 스마트해지기 시작했다. 더 젊어지고 활기찬 농촌을 기대하게 된다.

3道상인 붐비던 장터 대형업체 공략에 명맥만 2001/3/20

▲여주재래시장의 전래

여주제일시장과 하리시장 등은 조선시대부터 전국의 5일장이 형성되면서 만들어진 오랜역사를 가진 재래시장이다. 시장은 한강수로를 따라 여주·이천지역에서 생산된 질좋은 농산물을 임금님께 진상했으며 강원도 강릉·원주·제천 등지의 물자를 한양을 연결하는 해상교통의 요충지였던 것에서 기인되었다.

▲여주재래시장의 실태 및 문제점

근래 재래시장을 잠식하는 대형할인마트가 우후죽순으로 생겨나고 인근 원주·이천 지역소재 대형할인마트도 이를 거들어 재래시장의 기능을 거의 상실, 재래시장과 5일장 그 규모가 지속적으로 축소되고 있는 실정이다. 지금은 그 명맥만이 유지되어 5일장을 주도하는 영세상인들은 생계마저 곤란을 겪고 있다. 여주읍과 가남·대신·북내면 소재지에 형성되어 있는 재래시장은 인근 주민들만이 이용하고 있으나 그 규모가 점차 줄고 있는 실정이다.

▲재래시장 활성화를 위한 대안

최근 대부분의 주민들은 지역경제가 살아나야 재래시장도 활성화될 수 있다며 자구의 목소리를 높이고 있는 가운데 지역상인과 주민이 함께 상권을 활성화시키자는 운동을 전개하고 있다. 지난달 15일에는 여주중앙통과 재래시장살리기추진위가 발족되어 현재 활발한 움직임을 보이고 있다. 침체된 여주재래시장의 상권을 육성하기 위해서는 차량통행으로 복잡함과 사고위험에서 벗어날수 있도록 차량통행금지와 볼거리와 먹거리 풍물시장을 복원해 주민들이 쉽게쇼핑을 할수 있도록 만들어야 한다는 지적이다. 또 지역특색에 맞는 문화 거리를 조성하여 젊은 층과 장년층이 함께 즐겨찾는 쇼핑거리를 형성해야 한다.

전통 5일장 활성화 나섰다. 2001/4/2

여주군이 조상의 숨결과 전통이 살아있는 5일장 활성화에 나섰다. 이는 최근 대형할인매장들이 군내 곳곳에 잇달아 들어서면서 지역상권을 장악하면서 재래시장이 위기에 봉착했기 때문이다. 5일 군에 따르면 군 관내 10개 읍·면 가운데 여주읍(5·10일)과 가남면(1·6일)을 비롯, 대신면(4·9일), 점동면(3·8일)등 4개읍·면에서 5일마다 정기적으로 5일장이 열리고 있다. 그러나 이들 5일장은 주민과 재래시장 상인간의 훈훈한 인정과 향수, 그리고 시골정취를 느끼게 해왔으나 대형 할인매장 및 슈퍼마켓이 난립하면서 점차 지역상권을 잠식당해 재래시장이 몰락위기에 있다.

• 대형마트가 들어서면서 전통시장은 뒤처지기 시작했다. 우선 나부터도 편리한 주차는 물론 쾌적한 환경의 정돈된 실내 할인마트를 찾게 된다. 사람들에게 외면당하면서 식어가는 시장의 온기를 찾아야하기에 나부터 마음을 바로잡아야 한다. 더구나 여기는 여주다. 따뜻한 고향의 정을 나누는 만남의 광장 역할을 해야 한다. 상업이 전부가 아닌 생명의 장으로 거듭날 전통시장을 기대한다.

읍내는 '콩나물교실'… 벽지는 '텅텅' 2001/3/19

여주관내 초등학교 가운데에는 상당수의 학교들이 학급당 기준인원을 초과해 과밀학급으로 편성되는등 콩나물수업을 하고 있다. 여주초교 1·2학년의 경우 학급당 기준정원인 42명보다 5~6명이 많아 학급당 평균학생수가 45명이다. 같은 읍내에 위치한 여흥초등학교의 경우도 올해 입학한 1학년과 3학년이 학급당 45명선으로 콩나물수업을 받고 있다. 그러나 면단위 초등학교들은 이와는 큰 대조를 보인다. 전체학생수가 40명밖에 안되는 점동면 뇌곡초등학교의 경우 3학년이 한명뿐이고 1명뿐이고 대부분의 학급도 10명밖에 안되다보니 복식학급을 편성, 수업을 받고 있다. 이같이 읍내소재지와 농촌벽지학교간에 큰 차이를 보이는 것은 오랜 전통을 자랑하는 학교를 나와야 선후배들이 보호를 받을수 있는데다 교통이 편리하고 학군이 좋아야 한다는 학부모들의 심리때문으로 풀이된다.

'위장전입생 강제환원 방침' 2001/4/10

여주교육청이 위장전입한 농촌지역 초등학생들에 대해 강제환원 조치하려하자 학부모들이 학군설정의 불합리 등을 들어 거세게 반발하고 있다. 9일 여주교육청에 따르면 학교 배정이 끝난 지난 3월 중순께부터 입학식이 치러진 3월초까지 전통이 있고 학력이 우수한 군청소재지에 위치한 초등학교의 입학을 위해 주소지를 옮긴 학생이 300여명에 이르는 것으로 추산된다. 이에따라 교육청은 읍내 학교들이 위장 전입한 학생이 많아 교육여건 악화 등 각종부작용이 초래된다고 판단, 이에대한 실태조사를 거쳐 오는 여름방학까지 관련 학생을 원래 다니던 학군으로 되돌려 보낼 방침이다. 이를위해 교육청은 위장 전입 학생에 대한 환원조치의 당위성 등을 담은 가정통신문을 학부모들에게 발송하고 적극 협조를 요청했다. 그러나 학부모들은 "현재 교육청이 설정한 통학구역과 학군이 불합리한데다 교육청이 제시한 위장전입의 기준도 명확하지 않다"며 "이같은 상황에서 환원조치 대상 학생을 선정하는 것은 인정할 수 없다"고 반발하고 있다. 학부모들은 또 "원래 다니던 학군으로 전학할 경우 이미 구입한 교복과 체육복, 교과서 등이 무용지물이 된다"고 주장하고 있다. 이에대해 교육청 관계자는 "일부 학교의 경우 잇단 위장 전입으로 과밀학급 편성이 불가피한데다 교육시설 부족으로 교육의 질이 떨어져 엉뚱한 학생들의 큰 피해를 보고 있는 만큼 강력한 대응을 하지 않을 수 없는 실정" 이라며 "그러나 학부모들의 반발 등을 무시한채 일방적으로 밀어 붙이기도 쉽지 않다"고 말했다.

- 극심한 차이를 보이는 교실이데아, 교육의 평준화와 누구나 누릴 수 있는 안정된 교육환경이 필요하다. 요즘 같이 출생률이 낮은 때에는 가끔씩 콩나물 교실이 부럽기도 하다. 아이 교육은 편법 위장 전입이 아니라 미래를 바라보는 정직한 시각을 키우는 게 중요하지 않을까? 내 아이가 보고 있다는 것을 잊지 말아야 한다.

교통량 폭증… 불법주차 극성 2001/4/30

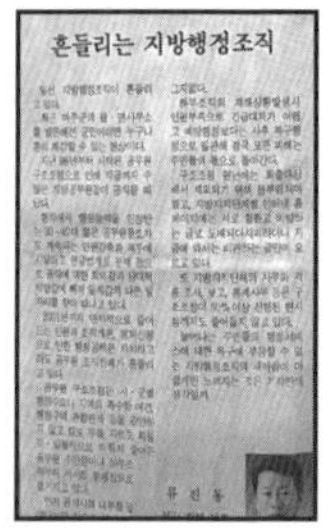
흔들리는 지방행정조직

여주 진출입의 관문격인 여주군 여주읍 한전사거리는 운전자들의 부주의로 인해 해마다 크고 작은 사고가 빈발하고 있다. 특히 관광지로 유명한 신륵사와 영릉이 위치해 교통량이 폭주하고 있는 실정을 감안하면 이곳을 지나는 운전자들의 보다 세심한 주의가 요구된다.

▲도로여건

여주점동면에서 여주시가지를 통과, 대신면 방면으로 지나는 왕복 4차선의 37번국도와 이천에서 원주간 42번 국도가 교차하는 한전사거리는 여주지역 최대 교통 요충지다. 이곳은 특히 영동고속도로 여주 I.C를 통과, 여주시가지로 진입하는 교차로 바로옆에는 한전 여주지점과 여주우체국이 자리잡고 있어 한전과 우체국을 이용하는 고객들의 차량으로 혼잡을 더하고 있다. 게다가 한전옆 여주종합터미널을 경유하는 대형버스들도 이곳 혼잡을 부채질하고 있는 실정. 터미널이용객을 수송하기 위한 택시들의 불법 주차행위도 차량 사고의 원인으로 지적되고 있다. 이와 함께 봄과 가을철 신륵사 관광단지와 영릉을 찾는 학생들의 수학여행이나 소풍차량 행렬이 신호위반 차량과 빈번하게 접촉사고를 유발하고 있다.

▲대책

신호등이 설치된 사거리는 여주청년회의소에서 설치한 상징조형물로 인해 여주대학방면에서 영릉으로 좌회전하는 차량들의 시야를 가리고 있다. 또 원주방면에서 여주시가지방면으로 좌회전시 한전건물앞 정문진입 차량과의 짧은 시야확보로 진출입 차량들의 사고가 빈발한다. 특히 여주대학방면에서 시가지로 향하는 도로가 4차선인 관계로 비교적 고속으로 운행하는 차량들로 인해 신호대기중인 차량들을 들이받는 사고가 우려되고 있다. 따라서 3개소 신호등 전에 점멸등을 설치하는 신호설계 변경과 함께 여주 한전지점의 정문이전은 물론 우체국의 진·출입로 변경이 요구되고 있으며 터미널 이용 택시들의 불법 주정차행위에 대한 단속이 이뤄져야 한다.

여주읍 한전사거리 사고위험 여전 2001/5/28

여주읍 한전사거리 사고위험 여전

郡 "건교부 관리 우리와 관련없다" 팔짱만
수원국도유지 사무소 "문제점 보완 연구중"

〈속보〉여주읍 한전사거리의 교통신호체계 보완과 시야확보가 필요하다는 지적(본보 4월30일자 16면 '이곳만은 조심합시다' 보도)에도 불구, 문제점들이 전혀 개선되지 않고 있어 주민들이 교통행정당국을 성토하는 비난의 소리가 높다.

27일 여주군에 따르면 군이 이 도로의 관리청이 건설교통부산하 수원국도유지건설사무소로 돼있다는 이유로 문제점을 보완하거나 시정하려는 노력없이 떠넘기기식으로 일관하고 있어 야간운전시 사고의 위험이 우려되고 있다.

특히 운전자들은 한전사거리의 경우 한전여주지점 정문 진·출입시 수원국도유지관리사무소의 관리만으론 어려운데다 여주우체국 진·출입 차량들로 인해 정체가 빚어지고 있어 영릉방면으로 우회전하려는 차량들의 차선확보는 군에서 맡아 관리해야 한다는 것이 운전자들의 지적이다.

이와관련 군 관계자는 "한전사거리의 경우 건설교통부산하 수원국도유지 건설사무소에서 관리하며 군과는 관련이 없다"며 "군은 주차단속외 별다른 조치는 취하지 않았다"고 말했다.

이에대해 수원국도유지건설사무소 관계자는 "문제의 사거리를 방문해 지적된 교통시설을 점검 문제가 있는 곳을 시정할 계획"이라며 "42번과 32번 도로가 교차하는 이곳은 그동안 여러 각도에서 문제점 보완을 위해 연구하고 있다"고 밝혔다.

/여주=류진동기자

여주읍 한전사거리의 교통신호체계 보완과 시야확보가 필요하다는 지적(본보 4월30일자 16면 '이곳만은 조심합시다' 보도)에도 불구, 문제점들이 전혀 개선되지 않고 있어 주민들이 교통행정당국을 성토하는 비난의 소리가 높다. 27일 여주군에 따르면 군이 이도로의 관리청이 건설교통부산하 수원국도유지건설사무소가 관리한다는 이유로 문제점을 보완하거나 시정하려는 노력없이 떠넘기기식으로 일관하고 있어 야간운전시 사고의 위험이 우려되고 있다. 특히 운전자들은 한전사거리의 경우 한전여주지점 정문 진·출입시 수원국도유지관리사무소의 관리만으론 어려운데다 여주우체국 진·출입 차량들로 인해 정체가 빚어지고 있어 영릉방면으로 우회전하려는 차량들의 차선확보는 군에서 맡아 관리해야 한다는 것이 운전자들의 지적이다.

• 어릴 때는 동네에 차가 지나가기만 해도 너무 신기했는데 이제는 내 고향 여주의 한적한 마을도 대도시를 방불케 하는 교통량으로 대책 마련이 시급해졌다. 자동차는 이제 우리의 삶과 문화 속으로 깊이 들어와서 여주의 교통 요충지를 사고 다발 지역으로 만들어 가고 있다. 관광지 활성화와 함께 교통 편리 시설을 확장해야 하는 다각적 사고가 필요해진 시점이다.

“지방상수원 대체 개발” 2001/5/4

환경부는 수돗물에서 인체에 해를 끼칠 수 있는 바이러스가 검출되자 지방상수도의 상수원을 대체 개발하고 노후수도관을 교체하는 등 ‘중장기 관리대책’을 수립했다. 특히 김명자 환경부 장관은 3일 여주 상하수 사업소를 방문, 노후 상수관 교체를 위해 수도관 교체작업을 정부가 지원하겠다고 밝혔다. 3일 경기도가 입수한 환경부의 ‘바이러스 관리대책’에 따르면 환경부는 수돗물에서 검출된 바이러스 퇴치를 위해 6가지 단기대책과 5가지 중·장기대책을 수립했다. 단기대책으로는 경기도내 지방상수도 정수장 50곳 등 전국 중· 소규모 정수장 소독 등을 일제 실시하고 바이러스가 검출된 정수장의 정밀기술진단을 통해 원인을 파악키로 했다. 또 탁도, 분원성 대장균군 등 수돗물 수질기준을 강화하고 수돗물 바이러스 처리기준을 도입하며 이를 위한 전문인력을 보강하기로 했다. 특히 정수장 운영관리실태를 평가, 인센티브와 패널티를 부여하고 하·폐수종말처리시설의 소독시설 설치를 의무화하기 위한 제도적 장치를 마련하며 정수장 효율개선 종합프로그램(CCP)도 도입키로 했다. 환경부는 중·장기대책으로 팔당상수원을 1급수로 지정하는 등 4대강 수질개선대책을 추진하고 지방상수원의 취수원을 다변화하되 장기적으로는 대체 상수원을 개발, 이용하기로 했다. 이밖에 노후수도관 교체를 위해 교체비용의 절반에 한해 연리 6%로 융자지원하는 것은 물론 ▲상수도시설의 운영관리 민영화 ▲상수도 운영·관리정보화 사업 등도 추진키로 했다.

- 일상에서 매일 사용하는 수돗물에서 인체에 해로운 바이러스가 검출되었다는 사실만으로도 사람들은 불안감을 느낀다. 이 불안감을 잠재우고 안심시키는 것도 환경부가 할 일이다. 주민들의 건강과 직결되는 문제는 근본적이고 빠른 해결이 무엇보다 중요하다. 그렇다고 임기응변식의 대책은 경계해야 한다. 환경문제는 아무리 강조해도 지나치지 않는다.

'인터넷 여주군지' 제작 2001/5/9

여주군은 군의 역사와 다양한 정보를 편리하고 쉽게 이해할 수 있는 '인터넷 여주군지'를 제작키로 했다. 현재 사용되고 있는 여주군지는 지난 89년 2천여페이지 단행본으로 제작돼 부피가 크고 무게가 많이 나가는데다 학생들이 향토사자료로 활용하려해도 한자 및 고어들이 많아 사실상 교육적 효과를 얻지 못하고 있다는 지적을 받아왔다. 이에따라 군은 고어해설과 한글을 겸한 인터넷 군지를 제작하기로 하고 8억원의 예산을 들여 올해 군지편찬작업에 들어가 오는 2004년까지 완성하기로 했다.

• 시대가 변하고 있음을 온몸으로 느끼는 요즘이다. 생각보다 많은 일들이 인터넷 세상 속에서 이루어지는 시대가 왔음을 인정하지 않을 수가 없다. 온라인 대세를 따르며 앞서가려는 여주의 노력이 빛을 발하기를 바란다.

쥬라기공원 진시관 개장 2001/6/1

여주 자연사 '쥬라기공룡 생태 전시관'이 새롭게 단장돼 6월1일 문을 연다. 여주군 북내면 천송리 여주자연사 생태관에 마련된 총 2천여평 숲속에 실물크기로 재현된 전시관에는 효과음까지 내는 공룡 20여기와 쥬라기공룡화석·삼엽충·암모나이트를 비롯한 각종 나비·곤충표본과 자라화석 등 500여종 1만 5천여점이 전시돼 있다.

문화유적지 찾는 관광객 증가 2001/6/8

여주를 찾는 관광객이 크게 증가하고 있는 것으로 나타났다. 7일 군에 따르면 올들어 영릉(세종대왕릉), 천년의 고찰인 신륵사, 목아 불교박물관, 명성황후 생가 등 여주의 문화유적지를 찾은 관광객은 지난달말 현재 11만6천여명으로 지난해 같은 기간의 7만3천여명에 비해 59%정도가 증가했다. 이는 최근 모방송사에서 명성황후의 파란만장한 삶을 드라마로 제작, 5월초부터 매주 수·목요일에 인기리에 방영되고 있어 황후의 생가(여주읍 능현리)를 찾는 관광객들이 늘고 있기 때문으로 풀이된다.

헬기동원 물대기 2001/6/18

여주군은 산림청 대형헬기의 지원을 받아 지난 13일부터 16일까지 20대의 대형헬기를 동원, 고구마와 감자밭 300여ha에 물을 뿌렸다.

- 농사라는 것은 자연의 도움도 뒤따라야 하고, 자연재해도 극복해야 하는 어려운 일이다. 가뭄이라는 자연재해에도 굴하지 않고 대형 헬기를 동원해서 돌파구를 찾았다. 쌀농사를 짓는 대표 지역인 여주의 남다른 스케일이 경이롭다.

품질 업그레이드 '오리쌀' 인기몰이 2001/6/19

옛날 임금님께 진상했던 '대왕님표 여주쌀'이 친환경 오리농법으로 품질을 향상시키면서 소비자들의 인기를 독차지하고 있다. 18일 여주군에 따르면 지난해 여주읍 삼교리에서 80ha에 친환경 오리쌀 재배를 추진한데 이어 올해는 여주읍 삼교리 42농가를 비롯해 여주읍 단현리 등 10개 읍·면에 146여농가 123ha에 총 5천900여만원의 사업비를 투입해 친환경 오리쌀 생산을 추진하고 있다. 대왕님표 여주오리쌀 생산단지에는 오리 관리시설 설치와 오리 3만6천946마리를 방사해 오리농법을 시행하고 있다. 특히 여주군에서 생산된 친환경농법의 오리쌀은 도시소비자들과 계약 재배로 일반 쌀에 비해 30%이상 높은 1가마(80kg)당 25만원에서 45만원까지 받을수 있어 농가 소득향상에도 큰 도움이 되고 있다. 여주지역에서 생산된 오리쌀을 친환경 농산물로 브랜드화 해 인터넷과 농협직거래 센터의 판로를 확보하고 재배면적을 늘려 오는 2005년까지 300ha규모로 재배면적을 확대 할 계획을 세워놓고 있는 상태다.

- 2001년 초부터 차근차근 준비한 오리 쌀이 조금씩 자리 잡아가고 있다. 여주 오리 쌀을 위한 다양한 시도도 돋보이고, 앞서가는 연구가 제몫을 톡톡히 하고 있는 셈이다. 비싸도 웰빙 상품을 찾는 소비자들이 늘고 있는 세태도 한몫하고 있어 여주 오리 쌀의 앞날에 대한 예감이 좋다.

'세종대왕 얼' 여주서 부활 2001/7/19

'세종대왕 얼' 여주서 부활

"세종대왕의 얼이 여주에서 부활한다"민족성군 세종대왕의 위대한 업적과 정신을 기리는 '세종문화 큰잔치'가 도자기와 쌀의 도장 여주에서 올해부터 새로운 모습으로 태어난다. 그동안 잠들어있던 세종을 여주의 대표적인 인물로 부각, 세종정신을 되새기고 여주를 대내외적으로 널리 알린다는 계획이다. 여주군은 올해로 33회를 맞는 세종대왕 큰잔치에서 세종대왕 즉위식과 한글반포식, 어가행렬을 원형대로 재현하는 것을 비롯해 세종 학술대회, 세종 전국국악경연대회, 세종가요제, 외국인 한글 글씨쓰기대회 등을 새롭게 기획해 실시한다. 오는 8월10일부터 10월28일까지 열리는 세계도자기엑스포 행사기간동안 펼쳐질 세종문화 큰잔치에서는 여주의 생활도자기와 역사문화와 함께 '세종'을 전면에 부각시켜 여주를 세종의 도시, 역사문화의 도시, 관광도시로 발돋움 시킨다는 계획이다. 여주가 세종을 부각시켜 잔치를 벌이는 것은 한민족 역사에 길이 남을 찬란한 업적을 남긴 세종의 능침인 영릉(英陵)이 능서면 왕대리에 자리하고 있기 때문. 세종대왕(1397~1450)은

32년간 재위하면서 한글을 창제하고 측우기·해시계 등 과학기구를 발명 제작했으며 아악을 정리하고 학문을 숭상해 수많은 책을 간행했다. 해마다 5월 탄신일을 기해 영릉에서 문화관광부 주최로 세종대왕숭모제전이 펼쳐지는 것이 고작이고, 그동안 여주군에서 세종문화 큰잔치를 열어왔으나 주목할만한 행사없이 여러모로 미흡했던 것이 사실이다.

• 세종대왕의 위업은 아무리 강조해도 지나치지 않는다. 세계적으로 주목받고 있는 한글만으로도 세종대왕의 업적은 그 무엇과도 겨눌 수 없다. 세종대왕의 업적을 생각하면 여주뿐만 아니라 나라에서 공식적으로 해야 하는 행사가 아닐까. 한글날이 다시 공휴일이 되는 날이 오기를 바란다.

여주군, 음식물찌꺼기 비료 남한강에 야적 2001/7/28

여주군, 음식물찌꺼기 비료 남한강변에 야적

"악취 진동…해충 들끓어"

현암리일대 300여t 살포…우천시 침출수 수질오염 무방비

여주군이 수백t의 음식물찌꺼기로 만든 비료를 남한강변 하천부지에 살포해 인근 주민들이 악취는 물론 파리 등 해충으로 인해 고통을 받고 있다.

또 장마철이 다가오면서 음식물찌꺼기를 이용한 비료성분이 팔당상수원인 남한강으로 유입될 경우, 수질오염도 우려된다는 지적이다.

28일 군과 주민들에 따르면 군은 북내면 현암리 남한강변 3만여평 하천부지를 관광용 지로 조성하기 위해 군이 자체적으로 만든 틈용 음식물찌꺼기와 톱밥을 섞어 만든 비료 여t를 지난 25일 반입, 이곳에 야적시켜왔다

인근 주민들은 야적되던 날부터 악취와 로 창문을 열지못하는 등 생활에 불편을 다 27일부터 호밀단지에 살포되자 심한 발생, 여주읍과 북내면 현암리 일대 1만가 여명의 주민들이 대책을 호소하고 나섰다.

더구나 이 비료가 살포된 지역은 하천 장마철을 맞아 많은 비가 내릴 경우 침출수 한강으로 유입될 가능성이 높아 2천만 주민의 젖줄인 팔당상수원의 수질오염이 고 있다.

문제가 된 음식물 찌꺼기 비료는 여주 술센터가 환경보호과의 협조를 받아 3만평 부지에 살포한 것이다.

주민 조모씨(36·북내면 현암리)는 " 부터 악취가 진동하고 해충 때문에 창문 지 못하는 고통을 겪고 있다"며 "환경보 장서야 할 군에서 환경오염 우려가 있는 찌꺼기 비료를 장마철을 앞두고 상수원인 강변에 살포하는 것은 잘못된 판단 "이라

舊 여주대교 '공원으로 탈바꿈' 2001/8/15

구 여주대교가 교량공원으로 새롭게 꾸며진다. 14일 여주군에 따르면 다음달 초 6억9천여만 원을 들여 여주시가지~북내면 천송리 엑스포행사장을 잇는 길이 500m 너비 9.40m 규모의 여주대교에 광섬유와 물을 이용한 무지개분수대 20개, 물만을 이용한 제트분수대 2개, 물과 안개를 이용한 안개분수대 18개를 각각 설치한다. 또 도자기형 벤치 등 각종 편의시설도 마련한 후 구 여주대교의 이름을 연인교(The Lover's Bridge)로 바꿔 명명할 계획이다.

• 만감이 교차하는 순간이다. 정적이고 온화한 여주를 사랑한다. 그러나 화려한 오색 불빛의 연인교는 정말 아름답고 눈부시다. 도심의 화려함을 뒤로 하고 여주를 찾는 이들에게는 여느 관광지에서나 볼 수 있는 인공적인 것 말고 자연의 풍성함을 그대로 드러내 주면서도 아름다운 볼거리, 풍경을 제공해야 한다는 생각이 자꾸 엇갈린다. 그런데도 외지에서 찾아오는 손님들에게 연인교를 먼저 자랑하고 보여주게 되는 이 마음을 어떻게 설명해야 할까.

남한강변 메밀밭 조성 2001/8/18

여주군 남한강변에 대규모의 메밀밭을 조성, 주민휴식공간은 물론 도자기엑스포 관람객에게 또 하나의 볼거리를 제공한다. 여주군 농업기술센터(소장 이재룡)는 지난 7월 여주군 북내면 현암리 남함강변 5만평규모에 메밀을 파종해 이달말부터 개방한다.

• 봉평의 메밀밭이 은근히 부러웠다. 봉평은 여주에서 멀지 않은 거리라서 지인들의 여주 방문에는 환영 코스로 일부러 찾아가 막걸리를 주고받던 곳이다. 하지만 이제 여주에도 메밀꽃이 피게 되었다. 정말 다행이다. 꽃이 등불처럼 밝아서 달빛 받은 하얀 꽃들이 눈부시게 필 황홀한 밤이 기대된다. 이제 막걸리 마시러 봉평까지 안 가도 되겠다.

여주 명성황후 생가 관광객 급증 2001/9/4

명성황후 생가에 관광객이 몰리고 있다. 3일 군과 주민들에 따르면 8월말 현재 명성황후 생가를 찾은 관광객은 하루 3천여명에 달해 지난해보다 무려 10배이상 증가했다. 또 한국방문의 해인 2001세계도자기엑스포 행사가 진행되면서 이곳을 찾는 내·외국인 관광객은 더욱 증가세를 보이고 있다. 이처럼 관광객들이 급증한 원인은 최근 일본 역사교과서 왜곡문제가 불거지면서 명성황후에 대한 역사적 재조명에 대한 인식이 고취되고 있기 때문으로 분석되고 있다. 이와함께 모 방속국의 '명성황후' 드라마도 방문객을 증가시키는 요인으로 작용하고 있다. 현재 명성황후생가는 안채와 사랑채, 탄강구리비, 인현왕후의 아버지이며 숙종의 장인인 민유중선생 신도비 및 묘소, 명성황후 기념관 등이 있으며 야외공연장도 연말이면 완공될 예정이다.

- 뮤지컬 명성황후는 여러 번 봤지만 볼 때마다 가슴이 아프다. 나라가 온전하지 못한 시대의 아픔이 고스란히 느껴지기 때문일 것이다. 후안무치한 일본의 역사 교과서 왜곡 문제는 우리 가슴 아픈 역사를 결코 잊지 말라는 경고일 수도 있다. 역사를 잊은 민족에게는 현재도 미래도 없다는 사실을 기억하자. 애국심이 마구 불타던 시기였다.

여주 점동 장안 3리 장수마을 2001/9/4

"넉넉한 인심속에 세월잊고 산다우"

태백산줄기의 오갑산자락이 병풍처럼 마을을 감싸고 있는 여주군 점동면 장안3리(관골마을)에는 32가구 70여명의 주민들이 옹기종기모여 사는 그림같은 마을이다. 특히 산수조화가 잘 어우러진 마을은 청미천이 마을 앞을 가로지르고 있어 편안함과 풍족함을 더한다. 강원도와 인접한 이마을에는 논농사를 짓는 전형적인 농촌마을로 60세이상의 노인이 마을 전체인구의 절반에 이르고 있으며 얼마전까지만 해도 마을 공동우물을 마을 사람 모두가 사용할만큼 인정이 넉넉한 곳. 그 때문인지 마을은 80세 이상의 노인들이 절반에 가까운 장수마을로 알려져오고 있다. 장수의 미결은 새벽 4시면 잠자리에서 일어나 새벽공기를 맡으며 맑은 물한잔, 그리고 마을 사람들의 훈훈한 인심이 아닌가 싶다. 이마을에서 13대를 살고 있는 정연탁씨(66)는 "환갑이 지난 나이에도 여기에서는 애들로 취급 받고 있다"며 "매일 새벽4시에 일어나 논을 들러보는 것부터 하루 일과가 시작된 이마을 대부분의 사람들은 주로 맑은 공기와 물에다 채식위주의 생활을 해오고 있는 것이 특징이다"고 말한다. 얼마전 최고령인 신화영할머니(101)가 세상을 떠나 현재 이 마을에는 이언년할머니(93)가 최고령으로 생존하고 있다. 여주군 점동면 장안3리(관골마을)은 여주군에서 노인들이 많은 장수마을로 지정된 곳이다.

▲장수비결은. 일찍 일어나고 일찍 잠자리에 드는 것이 지금까지 살아온 비결이 아닐까 생각합니다. 여기에 수려한 자연에다 풍족한 인심이 지금까지 건강을 지켜온 숨은 힘이라 생각합니다.

▲마을 어른으로서 하고 싶은 말씀이 있으시다면 얼마전 중학교 선생으로 정년을 마친 큰 아들이 세상을 뜰 때 지켜봐야 하는 심정은 차라리 일찍 죽는 게 낫다는 생각이 들었습니다.

▲농사일이 장수에 도움이 된다고 보십니까. 이 마을 남자들은 늦어도 새벽5시면 논으로 나와 하루일 논하며 이것이 건강에 좋은것 같다"고 말했다.

- 여주 장수마을은 강원도와 인접한 곳으로 수려한 자연이 펼쳐진 곳이다. 이곳이 장수마을로 손꼽히는 이유는 수려한 자연과 함께 풍족한 사람들의 인심이 해답이다. 좋은 이웃과 아름다운 자연환경 속에서 누리는 삶은 풍요로울 수밖에 없다. 두말이 필요 없는 여긴 여주다.

천서리 막국수 축제 2001/9/6

"지역 주민만의 축제가 아닌 전국적인 축제로 거듭날 수 있도록 먹거리와 볼거리 등 다양한 행사를 기획했습니다" 지난 3일 시작된 제6회 천서리 막국수축제 윤희정 추진위원회 회장(43·천서리막국수 대표)은 "이번 행사를 통해 천서리 막국수축제는 전국 최고의 먹거리·볼거리 축제로 거듭날 수 있을 것"이라고 말했다.

- 멀리서 친구들이 찾아오면 처음에는 여주 대표 먹거리인 여주 쌀밥을 맛보였다. 그리고 남한강 매운탕을 맛보이고, 밤고구마를 맛보게 했다. 이번에는 천서리 막국수를 자랑할 수 있어 참 뿌듯하다. 먹거리가 넘쳐나는 여주를 고향으로 둔 나는 분명 행운아다.

가을 운동회 2001/9/21

가을 운동회가 시작됐다. 여주 오산초등학교(교장 양정열)는 20일 이용식 여주교육장을 비롯 신성순 총동문회장, 재학생과 학부모 등 500여 명이 참여한 가운데 가을 대운동회를 개최했다. 이날 운동회는 재학생과 학부모가 함께 참여, 100m 달리기와 고추먹고 맴맴, 청·백 이어달리기 등 다양한 체육행사가 펼쳐졌다.

- 어릴 적 추억을 떠올릴 수 있는 여러 가지 기억 중에 가을운동회는 단연 으뜸이다. 학생 때의 기억은 물론이고 어른이 되어 참여하는 운동회도 어린 시절 못지않게 설레고 소중한 추억이다. 이때만 해도 청군 백군 띠를 이마에 두르고 운동장을 종횡무진 뛰어다녔다. 하지만 20년 세월이 흐른 지금은 내 품에 안은 손주도 떨어뜨릴까봐 겁이 나는 걸 보니 세월 앞에 독불장군은 없는 법인 모양이다.

<기자노트>

여주 군민은 봉인가 2001/9/28

여주군 청사이전의 방향

이천 백사 산수유축제가 관람객들로부터 호응을 받지 못한 행사로 전락된채 막을 내려 뒷맛을 씁쓸하게 하고 있다.

9월만 해도 이천시 홈페이지에는 "산수유 축제를 저주하며""안내를 담당한 안내요원들의 태도가 냉랭합니다""산수유를 빙자한 장사에 급급한 축제""일부 힘있는 정치인들의 들러리 행사가 아니냐"는 내용의 비아냥성 글들이 계속 이어지고 있어 이번 산수유축제에 대한 상춘객들의 불만을 읽을 수 있다. 게다가 가족과 함께 축제 현장을 찾았던 시민과 행락객들은 주차인 내 요원들의 불친절과 주변에 난잡하게 형성돼 있는 먹자판 행락문화가 너무도 꼴불견이었다는 지적을 토로하고 있다.

10만여명으로 추정되는 외형적 관람객수에 비해 이들이 축제를 보고 느낀 소감이 전혀 딴판으로 나타나고

류 진 동
제2사회부/여주
jdyu@kgib.co.kr

제 이다.

화려한 외형적 포장에 급급했던
제는 여느 축제마냥 상혼에 찌든
제로 전락했다. 음식만 해도 그렇
비싼 가격대에다 대부분의 음식이
반 행락지와 별반 다를게 없는 보
음식이었고 축제현장은 온통 술
로 전락, 주최측이 돈벌
에만 급급했다는 비난을
할 수 없게 됐다. 이와함
만개되지 않은 산수유 축
현장을 찾았던 많은 인파
은 여기저기 널려져있는
자판 현장만을 목격한
발길을 되돌려야 했다.

시와 예총 등 주최측
행사를 위해 수천만원의
세와 행정력을 총동원하
시피했다. 축제의 성공
곧 오는 8월 개최되는 도자기축제
있어 절반의 성공으로 이어질 수
다는 확신에서이다. 그러나 관람
유치를 위한 외형적 단순 기법은
득했는지 몰라도 속내용을 얻어내

"초대를 해놓고 입장권도 안팔면서 출입을 막는 도자기엑스포가 과연 누구를 위한 행사입니까" 24일 오후 7시 세종가요제가 열리고 있는 세계도자기엑스포 여주행사장 야외공연장, 유명가수를 볼 수 있다는 자녀들의 성화에 농사일로 파김치가 돼버린 몸을 이끌고 행사장을 찾았던 주민들은 급기야 분통을 터트리고 말았다. 오후 7시가 넘으면 입장권 발매가 중단돼 공연장으로 들어갈 수 없다는 행사진행 요원들의 저지를 받았기 때문, 더욱 어이가 없는 것은 며칠전부터 유명가수가 출연하는 가요제에 참여해 달라는 마을 이장의 안내방송만 믿고 찾아온 주민들이 입장조차 못하는데도 구경만 하는 여주군의 무관심이었다. 이날 가요제에서 박용국 군수는 "군민모두가 엑스포를 성원해줘 고맙다"는 인사말을 했고 그순간 배신감에 휩싸인 주민들은 힘없이 집으로 발길을 돌려야 했다. 한편에서는 이날 공연이 당연히 무료인 줄 알고 찾아왔던 주민 300여명과 진행요원의 실랑이가 벌어졌다. 주민 안모씨(39)는 "오후 6시30분부터 행사장을 무료개방 한다는 방송을 듣고 행사장을 찾았다"며 "무료입장이 안되면 입장권이라도 팔아야 하는 것 아니냐"고 흥분했다. 이 같은 해프닝은 조직위가 지난 15일, 지역주민 폐장전 무료입장을 철회했는데도 정작 여주군은 이 같은 사실을 주민들에게 홍보하지 않아 발생된 것으로 확인됐다. 이날 주민들의 분통은 군의 무관심과 과잉홍보가 빚어낸 합작품이라는데 까지 생각이 미쳤다. 이번 일을 계기로 박용국군수와 여주군 관계자들은 지역주민이 소외된 채 치러지는 행사는 결코 성공한 것으로 볼 수 없다는 보편적 진리를 깨달아야 할 것이다.

"여주군 청사 주차할 곳이 없다" 2001/10/18

2001년 10월 18일 목요일 제4021호 17

"여주군 청사 주차할 곳이 없다"

하루 500대 찾는데 고작 73면…주민 불편

여주군 청사가 낡고 오래된데다 주차공간이 협소해 민원인들이 큰 불편을 겪고 있다.

17일 군에 따르면 현 청사는 지난 79과 94년 6천927여㎡의 신·구관이 건립됐고 91년에 군의회 건물이 신축돼 본관·별관·의회 등 3개 건물이 들어서 있다.

그러나 건물이 낡아 미관을 해칠 뿐 아니라 1실 12개과 사무실이 3개 건물에 흩어져 있어 민원인들이 사무실 찾기가 쉽지않은 실정이다.

특히 주차 면적은 고작 73면만 마련돼 하루 평균 400~500대에 이르는 민원인들의 차량을 수용하지 못하고 있다.

이에따라 주민들은 군청을 찾을 때마다 심각한 주차난에 시달려야 하는 불편을 겪고 있다.

/여주=류진동기자

여주군 청사가 낡고 오래된 데다 주차공간이 협소해 민원인들이 큰 불편을 겪고 있다. 17일 군에 따르면 현 청사는 지난 79년과 94년 6천927여㎡의 신·구관이 건립됐고 91년에 군의회 건물이 신축돼 본관·별관·의회 등 3개 건물이 들어서 있다. 그러나 건물이 낡아 미관을 해칠 뿐 아니라 1실 12개과 사무실이 3개 건물에 흩어져 있어 민원인들이 사무실 찾기가 쉽지 않은 실정이다. 특히 주차면적은 고작 73면만 마련돼 하루 평균 400~500대에 이르는 민원인들의 차량을 수용하지 못하고 있다.

- 주차난은 이제 대도시에만 해당되는 문제가 아니다. 사람들이 모이고 도시화가 집중될수록 주차 문제는 꼬리표처럼 따라다닌다. 앞날을 미리 내다보고 건물을 짓고 주차장을 확보할 수 있다면 얼마나 좋겠는가. 그럴 수 없다면 하루빨리 해결 방안을 찾는 것이 관에서 할 일이다. 여주도 차가 막힌다고 하면 기막혀하는 대도시 친구들은 여주의 이런 주차난을 제대로 알고 하는 말일까.

북부지역 뱀 싹쓸이로 들쥐 극성 2001/10/24

쥐의 천적인 뱀이 급격히 감소하면서 쥐에 의한 농작물 피해가 늘어나고, 유행성 출혈열과 렙토스피라 등의 전염병까지 번지고 있다. 특히 들쥐의 급격한 증가가 땅꾼들의 뱀 남획에 따른 생태계 파괴에서 발생, 대책마련이 시급한 실정이다.

가평 명지산 일대에서 군 환경보호과 직원들이 땅꾼들이 처놓은 그물을 제거하고 있다.

북부지역 뱀 싹쓸이로 들쥐 극성

전염병·농작물 피해막심

9~10월 도내 렙토스피라 발병 6명

유행성출혈열 감염농민은 9명이나

등의 배설물이 건조돼 먼지 등과 함께 호흡기를 통해 사람에게 전염되는 법정전염병으로 늦봄(5~6월)과 늦가을(10~12월)에 발병되며 감염되면 치사율이 매우 높다.

'대왕님표 여주쌀' 최우수쌀 영예 2001/10/30

대왕님표 여주쌀' 최우수쌀 영여

베스트 경기米 선발대회서 소비자단체 선정

경기미 고품질선포식 및 '베
트 경기미' 선발대회에서 '대
님표 여주쌀'이 소비자단체가
은 최우수쌀로 선정됐다.
지난 27일 성남농수산물 종합
유통센터에서 실시된 베스트
기미 선발대회에서 최우수쌀
선정된 대왕님표 여주쌀은 이
써 우리나라 최고의 품질로 다
입증됐으며 최고 쌀의 명성도

경기미 고품질선포식 및 '베스트 경기미' 선발대회에서 '대왕님표 여주쌀'이 소비자단체가 뽑은 최우수쌀로 선정됐다. 지난 27일 성남농수산물 종합유통센터에서 실시된 베스트 경기미 선발대회에서 최우수쌀로 선정된 대왕님표 여주쌀은 이로써 우리나라 최고의 품질로 다시 입증됐으며 최고 쌀의 명성도 이어가게 됐다. 이번 선발대회는 도내 30여개 농협지부가 참여, 각 지역에서 생산된 쌀로 밥을 지어 100여명의 소비자에게 테스트를 받는 결과 여주 가남면에서 생산된 쌀로 밥을 지어 최고의 밥맛으로 인정받았다. 여주쌀은 지난 99년 전국 최초로 실시된 '쌀 품평회'와 지난해 전국 '친환경농산물 품평경진대회'에서도 최우수쌀로 선정되기도 했다. 한편 군과 농협은 이 쌀을 전국 최고의 쌀로 만들기 위해 그동안 지역 특색을 살린 세종대왕 캐릭터를 이용한 포장재 개발과 친환경농법의 재배기술, 도정과정의 차별화 등 만전을 기해왔다. 대왕님표 여주쌀(진상미)은 현재 타지역 쌀보다 1만원정도를 더 받고 있으며 생산량 모두가 이미 예약이 끝난 상태다.

- 사람들의 입소문만으로도 이미 최고로 인정받고 있는 여주 쌀이 소비자단체가 선정하는 대회에서도 최우수쌀로 정식 인정받았다. 그 동안 여주 쌀을 전국 최고의 쌀로 만들기 위해 들인 여주의 노력이 드디어 빛을 발하고 있는 셈이다. 여주 쌀이 타 지역 쌀보다 비싸게 팔리지만 그럼에도 불티나게 팔리는 이유가 뭘까? 두말할 필요 없이 밥맛이 말해 주고 있다.

야생동물 밀렵 단속 2001/11/2

여주군은 최근 겨울철새 도래와 농한기를 맞아 야생동물 밀렵 및 밀거래 행위가 성행할 것으로 예상됨에 따라 이달부터 내년 2월말까지 4개월 동안 밀렵행위를 집중 단속한다고 1일 밝혔다. 군은 이 기간중 총이나 올무·덫 등 불법포획 도구를 이용한 야생동물 밀렵행위와 거래 및 가공·판매 행위는 물론 이를 사먹는 소비자도 중점 단속할 방침이다.

- 겨울철 농한기에는 야생동물들도 힘든 추위를 이기고 버텨내야 따뜻한 봄을 만날 수 있다. 안 그래도 힘든 시기인데 이때가 야생동물 밀렵 행위가 최고조로 성행하는 시기라니, 참 아이러니하다. 여주만 해도 훼손되지 않은 자연을 간직한 청정지역이다 보니 겨울철마다 반복되는 야생동물들의 수난이 계속되고 있다. 야생동물과 사람 모두 자연 속에서 공생할 수 있는 방법은 없을까.

여주 '國母의 고향' 관광자원화 2001/11/3

여주군은 조선시대 500여년 동안 7명의 왕비를 배출한 고장임을 적극 홍보해 이를 관광자원화 하기로 했다. 한글을 창제한 세종대왕과 양녕·효녕·성녕대군의 어머니이자 태종의 왕비인 원경왕후를 비롯 숙종의 인현왕후, 영조의 정순왕후, 순조의 순원왕후, 헌종의 효현왕후, 철종의 철인왕후, 고종의 명성황후 등 모두 7명이 여주지역에서 태어났다. 이에 따라 군은 여러 가지 고증을 통해 이들 왕비들의 생가를 복원, 명실상부한 명문가의 고장임을 널리 알리기로 했다.

- 여주는 그야말로 '국모의 고향'이라는 말이 딱 어울린다. 더불어 양반의 품성을 가진 고장인 것도 자랑스러워할 만하다. 그에 덧붙여 풍요로운 과거를 품에 안은 만큼 현재도 품격 있는 도시로 거듭나기 위해 주민 모두가 노력하는 여주라 더 자랑스럽다.

농·특산물 전시판매… 밥짓기 등 행사 다양 2001/11/7

농·특산물 전시판매…밥짓기 등 행사 다양

여주 농업인 한마당축제

'농업인 한마당 축제'가 오는 9일까지 여주군 여주종합운동장에서 열린다. 〈사진〉

군 농업기술센터, 농업인단체연합회 등이 참여하는 이번 행사에서는 여주지역에서 생산된 농·특산물 등이 전시·판매되며 5만여명의 관람객이 찾을 것으로 기대되고 있다.

이번 행사에서는 우수 농업인과 유공 공무원에 대한 표창과 함께 여주쌀 진상미 밥짓기와 배·사과 빨리 깎기, 굴렁쇠 굴리기, 우리떡 만들기, 새끼꼬기, 용마름 엮기, 동아줄 틀기, 시식회 등 다양한 행사가 열린다.

특히 참가자들이 직접 참여하는 벼 탈곡기를 이용한 마당질 체험행사와 여주쌀과 밤고구마 시식코너도 개설 운영된다.

이재룡 농업기술센터소장은 "2001 여주군 농업인 한마당 축제는 농업을 주제로 한국농업의 과거와 현재를 조명하고 21세기 선진농업의 비전을 제시해 지역농업의 경쟁력을 높이는 계기가 될 것"이라고 말했다.

/여주=류진동기자 jdyu@kgib.co.kr

'농업인 한마당 축제'가 오는 9일까지 여주군 여주종합운동장에서 열린다. 군 농업기술센터, 농업인단체연합회 등이 참여하는 이번 행사에서는 여주지역에서 생산된 농·특산물 등이 전시·판매되며 5만여명의 관람객이 찾을 것으로 기대되고 있다. 이번 행사에서는 우수 농업인가 유공 공무원에 대한 표창과 함께 여주쌀 진상미 밥짓기와 배·사과 빨리 깎기, 굴렁쇠 굴리기, 우리떡 만들기, 새끼꼬기, 용마름 엮기, 동아줄 틀기, 시식회 등 다양한 행사가 열린다. 특히 참가자들이 직접 참여하는 벼 탈곡기를 이용한 마당질 체험행사와 여주쌀과 밤고구마 시식코너도 개설 운영된다.

- 해를 거듭할수록 다채로운 행사로 진행되어 지역의 대표 축제로 거듭나고 있다. 서울 토박이인 지인이 이날 행사에 참석해 타작 기계 체험을 하고나서는 앞으로 나락 한 톨도 버리면 안 되겠다는 말을 남겼다. 3일 동안이나 어깨가 결리고 힘들었다고 한다. 농부의 아들이지만 탈곡을 한 기억은 많지 않다. 조상들의 쌀농사에 대한 정성이 명품 여주 쌀을 만든 것 같아 감사한 마음이 컸다.

<기자노트>

남 잘되는 일 못보는 인심 2001/11/17

기자 노트

남 잘되는 일 못보는 인심

류 진 동

가남농협에서 운영하고 있는 영동고속도로 상행선 여주휴게소 지역농.특산물 직판장 운영권을 둘러싸고 지역 일부 농업인단체와 휴게소측이 서로 군침을 삼키고 있다. 문제의 판매장을 지난 92년 가남농협이 위탁받을 당시엔 소득이 없을 것이란 판단 때문에 서로 운영권을 포기했던 곳. 그러나 수년전부터 차량 통행량이 급격히 늘어난데다 지역 무공해 특산물을 구입하려는 고객 발길이 늘어나면서 현재는 연 매출이 5억원에 달할 만큼 황금알을 낳는 거위로 변신, 경영권을 위탁받으려는 단체나 개인의 움직임이 활발하다. 가남농협이 운영하는 휴게소 직판장은 또 판매신장률이 최근 꾸준히 증가, 농협 전체수익 증대에도 효자 역활을 톡톡히 해내고 있다. 이처럼 매출이 증가하면서 운영권을 따내려는 일부 농업인 단체와 휴게소측이 최근 군청 등을 통해 운영부실 등의 문제점을 들춰내기 시작했다. 실제로 직판장 판매 담당직원의 출.퇴근 문제가 외부에서 거론되는가 하면 지역특산물 직판장에서 타 지역 생산 농.특산물이 판매되고 있다는 등의 문제가 최근 심심치 않게 회자되고 있다. 또 가남농협이 운영을 맡으면서 판매 사원에게 특혜를 주고 있다는 일부의 지적도 현장 확인결과, 정상적으로 운영되고 있었다. 그런데도 일부 인사들은 “사돈이 땅을 사면 배가 아프다”고 한다. 누구 잘되고 누가 성공하고는 전적으로 그가 얼마나 열심히 일하는가에 달린 것이 아닌가? 영동고속도로 여주휴게소 직판장은 농협 이미지 제고와 지역 특산물의 우수성을 공개적으로 홍보, 판매하는 곳이다. 문제가 있으면 당연히 수정해야 하지만 ‘배아프다’는 식으로 시기의 대상이 돼서는 안된다. 더 이상 휴게소 농,특산물 판매장을 둘러싼 문제가 재론되지 않길 기대해 본다.

농촌지역경찰서 '절도와의 전쟁' 2001/11/20

도농복합도시와 농촌지역 각 경찰서들이 절도와의 전쟁을 선포하고 나섰다. 김포경찰서(서장 박종위)와 여주경찰서 등은 최근 도시·농촌 지역을 막론하고 절도사건이 크게 늘면서 주민불안이 커지고 잇다는 판단에 따라 전 직원들을 동원한 절도 종합대책을 마련, 추진하고 있다. 특히 도난사건 발생률이 높은 사우·불변지역에는 경찰관과 의경을 증원배치해 24시간 순찰체제를 구축하는 한편 심야시간대에는 형사기동대를 집중 투입하고 있다. 또 농촌지역 빈집털이와 농·축산물 도난방지를 위해 농촌지역에는 이동 검문소 운용체제를 구축하고 방범순찰카드제와 빈집사전신고제, 농·축산가 특별순찰제를 가동하고 있다. 여주경찰서도 특용작물 및 가축사육농가 보호를 위해 농·축산물 절도 예방활동을 강화하고 있다. 여주경찰서는 범죄발생 가능성이 있는 취약농가 500여곳을 선정, 방범진단카드를 만들어 관할파출소에서 특별관리하고 있다. 경찰 관계자는 "농민이 안심하고 영농에 전념할 수 있도록 순찰 등을 강화하는 한편 범법자에 대해서는 반드시 추적 검거할 방침"이라고 말했다.

• 분명 절도사건인데 아직도 어린 시절 서리로 생각하는 건 아닌지 다시 한번 생각해 볼 일이다. 더군다나 서리하는 수준이 아니라 아예 농산물을 통째로 가져가는 일도 다반사로 일어나고 있다. 힘들게 농사지은 농민들에게 가을은 수확의 기쁨을 누리는 계절이어야 하는데 도둑맞을 걱정을 해야 한다니 세상이 변해도 너무 변한 것 같아 안타깝다. 어쨌든 불법은 불법일 뿐.

친환경 쌀 개발로 시장개방 파고 넘어야

2001/11/21

이천·여주쌀이 현재의 명성을 유지하고 소비자들에게 접근하기 위해서는 몇가지 보완·강화해아할 과제들의 있다. 우선 과거 임금에게 진상했던 진상미라는 우월감에 대한 보완이다. 진상미는 자채쌀로 귀결되지만 현재 임금님표나 대왕님표쌀은 사실상 그 품종이 지난 25년전에 일본에서 건너온 소위 추청벼(아끼바리)이기 때문이다. 따라서 그 맥을 다시금 정립해야 할 과제를 안고 있는 것이다. 지난해 이천시가 건국대 종합연구진과 연계해 편찬한 '이천쌀의 우수성과 성과제고방안 연구' 논문에서도 이같은 문제점과 대안책이 제기되고 있다. 논문에는 추청벼만을 고집할 것이 아니라 저투입·친환경 쌀 생산을 비롯, 이천 자채쌀의 복원을 주문하고 있다. 비록 자채벼는 없어졌지만 현재 보유하고 있는 한국 재래종을 이용하면 이천의 자연환경에 적응하는 최고 품질의 쌀을 생산할수 있다는 것이다. 또 지역농협의 RPC 시설 및 역할개선도 요구되고 있다. 특히 농민과 쌀 정책입안자들의 일체감 조성은 주목해야 할 대목이다. 이천·여주쌀을 위해 하나로 뭉쳐야 할 관련기관들이 서로 다른 생각을 하고 있다는 것이 문제로 지적되고 있다.

• 전국 최고의 쌀로 소비자들의 사랑을 받고 있는 여주 쌀이 사실은 일본에서 건너온 추청벼 품종으로 만들어졌다는 사실이 참 안타깝다. 다행히 이런 문제점을 인지하고 개선하려는 노력들이 조금씩 이루어지고 있다니 그나마 다행이다. 이 기회에 여러 가지 산재한 과제들도 해결하고 시장 개방에 맞서 싸우는 농부들을 온 마음으로 응원한다.

2001년 11월 21일 수요일 제4050호 17

특성화로 살길찾는 이천·여주쌀

'500년 전통 진상미… 최고 명품'

① '맛좋은 쌀' 유래
② 유통실태
③ 과제와 전망

'자채벼' 1491년 금양잡록서 첫 선

토양·기후조건 완벽·궁궐 등서 인기

특성화로 살길찾는 이천·여주쌀

"없어서 못팔아"… 소비자 인지도 최고

① '맛좋은 쌀' 유래
② 유통실태
③ 과제와 전망

20㎏기준 5만6천원 전년비 5% 상승

고유브랜드 통한 심뢰감 구축 기인

특성화로 살길찾는 이천·여주쌀

친환경 쌀 개발로 시장개방 파고 넘어야

① '맛좋은 쌀' 유래
② 유통실태
③ 과제와 전망

지역농협 RPC 시설·역할분담 절실

지속적 연구 등 관련기관 연계 시급

야생동물 밀렵단속 하긴 하나… 2001/11/30

여주지역에서 야생동물 밀렵행위에 대한 단속이 이루어 지지 않고 있다. 29일 군과 주민들에 따르면 지난 3년동안 군지역에 야생동물과 관련된 단속실적은 전무한 상태이다. 군은 경찰·지역자율환경감시대와 합동으로 야생동물 밀렵 및 밀거래 행위에 대한 단속을 연중실시하고 있으며, 밀렵행위가 심한 동절기인 11월1일부터 다음해 2월말까지는 특별단속기간으로 정하고 집중단속에 나서고 있다.

- 요즘 같은 세상에 야생동물 밀렵단속이라니, 이는 청정지역이어서 겪을 수 있는 일이다. 여주는 아직도 야생 동물들과 울창한 숲, 훼손되지 않은 환경을 유지하고 있다는 방증이다. 여주의 풍요로운 자연과 맑은 공기는 야생 동물들과 함께 공생할 때 그 의미가 더해진다는 사실을 잊어서는 안 된다.

농촌도로 등 5.4km 확·포장 2001/12/4

여주군은 농촌마을도로 및 농로포장 등 농촌마을 환경개선사업을 위해 내년까지 42억원을 투입키로 했다. 또 2006년까지 지역발전 5개년사업을 추진키로 하고 도비 874여억원 등 도비와 군비 1천749억3천만원으로 낙후된 농촌지역을 개발한다는 계획을 수립했다. 한편 내년부터 실시되는 농촌도로 포장사업은 여주읍 교리~가업리구간 0.9km를 비롯강천면 이호리~걸은리구간 0.4km, 흥천면 신근리~율극리 0.5km 구간, 산북면 상품리~하품리 0.4km 구간 등 농촌도로를 폭 3m 이상으로 마을 진입도로와 농로를 지역여건에 따라 콘크리트 또는 아스콘으로 확·포장할 계획이다.

- 농촌의 도로도 더 이상 흙길이 아닌 시대가 되고 있다. 도로 포장은 여러 가지 면에서 편리하고 좋지만 흙길만의 정취와 내음은 이제 추억 속으로 사라지고 있어 안타깝다. 기억 속에서 완전히 잊혀지기 전에 고향의 흙길을 눈으로 아니면 사진으로라도 남겨두어야겠다.

여주~양평 연결 36.66km 2001/12/8

가남면 본두리와 양평군 옥천면 아신리를 연결하는 길이 36.66km의 중부내륙고속도로가 오는 2008년말 완공 목표로 2003년초 착공될 전망이다. 7일 군에 따르면 건설교통부는 이 구간을 연결하는 중부내륙고속도로 건설을 위해 지난 93년 6월부터 94년 5월까지 기본설계와 타당성조사를 마친데 이어 올 9월부터 실시 설계를 진행중이다. 중부내륙고속도로 구간은 여주군 가남면 본두리~능서면 번도리~흥천면 문장리~금사면 전북리~양평군 강상면 송학리~옥천면 아신리다.

여주 축제의 고장으로 거듭난다. 2001/12/23

여주군은 수도권을 대표하는 관광지로 발돋움하기 위해 내년부터 매월 1회이상 연중 지역축제를 개최키로 했다. 21일 군에 따르면 영동고속도로 및 중앙고속도로가 확장·개통되고 중부내륙 고속도로 건설 등으로 전국 교통망의 중심지로 탈바꿈하는 것에 때를 맞춰 지역발전을 도모하기 위해 매월 1회 이상 지역축제를 열기로 했다. 여주군은 이에따라 내년 1월 '아름다운 관광여주 선포식'을 갖는 것을 시발점으로 매월 지역특성과 실정에 맞는 각종 축제를 마련한다. 3월에는 경기·강원·충청 등 여주와 접경지인 3개 도의 접경면 체육대회를 개최하고 4월에는 꽃·복숭아 축제와 벚꽃축제를, 5월에는 여주도자기박람회 및 도자기비엔날레와 세종대왕 숭모제전을 갖는다. 6월에는 강변둔치 보리밭축제를 예년보다 행사규모를 확대해 활성화하고 10월엔 세종대왕 즉위식과 하프마라톤대회·세종가요제·전국국악경연대회 등의 프로그램을 가진 세종문화 큰잔치를 연다. 이어 11월엔 8명의 왕비를 배출한 여주특성을 살린 명성황후 숭모제전과 여주특산물축제를 열기로 했다.

천년 숨결이 살아있는 고품격 관광도시

여주군수 선거 여론조사 결과

2002/1/10

강천면 장묘단지 조성 贊 24%, 反 21.6%

지방선거 여론조사

경기일보/케이엠

여주군민 500명 조사

시급한 현안

강천 장묘단지 조성

지역경제 활성화 방안

후보자 선택기준

박용국 '선두'…2위그룹 5명 추격

지방선거 여론조사

경기일보/케이엠

박 현 군수 지지·인지율 '1위'

2위~6위 격차 3%P내 혼전

'지역경제 활성화' 현안 1순위

모르겠다

여주 남한강변 얼음썰매장 개설 2002/1/12

여주 남한강변 개설 얼음 썰매장 '인기'

여주군은 남한강변에 얼음썰매장을 개장, 관광객들과 주민들에게 무료 개방하고 있다. 11일 군에 따르면 오는 2월말까지 방학을 맞은 청소년들에게 건전한 놀이공간을 제공하기 위해 여주읍 하리 고려병원 뒤편 남한강변 2천500여평에 얼음썰매장을 개설했다. 이 썰매장은 오전9시부터 오후 5시까지 무료 개방되며, 썰매장, 팽이돌리기, 빙구장, 스케이트장 등이 설치돼 있다. 군은 이 곳을 찾는 청소년들에게 우리 고유의 민속놀이를 되새기는 기회를 제공하기 위해 나무썰매 300여개와 민속팽이 100여개를 제작, 제공하고 있다.

지자체 새해설계 2002/1/25

※ 지자체 새해설계

품격있는 국제 문화관광도시 육성

18. 여주군

여주군은 2002년을 '품격있는 문화관광 도시육성'의 해로 정하고 정보화 기반시설 구축과 친환경 농업을 발판으로 여주를 알리는데 역점을 두기로 했다. 이에따라 군은 여주 도예인들과 긴밀한 협력을 통해 그동안 침체 늪에 빠졌던 도자기 산업을 지난해 엑스포를 계기로 적극 지원. 활성화한다는 방침이다. 또 국내 최대 생활자기 생산업체인 행남자기 여주 점동공장이 2월께 가동되면 이를 주축으로 지역 생활자기 생산업체들의 동반성장 발전책도 강구할 계획이다. 품격있는 문화관광 도시 육성을 위해서는 고달사지 발굴·복원사업추진과 파사성지 복원·명성황후 성역화사업·북내면 중암리고려 백제가마터 발굴작업, 신륵사 관광지내 유스호스텔 건립등 다양한 시설을 민자로 유치, 여주를 국제적인 관광명소로 조성한다는 계획이다. 또 근거리 통신망(LAN)과 초고속통신망(ADSL), 농어촌 위성인터넷 등을 농촌지역에 설치할 예정이다. 군은 지역경체 활성화를 위해 중소기업 육성자금 지원과 외국자본 공장과 벤처기업 육성및 유치 등 점동면 장안지방산업단지 입주를 적극 지원한다. 또 친환경농업으로 경쟁력을 강화하기 위한 차별화된 농·특산물 생산, 판매에 행정력을 지원하고 농업 기계화와 대형화, 전문화로 생산기반 확충과 논농업직접지불제와 친환경 농업직접지불, 친환경 오리농법 등 유기농 재배를 적극 유도하기로 했다. 이밖에 맑고·푸르고·깨끗한 여주가 친환경 생태공간으로 잘보존돼 있어 성남~여주간 전철이 건설되면 서울과 수도권 시민들의 안락하고 편안한 농촌자연 휴양촌(팜 스테이)을 조성, 발전시켜 나간다는 방침이다. 군은 11만 군민이 함께 힘을 모아 여주사랑 운동 전개는 물론 시만단체와 협력해 열린행정, 투명행정, 명예감사관제, 행정공개운영과 공청회, 군민제안제 등을 확대할 계획이다.

영농후계자 해마다 급감 2002/1/25

경기동부권역 농민후계자가 해마다 감소하고 있어 젊은 전문농업인 육성책 및 농촌인력 수급 대책 마련이 시급하다는 지적이다. 24일 여주, 이천, 양평 등 3개 시·군에 따르면 지난 81년 이후 정부가 전문농업인 육성을 위해 추진하고 있는 농민후계자가 지난 98년을 기점으로 급격한 감소 추세를 보이고 있다. 여주군은 98년 38명에서 99년 16명, 2000년 10명으로 줄어들었으며 이천시도 39명이던 농민후계자가 21명, 20명, 15명 등으로 해마다 감소하고 있다. 이같은 추세는 양평지역도 마찬가지로 98년 33명에서 지난해에는 14명으로 줄었다. 특히 여주지역은 청년 농업인 확보를 위해 정부가 지난 94년 이후 도입한 후계농업인 병역특례산업기능요원 또한 매년 신청자가 크게 줄어 2000년 10명에서 지난해에는 7명에 그쳤다. 반면 연리 4~5%로 최고 5천만원까지 지원되는 농민후계자 육성자금은 이같이 후계자가 줄고 있음에도 불구, 크게 증가하고 있어 농업경영에 큰 부담이 되고 있는 것으로 나타났다. 지난 99년 육성자금이 5억7천600만원에 그쳤던 여주군은 2000년도에는 8억4천900만원으로 급증, 농민후계자들의 영농자재비등의 부담을 반증하고 있다. 이같은 사정은 이천과 양평 등도 마찬가지여서 전문농업인 수급을 위한 정부차원의 대책마련이 요구되고 있다.

• 전국적인 추세이긴 해도 농사를 지을 농민이 점점 줄어들고 있다는 것은 참 안타까운 일이다. 일 년의 노고에 비해 주어지는 게 적은 건 아닐까 하는 우려와 고향을 떠나는 2, 3세대들의 밥벌이가 농사는 아니어야 한다는 1세대들의 생각이 농민으로의 길을 기피하는 것은 아닌지 생각해 볼 일이다. 특히 여주는 쌀의 본고장으로 농민 후계자들에게 적극적인 지지를 아끼지 않아야 한다. 결국 농사의 본질은 흙인데 흙을 떠나는 젊은이들을 불러들이는 세심한 전략이 필요한 때다.

여주 태평리저수지 등 2곳 2002/1/26

여주군은 올 봄 영농철을 앞두고 한해 피해를 막기위해 관내 2곳의 저수지에 대해 9천여만원의 예산을 투입, 준설키로 했다. 군은 관내 20여곳의 저수지 담수율을 조사한 결과, 북내면 가정리와 가남면 태평저수지가 퇴적물과 토사가 쌓여 담수율이 절반에도 미치지 못하는 것으로 조사됨에 따라 준설에 나서기로 했다.

남한강 청둥오리떼 2002/1/26

사진/여주=류진동기자 jdyu

남한강 청둥오리떼

여주읍 하리 고려병원 부근 남한강에 청둥오리와 고니 등 겨
날아와 아름다운 자태를 뽐내고 있다. 남한강에 찾아온 청
기러기목 오리과에 속하는 조류로 날개 길이 49~55cm, 몸무
색과 청색, 순백색으로 러시아 북부의 툰드라와 시베리아에
하순 한국과 일본, 중국 등지로 날아와 겨울을 보낸 뒤 이듬
아로 돌아가는 겨울 진객이다.

여주읍 하리 고려병원 부근 남한강에 청둥오리와 고니 등 겨울철새 수백마리가 날아와 아름다운 자태를 뽐내고 있다. 남한강에 찾아온 청둥오리와 고니는 기러기목 오리과에 속하는 조류로 날개 길이 49~55cm, 몸무게 4.2~4.6kg에 갈색과 청색, 순백색으로 러시아 북부의 툰드라와 시베리아에서 번식하고 10월 하순 한국과 일본, 중국 등지로 날아와 겨울을 보낸 뒤 이듬해 4월 다시 러시아로 돌아가는 겨울 진객이다.

여주 중앙통 재래시장 현대화 2002/1/28

여주지역 대표적인 재래시장인 중앙통을 중심으로 시장의 경쟁력 강화를 위해 7억원을 들여 올 연말까지 투명 아케이드(비 가리개)를 설치하고 낡은 건물은 도색한다. 상인들과 구은 재래시장을 2구간으로 나눠 너비 9m 길이 300m의 전천후 아케이드 지붕을 설치키로 하고 골목의 지붕등을 올 6월까지 단장할 계획이다. 군은 이와함께 재래시장 2개 구간을 차없는 도로를 지정하고 포장을 완료, 이용객들의 통행불편을 해소시키는 한편 시장 주변 농협 군지부~하리 여주농협간의 도로를 정비, 접근성을 높였다. 현재 여주중앙통과 하리재래시장에는 500여개 점포가 밀집돼 5일장이 정기적으로 열린다. 그러나 주변 인구가 3만명에 이르고 있음에도 불구, 최근 2~3년간 인근에 대형 할인마트점이 잇따라 개점하면서 영업에 어려움을 겪고 있다.

여주 일신·보통지구경리정리 2002/2/8

여주군이 추진하고 있는 2개지구 경지정리사업이 오는 6월 완공을 목표로 순조롭게 진행되고 있다. 여주군은 가남면 일신지구 127ha에 47억6천만원, 대신면 보통지구 33ha에 11억 8천300만원을 각각 투입, 지난해 11월부터 경지정리사업을 추진해 왔다. 현재 공정률은 일신지구 30%, 보통지구 40%다.

여주사과 특성화사업 선정 2002/2/15

여주군이 한강수계 관리기금 지원사업으로 여주사과 특성화 사업을 선정, 사과 농가를 지원한다. 군은 올해 경기도로부터 지원받는 청정 산업분야 지원금 16억6천만원중 2억원을 여주사과 종합기술보급을 위해 지원키로 했다.

'대왕님표 여주쌀' 육성 2002/2/16

여주군 농업기술센터(소장 이재룡)는 뉴라운드와 디지털 시대에 걸맞은 농업으로 혁신하고 '대왕님표 여주쌀' 산업을 이끌어갈 농업 경영인 육성을 위한 'BEST RICE' 농업인대학을 개설한다.

여주 명성황후 영상관 건립 2002/2/18

여주군은 명성황후생가기념관 인근에 명성황후 영상관을 건립키로 했다. 17일 군에 따르면 다음달초 20억여원을 들여 여주읍 능현리 명성황후생가 인근 1만여평의 부지에 연면적 200평 규모의 영상관을 착공, 오는 8월 완공할 계획이다.

"쏙새 키워 '부농의 꿈' 이뤘어요" 2002/2/25

"쏙새 키워 '부농의 꿈' 이뤘어요"

여주군 가남면 이광식씨 부부

혈액순환·기력 향상에 효능
농한기 고소득 작목으로 기대

"쏙새 키우는 것이 마치 자식 성장하는 것과 같습니다. 요즘 쏙새 수확에 하루가 어떻게 가는지 모르겠습니다"

여주군 가남면 연대리 이광식씨(62) 부부가 쏙새를 키우며 부농의 꿈을 이루고 있다.

이씨 부부는 지난해 6월 밭 1천300평에 쏙새 뿌리를 파종, 8개월만에 수확해 수도권과 서울 농수산물시장으로 출하하고 있다.

올해는 지난해보다 다소 가격이 하락했으나 4.2㎏짜리 600여상자를 수확, 1상자에 2만5천원씩 1천500여만원의 소득을 기대하고 있다.

이씨의 쏙새는 하우스가 아닌 노지에서 농약과 비료를 쓰지 않고 재배한 무공해 식품으로 시장에서 높은 가격에 거래되고 있다.

이씨는 지난 2000년까지 밭에 담배와 고추를 재배했으나 심한 가격변동으로 작목 전환을 고려하다 쏙새를 심게 됐다.

쏙새는 '들에서 나는 신비한 약초'로 불릴 정도로 식욕증진과 기력향상에 탁월한 효능이 있는 것으로 알려져 정월대보름 음식으로 식탁에 오르는 필수 음식이 되고 있으며 일명 씀바귀라고도 하며 예로부터 강장제로 널리 사용돼 왔다.

특히 쏙새는 소화기를 따뜻하게 하고 혈액순환을 촉진해 소화와 식욕증진을 돕고 알칼리성으로 위염과 위암에 효과가 있는 것으로 알려졌다.

이씨 부부는 "올해 쏙새를 출하한 뒤 내년부터 주변 밭으로 재배면적을 확대해 부농의 꿈을 일궈갈 계획"이라며 "아직 몇몇 농가에서 산발적으로 재배하고 있으나 작목반을 구성해 집단생산과 출하시기를 맞추면 농한기 고소득 작목이 될 것"이라고 자신했다.

"쏙새 키우는 것이 마치 자식 성장하는 것과 같습니다. 요즘 쏙새 수확에 하루가 어떻게 가는지 모르겠습니다" 여주군 가남면 연대리 이광식씨(62) 부부가 쏙새를 키우며 부농의 꿈을 이루고 있다. 이씨 부부는 지난해 6월 밭 1천300평에 쏙새 뿌리를 파종, 8개월만에 수확해 수도권과 서울 농수산물시장으로 출하하고 있다. 올해는 지난해보다 다소 가격이 하락했으나 4.2㎏짜리 600여상자를 수확, 1상자에 2만5천원선씩 1천500여만원의 소득을 기대하고 있다. 이씨의 쏙새는 하우스가 아닌 노지에서 농약과 비료를 쓰지 않고 재배한 무공해 식품으로 시장에서 높은 가격에 거래되고 있다. 이씨는 지난 2000년까지 밭에 담배와 고추를 재배했으나 심한 가격변동으로 작목 전환을 고려하다 쏙새를 심게 됐다. 쏙새는 '들에서 나는 신비한 약초'로 불릴 정도로 식욕증진과 기력향상에 탁월한 효능이 있는 것으로 알려져 정월대보름 음식으로 식탁에 오르는 필수 음식이 되고 있으며 일명 씀바귀라고도 하며 예로부터 강장제로 널리 사용돼 왔다.

여주지역 버스 툭하면 결행 배차시간도 '들쭉날쭉' 주민불편 2002/3/4

여주군을 운행하는 시내버스들이 배차시간을 제대로 지키지 않는가 하면, 결행 등을 일삼고 있으나 군은 관리할 권한이 없다고 뒷짐만 지고 있어 주민 불편이 가중되고 있다. 3일 주민들에 따르면 여주지역에서는 가남·점동·대신·북내방면등 외곽 농촌지역을 오가는 시내버스 39개 노선 46대가 운행되고 있다. 그러나 이들 시내버스 일부가 배차 시간을 제대로 지키지 않는 것은 물론 심지어 결행하는 사태까지 빈발, 주민들이 불편을 호소하고 있다. 또 버스에 카드사용 장비가 설치돼있지 않아 주민들은 할인혜택을 받지 못하는가 하면, 매일 잔돈을 준비해야 하는 불편까지 겪고 있다. 특히 외곽 지역인 산북·금사·강천면 지역 주민들은 아예 시내버스가 운행되지 않고 있다며 노선조정을 통한 시내버스 운행을 요구하고 있다. 이에대해 10개 읍·면을 운행하고 있는 D여객측 관계자는 "농촌지역은 수요와 공급의 불균형으로 적자가 누적되고 있어 추가 노선신설이 어려운 실정"이라고 말했다. 군 관계자는 "시내버스업체가 광주군에 위치하고 있어 군이 노선관리에 관여할 수 없다"며 "업체들이 노선변경과 추가는 어렵다고 밝히고 있어 도와 버스회사간의 협의를 지켜볼 수밖에 없다"고 밝혔다.

농촌지역 시내버스 적자 '허덕', 자가용 증가 인구감소, 승객 해마다 줄어 '경영난' 2002/3/6

농촌지역에 자가용 차량이 증가하면서 시내버스승객이 계속 감소 시내버스업체가 적자에 허덕이는 등 경영난을 겪고 있다. 이에따라 정부와 자치단체가 버스업계 경영난 해소를 위해 지원하고 있는 손실보상금도 매년 증가하고 있으나 업체의 적자를 줄이는데 큰 역할을 하지 못하고 있다. 5

일 군과 시내버스 업계에 따르면 현재 여주지역은 대원고속 47대의 시내버스가 각 읍·면 39개 노선을 운행하고 있다. 그러나 자가용 차량 등 수송이 늘어나는데다 농촌인구 고령화와 이농현상으로 인해 승객이 감소하고 있다. 이에따라 군은 시가지에서 외곽노선을 운행하는 차량에 대해 오지노선 보조금과 비수익 노선 보조금 등을 지원하고 있으나 지원금만 매년 늘어날 뿐 정상운영에는 별 도움이 되지 않고 있다. 실제 여주지역의 지난해 벽지노선 손실보상금으로 2억5천165만원이었으나 올해는 2천여만원이 증액될 예정이다.

- 정보가 빠른 세상에 살다보니 사람들은 서로 볼 일도 많아지고, 타 지역과의 비교가 한눈에 보이는 시대에 살고 있다. 그러다보니 불편이 더 쉽게 체감이 되고, 불편을 호소하는 목소리도 낼 수밖에 없을 것이다. 이를 원만하게 해결하기 위해서라도 주민의 편의를 생각하는 밀착형 행정이 필요한 때라는 걸 잊지 말아야 할 것이다.

여주 태평리 5일장 2002/3/7

사진/여주=류진동기자 jdyu@kgib.co.kr

여주 태평리 5일장

여주군 가남면 태평리 장날은 봄기운과 같이 활력이 넘쳐 흐른다. 6일과 11일 가남면사무소 입구에서 가남농협 앞까지 200여m에는 5일장인 태평리 장은 본격적인 영농철을 앞두고 농촌지역에서만 사용되는 여러가지 생활도구 좌판이 벌어져 행인들의 시선을 잡는다. 본격적인 농사철을 맞아 가남면사무소 입구에 마련된 재래시장에서 농부가 농사에 사용할 도구를 고르고 있다.

여주군 가남면 태평리 장날은 봄기운과 같이 활력이 넘쳐 흐른다. 6일과 11일 가남면사무소 입구에서 가남농협 앞까지 200여m에는 5일장인 태평리 장은 본격적인 영농철을 앞두고 농촌지역에서만 사용되는 여러 가지 생활도구 좌판이 벌어져 행인들의 시선을 잡는다. 본격적인 농사철을 맞아 가남면 사무소 입구에 마련된 재래시장에서 농부가 농사에 사용할 도구를 고르고 있다.

세계도자기엑스포2001 2002/3/13

세계적 도자문화 명소 '새단장'

한국방문의 해를 맞아 지난해 12월 제3회 한국관광대상을 수상하고 성공적 행사로 남게 된 '세계도자기엑스포2001 경기도'는 조직위가(재)세계도자기엑스포로 그 명칭을 바꿔 달고 새로운 출발선에 섰다. 한국도자의 재도약을 꿈꾸는 도자기엑스포는 13일 이천 도자센터 개관을 시작으로 내실있는 각종사업을 준비하고 있다. 우선 올해초부터 3개 행사장의 효율적 관리와 격년제로 개최될 제2회 경기도세계도자비엔날레 행사를 준비하는 상시 조직체계로 (재)세계도자기엑스포를 출범하고 각종 조례와 정관 정비에 나서는 등 공식업무를 시작했다. 조직은 당초 조직위원회 3본부 10실·부 115명에서 3본부 5부 62명(민간 53명, 공무원 9명)으로 감축하고 1사무총장, 5개 실·부, 3개 전시관 53명으로 출범, 작지만 능률적 조직개편을 단행했다. 아울러 운영예산 또한 추가적 예산지원 없이 관람객 입장료를 비롯해 엑스포 행사 수익금 183억원, 행사예산의 효율적 절감 집행에 따른 잔액분 280억 등 총 463억원으로 운영될 예정이다. 이중 350억원을 기금으로 적립하는 한편 나머지 113억원을 활용하여 도자쇼핑몰 건립과 행사장 시설보완 등 관람객 상시유치체계 구축과 수익성 창출을 위해 집행한다. 도자기엑스포 이국돈 기획실장은 "법인은 행사개최지가 세계적 도자문화 명소로 자리잡을 수 있도록 복합 문화 관광진흥, 도자문화 저변학대, 도자분야 경쟁력 강화 등 3대 목표를 설정, 운영해 나갈 계획"이라고 말했다.

▲상설전시관으로 탈바꿈

폐막이후 140여일 동안 동면에 들었던 이천 등 행사장내 세계도자센터를 비롯해 여주 세계생활도자관, 광주 조선관요박물관 등 3개 메인관이 상설전시관으로 탈바꿈한다. 우선 13일 개장하는 이천 주행사상내 세계도자센터는 세계 유명 현대작가 작품을 망라한 '현대 도자컬렉션'으로 꾸며져 주목된다. 주 행사는 특히 현대도자의 거장 피터 볼거스의 유작인 '팬린 2000'등을 비롯해 명품들이 즐비해 명실상부한 국내 최초 전문 도자상설전시관이자 국제적 현대도자 박물관으로의 위상정립이 기대된다. 20세기 후반 세계 현대도자를 이끌어 온 대가들의 작품에서부터 세계 중견, 신인작가에 이르기까기 총 300여점으로 현대 도자의 경향을 일목 요연하게 파악할 수 있도록 구성했다. 14일 개관하는 여주 세계생활도자관은 세계도자디자인전을 비롯해 생활도자전, 엑스포중 인기를 모았던 세계원주민토기전, 옹기전 등 생활도자의 진수를 관람객에 전해줄 것으로 보인다. 한국생활도자전은 엑스포 조직위 주최로 열렸던 공모전 생활부문 수상작으로 구성된데다 테이블 웨어 형식으로 전시돼 국내 생활도자 디자인 발전을 위한 촉매제로서의 역할이 기대된다. 여기 14일 개관하는 광주 조선 관요박물관은 백자의 제작과정에서부터 국보재현전, 한국전통도자전, 조선관요명품전 등 조선백자 500년 역사를 재조명하는데 주력한 것이 특징. 크기와 형태, 문양 등이 완벽한 조화를 이루고 있는 청화백자용문항아리를 비롯해 백자포도문 항아리 등 조선도자의 진수를 재현할 것으로 보인다.

▲상설도자쇼핑몰 운영

이천 등 엑스포단지는 도자기애호가들의 구매욕구 충족과 더불어 도자산업의 현실적 발전을 위해 상설도자쇼핑몰이 들어선다. 경제적 이해관계가 물려있는 만큼 완벽한 운영을 위해 현재 중장기적 운영체계를 용역의뢰중에 있으나 우선 월드컵을 대비한 단기 대책으로 오는 4월 1일 개장 목표로 행사장내 임시쇼핑센터가 선보일 예정이다. 우선 이천, 광주의 경우 각각 350평 규모의 임시시설물을 설치하는 한편 여주는 기존 영구 쇼핑몰 2천200㎡중 600㎡를 쇼핑몰로 보강, 활용할 방침. 영구 도자쇼핑몰은 이천과 광주 행사장에 신규로 건립함을 원칙으로 하고 있으나 이천지역은 기존 120여개 상설전시판매장이 3번 도로변 등 행사장 외부에 위치해 있음을 고려, 타당성 검증후 시행할 예정이다. 이와함께 판매장이 없는 광주지역은 금년 상반기중 착공 목표로 사업을 추진해 나갈 방침이다.

▲도예체험 등 볼거리 보완

전시관과 더불어 학생 및 일반 관람객을 대상으로 한 도예체험 교실이 도자교육의 산실로 자리잡을 예정이다. 특히 체험교실인 도예공방은 내가 만든 도자기, 토야·토우 만들기 등 다양한 프로그램으로 운영, 전시되며, 도예 전공자를 위한 도예 아카데미, 도예 평생교육원 등 학기제로 운영되는 교육 프로그램을 보강, 발전시킬 계획이다. 이와 별도로 세계도자기엑스포 자료전도 흥밋거리. 지난 엑스포의 이모저모를 한 눈에 볼수 있는 자료 전시전은 엑스포의 기획단계에서부터 행사 진행과정, 성과 등을 사진가 자료, 영상자료 등을 통해 80일간의 여정을 생생히 들여다 볼 수 있게 했다. 또 흙을 매개로 한 테마파크가 시설 보완을 거쳐 상설 개장되며 이천 곰방대가마의 경우 소프트웨어적 가치를 부여, 종합적 도예교육장과 지식습득형 관광자원으로 보완 발전시켜 일반인에게 개방된다. 한편 엑스포 단지는 새로운 변모와 더불어 오는 2003년 9월부터 60일간 개최 예정인 2003 제 2회 경기도 세계도자비엔날레 및 2004년 IAC(국제도자협의회)총회에서 그 진가를 더할 것으로 기대된다. 도자기엑스포 김태정 기획과장은 "국내외에 도자메카로 그 위상이 굳혀진 엑스포장과 세계도자기엑스포가 상설 전시관 개장과 더불어 2003년 비엔날레 및 2004년 국제도자협의회 개최로 그 명성을 더해 나갈 것"이라고 말했다.

1천년 숨결이 살아있는 고품격 관광도시로 뜬다 2002/3/23

세종대왕 영릉, 천년의 고찰 신륵사, 한말 비운의 주인공 명성황후 생가, 국내 목공예의 1인자 박찬수씨가 세운 목아불교박물관 등 1천년의 숨결이 살아 숨쉬는 여주군. 그러나 여주는 2천만 수도권 주민의 젖줄 남한강이 흐르면서 각종 규제에 묶여 개발이 극히 제한돼 왔다. 이런 여주가 2002년을 맞아 관광과 개발이 조화를 이루는 독자적인 중장기 발전계획을 수립하면서 군민들의 가슴속에는 20만명의 인구를 보유한 시 승격 꿈이 충만하고 있다. 한만규 여주문화원장은 “문화관광 여주의 이미지를 구축하기 위해 10여년간 예산은 물론 모든 군민들의 역량을 투입, 도심생활의 지친 수도권 주민들이 재충전을 할 수 있는 기반을 갖추고 있다”며 “주 5일 근무제가 본격화되면 여주는 농촌활동가 각종 레저활동을 즐길 수 있는 체험·체류형 관광도시가 될것”이라고 말했다. 현재 여주군에서는 시 승격에 대비한 기반확충사업이 다양하게 진행되고 있다. 인구 20만명의 자급자족 도시로 육성키 우해 가남면과 북내면을 읍으로 승격시키고 사통팔달의 교통망 조성을 위해 중부내륙고속도로 여주~구미, 영동고속도로 8차로 확장공사, 국도 37호선 우회도로 신설(4차선) 등 8개 중심도로 건설을 추진하고 있다. 또 미래지향적인 도시계획을 토대로 쾌적한 주거환경을 위해 여주읍 하리지구와 점동면 청안리, 북내면 천송리, 가남면 태평지구등을 토지구획도 한창 진행중이다. 정화영 도시과장은 “천혜의 자연자원을 갖고 있으면서도 각종 규제로 그동안 발전이 더뎌왔던 것이 사실”이라며 “그러나 여주는 문화유산이나 역사적으로 여주만의 독창적인 모습을 갖고 있는 만큼 이를 기반으로 개발과 조화를 이룬 계획도시로 개발해 나갈 방침이다”고 밝혔다. 애향심 고취와 전통문화 계승을 위한 사책도 여주는 남다르다. 천년숨결이 살아 숨쉬는 신륵사를 비롯 고다사지, 파사성지 등 70여점의 문화재를 지속적으로 관리, 복원하고 능서면 왕대리 세종대왕 테마파크와 북내면 천송리의 향토사료관, 강천면 걸은리 테마박물관 단지 등도 인근 유적지와 연계돼 새롭게 조성되고 있다. 이와 함께 세계도자기엑스포공원을 조성, 신륵사관광단지와 함께 또 다른 관광명소로 자리매김하고 있으며 청소년회관과 세계도자기엑스포공원 등도 문화활동을 영위할 수 있는 공간으로 거듭나고 있다. 생산기반 확충을 위한 사업도 심혈을 기울이는 대목이다. 박종열(49·전업농여주군연합회장)은 "친환경농법을 추진해 도·농복합형 도시로의 변신이 바람직하다"며 "외형보다는 내실을 기하는 도자산업육성 및 농업행정을 위해 대다수의 의견을 수렴하는 군정이 추진돼야 할 것"이라고 말했다. 이에 따라 군은 연차별로 경지정리와 하천개보수, 농기계화, 암반관정개발을 통한 농업용수 확보 등 농업 경쟁력 확보에 만전을 기하고 있다. 특히 여주쌀 진상미 품질향상과 토양관리전산화 8만여 필지, 환경농업 직접지불사업 898.6ha 1천76농가 육성, 베스트라이스 쌀 대학 등을 통한 친환경 농업 육성에도 주력하고 있다.

관광여주 홍보센터 개관 2002/4/10

여주군은 9일 여주종합터미널내에 관광여주 홍보센터를 개관했다. 이곳에서는 관광객들을 대상으로 군 문화유적, 관광지, 특산물 안내 등 여주홍보와 함께 관공서를 찾지 못하는 민원인들을 상대로 한 무인민원발급시스템도 설치, 운영한다.

- 앞선 행정으로 여주가 점점 발전하는 것은 분명 반가운 일이다. 홍보센터 개관 후 꾸준한 관리가 뒤따라야 할 것이다. 앞선 행정보다 지속적인 관리와 업그레이드가 무엇보다 중요하다는 사실을 잊지 말아야 한다.

여주쌀 브랜드 '우후죽순' 2002/4/12

여주군이 올해 6억여원을 들여 고품질 쌀 생산에 적극 나서고 있지만 여주쌀 브랜드가 난립, 여주쌀의 대외경쟁력 확보에 차질이 우려된다. 11일 군과 농협 등에 따르면 여주지역에서 생산되는 쌀 브랜드는 군과 농협이 공동 개발한 '대왕님표 여주쌀', 여주쌀 전업농의 '러브미 쌀', 늘푸른영농조합법인의 '자연의 미', '진상미', 'VIP 여주쌀', '여주 특미', 자체 쌀 등 모두 30여개로 이 가운데 현재 유통되고 있는 브랜드만 20여개에 이르고 있다. 이들 쌀브랜드 가운데 품질 인증과 상표·의장 등록 등 공인된 브랜드는 1개에 불과하고 나머지는 품질 인증을 받지 못한 채 유통되고 있다. 이에따라 여주지역 8개 단위농협에서 판매되는 쌀의 경우에만 품질인증을 받은 상태며 나머지는 인증을 받지 못한 채 천차만별로 판매되는 바람에 경쟁력에서 뒤지는 데다 여주쌀의 이미지마저 흐리게 하고 있다.

- 사람의 끝없는 욕심은 결국 본질을 훼손하는 법이다. 모두 자신만의 가치와 이익만을 앞세운다면 다함께 자멸하는 길밖에 없을 것이다. 서로 힘을 모아 하나의 브랜드로 통합하면 될 일인데, 현재만 보지 말고 먼 미래를 내다보는 안목이 절실히 필요해 보인다.

여주군, 체류형 관광단지 조성 2002/5/17

여주읍 연양리 일대 군유지 유원부지에 콘도미니엄과 각종 놀이시설 등을 갖춘 체류형 관광단지가 들어설 전망이다. 16일 군과 대순진리회 상생복지회(이사장 이순악) 등에 따르면 대순진리회는 여주군 여주읍 연양리 413 일대 군유지 1만2천㎡(유원지 부지)를 군으로부터 17억원에 매입, 이곳에 250억원을 들여 지하 2층 지상 12층 규모의 대형 콘도미니엄과 각종 위락시설 등을 조성할 계획이다. 군은 이 부지를 숙박시설용으로 추진, 지난 90년대 중반부터 매각에 나섰으나 환경부 등 중앙부처가 건축물 층

수와 부대시설 면적 등을 제한하는 바람에 구매자들이 수익성이 없다는 이유로 매입을 포기하는 등 매각에 어려움을 겪어 오다 이번에 매각됐다. 군은 이 부지에 숙박시설인 콘도미니엄이 들어설 경우 인근 20여개 골프장 이용객들과 신륵사, 세종대왕릉, 명성황후생가, 목아박물관, 고달사지, 파사성지 등의 관광지를 찾는 관광객들의 숙박이 가능한 체류형 관광도시로 전환될 것으로 기대하고 있다.

- 여주의 아쉬운 점이 그것이다. 천혜의 풍광으로 힐링이 되는 건 분명한 사실이지만 수도권과 닿아 있는 거리가 딱히 1박을 하면서까지 다녀 갈 장소는 아니라는 점이다. 그렇다면 이제 숙박을 해야 할 만큼 관광객들에게 제대로 된 볼거리를 제공해야 하는 것이 여주의 새로운 과제가 될 것이다.

여주 남한강변 보리밭 수확철 황금물결 '장관 2002/5/21

북내면 현암리 남한강변 둔치의 보리밭 3만여평이 황금물결로 장관을 이루면서 새로운 명소로 떠오르고 있다. 군과 농업기술센터는 이곳을 주민들에게 휴식공간으로 제공하기 우해 지난해부터 보리를 파종, 푸른 들로 가꿨다. 이 때문에 이곳에는 보릿고개의 추억을 떠올리려는 중년층과 사랑의 밀회를 나누는 연인들, 보리밭을 화폭에 담기 위해 찾는 미술작가 등 인파들이 줄을 잇고 있다.

- 오월의 눈부신 햇살과 푸른 보리밭은 그야말로 장관을 이룬다. 바람을 안고 일렁이는 아름다운 보리 물결에 열심히 카메라 셔터를 누르는 연인들도 그대로 그림이 된다. 이곳을 찾는 많은 사람들에게는 아름다운 추억을 선물하고, 수확된 보리의 수익금은 좋은 일에 쓰인다니 그야말로 일석이조라고 할 만하다.

농촌 중고 농기계 처리 '골치' 2002/5/22

본격적인 영농철을 맞아 농촌지역에 농기계 보급과 이용이 크게 늘면서 사장되는 중고 농기계가 급증하고 있으나 이를 취급하는 매매상 등이 전무, 농가들이 처리에 골치를 앓고 있다. 21일 여주군에 따르면 지난해 말 현재 여주지역에 보급된 농기계는 경운기 6천588대를 비롯, 트랙터, 콤바인, 이앙기 등 모두 9천 375대에 이르고 있다. 이는 지역 농가수가 9천707 농가임을 감안, 농가당 평균 1.6대의 농기계를 보유하고 있는 셈이다. 그러나 이들 농기계중 상당수는 신형 농기계 보급으로 상대적으로 효율성이 떨어져 방치되고 있으며 농기계 대부분이 연중 30일 정도만 사용되고 나머지 기간은 거의 방치되고 있는 실정이다. 여주지역에 보급된 이앙기는 4천 510대로 농지면적과 비교하면 이앙기 1대당 작업면적이 고작 3ha 정도에 불과한 상태다 이들 이앙기로 하루에 보급형으로는 0.7ha, 승용형으로는 0.2ha의 면적에서 모내기를 할수 있다. 이처럼 농가수나 농지면적에 비해 농기계보급이 크게 증가한 이유는 한때 정부가 농기계 구입 보조금 지급과 농기계를 효율적으로 관리, 활용할 수 있는 곳이 없어 농가들이 개별적으로 농기계를 구입했기 때문으로 풀이된다.

- 좋아진 농경 정책은 또 다른 문제를 발생시킨다. 모든 일에는 원인과 결과가 있다지만 미리 예견할 수는 없었는지 아쉬움이 남는다. 정부는 눈앞에 보이는 문제점들만 급히 해결하려고 하지는 않았는지, 농기계 판매상들은 수익을 내기에만 급급하지 않았는지 생각해 볼 일이다. 하지만 문제는 벌써 발생했으니 이제 적절한 해결방안을 찾을 일만 남았다. 이를 어쩌나?

'옛 진상미 손모내기' 2002/5/25

여주농업기술센터(소장 이재룡)는 24일 여주군 능서면 구양리에서 박용국 군수, 김경래 군의원을 비롯 주민 등 200여명이 참석한 가운데 '여주 진상미답 옛날식 손모내기'행사를 가졌다.

- 나날이 발전하는 영농 기술 속에서도 여전히 농촌의 아름다운 풍경을 간직한 여주다. 더불어 도시화의 반열에도 함께 올라 여주는 언제든 맘먹으면 갈 수 있다는 장점이 있다. 손으로 모내기를 하는 진풍경을 보는 산교육의 역사적 현장에서 고향의 숨소리마저 뿌듯하고 자랑스럽다.

6.13 격전지를 가다 여주군수 4파전 2002/5/27

"개발욕구 내가 해소" 4파전

6·13 격전지에 가다 여주군

박용국 후보 '대형 사업 무리없는 마무리' 평가
임찬선 후보 前군의장 체계적 도시개발 주창
정수진 후보 교직 20년·탕평책 인사 등 공약
권재국 후보 40대 기수론 젊은 정치구현 모토

박용국 후보 '대형사업 무리없는 마무리' 평가

임찬선 후보 군의장 체계적 도시개발 주창

정수진 후보 교직 20년 탕평책 인사 등 공약

권재국 후보 40대 기수론 젊은 정치구현 모토

광고사진 제 5회 여주군 진상명품전 2002/5/27

여주 남한강 둔치에 생활 체육시설 건립 2002/6/8

북내면 현암리 남한강 둔치에 내년말까지 축구장과 잔디광장 등을 갖춘 1만여평 규모의 생활체육시설이 들어선다. 7일 군에 따르면 내년 연말 준공목표로 50억원을 들여 북내면 현암리 남한강 둔치 3만여평중 1만여평에 축구장, 족구장, 배드민턴장, 잔디공원 등을 갖춘 생활체육시설을 조성할 계획이다. 군은 또 이곳을 찾는 주민들에게 불편이 없도록 주차장, 파고라, 벤치, 음수대, 화장실 등의 편의시설도 설치한다. 이곳 둔치는 군이 수년전부터 봄과 가을 보리와 메밀을 파종, 연중 푸른 초원을 가꾸고 있어 학생들의 자연학습장으로도 이용되고 있으며 일반 주민들도 옛날의 향수를 누리고 있다.

'연양리 강변유원지 안전 책임진다' 2002/7/2

여주경찰서(서장 정선모)는 여름철 물놀이 안전사고 예방을 위해 1일부터 다음달 31일까지 피서객이 많이 몰리는 여주읍 연양리 강변유원지에 '여름파출소'를 설치, 운영한다. '여름 파출소'는 경찰 3명과 전·의경 등을 상주시키고 구명 조끼 및 튜브, 로프, 구급약품 등을 비치해 안전사고에 대비하는 한편 순찰 및 청소년 선도활동도 벌일 예정이다.

여주 고달사지 부도 도굴로 훼손 2002/7/22

국보 제4호인 여주군 고달사지(高達寺址) 부도(浮屠)가 도굴꾼들에 의해 상륜부(相輪部) 일부가 훼손된 사건이 발생, 경찰이 수사에 나섰다. 21일 여주군, 여주경찰서, 문화재청 등에 따르면 지난 20일 여주군 북내면 고달사지에 있는 부도의 상륜부 일부를 구성하는 보주(寶珠)와 보개(寶蓋)가 땅에 떨어져 몇조각으로 훼손돼 있었으며, 이로인해 옥개석에 있던 귀

꽃 한개 또한 부서졌음을 확인했다. 이같은 사실은 이곳 암자 스님에 의해 발견돼 관할 여주군청에 신고되면서 알려졌다. 문화재청은 국립문화연구소 보존과학연구실 전문가를 현장에 파견, 긴급 보수작업에 나서는 한편 경찰도 동일 수법 전과자 등을 대상으로 수사를 벌이고 있다.

국보 4호 여주 高達寺址 훼손심각… 관리 부재 2002/7/27

국가 사적 제382호인 여주군 고달사지(高達寺址)가 수차례에 걸쳐 도굴꾼들에 의해 훼손되고 있으나 문화재관리청은 물론 관할 지자체인 여주군도 별다른 대책을 마련하지 못하고 있다. 26일 문화재관리청과 여주군, 주민들에 따르면 지난 21일께 고달사지(여주군 북내면 상교리 411)의 부도 윗부분(상륜부 相輪部)의 구슬 장식(보주 寶珠)과 덮개장식(보개 寶蓋) 등이 땅에 떨어지면서 조각이 나 크게 훼손됐고 지붕돌 귀퉁이를 장식하는 귀꽃 하나도 부러진 상태에서 한쪽으로 기울어졌다. 고달사지는 이에 앞서 지난60년대와 80년대에도 도굴꾼에 의해 수차례 훼손됐었다. 사정이 이런데도 관계당국인 문화재관리청은 별다른 대안을 강구하지 않는 가운데 방치하고 있는 실정이다. 실제 고달사지 인근은 인가가 드물어 도굴꾼들이 마음만 먹으면 언제든지 도굴이 가능한데도 단 한 명의 관리인도 없는데다 외부인 침입방지용 철조망조차 설치되지 않은 것으로 나타났다. 특히 이곳 석물을 떼어 먹으면 임신할 수 있다는 막연한 전설만 믿어 일부 여성들이 자주 경내에 들어와 석물을 마구 훼손시키고 있다. 주민 이모씨(61·여주군 북내면 상교리)는 "갈수록 훼손되고 있는 이곳을 제대로 관리하고 보호하려면 적어도 24시간 교대로 지킬수 있는 관리인 2명이 필요하다"고 말했다. 여주군 관계자는 "국보급 문화재나 유적 등은 문화재관리청이 직접 관리하고 있다"며 "효율적으로 지자체도 관리할 수 있도록 예산지원이 시급하다"고 말했다.

• 우리가 문화재를 바라보는 시각이 어떤지 되돌아보게 하는 일이다. 소 잃고 외양간 고치는 일이 계속 반복되고 있으니 참으로 안타깝다. 이를 계기로 역사를 기억하고 문화재를 지키려는 노력을 하게 된다면 이 또한 다행이다.

포돌이·포순이 소년단 하계수련회 2002/8/21

여주경찰서(서장 정선모)는 여름방학을 맞은 청소년을 대상으로 지난 15일 1박2일간 명예경찰 포돌이·포순이 소년단 하계수련회를 개최했다. 이날 행사에는 관내 14개 초·중학교 포돌이·포순이 명예경찰과 지도교사, 경찰관 등 73명이 참여했으며, 여주군 강천면 부평리 가마섬유원지에서 학교폭력예방과 교통질서, 수상안전교육 및 인공호흡 등 다양한 프로그램으로 진행됐다.

외국여성대상 전통문화교육 2002/8/29

여주군농업기술세터는 추석을 앞두고 다음달부터 1개월간 국제 결혼한 외국 여성들을 대상으로 한국의 전통 문화교육을 실시한다. 과목은 한국의 전통예절과 전통음식 등으로 전통예절은 한복입기에서 큰절하기 등 생활예절 중심의 교육이 실시된다.

• 전국적으로 다문화가정이 늘어나는 것은 이제 거스를 수 없는 대세가 되었다. 이제 그들도 우리와 함께 살아가야 할 이웃임을 잊지 말자. 변화하는 세상에 발맞춰 나가는 상생의 여주가 자랑스럽다.

여주군 내일부터 진상명품전 개최 2002/10/1

북내면 천송리 신륵사 도자기엑스포 행사장에서 임금님의 수라상에 오르던 진상미(여주쌀), 땅콩, 밤고구마 등을 전시하는 제5회 진상명품전을 연다. 첫날인 2일은 개막식과 함께 풍물한마당, 전통민속주경연 및 우리떡 만들기 경연대회, 초청공연(품바), 꽃꽂이, 지게질 장사 선발대회, 농요경창(예선) 등이 펼쳐진다. 3일은 전국 고구마요리 경연대회, 우리떡 만들기 시연 등이 마련되고 4일은 풍물한마당, 초청공연(난타), 남한강 가요제 예선 등이 열리고 5일은 초청공연(사물놀이와 마당극) 등이 전개되며 6일은 지게질장사 선발대회, 우리농특산물 세일,남한강가요제 결선 등이 열린다.

• 고구마, 옥수수, 쌀 등 우리 지역의 특산품을 이용한 행사로 애향심이 생길 수 있도록 진행했다. 도시형 행사를 어설프게 따라 하기보다는 지역의 색을 맞춘 행사로 한마음을 만드는 일이 무엇보다 중요하다. 지역 행사가 더욱 풍성하고 다양해진다면 지역을 알리는 데 톡톡히 한몫을 할 것이다.

"농·축산물 도난 걱정마세요" 2002/10/28

여주경찰서(서장 정선모)가 농촌지역의 수확기 농·축산물 도난사건 예방을 위해 발벗고 나섰다. 27일 여주경찰서에 따르면 매년 수확철만 되면 각종 도난사건이 빈번하게 발생됨에 따라 철저한 방범망을 구축, 도난 사고를 미연에 방지할 계획이다. 이 일환으로 다음달 15일까지를 농·축산물 도난 예방기간으로 설정하고 도난 예방 홍보전단을 배부하는 등 가시적이고 역동적인 방범활동을 적극 전개, 농민들이 안심하고 영농에 전념할 수 있도록 할 방침이다. 이와 함께 112 순찰활동을 강화하는 한편 앰프방송과 마을별 홍보방송을 통해 주민들의 경각심을 고취시키고 농민들의 바쁜 일손을 틈타 빈집털이가 빈발할 것에 대비 앞집봐주기 운동을 지속적으로 벌여나가기로 했다.

여주 공영주차장 준공 2002/11/22

여주군은 19일 오전 여주읍 창리 공영주차장 준공식을 가졌다. 이 공영주차장은 지난해 말 착공, 군예산 10여억원을 투입해 2천475㎡의 면적에 총 212대를 주차할 수 있다.

- 이런 것이 바로 확실한 도농복합이라 하겠다. 여주도 도시화가 빨라져 주차난이 심각해지고 있어 공영주차장 건립은 더 미룰 수 없는 일이 되었다. 불과 10분 거리밖에 안 되지만 복잡한 도심과 넓은 들판을 둘 다 품고 있는 천혜의 자연이 바로 이곳 여주의 자랑이다.

여주 가남농협 '농업인 한방 무료진료' 2002/11/26

여주 가남농협 '농업인 한방 무료진료'

분당차병원 한의사 등 초청 1천여명 진료

여주가남농협(조합장 신성순)이 분당 차 한방병원과 한의학 박사 등 10명의 한의사를 초청, 의료혜택을 못 받는 농업인을 대상으로 한방무료진료를 실시해 주민들로부터 칭송을 받았다.

지난 18일부터 5일동안 오전 10시부터 오후 6시까지 실시된 한방무료진료는 내과를 비롯 외과, 신경외과, 치과 등 과목별 한의사와 간호사 10여명이 참여, 농업인 1천여명을 대상으로 침과 뜸, 부황과 물리치료를 해준 뒤 한약으로 처방했다.

이날 진료를 받은 박병규씨(58·가남면 태평리)는 "오래전부터 관절염과 심한기침으로 늘 가래가 많아 고통을 받아 왔다"며 "한약과 물리치료를 병행해 치료를 받은 뒤 활동하기에 좋아졌다"고 말했다.

임상규 가남농협전무는 "1년 농사를 마친 농업인들이 농삿일로 지치고 병들어 늘 고생하는 것을 보고 안타까워 이번에 도 지역본부에 요청, 농업인을 대상으로 무료한방 진료를 하게 됐다"며 "앞으로도 주기적으로 한방 등 의료서비스를 제공할 방침"이라고 밝혔다.

/여주=류진동기자 jdyu@kgib.co.kr

여주가남농협(조합장 신성순)이 분당 차 한방병원과 한의학 박사 등 10명의 한의사를 초청, 의료혜택을 못 받는 농업인을 대상으로 한방무료진료를 실시해 주민들로부터 칭송을 받았다. 지난 18일부터 22일 오전 10시부터 오후 6시까지 실시된 한방무료진료는 내과를 비롯 외과, 신경외과, 치과 등 과목별

한의사와 간호사 10여명이 참여 농업인 1천여명을 대상으로 침과 뜸, 부황과 물리치료를 해준 뒤 한약으로 처방했다.

- 20년 전이면 여전히 농촌의 정서가 크게 남아 있었다. 요즘은 급변한 도시화와 의료시설의 확충으로 농촌 의료 봉사를 가는 지역이 지극히 제한적이지만 이때만 해도 여주는 농촌 의료 봉사를 오던 지역이었다. 세상은 살 만한 곳이다.

'정보유출' 캐디 해고 마찰 **2002/12/23**

남여주골프장이 노조간부인 경기보조원(캐디) 2명을 정보유출 등의 이유로 해고하자 노조측이 노조탄압이라며 크게 반발하고 있다. 22일 남여주골프장과 노동조합등에 따르면 골프장측은 지난 18일 2년여동안 경기보조원으로 일해온 박모씨(33·여)와 서모씨(34·여)등 2명에 대해 '회사기밀을 타부서와 외부에 유출했다'며 강제 해고 했다.

- 여주는 타고난 자연환경으로 어느 때부터인가 골프 특구의 이미지가 생겨났다. 하지만 사람이 모이고 이해관계가 얽히다보면 그에 따른 마찰과 어려움도 따르기 마련이다. 서로가 상생할 수 있는 해결책은 없는지 생각이 많아진다.

In 2003

농촌향수로 도시민을 유혹하다

'남한강 수놓은 철새들' 2003/1/15

'남한강 수놓은 철새들'

남한강변에 고방오리, 흰뺨 검둥오리, 쇠오리, 청둥오리 등 겨울철새들이 날아와 여주를 찾는 관광객들의 시선을 집중시키고 있다. 14일 주민들에 따르면 이들 겨울철새는 지난해 11월부터 찾기 시작, 지금은 수천마리에 이르고 있다. 이처럼 겨울철새들이 남한강을 찾는 이유는 여주군이 친환경적인 농업을 실시해 농약을 적게 사용하고 가을 추수 후 볏집을 농경지에 그대로 둬 철새들의 먹이가 되고 있기 때문으로 풀이된다.

불법주차 '꽉꽉'… 교통 '꽁꽁' 2003/1/22

불법주차 '꽉꽉' … 교통 '꽁꽁'

여주지역 주차공간 확보율 47% 근본대책

여주지역 도로 곳곳에 차량들이 불법으로 주차해 극심한 교통 체증을 유발시켜 주차장 확보와 단속 강화 등 근본적인 대책이 요구된다. 21일 군과 주민 등에 따르면 지난해말 현재 4만1천532대의 차량이 등록됐으나 주차공간 확보율은 47%에 그쳐 절반 이상인 2만2천여대가 길에 주차하면서 상당수가 간선도로변 등지에 불법으로 주차하고 있는 실정이다. 최근 3년간 주차단속 실적도 9천여건으로 연평균 3천여건을 넘어설 정도로 불법 주차는 심각하다. 실제로 여주읍 하리 농협서지점 앞에서 상리사거리구간 왕복 2차선 도로에는 거의 매일 승용차와 트럭 등이 양쪽 1차선에 걸쳐 도로를 점령하는 바람에 운전자들이 곡예운전을 하고 있으며, 한전사거리에서 군청 앞까지 도로 주변도 청호유통 등에서 쇼핑을 마친 고객을 태우려는 택시들이 많아 차량 흐름이 끊어지고 있고, 고려병원~상리사거리 청심로도 차량 100여대가 1.5km에 걸쳐 왕복 2차선중 1차선을 점령, 병목현상이 발생되고 있다. 이 때문에 출·퇴근시간에는 차량들이 꼼짝하지 못하고 있는데다 3~4분이면 충분할 길이 거리(3km)의 여흥로를 빠져나가는데 무려 20~30분이나 걸리고 있다.

• 빨라지는 도시화 속도에 복잡해진 교통체증이 여주도 예외는 아니다. 도로라는 것이 하루아침에 뚝딱 생기는 것도 아니고 갈 길 먼 도로 사정을 해결하려면 꼼꼼한 행정이 절실해 보인다. 눈앞에 닥친 문제를 해결하는 것도 필요하지만 도로 문제는 좀더 멀리 내다보고 계획적인 접근이 필요하다는 사실을 기억했으면 한다.

재미없는 졸업식은 '이제 그만' 2003/2/13

가남면 오산초등학교 6학년 서유정양(12·여)은 3학년 때부터 풍물놀이를 익혀 오면서 최근 장래 희망을 '국악 선생님'이라고 적은 뒤 설레는 마음으로 졸업식을 기다리고 있다. 졸업식에서 선생님들과 후배들 앞에서 자신의 꿈을 설명해야 하기 때문이다. '졸업은 또 다른 시작'이란 의미가 요즘 초등학교 졸업식장부터 일고 있다. 또 다른 변화는 초등학교 졸업식이 이처럼 어린이들에게 꿈을 심어주고 자긍심을 높혀주는 산 교육장으로 바뀌고 있다는 점이다. 그동안 통과의례에 그쳤던 졸업식에서 졸업생 전원이 상을 받거나 자신의 꿈을 적은 카드나 용지를 단지에 넣어 교정에 묻는 현실이 이를 설명해 주고 있다. 여주지역 22개 초등학교는 11일부터 시작되는 졸업식에서 '희망단지 묻기'등 다채로운 이벤트를 벌인다. 졸업생들은 자신의 꿈 단지를 묻고 20년후에 개봉하기로 약속하면서 단지를 묻은 장소에는 전교생의 이름과 개방 날짜를 적은 표석이 세워진다. 단지를 묻기 전에 강당에 모인 지역 유지와 학부모 앞에서 자신의 각오도 밝힌다. 졸업생 전원이 한복을 입는 학교도 있다.

"여성 보호·지역사회 봉사 최선" 2003/2/14

"여성의 지위향상과 권익보호에 최선을 다하고 지역사회를 위해 늘 봉사하며 회원상호간 화합과 친목을 다지는 데 최선을 다하겠습니다" 여주군 여성단체협의회장에 당선된 김소자씨(52)의 소감. 전남 화순 태생으로 지난 80년대에 여주로 이사온 지 23여년동안 부녀 의용소방대와 재향군인 여성회·여주문화원 여성위원회장, 여주읍 홍문7리 이장, 여주경찰서 어머니방범대장직 등을 도맡아 온 지역일꾼. 주어진 봉사활동에서 여성이 할 수 있는 일을 가리지 않고 찾아서 봉사활동을 해와 지역마당발이라는 것이 주위의 평.

• 시대가 변하고 여성의 지위가 향상되었다고는 하지만 여전히 여성의 최고 미덕은 현모양처라는 고정관념은 뿌리가 깊다. 변화하는 세상에 걸 맞는 새로운 여성상의 한 면을 제대로 보여준 여장부의 활약이라 할 만하다.

"여주지역 고품질 방송 서비스 최선" 최유홍 한국케이블TV 여주지사장 2003/3/5

"고품질의 방송을 시청할 수 있도록 최선을 다하겠습니다" (주)한국케이블TV 경지동부방송 여주지사장에 취임한 최유홍씨(42) 소감. 농촌지역까지 광범위하게 설치된 여주 유선케이블을 보완하고 노후된 선로를 일제히 정비, 대용량 광케이블을 설치하고 쌍방향 방송청취를 위해 우선 시범적으로 여주읍 시가지부터 설치하겠다는 것이 최 지사장의 계획. 최 지사장은 또 "지역실정에 맞는 방송시스템을 구축하고 방송의 질 향상을 위해 과감한 구조개편을 하겠다"며 "지역문화 발전에 최선을 다하겠다"고 강조했다

- 뉴미디어 시대를 맞아 여주도 준비를 철저하게 해야 한다. 여주 농촌 지역까지 설치된 노후화된 선로들까지 완전히 정비하려면 많은 예산과 시간이 필요할 것이다. 그렇기 때문에 지역 실정에 맞는 방송 시스템 구축은 뉴미디어 환경 개선을 위해 꼭 필요한 일이다.

"농약 안쓰고 자연의 숨결로 농사짓죠"

2003/3/10

사람들

"농약 안쓰고 자연의 숨결로 농사짓죠"

병충해 등을 방제하기 위해선 때론 농약 사용이 불가피하지만 그래도 어쨌든 농약을 전혀 사용하지 않으면서 농사를 지을 수 있다면…. 이같은 가정법이 현실에서 이뤄진다면 그만큼 자연은 덜 오염되고 훼손될 터이다. 생물학자들은 농약을 전혀 사용하지 않을 수 있다면 장수하늘소나 풍뎅이 등과 두루미 같은 천연기념물 등도 보호될 수 있다고 지적하고 있다. 여주군 능서면 신지2리에서 무림농원을 운영하는 정재운씨(46)는 이같은 명제를 충실하게 실천하고 있는 농업인이다. 그는 지난 80년대초부터 배과수원을 시작한 이래 20여년이 넘게 농약을 거의 사용하지 않고 홀로 터득한 유기농법으로 영농활동을 해오고 있다. 이같은 공로로 최근 그는 정부로부터 친환경 유기농 농산물 인증서(무농약 배부문)를 받았다. 농약을 사용하지 않은 농업인에게 전달되는 이 인증서는 경기도에선 정씨가 최초. 그는 오랜 기간 유기농 거름 등으로 토양의 중금속을 제거하고 토양을 기름지게 만들어 왔다. 하지만 이처럼 농약을 전혀 사용하지 않고 농사를 짓기란 현실적으로는 무척 어렵다. 비결은 무엇일까. "그동안 많이 실패도 했고 그래서 그때마다 포기하고 싶은 마음도 들었지만 물밀 듯이 밀려오는 외국농산물 속에서 우리 농산물이 경쟁력을 갖추려면 이 방법밖에 없다는 생각으로 이를 꽉 물었습니다" 그는 후손들에게 깨끗하고 아름다운 국토를 물려주기 위해서라도 농약 사용은 규제돼야 한다고 강조했다.

• 삶의 가장 근본이 되는 것이 바로 우리 먹거리다. 값싼 수입산 먹거리로부터 우리 농산물을 지키려는 정직하고 올곧은 싸움에 박수를 보낸다. 어렵지만 올바르다고 생각하는 일을 이렇게 묵묵히 해 나가는 무림농원 같은 곳이 있기에 여주의 농산물이 많은 사람들의 선택과 사랑을 받는 것이다.

원향사지서 통일신라 銅鍾 발견 2003/3/12

www.kgib.co.kr 단기 4336년 음력 2월 10일 제4448호 (2판)

여주 원향사지서 통일신라 銅鐘 발견

점동면 원부리 원향사지에서 통일신라시대 것으로 추정되는 동종(銅鐘)이 발견돼 학계의 관심을 모으고 있다. 11일 군과 기전문화재연구원 등에 따르면 정재규씨(41·여주군지 집필위원·충청북도 문화재 감정관)가 최근 원향사지를 답사하던중 산과 도로변 경계지점인 노리 부분에서 동종을 발견, 문화재관리청에 신고했다. 이번에 발견된 동종은 높이 27.5㎝ 지름 18㎝ 로 통일신라시대의 것으로 추정되고 있으며, 현재 여주군 향토사료관(박물관) 수장고에 지난 지표채집때 발견된 각종 막새기와 명기와 등 100여점과 함께 보고나 중이다. 이 동종이 발견된 원향사지는 8세기 무렵 창건된 후 10세기 무렵인 고려초 대규모 사세로 확장됐던 사찰로 현재 중부내륙 고속도로가 건설되면서 절터 중간을 가로 질러 시공돼 경기도 기전문 화재연구원이 지난 99년부터 3년간 3억여원을 들여 문화재지표조사가 이뤄졌던 곳이다.

여주에 국제 자동차 경주장 2003/3/13

강천면 강천리에 오는 2005년까지 1천억원(외자 500억원 포함)이 유치돼 국제규격의 자동차 경주장이 건립된다. 12일 군에 따르면 다국적 기업인 일본 혼다사가 최근 계열사인 혼다개발을 통해 국내 자동차 경주장 개발회사인 ㈜스피드파크에 50억엔(500억원) 규모의 투자의향서를 제출했다. ㈜스피드파크는 혼다의 투자금과 국내 조달 자금 등 모두 1천억원을 들여 오는 2005년 3월까지 여주군 강천면 강천리 산 74 일대 55필지에 포뮬러원(F1) 대회가 가능한 국제규격의 자동차 경주장을 설립할 계획이다. 스피드파크 장병남 사장은 "경주장 예정지인 사유지 24만평을 이미 확보했고 호텔 등 부대시설들이 들어설 군유지 13만평 매입은 여주군과 협의중"이라고 말했다. 혼다는 자동차 경주장 운영 노하우를 전수하고 경주장이 완공되면 경주에 참가하는 차량과 엔진 등을 공급할 계획이다.

- 그동안 F1 대회는 부산에서 개최되는 일이 많았는데 이제는 가까운 내 고향에서 스피드를 즐기게 될 날을 무척 기대했었다. 하지만 스피드를 즐기는 취미를 가진 이들에게는 무척 반가운 소식이었는데 아쉽게도 실제 경기장은 전남 영암군에 F1 자동차 경기장이 들어섰다.

불법 주정차 내달부터 단속 2003/4/14

여주군은 여주읍 중심시가지 일부 구간을 지난 7일부터 주정차 금지구역으로 지정 고시하고 이달말까지 홍보 및 계도 등을 거친 후 다음달부터 단속을 실시한다. 추가 주·정차 금지구역은 종합터미널(바이더웨이 식료품가게)~옹기구이 전문식당~한전 여주지점 등으로 이어지는 구간이다. 단속 대상은 주·정차 금지구역내 주차된 차량, 주차선내 대각선 주차 차량, 횡단보도나 인도 위에 주차된 차량, 안전지대 및 횡단보도로부터 10m 이내의 주차된 차량, 소화전이나 소방용 기계기구로부터 5m 이내에 주차된 차량, 버스정류장으로부터 10M 이내에 주차된 차량이다.

여주농기센터, 미생물 생균제 보급 2003/5/8

여주군 농업기술센터가 올해 축산농가에 미생물 생균제를 보급, 호응을 얻고 있다. 8일 군에 따르면 축산농가 63곳에 대해 매주 1차례씩 미생물 생균제를 나눠 주고 있으며 보급을 확대할 계획이다. 미생물 생균제는 유산균(Lactobacillus casei), 누룩곰팡이(Aspergillus oryzae), 고초균(Bacillus subtilis), 효모균(Saccaromyces cerevisiae), 방선균(Streptomyces griseus) 등으로 가축의 장기능 촉진 및 장내 유해균 억제, 섬유질 및 단백질 분해, 영양소(Vit류) 공급, 항병력 증진 등에 의한 악취 감소, 사료효율 개선 및 기호성 증진 등의 효과가 있다. 축산농가 김홍직씨(46)는 "농업기술센터가 보급중인 미생물 생균제를 급여한 결과, 식체증상이 없어졌고 악취도 감소됐다"고 말했다. 농업기술센터 관계자는 "미생물 숫자도 시판제품보다 훨씬 많아 효능이 높다"고 밝혔다.

가족과 연인과 체험 관광… 먹거리 볼거리 '그득' 농촌향수… 도시민 '유혹' 2003/5/14

농촌향수…도시민 '유혹'

"농촌의 넉넉한 즐거움과 체험관광을 동시에 즐길수 있는 팜스테이가 인기를 끌면서 도시민들을 유혹하고 있다" 수도권 맨 끝자락에 위치하고 강원도와 충청도, 경기도에 접경지역인 여주는 농촌특색사업의 일환으로 금사면 상호리와 주록리마을 2곳의 20여농가에서 민박과 농촌체험 프로그램을 개발해 각종 농촌체험행사를 개최, 매년 3만명의 수도권 주민들이 이곳을 찾고 있다. 이곳 상호리와 주록리마을에는 기암 괴석과 함께 어울어진 울창한 나무숲이 중후한 산자락에 푹 파묻혀 외부와 단절된 듯한 적막감과 함께 원시림에서 뿜어져 나오는 맑은 공기는 강원도 심산 유곡이 경기도 땅에 살짝 옮겨온 듯한 착각이 들 정도로 상쾌한 기분을 맛 볼 수 있는 아주 특별한 곳이다. 서울에서 1시간대의 편리한 교통에다 옛날 임금님께 진상했던 여주쌀의 고장. 산이 높고 산골이 깊은곳에 위치해 각종 산나물이 풍성하고 쌀과 땅콩, 찰옥수수, 금싸래기 참외, 표고버섯, 밤, 고구마, 감자 등과 유기농 야채와 잡곡 등이 지천이다. 전통방식 그대로 맷돌에 콩을 갈아 가마솥에 장작불로 손두부를 직접 만들고, 찹쌀을 시루에 쪄 절구에 찌는 방식으로 빚은 인절미 만드는 체험행사 등 다양한 체험 프로그램은 도시민들의 찌들은 스트레스를 푸는데 제격이다. 해 질무렵 시루에서 찐 따끈따끈한 인절미에 콩고물을 묻혀 하나씩 입에 넣는 맛은 어머님의 손맛을 느끼곤 한다. 또한 잔디밭에 모닥불을 피워놓고 직접수확한 밤고구마 등을 구워 먹으면 가족이나 연인들이 오순도순 이야기를 나눌수 있다. 날이 밝으면 여기저기에서 날아든 참새와 멧새 등 각종 텃새와 산새들의 재잘거리는 소리에 잠을 깨는 아주 특별한 농경풍경이다. 특히 세종대왕릉과 신륵사, 명성황후 생가, 목아불교박물관 등의 여주지역 문화관광지도 둘러볼 수 있어 도시민들에게 큰 인기를 끌고 있다.

여주군 '팜 스테이' 생태체험 밤줍기 등 인기 2003/9/18

자연과 더불어 관광을 즐기는 그린투어리즘시대를 맞아 여주군이 팜스테이(Farm Stay)사업에 본격 나서면서 최근 금사면 상호리가 관광명소로 부상하고 있다. 48가구 130여명이 모여사는 이 마을은 전형적인 산촌마을로 풍부한 산림자원과 수려한 자연경관을 모체로 생태체험 관광마을로 각광받고 있다. 특히 생태체험 관광마을을 위한 종합발전계획을 수립해 지난 99년부터 팜 스테이를 추진, 매년 봄 산나물채취행사와 가을 밤줍기 행사, 여주 밤고구마와 땅콩캐기행사 등 마을 이벤트행사를 벌여 연인과 가족단위 관광객들이 상호리를 찾아오게 하고 있다. 특히 동구밖에서 마을 입구까지 야생화단지를 조성하여 꽃향기가 그윽한 농촌마을로 조성, 소득작물 개발로 주민소득증대와 마을자립기금 확보로 친환경 농촌마을을 조성하고 있다. 현재 이마을 1만여평의 밤나무단지에는 쩍 벌어진 갈색 밤들이 '툭 투툭' 밤떨어지는 소리가 끊이질 않는다. 이와함께 마을농가와 농장에는 사슴·토끼·오리·닭·칠면조 등이 사육되고 있어 동물체험은 물론이고 주변에 금사토기, 금싸라기 참외밭, 상황버섯과 표고버섯 재배농가, 세종대왕릉, 명성황후 생가, 신륵사 등 문화관광체험 공간이 즐비해 테마관광코스로도 각광을 받고 있다.

- 시골의 정취를 그대로 품은 마을의 경치에 반하고 주민의 인심에 두 번 놀라는 팜 스테이가 뜨고 있다. 농업과 자연을 이용한 끝없는 개발은 하늘이 주는 상일지도 모른다. 마르지 않는 샘처럼 끊임없이 등장하는 다양한 놀거리, 즐길 거리들이 성장하는 여주는 현재진행형이다.

기름진 땅에 맑은 햇살 영글어… '수라상' 밥맛 그대로 2003/5/28

아직도 꾸며지지 않은 남한강을 끼고 돌아 그윽한 아름다움과 함께 할 수 있는 여주. 그곳으로 '쌀여행'을 떠나 보자. 갈채를 받고 있는 여주쌀의 향기는 예사로운 수준을 훌쩍 뛰어 넘는다. 화장으로 이목을 끌고 있는 '한계미인'이 극복해 내지 못할 수준 때문일 것이다. 여주쌀이 지난해 10월 경주에서 열린 2002 세계농업한마당에서 최우수상을 거머쥐던 날, 아름다운 쌀을 만들기 위해 흙과 뒹굴었던 사람들의 반응은 뜻밖에도 '늦어도 한참 늦었다'는 것. 참관자들의 눈길을 휘잡으며 심사위원들을 매료시킨 작품은 흥천면 유기농쌀작목반이 내놓은 '무농약 유기농쌀'. 여주쌀이 저마다 최고를 자부하던 전국의 내로라하던 쌀들을 한숨에 제치고 당당히 '황제미' 자리에 오르는 순간이었다. 여주쌀은 '국내 최대의 판매량을 기록한 쌀은 ' 여주산'이라는 언론보도가 잇따르면서 엄청난 부가가치를 누리기 시작했다. 경쟁지역 쌀들이 여주쌀에 비해 비교할 수 없을 정도의 홍보비를 쏟아부으며 '연출된' 인기를 누리는 동안 여주쌀이 조용히 소비자들에게 다가선 끈기와 저력의 원천은 도대체 어디에서 비롯된 것일까.

▲여주쌀, 없어서 못판다.

지난해 말그대로 '없어서 못판' 여주쌀은 이천과 철원의 임금님표 쌀과 오대미 판매량을 여유있게 2,3위로 밀어냈다. 진상할 쌀을 한양의 경창으로 실어 나르던 나루터 등은 여주쌀의 명성을 역사속에서도 일깨워 주고 있다.

▲최고 품질 식품으로 '공인'

군은 빼어난 다용도 쌀포장 디자인을 개발하는 한편 각종 쌀생산 관련 행사를 열고 관련 부서장들이 마케팅에 직접 나서 도시지역 대규모 판매처와 꾸준의 협상을 벌인 것이 여주쌀의 신뢰감을 업그레이드 시키는 계기가 됐다. '황제미'로 불리는 흥천면 유기농쌀은 국립농산물품질관리원의 품질 인증 기준인 '유기재배품질인증'과 '친환경농산물표시신고유기재배 심사', '농약잔류검사' 등을 단숨에 뛰어 넘어 명실공히 국내 최고의 쌀로 인정받고 있다. 이런 이유로 흥천면의 '황제쌀'과 가남농협의 찹쌀은 각각 풀무원과 남양유업, 국순당으로 납품돼 최고 품질의 식품으로 '환생'되고 있다.

"4-H 이념 재조명 농촌운동 재도약"

2003/6/9

"4-H 이념을 새롭게 조명, 농촌운동을 실천하자" 경기도 4-H지도자협의회(회장 성낙수) 임원 및 시·군 회장, 사무국장 지역순회 결의대회가 지난 6일 오후 6시부터 2일간의 일정으로 여주군 북내면 천송리 수정천 등지에서 개최됐다. 이번 행사에는 차재윤 도의원과 김기수 도의원 등과 박영신 도의회 농림수산위원장, 유용근 전 국회의원, 김일수 전 화성군수, 원종태 여주군의원, 이재룡 여주군 농업기술센터소장 등과 4-H회원 등 100여명이 참석했다. 참석자들은 개회식을 마친 뒤 분임토의시간을 갖고 '21세기 농업경쟁력강화'와 '4-H활동의 새로운 도약과 비전'등을 주제로 열띤 토론을 벌였다. 이 자리에서 조세환 부회장(여주 여강도예 대표)은 "4-H 근본이념을 다시 한번 점검하고 농업경쟁력 강화를 위해 친환경 농법의 농산물을 생산을 물론 신기술의 농법을 도입해야 한다"고 역설했다.

'작은 마돈나 보아' 고향 여주서 열창

2003/6/16

한국의 마돈나 보아가 고향인 여주 월드컵1주년 기념 '여주군민한마음음악회'에 초청돼 그녀가 가진 끼를 한껏 발산하는 무대를 선보였다. 이날 행사는 여주문화원과 여주군, 여주교육청이 공동으로 기획하고 용인 에버랜드 전속사회자 오환석씨의 사회로 학생과 주민 3천여명이 모인가운데 여주초등학교 운동장에서 펼쳐졌다. 보아는 최신 히트곡인 '아틀란티스 소녀'와 '넘버원'등을 열창하며 화려하고 세련된 몸 동작으로 청소년 관중들을 열광시켰디. 보아양은 "고향인 여주를 찾아 공연할 수 있어 매우 기쁘다"며 "작은 농촌지역에서 저의 공연을 보기 위해 이렇게 찾아 올 줄 몰랐다"고 말했다. 특히 보아는 이날 행사에서 여주군 홍보대사로 위촉받고 도자기와 대왕님표 여주쌀을 받는등 앞으로 여주홍보대사로도 활동하게 된다.

- 아시아의 별이라 불리는 보아의 명성이 여주를 빛낸 날이었다. 작은 몸에서 뿜어내는 에너지는 많은 관중을 단숨에 사로잡고도 남을 만했다. 여주의 자랑으로 우뚝 선 보아가 아시아를 넘어 세계까지 접수할 날도 멀지 않아 보인다.

마을단위 쓰레기종량제 시행 2003/6/21

여주군이 전국 최초로 마을단위 쓰레기종량제 사업을 실시해 환경오염 근절에 앞장서고 있다. 20일 군에 따르면 마을단위 쓰레기종량제 사업은 농촌지역을 대상으로 생활쓰레기를 주민들이 공동으로 분리 배출하고 처리비용을 분담해 납부하는 방법으로 종량제 봉투를 사용하지 않고 마을 공동으로 쓰레기를 관리하는등 모두 20여개 마을에서 시행하고 있다. 군은 쓰레기 분리수거함과 공동수집함 등을 제작, 이날부터 농촌마을에 보급했다.

- 삶을 더 풍요롭게 하도록 끊임없이 생각하고 실천하는 일이 결코 쉬운 일이 아님을 우리는 알고 있다. 내 생활의 터전인 여주를 위해 일하는 모든 이들에게 박수를 보낸다. 명품도시는 그냥 만들어 지는 게 아니다. 한마음으로 고향을 아낄 때 그렇게 되는 것이다.

이천~여주 도로변 활짝 핀 노란꽃 2003/7/7

42번 지방도 이천~여주방향 능서면 번도5리 앞 도로변에 금계국 등 수만본의 노란꽃이 만개. 이곳을 지나는 운전자와 여주를 찾는 관광객들을 맞이하고 있다. 여주의 관문인 이 도로는 차량통행량이 많은 곳으로 여름과 가을꽃을 중점적으로 심어 관광객에게는 아름다운 여주의 이미지를 심어주고 지역주민에게는 향기로운 내고장을 각인시키고 있다.

- 여주를 처음 방문하는 이들에게 아름다운 꽃길로 첫인상을 심어준다. 흐드러진 꽃 사이에 여름이 앉고 가을을 기다린다. 따가운 여름 태양도 바람도 어쩌지 못하는 여름 꽃들의 당당함을 보라. 가는 곳마다 맞이하는 형형색색의 꽃과 자연, 여주는 꽃길만 간다.

"이젠 우리가 天下之大本" 여주 자영농업고교 2003/7/23

"이젠 우리가 天下之大本"

농업계 고교를 거론할 때 여주군 여주읍 하리 산 4 일대에 위치한 자영농고를 빼놓을 수 없다. 국내 농업 기초인력을 양성하기 위해 지난 1945년 여주공립농업학교로 설립된 이 학교는 지난 84년 정부로부터 영농 후계자 육성을 위해 농업계 특수목적고로 지정됐다. 재학생 전원이 학비 면제와 기숙사 및 식비 등을 지원받는 공립학교로 그동안 많은 지역사회 지도층 인사들을 배출해오고 있다. 이 학교에 들어서면 오랜 역사와 전통을 자랑하듯 잘 정돈된 교정에 온갖 꽃과 나무들이 7월의 진한 향기를 품어 내며 이방인들을 맞는다. 북성산 기슭에 자리한 여주자영농고는 30만평의 넓은 부지에 65개의 각종 실습실과 본관, 연구동, 유리온실 등 농업과 관련된 실습실들을 갖췄다. 국내 최대 규모의 부지를 확보하고 전문농업인 양성을 위한 농업경영전문학교(전문대학과정)도 함께 위치해 있다. 교직원 100여명에 학생수 450명. 이학교를 보고 느낀 첫 인상은 한마디로 '광활함' 그 자체다. 이 학교는 '근면 성실한 영농인이 되자'란 교훈 아래 도덕성 함양과 봉사 협동정신 배양, 개싱과 창의성 신장, 건전한 정신과 신체 발달, 직업의 기초능력 배양 등을 목표로 100만㎡가 넘는 광활한 교정에서 한국 농업인의 미래를 이어갈 전문농업인 양성을 위해 다양한 교육과정을 펼치고 있다. 방학인데도 교정 곳곳에선 학생들의 도자기체험 프로그램에 열중하고 있었다. 이 학교의 역사는 지난 45년 3월로 거슬러 올라간다. 여주공립농업학교로 출발, 초대 박영목 교장 취임 후 51년 여주농고(농과 6학급)로 전문 농업인을 육성해오다 지난 84년 정부로부터 특수 목적고인 여주자영농고로 교명을 변경했다. 지난 92년 부설된 농업기계공동실습소 개소, 96년 여주농업경영전문학교 설치, 현재 52회째 졸업생 7천여명 배출, 농업경영전문과정 6차례 300여명 배출, 도 농업기계공동실습생 5천600여명 배출의 성과를 거뒀다.

• 이 아이들을 보고 있으면 미래의 농업은 또 다른 모습을 할 수도 있겠다는 생각이 든다. 도시로 떠나지 않고 고향에 남아 농사를 이어간다는 아이들의 마음이 대견할 따름이다. 잘 배우고 잘 자라서 한국 과학 영농의 길을 개척함은 물론 눈부신 발전으로 각자의 분야에서 우뚝 서기를 기대한다.

자유게시판 폐쇄, 네티즌 반발 2003/8/21

여주군이 홈페이지를 개편하면서 자유게시판 등을 없애 네티즌들로부터 반발을 사고 있다. 20일 군에 따르면 지난 1일자로 홈페이지를 현대감각과 현실적인 운영을 위해 수천만원의 예산을 투입, 수의계약으로 수원 모 홈페이지 제작업체에 의뢰해 대대적인 개편을 단행했다. 그러나 이 과정에서 비실명으로 운영돼오던 자유게시판 을 없앤 뒤 여론을 의식, 참여광장에 실명을 이용한 '여주군에 바란다'사이트를 개설했다. 특히 '여주군에 바란다'는 실명을 통해 민원을 받고 있지만 실명과 비실명 구분이 모호한 상태로 관리되고 있어 네티즌들에게 혼란만 가중시키고 있다. 이모씨(41·여주군 가남면)은 "군이 홈페이지를 개편하면서 자유게시판을 없앤 건 행정을 공무원 입장에서 펼치겠다는 뜻이 아니냐"며 "이는 행정편의주의적 발상"이라고 지적했다. 이에대해 군 관계자는 "홈페이지 통해 각종 병폐가 발생해 실명제로 바꿨다"며 신분을 밝히고 당당하게 민원처리를 요구하는게 타당하다"고 말했다.

• 온라인이란 공간은 익명으로 속내를 터놓는 묘미도 있는 법이다. 하지만 익명이라는 가면 뒤에 숨어서 분란을 조장하기도 하고 남에게 씻을 수 없는 상처를 주기도 한다. 그럼에도 움직이는 시민의 소리를 외면하고 현상을 있는 그대로만 이야기 하라고 하는 군의 방침에 네티즌이 목소리를 냈다. 이 양면성을 어떻게 잘 조율하는지가 관건이다.

여주, 가로등 청사초롱으로 교체 2003/9/16

여주군은 중심지역인 여주읍 세종로에 설치되는 가로등을 나트륨을 활용한 청사초롱등으로 교체한다. 이는 종전 가로등이 나트륨 250w로 설치된 지 10여년이 지나 밝기가 어둡고 주위 경관과도 맞지 않는다는 지적이 일기 때문이다. 이 등이 설치되면 여주 중심 시가지가 밝게 바뀌어 시장 활성화에도 도움이 될 것으로 기대된다.

- 청사초롱등을 달던 날, 마침 여주를 방문한 지인에게 청사초롱 예쁘지 않느냐고 물었다. 지인의 대답은 명쾌했다. "여주스럽네~!" 전통을 예쁘게 각색하니 현대적 세련미까지 더해져 여주의 색깔이 분명해진 느낌이다. 여주를 더 여주답게 해준다.

여주군 '골프왕국' 되나… 2003/9/22

여주지역이 골프레저산업 특구로 지정될 전망이다. 여주군은 국토의 균형 발전의 일환으로 골프레저산업 특구 지정을 경기도에 신청했다고 21일 밝혔다. 골프레저산업 특구로 지정되면 현재 골프장 12곳과 문화재 70여점을 보유한 천혜의 자연자원과 남한상 능을 활용한 체계적인 발전이 가능한데다 그동안 관련 법규 제약으로 골프장내 건립이 금지돼온 숙박시설과 위락시설 신축도 가능할 것으로 기대되고 있다. 여주지역은 수도권정비계획법과 상수원 수질보전특별대책지역 등 환경과 관련된 각종 법규로 개발에 많은 제약을 받고 있는데다 재정자립도도 33.9%에 그쳐 지역경제 활성화에 어려움을 겪고 있다.

여주 '골프·레저특구' 급물살 2003/10/2

여주군이 추진하고 있는 '골프·레저특구'가 급물살을 타고 있다. 임창선 군수와 골프장 대표들은 1일 세계도자기엑스포 VIP룸에서 지역발전 핵심전략에 따른 골프·레저특구 현안 등을 협의했다. 이날 회의는 최근 군이 도에 신청한 골프·레저특구 신청안이 재정경제부에 접수됨에 따라 골프·레저산업이 지역경제 활성화에 미치는 영향 등을 논의하기 위해 마련됐다. 골프장 대표들은 이날 "여주가 수도권내 1시간 거리에 위치한데다 남한강을 중심으로 영릉과 신륵사 등지에 문화재가 많아 골프·레저와 관광을 접목시킬 수 있는 최상의 조건을 갖췄으나 현행 수도권 정비계획법상 자연보전권역에는 골프장내 호텔이나 콘도 등의 숙박시설을 설치할 수없고 기존에 개발된 골프장의 부가가치를 더 높일 수 없으므로 골프·레저특구가 조속히 지적돼야 한다"고 주장했다. 한편 임 군수는 "골프장들이 지방세수의 25%를 납부하는 '굴뚝없는 공장'"이라며 "골프·레저특구 지정을 위해 적극 노력하겠다"고 말했다.

• 여주의 골프장은 전국 골퍼들의 사랑을 받는 곳으로 자리 잡았다. 대학에 골프학과가 개설될 정도다. 천혜의 자연을 품은 여주가 골프레저산업으로 지역 경제를 살릴 수 있으니 분명 환영할 일이다. 주어진 환경을 적절하게 활용할 줄 아는 것도 지혜의 힘이 아닐까.

여주 市승격 대비 청사이전 재추진

2003/10/13

지난 99년 군의회의 유보결정으로 지연됐던 여주군 종합행정타운 조성사업이 재추진 될 전망이다. 12일 여주군에 따르면 제3대 군의회에서 군청사 이전부지가 여주 중심에서 4㎞이상 벗어날 경우 지역상권 붕괴는 물론

군 재정상 380여억원을 투입하는 것은 타당하지 않다는 결정을 내려 지난 해 6월말 자동적으로 안건이 폐기된 군청사 이전문제가 다시 추진될 움직임을 보이고 있다. 군청사 이전을 처음부터 추진한 전 박용국 군수도 지난해 6월로 임기가 끝나 군청사 이전이 전면 백지화 됐다가 최근 임창선 군수를 중심으로 시승격 대비를 위한 시설확충은 물론 미래지향적인 종합행정타운 조성의 기틀 마련을 위해 군청사 이전이 임기 중에 마무리 짓겠다는 입장을 표명하고 나섰기 때문이다. 임 군수는 "현재 군민들로부터 군청사 이전의 필요성에 대한 공감대가 이미 형성되고 있다"며 "여주공설운동장 인근 여주읍 하리 산9-8 일원에 1만528평 규모의 공용의청사 부지 소유권도 이미 확보했다"고 밝혔다.

장애인·노약자 민원창구 별도 운영

2003/10/3

여주군은 지난 1일부터 거동이 불편한 장애 및 노약자를 위한 민원창구를 청사 1층에 별도로 설치, 운영에 들어갔다. 군의 이 같은 조치는 노약자와 장애 민원인이 청사를 방문해 민원을 접수할 경우 이동 불편을 해소하기 위한 것으로 종합민원과와 사회복지과에 노약사와 장애인 전용 민원창구를 설치, 민원 해당 부서 담당자를 호출하여 민원을 처리하게 된다.

- 다함께 사는 세상이라는 것은 누구나 알고 있지만 실천은 생각만큼 쉬운 일이 아니다. 세상과의 소통이 어려운 이웃들을 위해 몸소 실천하고 약자를 챙기는 마음이 따뜻한 여주가 자랑스럽다.

유적지에 아파트공사 강행 여주 매룡리 '신라시대 고분 등 발견' 현장보존 요청 무시 2003/10/28

신라시대 고분 5기가 발견된 여주군 여주읍 매룡리 유적지 인근에서 추가로 석기시대 것으로 추정되는 유물(깬 돌)이 발견됐음에도 불구, 500가구 규모의 아파트 신축을 위한 토목공사가 여전히 강행되고 있어 문화유적 훼손이 우려되고 있다. 27일 군과 경기문화재단 부설 기전문화재연구원 등에 따르면 여주읍 매룡리 일대에선 지난 99년 기전문화재연구원에 의해 신라시대 고분 5기와 같은 시대 유물로 보이는 청동으로 만든 머리 장식품 1점, 청동으로 만든 말방울 1점, 도자기 1점 등 유물 6점이 발견됐다. 유물 발견 이후 기전문화재연구원은 군의 협조를 받아 현장을 보존처리토록 행정처리를 진행하는 한편 경기도에 표본 지표조사를 의뢰했다. 사정은 이런데도 군은 이 현장에서 400여m 떨어진 여주읍 연양리 일대에 영진씨엔아이(주)가 신청한 아파트 498가구(32평형과 33평형)의 건축허가를 내줬다. 이에따라 현재 이회사는 오는 2005년 완공을 목표로 지난 8월부터 공사에 착수했다 이에대해 군관계자는 "신라시대 고분들은 아직 문화재로 지정되지 않은데다 현행 '문화재보호법'은 문화재로부터 500m 이내에서 금지되는 건축물은 연면적 3만㎡이하로 규정하고 있어 이에 해당되지 않아 건축허가를 내줬다"고 말했다.

여주 매룡리 신라 고분군 등 발견 유적지 아파트 공사 중지명령 2003/11/1

여주군은 신라 고분군과 석기시대 유물들이 다량으로 매장된 여주읍 매룡리 영진리버빌 아파트 신축현장(본보 28일자 1면 보도)에 대해 공사중지명령을 내리고 사태 수습에 나섰다. 군 고위 관계자는 31일 "지난 29

일 여주읍 매룡리 영진리버빌 아파트 신축현장에 대해 현재 진행중인 공사를 즉각 중지하고 경기도와 문화재청 등에 대해서도 지표조사를 조속히 실시해 줄 것을 촉구하는 공문을 전달했다"고 밝혔다. 이 관계자는 이어 "특히 영진리버빌 아파트 시공업체인 영진씨엔아이㈜에 대해선 문화재 보존을 위해 공사 중지를 요청한데 이어 토사 15t을 반출해 신라 고분과 석기시대 유물들이 발견된 현장을 훼손시킨 책임을 물을 방침"이라고 밝혔다. 이 관계자는 또 "경기도 문화재단 소속 연구원으로부터 여주읍 매룡리 영진리버빌 아파트 신축현장에서 유물이 발견됐다는 공문을 접수받아 시공업체에 대해 공사 중지명령을 내렸으나 공문을 접수하는 과정에서 이해를 달리해 공사가 진행된 것 같다"며 "일단 공사를 중지시키고 위법행위가 드러나면 현장 관계자들에게 책임을 물을 것"이라고 말했다. 이에 대해 영진리버빌 아파트 신축현장 관계자는 "발견 현장만 보존해야 하는 줄 알았다"며 "공문에는 현장을어디까지 보존하고 공사를 하라는 구체적인 내용이 없었다"고 해명했다.

유적지 훼손 건설사 검찰 고발 2003/11/4

여주읍 연양리 구석기시대의 고분군에서 유물이 발견됐음에도 불구 아파트공사를 강행,유적지가 훼손돼 말썽을(본보 1일자 1면 보도) 빚고 있는 가운데 여주군이 아파트건설 시행사인 Y건설에 대해 공사중지 불이행 및 문화유적지 훼손 혐의로 검찰에 고발했다. 여주군은 고발장에서 "Y건설측이 지난 9월22일 도문화재단소속 기전문화연구원이 구석기시대의 유물등이 발견됐다며 아파트현장에 대해 보존해 줄 것을 요청, 지난달 2일 Y건설측에 현장보존을 요청하는 공문을 발송했으나 공사를 강행해 유적지를 심하게 훼손시켰다"고 밝혔다.

구석기 유물 출토지 공사중단 장기화 전망 2003/11/14

여주군 여주읍 연양리 348의 4 일대 영진리버빌 아파트 신축현장에서 구석기시대 유물이 출토돼 공사가 중단된 가운데(본보 지난달 28일자 1면) 경기문화재단 문화재위원팀이 현장을 2차례 방문, 조사의견서를 내고 현장에 대해 정밀조사와 함께 시굴을 요청해 공사가 장기간 중지될 전망이다. 경기문화재단 관계자는 "이미 상당 부분 유적지가 훼손돼 정밀조사를 벌여야 할 것으로 보인다"

- 유적지를 훼손하는 일이 과연 어떤 의미인지 알고는 있는지, 공사를 강행한 그들에게 묻고 싶었다. 이 때 가치를 지키고 바로 잡아가는 일이 얼마나 보람되고 감동적인지 다시 한 번 느꼈다. 고향 땅 곳곳의 소중한 가치를 보호하고 주민의 안전을 위해 할 수 있는 일을 다 해야 한다는 사명이 싹트기 시작했던 시기로 기억된다.

정화조 없는 '청정 여주' 만든다 여주군·환경부 2003/12/2

정화조 없는 '청정 여주' 만든다

오는 2007년까지 여주지역 정화조가 모두 사라질 전망이다. 그동안 생활하수는 정화조를 통해 한번 걸러진 뒤 하수종말처리장으로 연결됐으나 앞으로는 생활하수가 직접 하수종말처리장으로 유입돼 정화되기 때문이다. 1일 여주군과 환경부 등에 따르면 환경부는 한강수계 9개 시·군의 맑은 물 보존대책의 일환으로 4개 권역으로 나눠 정화조가 필요 없이 생활하수를 직접 하수종말처리장까지 연결하는 공사를 추진하기로 했다. 군은 이를 위해 지난 10월부터 오는 2007년 5월까지 여주읍과 북내면, 대신면, 흥천면 등지에

250억원 규모의 예산을 투입, 새로운 기법과 신기술 등으로 하수관로를 정비할 계획이다. 이 공사가 완료되면 여주읍 등 4개 지역 2천 200여가구에서 배출되는 생활하수가 정화조를 거치지 않고 우수와 분리되면서 직접 하수종말처리장으로 연결돼 처리, 수도권 2천500만 주민들이 마시는 팔당상수원 수질이 크게 개선되고 주민들도 수백만원의 정화조 설치비용을 절감할 수 있을 것으로 기대된다. 그동안 여주하수종말처리장은 빗물 등이 유입돼 정화능력이 별다른 효과를 거두지 못했으나 앞으로 생활하수만 유입되면 하수처리율이 크게 증대돼 수질도 크게 개선될 것으로 보인다.

남한강 철새가 사라진다 2003/12/9

THE KYEONGGI ILBO

남한강 철새가 사라진다

원앙새·새홀리기·중백로·재두루미 1년새 자취 감춰

철새 도래지로 유명한 남한강이 각종 공사에 따른 환경 악화와 동력선 기름 유출로 인한 수질 오염, 충주댐 수위 조절 등의 영향으로 찾아 오는 철새들이 갈수록 줄고 있다. 8일 여주환경운동연합과 여주군 등에 따르면 최근 팔당상수원 상류인 남한강을 대상으로 철새 개체수를 조사한 결과 지난해까지 목격됐던 천연기념물 제327호인 원앙새와 환경부 보호종인 새홀리기 등은 올해 아예 자취를 감췄다. 또 덤불해오라기와 중백로 등도 겨울에 찾는 철새들이 남한강을 찾아오지 않고 있으며 천연기념물인 재두루미도 올 겨울에는 찾아 볼 수 없는 실정이다. 흰뺨검둥오리와 청둥오리 등도 사정은 마찬가지로 지난해까지만해도 45종 3천여마리가 관찰됐으나 최근 들어선 절반 이하인 1천~1천500여마리로 감소했다. 환경운동연합은 이처럼 철새수가 급감한데 대해 지난 2001년부터 시작된 여주우회도로 건설에 따른 교량 개설공사와 양섬 정비과정에서 발생된 환경 악화, 지난달부터 동력선을 이용한 어로작업으로 선박에서 유출되는 기름으로 인한 수질오염, 남한강 상류에 위치한 충주댐의 수위조절 때문으로 풀이하고 있다. 군 관계자는 "남한강에서 어로행위를 할 수 있도록 면허를 내줘 주민들이 동력선과 무동력선 등을 이용해 고기를 잡고 있으며 이들 배에서 유출되는 기름 등도 남한강 수질을 오염시키고 있다"며 "각종 공사가 마무리되는 오는 2006년께 철새들이 다시 찾을 것"이라고 말했다. 서울시립대 환경공학과 이경재 교수는 "남한강에서 철새들이 줄고 있는 건 남한강에서 진행되고 있는 각종 개발공사와 인위적인 충주호의 수위조절 때문"이라며 "철새보호를 위해 안정적인 수위공급과 어로 행위 금지 등의 대책이 시급하다"고 지적했다.

• 환경을 파괴하는 건 언제나 무분별한 개발과 인간의 욕심 때문이다. 철새도래지에 정작 철새가 없다면 무언가 잘못되고 있다는 얘기다. 자연은 우리에게 이미 많은 것을 주고 있는데 주민들도 살고, 환경도 보호할 수 있는 방법은 정말 없는 걸까? 다함께 잘 살 수 있는 방법을 찾는 소중한 계기가 되었으면 좋겠다.

여주~상주, 대구~포항 중부내륙고속道 내년 12월 개통 2003/12/15

한국도로공사 경기사업소는 내년 12월 중부내륙고속도로 여주~상주 구간과 대구~포항 고속도로를 새로 개통한다. 여주~충주와 상주~구미 구간 중부내륙고속도로는 충주~상주 구간 개통으로 여주~구미 모든 구간이 개통돼 경부고속도로 교통량을 많게는 20%까지 분산 된다.

• 실제로 중부내륙도속도로가 개통되어 지금은 경부고속도로의 교통량이 많이 분산되었다. 하지만 그럼에도 여전히 명절마다 고향을 찾는 사람들로 전국의 고속도로는 몸살을 앓고 있는 게 현실이기도 하다. 이런 현실 속에서도 여주는 한반도 중심 교통 요충지로 사통팔달의 교통망까지 갖춰 성장성이 매우 높은 도시라 할만하다.

썰매·스케이트 등… "맘껏 즐기세요" 여주 남한강 빙상장 개장 2003/12/26

여주읍 하리 고려병원 뒤편 남한강변에 무료 빙상장이 내년 2월까지 개장된다. 24일 군과 생활체육협의회 등에 따르면 매년 겨울방학을 맞은 청소년들에게 건전한 놀이공간 등을 제공하기 위해 여주읍 하리 고려병원 뒤편 남한강변 2천여평에 매점시설과 스케이트 대여시설 등을 갖춘 빙상장을 개설했다. 빙상장은 오전 9시부터 오후 5시까지 무료로 개방되며 썰매장, 팽이돌리기장, 빙구장, 스케이트장 등을 갖췄다. 군은 이곳에 나무썰매 300여개와 민속팽이 100여개 등을 제공한다.

- 예전에는 도심을 조금만 벗어나면 물댄 논에 만든 자연 스케이트장을 간간히 만날 수 있었다. 지금은 거의 볼 수 없는 풍경이지만 이때만 해도 동심은 아름다웠다. 추운 겨울이지만 추억거리들은 무궁무진했던 시절이다. 점점 잊혀져가는 옛 놀이들이 그리워진다.

In 2004

여주 밤고구마, 웰빙식품 딱이야!

국내 최대규모 교육박물관 건립 2004/1/13

능서면 왕대리 1만5천평에 1천억원이 투입돼 오는 2007년 까지 국내 최대 규모의 교육박물관이 건립된다. 12일 한나라당 이규택 국회의원과 여주교육청 등에 따르면 여주군 능서면 왕대리 일대 부지 1만 5천평에 연면적 5천평 규모의 세종교육박물관을 오는 2007년 7월 개관을 목표로 건립할 계획이다. 세종교육박물관 건립은 지난 해 10월9일 영릉에서 열린 제1회 경기도 주최 한글날 기념식에서 이규택 국회의원이 손학규 경기도 지사에게 영릉에 세종대왕의 대대한 업적과 얼을 기념하는 박물관 건립을 요청, 경기도와 경기도 교육청 등이 이를 적극 수용, 관련 부처와 협의하면서 이뤄졌다. 박물관은 경기도가 400억원을 출연하고 경기도교육청 200억원, 문화관광부 300억원, 기타 100억원 등 모두1천억원이 투입돼 과학상상체험관, 전통교육체험관, 컨벤션센터, 한옥마을등이 들어선다. 박물관은 기존의 관람 위주에서 체험과 학습 등이 가능한 전천후 시설로 설계돼 국내 교육의 과거와 현재, 미래 등을 한눈에 볼 수 있는 관련 문화재와 자료 등이 영구 보존될 예정이다. 이 박물관이 건립되면 더욱 많은 관광객들이 찾을 것으로 기대된다.

"금사저수지서 빙어 낚시 만끽하세요"

2004/1/31

"금사저수지서 빙어 낚시 만끽하세요"

여주, 주말마다 강태공 수백명 몰려

여주군 금사면 장흥리 금사저수지는 영하의 날씨에도 빙어를 낚으려는 강태공들로 만원이다. 강원도에서나 볼 수 있는 빙어가 금사저수지에서 잡히기 시작한 건 지난 79년으로 거슬러 올라 간다. 당시 농업기반공사는 여주와 이천, 광주 등지의 경계지점에 위치한 원적산(해발 640m) 깊은 협곡을 막아 부지 30여ha에 저수용량 289만t 규모의 농업용수를 저장했다.

행정타운 조성 '급물살' 후보지 5곳

2004/2/4

여주군 청사 이전작업이 급물살을 타고 있다. 3일 군에 따르면 지난해 11월 21일부터 12월20일까지 30일동안 청사가 입주할 종합행정타운 조성을 위한 1차 공모에 이어 지난해 12월23일부터 지난달 11일까지 2차 공모를 실시했다. 공모 결과 ▲ 제1후보지 : 여주읍 하리 산 9의8 일원 3만4천803㎡ (L모씨 등 주민 910명 추천) ▲ 제2후보지 : 여주읍 교리 산 4의21 일원 15만9천239㎡ (J씨 재신청) ▲ 제3후보지 : 북내면 천송리 561의3 일원 4만6천28㎡(K씨 신청) ▲ 제4후보지 : 북내면 오금리 산 65의1 일원 14만3천306㎡(S씨 등 60명 신청) ▲ 제5후보지 : 북내면 오학리 359의1 일원 1만4천63㎡(K씨 등 7명 신청)등으로 집계됐다. 이 과정에서 제3~5후보지 3곳은 토지주와의 협의나 동의 등을 구하지 않은 단순 추천으로 협의 매수여부는 확인되지 않은 것으로 알려졌다. 군은 이들 5곳중 지방행정·재정전문기관 등의 조사용역을 거쳐 개관적인 선정기준에 의해 후보지를 선정하되 주민 공청회 개최 등 다양한 계층의 폭넓은 의견을 수렴할 방침이다.

여주 흔암리 일대 선사유적 움집복원

2004/2/5

여주군 점동면 흔암리 청동기시대 선사유원지 움집이 오는 6월까지 원형대로 복원된다. 4일 군에따르면 오는 6월까지 점동면 흔암리 산 10의3 일대 선사유적지 움집 5채를 복원하고 진입로, 편의시설등을 갖출 계획이다. 군은 이를 위해 경기도 사업승인과 시굴조사허가를 받아 산림형질 변경허가절차를 진행중이다.

제17대 총선 여론조사 여주 이천 선거구

2004/3/4

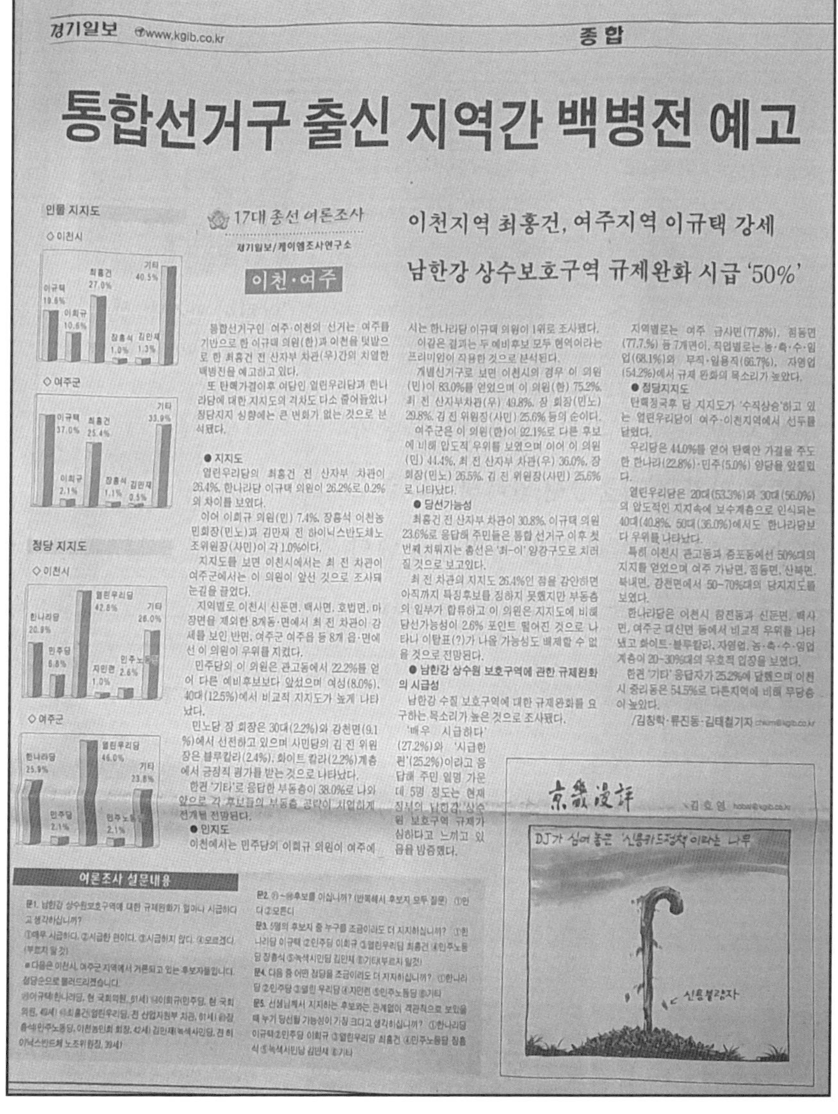

경기일보 www.kgib.co.kr 종합

통합선거구 출신 지역간 백병전 예고

17대 총선 여론조사

경기일보/케이엠조사연구소

이천·여주

이천지역 최홍건, 여주지역 이규택 강세

남한강 상수보호구역 규제완화 시급 '50%'

통합선거구인 여주·이천의 선거는 여주를 기반으로 한 이규택 의원(한)과 이천을 텃밭으로 한 최홍건 전 산자부 차관(우)간의 치열한 백병전을 예고하고 있다.

또 탄핵가결이후 여당인 열린우리당과 한나라당에 대한 지지도의 격차도 다소 줄어들었으나 정당지지 상황에는 큰 변화가 없는 것으로 분석됐다.

● 지지도

열린우리당의 최홍건 전 산자부 차관이 26.4%, 한나라당 이규택 의원이 26.2%로 0.2%의 차이를 보였다.

이어 이희규 의원(민) 7.4%, 장홍식 이천농민회장(민노)과 김만재 전 하이닉스반도체노조위원장(사민)이 각 1.0%이다.

지지도를 보면 이천시에서는 최 전 차관이 여주군에서는 이 의원이 앞선 것으로 조사돼 눈길을 끌었다.

지역별로 이천시 신둔면, 백사면, 호법면, 마장면을 제외한 8개동·면에서 최 전 차관이 강세를 보인 반면, 여주군 여주읍 등 8개 읍·면에선 이 의원이 우위를 지켰다.

민주당의 이 의원은 관고동에서 22.2%를 얻어 다른 예비후보보다 앞섰으며 여성(8.0%), 40대(12.5%)에서 비교적 지지도가 높게 나타났다.

민노당 장 회장은 30대(2.2%)와 감천면(9.1%)에서 선전하고 있으며 사민당의 김 전 위원장은 블루칼라(2.4%), 화이트 칼라(2.2%)계층에서 긍정적 평가를 받는 것으로 나타났다.

한편 '기타'로 응답한 부동층이 38.0%로 나와 앞으로 각 후보들의 부동층 공략이 치열하게 전개될 전망된다.

● 인지도

이천에서는 민주당의 이희규 의원이 여주에서는 한나라당 이규택 의원이 1위로 조사됐다.

이같은 결과는 두 예비후보 모두 현역이라는 프리미엄이 작용한 것으로 분석된다.

개별선거구로 보면 이천시의 경우 이 의원(민)이 83.0%를 얻었으며 이 의원(한) 75.2%, 최 전 산자부차관(우) 49.8%, 장 회장(민노) 29.8%, 김 전 위원장(사민) 25.6% 등의 순이다.

여주군은 이 의원(한)이 92.1%로 다른 후보에 비해 압도적 우위를 보였으며 이어 이 의원(민) 44.4%, 최 전 산자부 차관(우) 36.0%, 장 회장(민노) 26.5%, 김 전 위원장(사민) 25.6%로 나타났다.

● 당선가능성

최홍건 전 산자부 차관이 30.8%, 이규택 의원 23.6%로 응답해 주민들은 통합 선거구 이후 첫 번째 치뤄지는 총선은 '최-이' 양강구도로 치러질 것으로 보고있다.

최 전 차관의 지지도 26.4%인 점을 감안하면 아직까지 특정후보를 정하지 못했지만 부동층의 일부가 합류하고 이 의원은 지지도에 비해 당선가능성이 2.6% 포인트 떨어진 것으로 나타나 이탈표(?)가 나올 가능성도 배제할 수 없을 것으로 전망된다.

● 남한강 상수원 보호구역에 관한 규제완화의 시급성

남한강 수질 보호구역에 대한 규제완화를 요구하는 목소리가 높은 것으로 조사됐다.

'매우 시급하다'(27.2%)와 '시급한 편'(25.2%)이라고 응답해 주민 열명 가운데 5명 정도는 현재 정부의 남한강 상수원 보호구역 규제가 심하다고 느끼고 있음을 방증했다.

지역별로는 여주 금사면(77.8%), 점동면(77.7.%) 등 7개면이, 직업별로는 농·축·수·임업(68.1%)와 무직·일용직(66.7%), 자영업(54.2%)에서 규제 완화의 목소리가 높았다.

● 정당지지도

탄핵정국후 당 지지도가 '수직상승'하고 있는 열린우리당이 여주·이천지역에서 선두를 달렸다.

우리당은 44.0%를 얻어 탄핵안 가결을 주도한 한나라(22.8%)·민주(5.0%) 양당을 앞질렀다.

열린우리당은 20대(53.3%)와 30대(56.0%)의 압도적인 지지속에 보수계층으로 인식되는 40대(40.8%, 50대(36.0%)에서도 한나라당보다 우위를 나타났다.

특히 이천시 관고동과 중포동에선 50%대의 지지를 얻었으며 여주 가남면, 점동면, 산북면, 북내면, 강천면에서 50~70%대의 당지지도를 보였다.

한나라당은 이천시 창전동과 신둔면, 백사면, 여주군 대신면 등에서 비교적 우위를 나타냈고 화이트·블루칼라, 자영업, 농·축·수·임업 계층이 20~30%대의 우호적 입장을 보였다.

한편 '기타' 응답자가 25.2%에 달했으며 이천시 증리동은 54.5%로 다른지역에 비해 무당층이 높았다.

/김창학·류진동·김태철기자

인물 지지도

◇ 이천시

이규택 19.6% / 이희규 10.6% / 최홍건 27.0% / 장홍식 1.0% / 김민재 1.3% / 기타 40.5%

◇ 여주군

이규택 37.0% / 이희규 2.1% / 최홍건 25.4% / 장홍식 1.1% / 김민재 0.5% / 기타 33.9%

정당 지지도

◇ 이천시

한나라당 20.8% / 민주당 6.8% / 열린우리당 42.8% / 자민련 1.0% / 민주노동당 2.6% / 기타 26.0%

◇ 여주군

한나라당 25.9% / 민주당 2.1% / 열린우리당 46.0% / 민주노동당 2.1% / 기타 23.8%

여론조사 설문내용

문1. 남한강 상수원보호구역에 대한 규제완화가 얼마나 시급하다고 생각하십니까?
①매우 시급하다. ②시급한 편이다. ③시급하지 않다. ④모르겠다(부르지 말 것)

■다음은 이천시, 여주군 지역에서 거론되고 있는 후보자들입니다. 정당순으로 불러드리겠습니다.
㉮이규택(한나라당, 현 국회의원, 61세) ㉯이희규(민주당, 현 국회의원, 40세) ㉰최홍건(열린우리당, 전 산업자원부 차관, 61세) ㉱장홍식(민주노동당, 이천농민회 회장, 42세) 김만재(녹색사민당, 전 하이닉스반도체 노조위원장, 39세)

문2. ㉮~㉲후보를 아십니까? (반복해서 후보자 모두 질문) ①안다 ②모른다

문3. 5명의 후보자 중 누구를 조금이라도 더 지지하십니까? ①한나라당 이규택 ②민주당 이희규 ③열린우리당 최홍건 ④민주노동당 장홍식 ⑤녹색사민당 김만재 ⑥기타(부르지 말것)

문4. 다음 중 어떤 정당을 조금이라도 더 지지하십니까? ①한나라당 ②민주당 ③열린 우리당 ④자민련 ⑤민주노동당 ⑥기타

문5. 선생님께서 지지하는 후보와는 관계없이 객관적으로 보았을 때 누가 당선될 가능성이 가장 크다고 생각하십니까? ①한나라당 이규택 ②민주당 이희규 ③열린우리당 최홍건 ④민주노동당 장홍식 ⑤녹색사민당 김만재 ⑥기타

京畿漫評 김호영

여주 황포돛배, 인기 '짱' 2004/3/22

여주 황포돛배, 인기 '짱'

여주의 관광명물로 떠오른 '황포돛배'는 봄철 여주를 찾는 관광객들을 대상으로 매일 1시간간격으로 운행된다. 황포돛배는 신륵사관광단지 내 선착장을 출발, 영월루 등 남한강(여강)에서 여주팔경을 즐길 수 있도록 관광코스로 여주관광의 새로운 명물로 자리잡아 가고 있다.
/여주=류진동기자 jdyu@kgib.co.kr

여주의 관광 명물로 떠오른 '황포돛배'는 봄철 여주를 찾는 관광객들을 대상으로 매일 1시간간격으로 운행된다. 황포돛배는 신륵사관광단지 내 선착장을 출방, 영월루 등 남한강(여강)에서 여주팔경을 즐길 수있도록 관광코스로 여주관광의 새로운 명물로 자리잡아 가고 있다.

여주 영릉 인근에 세종박물관 건립 2004/4/30

능서면 세종대왕릉(영릉) 인근에 오는 2007년까지 750억원이 투입돼 세종교육박물관이 건립된다. 29일 여주교육청에 따르면 사라져 가는 교육자료들을 보존하고 자랑스러운 유산인 한글을 기리기 우해 경기도와 문화관광부등의 지원을 받아 750억원을 들여 오는 2007년까지 영릉 주변 부지 1만5천평에 연면적 5천평 규모로 세종교육박물관을 조성할 계획이다. 박물관은 옛 서당과 한국전쟁당시 교실 등이 재현되고 과거 학교에서 쓰였던 책상과 걸상, 출석부, 교과서 등도 전시돼 우리나라 교육 변천사를 한눈에 볼 수 있다.

제 16회 여주도자기박람회
가족·연인과… "추억을 빚으세요" 2004/5/8

경기의 窓　16회 여주도자기박람회

2004년 5월 8일 토요일 제4798호 20

경기일보 www.kgib.co.kr

가족·연인과… "추억을 빚으세요"

공연·전시·체험행사 '다채'
내일 본보 여주지사 주관
남한강 트로트가요제 열려

● 전시 및 참여행사

여주 도자기 명품 상설전시관에는 우수 도예작품과 실용자기, 생활자기, 조형도자, 장식용도자 등이 즐비하게 전시돼 관람객들의 시선을 모은다.

특별기획 전시로는 여주도자기와의 만남전을 비롯, 백제(무령왕릉)박물관 전시회, 사화전, 여주 대표도자 작품전 등이 열린다. 세계생활도자 특별전에는 세계 10대 도자기업 명품전과 세라믹 하우스전, 생활도자의 감각전 등을 볼 수 있다.

이외에도 참여행사로 도자기 흙놀이 체험코너와 국내·외 도예작가 물레시연 및 가마소성, 전국 물레경연대회 및 토요상설 도자경매가 상시때 관람객이 행사장을 방문, 저렴한 가격에 유명 도자기를 구입할 수 있도록 했다.

● 주요공연 및 이벤트행사

우선 주요 공연중 하나는 여주도자기 남한강 3대 이벤트를 들 수 있다.

특히 오는 9일 본보 여주지사가 주관하는 한국챔피언·애견선발대회가 오전 10시부터 개최되며 이날 오후 1시부터는 제1회 남한강 전국 트로트 가요제가 본보 여주지사 주관으로 열려 관람객들에게 즐거움을 제공한다.

행사 마지막 주말인 15일과 16일에는 청소년들을 위한 제1회 청소년 락 페스티벌을 비롯, 북한동포 돕기 자선 문화행사로 북한평양예술단 및 이순림 전통무용단 공연, 도전! 도자기 현장노래방, 소프트 록 페스티벌, 푸른솔 음악회, 애니메이션 쇼, 군민화합 한마당 큰잔치 등이 각각 개최돼 축제분위기를 한층 달군다.

● 주요 관광지

○사적 382호인 고달사지는 신라 경덕왕 23년(764)에 창건돼 고려왕실의 후원으로 한때 많은 명승들이 입적했던 명사찰이다.

지금까지 폐사된 시기는 알 수 없지만 국보 제4호인 부도를 비롯해 보물 3점이 지정돼 있고 절터에는 귀부, 초석, 계단 등이 널려 있어 당시 대찰의 면모를 유감없이 드러내고 있다.

○명성황후 생가·기념관은 여주읍 능현리에 위치한 명성황후 생가와 지난해 4월 47억여원을 들여 건립한 기념관으로 명성황후의 삶과 업적을 한눈에 살펴볼 수 있는 곳이다.

유형문화재 제46호로 지정된 생가는 명성황후가 출생해 왕후로 책봉되던 16세까지 살았던 집으로 숙종 13년(1687)에 건립됐다. 안채만 남아있던 것을 지난 1976년 중수했고, 1996년 행랑채와 사랑채, 초당 등을 복원해 비로소 제 모습을 갖췄다.

명성황후가 어렸을 때 공부했다는 방이 있었던 자리에는 '명성황후 탄강구리(誕降舊里)'란 비가 세워져 있다.

생가 옆에 위치한 기념관에는 명성황후의 각종 자료와 유품이 전시돼있고 을미사변, 동학혁명, 갑신정변, 임오군란, 고종황제 등극 등 명성황후와 관련된 역사적 사건들이 밀랍인형으로 제작돼 시선을 모으고 있으며, 현재 생가주변을 관광사업지구로 지정, 활발한 사업이 진행되고 있다.

○목아불교박물관은 무형문화재 제108호인 목아 박찬수씨가 수집한 6천여점의 불교 관계 유물을 간직하고 있는 국내 최대의 불교 전문박물관이다. 지하 1층, 지상 3층의 전시관은 불화, 불상 등의 유물과 함께 나무 동자상을 비롯해 불교관련 목공예 작품들이 전시돼 있다.

또한 박물관 이외 조각공원에는 미륵삼존대불, 비로자나불, 삼층석탑, 백의관음, 자모관음상 등을 만날 수 있다.

• 도자의 메카 여주 에서 '흙과 혼 그리고 불의조화'란 주제로 지난 4월 30일부터 열리고 있는 '제16회 여주도자기박람회'가 풍부한 볼거리로 관람객들을 자극, 개막이후 8만여명이 다녀가는 등 성황을 이루고 있다. 여주도자기박람회는 한국 도자의 과거와 현재, 그리고 미래를 한눈에 볼 수 있는 도자향연으로 도자기획전을 비롯 다양한 부대행사가 펼쳐져 5월 수도권의 최대 봄 축제로 자리잡고 있다.

국내 생활자기의 60% 생산 하는 여주는 이번 도자기박람회를 통해 자랑스런 여주지역의 역사문화유적과 함께 다양한 볼거리, 먹거리로 관람객들을 맞고 있다. 전통과 현대도자의 메카라 자부한 여주는 500여개의 요장이 운집해 있는 북내면 현암리와 오학리 등 도자기 마을을 비롯 여주온천, 세종대왕릉, 목아불교박물관, 명성황후 생가 및 기념관, 백로·왜가리 서식지 등 풍부한 문화유적이 즐비하다. 더욱이 여주지역에서 생산되는 도자기는 전통장작가마에서 순수한 우리만의 전통적 방법으로 만들어져 국내뿐만아니라 세계적으로 호평받는 작품으로 손색이 없다.

전시 및 참여행사

여주 도자기 명품 상설전시관에는 우수 도예작품과 실용자기, 생활자기, 조형도자, 장식용도자 등이 즐비하게 전시돼 관람객들의 시선을 모은다. 특별기획 전시로는 여주도자기와의 만남전을 비롯, 백제(무령왕릉)박물관 전시회, 시화전, 여주 대표도자 작품전 등이 열린다. 세계생활도자 특별전에는 세계 10대 도자기업 명품전과 세라믹 하우스전, 생활도자의 감각전 등을 볼수 있다.

주요 공연 및 이벤트 행사

우선 주요 공연중 하나는 여주도자기 남한강 3대 이벤트를 들 수 있다. 특히 오는 9일 본보 여주지사가 주관하는 한국챔피언 애견선발대회가 오전 10시부터 개최되며 이날 오후 1시부터는 제1회 남한강 전국 트로트가요제가 본보 여주지사 주관으로 열려 관람객들에게 즐거움을 선사한다. 행사 마지막 주말인 15일과 16일에는 청소년들을 위한 제1회 청소년 락페스티벌을 비롯, 복한동포 돕기 자선문화행사로 북한평양예술단 및 이순림 전통무용단 공연, 도전! 도자기 현장노래방, 소프트 록 페스티벌, 푸른솔음악회, 이미테이션 쇼, 군민화합 한마당 큰잔치 등이 각각 개최돼 축제분위기를 한층 달군다.

여주 공원화사업 '인기 굿' 2004/6/19

여주군이 특색사업으로 추진하고 있는 공원화사업이 주민들로부터 호평을 받고 있다. 군은 올해초부터 지난 16일까지 영동고속도로 여주톨게이트 주변에 소나무 120그루와 명성황후 생가 20그루 등 시가지를 중심으로 곳곳에 소나무 등을 심어 푸른 이미지를 한층 높여 가고 있다. 군은 또 도로개설 등 각종 공사에서 발생돼 처분하는 나무들을 기증받아 도심지를 중심으로 도로 주변과 소공원 및 공터 등지에 옮겨 심고 있다. 군은 이에 따라 흥천면 우회도로와 여주읍 영월공원, 여주읍 세종로 중앙분리대, 여주읍 하리로타리, 강천면 부평리사거리 등지에 소나무들을 이식했다.

- 나날이 발전하는 여주다. 여주 어디를 가도 근사한 공원을 볼 수 있다는 것은 참 기분 좋은 일이다. 타고난 자연환경과 더불어 맑고 깨끗한 공기가 있고 아름다운 녹지까지 조성된 이곳 여주를 떠나기가 아주 싫다. 온전한 내 삶의 터전은 여주이기 때문이다.

서울대 의대생들 '사랑의 의술' 여주 청안1·2리서 주민 진료 2004/6/24

서울대학교 의과대 학생들이 여주군 점동면 청안1·2리를 찾아 지난 15일부터 3박4일 동안 사랑의 인술을 펼쳤다. 이들은 서울대 의과대학 4학년생들로 이번 행사에 모두 14명의 학생이 2개조로 나누어 청안1·2리에서 주민 100여명을 상대로 진료했다.

- 멋진 슈바이쳐를 가까이서 보니 든든했다. 여주는 종합병원의 맞추어 있지 않아서 원주·이천 등을 찾기도 한다. 최신 의료기를 갖춘 대형병원 유치가 숙제다.

'대왕님표 여주쌀' 공중파 홍보 2004/6/29

대왕님표 여주쌀이 공중파 홍보에 나선다. 여주군은 여주쌀 홍보를 위해 방송 3사의 CF 및 방송프로그램을 이용한 적극 홍보에 나서는 한편 21세기 여주쌀 생산 농업인의 미래비전을 제시하고 적극적인 브랜드 홍보로 소비자들의 구매욕구를 유발시키기 위해오는 9월까지 TV 방영을 지속 추진할 방침이다.

- 텔레비전을 통해 고향의 쌀을 보는 여주 출신 사람들은 가슴이 뭉클하기도 하겠다. 일이 있어 서울에 갈 때 택시에 붙여놓은 '여주 쌀' 광고만 봐도 고향을 보는 것처럼 반가웠던 경험을 나도 갖고 있다. 해외에 나가면 애국자가 된다는 말이 있는 것처럼 고향을 떠나면 애향심이 생겨서 고향의 아주 작은 것들도 반갑고 그리운 법.

인하大 학생 500여명… 여주서 '농촌 일손돕기' 구슬땀 2004/7/3

인하대 총학생회 및 동아리 회원 500여명이 농활활동의 일환으로 지난달 25일부터 9박10일간 여주군을 방문, 농촌 일손돕기에 나섰다. 학생들은 여주지역 7개읍·면 20개 마을에 학과별 동아리별로 20여명씩 배치, 고추밭과 파, 오이 등 밭작물과 친환경 논 농사일과 비닐하우스를 설치하고 낡은 농가주택을 수리하는 등 농촌에 젊은 활력을 불어넣었다.

- 지금은 찾아 볼 수 없는 풍경이지만 이때만 해도 농활을 나오는 대학생들이 꽤 있었다. 마을 이장님 집을 빌려서 학생들이 머물기 때문에 이장님 집의 옷과 신발들은 고스란히 대학생들의 차지가 되었다. 논에 한번 들어갔다 나오면 씻는 시간이 더 오래 걸리는 여학생도 있었다. 농활은 학생들이 농사에 대해 얼마나 알까 싶기도 하지만 마음 쓰고 와준 사실 하나만으로도 이미 만점이었던 한 때의 농촌 풍경으로 남았다.

'여주 밤고구마' 웰빙식품 딱이야! 2004/8/27

'여주 밤고구마' 웰빙식품 딱이야!

노화 방지·성인병 예방 효과… 소비자 '인기 짱'

노화 방지와 성인병 예방 등에 효과가 있는 것으로 알려진 여주 밤고구마가 웰빙 식품으로 소비자들로부터 각광을 받고 있다. 26일 군에 따르면 여주밤고구마 재배면적은 979㏊로 1만7천600여t이 생산되고 있으며 관광객들은 도로 주변 판매장에서 10㎏들이 여주 밤고구마를 2~3상자씩 사가고 있다. 현재 여주밤고구마는 10㎏들이 1상자에 2만~2만5천원에 판매되고 있다.

여주~충주~문경 잇는 중부내륙철도 내년 착수 2004/9/10

조선시대 선비들이 서울로 과거를 보러 가던 길인 여주와 충북 충주, 경북 문경, 김천 등을 잇는 중부내륙철도 개설이 내년부터 본격 추진된다. 한나라당 이규택 의원(이천·여주)은 9일 "건설교통부는 여주~충북 충주~경북 문경을 연결하는 중부내륙철도 개설을 내년부터 기본계획 수립 용역을 시작으로 착수한다"며 "기획예산처는 여주~충주 구간 기본계획 수립 용역비 6억5천만원과 충주~문경 구간 용역비 6억7천만원 등 모두 13억2천만원을 내년 예산에 일괄 반영하기로 확정했다"고 밝혔다.

- 2021년 12월 30일 이천 부발역에서 충주역까지 중부내륙철도의 개통과 함께 가남역의 준공식이 열렸다. 이 구간을 운행하는 열차는 KTX-이음 열차다. 이제 한반도 교통의 중심 여주는 KTX 고속열차 시대를 열었다. 참으로 자랑스럽다. 2004년 당시, 30여분이면 도착하는 충주여행의 기대로 부풀었다.

‘야생생태식물원’ 여주서 꽃핀다 2004/9/20

여주군 산북면 상품리 양지산 자락에 오는 2007년까지 15만평 규모의 야생생태 자연학습식물원이 조성된다. 19일 군에 따르면 30여년동안 어린이용 도서를 출판해온 ㈜예림당 라춘호 회장이 사재 350억원을 들여 오는 2007년까지 산북면 상품리 산 30의1 일대 양자산 자락에 야생생태 자연학습식물원인 가칭 ‘예림식물원(예림랜드)’을 조성하고 있다. 예림식물원은 수련광장과 자생식물원, 열대식물원, 산수유숲, 생태 테마마을, 민속박물관, 습지수생식물원, 고산식물원, 설화원, 식약용식물원, 특용식물원, 화목원, 서점 등을 갖추고 허준 선생의 ‘동의보감’에 나오는 다양한 국내 한약재로 쓰이는 약초 4천여종도 재배된다. 예림식물원이 조성되면 지역경제 활성화는 물론 500여명 이상의 고용 창출효과와 연간 250만명 이상 관광수입도 기대된다.

- 여주는 들꽃 같으면서도 다소곳한 면을 두루 갖춘 지역이다. 꽃반지 만들며 살랑이는 가을바람에 몸을 맡기고 있노라면 싱그러운 향이 스미는 듯하다. 들꽃처럼 강인한 여주의 이미지는 이럴 땐 꼭 수줍음 타는 소녀 같다. 야생생태식물원을 기대하는 마음이 커서일까? 잔다르크면 어떻고 들꽃이면 어떤가. 여주가 더 풍성해지고 있다는 사실만으로도 마음이 즐겁다.

추억의 장터 ‘흥천장’ 다시선다 효지1리서… 30년만에 부활 2004/9/23

여주지역 추억의 장터인 흥천장(5일장)이 흥천면 면소재지인 효지1리에서 30여년만에 부활된다. 조선시대 ‘억억장’으로 불렸던 흥천장은 지난 60년대 문을 닫을 때까지 이 일대에선 꽤 명성을 날리던 장터였다. 인근 이천과 광주 등을 아우르며 생필품과 도자기, 한지, 약초 등이 거래됐고 광산과 금광 등에서 나온 금과 은, 규석 등을 사고 파는 거래도 이뤄졌었으나 교통이 편리해지고 장터 인근에 상설 시장이 들어서면서 사라졌었다. 추억의 뒤안길로 쓸쓸히 자취를 감춘 흥천장을 다시 연 건 효지1리 주민들로 올해 초부터 마을 개발위원회를 중심으로 흥천장을 부활시키기 위한 노력이 펼쳐졌다. 상인들을 설득하고 전국을 돌며 물건을 파는 장돌배기들을 끌어 들였다.

• 30년 만에 장이 선다는 기대에 가슴이 두근거렸다. 엄마 손 잡고 따라나섰던 장날은 뭐가 생겨도 생기기에 명절 다음으로 들뜬 날이었다. 볼거리는 보고 또 봐도 질리지 않은데 엄마의 걸음은 너무도 빨랐다. 치맛자락 놓치지 않고 따라붙다 보면 엿가락 하나는 손에 쥘 수 있었다. 운 좋은 날엔 감주도 한 사발 할 수 있었던 소중하고 아름다운 추억들이 아직도 생생하다.

여주읍 중앙로 '문화의 거리' 변신 2004/9/24

여주읍 중앙로가 문화의 거리로 탈바꿈한다. 23일 군에 따르면 10억원을 들여 농협~여주읍 하리 종필정육점에 이르는 길이 320m 너비 10m 중앙로 구간을 문화의 거리로 조성할 계획이다. 이 사업에는 배전설비 지중화사업에 6억600만원, 도로 포장과 가로등 설치 등 환경정비사업에 4억2천만원 등이 투입된다.

• 변해가는 고향은 아쉽지만 주민의 편리는 외면할 수 없는 현실이다. 고향도 변하지 않으면 사람들이 더 이상 찾지 않는 생기 없는 곳이 될 수도 있다. 변화가 대세라면 주민들 모두가 사랑할 수 있는 환경으로 가꾸면 좋겠다. 편리하면서 아름답기까지 하다면 이보다 더 좋을 수 있을까.

여주 능서레포츠공원 내달 15일 개장 2004/9/30

능서레포츠공원이 다음달 능서면 신지리 일원에 문을 연다. 29일 군에 따르면 능서레포츠공원은 능서면 신지리 254의2 일원 5만380㎡에 사업비 24억6천만원이 투입돼 능서지역 주민들의 심신 단련 및 쉼터 등으로 다음달 15일 개원한다. 공원에는 광장, 주차장, 관리소, 화장실, 산책로, 어린이 놀이터, 축구장, 농구장, 족구장, 게이트볼장, 배드민턴장, 씨름장, 테니스장, 양궁장, 체력단련장 등이 조성된다.

'여주쌀' 재배농가 맞춤비료 제공 2004/10/9

'대왕님표' 여주쌀을 계약 재배하는 여주 가남농협이 회원농가 870곳에 맞춤비료를 제공한다. 8일 가남농협에 따르면 쌀 시장 개방 등으로 어려움에 처한 농업인들의 경쟁력 제고를 위해 지난 2000년부터 유기질 함량을 조사해 오고 있으며 내년부터 계약재배 농가에 유기농 맞춤비료를 제공할 계획이다. 가남농협은 모든 재배품종을 '추청벼'로 통일, 소비자 입맛에 맞추기로 했다. 신성순 가남농협조합장은 "과거에는 생산량만 따졌지만 앞으로는 농민들도 포대당 높은 값을 받기 위한 고품질 쌀 생산에 적극 나서야 한다"고 말했다.

여주 농어촌버스요금 21.4% 올라 2004/10/9

오는 15일 새벽 4시를 기해 여주군 농어촌버스 요금이 21.4% 오른다. 농어촌버스요금은 현행 성인기준 700원에서 850원으로 21.4% 인상되고 청소년(중·고교생)은 500원에서 550원으로 30%, 초등학생은 현행 300원으로 유지된다.

"여주지역 어르신들 오세요" 첨단시설 노인종합복지관 2004/11/19

"여주지역 어르신들 오세요"

첨단시설 노인종합복지관

내달13일 상리에 문열어

여주 노인종합복지회관이 여주읍 상리에 다음달 13일 문을 연다. 18일 군에 따르면 노인복지공간 확충을 위해 국비 8억원과 도비 12억원, 군비 14억원 등 모두 34억원을 들여 여주읍 상리 3514 일대 부지 1천500평에 지하 1층 지상 3층 연건평 698평 규모의 노인종합복지회관을 지난 2002년 12월 착공, 다음달 13일 개관을 앞두고 있다. 노인종합복지회관은 첨단시설을 갖춘 수영장(길이 25m 5레인 어린이풀)과 수영장 편의시설, 주간보호실, 물리치료실, 다목적실, 체력단련실, 여가교육장, 식당, 노인회사무실 및 관리실, 이·미용실 등을 갖췄다.

여주~구미 중부내륙고속도 내달 15일 전면 개통 2004/11/30

중부내륙고속도로가 착공 8년 2개월만에 여주~경북 구미 구간을 끝으로 다음달 15일 전면 개통된다. 29일 한국도로공사 경기건설사업소와 여주군 등에 따르면 중부내륙고속도로 모든 구간 중 마지막으로 괴산~문경 구간이 이날 개통된데 이어 경북 구미 구간이 다음달 15일 연결된다. 중부내륙고속도로 총구간은 151㎞에 이르고 있다.

- 여주는 대도시에서 여주를 찾는 사람들에게 느린 미학의 여유로운 전원 풍경으로 맞이한다. 그럼에도 갖출 건 다 갖춘 여주의 변화는 어디에서도 찾을 수 없는 매력을 품고 있다. 중부내륙고속도로의 개통은 여주로 향하는 발걸음을 한층 빠르게 도와주고 있다.

컬러 고구마… 여주 '신황미' 개발 2004/12/2

여주군 농업기술센터가 지역에 적합한 고품질 유색 고구마인 '신황미' 재배기술 개발에 성공했다. 신황미는 지역 토양과 기후 등에 알맞고 우수한 종자가 생산돼 내년부터 본격적으로 소비자들의 입맛을 자극시킬 것으로 기대되고 있다.

• 여주의 다양한 먹거리 중 고구마도 다양한 모습으로 거듭나고 있다. 건강 웰빙 식품으로 사람들의 사랑을 받는 고구마는 여주 지역을 대표하는 또 다른 자랑거리다. 여주 쌀에 이어 고구마도 끊임없는 연구와 개발로 소비자들의 입맛을 사로잡고 있다.

남여주IC 설치 '급물살' 추진위 결성… 공사비 일부 부담 합의 2004/12/4

중부내륙고속도로 남여주IC 설치가 군과 군의회, 기업 등의 공사비 일부 부담 합의를 위한 추진위원회 결성 등으로 급물살을 타고 있다. 3일 건설교통부와 군 등에 따르면 건설교통부가 오는 2008년 준공 목표로 중부내륙고속도로를 개설하고 있는 가운데 군과 군의회, 기업 등은 기업들이 밀집된 가남면 일대 물류비용 절감을 위해 가남면 본두리에 중부내륙고속도로 남여주IC 설치를 건설교통부 등에 건의해왔다.

• 남여주IC 추진위까지 만든 여주군은 IC 설치 비용을 전액 혈세로 부담했다. 남여주IC 유치와 설치를 위해 금강, 신세계, 골프장 등 많은 기업들이 100억 원 규모를 출연하기로 했지만 결국 약속은 지켜지지 않았다. 기업들은 그야말로 돈 한 푼 안 들이고 꿩 먹고 알 먹는 이득만 본 셈이다. 결국 군민들의 혈세로 IC가 건설되었다.

여주종합운동장 리모델링 내년까지 주민위한 체육시설로 2004/12/10

여주읍 월송리 여주종합운동장이 47억원이 투입돼 내년말까지 주민들을 위한 전문 체육시설로 리모델링된다. 9일 군에 따르면 여주읍 월송리 1 여주종합운동장에 대해 47억원(도비 21억원 군비 26억원)을 들여 내년말까지 인조잔디 축구장(68m×105m) 1면, 육상트랙 400m 8레인, 조명타워 4기 등을 설치하고 본부석 지붕을 철골 구조물은 철거하는 한편 전체적인 구조도 시각적 화려함과 도자기 곡선을 연상시키는 형태로 바꿀 계획이다.

- 화려한 건물이 들어서고 멋진 조형물에 자리를 내주면서 자꾸만 변해가는 내 고향 여주를 바라보는 마음이 복잡하다. 도시가 번화해지고 화려해질수록 여주를 빼앗기는 기분이 들기 시작했다. 시대에 앞서가면서도 여주의 전통적인 아름다움이 유지되었으면 하는 이중적인 마음이 드는 것이다. 이는 고향을 사랑하는 사람들이 가지는 공통분모 같은 것일지도 모르겠다.

도자기 모자이크 벽화 제작 2004/12/13

여주군은 여주읍 상리 군청 뒤 옹벽에 검은 말(驪) 고을(州)전설에 나오는 황마(黃馬)와 백마(白馬) 59마리가 푸른 초원을 달리는 모습을 담은 도자기 모자이크 벽화를 제작했다. 벽화는 가로 78m 세로 1.7m 크기로 3천200만원을 들여 지난달초 작업을 시작해 1개월만에 완성됐다.

- 여주는 명실상부한 도자기의 고장이다. 그럼에도 지금 자리에 만족하지 않고 여주 도자기를 세상에 알리려는 노력은 끊임없이 이어진다. 이는 곧 여주를 세상에 알리는 일이기 때문일 것이다. 그래서 도자 세상에서 도자 벽화를 보는 의미는 남다를 수밖에 없다.

여주~김천 중부내륙고속도 개통 물류비 절감… 지역 관광산업 발전 기대 2004/12/16

중부내륙고속도로 여주~김천 구간이 완전 개통돼 물류비 절감과 지역 관광산업 발전 등이 기대된다. 15일 한국도로공사 경기건설사업소에 따르면 지난 96년 10월 2조7천86억원을 들여 착공한 중부내륙고속도로 여주~김천(총연장 151㎞) 구간이 북상주IC~충북 괴산IC 구간 49.6㎞가 완공돼 8년 2개월만에 완전 개통된다. 이 고속도로는 경부와 중앙·중부내륙·88·구마고속도로와 서로 연계하는 교통망을 형성, 도로 효율이 더욱 높아질 전망이다. 이에 따라 경부고속도로 이용시 종전 서울~김천JC(길이 234㎞)와 동서울~김천JC(길이 247lkm) 구간 등이 각각 2시간 36분과 2시간 45분등에서 18분과 34분등이 각각 줄어든다. 중부내륙고속도로 개통으로 경부고속도로 교통량이 최대 20%분산되고 물류비도 연간 845억원 절감되며 중부 내륙과 수도권을 연결하는 교통 중심지가 여주로 바뀌고 문경과 영주 등 경북 중북부지역과도 연결된다.

명성황후 '감고당' 내년말까지 복원 능현리 2만여평 2004/12/16

명성황후가 왕비로 책봉되기 전 8년 동안 기거하던 옛 운현궁 앞 '감고당(感古堂)'이 내년말까지 10억원이 투입돼 여주군 능현리 명성황후 성역화사업부지 2만1천평으로 이전, 복원된다. 군은 이를 위해 명성황후 성역화사업부지 인근 민가 이전 및 부지 매입 등을 추진하고 있다. 감고당은 여흥 민씨 종가에 있던 가옥으로 숙종때 인현왕후가 폐비돼 6년동안 머물렀고 명성황후도 여주에서 8살때 상경, 1866년 왕비로 책봉되기 전까지 8년동안 기거했었다. 군은 명성황후전시관 영상실로 사용했던 공간에 감고당 역사와 명성황후 조상들의 유물 등을 모은 특별전시실을 마련, 내년 3

월 개방한다. 명성황후 생가 유족관리소 정남식 계장은 "감고당이 내년 복원되면 소중한 문화재로 자리를 잡게 될 것으로 기대된다"고 말했다.

• 감고당은 이제 여주의 소중한 문화재로 자리 잡았다. 명성황후 생가 유족 관리소 정남식 님의 고향에 대한 애향심 덕분에 명당 감고당이 여주로 이전될 수 있었다. 여주 시민을 대신해 다시 한 번 감사드린다.

여주 드라마 촬영지로 각광 2004/12/21

수도권 최고의 풍광을 자랑하는 여주가 방송 드라마 촬영지로 각광을 받으면서 지역경제 활성화에 크게 기여하고 있다. 20일 여주군에 따르면 최근 여주를 무대로 KBS 주말 드라마 '부모님전상서'와 SBS 특별기획 '마지막 춤은 나와 함께'가 여주 중심시가지와 대신면 상구리 등지에서 한창 촬영중이다. 또 강천면 굴암리 남한강변에서는 KBS 대하드라마 '불멸의 이순신' 제작팀이 이순신의 유배지였던 두만강변을 재현한 대규모 촬영 세트장이 지어 촬영중이다. 강천면 굴암리는 남한강변을 따라 대규모 느티나무 숲이 조성돼 장관을 이루고 있어 드라마 촬영을 위한 최적지로 각광받고 있다. 특히 '불멸의 이순신' 세트장에는 조선시대 변방 마을을 통째로 옮겨 놓은 듯 생생한 역사의 현장이 한눈에 들어온다.

• 아름다움을 보는 기준은 누구에게나 다르지만 적합하다는 판정은 객관성을 갖는다. 여주는 그런 면에서 드라마 촬영지로 적합한 요소를 두루 갖추었다. 훼손되지 않은 한옥과 넓게 탁 트인 전경, 자연 그대로를 남겨 놓은 평화로운 장면들이 그렇다. 아름다운 여주의 풍경은 많은 사람들에게 드라마 속에서 오래도록 기억될 것이다.

“여주쌀, 인터넷 쇼핑몰서 사세요”

2004/12/30

생산지를 속인 쌀의 유통이 극성을 부리고 있는 가운데 신선도를 높이기 위해 소비자(회원)들로부터 주문받은 뒤 쌀을 가공해 배송해 주는 인터넷 쇼핑몰이 등장했다. 농협중앙회 여주군지부와 여주쌀 비전21추진협의회는 고품질 대왕님표 여주쌀 생산 및 유통을 위한 회원제 인터넷 쇼핑몰(kingrice.co.kr)을 개설, 29일부터 운영한다. 인터넷 쇼핑몰은 쌀 수입개방시대에 우리 쌀 시장을 지키며 소비자들에게 믿을 수 있는 고품질 쌀을 공급하려는 의도에서 개설됐다. 쌀을 먼저 가공해 판매하는 기존 쇼핑몰과 달리 쌀의 신선도를 유지하기 위해 먼저 회원으로 가입한 구매자들로부터 주문받은 후 특등품 이상 쌀을 주문량만큼 주 1차례 가공, 처리한 뒤 배송해 주는 게 특징이다. 명품쌀과 친환경쌀 4종에 4 • 5 • 8kg들이 소포장으로 명품쌀 8kg들이 포장기준 3만1천500원에 판매된다. 택배비는 구매자가 부담해야 하며 원할 경우 매달 쌀을 정기적으로 공급받을 수 있다. 농협은 우선 400명으로 출발, 3년이내 1만5천명을 확보, 농협 여주쌀 공급물량의 30%를 인터넷 쇼핑몰로 판매할 계획이다. 농협은 오픈 이벤트로 가입 회원을 대상으로 추첨을 통해 명품쌀과 여주도자기 쌀독(10kg들이)을 제공한다.

• 바뀌어야 산다는 말도 있다. 변화하는 세상 속도에 적절하게 맞추는 것도 살아가는 지혜다. 여주 쌀의 인터넷 판매는 명품을 더 빛낼 만큼 깐깐하다. 정직한 신선도를 유지하기 위해 주문을 받고서야 쌀을 가공해서 고객과 만나기에 배송은 조금 늦을 수도 있다. 그렇게 해도 여주 쌀은 인정받을 수 있다는 자신감은 여주의 여유로움과도 통한다.

In 2005

"집에 가면 부모님께 존댓말 쓸 거예요"

지역 독립운동가 발굴 나섰다 독립기념사업회 본격 활동 2005/1/10

여주, 지역 독립운동가 발굴 나섰다

독립기념사업회 본격 활동

여주군은 최근 출범한 여주군 독립기념사업회를 통해 의병활동으로 독립정신을 일깨웠던 창의대장 이인영과 원용팔 등의 업적을 기리고 무명 독립운동가 10여명의 자료도 발굴한다.

독립기념사업회 관계자는 "여주는 근대 이후 각국 열강들이 시장 개방을 목적으로 다투는 와중에도 자주 외교를 통해 국권을 지켰던 명성황후를 배출한 고장"이라며 "올해부터 창의대장인 이인영과 원용팔 등의 업적을 기리는 사업을 지속적으로 펼치겠다"고 강조했다.

독립기념사업회는 또 무명 독립운동가 10여명의 자료 조사를 바탕으로 추모비를 세우고 여주 독립운동사 발간 작업도 펼친다.

군은 경기도로부터 예산을 지원을 받아 역사를 바로 세우고 애국 선열들의 구국정신을 계승하는 흔적을 찾아 가는 탐방활동도 추진한다. /여주=류진동기자 jdryu@kgib.co.kr

여주군은 최근 출범한 여주군 독립기념사업회를 통해 의병활동으로 독립정신을 일깨웠던 창의대장 이인영과 원용팔 등의 업적을 기리고 무명 독립운동가 10여명의 자료도 발굴한다. 독립기념사업회 관계자는 "여주는 근대 이후 각국 열강들이 시장 개방을 목적으로 다투는 와중에도 자주 외교를 통해 국권을 지켰던 명성황후를 배출한 고장"이라며 "올해부터 창의대장인 이인영과 원용팔 등의 업적을 기리는 사업을 지속적으로 펼치겠다"고 강조했다.

전통예절 청소년 문화기행 2005/1/7

여주군과 한국청소년마을 경기지부는 8일부터 2박3일동안 중·고생들을 대상으로 여주군 흥천면 서봉서당과 용인시 한국민속촌, 서울 여의도 MBC 등지에서 전통예절과 떠나는 청소년 문화기행을 연다.

- 청소년에게 잊혀져가는 한국의 전통 예절을 체험하도록 기획되었다. 이런 기회를 제공하는 여주는 생각도 참 바르다. 평생을 떠받칠 가치관이 형성되는 중요한 시기인 청소년기에 전통 예절을 통해 삶의 소중함과 그 가치를 배우는 일은 미래를 위한 준비라고 생각한다.

'도예 명장' 신청하세요 2005/1/28

전통문화 계승과 도예 발전에 공헌한 도예 명장을 선정하기 위해 다음달 5일까지 추천서를 접수한다. 자격은 지역에서 10년 이상 거주하고 도예산업에 20년 이상 종사해야 하며 읍·면장이나 문화원장, 도자기조합장 등으로부터 추천받아야 한다. 심사기준은 ▲장인정신과 전통 도자기문화 계승 발전 기여도 ▲도자기 제작 관련 기술 개발 등 도자기산업 발전 기여도 ▲지역사회 발전 기여도 ▲도자기분야 관련 수상 경력 등이다. 도예명장으로 선정되면 오는 4월23일 제17회 도자기박람회 개막식에서 증서와 메달 등을 수여 받는다.

여주 명성황후 생가 '분수 빙산' 2005/2/7

명성황후 생가 '분수 빙산'
여주군 여주읍
명성황후 생가
된 분수가 설 연휴를 앞두고 높이 8m로 얼어 빙산을 연
객들에게 새로운 볼거리를 제공하고 있다.
/여주=류진동기자

여주군 여주읍 능현리 명성황후 생가 인공호수에 설치된 분수가 설 연휴를 앞두고 높이 8m로 얼어 빙산을 연출, 이곳을 찾는 관람객들에게 새로운 볼거리를 제공하고 있다.

- 현대와 과거의 접목이 마냥 아름답지는 않다는 걱정이 있었다. 아무리 새로운 볼거리라 해도 전통 한옥 양식의 주변에는 인공 분수보다는 물레방아가 더 어울리는 것이 아닐까 하는 생각을 잠깐 했다. 끊임없이 새로운 볼거리를 제공해야만 사람들의 발길을 붙들 수 있는 것일까 하는 생각까지 이런저런 생각들이 꼬리에 꼬리를 물고 따라온다.

환경신문고제도 운영 신고전화 '128' 2005/3/1

환경신문고제도를 운영하는 등 환경 오염 근절에 두 소매를 걷어 붙였다. 군은 이를 위해 우선 군은 오염 현장의 신속한 민원처리를 위해 전화나 인터넷, 엽서, 팩시밀리 등 다양한 매체를 이용해 누구나 쉽게 신고할 수 있도록 했다. 환경신문고제도 신고 대상은 ▲자동차 매연 ▲공사장 비산 먼지 ▲공장 굴뚝 매연 ▲폐수 무단 방류 ▲하천에서의 불법 세차 행위 ▲쓰레기 불법 투기 ▲쓰레기 불법 소각 등이다. 군은 주민들로부터 신고가 접수되면 해당 부서는 즉시 현지 조사를 실시할 계획이다. 또 불법 행위를 신고하면 과태료 부과대상은 부과금액의 10% 과징금이나 배출부과금 등은 부과금의 10%(최고 50만원), 위반사항은 없으나 신고내용이 정당하다고 인정되면 1만원권 상품권 등을 지급할 방침이다.

- 환경의 보전은 아무리 강조해도 지나치지 않다. 환경은 우리 모두가 지켜야 하는 삶의 가장 기본적인 일임에도 지켜지지 않아 속수무책으로 파괴되고 있는 현실이 안타깝다. 한번 파괴되면 되돌리는 데 몇배의 시간이 필요하다고는 하지만 서로를 감시하는 세상이라니.

오감마을에 농촌체험관 개설 2005/4/5

슬로우푸드 체험 마을인 여주군 강천면 가야1리 오감도토리마을에 슬로우푸드 체험관과 녹색농촌체험관이 개설됐다.

- 세상이 빠르게 변하다보니 언젠가부터 우리의 민족성이 '빨리 빨리 문화'에 익숙해진 것 같아 좀 서글프기도 한 게 사실이다. 농촌체험관은 이런 빨리 빨리 문화에 지친 도시인들을 두 팔 벌려 환영한다. 천천히 도토리묵 만들어 먹으며 정자에서 쉬는 맛이야 말로 진정한 힐링이 아닐까. 가끔은 나부터 모든 일에서 쉬엄쉬엄해보고 싶은 마음 간절하다.

"금은모래 유원지 유료화를" 2005/5/27

가족단위 피서지로 각광받고 있는 여주군 여주읍 연양리 남한강 금은모래 유원지에 대한 시설 투자 등 체계적 관리방안이 절실하다는 지적이다. 특히 금은모래 유원지는 주말마다 수천명씩 찾고 있으나 무료로 운영돼 무질서 등 각종 부작용이 속출, 민자 유치를 통해 유료로 전환돼야 한다는 의견도 비등해지고 있다.

- 금은모래 유원지는 남한강이 굽이쳐 흐르는 절경으로 보기만 해도 아까울 지경인데 많은 사람들이 함부로 대하고 있어 안타깝다. 그 이유가 정말 무료이기 때문일까? 우리를 동심으로 돌아가게 해주는 반짝이는 추억을 더 이상 훼손하면 안 된다. 입장료를 받고 적절한 관리가 이뤄진다면 지금처럼 환경이 훼손되는 걸 조금이나마 늦출 수는 있을지도 모르겠다. 하지만 유원지를 찾는 사람들 스스로가 자연의 소중함을 먼저 알고 실천하는 것이 우선 되어야 할 것이다. 영원한 소꿉놀이 같은 은모래 금모래로 남겨두었으면 좋겠다.

농촌마을 종합개발사업지 여주 산북면 5개 리 확정 2005/8/27

농림부가 시행하는 농촌마을 종합개발사업지로 여주군 산북면 5개리가 집중개발 대상지로 최종 확정됐다. 이에 따라 군은 이들 5개 리에 앞으로 3~5년간 70억원(국고 80%, 지방비 20%)을 투자해 소규모 권역단위 개발과 다원적 기능을 갖춘 특색있는 농촌으로 개발할 계획이다. 이들 대상지에는 ▲농가소득증대 자립형 영농기반 구축을 위한 친환경 농업단지 육성과 약초재배단지 조성 ▲전통민속주 개발 ▲농촌테마 및 기행기반 조성 ▲사이버 홈페이지 구축 이 추진된다. 이밖에 주택융자금으로 신축할 경우 호당 2천만원, 개량의 경우 500만원씩 지원돼 주거개선에도 획기적 변화를 가져올 전망이다. 군은 이들 대상지를 농촌마을로 육성, 주민들의 삶의 질 향상을 도모할 방침이다.

• 삶의 질이 높아질 희망이 보인다. 여주 농촌의 아름다운 자연환경을 해치지 않으면서도 편리한 삶을 누릴 수 있는 작지만 알찬 계획들이다. 이러한 것들이 모이고 모이면 농촌 마을이 더 깨끗한 환경으로 거듭날 것이다.

여주쌀 통합브랜드 추진 2005/9/20

농협 여주군지부(지부장 구을회)는 여주쌀 통합브랜드 사업을 추진하기 위해 여주지역 RPC(미곡종합처리장) 통합 의향서를 최근 농협중앙회에 제출했다. 여주쌀은 그동안의 우수성과 명성을 유지, 발전시키기 위해 유통망과 판매 경쟁력 향상을 위한 브랜드통합이 절실히 요구돼 왔다. 이에 따라 군 지부는 관내 단위농협조합장 회의를 거쳐 우선 농협 RPC사업을 통합시키기로 합의하고 쌀시장 개방과 국내외적 변화에 적극 대응하기로 했다. 여주지역에는 현재 3개 RPC가 운영되고 있으며, 점동농협 DSC시설과 능서·흥천·북내조합에 건조장과 저장고(싸이로), 도정공장이 운영되고 있다. 또한 50여개 여주쌀 브랜드가 난립돼 전국으로 판매되고 있으며 7개 단위농협에서도 여주쌀 도정공장을 운영, 수매가격과 판매가격 또한 천차만별로 품질관리가 제대로 이뤄지지 않고 있는 실정이다. 이번 농협의 여주쌀 통합브랜드사업은 창구일원화로 마케팅 능력 강화와 통일화된 여주쌀의 품질관리가 가능해 여주쌀의 경쟁력을 높일것으로 기대되고 있다.

"孝는 실천… 부모님 기쁘게 할거예요"

2005/9/26

"집에 가면 부모님께 존댓말을 쓸거예요", "농촌 들판에서 메뚜기와 잠자리를 잡고 할아버지와 할머니가 배우시던 서당에서 '효문화체험교육'을 받으니 너무 좋아요." 여주 서봉서당을 찾은 임재환군(수원 한일초 6년).

예절교육을 받기 위해 후배들과 함께 이 곳에 온 임군은 앞으로는 부모님께 존댓말을 쓰겠다고 다짐했다. 도심학교와는 전혀 다른 환경, 옛 어른들이 수학했던 기와지붕의 전통 한옥건물의 서당에서 3일간 옛날 학동이돼 전통예절을 체험한다. 23일부터 3일간 여주서봉서당(훈장 은희문)과 이천도립서당(훈장 한재홍)에서는 '효문화 체험교육'을 실시했다. 경기일보가 주최하고 경기도·경기교육청·경기관광공사가 후원한 이 행사의 1차에 수원시 한일초교와 세곡초, 연무초, 매현초, 의왕 오전초, 이천초, 설봉초등학교 학생 250명이 2박3일간 효문화체험교육을 체험했다.

• 변화하는 시대에 효 정신도 변화하기 마련이다. 그래서 요즘의 아이들에게 더욱 필요해진 부분이기도 하다. 삶에 대한 진지한 자세는 물론 부모님의 무조건적인 사랑에 감사함을 배우면 좋겠다. 공부가 아닌 사람됨을 가르치는 여주로 거듭나는 것 같아 뿌듯하다.

여주 제일중 50년 향토명문 여주의 자랑 우뚝 2005/9/28

50년 향토명문…'여주의 자랑' 우뚝

여주제일中, 29일 개교 50주년 기념 '수산제'

역사담은 화보집·영상물, 전시회등 행사 다채

여주지역 최고의 전통을 자랑하는 여주제일중학교가 개교 50주년을 맞아 다양한 기념행사를 갖는다.

학교법인 수산학원(이사장 김연수) 여주제일중은 오는 29일 오전 10시 학교 강당에서 재학생 및 동문, 주민 등 1천500여명이 참석한 가운데 개교 50주년 기념행사인 '수산제'를 연다.

이날 행사는 1부 기념식을 시작으로 시화전과 한지공예, 사진 등 학생들이 직접 만든 창작 작품 전시회와 '영광의 50년'이란 학교 개교 50년을 뒤돌아 본 영상물이 방영된다.

이어 2부행사로 태권도와 합기도, 스포츠 댄스 등 특기적성 교육 시범이 운동장에서 펼쳐지고 3부 '골든벨을 울려라'에는 여주제일중이 사용했던 옛 학교종을 금색으로 도장해 전교생이 참여한 가운데 TV프로그램과 같은 방식으로 진행, 골든벨을 울린 학생에게 장학금을 전달할 예정이다.

또 4부에는 학생들의 마술공연과 가남초교생들의 축하 합창, 리코더 공연, 사물놀이, 관악연주 등이 진행된다.

5부 학부모와 동문, 교직원, 학생들이 함께 참여하는 축하연주에는 장기자랑, 댄스시범과 여주제일중이 배출한 가수 '모세'와 손회주씨 등이 출연하는 초청가수 공연이 펼쳐진다.

특히 행사 당일 학교 1층 전시관에는 제일중의 50년 역사를 한눈에 볼 수 있는 화보집 등과 영상물이 상영되며, 학교를 빛낸 목영선 제주대 교수 등 졸업생 4명에게 감사패를 수여한다.

한편 여주 제일중학교는 건학이념인 '개척정신'을 바탕으로 한 인성교육 구현을 목표로 지난 1954년 5월 15일 신성중학교로 개교한 이래 지난 2004년 3월 교명을 현재 여주제일중학교로 개명, 현재 9천 139명의 졸업생을 배출했다.

/여주=류진동기자 jdyu@kgib.co.kr

"여주 농업인 한마당 잔치 오세요" 2005/10/4

"여주 농업인 한마당 잔치 오세요"

'여주진상명품전' 내일까지 신륵사관광지서

'옛 임금님 수라상에 올랐던 진상미 여주 쌀도 사고 고구마도 캐세요'

여주지역 농업인 한마당 축제인 '제7회 여주진상명품전'이 지난달 30일 화려한 개막식과 함께 열려 오는 5일까지 여주군 북내면 천송리 신륵사관광지에서 열리고 있다.

이번 축제에서 '여주진상명품전'에는 인기 탤런트 길용우씨와 여운계씨가 각각 왕과 상궁 역할을 맡아 '진상의식'을 재현하고 풍물공연, 남한강 물수제비 뜨기 등에 이어 우리술 시음회, 우리떡 만들기 경연, 클래식음악회 등 다양한 행사가 펼쳐졌다.

지난 1일에는 사물놀이를 시작으로 전통 혼례식, 남한강 우리소리 경연 등이 진행됐고 2일에는 줄타기 공연, 전국 고구마 요리 경연대회, 남한강가요제 등이 이어졌다.

또 3일에는 농업인 씨름대회, 외국인장기자랑 등이, 4일에는 도전 농업 골든벨, 멋진 농부차림 신발, 남한강 가요제 등이, 5일에는 풍물 한마당, 여자팔씨름 등이 각각 열린다.

행사장에는 친환경농업관 등 5개 전시관과 농산물 판매장이 설치되며 고구마 캐기, 고구마 숯불에 굽기, 고구마 케이크 만들기, 미꾸라지 잡기 등 각종 체험 이벤트도 마련됐다. /여주=류진동기자

'옛 임금님 수라상에 올랐던 진상미 여주 쌀도 사고 고구마도 캐세요' 여주지역 농업인 한마당 축제인 '제7회 여주진상명품전'이 지난달 30일 화려한 개막식과 함께 북내면 천송리 신륵사관광지에서 열리고 있다. 이번 축제에서 인기 탤런트 길용우씨와 여운계씨가 각각 왕과 상궁 역할을 맡아 '진상의식'을 재현하고 풍물공연, 남한강 물수제비 뜨기 등에 이어 우리술 시음회, 우리떡 만들기 경연, 클래식음악회 등 다양한 행사가 펼쳐졌다. 지난 1일에는 사물놀이를 시작으로 전통혼례식, 남한강 우리소리경연 등이 진행됐고 2일에는 줄타기 공연, 전국 고구마 요리 경연대회, 남한강 가요제 등이 이어졌다.

- 농업인들의 축제한마당 행사가 해를 거듭 할수록 그 규모가 커져서 볼거리, 즐길 거리가 풍성해지고 있다. 그만큼 다양하고 알찬 행사들이 사람들의 발길을 끌어들이고 있는 것이다. 이런 경험을 밑거름 삼아 이제부터라도 여주 주민들만의 행사를 넘어 전국 규모의 행사 유치도 기획해 볼 일이다.

여주서 세종대왕릉서 한글날 559돌 기념식 "세종대왕 동상 제막" 2005/10/10

제559돌 한글날 기념식과 세종대왕 동상 제막식이 9일 오전 여주군 능서면 왕대리 세종대왕릉 정자각일원에서 열렸다. 이날 행사는 '한글, 미래

를 연다'라는 주제로 기념식에 이어 헌화 및 분향, 훈민정음 서문 봉독, 기념사와 축사, 도립무용단의 화관무, 도립국악단의 팔도민요, 한글창극단의 월인천강지곡 등 축하공연 순으로 진행됐다. 또 세종대왕릉 일원에서는 한글 가훈 써주기, 한지제작 체험, 백일장 및 그림그리기 대회와 박찬수 목아불교박물관장이 주도하는 한글새김전이 열렸다. 이날 신륵사 관광지 내 세계도자비엔날레 야외공연장에서는 한글날 경축음악회도 개최됐다.

여주군은 세종대왕의 업적을 기리기 위해 한글날에 맞춰 여주읍 홍문리 한전사거리에 높이 8.5m(좌대 4.5m, 청동주물 좌상 4m)의 세종대왕 동상 제막식도 가졌다. 동상은 김기창 화백의 세종대왕 표준영정을 토대로 작가 심정수씨가 제작했으며 동상 주변 18곳에 경관조명이 설치됐다.

여주 종합행정타운 부지 "하뫼로 최종 확정" 2005/10/29

여주군의회 제135회 임시회에서 2005년도 공유재산 관리계획 변경(안)이 통과됨에 따라 7년간 끌어온 여주군 청사 이전이 최종 확정됐다. 여주군의회는 이날 임시회에서 공유재산관리특별위원회를 열고 이날 상정된 여주군 종합행정타운 조성건, 강천보건지소 신축건, 이완·서희 장군묘 주변 주차장 부지 매입안 등 4개 안건을 모두 통과시켰다. 이에따라 지난 1999년부터 7년동안 여주읍 교리와 북내면 오학리 등 5개 지역이 군청사 이전부지 선정을 둘러싸고 의원들간 힘겨루기로 갈등을 빚어오던 여주군청사 이전부지가 현재 여주읍 홍문리 4에서 여주읍 하리로 최종 결정돼 이 문제가 일단락됐다. 한편 새로 지어질 여주군 종합행정타운은 여주읍 하리 산 9-8일원 1만566평(3만4천928㎡) 부지에 약 350억원을 들여 지상 4층 지하 2층 규모의 군 청사와 지상 3층 지하 1층 규모의 군의회 청사가 들어설 예정이다.

여주 민영교도소 내년 착공 2005/12/23

■ 재단법인 아가페

여주 민영교도소 내년 착공

지역주민과 협의 마쳐

오는 2008년 완공목표

여주민영교도소 건립을 추진하고 있는 재단법인 아가페(이사장 김삼환 목사)가 지역 내 혐오시설 유치를 반대하던 지역 주민과 32개월간 마라톤 협상을 끝내고 내년초 여주군 북내면 외룡리 일대 6만5천여평의 부지에 건축면적 390평 규모의 교도소를 설립한다.

• 시간여행 1구간을 지나며...

연인교로 명칭이 바뀐 여주대교를 맞이하는 날의 감회가 남다르다. 여주는 달이 밝다. 달이 다 같으련만 여주에서 보는 달은 남한강이 드리워서인지 은은하고 포근하다.
깊은 밤, 술에 취해 들어가면 어김없이 깊은 잠 속에서도 아들의 발소리를 알아차리신 엄마의 목소리가 들린다. 쭉 뻗어 누운 아들을 확인하고서야 하루가 끝났다고 생각하시는 어머니의 문단속은 거기까지.
술집에 출석부 체크하지 않으면 안 되는 사람처럼 위장을 알코올로 소독하던 시절, 비틀거리는 걸음으로 한 발짝씩 옮기면 흐린 눈에 달이 들어온다. 일도 취재도 사람들과의 만남도 그 달 안에서는 평화로운 연인이 된다.
여주는 남한강의 은은한 물결을 타고 흐르는 아름다운 정취 때문인지 달빛 행사가 많다. 연인교의 달맞이 행사가 감명 깊었던 풋내기 기자에게 이 아름다움을 기록으로 남기는 건 삶의 기쁨이었다.
전통과 화려함이 조화로운 달맞이 행사는 해마다 아름다움을 더해 갔고 볼 때마다 신선한 매력으로 기억된다.

세상 어느 연인이 이처럼 황홀할까.

여주를
기록하는
시간여행

경기일보 류진동 기자의 취재수첩

시간여행 2

2006~2013

은빛 추억

기자로 살아가는 고향에 대한
설렘과 꿈을 알아가다

In 2006

봄밤을 수놓은 불꽃의 향연 '낙화놀이'

여주읍 아파트단지 행정구역 분리 2006/1/2

여주군은 주민편의와 행정능률을 위해 여주읍내 아파트단지의 행정구역을 분리하기로 하고 관련 조례안을 입법 예고했다. 입법예고안에 따르면 여주읍 교2리에 속한 강남아파트와 주변 지역은 교4리로, 호반리젠시빌아파트와 주변 지역이 교5리로 각각 분리되며 월송1리 두풍아파트는 월송4리, 월송2리 한성아파트는 월송5리, 점봉3리 부영아파트는 점봉 6리로 쪼개진다. 군은 이에 따라 아파트 동별로 27개반을 증설하고 행정구역 분리에 따른 혼선이 없도록 홍보하기로 했다. 군 관계자는 "다음달 15일까지 주민의견수렴을 받은 뒤 의회 의결을 거쳐 시행할 예정"이라고 말했다.

- 여주도 어느새 아파트 단지들이 하나둘 들어서고 구획 정리가 필요한 도시가 되었다. 내 고향 여주는 가을 들녘의 황금물결이 상징이었는데 변화는 막을 수 없음을 실감한다. 앞으로 지어지는 아파트는 도로, 건물, 환경 등 기초적인 행정구역의 정리부터 시작해야 할 필요성을 느낀다. 도시화가 어쩔 수 없다면 먼 미래를 내다보고 보다 더 편리하고 계획적인 공간 구성이 뒤따라야 할 것이다.

여주군수 선거 2006/1/2

"보수성향이 짙은 여주"

"4대강 사업이 선거판 영향"

영릉 세계문화유산 등재 신청 2006/1/9

조선시대의 최고의 성군으로 평가받는 세종대왕의 '능'(陵)인 영릉이 유네스코 세계문화유산으로 등재될 전망이다. 8일 문화재청에 따르면 최근 여주군 능서면 왕대리 세종대왕(영릉) 등 조선시대 왕릉과 원 53기에 대해 유네스코 세계문화유산 잠정목록 등재 신청을 했다고 밝혔다. 조선시대 왕의 무덤은 '능'(陵)과 '원'(園)으로 구분돼 왕릉은 왕과 왕비의 무덤이고 원은 왕세자와 왕세자비 등의 무덤이다. 왕릉으로는 여주의 영릉과 녕릉, 강원도 영월의 장릉, 서울 서초구 내곡동의 태종과 원경왕후 민씨 무덤인 헌릉 등 왈릉 40기, 원 13기 등 모두 53기가 있다.

- 현재는 과거가 축적된 문화의 산물이다. 문화재의 가치는 눈에 보이는 것이 전부가 아니기에 끊임없이 다듬고 발전시켜야 그 가치가 온전히 살아난다. 내 고향 여주는 도시 자체가 문화재로서의 잠재적인 가치가 무한한 곳이기에 늘 자랑스럽다. 문화재를 아끼고 사랑하는 마음으로 문화재를 귀히 여기는 마인드가 필요하다.

남한강변 생태체험 관광지로 뜬다 2006/1/10

여주읍 연양리 남한강변에 야생화와 수생식물이 어우러진 대규모 자연생태공원이 2008년까지 단계적으로 조성된다. 9일 여주군에 따르면 여주읍 연양리 86번지 일원 9만여평에 280억원을 들여 야생화 생태학습관, 수생 동식물원, 수변 관찰테크 등을 갖춘 생태학습마당과 가족단위 생태·영농체험 공간을 갖춘 체험학습마당, 오솔길에 떡갈나무, 참나무, 밤나무 등이 심어진 생태숲마당, 청소년 X게임장이 있는 가족휴양마당 등 5가지 테마공간을 갖춘 자연생태공원을 조성할 계획이다. 생태공원은 영동고속도로 여주나들목과 신륵사 국민관광지, 세계도자기엑스포단지 등과 인접해 있어 수도권 생태체험 관광지로 각광받을 것으로 전망되고 있다.

• 관광을 위한 관광지가 아니라 새로운 경험을 주는 장소가 되어야 한다. 남한강의 아름다운 자연 풍광을 해치지 않으면서 잘 어우러진 생태공원이 들어선다면 여러 가지 면에서 이득일 것이다. 하지만 청소년 게임장이 포함된 계획서는 검토가 필요하다는 생각이다. 주어진 자연의 혜택을 받았으니 잘 보존할 책임도 우리에게 있다.

여주 농어촌관광 정보화마을 개소 2006/1/23

여주 농어촌관광 정보화마을 개소

여주군 금사면 주록리와 강천면 가야1리에서 지난 19일과 20일 '농어촌관광 정보화마을' 개소식이 열렸다.

이날 개소한 '농어촌관광 정보화마을'은 농어촌지역의 관광인프라 구축을 위해 관광사업의 장점을 살려 효과를 극대화 하고 정보소외 계층의 정보접근 및 활용기회를 확대, 정보 불평등을 해소하기 위해 정부가 정책적으로 추진하고 있는 사업이다.

이들 정보화마을에는 마을정보센터 설치, 초고속 통신망 구축, 가구별

금사면 주록리·강천면 가야1리

전자상거래 등 소득증대 기대

PC보급 등 정보이용환경 구축과 주민의 정보화 활용능력 향상을 위해 주민 정보화교육 등을 실시하고 마을별 테마와 특색 있는 마을홈페이지를 구축, 지역에서 생산하는 각종 농산물과 함께 지역특화상품인 쌀, 버섯 등을 온라인으로 전자상거래를 통한 판매가 가능하게 됐다.

여주지역은 행정자치부가 시행한 강천면 부평1·2리(해바라기마을)와 능서면 광대1·2리 금사면 상호리, 주록리 등 5개 리에서 정보화마을을 운영하고 있다.

이상춘 여주군 농정과장은 "도시인들이 농어촌 관광마을을 찾아 농촌체

금사면 주록리와 강천면 가야1리에서 지난 19일과 20일 '농어촌관광 정보화마을' 개소식이 열렸다. 이날 개소한 '농어촌관광 정보화마을'은 농어촌지역의 관광인프라 구축을 위해 관광사업의 장점을 살려 효과를 극대화 하고 정보소외 계층의 정보접근 및 활용기회를 확대, 정보 불평등을 해소하기 위해 정부가 정책적으로 추진하고 있는 사업이다. 이들 정보화마을에는 마을정보센터 설치, 초고속 통신망 구축, 가구별 PC보급 등 정보이용환경 구축과 주민의 정보화 활용능력 향상을 위해 주민 정보화 교육 등을 실시하고 마을별 테마와 특색있는 마을 홈페이지를 구축, 지역에서 생산하는 각종 농산물과 함께 지역특화상품인 쌀, 버섯 등을 온라인으로 전자상거래를 통한 판매가 가능하게 됐다.

• 세계는 하루가 다르게 변화하고 있다. 정보화시대에 농촌도 예외일 수는 없을 것이다. 하지만 농촌은 여러 가지 환경적인 제약으로 정보화에 다가가는 속도가 더딜 수밖에 없다. 그럴수록 더 꼼꼼하고 철저한 준비가 필요하다.

'마을안녕 기원' 낙화놀이 장관 2006/2/16

'마을안녕 기원' 낙화놀이 장관

여주 해촌·조기울마을 매년 정월보름에 전통 불꽃놀이

가남면 본두리(해촌마을)에서 봄 밤을 아름답게 수놓을 불꽃의 향연 '낙화(落火)놀이'가 펼쳐져 장관을 이뤘다. 지난 13일 오후 7시 영동고속도로를 경계로 나뉜 해촌마을과 조기울마을은 매년 번갈아 가면서 '낙화놀이'를 개최하고 있다. 낙화놀이는 숯과 한지를 꼬아 만든 수천 개의 실을 줄에 매달아 놓고 불을 붙여 타들어 가는 숯가루가 바람에 날리면서 불꽃이 돼 연못에 떨어지며 장관을 연출하는 것. 오랜 기간 전해져 내려오다 일제의 민족정기 말살정책에 따라 중단됐으나 1990년 복원된 조기울(해촌) 마을 낙화놀이는 300m의 줄에 숯과 한지를 꼬아 만든 1만3천여개의 실이 타들어 가면서 정월대보름 밤 하늘을 아름답게 수놓았다. 이 때 마을의 최고령인 사람은 그 밑에 제상을 차려 술을 부어 놓고 마을의 태평과 안녕을 축원한다. 또한 짚단을 100여 겹 쌓아올려 높이 7~8m, 둘레 4~5m 정도로 횃불을 만들어 낙화의 가장자리 2곳에 지핀다. 이 횃불은 추운 기운을 가시게 하면서 낙화놀이는 절정에 달한다. 낙화놀이는 주최측인 2개 마을 이외에도 인근 10여개 마을 주민들이 함께 즐겼던 행사로 행사를 주관한 마을 주민들은 매년 음력 정월 16일에 치렀으며, 올해는 해촌마을에서 개최했다.

• 오랜 세월 잊지 않고 내려오는 마을의 풍습이 참으로 소중하고 귀하다. 점점 이웃이라는 개념이 사라져 가고 있는 때에 지속적으로 치러지는 마을 행사가 있다는 사실만으로도 고향이 더 정겹게 느껴진다. 뜻 깊은 의미뿐만 아니라 이웃들과의 친목도 다질 수 있고, 볼거리도 풍성한 이런 행사가 세대를 이어 앞으로도 계속 이어지기를 바란다. 여주시 문화원과 여주세종문화재단 등은 작은 지역 행사를 고증을 통해 여주시 대표 행사로 키워야 할 것이다.

여주에 경비행기 조종학교 문열어 국내 첫 전문조종교육기관 지정 2006/3/6

가남면 안금리에 국내 처음으로 전문조종교육기관인 '초경량비행기 조종학교'가 문을 연다. 5일 승진항공기술㈜에 따르면 가남면 안금리 1만2천평 부지에 활주로 길이 350m, 격납고 2동(360평), 항공우주역사전시관(200평) 등을 갖춘 초경량비행기 조종학교를 설립, 건설교통부 실사를 거쳐 지난달 28일 국내 첫 전문조종교육기관으로 지정받았다.

농지전용시 30% 보전부담금 부과 등 홍보 "개정 농지법 바로 아시나요?" 2006/3/9

지난달 개정된 농지법에 대한 홍보에 적극 나섰다. 개정된 농지법은 진흥지역에서 할 수 있는 시설의 범위가 확대되고 농지취득자격증명 발급기한이 일부 4일에서 2일로 단축된다. 또한 농지전용허가·협의시 1㎡당 1만~2만1천900원까지 차등부과 됐던 농지조성비가 농지보전부담금으로 명칭이 변경, ㎡당 당해 필지의 개별공시 지가의 30%를 부과한다. 개별공시지가가 5만원을 초과하면 ㎡당 상환금을 5만원으로 하는 등 상대적으로 지가가 낮은 농촌지역의 농지이용이 활성화 되고 전용비용이 절감돼 농어촌 소득원 개발과 발전에 기여할 것으로 전망된다. 이외에도 작물에 사용하는 간이액비저장조를 농지이용행위로 분류했고 생산자단체가 설치하는 농산물판매시설을 진흥 지역에서 허용했으며, 관리지역에서의 축사시설 설치를 당초 1만㎡에서 3만㎡까지 신고하도록 했다. 그러나 보호구역에서 그동안 일부 허용되던 근린생활 등은 행위가 금지되는 등 진흥지역의 행위제한은 강화됐다.

• 농업이 주를 이루는 지역이다 보니 농지 관련법의 개정은 재산상의 민감한 문제로도 이어질 수 있다. 그래서 신속하고 정확하게 홍보하는 것이 무엇보다 중요하다. 힘들게 땅을 일구는 주민들에게 피해가 가지 않도록 바뀌는 법과 제도는 주민 모두가 쉽게 이해하고 접할 수 있도록 하는 것이 관에서 해야 할 일이다.

여주 농업인 대학 입학식 2006/3/14

농업인대학 입학식 여주군 BEST RICE 농업인대학 입학식이 최근 군 농업기술센터 창선 군수와 장해중 농업기술센터 소장, 농업인 관계자 등 100여 가운데 '여주농업의 글로벌 리더 전문인 육성'의 슬로건으로 개최됐다. /여주=류진동기자 jdyu@

여주군 BEST RICE 농업인대학 입학식이 최근 군 농업기술센터에서 임창선 군수와 장해중 농업기술센터 소장, 농업인 관계자 등 100여명이 참석한 가운데 '여주농업의 글로벌 리더 전문인 육성'의 슬로건으로 개최됐다.

세종대왕박물관 건립 난항 2006/3/17

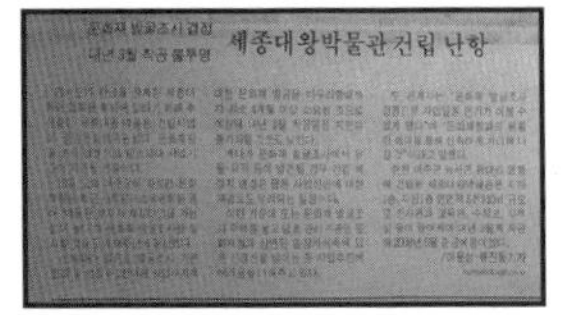
세종대왕박물관건립 난항

경기도가 한글을 창제한 세종대왕의 업적을 후세에 알리기 위해 추진중인 '세종대왕 박물관' 건립사업이 중앙문화재위원회의 문화재발굴 조사 결정으로 당초보다 사업기간이 지연될 전망이다. 16일 도와 여주군에 따르면 문화재청은 최근 사적분과소위원회를 열어 '박물관 부지가 재실터였을 가능성이 높다'며 문화재 발굴조사를 실시할 것을 도와 여주군에 통보했다. 이에따라 앞으로 발굴조사 기관 입찰 및 선정과 2천여평 사업부지에 대한 문화재 발굴을 마무리할때까지 최소 4개월 이상 소요될 것으로 예상돼 내년 3월 착공일정 지연이 불가피할 것으로 보인다. 게다가 문화재 발굴조사에서 유물·유적 등이 발견될 경우 건립 예정지 변경은 물론 사업 전반에 대한 재검토도 우려되는 실정이다. 이런 가운데 도는 문화재 발굴 조사 주체를 놓고 당초 관리기관인 문화재청과 상반된 입장차이속에 묘한 신경전을 벌이는 등 사업추진에 어려움을 더해주고 있다.

도전! 여주 트로트가요제 2006/4/19

"도자기도 구경하고 전통가요도 즐기세요" 천년 도자의 맥을 이어온 여주에서 여주도자기박람회를 기념해 매년 열리고 있는 여주 남한강 전국 트로트가요제가 오는 22일과 다음달 6일 제3회 대회 각각 예선과 본선을 치른다. 국내 트로트 가요의 맥을 잇기 위해 열리는 이번 가요제의 사회자(본선)는 코미디언 엄용수씨가 맡았으며 출연가수는 유현상씨와 소명 등 인기가수와 향토가수 등이 대거 출연, 흥겨운 축하공연을 선사한다. 여주 출신 변달수씨(민속예술인)가 펼치는 팔도 각설이 타령과 품바 공연 등도 흥미를 돋운다. 참가신청은 오는 20일까지 접수받으며 전국의 19세 이상 50세 이하 성인이면 누구나 참가할 수 있다. 트로트 계열 창작곡이나 기성곡 모두 출전이 가능하다.

• 되돌아보니 대한민국 트로트 오디션의 선두주자는 경기일보 남한강 트로트가요제라 하겠다. 트로트 열풍을 일으킨 숨은 주역이 바로 여주 남한강 전국트로트 가요제였다니 이 또한 내 고향의 자랑이다. 트로트는 지금도 현재진행형으로 많은 사람들에게 꿈과 희망을 전하기도 하고, 고통과 슬픔을 어루만져주기도 한다. 트로트는 이렇게 우리의 희노애락 속에 살아있다. 지속적인 행사 개최로 남한강과 트로트를 지역 문화축제로 만들어야 할 것이다. 여주시 정병관 전 미래정보 담당관과 함께 기획 추진한 이 행사는 10회까지 이어져 왔다.

각종 정보 원스톱 검색 민원안내 도우미 '떴다' 2006/6/6

여주경찰서(서장 주기주)가 선진국 수준의 종합적이고 체계적인 무인안내 도우미시스템(키오스크)을 자차 기술력으로 개발 설치해 민원인들로부터 큰 호응을 얻고 있다.

• 키오스크가 대세가 된 세상, 여주는 벌써 이때부터 착실한 준비를 해오고 있었다. 어디서나 사용되는 키오스크지만 고령층에서는 여전히 사용에 어려움을 겪고 있다. 계속해서 출시되는 새로운 환경에 잘 적응하도록 적극적인 주민 교육이 필요한 이유다. 뉴미디어 기기의 확산은 받아들이는 주민의 입장을 살펴가면서 추진해야 불편함이 적을 듯 하다.

3道 '남한강 세가족' 화합잔치 2006/6/14

3道 '남한강 세가족' 화합잔치

경기·강원·충북 접경 주민들 체육대회

남한강을 사이에 둔 강원도와 경기도, 충청북도의 경계지역 주민들이 화합과 친선을 다지는 체육대회가 최근 원주시 부론초등학교에서 열렸다. 이날 체육행사는 강원 원주시 부론면과 경기 여주군 점동면, 충북 충주시 앙성면 등 남한강을 사이에 두고 있는 3개 도 이장과 새마을지도자, 부녀회원 등 400여명이 참가해 배구와 족구, 피구, 단체 줄넘기 등 운동을 함께 즐기며 한지붕 세가족의 우의를 다졌다.

- 행정구역은 다르지만 마음만은 가까워지고 싶은 이웃들이 한 자리에 모였다. 남한강을 사이에 두고 행정구역이 세 곳으로 나뉘는 일도 흔치 않을뿐더러 지속적인 만남을 통해 친선을 다지는 일도 쉽지 않다. 이렇게 재미있는 발상을 통해 오랜 시간 정을 쌓다보니 모두가 같은 고향 사람이 됐다.

여주 시골학교 '애들이 늘었어요' 2006/6/29

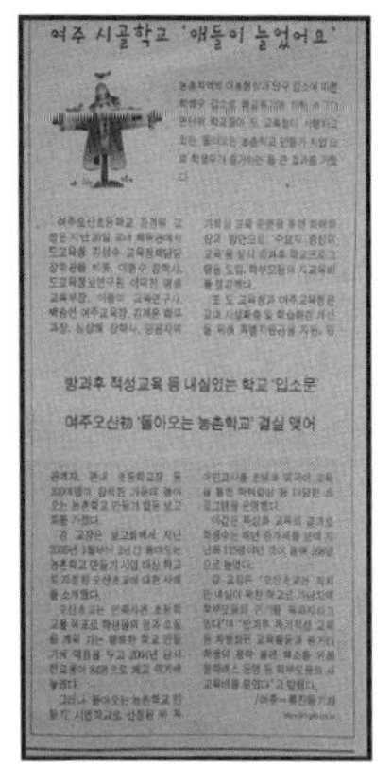
여주 시골학교 '애들이 늘었어요'

방과후 적성교육 등 내실있는 학교 '입소문'

여주오산初 '돌아오는 농촌학교' 결실 맺어

농촌지역의 이농현상과 인구 감소에 따른 학생수 감소로 폐교위기에 처한 소규모 면단위 학교들이 도 교육청이 시행하고 있는 '돌아오는 농촌학교 만들기 사업'으로 학생수가 증가하는 등 큰 효과를 거뒀다. 여주 오산초등학교 강경원 교장은 지난 20일 교내 체육관에서 도교육청 김성수 교육정책담당 장학관을 비롯, 이형수 장학사, 도교육정보연구원 이덕진 평생교육부장, 이종미 교육연구사, 백승언 여주교육장, 김재윤 학무과장, 심상해 장학사, 양평지역 관계자, 관내 초등학교장 등 100여명이 참석한 가운데 돌아오는 농촌학교 만들기 합동 보고회를 가졌다. 강 교장은 보고회에서 지난 2005년 3월부터 2년간 돌아오는 농촌학교 만들기 사업 대상 학교로 지정된 오산초교에 대한 사례를 소개했다. 오산초교는 민족사관 초등학교를 목표로 학생들의 꿈과 소질을 키워 가는 행복한 학교 만들기에 역점을 두고 2004년 당시 전교생이 84명으로 폐교 위기에 놓였다. 그러나 '돌아오는 농촌학교 만들기' 시범학교로 선정된 뒤 특기적성 교육 운영을 통한 학력향상의 방안으로 '수요자 중심의 교육'을 실시 방과후 학교프로그램을 도입, 학부모들의 사교육비를 절감했다. 또 도 교육청과 여주 교육청은 교내 시설확충 및 확습환경 개선을 위해 특별지원금을 지원, 원어민교사를 초빙해 외국어 교육을 통한 학력향상 등 다양한 프로그램을 운영했다. 이같은 특성화 교육의 결과로 학생수는 매년 증가세를 보여 지난해 115명이던 것이 올해 168명으로 늘었다. 강 교장은 "오산초교는 작지만 내실이 꽉찬 학교로 가남지역 학부모들의 인기를 독차지하고 있다"며 "방과후 특기적성 교육등 차별화된 교육활동과 원거리 학생의 통학 불편 해소를 위해 통학버스 운영 등 학부모들의 사교육비를 줄였다"고 말했다.

• 농촌 지역 인구가 줄고 있으니 학생 수가 줄어드는 건 당연한 일이다. 하지만 지속적인 교육 관리로 더 나은 교육환경을 제공할 수만 있다면 학생들은 얼마든지 돌아오게 할 수 있다. 오산초교가 그 가능성을 보여준 좋은 사례가 되었다. 모두의 노력으로 학생들이 돌아오는 학교로 만들어야 한다.

"3천년 전통의 김매기 볼만하네" 2006/7/3

"3천년 전통의 김매기 볼만하네"

여주농기센터, 도시소비자 초청 전통농법 재현

'이편 저편 좌우편 굼방님네' 예이~자, 오늘 날두 선선허구 김도 맬만허구 이집이 떡쌀이 세 가마 서말 석되 서홉 서작이니 옛날 젯적 젯날 젯적 떠꺼머리 총각적 헌 패래 고래적 나무 접시 맛있을 적에 노인네 허든 두레 소리 우렁우렁 해봅시다 예이~ 여주군농업기술센터는 최근 도시소비자 가족 등이 참석한 가운데 대신면 하림리 전통농법 체험농장에서 3천여년을 이어온 전통농법 재현한 논 김매기 행사를 실시했다. 농악대의 흥겨운 가락과 춤사위로 한껏 신을 돋는 가운데 참여한 도시민과 농업인들이 서로 마음을 맞추어 자연과 호흡하며, 북을 맨 선소리꾼의 선창에 따라 김매기 소리와 함께 호미로 논의 풀을 뽑고 흙을 뒤집어 주며 올가을 풍년을 기원했다.

전임 의장 인사말·의원소개 '그대로' 여주군의회 홈피 왜 이래? 2006/7/12

제5대 여주군의회가 출발한지 10여일이 지났음에도 불구, 군의회홈페이지(www.yeojucouncil.go.kr)는 여전히 전임 의장의 인사말이 그대로 남아 있어 주민들의 눈총을 사고 있다. 또 홈페이지는 새출발하는 의원들의 간단한 약력이외에 별다른 정보가 게시되지 않아 주민들의 알권리를 충족시키지 못하고 있으며 특히 군의회홈페이지와 연결된 의원홈페이지에는 전임 의원들 11명의 사진과 신상정보가 그대로 남아있어 네티즌들의 항의가 이어지고 있다.

> 전임 의장 인사말·의원소개 '그대로'
>
> **여주군의회 홈피 왜이래?**
>
> 네티즌 항의 빗발쳐
>
> 제5대 여주군의회가 출발한지 10여일이 지났음에도 불구, 군의회 홈페이지(www.yeojucouncil.go.kr)는 여전히 전임 의장의 인사말이 그대로 남아 있어 주민들의 눈총을 사고 있다.
>
> 또 홈페이지는 새출발하는 의원들의 간단한 약력이외에 별다른 정보가 게시되지 않아 주민들의 알권리를 충족시키지 못하고 있으며 특히 군의회홈페이지와 연결된 의원홈페지(펜하)에는 전임 의원들 11명의 사진과 신상정보가 그대로 남아있어 네티즌들의 항의가 이어지고 있다.
>
> 11일 군의회에 따르면 의회는 지난 1일 민선 4기 첫 임시회를 개회하고 의장 및 부의장 등 의장단을 선출한 뒤, 원구성을 마무리했다.
>
> 그러나 현재까지 군의회 홈페이지는 제5대 군의회 의원에 대한 정보를 짧게 소개하고 있을 뿐 여전히 4대의회에서 머물고 있는 상태다.
>
> 게다가 지난달 30일 퇴임한 윤승진 의장의 인사말이 여전히 남아 있어 직원들의 나태함까지 엿보게 하고 있다.
>
> 반면 여주군 홈페이지는 제35대 이기수 군수 취임 직후부터 신임 군수체제로 급속도로 전환, 대조를 이루고 있다.
>
> 주민 김모씨(55·여주읍 하리)는 "군의회 직원들이 직접적인 군수의 인사권에서 벗어나 있어 전검을 행정으로 일관하고 있는 것 같다"며 "집행부에서 이런 일이 발생했다면 난리가 났을 것"이라고 말했다.
>
> 이에대해 군의회 관계자는 "군의회 홈페이지를 바꾸고 있는 중이다"며 "홈페이지 유지보수 관리업체에의뢰한 상태로 많은 거래처를 수정작업하다보니 다소 늦어지고 있다"고 밝혔다.
>
> /여주=류진동기자
>
> jdyu@kgib.co.kr

- 출발부터 꼬이기 시작하면 엉킨 매듭을 풀기는 점점 더 어려워진다. 설사 그럴 만한 타당한 이유가 있다하더라도 충분히 설명하지 않으면 사람들은 오래 기다려주지 않는다. 할 일을 제때 하지 않으면 사람들이 떠나기 쉬운 세상이 되었지만, 그것만 탓할 수는 없다는 말이다. 행정이라는 것은 이에 맞춰서 따라주어야 한다.

남한강 세종대교 야간조명 가동 2006/7/14

남한강 세종대교 야간조명 가동
여주군, 연말 완공 앞두고 이달말부터

여주군은 13일 남한강 세종대교(여주읍 하리)에 야간 경관조명 공사를 벌여 이달말부터 가동에 들어간다고 밝혔다. <사진> 여주읍 하리와 북내면 현암리를 잇는 남한강 세종대교는 국도 37호선 우회도로 공사에 따라 지난 2000년 2월 착공해 올해말 완공될 예정이다. 세종대교는 폭 20m, 길이 1천875㎞의 규모로 군은 이 곳에 야간 경관조명 시설을 설치키로 하고 14억7천만원의 예산을 투입, 교각 반사를 이용한 LED 방식의 경관조명을 설치해 이달말 본격 가동에 들어갈 방침이다.

- 남한강 세종대교 야간조명이 시민에게 아름다운 밤 야경을 감상할 수 있는 일인지에 대해서는 한 번 더 생각해 볼 일이다. 균형 있는 개발과 주변 경관이 어울리는 설치물인지의 고민이 필요하다. 14억 7천만 원이면 적지 않은 혈세이기 때문이다. 그리고 앞으로 유지보수를 위해서도 지속적인 비용이 투입되는 것도 고려해야 한다.

현장르포 - 여주대교를 가다. 또 짐싸야 하나 2006/7/17

"또 짐싸야 하나" 주민들 망연자실

여주대교, 연천 한탄강을 가다

여주

연천

여주 비닐하우스·고구마밭 등 수십만평 침수

'여주사랑' 500리 함께 걸어요 2006/7/17

■여주군

'여주사랑' 500리 함께 걸어요

초등생·일반인 130명 순례단

26일부터 5박6일 대장정 나서

오는 26일부터 31일까지 '여주사랑, 국토사랑, 영원한 우정'이란 주제로 여주지역 500리를 체험하는 제6회 여주사랑 500리 걷기 순례 대장정에 나선다. 이번 행사는 여주군청을 출발해 점동면~가남면~능서면~흥천면~금사면~이포대교~대신면~북내면~강천면을 돌아 여주군청으로 귀환하는 총 192.6㎞의 대장정이다. 순례단에는 초등학교 5학년 이상 초·중·고·대학생 및 일반인 등 130명이 모두참여한다. 특히 순례단은 명성황후 생가, 고달사지 등 역사유적과 산북면 상풍리 산촌오지를 둘러보고 행사종료 전날인 30일밤 부모들을 초청, 화합의 밤 행사도 가질 예정이다.

천년고찰 여주 신륵사 모습 드러낸 다층전탑 2006/7/26

천년고찰 여주 신륵사

모습 드러낸 다층전탑

1년8개월간 보수 마무리

여주군 문화재관리사업소(소장 김준기)는 천년의 고찰 여주신륵사 다층전탑(보물 제226호)에 대한 보수공사를 마무리하고 최근 일반에 공개했다. 신륵사 다층전탑은 기단부 전체가 기울고 화강석 기단부와 전탑 탑신 부위가 틈이 벌어져 1억 700만원을 들여 지난 2004년 11월 공사에 들어가 1년 8개월 만인 최근에 보수공사를 마무리했다. 보수공사는 비계와 장막을 설치해 관람객들의 접근을 차단한 뒤 기단부의 틈새를 메우고 탑신부의 훼손된 전돌을 보수하는 한편 6층 이상에 있는 옥개석을 부분 해체하고 보수했다.

"남한강변 저지대 제방 축조를" 2006/8/9

"남한강변 저지대 제방 축조를"

여주군, '천서리~당남리·계신리 2곳 상습침수' 건교부에 건의

남한강 수위상승으로 침수 피해를 겪는 남한강변 2곳에 제방을 축조해줄 것을 건설교통부에 건의했다. 8일 여주군에 따르면 매년 여름철 남한강하류지역인 대신면 천서리~당남리 3㎞ 구간, 건너편 흥천면 계신리 0.5㎞ 구간이 범람해 피해가 발생되고 있어 이들 남한강 지류인 곡수·신내천, 복하천과 합류하는 저지대에 제방둑을 쌓아줄 것을 건의했다고 밝혔다. 특히 대신면 천서리~당남리 일대 저지대 15만여평 가운데 이중 13만여평이 사유지여서 매년 농경지 침수피해와 그에 따른 보상금 지급이 되풀이 되고 있다.

• 가뭄이나 홍수 같은 자연재해는 우리 인간의 힘으로 어떻게 할 수 있는 일이 아니다. 하지만 자연재해로 인한 피해를 최소화하는 일은 얼마든지 가능하다. 미리미리 준비하고 대처한다면 농민들의 피해도 막고 아름다운 남한강도 지킬 수 있다. 해마다 보상금 지급으로 혈세까지 낭비되고 있다니 빠른 대책이 필요해 보인다.

여주군 부읍.면장제 부활 2006/8/15

여주군 부읍·면장제 부활

주민생활지원 서비스 강화 행정조직 개편 추진

민선 4기 이기수 여주군수 출범과 함께 부읍·면장제 신설 등의 내용을 골자로한 대대적인 행정조직 개편안을 마련했다.

이번 개편안은 군민이 체감할 수 있는 봉사행정구현과 인구 …

활과 함께 본청 총무과, 종합민원과, 환경보호과, 산림공원과, 도시과 등 5개과 명칭을 각각 자치행정과, 민원봉사과, 환경위생과, 녹지공원과, 도시건축과로 명칭을 변경했다. 게다가 기획감사실 정 …

원팀은 농정과 농지관리팀, 지역경제과 도예팀은문화관광과 도예문화팀, 보건소 위생팀은 환경위생과 위생관리팀으로 바뀐다.

한양호 총무과장은 "신임 군수의 인구 20만 신화창조와 주민 삶의 질 향상을 위해 추진하고 있는 …

명성황후 동상 건립키로 2006/8/15

명성황후 생가 성역화 사업의 일환으로 여주읍 점봉리 국도 37호선(여주~장호원간)도로변 생가 진입로 입구에 명성황후 동상을 내년 상반기중에 건립할 계획이다. 14일 군에 따르면 이번에 세워질 명성황후 동상은 좌대 4m, 좌상 4m 크기로 제작되며 동상 설계는 궁중유물박물관에 소장된 명성황후 진영을 토대로 작품 공모와 문화관광부 영정심의위원회 심의를 거쳐 결정될 예정이다. 여주군은 지난 1993년부터 140여억원을 들여 여주읍 능현리 명성황후 생가 성역화 사업을 추진해 생가주변의 민간 가옥을 이전시키고 감고당(명성황후가 상경해 왕비책봉 전까지 기거하던 곳) 중건과 공원 조성 등 성역화 사업을 벌여왔다.

- 여주에 세워질 명성황후 동상은 여주의 품격을 높여줄 것으로 기대감이 높았다. 명성황후 동상 건립을 포함한 그 후 명성황후 성역화 사업은 순조롭게 진행되었다. 현재 명성황후 동상은 여주의 관문으로 통하는 명성황후 생가 진입로 입구에 자리 잡고 있어, 여주의 자존심이라 할 만하다.

'高구마' 쌀값 눌렀다. 2006/8/16

'高구마' 쌀값 눌렀다

여주 밤고구마 사상 처음 쌀값 역전

웰빙열풍·호우피해 겹쳐 가격 올라

"농가 노력 + 센터 지원 이뤄낸 결실"

웰빙시대, 사상 처음으로 밤고구마가 쌀보다 더 귀한 몸이 됐다. 게다가 찰옥수수 또한 지난해보다 25% 이상 오른 가격에 인기리 판매되는 등 개방화 시대, 농가들에게 희소식으로 다가오고 있다. 15일 여주군농업기술센터·농수산물유통공사 등 해당 농가들에 따르면 웰빙시대, 고구마 선호추세에다 지난달 집중호우로 남한강변에 위치한 대규모 밤고구마 포장 50여ha가 침수되면서 조생종 고구마 생산이 주춤하며 값이 크게 오르고 있다.

• 해마다 쌀 소비량이 줄고 있다는 소리는 벌써 몇 해 전부터 들려왔었다. 이제 사람들은 더 건강한 먹거리에 관심을 쏟는 세상이 되었다. 그러다보니 쌀보다 옥수수나 고구마 같은 웰빙먹거리가 더 귀한 대접을 받고 있다. 집중호우의 영향이 있었다고는 하지만 여주 고구마는 비싸도 사 먹는다는 명성은 괜한 말이 아니다.

환경사랑… 남한강 사랑 2006/8/18

경기일보 17

사람들

환경사랑… 남한강 사랑

어린이 60여명 등 향토 도보순례

■ 여주환경운동연합

여주환경운동연합이 주관하고 있는 남한강 도보순례가 지난 16일 오전 여주지역 어린이와 부모, 회원 등 60여명이 참가한 가운데 여주군청 앞 광장을 시작으로 3박4일간 일정에 나섰다.

이번 순례는 여주의 젖줄인 남한강 일원을 돌아보면서 환경친화적인 체험활동을 통해 남한강 보존의 의미를 되새기는 한편 청소년들에게 환경에 대한 올바른 가치관을 심어주기 위해 마련됐다.

특히 이번 행사는 여주환경운동연합 공동의장을 3개 종교단체 인사(여주제일감리교회 김정권 목사, 신륵사 세영스님, 원불교 유홍덕 교무)가 맡고 있고 참가자들 역시 다양한 종교와 이념을 갖고 있다는 점에서 의미를 더한다고 환경운동연합은 설명했다.

이날 여주읍 하리 군청을 출발한 체험단은 앞으로 금사면 이포2리, 신륵사 수련원, 강천면 강천1리를 거쳐 여주읍 영월루에 도착해 해단식을 가질 예정이다.

/여주=류진동기자 jdyu@kgib.co.kr

여주환경운동연합이 주관하고 있는 남한강 도보순례가 지난 16일 오전 여주지역 어린이와 부모, 회원 등 60여명이 참가한 가운데 여주군청 앞 광장을 시작으로 3박4일간 일정에 나섰다. 이번 순례는 여주의 젖줄인 남한강 일원을 돌아보면서 환경친화적인 체험활동을 통해 남한강 보존의 의미를 되새기는 한편 청소년들에게 환경에 대한 올바른 가치관을 심어주기 위해 마련됐다.

• 여주에는 걷기 좋은 길이 참 많다. 도보순례는 주어진 자연을 소재로 자라나는 어린이와 청소년들에게 환경을 대하는 올바른 가치관을 심어줄 수 있는 좋은 기회를 제공해주기도 한다. 여주는 누릴 수 있는 자연의 혜택이 참 무궁무진하다.

여주, 전국최초 쌀 산업특구 지정 2006/12/20

여주, 전국최초 쌀 산업특구 지정

군, 348억 투입…가공상품·전자상거래 활성화 지원

여주군이 전국 최초로 쌀 산업 특구로 지정돼 전략산업으로 집중 육성된다.

19일 군과 재정경제부에 따르면 재정경제부는 이날 지역특화발전특구심의위원회를 열어 옛 임금님께 진상했던 여주쌀 생산에 천혜의 조건을 갖춘 여주군을 '쌀 산업 특구'로 지정했다.

여주쌀 특구 지역은 농업진흥지역중 쌀을 재배하고 있는 여주읍 가업리와 점동, 가남, 능서, 흥천면 등 여주관내 10개 지역으로, 농지면적 271.14㎢의 24.4%에 해당한다.

군은 국·도·군비 등 총 348억원을 투입, ▲고품질 쌀 생산 지원 ▲쌀 가공상품 개발 및 전자상거래 활성화 사업 ▲여주쌀 브랜드 강화 사업 등 특화사업을 추진함에 따라 농민소득 증대와 브랜드 가치를 높일 것으로 기대하고 있다.

전략사업 추진에 따라 우량종자 보급률은 현재 58%에서 85%로 늘고 맞춤비료 지원도 전 지역으로 대폭 확대된다.

또 공동 육묘장은 7개소로, 친환경농업지구는 현재 172ha에서 375ha로 2배 이상 늘어난다.

이밖에도 품질분석실과 저온저장시설 및 건조저장시설이 확충되고 은이온 코팅쌀 등 기능성 쌀과 가공식품 연구개발을 비롯해 전자상거래 시스템구축, 여주 농특산물 판매장 설치 등도 추진된다.

군은 쌀 특구로 지정됨에 따라 규제 완화로 ▲농산물 관련 축제 행사시 도로통행 제한 ▲농지의 위탁 경영 및 사용·임대 허용 ▲농산물 관련 축제 행사시 도로의 일시 점용 허용 ▲옥외광고물의 표시 설치 준을 조례 제정 ▲특구내 생산된 과 가공품의 표시기준을 군수가 로 고시할 수 있는 등의 특례를 는다.

한편 여주쌀은 2005년 생산량 기준으로 전국 476만8천368t의 0.93%에 해당하는 4만4천102t을 산하고 있으며 전국 최초로 토양 경정보시스템을 구축해 쌀 품질 상을 도모, 올해 농촌진흥청으로 터 고품질쌀 생산분야 평가에서 우수로 선정되는 등 그 품질을 인정 받았다.

/여주=류진동기자 jdyu@kgib.co.k

여주군이 전국 최초로 쌀 산업 특구로 지정돼 전략산업으로 집중 육성된다. 19일 군과 재정경제부에 따르면 재정경제부는 이날 지역특화발전특구심의위원회를 열어 옛 임금님께 진상했던 여주쌀 생산에 천혜의 조건을 갖춘 여주군을 '쌀 산업 특구'로 지정했다. 여주쌀 특구 지역은 농업진흥지역중 쌀을 재배하고 있는 여주읍 가업리와 점동, 가남, 능서, 흥천면 등 여주관내 10개 지역으로, 농지면적 271.14㎢의 24.4%에 해당한다. 군은 국·도·군비 등 총 348억원을 투입, ▲고품질 쌀 생산 지원 ▲쌀 가공상품 개발 및 전자상거래 활성화 사업 ▲여주쌀 브랜드 강화 사업 등 특화사업을 추진함에 따라 농민소득 증대와 브랜드 가치를 높일 것으로 기대하고 있다. 전략사업 추진에 따라 우량종자 보급률은 현재 58%에서 85%로 늘고 맞춤비료 지원도 전 지역으로 대폭 확대된다. 또 공동 육묘장은 7개소로, 친환경농업지구는 현재 172ha에서 375ha로 2배 이상 늘어난다. 이밖에도 품질분석실과 저온저장시설 및 건조저장시설이 확충되고 은이온 코팅쌀 등 기능성 쌀과 가공식품 연구개발을 비롯해 전자상거래 시스템구축, 여주 농특산물 판매장 설치 등도 추진된다. 군은 쌀 특구로 지정됨에 따라 규제 완화로 ▲농산물 관련 축제 행사시 도로통행 제한 ▲농지의 위탁 경영 및 사용·임대 허용 ▲농산물 관련 축제 행사시 도로의 일시 점용이 허용 ▲옥외광고물의 표시 설치기준을 조례 제정 ▲특구내 생산된 쌀과 가공품의 표시기준을 군수가 따로 고시할 수 있는 등의 특례를 받는다. 한편 여주쌀은 2005년 생산량을 기준으로 전국 476만8천368t의 0.93%에 해당하는 4만4천102t을 생산하고 있으며 전국 최초로 토양환경정보시스템을 구축해 쌀 품질향상을 도모, 올해 농촌진흥청으로부터 고품질쌀 생산분야 평가에서 최우수로 선정되는 등 그 품질을 인정받았다.

• 여주에서 쌀의 의미는 삶에 가깝다. 그래서 쌀 산업 특구의 지정은 쌀을 지켜내라는 특명이라고 생각했다. 농민의 굵은 땀으로 일궈낸 값진 댓가라서 흙을 귀히 여긴 분들께 감사한다. 농사는 자식농사라는 비유가 있다. 자식을 키우듯 진자리 마른자리 갈아가며 보살피는 세심함으로 황금들판을 만든다. 이를 계기로 군에서도 관련 규제를 완화하고 맞춤비료의 지원도 확대된다고 하니 농가의 소득증대와 브랜드 가치를 높이는 효과로 이어졌으면 한다. 지금은 찬바람 불고 휑한 빈 들이지만 봄 햇살이 고와지면 모내기 하며 다독이는 농부의 손은 다시 정성스레 바빠지겠지. 나락 한 톨도 주워 담던 아버지와 식구들 남긴 밥도 아깝다며 훑어서 드시던 어머니의 마음도 귀함이셨으리라. 점점 쌀 소비가 줄고 단출한 식단과 빵, 패스트푸드의 선호도가 높아지고 있다. 바쁜 현대의 일상에서 잘 차려진 밥상 받아 먹는 건 사치스럽기까지 하다. 기자는 지금, 마감시간 임박하여 피자 한조각 베어 먹으며 기사를 쓰고 있으니 어불성설이 따로 없다. 밥 한술 뜨는 것에 감사하는 공손한 마음 다시 새긴다. 알찬 곡식을 거두기 위해 손끝이 뭉개진 농부의 희생과 공적에 고개를 숙인다. 고품질 쌀 최우수 등급은 아무나 받는게 아니다.

In 2007

기업하기 좋은 "여주로 오세요"

사진 뉴스 - 여주 지미당 메주가 익어가는 정겨운 풍경 2007/2/5

메주가 익는 정겨운 풍경 본격적인 장 담그기 계절이 다가온 가운데 5일 오후 여주군 여주읍 하거리 농촌여성일감찾기사업장인 지미당에 주렁주렁 매달린 메주들이 따사로운 햇살을 받으며 건조되고 있다. /조남진기자 njcho@

여주 종자관리소 개소 2007/2/9

여주 종자관리소 개소

70%대 종자보급률을 목적으로 하는 경기도농업기술원은 8일 여주군 점동면 뇌곡리에서 종자관리소 여주분소 준공식을 갖고 본격적 업무에 돌입했다. 이날 준공식에는 경기지역 종자 관계자를 비롯, 도의회 농림수산위원들과 인근 농업인 150여명이 참석했다. 도 기술원이 23억원을 들여 지은 종자관리소 여주분소는 사무동, 창고, 관사 등 연면적 1천776㎡ 규모로 앞으로 19.5ha의 논에서 생산한 보급종 벼 종자를 처리, 연간 103t씩 일선 농가에 공급할 계획이다.

사진 뉴스 - 남한강 도화작전 2007/4/16

국도 교통체증 풀릴 듯 2007/6/7

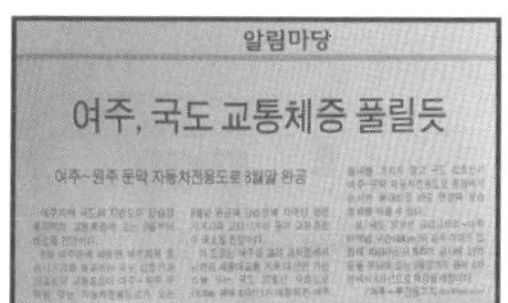

알림마당

여주, 국도 교통체증 풀릴듯

여주~원주 문막 자동차전용도로 8월말 완공

여주지역 국도와 지방도의 상습정체지역의 교통체증이 오는 9월부터 해소될 전망이다. 6일 여주군에 따르면 여주지역 중심시가지를 통과하는 국도 42호선과 37호선의 교통 혼잡이 여주~원주 문막을 잇는 자동차전용도로가 오는 8월말 완공돼 상습정체 지역인 한전사거리와 교리사거리 등의 교통 혼잡이 해소될 전망이다. 이 도로는 여주읍 교리 교차로에서 남한강 세종대교를 거쳐 대신면 가산리를 잇는 국도 37호선 우회도로(9.8㎞, 왕복 4차선)가 개통되면 여주읍내를 거치지 않고 국도 42호선이 여주-문막 자동차전용도로 종점에서 능서면 왕대리로 바로 연결돼 상습 정체를 막을 수 있다. 또 국도 37호선 교리교차로~여주터미널 구간(480m)의 경우 이마트 입점에 따라 ㈜신세계측이 공사비 13억원을 부담해 오는 9월말까지 왕복 4차선에서 6차선으로 확장될 예정이다.

• 고속도로의 정체는 곧 국도의 정체로 이어진다. 그 동안 여주 지역을 지나는 지방도의 상습 정체는 심각한 수준이었다. 이제 국도도 확장되고 여주로 향하는 길들이 전국으로 뻗어나갈 일만 남았다.

여주특산물 '밤고구마' 북녘땅에 뿌리 내린다 2007/6/19

여주특산물인 여주밤고구마 단지가 북한 개성시에 조성됐다. 이기수 군수와 임영헌 민주평통 군협의회장, 윤덕영 여주군농민회 통일사업부장 등 15명으로 구성된 1차 방문단은 지난 15일 육로를 통해 북한 개성의 송도리 현지 500여평의 농장에서 북측 관계자와 주민 등이 참여한 가운데 고구마 심기 작업을 벌였다. 이번에 심은 여주고구마는 오는 10월께 2천여㎏을 수확해 북측에 전달할 계획이다. 여주군은 북한 개성시 송도리에 여주고구마 농장을 조성을 위해 민주평화통일자문회의 군협의회와 지난해 11월부터 3차례에 걸쳐 북측 관계자와 협의를 가져왔다. 올해 시범사업으로 500평 규모를 조성하고 내년부터 재배면적을 1만평 규모로 확대할 계획이다. 앞으로 여주고구마 시범농장은 북측 농업 민간사업단측에서 관리·운영하고 여주군농민회는 재배 기술을 지원하게 된다. 군은 다음달 초순께와 10월, 2·3차 방문단을 구성, 고구마 싹의 관리 등 점검, 수확을 위해 방북할 예정이다.

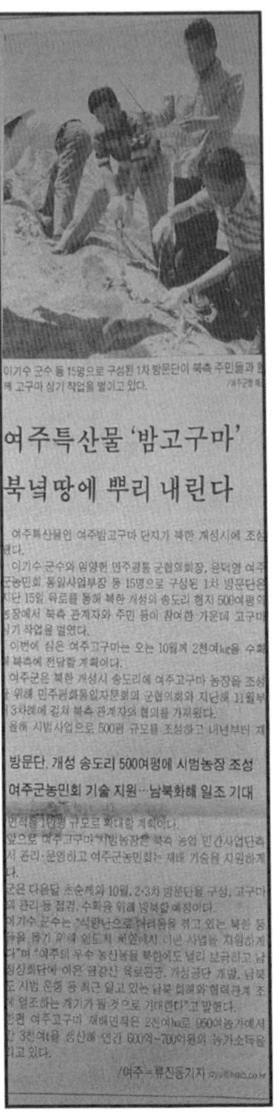

이기수 군수 등 15명으로 구성된 1차 방문단이 북측 주민들과 함께 고구마 심기 작업을 벌이고 있다.

여주특산물 '밤고구마' 북녘땅에 뿌리 내린다

여주특산물인 여주밤고구마 단지가 북한 개성시에 조성됐다.

이기수 군수와 임영헌 민주평통 군협의회장, 윤덕영 여주군농민회 통일사업부장 등 15명으로 구성된 1차 방문단은 지난 15일 육로를 통해 북한 개성의 송도리 현지 500여평의 농장에서 북측 관계자와 주민 등이 참여한 가운데 고구마 심기 작업을 벌였다.

이번에 심은 여주고구마는 오는 10월께 2천여㎏을 수확해 북측에 전달할 계획이다.

여주군은 북한 개성시 송도리에 여주고구마 농장을 조성을 위해 민주평화통일자문회의 군협의회와 지난해 11월부터 3차례에 걸쳐 북측 관계자와 협의를 가져왔다.

올해 시범사업으로 500평 규모를 조성하고 내년부터 재

방문단, 개성 송도리 500여평에 시범농장 조성

여주군농민회 기술 지원…남북화해 일조 기대

면적을 1만평 규모로 확대할 계획이다.

앞으로 여주고구마 시범농장은 북측 농업 민간사업단측에서 관리·운영하고 여주군농민회는 재배 기술을 지원하게 된다.

군은 다음달 초순께와 10월, 2·3차 방문단을 구성, 고구마 싹의 관리 등 점검, 수확을 위해 방북할 예정이다.

[illegible]

/여주=류진동기자

"일본은 역사의 진실 배워야" 2007/8/1

명성황후 시해사건을 반성하는 전·현직 일본인 교사들이 31일 여주 명성황후 생가를 찾아 "일본은 역사의 진실을 배워야 한다"며 사죄했다. 일본인 전·현직교사 '명성황후를 생각하는 모임' 소속 13명은 이날 오전 남양주시 홍릉 명성황후 묘소참배에 이어 오후에 여주읍 능현리 명성황후 생가를

찾아 일본 전통 가오리연과 목각 탑을 놓고 예를 갖춰 사죄의 뜻을 전했다. 이들은 '일본 규슈 구마모토현민에게 드리는 글'을 통해 "명성황후가 시해된 지 112년이 지났는데도 일본인들은 잘못을 알지 못하고 있다"며 "시해가담자 48명 중 21명이 구마모토현 출신인 만큼 후손들이 앞장서 역사를 바로 알릴 것"이라고 밝혔다. 제2차 한국방문단 단장으로 참여한 오카사키 외조씨는 "우리 일본인들이 과거 잘못된 판단으로 명성황후를 시해하는 사건을 저질렀다"며 "역사적으로 잘못된 것을 바로잡고 학생들에게 올바른 역사관을 갖게 하는 것이 우리 교사들이 할 일"이라고 강조했다. 외조씨는 또 "일본인의 사죄가 쉽게 받아들여지지 않겠지만 끝까지 용서를 빌어 진정한 한일 우호관계가 형성되길 바라며 본국으로 돌아가 가해자 후손을 더 찾아내는 등 역사 바로 알기 운동을 일본 전역으로 확대할 방침"이라고 덧붙였다.

골프장 부지서 문화재 발견 2007/10/26

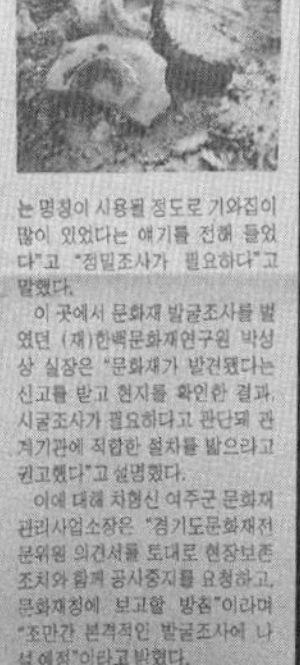

골프장 부지서 문화재 발견

여주 연라리 도자편 등 나와

여주 나인브릿지 골프장 조성부지에서 300~500년 전 것으로 추정되는 도자편과 기와편, 구들장 등이 대량 발견돼 정밀발굴조사가 이루어질 예정이다.

25일 여주군과 주민·학계 등에 따르면 CJ개발㈜가 여주군 여주읍 연라리25-1번지 일원에 추진중인 여주 나인브릿지 골프장(18홀) 조성부지 내에서 수백년된 것으로 추정되는 기와편과 도자편·구들장·평석 등이 발견됐다.

나인브릿지 골프장 조성부지 인근 상거리와 가업리 등은 청동기·삼국·조선시대에 이르기까지 고인돌과고분군 등 매장 유물산포지가 형성돼 있는 지역이다.

학계는 "이번에 발견된 곳의 유물의 주접지역 및 유적분포 등 여러 정황에 비춰볼 때 우리나라 고대역사에서 매우 중요한 부분을 간직한 유적 중의 하나로 추정된다"고 밝혔다.

이성우씨(43·연라리 이장)는 "골프장 조성부지는 류씨 집성촌으로 300~500년전에는 '와골'이라는 명칭이 사용될 정도로 기와집이 많이 있었다는 얘기를 전해 들었다"고 "정밀조사가 필요하다"고 말했다.

이 곳에서 문화재 발굴조사를 벌였던 (재)한백문화재연구원 박성상 실장은 "문화재가 발견됐다는 신고를 받고 현지를 확인한 결과, 시굴조사가 필요하다고 판단돼 관계기관에 적합한 절차를 밟으라고 권고했다"고 설명했다.

이에 대해 차현신 여주군 문화재관리사업소장은 "경기도문화재전문위원 의견서를 토대로 현장보존 조치와 함께 공사중지를 요청하고, 문화재청에 보고할 방침"이라며 "조만간 본격적인 발굴조사에 나설 예정"이라고 밝혔다.

/여주=류진동기자 jdyu@kgib.co.kr

나인브릿지 골프장 조성부지에서 3~500년 전 것으로 추정되는 도자편과 기와편, 구들장 등이 대량 발견돼 정밀발굴조사가 이루어질 예정이다. 25일 여주군과 주민· 학계 등에 따르면 CJ개발㈜가 여주군 여주읍 연라리25-1번지 일원에 추진중인 여주 나인브릿지 골프장 조성부지 내에서 기와편과 도자편·구들장·평석 등이 발견됐다.나인브릿지 골프장 조성부지 인근 상거리와 가업리 등은 청동기·삼국·조선시대에 이르기까지 고인돌과고분군 등 매장 유물산포지가 형성돼 있는 지역이다. 학계는 "이번에 발견된 곳의 유물의 주접지역 및 유적분포 등 여러 정황에 비춰볼 때 우리나라 고대역사에서 매우 중요한 부분을 간직한 유적 중의 하나로 추정된다"고 밝혔다.

기업하기 좋은… "여주로 오세요" 2007/11/20

수도권 동부권에 위치한 여주는 팔당 상수원보호지역 등 각종 규제에 묶여 개발 제한을 받고 있는 지역으로 자연 친화적 조건을 갖추고 있어 기업의 생산성과 수익성 극대화 할 수 있어 기업하기 좋은 입지조건을 갖추고 있다. 특히 사통팔달의 편리한 교통망과 수려한 남한강의 풍부한 수자원, 그리고 싼 토지가격 등이 투자에 장점으로 꼽히고 있다. 여주는 중부내륙과 영동고속도로, 성남 판교~여주간 복선전철 등 편리한 교통인프라는 지난 1년간 78개 업체가 여주를 찾아 둥지를 틀게 했고 신세계첼시 여주프리미엄아울렛, 이마트 대형물류센터 등 대기업 물류유통의 최적지로 선택받고 있다. 이뿐만 아니라 민선4기 이기수 군수 취임과 동시에 신설된 지역경제과 창업지원팀은 입지상담에서 공장설립까지 원스톱 행정서비스로 업체당 15억원까지 시설투자자금과 벤처창업자금, 신기술 사업화 자금 업체당 2억원 등을 지원하고 있다. 게다가 여성창업자금과 중소기업 특례 보증 추천은 업체당 5억원 한도의 운전자금과 소상공인 지원자금 5천만원등 다양한 자금지원제도를 실시하고 있다. 또 창업중소기업과 공장의 지방이전, 산업단지입지 등에 대해 취득세와 등록세 전면 면제, 창업중소기업과 산업단지입지의 5과세년도까지 재산세 50% 경감 등이다. 여주를 찾는 기업인과 사업자를 위한 아낌없는 지원 정책을 펼친 여주군은 지난해 12월 행정자치부 장관이 수상하는 '제3회 기업하기 좋은 지역 대상'을 받았다. 천혜의 입지조건을 갖추고 있는 여주군은 여주를 찾은 기업인들에게 좋은 입지조건과 편리한 교통, 다양한 지원책 등을 내세워 적극 유치할 방침이다.

- 농업이 주를 이루는 농촌 지역도 이제는 농업만으로 살아남기 어려운 시대다. 그렇기 때문에 기업의 유치는 지역 경제에 미치는 영향이 클 수밖에 없다. 그래도 우후죽순 생겨나는 산업단지의 난립은 여러 가지 면에서 경계해야 할 필요가 있다. 미래지속 가능한 산업인지, 환경적으로는 문제가 없는지 등을 잘 살펴야 한다. 우리 후손들이 물려받을 유산이기에 더 신중해야 한다.

여주의 밤 지키는 투캅스 최동주 이진표 형사 2007/12/19

여주의 밤 지키는 '투캅스'

강·절도 해결사 명성… 최동주 경사·이진표 경장

"범인을 꼭 잡아야하는 이유는 제2·제3의 범죄를 막을 수 있기 때문입니다."

지난 8월부터 여주와 이천, 용인, 광주지역 등지에서 밤 시간에 혼자 귀가하는 여성을 상습적으로 납치해 금품을 빼앗아 달아나는 사건이 발생했다는 신고가 접수돼 이들 지역에 대한 수사가 진행됐다.

하지만 범인이 남긴 단서를 찾기 힘들어 수사가 장기화 될 뻔한 사건을 두 형사가 끈질긴 밤샘 잠복근무와 첨단 과학수사 기법으로 범인을 검거해 화제다.

화제의 주인공은 여주서 수사과 최동주 경사(40·사진 오른쪽)와 이진표 경장(33).

이들은 지난 9월4일 새벽 5시30분께 이천시 중리동 남천공원 앞에 차를 세워놓고 잠을 자고 있던 H씨(20·여·학원강사)를 여주군 금사면으로 납치, 금품을 빼앗고 반항하는 H씨를 흉기로 2차례 찌른 뒤 노상에 버리고 달아났다는 신고를 접수받고 여주와 이천, 용인 등지에 대한 탐문수사에 나섰다.

이들은 사건에 사용된 차량이 여주지역 모 금융기관 주차장에서 도난당한 차량임을 확인 후 차량 분실 당시의 CCTV 녹화자료를 확인한 결과 범인의 인상착의를 확보하는데 성공했다. 수사는 급물살을 타기 시작했고, 이들 투캅스는 휴일과 근무시간이 끝난 후에도 여주와 이천·광주·용인 등지에서 탐문수사 등을 벌인 결과 인상착의가 비슷한 용의자가 이천시에 거주하고 있는 것을 알아내고 이천시 관고동 모 PC방에서 게임을 하고 있던 범인을 검거했다.

이번에 붙잡힌 범인 H씨(32)는 지난 8월21일부터 최근까지 여주와 이천·광주·용인지역을 돌며 밤시간에 혼자 귀가하는 여성을 납치, 금품을 빼앗는 등 강도살인미수 1회, 강도강간 2회, 강도상해 1회, 차량절도 5회, 침입절도 10회, 기타절도 11회 등 총 30회에 1억1천여만원 상당을 빼앗은 혐의로 구속됐나.

/여주=류진동기자 jdyu@kgib.co.kr

• 인심 좋고 평화로운 여주는 법이 없어도 살 수 있는 선한 지역이었다. 아직까지도 흉악범이나 잔인한 사건사고는 그다지 많이 일어나는 편도 아니다. 그러나 시민의 안전과 범죄의 예방은 중요한 치안 업무라고 생각한다. 여주의 밤을 지켜주는 든든한 투캅스가 있어서 마음이 놓이는 것 만으로도 얼마나 감사한가. 제2, 제3의 범죄를 막겠다는 일념으로 끈질기게 범인을 검거하는 이들의 열정과 사랑으로 여주의 밤이 더 아름다워 질 수 있었다. 첨단과학수사 기법도 한몫했지만 밤을 새워가며 잠복근무 했던 이들의 노고가 값지고 귀하다. "당신들이 지켜주셔서 여주는 행복합니다. 감사합니다."

In 2008

삶은 풍경 하나에 녹아내리는 변덕쟁이

농지 황폐화 골프장 안돼 여주 안금1리 주민들 시위 2008/1/10

/류진동기자

"농지 황폐화…골프장 안돼"

여주 안금1리 주민들, 건설 중단 촉구 시위

임광토건이 여주군 가남면 안금리 일대에 여주그랜드 골프장 건설을 추진하자 안금 1리 주민들이 생존권 보장을 요구하며 강력 반발하고 나섰다. 〈사진〉

가남면 안금 1리 주민 70여명은 9일 여주군청 앞에서 골프장 건설 반대집회를 갖고 "골프장 건설을 즉각 중단"을 촉구했다.

주민들은 "골프장이 들어서면 조상대대로 이어온 농지와 산림이 파괴되는 것은 물론 농약사용으로 인한 수질오염과 지하수 고갈 등이 우려된다"며 "회사측이 주민들을 위해 마을 진입도로 확·포장과 하천정비공사 등을 해주겠다고 했으나 수용할 수 없다"고 밝혔다.

이에 대해 나인찬 임광토건 현장소장은 "주민들과 여러차례 간담회 등을 개최, 협의를 해 왔으나 이견을 좁히지 못한 상태"라며 "주민들이 요구하고 있는 문제들을 대화를 통해 해결하겠다"고 말했다.

임광토건이 여주군 가남면 안금리 58 일원 100만㎡에 추진중인 여주그랜드 골프장(대중 18홀)은 지난해 11월 경기도로 부터 사업승인을 받아 같은해 12월1일 착공, 현재 벌목작업을 마친 상태다.

/여주=류진동기자
jdyu@kgib.co.kr

여주 한반도 대운하 물길연구회 출범 2008/1/29

한반도 대운하 물길연구회 출범식

여주, 한반도 대운하 물길연구회 출범

전국 최초로 '한반도 대운하 물길연구회'가 지난 27일 여주에서 공식 출범 및 현판식'을 갖고 본격적인 활동에 들어갔다.

이날 출범식은 여주군민회관에서 이명환 여주군의장과 유용태 전 노동부장관, 임창선 전 여주군수, 윤승진 전 여주군의장, 이정문 전 용인시장, 이시진 경기대 교수 등 관계자와 주민 1천여명이 참석한 가운데 김병호 사무국장의 사회로 진행됐다.

물길연구회는 이날 결의문을 통해 ▲물길 주변도시의 경제, 문화, 사회, 환경, 산업과 생활에 미치게 될 다양한 영향을 예측·분석해 올바른 정보 지식 제공 ▲국책사업인 한반도 대운하 건설 지지와 수도권정비계획법 등 각종 규제를 군 발전을 위해 완화 및 철폐하는 운동을 전개한다.

또 여주군은 예로부터 수운교통의 요충지로서 유구한 역사와 찬란한 문화유산의 하나인 물길을 복원하기 위해 범국민운동을 전개해 나가기로 다짐했다.

특히 한반도 대운하 건설에 여주가 중심이 되어 항구도시 기틀마련과 함께 지역사회와 국가발전에 노력할 것을 결의했다.

유용태 전 노동부장관은 "백성을 부유하게 하는 성군은 치산치수를 잘해야한다고 했다"며 "이명박 당선인이 치산치수를 잘하는 대통령이 되길 바란다고"고 말했다.

/여주=류진동기자

전국 최초로 '한반도 대운하 물길연구회'가 지난 27일 여주에서 공식 출범 및 현판식을 갖고 본격적인 활동에 들어갔다. 여주군은 예로부터 수운교통의 요충지로서 유구한 역사와 찬란한 문화유산의 하나인 물길을 복원하기 위해 범국민운동을 전개해 나가기로 했다. 특히 한반도 대운하 건설에 여주가 중심이 되어 항구도시 기틀마련과 함께 지역사회와 국가발전에 노력할 것을 결의했다.

이기수 군수 신년 인터뷰

2008/1/29

"문화·관광 인프라 확충"

"농촌 경쟁력 강화"

'대운하 중심' 경제·물류도시 도약

이기수 여주군수

문화·관광 인프라 확충… 농촌경쟁력 강화

"무자년은 어느 때보다 여주가 '한반도 운하의 허브도시'로 도약하는 역동적인 모습을 느낄 수 있는 한해가 될 것입니다" 이기수 군수는 새해 군정계획을 이렇게 밝혔다. 이어 이 군수는 '생명중심의 도시 새 여주 창조'라는 슬로건 아래 민선 4기 여주 발전을 위한 다양한 정책과 사업을 추진하면서 여주 역사의 큰 획을 긋는 변화와 성과를 이룩하기 위해 모든 행정력을 결집시키겠다"고 피력했다.

- 여주시 승격을 위한 준비는.

▲2005년 10만4천여명의 여주군 인구가 현재 10만7천명을 육박하고 있다. 도농복합형 도시에서 탈바꿈 시 승격에 대비, 도시기본계획과 관리계획을 수립하고 여주역세권 지구단위계획, 신도시 개념의 전원형 도시개발을 준비하고 있다. 지난해 6월과 12월 각각 오픈한 신세계첼시 여주프리미엄 아울렛과 이마트 여주점이 주민 생활 편익 증진은 물론, 이마트 물류센터, 세종인쇄출판문화단지(99만여㎡ 규모) 조성이 가시화 되고 있다.

- 사회복지 분야의 차별화된 지원책은.

▲우선 사회복지 분야에 사업비 508억원을 투입해 저소득층에 대한 생계비와 의료비 지원, 재가환자 방문관리 및 노인, 장애인 등에 대한 통합복지 시스템을 구축, 지원할 방침이다.

- 한반도대운하 추진사업의 여주지역 인프리 구축은.

▲천혜의 남한강과 자연환경을 활용한 황학산 수목원조성사업과 연양리 수·야생화 생태단지 조성 등으로 도농복합형 도시 기반을 다지고 있다. 점동·대신·오학·산북 체육공원과 가남 태평 제2근린공원 조성, 가로수와 학교숲 가꾸기 사업을 통해 도심속 ... 색공간을 확대하고 주민이 살기 ... 마을가꾸기에도 주력할 방침이다. 정부 출범과 함께 한반도대운하 ... 의 여주는 새로운 도시기반 계획을 ... 립하는 등 지역경제 활성화와 주민 ... 득 창출에 역점을 두고 각종 사업을 ... 비하고 있다.

- 농업을 활용한 관광인프라 구축 ... 교통정책은.

▲농촌 경쟁력을 높이기 위해 ... 발전기금을 확대 조성하고 농촌 ... 을 테마로 하는 농촌관광 자원화 ... 추진과 사통팔달의 교통망 중심 ... 여주를 한반도 경제·물류 중심 ... 건설을 준비하고 있다. 지속 가 ... 문화·관광상품 개발을 위해 4계절 ... 류형 종합관광벨트 사업과 10여 ... 추진해온 명성황후 생가 성역화 ... 마무리, 세종대왕릉, 신륵사, 목 ... 물관, 해여림식물원 등 문화·관 ... 원과 벨트화로 굴뚝 없는 산업을 ... 하고 있다. 신 명품농업 환경 조 ... 로 전국 최초 쌀 산업 특구의 명 ... 잇기 위한 여주쌀 브랜드 홍보와 ... 개선사업을 위해 벼재배 면적을 ... 으로 8천700ha의 벼 못자리용 상 ... 원과 여주쌀 맞춤비료 지원, 친 ... 농자재 지원, 고품질 쌀생산 단 ... 조성해 고품질 쌀 생산에 차별화 ... 있다.

/여주=류진동기자

겨울 추위 녹이는 축제 열기 속으로

2008/2/15

겨울 추위 녹이는 축제 열기 속으로

내일 남한강변서 여주대보름 한마당 축제

여주대보름 한마당축제가 오는 16일 오후 3시부터 현암리 남한강변에서 '엄마야 누나야 강변 노~올자'라는 주제로 열린다.

1부 '여는마당'에는 고사, 개회식, 내빈 덕담, 대박 터트리기 등의 행사와 2부 '함께하는 마당'에서는 놀이마당, 우리먹거리 체험마당, 공연마당이진행된다.

3부 '달맞이 행사마당'에는 거줄다리기, 풍물대동관굿, 쥐불놀이(망우리 돌리기), 쌍달집태우기 등이 진행되며, 참여한 모든 주민이 함께하는 강강술래로 행사를 마무리 짓는다.

특히, 2부 함께하는 마당에서는 '한국 연사랑모임' 신건수 회장이 제작한 줄연에 군민들의 소원을 적어 한 해 액과 함께 날려 보내는 '쌍줄연날리기' 행사와 '여주군민 화합 연날리기' 체험행사 등 다양한 전통 놀이가 마련된다. /여주=류진동기자

jdyu@kgib.co.kr

대보름 한마당축제가 오는 16일 오후 3시부터 현암리 남한강변에서 '엄마야 누나야 강변 노~올자'라는 주제로 열린다.

• 정월대보름은 설날, 추석, 단오, 한식의 4대 명절과 함께 5대 명절로 일컬어진다. 단오나 한식도 그렇지만 정월대보름도 잊혀져가는 대표적인 명절 중 하나이다. 이를 지켜내고 있는 여주의 마음이 고마울 뿐이다. 언제까지 이런 전통이 이어질지는 알 수 없지만 아름다운 여주를 기억하는 이들에게 오래도록 고향의 향수를 남기고 싶은 마음 간절하다.

설 앞둔 나홀로 산소 북내 신남리

2008/2/16

설 앞둔…나홀로 산소 우리고유의 명절인 설을 앞둔 1일 여주군 북내면 신남리 283의1 일대에 위치한

'로하스 여주파크' 건립 순항 2008/3/7

농촌테마공원 조성 대상지 선정

'로하스 여주파크' 건립 순항

여주군이 농림수산식품부로부터 농촌테마파크 조성사업과 농촌마을 종합개발사업 등에 잇따라 선정돼 농촌지역환경과 주민복지가 크게 개선될 전망이다.

농업테마파크 조성사업은 건강과 환경이 조화를 이룬 '로하스 여주파크'를 주제로 농촌테마파크 조성사업이 전국 16개 지방자치단체 중 내년도 농림수산식품부 농업·농촌 테마공원 조성사업으로 최종 선정돼 국비 25억원을 지원받는다.

군은 내년부터 오는 2012년까지 여주읍 일원의 6만6천115㎡ 부지에 국비, 도비, 군비, 민자 등을 포함, 총사업비 152억원을 투자해 농업박물관, 테마숙박시설, 건강테라피시설 등을 갖춘 대규모 농촌테마파크를 건립한다.

친인간, 친환경을 바탕으로 새로운 라이프스타일을 중시한다는 의미의 '로하스 여주파크'는 자연친화적인 여주의 이미지와 건강을 중시하는 이용객들의 욕구 충족, 도자문화를 바탕으로 한 여주의 지방색을 살려 농업관련 역사 전시장소와 관광농업 장소, 농업관련 체험 장소로 조성된다.

또 현재 조성중인 매룡리 황학산 수목원과 연양리 수생야생화생태단지, 신륵사, 세종대왕릉 등을 비롯한 주변관광지와 연계하여 도시인들이 자주 찾을 수 있도록 체류형 농업공원으로 변화된다.

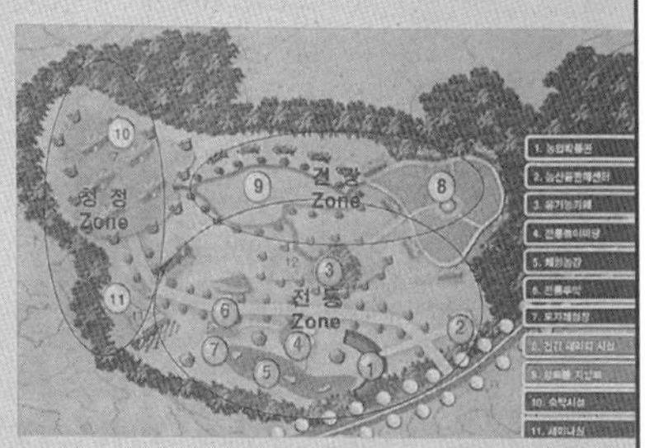

/여주군청 제공

국비 25억 등 총 152억… 체류형 농업공원 추진

특히 친환경 여주농산물과 가공품을 현지에서 저렴하게 구입할 수 있는 농산물 판매센터, 유기농카페, 전통주막을 비롯해 도자체험장, 건강테라피 시설, 황토볼 지압로, 전통놀이 마당, 체험농장 등도 들어선다.

강천권역 농촌마을 종합개발사업은 지난 3월 농림수산식품부에서 추진하는 '2008년 농촌마을종합개발사업 기본계획수립' 대상권역으로 선정돼 2013년까지 5년간 56억원의 국비를 지원받는다.

강천권역 농촌마을종합개발사업은 향후 5개년 발전계획을 수립하여 강천休센터를 중심으로, 친환경농업지구, 농촌체험관광지구, 휴양활동지구, 역사문화지구, 지역역량 강화를 위한 주민교육 등 소프트웨어사업이 지역특성에 맞게 종합적으로 추진된다.

또한 낙후된 주민복지 분야 개선사업과 함께 금번 강천권역 농촌마을종합개발사업의 성공적 추진을 위하여 농·어촌도로 확·포장사업을 비롯해 마을하수처리시설, 마감산 등산로 진달래꽃길 조성사업, 수산자원 증식사업 등 타 부분의 5개 지역개발 및 정주권사업을 추진한다. /여주=류진동기자

jdyu@kgib.co.kr

여주군이 농림수산식품부로부터 농촌테마파크 조성사업과 농촌마을 종합개발사업 등에 잇따라 선정돼 농촌지역환경과 주민복지가 크게 개선될 전망이다. 농업테마파크 조성사업은 건강과 환경이 조화를 이룬 '로하스 여주파크'를 주제로 농촌테마파크 조성사업이 전국 16개 지방자치단체 중 내년도 농림수산식품부 농업· 농촌 테마공원 조성사업으로 최종 선정돼 국비 25억원을 지원받는다. 군은 내년부터 오는 2012년까지 여주읍 일원의 6만6천115㎡부지에 국비, 도비, 군비, 민자 등을 포함, 총사업비 152억원을 투자해 농업박물관, 테마숙박시설, 건강테라피시설 등을 갖춘 대규모 농촌테마파크를 건립한다. 친인간, 친환경을 바탕으로 새로운 라이프스타일을 중시한다는 의미의 '로하스 여주파크'는 자연친화적인 여주의 이미지와 건강을 중시하는 이용객들의 욕구 충족, 도자문화를 바탕으로 한 여주의 지방색을 살려 농업관련 역사 전시장소와 관광농업 장소, 농업관련 체험 장소로 조성된다.

빨래하는 아낙네 2008/3/10

빨래하는 아낙네 대동강 물도 풀린다는 우수와 경
을 훌쩍 넘긴 9일 여주군 북내면
리 북내초 주암분교 옆 고래산 자락 개울가에서 한 아낙네가 지
울에 못다한 빨래를 하는 모습이 정겹다.
/여주=류진동기자 jdyu@kgib.co

• 난개발로 산림을 훼손하고 있다는 제보를 받고 취재 가는 길, 어느 쪽으로 가야할지 몰라 헤매던 때에 빨래하시는 아름다운 분을 만나게 됐다. 손을 멈추시고 방향을 알려주시는 고마운 분. 그 때 도움 주신 마음과 아름다운 그리움에 감사의 마음을 전한다.

어깨에 내린 고단함이 봄을 그리워 할 때
아낙의 몽실한 손목이 보드라운 물살을 가른다
슬픔과 기쁨을 아우르는 말이 애환이라고 했던가
아름다운 말, 슬픔은
기쁨을 맞이하는 변주곡이 된다
삶은 풍경 하나에 녹아내리는 변덕쟁이처럼
따순 추억 하나 쥐어주며 도닥인다
그리움이 없었다면 살아내지 못했을 일이라고

삽화 고래홍(디지털아티스트)

여주군 골재채취 관리 손 놨나. 2008/3/26

여주군, 골재채취 관리 손놨나

채취업자들 허가량3배 달하는 골재 챙겨 잠적

농민들 농사 못지어 피해… 郡 "빨리 복구할 것"

여주군이 육상골재채취 허가를 내준 뒤 관리를 제대로 하지 않아 채취업자들이 허가채취량의 3배에 달하는 골재를 채취하고 잠적, 해당 지역 농민들이 1년 동안 농사를 짓지 못하는 등 말썽을 빚고

여주군은 또 허가 부지 바로 옆 203번지 외 47필지(면적 6만3천434㎡·허가채취량 6만736㎡)에 대해서도 ㈜중원개발에게 2006년 5월16일부터 지난해 1월30일(복구기간 포함)까지 골재채취를 허가

야 함에도 복구를 차일피일 미루다 허가기간 만료일 직전에 각각 잠적했다.

확인 결과 이들 업체들은 허가량의 수배에 달하는 골재를 채취하고 달아난 것으로 나타났다. ㈜

취장의 복구기간은 수개월이 걸리는 점에도 불구, 미리 피해를 막지 못하면서 골재채취장 관리가 총체적으로 부실했던 것으로 드러났다.

이로 인해 지난해부터 농사를 재개할 예정이었던 ㈜동해바다얼음 골재채취장 부지 주민 20여명은 1년 넘게 농사를 짓지 못하고 있다.

또 토지사용을 허락했던 구모씨(71)는 업체가 약속한 4천200만원

여주 주암리 종중땅 일부 벌채허가 고래산 벌거숭이 둔갑 2008/3/26

여주군, 주암리 종중땅 일부 벌채허가

고래山 '벌거숭이' 둔갑

여주군이 북내면 고래산(종중소유)에 대해 종중회장에게 일부 벌채를 허가했으나 인가권을 재차 임대받은 업자가 소나무와 참나무 등 수백그루를 불법훼손해 대책마련이 시급하다.

25일 여주군 등에 따르면 군은 지난해 1월 종중회장 L모씨(71·대신면)가 신청한 여주군 부내면 주암리 산 9의 1일대 64.9㏊중 1차분(2007년도)인 15㏊에 대한 산림경영계획(음막경신 등)을 인가했다.

이에 종중회장 L씨는 벌채업사(목상) J모씨(65)에

여주 법원 검찰청사 옮긴다. 2008/4/2

여주 법원·검찰청사 옮긴다

교리·현암리 등 5곳 후보지… 연내 선정

여주 법원과 검찰청사가 여주읍 교리와 현암리 등 5곳의 후보지 중 1곳으로 이전한다.

수원지법 여주지원은 22일 "수원지방법원 여주지원과 지청 청사 이전을 위해 대법원이 이전부지 매

특히 종합행정타운 후보지를 결정하지 못한 군도 여주 법원과 검찰청사 이전부지에 종합행정타운 조성계획을 수립하고 있어 주민들의 관심이 집중되고 있다.

여주 법원과 검찰청이 들어설 신

읍 홍문리 146의 3일원(1만2천599㎡)에 지난 1970년에 건립돼 39년된 청사로 그동안 청사 이전계획을 놓고 지역 주민들 사이에 끊임 없는 논란을 빚어왔다.

여주지원 황의곤 사무과장은 "2008년도 예산에 부지 매입에 따른 계약금 5억원을 지원받아 현재 검토되고 있는 5곳의 후보지중 1곳을 연말안으로 선정할 계획"이라며 "현재 사용하고 있는 청사는 신청사 이전부지로는 적합하지 않다"고 말했다.

문화재 발굴하더니… 현장에 방치 2008/5/1

8 인사이드

문화재 발굴하더니… 현장에 방치

매룡리 황학산 수목원 조성부지에서 발굴된 문화재가 야적된채 방치되고 있어 도난위험에 노출돼 있다. 30일 여주군과 중원문화재연구원 등에 따르면 여주군과 (재)중원문화재연구원이 지난해 3월부터 여주읍 매룡리 황학산에 수목원 조성을 위해 이 일대에 대한 문화재발굴조사를 벌였다. 이곳에서 발굴된 문화재는 삼국시대의 것으로 추정되는 고분군의 토광묘 5기와 석곽묘 3기, 석실묘 1기 등 총 9기의 유구와 원형 보존된 단경호 1점과 대부장경호 1점 등 모두 4점의 유물이 발견됐다. 그러나 여주군과 (재)중원문화재연구원은 지난해 10월 발굴한 이들 유구와 유물 수 백점을 현장 사무실 바로 옆에 임시 보관소를 만들어 야적한 채 방치, 소중한 문화재가 훼손은 물론 화재와 도난의 위험으로부터 무방비로 노출돼 있다. 황학산 수목원에서 이번에 발굴된 고분군은 '수혈계 석실'의 고분형식으로 묘제 및 고대 장법 연구에 중요한 자료로 밝혀졌다. 특히 석실묘의 부가구연장경호와 단경호, 타날문심발형토기 등의 출토는 유적의 시기와 성격을 알 수 있게 해주는 좋은 자료다. 황학산 수목원의 문화재 발굴조사를 벌였던 차용걸 조사단장은 "현재 황학산 수목원에 박물관 건립 계획이 수립되어 있다"며 "이 지역에서 발견된 문화재를 전시관을 조성해 일반인과 학생들에게 문화체험학습장으로 만들어 활용·보존하는 것이 바람직하다"고 밝혔다.

• 여주는 문화재가 곳곳에 자리하고 있는 문화의 도시다. 관리의 부실로 그 동안 쌓아온 여주의 문화재 보존 노력의 가치를 훼손한다는 사실을 기억해야 한다. 다른 일도 마찬가지겠지만 문화재를 대하는 자세는 처음부터 끝까지 신중해야 한다. 문화재를 아끼는 마음이 초심을 잃지 않았다면 한다.

여주도자기 해외 이목 집중 2008/5/29

여주 도자기가 해외에서도 인기를 끌고 있다. 28일 여주도자기사업협동조합(이사장 박수재)에 따르면 지난 21~24일까지 중국 광저우의 국제전시컨벤션센터에서 개최된 '중국 세라믹전 2008(Ceramic China)' 한국관에 초청 전시된 여주도자작품들이 해외바이어들의 뜨거운 관심을 받았다. 여주도자기조합은 '대한민국 여주에서 온 우아한 도자예술'(Graceful ceramic art from Korea, Yeoju)을 주제로 여주군도예명장 조병호(고성도예)의 백자양각당초문병과 청사도예의 백자순금 6인 다기를 비롯한 여주도예가 8명의 도자작품과 최고급 여주생활도자기 20여점을 출품했다.

여주 도자기 UN 간다 2008/6/26

여주군 도예명장인 김영길씨(53·청룡도예 대표)의 '철화분청 까치호랑이'가 내년 4월 미국 유엔본부에 간다. 25일 여주군과 김영길 명장에 따르면 김 명장은 지난해 말 미국 뉴욕의 유엔본부로부터 유엔 본부에 있는 '한국방'에 전시할 도자기 납품을 의뢰받아 지난 1월부터 '철화분청 까치호랑이'를 제작하고 있다고 밝혔다. 유엔에 납품될 철화분청 까치호랑이 작품은 높이 50㎝ 너비 35㎝ 크기로 민화에서나 볼 수 있는 익살스럽고 귀여운 모습의 호랑이가 소나무 아래 앉아 있고 소나무 위에 까치 한 마리가 앉아 있는 모습이 그려져 있다. 여주군 도예명장 2호인 김영길 명장은 "여주도자기가 미국 유엔본부 '한국방'에 진열되면 한국 도자기의 멋과 우수성을 세계적으로 알릴 수 있을 것"이라며 "민화에 나오

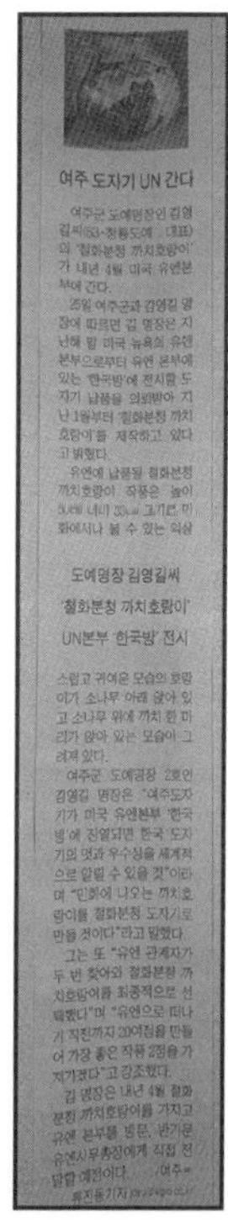

여주 도자기 UN 간다

여주군 도예명장인 김영길씨(53·청룡도예 대표)의 '철화분청 까치호랑이'가 내년 4월 미국 유엔본부에 간다.

25일 여주군과 김영길 명장에 따르면 김 명장은 지난해 말 미국 뉴욕의 유엔본부로부터 유엔 본부에 있는 '한국방'에 전시할 도자기 납품을 의뢰받아 지난 1월부터 '철화분청 까치호랑이'를 제작하고 있다고 밝혔다.

유엔에 납품될 철화분청 까치호랑이 작품은 높이 50㎝ 너비 35㎝ 크기로 민화에서나 볼 수 있는 익살

도예명장 김영길씨

'철화분청 까치호랑이'

UN본부 '한국방' 전시

스럽고 귀여운 모습의 호랑이가 소나무 아래 앉아 있고 소나무 위에 까치 한 마리가 앉아 있는 모습이 그려져 있다.

여주군 도예명장 2호인 김영길 명장은 "여주도자기가 미국 유엔본부 '한국방'에 진열되면 한국 도자기의 멋과 우수성을 세계적으로 알릴 수 있을 것"이라며 "민화에 나오는 까치호랑이를 철화분청 도자기로 만들 것이다"라고 말했다.

그는 또 "유엔 관계자가 두 번 찾아와 철화분청 까치호랑이를 최종적으로 선택했다"며 "유엔으로 떠나기 직전까지 20여점을 만들어 가장 좋은 작품 2점을 가져가겠다"고 강조했다.

김 명장은 내년 4월 철화분청 까치호랑이를 가지고 유엔 본부를 방문, 반기문 유엔사무총장에게 직접 전달할 예정이다. /여주= 류진동기자

는 까치호랑이를 철화분청 도자기로 만들 것이다"라고 말했다. 그는 또 "유엔 관계자가 두 번 찾아와 철화분청 까치호랑이를 최종적으로 선택했다"며 "유엔으로 떠나기 직전까지 20여점을 만들어 가장 좋은 작품 2점을 가져가겠다"고 강조했다. 김 명장은 내년 4월 철화분청 까치호랑이를 가지고 유엔 본부를 방문, 반기문 유엔사무총장에게 직접 전달할 예정이다.

- 세계적으로 인정받고 있는 우리 도자기가 또 한 단계 업그레이드된다. 여주의 도예명장 김영길 명장은 전통을 고수하는 대표적인 작가로 분청사기의 대가이다. 민화를 소재로 한 우리 전통의 멋이 분청사기로 재탄생되어 미국 UN본부에 전시되고 있다. 여주의 자랑이다.

인터뷰 - 여주군 의회 이명환 의장 2008/7/1

"지역 균형발전…실천하는 의회 만들것"

여주군의회 **이명환** 의장

시 일할 수 있도록 지지와 성원을 주신 동료의원과 주민들께 감사 드다."

반기에 이어 여주군의회 제5대 후반 장으로 선출된 이명환 의장(47·한) 집행부와 함께 후반기 의회를 안정 약, 실천하는 의회를 만들겠다"고 다.

당선소감은.

지난 2년간의 경험을 토대로 부족한 에 대한 보완과 함께 시행착오를 줄 더 많이 공부하고 일하는 모습으로 하겠다.

중한 책임감을 느끼면서 동료의원 중지를 모으고 의원들간 화합을 으로 지역 발전과 집행부에 대한 견제 기능을 성실하게 수행해 나 다.

- 지역발전 방안은.

△정부의 수도권 규제완화 정책이 필요하다. 지속되는 인구 감소와 경기 화, 지역균형발전, 계층간 소외 부분 선에 매진하겠다.

군의회 본연의 임무인 군 집행부 대한 견제와 감시활동을 더욱 충실 하겠다.

또 앞으로 여주읍과 가남면을 333도로의 조기착공과 가남면 본 남여주IC 설치 등 지역현안 문제 집행부와 주기적으로 협의해 지역 전을 이뤄 나가는데 최선을 다할 다.

- 앞으로의 의정방향은.

△주민들과 함께 하는 열린 의회 민들의 아픔과 불편을 덜어주고 해 기 위해 노력하는 의회, 전문성을 대안을 만들어 가는 의회로 만들어 록 노력하겠다.

/여주=류진

jdyu@kgi

현장르포 - 비료값 폭등 농심은 숯덩이

2008/7/3

비료값 폭등…農心은 '숯덩이'

현장르포

"정부와 농협이 짜고 농민을 우롱하고 있습니다. 비료값을 3년간 350%나 올리다니 농업을 포기하라는 것 아닙니까."

2일 오후 여주읍 하리 여주군 농민회 사무실에서 만난 신동선 농민회장(51)은 한숨을 내쉬며 농민들의 어려움을 토로했다.

농산물가격은 제자리 걸음인데 농자재와 사료값은 폭등해 농민들이 농업을 포기해야 할 위기라는 것.

국제 원자재가 상승과 고유가에 따른 운송비 증가 등으로 비

2일 오후 여주군농민회 소속 회원들이 능서농협 창고 앞에서 긴급 월례회를 소집, 비료·사료값 폭등에 대해 긴급 대책회의를 갖고 있다. /류진동기자

여주 삼합리 진입도로 사용 갈등

2008/7/3

여주군, 삼합리 일대 '진입도로 사용' 갈등

분쟁 당사자 형에게 법적자문

민원인 반발… 군 "고문변호사라 문의"

여주 블루헤런CC 어수정 보존

2008/8/17

단종이 귀양길에 샘물 마셨던

여주 블루헤런CC '어수정' 보존

여주군 대신면 상구리 블루헤런CC(대표 권오삼)는 조선 단종(1441~ 1457)이 귀양길에 샘물을 마셨다는 어수정(御水井)을 지난 1991년 부터 보존하고 있다고 17일 밝혔다.

군에 따르면 블루헤런CC가 위치해 있는 여주군 대신면 상구리는 조선 초기에 고려 충신 72명 가운데 9명이 이곳에 은거하고 살았다고 해서 상구리라는 이름이 붙여졌다고 한다.

이 골프장의 서코스 6번홀 카트도로 옆에 보면 조그마한 샘물이 하나 있다. 단종이 귀양길에 마셨다는 '어수정'이다.

수양대군이 어린 조카인 단종을 몰아내고 왕위를 빼앗았다. 단종을 복위시키기 위해 1456년 성상문과 박팽년, 하위지 등이 단종의 복위를 도모하다 발각돼 모두 처형됐다.

단종은 이듬해에 남한강을 따라 강원도 영월로 유배길에 올랐지만 물 한 모금 제대로 마시지 못했다.

단종이 유배길에 목을 축였다는 어수정. 경기 여주 블루헤런골프장 서코스 6번홀 옆에 있다. /블루헤런CC 제공

물맛좋은 약수로 소문나 사람들 발길 이어져

물을 떠다 단종에게 전했지만 군사들에게 거절당했다. 그러다 여주 상구리에 이르렀고 이 작은 샘물에서 단종은 샘물을 마셨다. 임금께서 마신 샘물이라고 해 '어수정'이란 이름이 전해지고 있다.

표는 "물 맛이 좋은 약수로도 유명해 사람들의 발길이 그치지 않는다."라고 말했다. 골프장부지에 수용된 지금은 팻말을 세우고 이곳을 골프장측에서 보전하고있다.

/여주=류진동기자

여주 '명성황후 생가' 성역화 준공 2008/8/14

10 2008년 8월 14일 목요일 굿모닝 경기

여주 '명성황후 생가' 성역화 준공

13년만에 감고당·민속마을 등 복원… 전통체험장 활용

'명성황후 생가 성역화사업' 준공식이 13일 여주군 여주읍 능현리 감고당(感古堂) 앞마당에서 김문수 경기지사, 이기수 여주군수 등 관계자 500여 명이 참석한 가운데 열렸다.

명성황후생가 성역화사업은 군비와 도비 272억원을 투입, 생가 일대 5만9천601㎡ 부지에 기념관, 문예관, 감고당, 민속마을 등을 건립했다.

이 사업은 지난 1995년부터 생가복원을 시작으로 중문채, 사랑채, 외삼문 등을 복원한 데 이어 최근 행랑채 2동과 담장, 초가집 5동으로 구성된 민속마을을 복원했다.

감고당은 명성황후가 왕비로 간택되기 전까지 살았던 집으로 서울 종로구 안국동 덕성여고 본관 서쪽에 있었으나 1966년 도봉구 쌍문동으로 옮겨진 뒤, 철거위기에 놓이자 정남식 생가관리소장의 건의에 의해 2006년 명성황후의 고향인 현재 위치로 원형을 이전하게 됐다.

이날 이 군수를 비롯, 관계자 등은 감고당 현판식을 갖고 명성황후 뮤지컬 공연과 세종합창단 공연을 감상한 뒤 감고당과 민속마을을 관람했다.

차형신 여주군문화재사업소장은 "감고당을 전통혼례, 다도시연, 예절교육 등으로 활 수 있는 장소로 만들겠다"며 "초가집 형식의 민속마을은 풍물놀이 공연과 전통 농기구 전시 등을 하는 전통문화 체험장으로 이용할 계획이다"고 말했다.

/여주=류진동기자 jdyu@kgib.co.kr

13일 여주군 여주읍 능현리 명성황후 생가 성역화사업 준공식에서 김문수 경기지사 등 관계자들이 감고당(感古堂) 현판식을 하고 있다. /류진동기자

'명성황후 생가 성역화사업' 준공식이 13일 여주군 여주읍 능현리 감고당(感古堂) 앞마당에서 열렸다. 명성황후생가 성역화사업은 군비와 도비 272억원을 투입, 생가 일대 5만9천601㎡ 부지에 기념관, 문예관, 감고당, 민속마을 등을 건립했다. 이 사업은 지난 1995년부터 생가복원을 시작으로 중문채, 사랑채, 외삼문 등을 복원한 데 이어 최근 행랑채 2동과 담장, 초가집 5동으로 구성된 민속마을을 복원했다. 감고당은 명성황후가 왕비로 간택되기 전까지 살았던 집으로 서울 종로구 안국동 덕성여고 본관 서쪽에 있었으나 1966년 도봉구 쌍문동으로 옮겨진 뒤, 철거위기에 놓이자 정남식 생가관리소장의 건의에 의해 2006년 명성황후의 고향인 현재 위치로 원형을 이전하게 됐다. 이날 이 군수를 비롯, 관계자 등은 감고당 현판식을 갖고 명성황후 뮤지컬 공연과 세종합창단 공연을 감상한 뒤 감고당과 민속마을을 관람했다.

여주 쌀 '칠보·새누리벼'로 대체 2008/10/27

여주 쌀 '칠보·새누리벼'로 대체

추청벼보다 밥맛 좋아… 내년부터 농가에 공급

여주군은 여주지역 벼 재배 주품종인 추청벼의 대체 품종으로 칠보벼와 새누리벼를 선정, 내년부터 농가에 보급키로 했다.

26일 군에 따르면 내년부터 여주지역 농가에 보급되는 칠보벼는 숙기가 추청벼보다 15일 정도 빠른 중만생종으로 완전미 비율이 양호하고 비나 바람에 쓰러짐이 적다.

새누리벼는 밥맛이 양호하고 흰잎마름병이나 줄무늬잎마름병에 강한 품종이다.

군이 지난 16일 칠보벼와 새누리벼에 대해 밥맛평가를 실시한 결과 조사인원 32명 중 16명이 칠보쌀로 지은 밥맛이 좋다고 응답, 13명이 좋다고 답한 탑라이스 추청쌀밥을 앞섰다.

이두환 여주군 농정과장은 "칠보벼와 새누리벼는 기존 추청벼보다 수량이 10% 이상 많고 미질도 추청벼 수준이상을 보였다"며 "내년부터 지역 농협에서 수매를 약정하는 읍·면 농가에 우선 공급할 계획이다"고 말했다.

/여주=류진동기자

여주군은 여주지역 벼 재배 주품종인 추청벼의 대체 품종으로 칠보벼와 새누리벼를 선정, 내년부터 농가에 보급키로 했다. 26일 군에 따르면 내년부터 여주지역 농가에 보급되는 칠보벼는 숙기가 추청벼보다 15일 정도 빠른 중만생종으로 완전미 비율이 양호하고 비나 바람에 쓰러짐이 적다. 새누리벼는 밥맛이 양호하고 흰잎마름병이나 줄무늬잎마름병에 강한 품종이다.

여주남한강변 드라마 촬영지 뜬다 2008/11/10

여주 남한강변 드라마 촬영지 뜬다

천추태후 세트장 갈대숲 관광객 방문 늘어

여주군 강천면 남한강변 갈대숲과 드라마·영화 촬영장이 새로운 지역명소로 거듭나고 있다. 9일 여주군에 따르면 강천면 강천리 인근 남한강변의 자연군락을 이루고 있는 갈대숲과 드라마·영화 촬영장에서 최근 KBS 대하사극 '천추태후' 촬영이 이뤄지면서 테마관광지로 각광을 받고 있다. 이 곳 님힌강변 촬영장은 태조왕건과 대조영, 무인시대, 그들이 사는세상 등의 드라마와 '연인' 등 영화를 촬영한 장소로, 최근에는 천추태후의 야외세트장으로 활용되고 있다. 천추태후는 대왕세종 후속작으로 내년 1월3일부터 KBS에서 방송될 예정이며, 태조 왕건의 손녀이자 고려 5대왕 경종의 비, 목종의 어머니다. 여주군은 강천면 강천리 등 남한강변에 자연적으로 만들어진 갈대숲과 드라마와 영화 촬영세트장을 관광객들에게 무료 개방하고 사진 촬영 등을 할 수 있도록 했다.

여주군 청사 이전 '탄력' 2008/11/28

여주종합행정타운부지 매입 및 군청사 신축 변경(안)이 여주군의회 제158회 2차 정례회에서 통과함에 따라 군청사 이전에 청신호가 켜졌다. 27일 여주군과 의회에 따르면 여주군의회는 지난 25일부터 본회의 의사일정에 따라 다음날인 26일 공유재산특위에서 여주읍 하리 산 9-18 일원의 지난 2005년 11월 종합행정타운부지(3만4천928㎡) 조건부 승인, 추가매입(5만5천403㎡)(안)을 의결했다.

음악이 흐르는 버스승강장 2008/12/15

여주군이 버스를 기다리는 승객들의 지루함을 달래기 위해 여주종합터미널과 여주읍사무소 앞 등 버스승강장 3곳에 '뮤직박스'를 설치했다. 이들 버스 승강장은 대중가요와 클래식, 영화음악과 신세대 인기 가요 등을 들을 수 있는 도심 속 작은 문화 공간으로 자리매김할 것으로 기대된다. 이번에 설치된 뮤직박스 노란기둥 위에 은색상자로 제작되어 주민들이 버스승강장에 들어서면 자동감지 센서가 작동해 다양한 장르의 음악 400여곡이 수록된 MP3를 통해 음악이 흘러나온다.

- 시민들의 편리함을 우선으로 생각하는 여주의 행정이 또 한 번 빛을 발하고 있다. 도시와 농촌의 다양한 모습을 모두 간직한 여주답게 전원의 향수를 물씬 풍기면서도 세련된 도시 느낌도 살려주는 아이디어가 돋보인다.

In 2009

사람 냄새 간직한 '5백년 情터'

'남한강 붉은보석' 여주 고구마 빛났다 2009/1/5

'남한강 붉은보석' 여주 고구마 빛났다

첫 고구마축제…10만명 발길 '꿀맛' 즐겨

'남한강의 붉은 보석 여주 밤고구마'라는 타이틀로 개최된 제1회 여주 고구마축제가 2~4일 사흘간의 일정으로 여주 신륵사관광단지에서 개최됐다. 이번 축제는 여주군 고구마연구회를 주축으로 고구마 생산 농민 600여명이 참여해 '여주고구마의 우수성'을 널리 홍보하는 한마당 축제로 여주지역에서 생산된 밤고구마, 호박고구마, 자색고구마 등이 인기를 끌었다.

- 여주를 대표하는 먹거리로 우뚝 선 고구마에게 보석이라는 표현이 딱 들어맞는다. 맛으로도 으뜸이지만 여주 지역 고구마는 다양한 색으로도 눈길을 끌고 있다. 밤고구마, 호박고구마에 이어 자색고구마까지 사람들의 입맛과 눈길을 사로잡았다. 여주를 빛내는 보석으로 인정하지 않을 수 없다.

여주 고구마 전통주 안에 '쏙' 2009/2/5

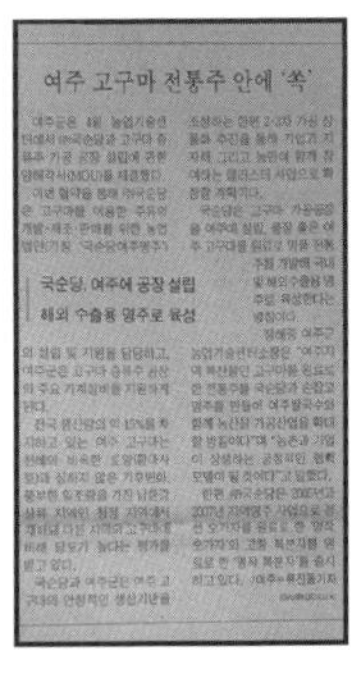
여주 고구마 전통주 안에 '쏙'

국순당, 여주에 공장 설립

해외 수출용 명주로 육성

여주군은 4일 농업기술센터에서 ㈜국순당과 고구마 증류주 가공 공장 설립에 관한 양해각서(MOU)를 체결했다. 이번 협약을 통해 ㈜국순당은 고구마를 이용한 주류의 개발·제조·판매를 위한 농업법인(가칭 '국순당여주명주')의 설립 및 지원을 담당하고, 여주군은 고구마 증류주 공장의 주요 기계설비를 지원하게 된다.

• 여주의 특산물 고구마 하나가 다방면에서 지역 경제를 살리는 효자 상품이 되었다. 고구마를 재배하는 농가의 소득 증대는 물론 일자리도 새로 생겨나 지역 경제까지 책임지는 고구마의 활약이 눈부시다. 고향을 아끼는 사람으로서 지역 특산물을 알리는 앞서가는 행정에 감사한다.

여주 고달사지 유물 한 자리에 2009/2/6

고려 불교문화·옛 선조들 숨결 깃든

여주 고달사지 유물 한 자리에

여주읍 향토사료관서 특별전

청자화형잔받침

여주 고달사지에서 발굴 된 유물들을 한꺼번에 살펴볼 수 있는 전시회가 열린다. 여주군이 여주읍 천송리에 소재한 향토사료관에서 내년 3월28일까지 개최하는 '고달사지 발굴 유물 특별전'은 통일신라시대부터 조선시대에 이르는 유물과 명문와·수막새 등 기와류, 청자·백자 등 자기류, 매병 등 도기류, 철정과 철추 등 금속류 총 119점을 비롯해 청동여래입상, 귀면와, 청자화형잔받침, 청동화로 등 대표유물을 감상할 수 있다.

고달사지는 고달사지부도(국보 제4호), 원종대사혜진탑 귀부 및 이수(보물 제6호), 원종대사혜진탑(보물 제7호), 석불좌(보물 제8호) 등 웅장함과 화려함을 자랑하는 문화재가 발굴된 우리나라의 불교문화를 대표하는 유적 가운데 하나다.

지난 1993년 국가사적 제382호로 지정된 고달사는 고달원(高達院)이라고도 하는데, 구산선문 중 하나인 봉림산문의 개조 원감국사 현욱(圓鑑國師 玄昱·787~869년)과 봉림산문을 개창한 진경대사 심희(眞鏡大師 審希, 853~923년)가 주석했던 곳이다.

또 고려 초 국사의 예우를 받으며 광종대의 불교 교단의 정비와 사상의 통일을 담당했던 원종대사 찬유(元宗大師 璨幽, 869~958년)가 주석해 고려 왕실의 적극적인 후원을 받았다.

도봉원(道峰院), 희양원(曦陽院)과 함께 삼부동선원(三不動禪院)으로서 크게 사세를 떨치기도 했으나 조선시대에 폐사돼 현재에 이르고 있다.

여주군은 지난 1998년부터 2006년까지 여섯 차례에 걸쳐 경기도박물관과 기전문화재연구원에 의뢰해 발굴 조사를 실시, 건물지와 유물들을 확인했으며 2008년 발굴지를 정비하고 탐방로를 설치해 보존하고 있다.

한경남 여주군청 문화재사업소장은 "이번 전시회는 고려 불교문화와 옛 선조들의 숨결이 깃든 유물과 문화재 발굴조사 과정을 생생한 현장 조명을 통해 우리 문화에 대한 자긍심을 느낄 수 있는 기회가 될 것"이라고 말했다.

/여주=류진동기자 jdyu@ekgib.com

귀면와

남한강에 흐르는 천년고찰 신륵사 2009/2/6

한 고을을 여인네 치마폭처럼 휘휘 감고 도는 가람. 남한강의 태생이 그렇다. 지금은 퇴락한 샌님처럼 말이 없지만, 1세기 전만 하더라도 한반도의 곡창지대인 호남과 영남 등으로부터 잔뜩 곡식과 토산품 등을 싣고 올라오는 배들의 행렬이 꼬리에 꼬리를 물고 몰려들던 늠름한 가람이었다. 18세기 실학의 한축을 담당했던 북학파의 거두 박제가는 이곳을 예의 주시했었다. 남쪽으로 조금만 내려가면 강원도 원주에서 내려오는 섬강과 합쳐지는 삼각지인데다, 물의 흐름도 적당하게 빠르고 수량도 풍부해 중국 황하에 버금가는 수로였기 때문이다. 물류 운송수단의 대부분을 마차에 의존했던 당시로선 남한강은 한반도를 종단하는 하이웨이였다. 그래서 지난해 정부가 경부운하를 추진할 때 서울 근처의 마지막 물류기지로 부각되기도 했었다. 이 가람을 끼고 대대로 살고 있는 백성들이 예로부터 마음에 여유가 있었던 까닭이기도 하다. 남한강은 신륵사가 있어 더욱 아름답다. 굽이쳐 흐르는 강변에 새초롬하게 앉아있는 언덕은 봉미산(鳳尾山). 신륵사는 그 기슭에 있다. 천년 고찰이라는 대명사처럼 신라 진평왕 때 원효대사가 창건했으며 200여 칸을 갖춘 큰 규모의 사찰이었다. 금당 앞에 놓인 다층석탑과 벽돌을 쌓아 올린 다층전탑도 인상적이지만 이 탑 바로 옆 절벽 거대한 바위에 고즈넉하게 책상다리를 하고 앉아있는 강월헌(江月軒)과 이곳에서 바라본 물결은 한폭의 산수화다. '미륵이 신기한 굴레로 용마(龍馬)를 막았다'는 뜻에서 유래된 이 사찰은 현재 보물 제180호인 조사당(祖師堂)을 비롯, 다층석탑, 다층전탑, 보제존자석종, 보제존자석종비, 대장각기비, 보제존자석 등과 도 유형문화재로 지정된 극락보전, 팔각원당형석조부도 등 소중한 문화재들을 품고 있는 보고(寶庫)이기도 하다. 당당하고 아름다운 남한강이 기지개를 켜고 있다. 봄이 가까워졌다.

<여주장에 가다>
사람 냄새 간직한 '5백년 情터' 2009/2/6

사람 냄새 간직한 '5백년 情터'

5일 간격으로 열리는 여주장에서 봄나물을 사려는 40대 아줌마와 나물을 좌판에 늘어놓은 시골 할아버지의 흥정은 계속됐다. 옆 과일좌판에도 상인 아주머니와 장보러 나온 할머니가 1천원을 가지고 흥정이 오가는데, 한동안 실랑이를 벌이다가 배 1개를 덤으로 주는 것으로 결론이 지어졌다. 함께 따라 나온 7살배기 손주의 꽈배기 타령에 지갑 속 1천원짜리 지폐를 어렵사리 꺼내는 할머니의 모습도 훈훈함을 더했다. 5일장의 백미는 누가 뭐라 해도 한 푼을 위해 밀고 당기는 '흥정'을 비롯한 사람 냄새다. 설 명절이 끝난 지난달 30일 찾은 여주장은 하리장 부근에 150여명, 중앙통 일원에 200여명 등 350여명의 장꾼들이 모이고, 3천~5천여명 정도의 주민이 이용하는 경기동부권 최대의 장이다. 여주군 여주읍 하리 186번지 일대에 터를 잡은 여주장은 끝자리가 5일과 10일로 끝나는 날에 서 여주 사람들은 여주장을 '하리장'이라고 부르기도 한다. 그러나 하리장이란 이름은 5일장이 서지 않는 평일 상설 재래시장인 '제일시장'을 주민편의 또는 행정구역상 붙인 좁은 의미의 장이고, 실제로 여주장은 하리장을 포함한 상리~창리~하리 일대에서 광범위하게 서고 있다. 여주장은 중앙통과 재래시장을 아우르며 타 5일장과는 다른 독특한 구조를 띠고 있다. '중앙통'이라고 하는 상리부터 창리까지는 여주의 '압구정동'이라 불릴 만큼 여주에서 가장 번화한 상가지역으로 유명 브랜드며 카페, 유흥주점 등 초현대식 매장이 밀집돼 있다. 반면 창리부터 하리까지는 제일시장을 무대로 전통 재래시장이 열리는, 말 그대로 '시장판'이다. 시간이 정오를 향해갈 무렵 지난 설 대목만큼은 아니지만 장은 어느새 장꾼과 손님들이 뒤섞여 북적이기 시작했다. 이 곳에 점포를 갖고 있는 상인들도 길거리로 물건을 내놓으며 적극적인 판촉 활동을 벌이고 있었다. 상인들과 장꾼들 간의 텃세나 실랑이는 찾아볼 수 없었으며 서로 한데 어우러져 있는 모습이 사람 냄새를 더했다. 지난 80년대 중반까지 여주장은 원주, 이천, 장호원 등지에서 10~20대 소몰이꾼들이 소를 몰고 올 정도로 꽤 큰 규모의 우시장이 서기도 했다고 한다. 그러나 현재는 우시장은 간데없고 강아지, 오리, 닭, 고양이 등을 파는 소규모 가축시장이 대신하고 있다. 그 중 가장 눈에 띄는 것은 '히피닭'. 국내닭이 아닌 외국닭이어서 그 모습이 이채로움을 더했다. 여주장은 원래 조선시대 상공업의 발달에 따라 남한강의 수운을 이용해 발전한 장이다. 여주군지에는 '조선시대 여주에서 주로 생산된 공산품은 싸리산 도자기와 창호지이며, 세종조에는 여주 양화군에 쌀 250석 적재적량의 관선 15척과 사선 20여척 그리고 이에 필요한 군정 150여명 정도가 주둔하고 있었다'고 기록하고 있다. 또 '남한강을 이용한 배들이 농산물이나 임산물을 수송해 가고, 올 때는 생선·새우젓·소금 등 해산물을 들여왔다'고 전하고 있는데, 이것이 바로 여주 최초의 시장인 '양화장'(현 여주군 능서면 내양리)으로 여주장의 전신 격이다. 따라서 여주장은 적어도 500년 이상의 역사를 품은 장으로 추정된다. 유구한 역사와 전통을 자랑하며 남한강변을 따라 서는 여주장은 진정한 사람 사는 내음을 뿜어내고 있었다.

여주의 맛과 멋 2009/2/6

味鄕의 고장… 미식가들 북적

막국수 하면 '천서리'… 영양·맛 풍부

세종대왕·명성황후 만나고…

웰빙음식 각광… MB 다녀간 뒤 더 유명

<이태복 보건복지부 장관> 신륵사와 목은 이색의 팔만대장경 2009/2/9

시민포럼

여주 신륵사와 목은 이색의 팔만대장경

' 이 태 복
前 보건복지부장관

잠시 짬을 내어 여주를 다녀왔다. 여주에 다녀온 까닭은 최근의 경제위기와 조금 동떨어진 집안일 때문이다. 집안의 큰 어른이신 목은 이색선생이 돌아가신 여주에 기념비를 세워야 한다는 논의가 문중에서 오랫동안 있어왔으나 성사를 보지 못하다가 필자에게 그 책임을 맡겼던 것이다. 경제위기가 심각해지고 있는 상황에서 도저히 시간을 낼 수 없어 누차에 걸쳐 사양을 했으나 자손의 도리라는 말에 할 수 없이 짐을 떠안았다.

관계자 몇 분과 같이 여주에 가서 비를 세울만한 곳을 알아보고 군 당국과도 협의할 필요가 있었다. 원래 여주(옛지명 여흥(驪興))에서 돌아가신 것을 추도하는 기념비라면 당연히 여강의 연자탄이 적합할 터이다. 여러 문헌으로 보면 여강의 연자탄 즉, 제비여울에서 돌아가신 것으로 돼있기 때문이다. 하지만 현지에 가서보니 연자탄 강둑에는 비석을 세울만한 공간이 없고, 곧 강둑정비사업을 할 계획이라고 하니 마땅치 않았다. 그리고 조선 500년 동안 목은 이색선생의 사인이나 사망 장소와 관련해서 구체적인 의론이 일어난 적이 없었다. 하지만 이색선생의 후손들은 구전으로 이방원이나 정도전이 어사주를 가장하고 보낸 독약이 든 술을 마시고 돌아가신 곳은 연자탄에서 신륵사 사이이거나 신륵사일 가능성이 크다고 들어왔다.

그러면 목은 이색선생은 왜 조선이 개국한 직후 여주의 월남촌(月南村)에 내려가려 했을까? 또 임종 전후에 많은 스님들이 그를 지키고 있었던 이유는 무엇 때문이었을까.

신륵사 입구의 소공원을 돌아보고 일주문을 넘어서자 강변의 절벽에 운치있게 자리잡고 있는 정자가 눈에 띄었다. 정자에는 강월헌(江月軒)이라는 편액이 걸려있었다. 정자 위쪽에 자리잡고 있는 비각을 살펴보았다. 뜻밖에도 국가보물로 지정돼있는 대장경 기비였다. 더 놀라운 것은 이 비는 목은 이색이 공민왕과 부모님의 극락왕생을 빌기 위해 대장경을 간행하고, 이를 보관할 2층 건물을 짓고, 기념해 세운 것이었다. 한국 성리학의 도종(道宗)으로 불리는 이색이 신륵사에서 대장경을 간행하고 대장경을 보관할 전각을 세웠다니…. 잠시 혼란스러웠다.

비문은 그 사연을 명확하게 기록하고 있었다. 부친이었던 가정 이곡선생이 부모의 극락왕생을 비는 대장경 간행을 소원했는데, 그 뜻을 이루지 못하고 돌아가셨으므로 아버지의 소원을 풀기 위해 대장경간행을 결심했다는 것이다. 아버님 가정공이 돌아가신 뒤 30년만의 일이다. '그랬었구나' 여러 스님과 지인들의 도움으로 간행된 대장경판은 이곳에 보관돼오다가 현재 원본이 일본의 한 대학에 소장돼있다. 여주에서 귀양살이도 했지만, 부친인 가정공이 여주에서 생활해서 지금도 가정리라는 지명이 남아있으니 그때에 신륵사에 다니면서 부모님의 극락왕생을 빌었던 것을 외아들인 목은이 잘 알았을 터. 젊은 시절에는 불교를 비판하는 입장을 취하기도 했지만, 유교나 불교는 추구하는 바는 다르지만 근본은 같다는 가정공의 말씀을 새겨들었다. 37편이나 되는 스님들에 관한 비명이나 시편, 화엄경서문 등을 보면 왕명을 받아쓰기도 했지만, 불교에 대한 깊은 연구가 없으면 어려운 일이었다는 것을 알 수 있다. 사정이 이러했다면 완고한 성리학자들이 불교와 가까웠다는 이유를 들어 목은을 배척할 때 당당하게 목은의 효심과 폭넓은 지식을 평가해보자고 했어야 하지 않았을까? 이런 목은의 대범한 면모와 신륵사 인연이 제대로 전해지지 못한 것이 못내 아쉬웠다.

오늘 한국사회에 팽배해지고 있는 종파 간 갈등과 대립을 목은처럼 풀어갈 길은 없을까 하는 생각이 들었다. 군 당국에는 소공원터의 한 자락을 내주십사하는 부탁을 하고, 신륵사 주지 서영스님께 언제 시간을 내서 하룻밤 선대의 인연을 고민해보겠다는 작별인사를 하고 여주를 떠났다.

중앙로 '쇼핑·문화공간' 탈바꿈 2009/2/9

중앙로 상가 문화의 거리가 야간 쇼핑과 문화의 공간으로 탈바꿈한다. 8일 여주군에 따르면 여주 중앙통 상가는 여주읍 홍문리(농협군지부)에서 여주읍 하리(순화당 약국)까지 320m 구간에 루체비스타 14등을 설치한다. 사업비 3억5천만원이 투입되는 루체비스타는 이달 말 공사에 들어가 오는 5월께 완공될 예정이다. 여주 중앙로 상가에 루체비스타가 설치되면 젊은층 소비자와 관광객들의 명소는 물론 상점매출도 40~50%가량 증가할 것으로 예상돼 지역 경제활성화에 도움이 될 것으로 상가 번영회 측은 전망했다. 중앙로 루체비스타 설치와 함께 여주 중앙로 상점가는 문화의 거리 공원화사업도 시작돼 문화행사를 위한 상설무대가 설치된다.

여주 장애인복지관 내년 건립 2009/2/18

오는 2010년 여주읍 하리 199의4에 장애우들을 위한 종합복지시설인 '장애인종합복지관'을 건립한다. 여주 장애인복지관은 50억원의 사업비를 투입, 지하 1층, 지상 3층(연면적 2천314㎡) 규모로 체력단련실, 작업활동실, 주간보호실, 물리치료실, 상담실, 정보검색대와 정보화교육실 및 휴게실, 식당, 다목적 강당 등이 들어선다. 여주군에는 지난 2000년 10월 개관한 여주읍 교리 241의6에 '장애인재활작업장'이 운영되고 있으나 규모가 협소해 그동안 불편을 겪어 왔다.

관광지 '스탬프' 찍어오면 내달부터 음식값·농산물 구입 할인 2009/3/2

여주군은 주요 관광지를 돌며 스탬프를 찍어 오는 관광객에게 음식점 할인 등의 혜택을 주는 '투어 스탬프 랠리(Tour Stamp Rally)'를 시행한다.

태평2근린공원 완공 2009/3/12

가남면 태평 제2근린공원 조성공사가 11일 완공됐다. 태평 제2근린공원은 7천847㎡의 면적에 사업비 26억8천100만원을 투입, 게이트볼장, 운동기구, 조합놀이대, 정자 5동이 조성됐다. 공원에는 느티나무 등 14종 459주의 교목류, 산철쭉 등 9종 1만8천350주의 관목류가 식재됐다. 군은 12일 공원 내 원형광장에서 이기수 군수와 이범관 국회의원, 이명환 군의장, 유관기관단체장, 주민 등 100여명이 참석한 가운데 준공식을 갖는다.

임금님 드시던 진상미 본고장, 여주 통합브랜드 '대왕님표' 2009/4/6

임금님 드시던 진상미 본고장

"옛날 임금님께 진상했던 여주쌀과 농산물은 남한강 맑은 물과 비옥한 토양에서 재배·생산되어 우리 국민 1%만이 애용하는 안전한 먹거리다." 여주군은 지난 1999년 3월 '대왕님표'란 통합브랜드를 개발해 여주지역에서 생산된 우수 농·특산물에만 사용, 소비자들로부터 호평을 받고 있다. 전국 최초 쌀 산업특구인 여주는 농업인들의 땀과 정성으로 빚어낸 진상명품만을 고집한다. 여주는 2007년 12월 전국 유일 쌀 산업특구로 지정돼 2010년까지 고품질 쌀 생산 지원사업 등 27개 사업에 422억원을 투입, 대왕님표 여주쌀 브랜드를 명품으로 육성하고 있다. 현재 여주농산물의 공동브랜드는 '여주 쌀', '여주쌀 국수', '여주고구마', '여주땅콩', '여주금싸라기참외', '탐스레복숭아', '여주 배', '여주 사과', '여주마', '여주 가지', '여주 오이', '여주 야콘', '여주 찰옥수수', '이남주 버섯', '탑라이스', '한우람', '자연두 우리두', '지미당' 등이 있다.

'고품질여주쌀사업 협의체' 발대식 2009/5/15

'고품질 여주쌀사업 협의체' 발대식

전통모내기 체험행사도

'2009년 고품질 여주 쌀 지역특성화사업 협의체' 발대식 및 전통 모내기 체험행사가 14일 오전 여주읍 하거리 권순우씨 논에서 열렸다. 지역 여건에 맞는 다산 1호와 한아름 벼, 영안 벼, 고아미 3호, 드래찬 등 5품종의 벼를 이날 전통 모내기 체험행사 등으로 진행했다.

여주 5개 농·특산품 G마크 획득 2009/7/8

경기도지사 인증 G마크 심사에서 대왕님표 여주쌀국수 등 여주지역 농·특산품 5곳이 G마크를 획득했다. 이로써 여주지역 G마크 인증업체 수는 기존 11개에서 16개로 늘어났다. G마크란 경기도가 무농약이나 유기재배를 통해 생산되는 친환경 농산물과 전국 최고 수준의 품질을 자랑하는 농산물생산 농가 및 업체를 선정, 도지사 인증하는 제도다.

'쌀산업특구' 여주에 농촌테마공원 2009/9/7

전국 최초로 쌀산업특구로 지정된 여주군에 농촌테마공원이 조성된다. 군은 75억5천만원을 들여 오는 2012년까지 여주읍 연라리 산83의 69 일원에 8만2567㎡ 규모 농촌테마공원을 건립하기로 했다. 농촌테마공원에는 전국 최대 규모의 농업박물관을 비롯해 농업인 회관, 농산물 판매 및 전시관, 다랭이논, 과수원, 생태천이 어우러진 경관농업공원 등이 들어선다. 또 썰매장 등 어린이 놀이시설을 만들어 가족단위 관광객을 유치하고 체류관광을 위한 숙박시설과 쌀 먹거리촌을 조성한다.

여주진상명품축제 온라인서 부활 2009/9/10

여주진상명품축제 온라인서 부활

신종플루로 올 행사 취소

대신 인터넷 홍보장으로

신종플루 확산 여파로 취소된 제11회 여주진상명품축제가 온라인축제로 거듭난다. 여주진상명품축제추진위원회는 오는 25일부터 29일까지 개최키로 했던 제11회 여주진상명품축제를 인터넷 포털사이트를 이용한 사이버축제(http://www.yj5959.net/yj.htm)로 개최한다.

• 지금은 온라인 장보기가 대세가 되었지만 여주의 인터넷 활용은 늘 한발 앞선다. 여주는 이때부터 사이버 공간에서 축제를 열 정도로 인터넷 사용이 활성화되고 있었다. 농촌 인구가 고령화하는 현실에서 인터넷 사용에 어려움을 겪는 어르신들에게는 인터넷을 통한 온라인 이용 방법을 자세히 알려주는 홍보도 필요하다.

대왕님표 여주쌀·쌀국수 李대통령 추석선물 채택 2009/9/25

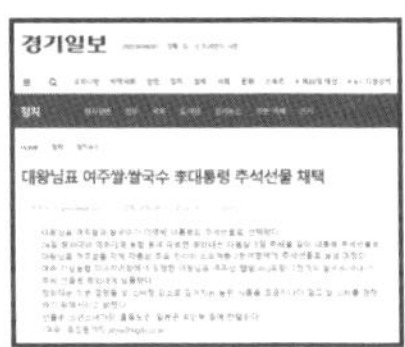
경기일보

정치

대왕님표 여주쌀·쌀국수 李대통령 추석선물 채택

대왕님표 여주쌀·쌀국수 李대통령 추석선물 채택 대왕님표 여주쌀과 쌀국수가 이명박 대통령의 추석선물로 선택됐다.

이천시 "여주와 통합 신중하게…" 2009/9/30

이천시 "여주와 통합 신중하게…"

조병돈 시장·이현호 시의장 기자회견

"인구 30만명 안돼… 이무런 이득없다"

이천시와 이천시의회, 여주통합반대추진위원회가 지방자치단체와 무관하게 주민발의로 여주·이천 행정구역 통합이 추진하는 것에 대해 제동을 걸고 나섰다. 조병돈 이천시장과 이현호 이천시의회 의장 등은 29일 오전 11시 시청 브리핑룸에서 기자회견을 열고 "여주군과의 통합을 인센티브에 얽매여 성급하게 추진하기 보다는 통합과 관련한 법이나 제도가 마련된 후 시간을 갖고 신중히 추진해야 한다"고 밝혔다. 조 시장은 또 "이천과 여주가 통합해도 인구가 30여만 명 밖에 안돼 또 다시 다른 시·군과 통합을 추진해야 하는 등 행정·재정적으로 2중, 3중의 손실과 지역주민의 갈등 및 혼란만 가져와 아무런 이득이 없다"고 주장했다. 여주통합반대추진위도 이날 여주군 오학출장소 옆 복지회관에서 졸속통합을 반대하는 성명서를 발표하고 추석전까지 졸속통합 반대 현수막 게시 및 이장협의회, 새마을단체협의회 등 사회단체와 반대서명 운동을 펼칠 방침이다. 한편 여주군과 이천시 통합에 찬성하는 주민들로 구성된 '여주-이천 상생 화합시 민간 추진위원회'는 주민발의의 통합건의서를 지난 28일 해당 지자체에 제출하는 등 민간주도의 통합을 추진하고 있으나, 두 시·군은 주민 대다수의 공감대가 형성되지 않아 시간을 갖고 경쟁력 있는 통합을 추진해야 한다는 입장이다.

- 여주와 이천은 지리적으로 가까운 이점을 살려 닮은 듯 다르지만 좋은 이웃으로 잘 지내고 있다. 하지만 행정적인 통합은 결코 쉬운 일이 아니다. 여주와 이천이 조금씩 양보하고 조율한다고 해도 넘어야 할 산이 너무 많다. 결국 주민 찬반 투표의 벽을 넘지 못했다.

4대강 한강구간 오늘 물꼬 튼다. 2009/11/11

4대강 한강구간 오늘 물꼬 튼다

여주서 착공식… 2011년까지 강둑 보강·하천 정비

정부의 4대강 정비사업의 하나로 추진되는 '한강살리기 희망선포식'이 27일 오후3시 여주에서 열린다.

26일 경기도와 여주군 등에 따르면 한강 정비사업의 본격화를 알리는 '한강살리기 희망선포식'이 정운찬 국무총리와 김문수 경기지사, 이범관 의원, 이기수 여주군수, 주민 등 1천여명이 참석한 가운데 여주군 대신면 천서리 이포대교둔치에서 열린다.

희망선포식 이후 도내 한강 정비사업 7개 공구 가운데 3·4공구(서울지방국토관리청 시행)와 6공구(수자원공사 시행)의 공사가 본격화되며, 나머지 공구도 조만간 시공사를 선정한 뒤 순차적으로 한강본류와 남한강 및 북한강 일부 구간에서 진행된다.

이 구간에서는 홍수피해 방지를 위한 강둑 보강(91.2㎞), 1개의 강변 저류지 조성, 용수 확보를 위한 3개의 다기능 보 설치 사업 등이 이뤄진다.

또 생태계 복원을 위한 하천 환경정비(6.67㎢), 3개의 어도 설치, 자전거 도로(173㎞) 조성 등도 추진된다.

도는 이 사업이 마무리되면 사업구간내 주민들의 삶의 질 향상은 물론 한강이 녹색 수변공간과 신륵사·세종대왕릉(여주), 용문사(양평) 등의 관광지가 어우러진 관광명소가 될 것으로 기대하고 있다.

한편 환경단체 회원 등 300여명은 희망선포식에 맞춰 행사장 인근에서 '한강살리기 희망선포식 반대집회'를 개최하기로 해 마찰이 우려된다.

/여주=류진동기자 jdyu@ekgib.com

오늘의 뉴스

■ **도2청 '아름답고 의미있는 결혼문화 만들기'… 16면**

경기도 제2청이 지난 7월부터 결혼문화를 개선하기 위해 '아름답고 의미있는 결혼문화 만들기'에 도전장을 던졌다. 청사 예식을 신청하면 실내

In 2010

추억 빛고 사랑도 빛는 행복한 도자여행

<신년인터뷰>이기수 여주군수 2010/1/26

"남한강 물길 타고 물류중심지로 도약"

"남한강 르네상스시대를 열기 위해 올 한해는 남한강살리기 사업에 전 행정력을 집중시켜 나갈 것입니다" 이기수 여주군수는 "남한강 살리기사업으로 사통팔달의 육상과 수륙 교통망이 구축돼 물류·유통 중심지로 성장하게 될 것"이라고 강조했다.

지역균형발전을 위한 청사진은

▲여주만의 도시를 만들어 특색있는 관광지를 조성하기 위해 도시계획 관련 각종 자료를 전산화하는 도시계획 정보체계(UPIS)를 구축할 것이다. 성남~여주간 복선전철 시대를 맞아 여주읍·능서면 역세권 개발에 힘쓰고, 여주읍 하리, 오학·천송리, 현암리, 점동면 청안리 등을 개발해 쾌적한 도시환경을 조성할 것이다. 이와 함께 중부내륙고속도로 남여주나들목 유치 확정으로 여주읍과 가남면의 균형발전을 가져올 것이다. 오학 신도시와 여주읍 도심을 연결하는 제2여주대교 건설로 여주의 남·북을 연결하는 또 하나의 축을 만들 것이다. 여기에 남한강 살리기 사업의 일환으로 추진되는 여주보 건설현장과 인접한 제10전투비행단 공군사격장 이전을 적극 추진할 것이다.

올해 군정 운영 방향은

▲세계문화유산으로 등재된 세종대왕릉과 연계해 다양한 문화콘텐츠를 개발할 것이다.

우선 한글 관련 다큐멘터리를 제작하고 여주를 대한민국을 대표하는 한글 문화도시로 만들 것이다. 전체 인구 중 14% 이상을 차지하는 노인들의 활기찬 노후생활을 위해 노인복지시설을 확충하고, 찾아가는 맞춤형 복지서비스를 제공할 것이다. 정부의 저탄소 녹색정책과 에너지절약 생활화에 적극 동참, 범 군민 운동으로 추진하고 지역 특성에 맞는 시책들을 지속적으로 발굴해 나갈 계획이다.

여주쌀 브랜드 경쟁력을 위한 방안은

▲여주군은 전국 최초로 쌀산업특구로 지정된 곳이다. 대왕님표 여주쌀을 세계 20여개 항공사 기내식으로 공급하고 미국에 이어 중국내 쌀 수출도 적극 지원할 것이다. 농업발전기금 50억원을 조성해 농업인들에게 장기 저리로 융자하며, 농촌의 노동력 지원과 영농비 부담을 줄일 수 있도록 마을별 작목반을 통해 지원할 것이다. 국순당의 고구마술 가공공장을 여주에 착공하고, 여주쌀국수 공장과 미분 가공 공장 등을 적극 지원해 여주쌀 소비촉진과 쌀가공 식품 산업의 다양화를 도모할 것이다. 여주읍 상리에 75억원을 투입, 사계절 휴양 레저 체험공간인 농촌 테마공원과 강천면 이호리에 사우나, 수영장, 숯가마찜질방 등을 고루 갖춘 보양온천 관광단지를 조성, 여주를 찾는 관광객들에게 여주쌀을 지속적으로 홍보할 계획이다.

올해 역점추진 사업은

▲현재 조성 중인 강천 일반산업단지를 올해 말까지 첨단산업단지로 건설하고, 본두·삼교 일반산업단지 조성에도 행정력을 집중시킬 것이다. 여주읍을 비롯해 9개면에 일반산업단지를 조성하기 위한 타당성조사 용역을 오는 6월 말까지 완료할 계획이다. 도자 산업 활성화를 위해 여주읍 천송리 일원 약 30만㎡ 부지에 여주도자기 테마파크를 조성할 것이다. 여주교육 발전

을 위해서는 벽지학교 통학차량 지원, 기숙사 신축사업 지원, 자립형 사립고 유치 등 낙후된 교육여건 개선을 위한 기반시설 지원도 차질없이 진행할 계획이다. 또 여주를 수도권 관광 1번지로 변화시키기 위해 세종대왕릉과 신륵사, 명성황후생가 등과 연계해 황학산수목원, 수생야생화생태단지, 특1급 관광호텔 건립, 농촌테마파크, 여주프리미엄아울렛 등을 활성화 할 것이다.

여주군청 이전 자리 제2여주대교 건립 2010/2/3

여주읍 세종로 끝에 있는 군청사를 이전하고 그 자리에 제2여주대교를 건립키로 했다. 제2여주대교는 여주읍의 남·북을 가로 흐르는 남한강에 설치되는 다리로 건립 위치를 놓고 그동안 갈등을 빚어왔다. 군은 최근 주민 1천100명을 대상으로 제2여주대교 건립 위치로 여주읍 하리(우암로)와 홍문리(세종로) 등 2가지 노선(안)에 대한 설문조사 결과 응답자(868명) 중 63%(543명)가 현재 군청사가 있는 세종로를 최적지로 선택했다고 2일 밝혔다. 이어 우암로(안)은 314명(36%), 기타(안) 11명(1%) 순으로 나타났다. 제2여주대교는 길이 1.03~1.6㎞, 너비 25m 규모로 총 사업비는 837억~1천217억원 가량 소요될 것으로 예상하고 있다. 군은 오는 6월까지 기본설계를 마치고 12월까지 실시설계를 거쳐 내년 착공, 2017년 완공할 계획이다. 제2여주대교 건설공사가 시작되면 현재의 군청사는 여주읍 하리 산9의 8 일대 군유지로 이전된다. 군은 9만4천89㎡ 규모의 이전 예정지에 인근 사유지 5만5천403㎡를 추가로 매입할 계획이며, 건립비는 678억여원이 소요될 전망이다. 군청사 인근에는 세종국악당, 군립도서관, 공설운동장, 여주소방서가 있어 이를 연계하면 20여만㎡ 규모의 종합행정타운 조성도 가능하다. 군 관계자는 "구도심인 여주읍과 부도심인 오학지구가 강으로 단절돼 있어 주민 생활권이 이원화 되는 불편함이 있었다"며 "제2여주대교가 건설되면 세종로를 중심으로 지역 발전의 디딤돌이 될 것이다"고 말했다.

아름다운 여강변, 도도히 흐르는 우암의 충절 2010/2/22

물·길·삶의 記憶을 찾아 (題字: 박우민)

2010년 2월 22일 월요일

〈경기도 정체성 찾기-

⑥ 여주 강한사·대로사비

아름다운 여강변… 도도히 흐르는 '우암의 충절'

우암은 효종의 사부이자 북벌 동지

▲ 영릉(寧陵): 대흥집벌을 품은 효종의 능.

정조, 평소 흠모하던 송시열 사당건립

▲ 청심루 터: 청심루는 송시열이 효종을 생각하며 시를 지었다는 곳으로 지금은 터를 알리는 표석(여주초교 뒤)만 남아있다.

우암이야기

<사설>

여주 사격장, 생태공원 조성 전에 옮겨야 한다

2010/3/25

"정책의 종합적 기획능력 필요 주민들 50년간 극심한 소음공해"

2010년 3월 25일 목요일 19

사 설

여주 사격장, 생태공원 조성 전에 옮겨야 한다

4대강 정비사업은 백년대계의 국책사업이다. 그런데도 국토해양부가 추진하는 한강 살리기 사업을 보면 백년을 내다보려는 자세가 보이지 않는다. 무엇에 쫓기듯 그저 착공절차를 발 빠르게 진행시키는 데 몰두한 나머지 관계부처 간 협의가 제대로 이뤄지지 않은 채 허겁지겁 추진되고 있다.

지금 여주군 남한강 일원(능서면 왕대리, 백석리, 내양리 등 6개 마을)에선 4대강의 하나인 한강 살리기 사업으로 여주 보 건설공사가 한창이다. 여주 보 건설계획엔 480m의 보 건설뿐 아니라 넓은 하천부지에 새로운 개념의 생태공원 조성사업도 들어 있다. 인공습지, 자전거도로와 야외공연장을 비롯 수상레저 및 번지점프장, 수영장, 식물원, 테마박물관, 놀이공원 등이 들어서게 된다.

문제는 생태공원 계획부지 내에 공군사격장이 있다는 점이다. 아직까지 구체적인 이전계획도 없이 지금도 공군기의 훈련사격이 계속되고 있다. 공군사격장이 계속 존치하는 한 생태공원 계획은 물거품이 될 수밖에 없다. 도대체 중앙 부처 간 조정기능이 제대로 작동하고 있는지, 또 정책의 종합적 기획능력은 어디로 사라진 것인지 여주군민들에게 깊은 실망과 회의를 느끼게 한다.

그렇지 않아도 사격장 이전문제는 여주군의 최대 현안이다. 이 사격장은 1957년 능서면 백석리 하천부지에 자연적으로 생긴 섬(115만5천㎡)에 조성됐다. 영능과 이웃해 있고, 수도권 상수원인 팔당호 특별대책지역 중심부에 있다. 인근 주민들은 50여년간 안전위험은 물론 생활불편과 극심한 소음공해에 시달려 왔다. 사격탄이 연습탄으로 바뀐 2002년 이전엔 유탄이 민가에 떨어져 주민 3명이 사망했고, 능북초교에 떨어진 유탄으로 유리창이 파손되기도 했다. 사격장 주변 소음도는 75~90웨클로 민간항공법상 소음피해 지역으로 구분될 만큼 피해가 심각하다. 훈련사격은 그간 격일 6~7시간씩 실시하던 것을 국토관리청 요청으로 최근 주 3회, 1회 2시간으로 줄였으나 그때마다 공사차량들은 대피해야 한다.

이제 사격장 이전문제에 대해 적극적이고 치밀한 논의가 필요하다. 물론 지속적인 안보 유지를 위해서 사격훈련장은 긴요하다. 그러나 이는 주민의 생존권을 침해하지 않는 곳에 자리 잡아야 한다. 입지 선정은 무척 어려운 문제다. 때문에 여주군뿐만 아니라 경기도가 적극 나서야 한다. 정부도 사격장이 이전돼야 한강 살리기 사업이 성공할 수 있음을 유념해야 한다.

황학산수목원 '활짝' 2010/5/7

여주읍 매룡리 황학산수목원이 개원했다. 6일 군에 따르면 여주읍 매룡리 27만2천922㎡에 총 83억원을 들여 조성된 황학산수목원은 잔디정원, 연구용온실, 재배용 하우스 등 연구생산시설을 비롯해 산열매원과 생활지혜길 등의 산림체험시설을 갖췄다. 방향성 식물을 모은 풀향기정원, 남한강변에 자생하는 식물로 구성한 강돌정원, 여주 특산물인 도자기를 활용한 항아리정원, 측백나무로 꾸민 미로원 등 14개 주제별로 수목원을 꾸몄다. 멸종위기 야생식물 2급인 단양쑥부쟁이를 비롯해 둥근잎꿩의비름, 층층둥글레, 털복주머니란, 미선나무 등 목본류 350여종과 초본류 750여종을 심었다.

여주군수 선거 / 6.2 지방선거 2010/5/20

경기일보 6·2지방선거 2010년 5월 20일 목요일

'시급 현안' 대학병원 유치 등 의료서비스 25.4% 첫손

경기일보 – 전신협 지방선거 공동여론조사

■ 여주군

당선 가능성 - 김춘석 39.8, 원경희 16.6, 이희웅 7.3% 順

정당지지도 - 한나라당 39.2, 민주당 17.6… 무당층 37.7%

도지사 김문수 48.2〉 유시민 22.7〉 심상정 2.7%

도교육감 김상곤 9.7, 강원춘 9.1… 부동층 73.4%

대표전화 수원본사 (031) 250-3333 인천 (032) 439-2020

기초단체장 후보 당선 현황

수원 ▲	성남 ●	의정부 ●	안양 ▲
민 염태영	민 이재명	민 안병용	민 최대호
부천 ★	광명 ●	평택 ●	양주 ●
민 김만수	민 양기대	한 김선기	한 현삼식
동두천 ▲	안산 ●	고양 ▲	과천 ★
무 오세창	민 김철민	민 최성	한 여인국
의왕 ★	구리 ▲	남양주 ●	오산 ●
민 김성제	민 박영순	한 이석우	민 곽상욱
화성 ▲	시흥 ▲	군포 ★	하남 ★
한 이태섭	민 김윤식	민 김윤주	민 이교범
파주 ▲	여주 ★	이천 ●	용인 ▲
민 이인재	한 김춘석	한 조병돈	민 김학규
안성 ▲	김포 ●	광주 ●	포천 ★
한 황은성	민 유영록	한 조억동	한 서장원
연천 ★	양평 ★	가평 ★	
한 김규선	한 김선교	무 이진용	

한 한나라당 민 민주당 무 무소속

지방선거 당선자 경기일보 홈페이지서 확인하세요

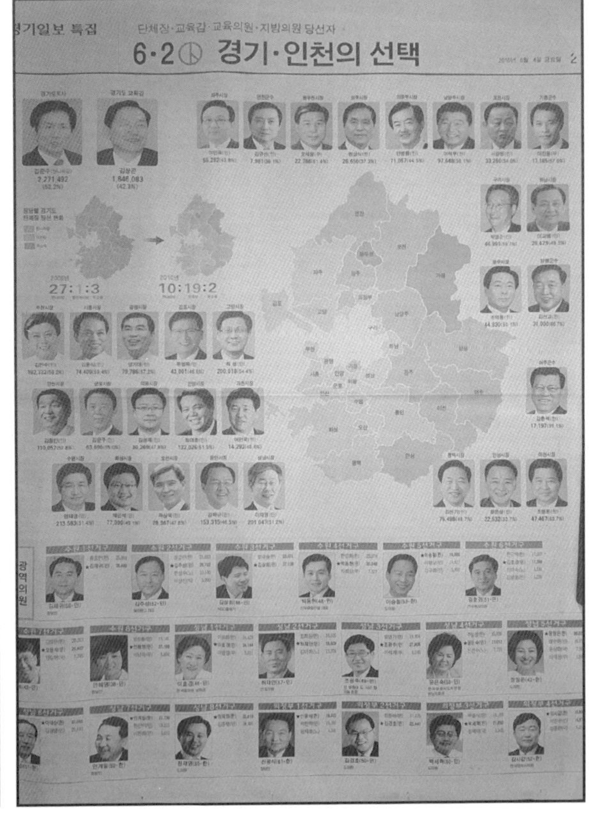

경기일보 특집

단체장·교육감·교육의원·지방의원 당선자

6·2 경기·인천의 선택

김춘석 여주시장 당선자 2010/6/3

여주군수 김 춘 석

존경하고 사랑하는 여주군민 여러분께 머리 숙여 감사의 인사를 드립니다.

6·2지방선거에서 여러분이 저에게 보내주신 지지와 성원은 여주의 발전과 화합을 성취하라는 열망에 따른 것이라 믿습니다. 이에 보답하기 위해 제 모든 것을 바치겠습니다.

당면한 지역 현안을 신속히 해결하고 지역경제를 활성화하기 위해 이범관 국회의원과 함께 중앙정부에서 필요한 지원을 최대한 이끌어 내겠습니다.

또한 선의의 경쟁을 해주신 민주당 이희옹 후보와 미래연합 원경희 후보에게도 격려의 박수를 보냅니다.

이제는 여주의 발전을 위해 분열된 민심을 우리 모두가 힘을 합치고, 화합해야 할 때입니다.

앞으로 4년간 저는 섬기는 자세로 항상 여러분의 곁에서 군민의 뜻에 따르는 군수가 되겠습니다.

선거기간 동안 한분 한분 군민들을 만나면서 어려운 농촌 현실과 현장 민원 등 소중한 말씀 많이 들었습니다.

군민을 섬기는 행정으로 보답하고 항상 군민들의 목소리에 귀를 열겠습니다.

언제 어디서라도 저를 보시면 서슴없이 말씀해 주시기 바

이포보서 4대강 반대농성 환경단체 음식물쓰레기 불법매립 들통 2010/6/3

대표전화 수원본사 (031) 250-3333 인천 (032) 439-2020

이포보서 4대강 중단 농성 벌이던 환경단체

음식물 쓰레기 불법매립 들통

지난달 22일부터 '4대강 사업중단'을 촉구하며 여주군 남한강 이포보에서(한강 살리기 사업 3공구) 열흘이 넘도록 농성 중인 환경단체가 강변 인근 공원에 수박껍질 등 음식물 쓰레기를 불법 매립한 사실이 드러나 비난을 사고 있다.

3일 여주군에 따르면 군이 이포보 인근 장승공원에 설치한 환경단체의 현장상황실 주변 쓰레기 처리 실태를 점검한 결과 수박 껍질과 옥수수 등 3~5kg의 음식물 쓰레기가 제대로 처리되지 않고 도로 옆 공원내에 매립됐다.

여주군 환경과 직원들은 지난 2일 밤 11시께 주민신고를 받고 현장보존 조치를 한 뒤 이날 오전 불법 매립이 의심되는 공원 내 8곳에서 수박껍질과 옥수수, 빵 등이 매립된 것을 확인했다.

군은 이에 따라 이포보에서 활동 중이던 환경운동연합 활동가 A씨(37)로부터 "7월 23일부터 3~5kg의 음식물쓰레기(수박껍질, 옥수수, 빵) 등을 종량제 봉투 등에 담지 않고 집회현장인 장승공원내 매립했다"는 확인서를 받았다.

그러나 확인서에서 A씨는 "수박껍질이 굴착된 곳에서 통닭 비닐, 뼈 등이 함께 굴착됐으나 이는 자신들이 매립한 것이 아니다"고 부인했다.

여주군 한 주민은 "환경 생태 감시한다는 사람들이 몰래 음식물쓰레기를 매립할 수 있나"며 불만을 토로했다.

환경운동연합의 한 관계자는 "썩는 음식물 쓰레기여서 한데 모아 공원 구석에 묻었었다"며 "지역 규정을 잘 몰랐던 점도 있었다. 앞으로 종량제 봉투 등에 담아 규정대로 처리하도록 하겠다"고 답했다.

여주군은 해당 환경단체에 음식물 쓰레기를 규정대로 처리하도록 주의를 촉구하는 한편 적발된 위반사항에 대해서는 10만원의 과태료 처분을 할 방침이다.

류진동·유신상기자

3일 '4대강 사업 중단'을 요구하며 여주군 남한강 이포보에서 농성 중인 환경단체가 강변 장승공원에 음식물 쓰레기를 불법 매립한 것으로 밝혀져 논란을 빚고 있다. 전형민기자

신기한 곤충 多있네! 2010/8/18

신기한 곤충 多있네!

여주 매룡리에 체험박물관 오픈

대형나비 전시관 등 볼거리 풍성

여주군 매룡리에 여주곤충체험박물관이 문을 열었다.

군은 지난 15일 여주읍 매룡리 황학산수목원 입구에서 '여주곤충체험 박물관' 임시 개장식을 갖고 본격 운영에 들어갔다고 17일 밝혔다.

여주곤충체험 박물관은 5천㎡ 규모로 해바라기와 코스모스, 소나무 등 다양한 수목과 벌, 나비, 장수풍뎅이, 사슴벌레 등이 전시돼 있다.

특히 나비, 풍뎅이, 거미 등 약 20여종의 살아있는 곤충과 100여종의 곤충표본, 15종의 조류, 당나귀 등 7종의 동물, 50여종의 어류 및 파충류, 150여종의 자생식물 등을 전시, 다양한 볼거리를 제공하고 있다.

또 150㎡ 규모의 대형 나비 전시관과 대형 곤충표본전시관은 나비와 곤충 등이 나무에서 살아 움직이는 것처럼 특색있게 꾸며 관람객들의 시선을 사로잡는다. 야외 나비관은 자연생태 그대로 나비의 일생을 직접 관찰할 수 있다.

이와함께 체험학습으로는 곤충 모형 도자체험, 곤충 머그컵 만들기 등 다양한 체험프로그램을 운영하고 있다.

박물관 측은 "곤충은 어린이들의 정서함양 및 애완용으로 인기가 많다"며 "체험학습을 통해 지역 내 어린이들에게 다양한 볼거리를 제공하고 주기적으로 테마 전시회를 마련하겠다"고 밝혔다.

개관시간은 오전 9시30분부터 오후 7시까지며, 관람료는 어른 4천원, 학생 3천원이다.

여주=류진동기자

여주군 매룡리에 다양한 수목류와 장수풍뎅이, 사슴벌레 등 곤충류가 전시된 여주곤충체험관이 문을 열었다. 류진동기자

매룡리에 여주곤충체험박물관이 문을 열었다. 군은 지난 15일 여주읍 매룡리 황학산수목원 입구에서 '여주곤충체험 박물관' 임시 개장식을 갖고 본격 운영에 들어갔다고 밝혔다. 여주곤충체험 박물관은 5천㎡ 규모로 해바라기와 코스모스, 소나무 등 다양한 수목과 벌, 나비, 장수풍뎅이, 사슴벌레 등이 전시돼 있다. 특히 나비, 풍뎅이, 거미 등 약 20여종의 살아있는 곤충과 100여종의 곤충표본, 15종의 조류, 당나귀 등 7종의 동물, 50여종의 어류 및 파충류, 150여종의 자생식물 등을 전시, 다양한 볼거리를 제공하고 있다.

• 여주의 자랑이 또 하나 늘었다. 곤충체험박물관은 부모 세대와 아이들 모두에게 사랑받는 나들이 장소다. 곤충 박물관은 전국적으로 여러 곳 운영되고 있지만 여주의 곤충체험박물관은 다양한 체험관과 특별 전시로 아이들의 나들이 필수 코스로 사랑받고 있다.

여주 원정수능 끝 2010/8/23

여주지역 대학수학능력수험생들이 2011학년도 수능시험을 여주지역 고교에서도 응시할 수 있게 됐다.

• 기자가 학창시절을 보낼 땐, 고등학교도 서울, 수원 등으로 유학가곤 했는데 여주의 고등교육도 많이 발전했다. 이제, 여주에서 대학 입시도 치러진다니 여주를 발전시킬 미래인재를 기대해 본다.

교통 취약지역 '맞춤형 콜버스' 운영 2010/9/1

여주군은 대중교통 소외지역을 대상으로 '맞춤형 콜버스'를 운영하고 있다고 31일 밝혔다. 군은 지난 18일부터 대중교통 취약지역인 원부리와 매룡리를 시범 대상시로 신정, 이용 수요에 맞춰 일부경유지를 변경해 버스를 운영하는 '맞춤형 콜버스'를 운영하고 있다. '맞춤형 콜버스'는 교통취약지역 이용자가 콜버스를 사전에 예약하면 일반 노선버스가 정기노선에 따라 운행하면서 서비스 지역을 경유하게 된다.

산림보호구역 3만447㎡ 해제 2010/9/15

여주군이 풍부한 수자원 확보와 4대강 살리기 저수지 둑 높이기 사업에 편입된 산림보호구역을 해제했다. 14일 여주군에 따르면 금사면 장흥리 산 6의 11 외 6필지 3만447㎡의 임야를 산림보호구역에서 해제했다. 이번에 해제된 임야는 1995년 3월 산림보호구역으로 편입된 장흥저수지 주변으로 1989년 준공된 이후 주변 180ha의 수혜면적에 농업용수를 공급해 오고 있는 곳이다. 이번에 해제된 산림보호구역은 풍부한 수자원을 추가 확보하기 위해 하천유지용수로 편입됐다.

여주농촌관광협의회 구성 2010/11/19

여주군은 18일 "농촌관광 확대와 경쟁력 있는 관광상품 개발을 위해 여주농촌관광협의회(회장 권혁진)를 구성했다"고 밝혔다. 농촌관광협의회는 농촌, 생태, 전원, 민속공예, 향토 음식을 주제로 한 관내 각 체험마을 간 협력체계를 보완해 농촌을 찾는 방문객의 만족도를 높이자는 데 뜻을 두고 설립됐다. 이에 따라 농촌관광협의회는 마을별 우수한 관광자원을 선별, 공동으로 마케팅을 추진해 다른 지역과는 차별화된 경쟁력 있는 관광상품을 개발할 예정이다. 또 관광상품의 품질관리 교육과 모니터링도 시행할 계획이다.

- 천혜의 자연을 품고 있는 여주는 관광 자원이 풍부한 곳이다. 이러한 여주만의 장점을 살려 지속적인 관광 활성화 방안을 진작 모색했어야 했다. 좀 늦은 감이 있지만 다른 지역과 차별화된 관광 상품을 다양하게 개발하되 주민들의 편익도 방해하지 않는 방향으로 조율이 필요해 보인다.

고산서원지 발굴조사 착수 2010/11/23

1871년 철거된 대신면 보통리 고산서원지에 대한 문화재 발굴조사를 착수했다고 22일 밝혔다. 고산서원(孤山書院)은 1686년(숙종 12년) 지방 유림에 의해 고산 이존오(孤山 李存吾, 1341~1371)와 문충공 회곡 조한영(文忠公 晦谷 曺漢英, 1608~1670)의 학문과 덕행을 추모하기 위해 창건됐다. 그러나 숙종 임금이 1708년(숙종 34년) '孤山'이라 사액까지 내린 서원이었지만 1871년 흥선대원군의 서원철폐령으로 헐렸다. 군은 여주 역사문화자원 확보를 위해 (재)한얼문화유산연구원에 의뢰, 지난 2009년 문화재 시굴조사에서 조선시대 건물지의 적심 및 기단 등 기초시설이 확인된 건물지 위치와 규모, 성격 규명을 위한 발굴조사를 실시하고 있다. 고산서원은 여주향교, 기천서원, 매산서원, 대로사 등과 함께 선현 제향과 여주 교육의 한 축을 맡아온 중요한 문화유산으로 평가받고 있다.

상교리 '고달사지 석조' 道유형문화재 제247호 지정 2010/12/20

북내면 상교리 고달사지에서 발굴된 물을 담아 두는 커다란 '석조'(石槽)가 경기도 유형문화재 제247호로 지정됐다고 19일 밝혔다. 이에 따라 여주군은 국가지정 문화재 26점, 도지정 문화재 37점, 향토유적 13점 등 모두 76점의 문화재를 보유하게 됐다. 신규 지정된 고달사지 석조는 보존상태가 양호한 편으로 장변 321㎝, 단변 149㎝, 높이 98㎝로 평면이 긴사각형으로 표면을 고르게 다듬어 전체적으로 정연하면서도 정교한 인상을 주고 있다. 또 바닥 중앙부에는 지름 7.5㎝의 원형 배수공과 각 면의 모서리 부분을 부드럽게 호형으로 다듬었고 내부도 아래쪽으로 내려가면서 밑부분에서 호형으로 치석했다.

여주군 상교리 고달사지에서 발굴된 물을 담아두는 석조. 여주군 제공

여주 상교리 '고달사지 석조' 道유형문화재 제247호 지정

여주군은 북내면 상교리 고달사지에서 발굴된 물을 담아 두는 커다란 '석조'(石槽)가 경기도 유형문화재 제247호로 지정됐다고 19일 밝혔다.

이에 따라 여주군은 국가지정 문화재 26점, 도지정 문화재 37점, 향토유적 13점 등 모두 76점의 문화재를 보유하게 됐다.

신규 지정된 고달사지 석조는 보존상태가 양호한 편으로 장변 321㎝, 단변 149㎝, 높이 98㎝로 평면이 긴사각형으로 표면을 고르게 다듬어 전체적으로 정연하면서도 정교한 인상을 주고 있다. 또 바닥 중앙부에는 지름 7.5㎝의 원형 배수공과 각 면의 모서리 부분을 부드럽게 호형으로 다듬었고 내부도 아래쪽으로 내려가면서 밑부분에서 호형으로 치석했다.

특히 석조 모서리 바깥면 중간에 1단의 굴곡을 두었고 상면 모서리에는 안쪽으로 연꽃잎이 살짝 말려 들어가는 듯 한 양감 표현 및 상면으로 약 2㎝ 정도의 귀접이를 해줘 장식적인 기교가 돋보인다.

구본만 여주군 문화재사업소 박물관 담당은 "고달사지 석조는 전체적인 치석 수법과 고달사지의 연혁 등을 고려할 때 고려 전기에서도 이른 시기에 조성된 것으로 추정된다"고 말했다.

한편 국가사적 제382호인 고달사지 내에는 국보 4호 고달사지 부도, 보물 6호 원종대사 혜진탑 귀부 및 이수, 보물 7호 원종대사 혜진탑, 보물 8호 여주 고달사지 석조대좌, 경기도 유형문화재 247호 여주 고달사지 석조 등 5점의 문화재가 보존돼 있다.

여주=류진동기자 jdyu@ekgib.com

In 2011

긴 잠에서 깨어난 江 생명·웃음이 흐른다

"남한강 살리기 올해 끝나… 3개 보 주변 관광단지 조성 2011/1/19

경기일보

정치

"남한강 살리기 올해 끝나… 3개 보 주변 관광단지 조성

> 저소득 주민 긴급 지원 지속
> 복선전철사업 조기 완공 노력
> 선진국형 농업기반도 구축
> 성장잠재력 한층 더 높일 것

"새해에는 한강 살리기사업 마무리와 성남~여주 간 복선전철 사업 등 여주발전에 축이 되는 사업에 박차를 가하고 지역경제 활성화를 위해 강남·북을 균형발전시킬 정책들을 완성하겠습니다." 김춘석 여주군수는 "지난 해는 폭우 피해와 구제역 발생 등으로 군민들 모두가 힘들고 어려운 한 해였다"며 "올해는 11만 여주군민이 서로 화합하고 함께 소통하는 여주, 녹색도시 건설, 명품 교육도시, 교통 선진도시 건설 등 역점시책을 추진해 군민 행복지수를 한 단계 높이는데 최선을 다하겠다"고 밝혔다.

소통하는 여주건설 계획은

군민과 소통을 위해 여주군청 홈페이지에 게시되는 하나 하나의 민원을 소중히 챙길 것이다. 주민 한분 한분의 고귀한 의견에 귀기울이고 현장 속에서 '소통행정'을 펼치겠다. 여주는 남한강 등 천혜의 자연환경 도시로 미래 성장잠재력이 수도권에서 가장 높다. 이를 잘 지키고 가꾸어 발전시켜야 한다. 여주 명산인 황학산수목원 숲 탐방로에서 사계절이 변화하는 꽃과 나무를 관람할 수 있도록 하고 단양 쑥부쟁이 등 희귀 동·식물을 복원할 것이다.

명품교육과 행복한 복지도시 건설 추진 계획은

명품 여주교육을 위해 지난 해부터 여주지역 고3 수험생들이 이천시까지 원정시험을 보러 가는 불편을 해소, 여주에서 처음으로 수능을 치를 수 있도록 개선했다. 명품교육과 수준 높은 여주군이 되기 위해서는 교육 때문에 군민들이 외지로 이사가는 일이 없어야 한다. 여주교육지원청과 긴밀한 협조 속에 유치원을 비롯한 초·중·고 교육의 활성화를 위한 다양한 프로그램을 운영하겠다. 저소득 주민의 생활안정과 기초생활보장사업, 위기가정 무한돌봄 서비스 등 긴급지원을 지속하고, 지역공동체 일자리사업, 공공근로사업, 자활근로사업 등 주민 생활안정을 위해 최선을 다하겠다. 노인복지시설 지원과 사회참여, 노후 생활안정 등에 주력하고, 장애인 복지를 위해 지역사회 재활시설 지원, 장애인 사회참여 등에 역점을 둘 것이다. 국가유공자에 대한 예우와 여성의 권익 증진, 청소년 영유아 보육사업, 건전한 아동보호와 육성 등을 적극 지원하겠다. 산모·신생아를 위한 도우미 지원, 미숙아와 선천성이상아 의료비 지원 등 여성과 어린이를 위한 건강관리에 보건행정력을 집중하겠다.

교통이 편리한 여주건설 계획은

지난 해 9월 중부내륙고속도로 서여주와 북여주IC 개통, 올해 남여주IC 개설사업, 여주~장호원(국도 37호선) 간 도로 확장공사, 여주~가남(333 지방도로) 간 도로 확·포장공사, 성남~여주 간 복선전철사업 등이 조기 완공될 수 있도록 노력하겠다.

또 금은모래 강변생태공원 조성, 특급관광호텔 건립 등 관광객 및 주민들의 교통편의 증진을 위해 연양리 유원지 진입도로 개선공사를 조기에 마무리하겠다.

지역축제 통합운영 방안은

여주지역 축제를 통합해 전문성을 살린 군민화합의 축제로 만들겠다. 이를 위해 세종문화큰잔치, 세계도자비엔날레, 여주도자기축제, 여주 금사참외 축제, 여주 진상명품축제, 가남 신해리 배꽃축제, 산북 품실제 등을 통합하는 축제 전담부서를 신설해 운영할 것이다. 테마형 관광자원 개발을 위해 이포보 주변에 운동과 오락시설·상가·숙박·녹지시설 등의 관광단지를 조성하겠다. 또 신륵사관광단지를 새롭게 정비하고 황학산 수목원에 조성중인 산림박물관을 여주의 산림과 국내를 대표하는 박물관으로 내실있게 운영하겠다.

농업경쟁력을 높일 수 있는 정책은

여주는 진상미의 고장이다. 임금님께 '여주쌀'을 진상했던 여주군민의 자긍심은 대단하다. 그러나 최근 들어 쌀 소비가 줄고 재고량이 늘어나는 실정이다. 농업 경쟁력을 높이기 위해 기능성쌀인 금쌀과 게르마늄쌀 등 친환경 고품질쌀 생산을 적극 지원하겠다. 특화된 농산물을 생산해 농업인 스스로가 어려운 농촌환경을 극복해야 한다. 여주 농업환경을 위해 벤처농업과 클린원예와 같은 선진국형 농업기술을 교육하는 21세기 농업인대학을 더욱 활성화시켜 선진 농업기반을 구축하겠다. 이를 위해 탑 라이스단지 육성, 벼 생력화 재배기술 보급, 쌀 품질 분석과 유전자원포 운영 및 판매 촉진, 기능성 흑미·가공용 쌀 단지 조성, 여주쌀국수 등 가공식품 생산·홍보지원 등 경쟁력을 갖추어 나가겠다. 친환경 명품농업을 육성하기 위해 유용미생물 생산 시스템 구축, 토착미생물 균주 확보 및 균주 DNA 은행

운영 등 생명공학이 접목된 영농으로 농업 경쟁력을 향상시키겠다.

남한강 살리기 사업과 연계한 여주지역 발전 방안은

여주는 개발 잠재력이 무궁무진한 고장으로 남한강 살리기사업이 완성되는 올해 말 이후 난개발을 막고 짜임새 있는 도시공간으로 개발할 것이다. 성남~여주 간 복선전철 노선을 연장해 강천보 인근까지 연결하기 위해 다각적인 노력을 기울이겠다. 성남~ 여주 간 전철사업으로 신설되는 여주역과 능서역 주변에 상업, 주거 등 계획적이고 효율적인 도시개발사업을 수립해 추진하겠다. 도시개발사업으로는 올해 여주읍 현암리에 조성중인 법무단지 건설사업을 차질없이 마무리 되도록 적극 지원하고 여주읍 하리 2지구 사업도 공사에 들어갈 예정이다.

여주 미래건설 추진 계획은

대신면 옥천리의 한얼테마박물관을 연양리 금은모래 유원지로의 이전을 적극 추진하고 이포보 관광단지 조성과 강천보역 유치, 환경기초시설 확충, 여주 천서리와 이천을 연결하는 도로 개선사업, 현 여주읍 홍문리 법원·검찰청사 이전 후 부지 활용방안 등을 위해 주민의견수렴 등 적극 행정을 펼치겠다.

올해 역점사업은…

규제 풀어 지역균형개발 앞당겨 화훼산업 육성통해 소득 극대화

한강 살리기 이포·여주·강천보 주변 관광단지 조성사업

정부의 4대강 살리기 사업은 1천년 동안 잠들어 있던 여주를 발전시킬 절호의 기회다. 여주군에는 3개 보(이포·여주·강천)가 건설된다. 3개 보 주변에 수변 생태공원과 미니신도시 등 남한강을 중심으로 관광단지를 조성할 계획

이다. 이포보 주변에는 여주와 남한강의 이미지를 높일 수 있는 특색 있는 생태광장과 수중광장, 문화광장, 오토캠핑장, 파사성, 삼신당 주변개발, 이포와 이천을 잇는 도로 확장, 케이블카 설치 등 경기 동부권 최고의 수변 관광단지를 조성할 계획이다. 여주보 주변에는 성군 세종대왕릉(영릉)과 한글을 테마로 문화와 역사를 접목시킨 관광지로 조성한다. 또 백석리 공군 사격훈련장을 활용해 여주보를 찾는 관광객들에게 전투기 사격훈련 모습을 관람할 수 있는 방안을 검토하고 있다. 강천보 주변은 정부의 4대강(한강)살리기 사업 홍보관이 건립된다. 여기에 천년고찰인 신륵사와 연양리 생태공원, 특급관광호텔, 황학산 수목원, 여주곤충박물관, 농·특산물 등 여주를 적극 홍보할 계획이다. 또 성남~여주 간 복선전철 노선을 여주역에서 강천보까지(4.12㎞) 연장을 적극 추진할 방침이다.

지역규제 완화와 지역균형발전 추진

여주는 1999년 한강수계 상수원 수질개선 및 주민지원 등에 관한 법률이 제정된 후 최근까지 공동주택과 관광숙박업, 목욕장업, 폐수배출시설 등이 규제돼 왔다. 그동안 여주발전을 가로막고 있는 '수도권 정비계획법' 등 각종 규제에서 벗어나기 위해 '규제철폐'를 주장해 왔다. 그 결과 정부는 지난 해 12월 수자원공사를 비롯한 공공기관 등은 4대강 등 국가하천 경계로부터 2㎞ 안팎에 있는 지역을 '친수구역'으로 지정해 주택, 관광시설 등을 개발할 수 있는 '친수구역 활용에 관한 특별법'을 제정, 여주 남한강변 3만5천㎡에 대해 골프장 등 위락단지와 주택단지가 들어설 수 있게 됐다. 또 수변구역이 자동 해제되어 소외지역에 대한 개발여건 조성과 농촌과 도시가 어우러진 여주를 균형발전시킬 수 있게 됐다. 남한강 수변 자연생태 관광자원화 및 스토리가 있는 문화생태 탐방로를 복원해 관광자원으로 활용하고 건전한 여가 선용과 군민의 건강 증진을 위한 체육시설을 친수구역에 조성할 계획이다

여주지역 특화산업 육성

여주는 화훼와 원예·특작, 고구마와 땅콩, 인삼산업 등의 우수성이 입증됐다. 이를 적극 육성하기 위해 화훼단지를 성장시키고 새기술을 보급하는 등 화훼산업을 적극 지원해 내수는 물론 수출 증대에 기여키로 했다. 여주 고구마와 땅콩, 인삼 또한 신기술을 보급해 최고의 품질을 생산할 계획이다. 고품질 고구마 유전자원의 선발, 신품종 땅콩 재배단지의 육성, 고품질 여주인삼 생력화 기술의 보급에 주력해 특작목의 경쟁력을 확보하기로 했다. 특히 여주 농산물을 이용한 가공상품을 만들어 판매를 촉진함으로써 농가소득을 극대화시킬 계획이다. 가공용 쌀 생산단지를 조성하고, 고구마 가공공장에 대한 시설 지원, 가공연구회 등의 조직운영을 활성화해 지속적으로 발전시켜 나가기로 했다.

"대도시 부럽지 않은 의료서비스" 2011/2/15

여주지역 최초로 300병상 규모의 종합병원 건립을 추진, 지역 주민들의 건강지킴이 역할을 하고 있는 여주고려병원 번춘방 원장. 그는 내년 연말 여주지역에 1만5천여㎡의 부지에 응급환자를 치료하고 수술할 수 있는 종합병원을 건립해 본격적인 의료서비스에 나설 계획이다.

미리보는 한강살리기 사업 군민 품으로 돌아오는 남한강 2011/3/23

4대강 살리기 사업 그 중심에 여주가 있다. 한강 살리기 사업은 선조가 못한 일을 후손들을 위해 우리가 해주는 사업이다. 2011년 3월17일 기준 남한강 살리기 사업 전체 66.1%, 준설 93.2%, 보 81.2% 진행 중에 있다. 남한강 살리기 사업은 물 부족과 홍수피해를 근본적으로 해결하고, 수질 개선 및 하천복원으로 수생생태계 조성, 국민 여가 문화 수준 및 삶의 질

향상, 지역경제를 활성화하는데 그 목적을 두고 있다. K-water(한국수자원공사)와 현대건설은 6공구 강천 보 건설과 여주읍 상리~점동면 삼합리 17. 5km 구간의 강 준설사업 등 총 3천 92억 원을 투입, 오는 10월 17일 준공식을 갖는다. 강천 보는 Rising Sector Gate(회전형 수문)를 적용, 총 7기의 수문(폭 45m×높이 3m)과 비체, 문틀, 회전축, 개폐장치 등으로 구성됐다. 군은 이곳을 문화관광지로 개발해 주민들의 삶의 질을 향상시켜 아름다운 남한강을 만든다는 계획을 수립했다. 이포 보는 '생명이 깨어나는 강, 새로운 대한민국'을 모티브로 여주의 군조인 백로를 형상화한 '보'로 연장 591m로서 가동 보 295m, 고정 보 296m로 구성, 가동 보는 쉘형 롤러 게이트를 적용했다. 가동 보는 폭 15m, 높이 2m를 폭 45m, 높이 3m로 확대해 홍수 때 통수기능을 향상시켜 치 수적 안정성을 확보하고 경관을 수려하게 계획했다. 이포 보 상부에 설치되는 연장 744m 규모의 공도교가 설치됐고 발전용량 3천kw 규모의 소수력발전소가 건립된다. 이포 보에는 국내에서 가장 완만한 300대 1의 자연형 어도를 설치했고 생명을 품어 되살아나는 한강, 하늘의 뜻을 품고 비상하는 미래의 한강이란 의미를 담고 있다. 여주군은 이포 보 주변 관광단지 조성 타당성 조사를 최근 완료하고 금사면 이포리와 대신면 천서리 일원 85만5천200㎡(25만 8천여 평)을 2020년까지 친환경 관광단지로 개발할 계획이다. 군은 시대변화와 여가수요 및 삶의 질 향상을 위해 웰빙 및 체험,·테마관광지 개발에 지역고유의 역사와 문화, 예술자원 등을 활용해 미래지향적 관광지로 개발을 추진한다. 또 자연환경의 보전 및 활용으로 자원의 가치를 극대화해 휴양문화 시설, 상가, 숙박, 공공 편의 시설 등으로 조성할 계획이다. 지난해 9월 사업 타당성 조사용역에 착수, 10월 보고회 개최, 12월 중간(1~2차)보고회를 거쳐 지난 1월 최종보고회 및 타당성 조사용역 완료했다. 군은 이달 말 국토해양부의 친수구역 지정 결과에 따라 다음 달 이포 보 관광단지조성 세부사업을 수립해 6월 한국수자원공사와 사업추진 협의, 내년 6월 관광단지 사업을 착공할 계획이다. 하지만, 정부의 친수구역 활용에 관한 특별법에 의한 친수구역으로 이포 보 주변 개발이 지정되지 않은 상태로 중앙부처와 긴밀한 협의를 통해 이포 보 주변을 친수구역으로 지정될 수 있도록 관계 기관과 지속적으로 협의해 나갈 방침이다. 한강 살리기 사업으로 이포 보 주변의 쾌적한 자연 생태환경을 바탕으로 관광수요를 충족할 수 있는 이포 보 관광단지는 한강의 새로운 휴식공간으로 급부상할 것으로 전망된다. 여주 보는 유네스코 세계문화유산으로 지정된 세종대왕릉이 자리 잡은 구간으로 우리 선조의 지혜와 문화가 깃든 풍요로운 여주를 '세종 여주 보로 명명, 시대의 문을 연 세종대왕의 위대한 정신이 새로운 대한민국의 미래를 열다.'란 주제로 설계됐다. 여주 보는 생명이 살아 넘치는 자연과 세종대왕릉의 문화가 공존하는 조화로움을 지향하고 있다. 세종대왕의 과학발명품인 앙부일구 해시계의 형상을 반영한 인공섬(세종광장)을 조성하고 엘리베이터 설치를 통해 자전거와 노약자의 하부공원 이용성을 증진시켰다. 강물을 조율하는 가동 보는 세종대왕의 또 다른 발명품인 자격루 물시계의 형상을 재해석하여 빛이 차오르는 자격루의 기둥 탑을 상부 인양 봉에 디자인하여 야간조명을 특화하였으며, 하부 보 기둥은 자격루의 장식재이자 물을 관장하는 신물인 용의 형상을 시각화했다. 세종 여주 보는 12개의 수문(2m x 8문, 3m x 4문)과 보 기둥은 물을 관장하는 왕의 신물인 용의 형상화 했다. 하천 폭 1km 전체구간에 830m의 공도 교가 설치, 공도 교로부터 세종광장으로 이어지는 자전거 엘리베이터는 해시계의 시침을 형상화했고, 세종광장(인공섬)은 해시계의 24시를 순환하는 원형을 디자인했다. 여주 보의 인양 봉은 빛이 차오르는 자격루의 기둥 탑을 모티브로 설계됐다. 소수력발전소는 4천 950kw 용량으로 전기를 생산, 방문객들의 조망권 확보 및 휴식을 위한 세종광장, 여주 보 상·하류의 생태계를 연결할 자연형 어도와 인공식 어도 2개소, 통합관리센터, 자전거 연결교량 7개소, 하천제방 6.6 km, 자전거도로 11km 가 조성된다. 둔치 구간은 경관 미가 뛰어난 PCT 거더 형식의 가동 보는 내구성이 우수한 프리텐션 거더교를 적용했다. 공도교의 너비는 유지관리용 크레인운영과 자전거 및 탐방객 편의를 고려해 전 구간 7.5m를 적용됐다. 한강 살리기 4공구는 서울지방국토관리청이 시행하고 삼성물산건설부분 외 6개사가 시공을 맡아 능서면 내양리~천남리까지 하천연장 3.7km 구간 총 3천60억 원의 사업비를 투입해 하천정비와 보, 소수력발전소를 건립한다. 세종 여주 보 건설로 담수량 1천만t이 늘어나 물 부족을 문제를 해결했다. 또 백석리 섬 인근 농경지에서 농작물 재배를 위해 농약과 비료, 가축분뇨로 그동안 상수원 수질오염이 유발됐다. 하지만, 한강 살리기 사업으로 적토 준설과 기존 샛강을 복원해 생태환경을 복원, 수질개선 효과를 거둘 수 있게 됐다. 풍부해진 물과 4개 지구(천남, 가산, 내양, 백석)를 활용한 강변문화를 조성, 방문객 및 인근 주민들의 편의시설 및 여가생활의 질적 향상에 많은 기대를 하고 있다. 한강 4공구의 공정률은 지난 17일 현재 68%로 여주보 구조물과 준설은 각 공정률이 86%, 94%이다. 강 준설은 1천400만㎥ 중 현재 1천320만 정도를 파냈으며, 다음 달 말까지 준설공정이 마무리된다. 자전거도로는 다음 달부터 공사에 들어가 올 하반기에 완공될 예정이다.

MB "4대강 정비로 남한강변 천지개벽" 2011/4/6

이명박 대통령은 5일 식목일을 맞아 여주군 대신면 남한강변에서 지역주민과 학생 등 400여명과 함께 나무심기 행사에 참가했다. 이 대통령을 비롯한 이범관 의원(여주·이천), 김춘석 여주군수 등 식목행사 참가자들은 이날 남한강과 인접한 2.8ha(8천400평)의 수변공간에 이팝나무와 상수리나무, 버드나무 등 3천그루의 나무를 심었다. 이 대통령은 식수행사에 이어 참가자들과 함께 희망의 메시지를 담은 타임캡슐 매설행사에도 참여했다. 타임캡슐에는 결혼기념, 탄생기념 등 나무심기에 참여한 참석자들의 다양한 사연과 초등학교 어린이들의 꿈과 희망에 관한 글과 그림을 담았으며, 20년 후인 2031년 식목일에 개봉할 예정이다. 이 대통령은 이날 행사에서 "이 곳에 와 보면 강이 되는 대로 (범람)했는데 지금은 정비가 돼 이 지역이 천지개벽을 한 것 같다"며 "4대강 정비 경험을 세계 각국에 전파하려면 심은 나무를 자주 돌봐야 한다"고 지시했다.

"도자 쇼핑문화관광단지" 여주에 개장 2011/4/29

여주에 도자 쇼핑문화관광단지 개장

오늘 '여주 도자세상' 오픈
국내 110여개 요장 상품 전시
도자재단, 15일까지 열림축제

국내 최대의 도자쇼핑문화관광지로 조성된 여주도자세상이 여주세계도자생활관에서 완공을 눈앞에 두고 있다. 길이 135m, 면적 447㎡에 이르는 팔각한옥 회랑 '도예랑'이 건축돼 고풍스런 경관이 돋보이는 도자세상은 오는 2일 개장한다. 김시범기자 sbkim@ekgib.com

국내 최초의 도자 쇼핑문화관광지 '여주 도자세상'이 문을 연다.

한국도자재단은 2일 오전 김문수 경기지사가 참석한 가운데 여주 도자세상 공식 열림식을 개최, 다양한 문화행사를 준비하고 있다.

여주 신륵사 입구 3만7천623㎡ 부지에 마련된 도자세상은 생활도자 미술관, 도예랑, 도예공방 등의 문화체험시설과 국내 110여개 요장의 우수상품을 전시·판매하는 쇼핑갤러리를 갖춰 복합 문화·쇼핑·복합관광단지로 주목받고 있다.

쇼핑갤러리는 도·소매용 중저가 생활자기 2만5천여점을 판매하는 '한다발 리빙샵', 50여개 업체의 공예품 1만9천여점을 판매하는 '아름다운 아트샵', 대중 브랜드의 제품을 판매하는 '바람 브랜드샵', 창작 도예인이 손수 제작한 1만여점의 작품과 생활도자를 판매하는 '손맛 갤러리'로 구성됐다.

또한 전체 외관과 조경을 전통적 한옥 형태로 꾸며 인근의 신륵사, 세종대왕릉, 명성황후생가, 고달사지 등 주변 관광지의 이미지와 조화를 이루고 있다.

특히 고풍스런 경관을 자랑하는 길이 135m의 팔각 한옥회랑 '도예랑'에는 관광객의 쉼터 뿐 아니라 도 '2011 한국도자재단 소장품 展' 등의 기획전이 열리며, 쇼핑갤러리에서는 다양한 할인·경품행사가 진행된다. 이와 함께 생활도자 중심지인 여주의 40여개 요장이 참여한 여주도자특별판매전도 열려 저렴한 가격에 고품질의 생활도자를 만나볼 수 있다.

강우현 이사장은 "최근 가족 중심의 관광패턴에 맞춰 문화체험과 휴식, 쇼핑 기능을 동시 제공할 수 있도록 중점을 두었다"며 "우수한 접근성과 풍부한 생산 인프라를 활용해 여주를 한국 대표의 도자 쇼핑관광지로 발돋움 시킬 것"이라고 말했다.

한편 한국도자재단은 여주 도자세상을 광주 경기도자박물관, 이천 도자테마파크 '세라피아'와 연계해 도자 관광·쇼핑 명소로 육성할 계획이다.

박성훈기자 pshoon@ekgib.com

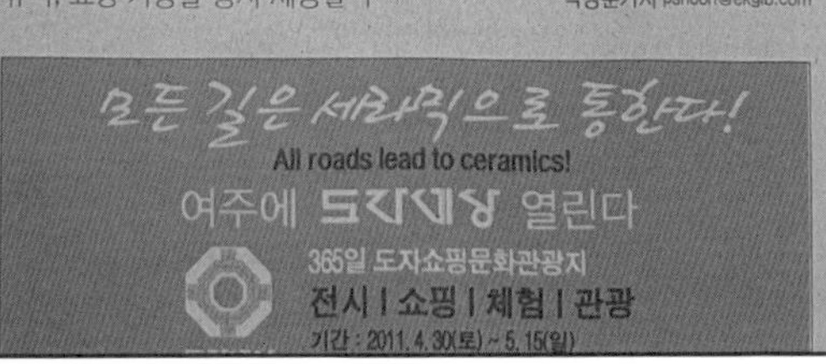

모든 길은 세라믹으로 통한다!
All roads lead to ceramics!
여주에 도자세상 열린다
365일 도자쇼핑문화관광지
전시 | 쇼핑 | 체험 | 관광
기간 : 2011. 4. 30(토) ~ 5. 15(일)

물길따라 通하고, 철길따라 通하고 2011/5/1

여주군(驪州郡)은 강원도 원주시와 충청북도 충주시, 서쪽은 광주시, 남쪽은 이천시, 북쪽은 양평군과 접한다. 경기도의 군 지역 중에는 인구가 가장 많다. 여주는 고구려 장수왕 (476) 에 골내근현(骨乃斤縣)이라는 이름으로부터 시작됐다. 그 후 신라 경덕왕 16년(757)에는 황요, 고려 고종 때는 영의(永義), 충렬왕 31년(1305) 여주로 개칭됐다가 1914년에 여주군으로 되어 오늘에 이르렀다. 현재 1읍(여주읍), 9면(점동·가남·능서·흥천·금사·산북·대신·북내·강천)이 있다. 1963년 개군면이 양평군에 편입됐다. 여주군(驪州郡)은 강원도 원주시와 충청북도 충주시, 서쪽은 광주시, 남쪽은 이천시, 북쪽은 양평군과 접한다. 한강 상류인 남한강에 있는 여주는 조선시대까지만 하더라도 주요 교통수단은 수운(水運)이었다. 물길을 따라 사람이 통(通)하고, 물자(物資)가 흘렀다. 그리고 그 중심에 여주가 있었다. 한반도의 대동맥이라 할 수 있는 한강의 상류인 남한강은 여주와 명운(命運)을 함께 했다. 여주는 조선시대 4대 나루터(광·마포·이포·조포) 중 2곳이 여주에 있을 만큼 경제·물류 중심 도시였다. 여주전철은 서울 강남역까지 30~40분대 진입 가능하다. 서울과 전철 생활권을 이어주는 여주전철은 2009년 6월 여주구간(9공구) 착공을 시작으로 중북내륙선과 연결되는 총 연장 57㎞의 광역전철망이다. 성남~여주구간 총 11개소의 전철역 중 여주구간에는 능서역과 여주역, 강천보역 등 3개 역사(驛舍)가 건립될 예정이다. 郡, 3천400억 투입 역세권 개발 추진 여주군은 3천400억 원의 사업비를 투입, 능서역과 여주역이 들어설 토지에 대해 역세권 개발을 추진하고 있다. 여주역과 능서역 역세권에 대한 세부 개발계획을 오는 29일까지 주민공람을 실시한다. 군은 여주역세권 85만㎡, 능서역세권 33만㎡에 대해 별도의 설명회도 준비하고 있다. 한편, 능서와 여주역과는 별도로 강천보 역까지 4.1㎞ 연장하는 방안을 정부 관계부처와 한국철도시설공단 등에 건의한 상태다. 여주구간(9공구)은 능서면 용은리와 여주읍 교리를 잇는 총 10,288㎞ 구간으로 한국철도시설공단은 595억 8천900만 원을 투입해 2015년까지 마무리할 계획이다. 남한강변 '수변 생태단지'도 들어서 여주에 새 바람이 불고 있다. 오는 2015년까지 성남~여주간 복선전철이 완공되면 남한강 살리기 사업 이포보 주변을 수변 생태 관광단지로 조성할 계획이다. 또 강천보와 여주보, 세종대왕릉, 신륵사 등을 연계한 관광벨트를 만들 계획이다. 여주읍 연양리 금 은모래생태공원 내에 500m~2km에 이르는 자갈길을 만들어 신발 벗고 걸을 수 있도록 하고, 1천 평 규모의 주차장도 마련된다.

주) 능서역은 개통되면서 '세종대왕릉'으로 정했음

정부, 외국인 농촌체험 명소에 '여주 상호리' 선정 2011/5/5

금사면 상호리가 농식품 부의 Rural-20 프로젝트 농촌체험명소로 선정됐다. 4일 여주군과 농림식품부 등에 따르면 지난해 G-20 정상회의를 계기로 외국인 농촌관광객 유치를 위해 올해부터 2014년까지 매년 20개 마을을 선정, 전국 100개 대표 농촌관광명소로 육성하는 것을 목표로 하는 외국인 여행객 유치사업에 금사면 상호리가 선정됐다고 밝혔다. 농식품부의 Rural-20 프로젝트 사업에 선정된 상호리 마을은 남한강변의 수려한 경관을 자랑하는 마을이다.

여주 '한얼테마박물관' 옮긴다 2011/5/5

옥촌분교서 12년간 임시운영 유물들 관리 안돼

군, 강천산단·연양리 생태공원 등 이전 검토

여주도자세상 문 활짝 2011/6/1

김문수 경기지사를 비롯해 조억동 광주시장, 조병돈 이천시장, 김춘석 여주군수, 김경회 한국세라믹기술원장, 강우현 한국도자재단 이사장 등이 도자기술연구와 전문인력 양성에

문화가 흐르는 남한강… 세계적 관광도시로 뜬다 2011/7/5

문화가 흐르는 남한강… 세계적 관광도시로 뜬다

김춘석 군수에게 듣는다

주민 복지·건강증진 총력 공교육 활성화에 힘쓸 것

4대강 살리기 사업 중심의 여주 친환경 도농복합도시 만들기 프로젝트 전국 최고의 밥맛을 자랑하는 대왕님표 여주쌀 홍보를 위해 여주군은 서울시내 26개 업소에 '여주쌀 밥집'을 지정해 업소당 900만원을 올 하반기 중에 지원키로 했다. 소외계층 없는 복지 여주건설 여주군은 홀로 사는 노인과 장애인 등 소외 계층에 대한 사회문제를 해결하기 위해 노력하고 있다. 여주 도자산업 육성 균형있고 조화로운 도시개발 군은 여주~성남간 복선전철 개발에 대비해 역세권 개발을 추진하고 있다. 하수도 보급을 높이기 위해 하수처리시설 설치 33개소에 대해 2018년까지 확충. 관리지역을 세분화해 전체적인 재정비를 추진할 방침이다

경기세계도자비엔날레 국제공모전 대상 '천공의 생각' 2011/8/25

한국도자재단(이사장 강우현)이 내달 24일부터 11월 22일까지 여주와 이천, 광주에서 열리는 '2011 경기세계도자비엔날레'의 일환으로 마련한 국제공모전에서 테츠야 야마다(43· 일본)씨의 '천공의 생각(Heavenly Thought)'이 대상작품으로 선정됐다. 강우현 이사장은 "경기세계도자비엔날레가 전 세계의 관심 속에서 치러지는 국제행사라는 사실이 응모 현황에서도 여실히 증명됐다"고 평가했다. 한편 이번 공모전의 수상작 25점을 비롯한 입선작 151점은 '2011 경기세계도자비엔날레'가 열리는 9월 24일부터 11월 22일까지 이천 세라피아 내 세라믹스 창조센터에서 전시된다.

여주보·이포보·강천보 한가위 맞아 일시적 개방 2011/9/8

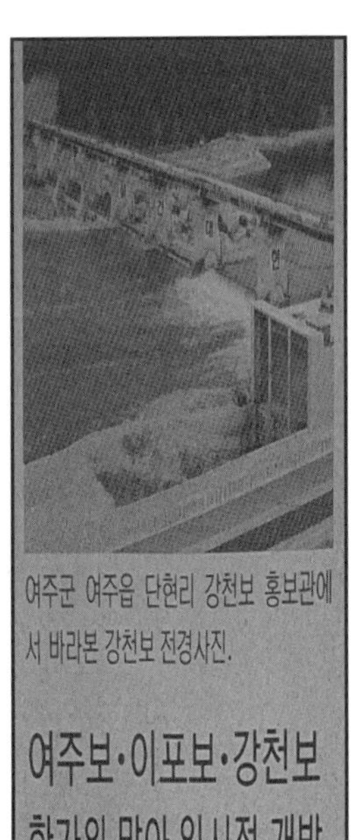
여주군 여주읍 단현리 강천보 홍보관에서 바라본 강천보 전경사진.

여주보·이포보·강천보
한가위 맞아 일시적 개방

추석 연휴기간(10~13일) 남한강 살리기 여주지역 구간인 여주보와 이포보, 강천보 등이 주민들에게 개방된다. 이번에 개방되는 곳은 여주보와 이포보, 강천보 등 남한강 수변구역으로 불과 몇 개월 전 만해도 굴착기의 굉음과 먼지가 날리던 공사현장이 휴식공간과 운동시설을 갖춘 생태공원으로 탈바꿈했다.

- 여주의 명물로 기대되는 4대강보와 생태공원을 자랑하고 싶었나보다. 추석에 고향을 찾은 이들의 나들이 볼거리를 하나 더 추가했다. 높고 푸른 가을하늘과 어우러진 공원에서 쉬고 간다면 에너지 충전이 그만한 게 없겠다.

금과 미네랄이 풍부한 '황금 땅콩' 개발 2011/9/20

여주 '황금 땅콩' 자란다

금·미네랄 풍부… 심장·당뇨병 예방 도움

금쌀 이어 '황금 농산물' 산지 급부상 예고

여주의 한 농민과 벤처기업이 금 성분이 함유된 황금 땅콩 재배에 성공, 여주가 황금 농산물의 산지로 급부상할 전망이다. ㈜에스엠나노텍은 농민 신천교씨와 함께 6천700㎡ 규모의 땅콩밭에 금 유기화 재배 기술을 도입, 금 성분이 포함된 농업용수를 지속적으로 공급해 금과 미네랄 성분이 풍부한 황금 땅콩 재배에 성공했다고 19일 밝혔다.

'세종의 정신' 한글의 맛과 멋 제대로 뽐내 2011/10/10

"과학적인 한글… 세종대왕 큰 뜻 세계에 알려요"

여주서 제43회 세종문화 큰잔치

휘호대회·한글의상 패션쇼 등

한글 소중함 되새기는 시간 가져

한글날을 맞아 세종의 정신을 기리는 '세종문화 큰잔치'가 여주에서 열렸다. 한글의 우수성을 알리고 세종대왕의 정신을 재조명하기 위한 제43회 세종문화 큰잔치가 개최됐다.

남한강 새물결 '강천보' 위용 드러내다

2011/10/14

남한강 새 물결 '여주·강천 보' 활짝

내일 여주 단현리서 개방축제, 황포돛배 띄우기·걷기대회 등 다채… 新 랜드마크 기대

남한강 새 물결 맞이 여주보· 강천보 개방축제한마당, 한강 새 물결 맞이 개방행사는 황포돛배 띄우기, 연날리기, 경기 으뜸이 서예가 전기중 선생의 무료 가훈 써주기, 목아박물

관 체험행사인 목각인형 만들기, 여강길 걷기대회, 한강 자전거 지킴이 발대식 및 자전거 대행진, 남한강 사진전시, 도자기체험, 카누·카약·요트체험, 여주농악 대향연, 비보이 공연, 취타대연주 등 주민참여 체험행사 및 축하공연 등 다양한 행사가 준비된다.

여주 '금은 모래 강변공원' 개장 2011/10/17

여주 '금은 모래 강변공원' 개장

여주 금은 모래 강변공원 개장식이 지난 15일 여주읍 연양리 강변공원에서 김춘석 군수와 이범관 국회의원 등 지역 기관단체장과 주민 1천여 명이 참석한 가운데 열렸다.여주읍 연양리

여주시 | 류진동 기자 | 2011.10.17 00:14

금은 모래 강변공원 개장식이 지난 15일 여주읍 연양리 강변공원에서 김춘석 군수와 이범관 국회의원 등 지역 기관·단체장과 주민 1천여 명이 참석한 가운데 열렸다. 여주읍 연양리 20번지 일원 29만6천400㎡에 위치한 여주 금은 모래 강변 공원은 생태학습교육장과 야생초화원, 전시모형, 수변 관찰 기술, 잔디운동장, 야외광장 등 시설을 갖추고 있으며, 사업비 273억 7천600만 원을 투입했다. 강변공원 내 3천374㎡ 부지에는 옹관묘, 안학궁, 장군총, 중원고구려비, 미륵사지, 정림사지, 불국사, 분황사, 광한루, 경복궁, 집터(문화재발굴지) 등 11개소의 전시모형 등이 조성됐다. 또 공원에는 민요가수 김세레나가 부른 '갑돌이와 갑순이'의 본고장으로 알려진 여주를 상징하는 테마조형물 4개가 설치됐다. 조형물은 '갑돌이와 갑순이' 노랫말에 해당하는 장면 토피어리를 연출했다. 군은 갑돌이 갑순이 토피어리를 보행 동선과 연결하고 이용객 진입 감지센서와 음향시설을 설치해 갑돌이와 갑순이 주제곡을 관람객들이 들을 수 있도록 배려했다.

여주대 시각디자인과 졸업작품전 2011/11/1

톡톡튀는 디자인 감각… 눈을 사로잡네

여주대 시각디자인과 졸업작품전

여주대학교 시각디자인과(학과장 김정연)가 지난달 28~30일 서울 강동구민회관 '다누리 미술관'에서 졸업작품전을 열었다.

올해 17번째로 열린 이번 여주대 시각디자인과 졸업작품전에는 50여명의 학생들이 그동안 학교에서 디자이너로서의 희망과 실력을 키워오며 만든 작품들이 전시됐다.

예술과 학문에 열정과 패기를 담은 예비 디자이너들의 작품들은 각 섹션마다 다양한 주제를 가지고 표현돼 이목을 집중시켰다.

하게 보여줄 수 있는 자리가 됐으며 개인마다 기

여주도자기축제 변해야 한다 2011/11/9

'천편일률 행사' 되풀이… '글로벌 축제'로 성장 발목

'천년 도자의 맥 여주'란 주제로 지난 9월 24일부터 지난달 23일까지 한 달간 일정으로 열린 제23회 여주도자기축제가 여주 신륵사 관광지 일원에서 열렸다. 여주도자기축제는 여주지역에서 생산된 도자기를 국내는 물론 전 세계에 그 우수성을 널리 홍보하고자 매년 여주군에서 4억여 원의 행사비를 지원하고 행사 참여업체가 1억여 원, 총 5억 원 규모의 축제다. 경기도자 비엔날레는 2001년 세계도자기엑스포 이후 격년제로 개최되며, 경기도에서 4억여 원의 예산을 지원해 총 9억여 원 규모로 행사를 치러왔다. 하지만 지난 1988년부터 올해 스물 세 번째로 열린 여주도자기축제는 매년 되풀이되는 천편일률적인 행사 진행과 동일 상품 전시 판매 등으로 관광객 급감으로 도예인들의 판매 소득이 감소해 개선방안이 절실하다는 지적이다.

매번 되풀이되는 문제점, 어떻게 푸나

전문가들은 여주도자기축제가 가진 문제점을 해소키 위해 5가지 해법을 제시하고 있다.

전문가들이 제시한 5가지 해법

첫째,
도자기축제는 도자기의 발전과 질적 확보를 바탕으로 상품의 다양화와 도예문화의 이벤트화를 주축으로 해야 한다는 지적이다.

둘째,
전문성 확보와 전문인력 양성. 각 분야의 전문성을 확보하려면 유기적으로 통합·조정해 지역 축제를 발전시키는 원동력이 될 수 있도록 해야 한다.

셋째,
도자기축제의 특성화. 지역마다 비슷한 행사가 중복되는 것은 바람직하지 않다. 여주지역 특성에 맞게 개발하고 행사의 개성을 확보해야 한다.

넷째,
지역주민이나 지역단체의 적극적인 참여 유도가 필요하다는 지적이다. 지역축제는 지역주민의 합의와 참여가 전제된 것이므로, 주민이나 단체의 적극적인 참여가 필수다.

여주도자기축제 개최연혁

제1회 여주도자기축제 1990. 5.14 ~5.27(14일간)
　주제 - 흙과 혼 그리고 불의조화
　장소 - 도예회관 및 오학리 도예촌일원

제2회 1991. 5.14 ~ 5.27(14일간)
　흙과 혼 그리고 불의조화 도예회관 및 도예촌일원

제3회 1992. 5.14 ~ 5.27(14일간)
　흙과 혼 그리고 불의조화 도예회관 및 도예촌일원

제4회 1993. 5.14 ~ 5.23(10일간)

흙과 혼 그리고 불의조화 도예회관 및 도예촌일원

제5회 1994. 6.26 ~ 7.3(8일간)

흙과 혼 그리고 불의조화 도예회관 및 도예촌일원

제6회 1995. 6.10 ~ 6.19(10일간)

흙과 혼 그리고 불의조화 도예회관 및 도예촌일원

제7회 1996. 5.15 ~ 5.26(12일간)

흙과 혼 그리고 불의조화 신륵사관광지 및 도예촌일원

제8회 1997. 5. 9 ~ 5.18(10일간)

흙과 혼 그리고 불의조화 신륵사관광지 및 도예촌일원

제9회 1998. 5. 1 ~ 5.10(10일간)

흙과 혼 그리고 불의조화 신륵사관광지 및 도예촌일원

제10회 1999. 4.30 ~5. 9(10일간)

흙과 혼 그리고 불의조화 신륵사관광지 및 도예촌일원

제11회 2000. 5.26 ~ 6. 4(10일간)

흙과 혼 그리고 불의조화 신륵사관광지 및 도예촌일원

제12회 2000.10.10 ~ 10.22(13일간)

흙과 혼 그리고 불의조화 신륵사관광지 및 도예촌일원

세계도자기프레엑스포 제13회 2001. 8.10 ~ 10.28(80일간)

흙과 혼 그리고 불의조화

여주세계생활도자관 및 신륵사관광지일원

세계도자기엑스포(여주·이천·광주) 제14회 2002. 5. 7 ~5.19(13일간)

흙과 혼 그리고 불의조화

여주세계생활도자관 및 신륵사관광지일원

제15회 2003. 9. 1 ~10.30(60일간)

흙과 혼 그리고 불의조화

여주세계생활도자관 및 신륵사관광지일원(제2회 도자비엔날레)

제16회 2004. 4.30 ~ 5.16(17일간)
흙과 혼 그리고 불의조화 여주세계
생활도자관 및 신륵사관광지일원
제 17회 2005. 4.23 ~ 6.19(58일간)
천년도자의 맥 여주 여주세계생활
도자관 및 신륵사관광지일원(제3회 도자비엔날레)
제18회 2006. 4.20 ~ 5.14(25일간)
천년도자의 맥 여주 여주세계생활
도자관 및 신륵사관광지일원
제19회 2007. 4.28 ~ 6.24(58일간)
천년도자의 맥 여주 여주세계생활
도자관 및 신륵사관광지일원(제4회 도자비엔날레)
제20회 2008. 5. 7 ~ 5.25(19일간)
천년도자의 맥 여주 여주세계생활
도자관 및 신륵사관광지일원
제21회 2009. 4.25 ~ 5.24(30일간)
천년도자의 맥 여주 여주세계생활
도자관 및 신륵사관광지일원(제5회도자비엔날레)
제22회 2010. 4.24 ~ 5. 9(16일간)
천년도자의 맥 여주 여주세계생활
도자관 및 신륵사관광지일원
가을여주도자기축제 2010.10.1 ~ 10.5(5일간)
천년도자의 맥 여주
여주세계생활도자관 및 신륵사관광지일원
제 23회 2011.9.24 ~ 10.23(30일간)
천년 도자의 맥 여주, 불의 여행
신륵사국민관광지 일원

여주도자기축제는 매년 다양한 전시·체험, 공연·이벤트 및 지역 농특산물관을 운영하면서 흙과 불의 여행으로 천년도자의 맥을 계승한다.

In 2012

한글의 소중함 되새기는 뜻깊은 시간

'4대강 반대' 뚫고 여주의 미래로 흐른다 2012/1/2

'4대강 반대' 뚫고 여주의 미래로 흐른다

2010년 7월22일 새벽 환경운동연합 활동가 3명이 4대강 이포보 건설현장을 점거했다. 이들은 '4대 강을 그대로 두라'라는 현수막을 내걸고 폭염속에서 4대강 사업 중단을 요구하며 점거농성을 벌이다 41일 만에 농성을 풀었다. 점거농성 기간에 사업을 찬성하는 지역주민과 반대하는 측의 마찰이 계속됐다. 그 후 1년 5개월. 이포보는 한강을 가로질러 곡선으로 펼쳐진 백로가 날개를 펴고 비상하는 모습을 형상화한 보 구조물로 여주의 3개 보 가운데 가장 '명품보'로 거듭났다.

개방 後 8만명 방문

지난 10월22일 이포보가 개방된 뒤 하루 평균 1천여 명의 관광객이 이곳을 찾고 있다. 주말에는 평균 5천명이 넘는 방문객들이 이포보를 찾는다. 국민적 관심 대상에서 국민 관광지로 거듭난 셈이다.

외국인 방문객 높은 관심

이포보가 4대강 사업의 중심으로 인식되면서 외국에서도 많은 관심을 보이고 있다. 큰 물난리를 겪었던 태국의 전 총리인 탁신 총리가 현장을 다녀갔다. 탁신 총리는 "태국은 매년 홍수와 가뭄으로 큰 피해를 보고 있다"며 한국의 4대강 사업에 대한 벤치마킹 의사를 내비쳤다. 관심을 갖는 국가는 태국만이 아니다. 지난달 29일에는 포레인폴레시(독일), 트리뷴(영국), 산케이신문(일본), 알 자지라(카타르) 등 10개국 11개 주요 외신들이 이포보를 취재했다.

복합적 문화공간 자리매김

서울과 그리 멀지 않은 곳에 위치한 이포보는 강턱과 하중도, 저류지와 20미터 슈퍼제방 등의 시설을 갖춘 덕에 수도권 2천500 만 시민들의 문화, 레저, 여가공간으로 자리를 잡아가고 있다.

기본정보

위치 : 여주군 대신면 천서리 · 보 길이 : 591m(가동보 295m, 고정보 296m) · 수문형식 : 승강식 · 수면적/저수용량 : 5.7백만㎡/17백만㎥ · 소수력발전용량 : 3000kW/연간 17,838kWh

디자인설명

이포보는 생명(알)을 품어 되살아나는 한강, 하늘의 뜻을 품고 비상하는 미래의 한강을 형상화하고, 여주의 군조인 백로를 모티브로 디자인되었다.

주변 볼거리

공도교 아래쪽에 조성된 원형의 수중광장에서 물놀이를 즐길 수 있고, 주변에 30만 평 규모의 저류지에는 각종 희귀동식물의 서식처(당남지구)와 아름다운 초지가 형성되고 있다. 이포 습지, 부처울 습지 등에서 수생태를 체험할 수 있다.

생명의 강 연구단, 남한강 현장조사 2012/1/4

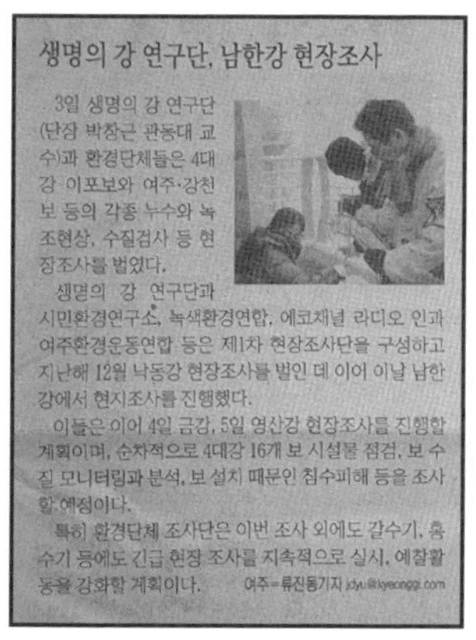

생명의 강 연구단, 남한강 현장조사

3일 생명의 강 연구단(단장 박창근 관동대 교수)과 환경단체들은 4대강 이포보와 여주·강천보 등의 각종 누수와 녹조현상, 수질검사 등 현장조사를 벌였다.

생명의 강 연구단과 시민환경연구소, 녹색환경연합, 에코채널 라디오 인과 여주환경운동연합 등은 제1차 현장조사단을 구성하고 지난해 12월 낙동강 현장조사를 벌인 데 이어 이날 남한강에서 현지조사를 진행했다.

이들은 이어 4일 금강, 5일 영산강 현장조사를 진행할 계획이며, 순차적으로 4대강 16개 보 시설물 점검, 보 수질 모니터링과 분석, 보 설치 때문인 침수피해 등을 조사할 예정이다.

특히 환경단체 조사단은 이번 조사 외에도 갈수기, 홍수기 등에도 긴급 현장 조사를 지속적으로 실시, 예찰활동을 강화할 계획이다. 여주=류진동기자 jdyu@kyeonggi.com

생명의 강 연구단(단장 박창근 관동대 교수)과 환경단체들은 4대강 이포보와 여주·강천보 등의 각종 누수와 녹조현상, 수질검사 등 현장조사를 벌였다. 생명의 강 연구단과 시민환경연구소, 녹색환경연합, 에코채널 라디오 인과 여주환경운동연합 등은 제1차 현장조사단을 구성하고 지난해 12월 낙동강 현장조사를 벌인 데 이어 이날 남한강에서 현지조사를 진행했다.

이포보 당남리 섬에 민자 카누 워터파크 조성 전망 2012/2/14

여주군과 서울카누연맹이 이포보 인근 대신면 당남리에 카누 워터파크 조성하는 방안을 검토 중인 것으로 알려져 지역주민들의 기대감이 커지고 있다. 군은 지난 9일 400억 규모의 민자를 유치해 이포보 인근 대신면 당남리 섬에 인공 카누슬라럼 경기장을 포함한 카누 워터파크를 조성하는 안을 서울카누연맹으로부터 제안받았다고 14일 밝혔다.

점동 삼합지구 경지정리사업 순조 2012/3/21

여주 삼합지구 농지 '반듯해진다'

농어촌公 여주이천지사
10월까지 농지정리 사업

협소한 경작지로 농기계 사용에 불편을 겪었던 여주군 점동면 삼합지구의 농지가 오는 10월까지 새롭게 정비된다.

20일 한국농어촌공사 여주이천지사에 따르면 한국농어촌공사 여주이천지사는 영농규모화 사업의 일환으로 용·배수로 시설이 취약하고 경작지 분할로 농기계 사용에 어려움을 겪고 있는 점동면 삼합리와 당진리 등지에 대한 대구획 경지정리사업을 추진 중이다.

공사는 이번 사업을 통해 농지를 재정비해 농업 생산성 향상과 농촌환경 개선은 물론, 대형농기계를 이용해 농작물을 원활하게 운반할 수 있도록 농업환경을 개선할 방침이다.

이를 위해 공사는 지난해 말부터 총 사업비 22억750만원을 들여 여주군 점동면 삼합리 일원 70.3ha 농지에 대한 경지정리 사업을 추진 중이며, 오는 10월 경지정리 작업이 완료되면 농민들의 편의가 크게 개선될 전망이다.

삼합지구는 지난 1972년 경지를 정리했지만, 용·배수로 시설이 취약해 급수 및 배수관리에 많은 어려움이 겪고 있으며 필지 규모가 작아 대형 영농기계를 이용한 생산성 향상에도 한계가 있었다.

한국농어촌공사 여주이천지사 관계자는 "농촌인구의 고령화 대비와 우량농지 확보를 위해 대규모 영농이 가능토록 대규모 영농법인 운영 등 다양한 제도적 장치 마련할 계획"이라며 "이번 대구획 경지정리사업이 완료되면 지역농민들의 영농 여건이 크게 개선돼 농업 생산성과 농가소득 증가에 이바지할 것으로 기대된다"고 말했다.

여주=류진동기자 jdyu@kyeonggi.com

협소한 경작지로 농기계 사용에 불편을 겪었던 여주군 점동면 삼합지구의 농지가 오는 10월까지 새롭게 정비된다. 20일 한국농어촌공사 여주이천지사에 따르면 한국농어촌공사 여주이천지사는 영농규모화 사업의 일환으로 용·배수로 시설이 취약하고 경작지 분할로 농기계 사용에 어려움을 겪고 있는 점동면 삼합리와 당진리 등지에 대한 대구획 경지정리사업을 추진 중이다. 공사는 이번 사업을 통해 농지를 재정비해 농업 생산성 향상과 농촌환경 개선은 물론, 대형농기계를 이용해 농작물을 원활하게 운반할 수 있도록 농업환경을 개선할 방침이다.

최병선 세종유적관리소장 “세종대왕의 큰 뜻 세계에 심을 것”

2012/3/30

인터뷰 최병선 세종유적관리소장

“세종대왕의 큰 뜻 세계에 심을 것”

참도·어구 등 중요자료 최근 발견
내년 세종대왕릉 성역화사업 온힘

"우리 민족의 큰 스승으로 한글을 창제하신 세종대왕이 잠들어 계신 곳에서 근무한다는 것은 무한한 영광입니다."

여주군에서 유일하게 세계문화유산으로 등재된 세종대왕릉의 유지관리 업무를 총괄하고 있는 최병선 세종유적관리소장(55).

그는 "조선왕릉이 세계유산으로 2009년 6월 30일 등재됐다"며 "조선시대 왕이 승하하면 거국적인 규모의 빈전도감과 산릉도감, 국장도감 등을 설치해 왕실의 장례행일을 기록한 문원이 그대로 남아있고 500년 이상 역사를 간직한 이들 왕릉이 국가 차원에서 잘 보전 관리돼 왔기 때문"이라고 말했다.

최 소장은 "여주 세종대왕릉(영릉)과 효종대왕릉(녕릉)은 1469년(예종 1년) 서울 헌인릉에서 이곳 여주로 천장(遷葬:능을 옮김)된 당시의 재실 터와 참배하고자 드나들던 길인 '참도(參道)'와 궁·능 안에서 흐르는 개천인 '어구(御溝)' 등이 최근 발견됐다"며 "문화재청은 세계문화유산 등재에 따라 능제를 원형대로 복원·정비하기 위한 발굴조사를 벌였고 내년부터 능제 복원·정비사업이 추진될 것"이라고 밝혔다.

그는 또 "세계문화유산인 조선왕릉 42기 중에서 2기(정종·정종왕비)는 북한의 개성에 있고 나머지 40기는 수도권에 있는데 이 중에서 세종대왕릉은 원형보존이 잘된 왕릉으로 역사성과 상징성이 매우 크다"고 덧붙였다.

또 "세종대왕릉은 천장 당시부터 능제복원을 수립해 진행됐으나 최근 세계유산 등재 이후 문화재 발굴조사에서 중요한 자료들이 발견돼 현대감각에 맞는 성역화 사업(능제복원)을 벌이게 됐다"라고 설명했다.

이어 그는 "이번에 추진되는 영릉 성역화사업(능제복원)은 왕릉입구 진입도로와 주차장, 재실, 세종전, 야외전시유물 등을 새롭게 조명하고 고증을 받아 추진될 것"이라고 했다.

마지막으로 최 소장은 "그동안 여주지역 주민들이 세종대왕릉을 많이 사랑해 주신 만큼 앞으로도 지속적으로 아낌없는 사랑을 부탁한다"고 말했다. 여주=류진동기자

“우리 민족의 큰 스승으로 한글을 창제하신 세종대왕이 잠들어 계신 곳에서 근무한다는 것은 무한한 영광입니다.” 여주군에서 유일하게 세계문화유산으로 등재된 세종대왕릉의 유지관리 업무를 총괄하고 있는 최병선 세종유적관리소장(55). 그는 “조선왕릉이 세계유산으로 2009년 6월30일 등재됐다”며 “조선시대 왕이 승하하면 거국적인 규모의 빈전도감과 산릉도감, 국장도감 등을 설치해 왕실의 장례행일을 기록한 문원이 그대로 남아있고 500년 이상 역사를 간직한 이들 왕릉이 국가 차원에서 잘 보전 관리돼 왔기 때문”이라고 말했다. 최 소장은 “여주 세종대왕릉(영릉)과 효종대왕릉(녕릉)은 1469년(예종 1년) 서울 헌인릉에서 이곳 여주로 천장(遷葬:능을 옮김)될 당시의 재실 터와 참배하고자 드나들던 길인 ‘참도(參道)’와 궁·능 안에서 흐르는 개천인 ‘어구(御溝)’ 등이 최근 발견됐다”며 “문화재청은 세계문화유산 등재에 따라 능제를 원형대로 복원·정비하기 위한 발굴조사를 벌였고 내년부터 능제 복원·정비사업이 추진될 것”이라고 밝혔다.

김선교양평군수 본보 원레회의 특강 2012/5/1

“지자체 비전·이념 설정이 군수의 역할”

김선교 양평군수, 본보 월례회의 특강

“중앙정부 지시 들으면 지방자치 망해… 규제극복 적극 행정 필요”

“중앙의 지시를 들으면 지방자치는 망한다”

“단위 사업은 실과장이 할 일, 지자체장은 지역의 발전 이끌어 가는 것”

‘천삼 정’, 중국 위해 시장 방문 및 MOU 체결 2012/5/7

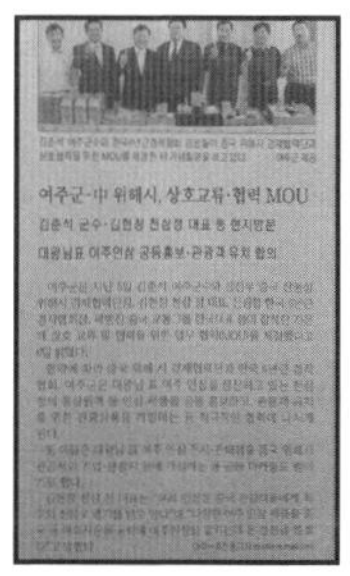

여주군-中 위해시, 상호교류·협력 MOU

김춘석 군수·김현창 천삼정 대표 등 현지방문

대왕님표 여주인삼 공동홍보·관광객 유치 합의

김춘석 여주군수와 장진무 중국 산둥성 위해시 경제협력단장, 김현창 천삼 정 대표, 신광철 한국 6년근 경작협회장, 곽병진 중국 교통그룹 한국대표 등이 참석한 가운데 상호 교류 및 협력을 위한 업무 협약(MOU)을 체결했다고 6일 밝혔다. 협약에 따라 중국 위해 시 경제협력단과 한국 6년근 경작협회, 여주군은 대왕님 표 여주 인삼을 생산하고 있는 천삼 정의 홍삼원액 등 인삼 제품을 공동 홍보하고, 관광객 유치를 위한 관광상품을 개발하는 등 적극적인 협력에 나서게 된다.

- 세계화가 대세인 시대에 맞게 여주도 변화를 주도하고, 세계로 나아갈 여주의 큰 그림을 그릴 때다. 인삼은 세계적으로도 그 효능을 인정받고 있는 만큼 이번 업무 협약을 통해 여주 인삼을 널리 알릴 수 있는 계기를 마련했다.

금사저수지 둑 높이기, 1석3조 효과

2012/9/13

한국농어촌공사 여주이천지사(지사장 김현태)는 금사저수지 둑 높이기 사업을 성공적으로 마무리했다. 금사저수지는 1979년부터 1995년까지 350억원의 사업비를 들여 설치한 대규모 인공 저수지로, 수혜면적 190ha, 저수량 2천890천t의 청정저수지다. 농어촌공사는 '미래 100년 대비 시설개선사업'의 일환으로 용수체계를 새롭게 재편하고 노후시설을 개선하기 위해 이번 사업에 총 174억원을 투입해 기존저수지 둑을 3m가량 높여 45.6m로 증축하고 친환경 수변 생태공원과 관광지를 조성했다.

한글의 소중함 되새기는 뜻깊은 시간

2012/10/10

한글날을 맞아 여주 세종대왕릉에서 한글날 기념행사가 펼쳐졌다. 한글날 행사는 세종대왕릉과 여주읍 세종로 일원에서 김춘석 군수와 김성렬 경기도 행정1부지사를 비롯한 주민 500여명이 참석한 가운데 기념식으로 시작됐다. 기념식은 헌화·분향, 훈민정음 서문 봉독, 기념사, 축시 낭독, 한글날 노래 제창, 세종대왕릉 참배 등 순으로 진행됐다. 식전공연으로는 궁중무용인 궁중정재(宮中呈才)가 펼쳐졌다. 이날 무료 개방한 세종대왕릉에서는 전국 학생 백일장·미술대회와 함께 훈민정음 탁본 체험, 가훈 써주기 행사가 열려 한글날의 의미를 되새겼다.

- 한글은 세계적으로도 인정받는 우리의 자랑스러운 문화유산이다. 하지만 한글이 갈수록 정체성을 잃은 듯 훼손되고 있다. 수많은 신조어와 은어 등이 새롭게 등장하고 쓰임을 다한 한글은 사라지기도 한다. 어쩌면 그것이 당연한 일일 수도 있고, 문화라는 것이 유행을 탈 수밖에 없다지만 한글의 쓰임도 유행을 타는 현실이 안타까울 뿐이다. 우리의 한글이 바르게 쓰여지도록 계속 노력해야 한다.

여주 유명 골프장서 석면 검출 2012/11/13

"2008년, 제13회 환경의 날 친환경 골프장 조성 공로로 환경부 장관상 수상 경력"

"여주 유명 골프장서 석면 검출"

여주지역 한 골프장의 이미지 홀인 '블랙홀' 그린과 모래벙커에서 발암물질인 석면이 검출됐다는 환경단체의 조사결과가 나와 논란이 일고 있다.

12일 환경보건시민센터 등은 지난 1월 26일과 11월 7일 두차례에 걸쳐 여주 R골프장 7번홀 7곳에 대해 샘플을 채취해 분석한 결과 모두 0.25~1%까지 백석면이 검출됐다고 밝혔다.

석면안전관리법(금지기준 0.1%)은 석면 함유 물질을 엄격히 규제하고 있다.

특히 환경단체가 석면이 검출됐다고 지목한 '블랙홀'은 이 골프장이 국내는 물론 세계에서 처음으로 검은 모래를 사용해 그린과 벙커를 조성했다고 홍보하던 '이미지 홀'로, 환경단체는 이용객과 캐디 등이 석면 위험에 노출됐다고 주장하고 있다.

환경단체 측은 "특정 홀에 조성된 검은 모래 그린과 벙커는 골프경기의 특성상 잔디와 바닥 모래가 튀어 석면먼지가 공기에 직접 배출되거나 이용자의 신발과 옷에 묻어 2차 오염을 일으킬 수 있다"고 덧붙였다.

여주 R골프장의 '이미지 홀'인 블랙홀의 그린과 모래벙커에서 석면이 검출됐다는 문제가 제기되자 12일 골프장 측이 검은 모래를 걷어내고 있다. 류진동기자

환경단체 "이용객·캐디 등 노출 가능성"
골프장 "수차례 성분조사… 이상 없어"

또 "수백명으로 추산되는 골프장 캐디, 관리자들은 석면노출의 위험이 더 크다"며 "이들에 대한 석면노출 여부를 조사하고 '석면건강수첩'을 발급해 장기적인 추적조사를 해야 한다"고 촉구했다.

하지만 골프장 측은 "지난 2003년부터 7번 홀 그린주변에 검은모래로 벙커를 조성하면서 수차례 성분조사를 했지만 석면이 검출되지 않았다"며 "환경단체에서 어떤 방법으로 샘플을 조사했는지 확인하고 있다"고 밝혔다.

골프장 측은 또 "검은 모래를 공급한 업체가 지난 2011년 2월 한국화학융합시험연구원에 의뢰해 분석한 결과 백석면은 물론, 갈석면, 청석면, 트레모라이트, 악티노라이트, 안소필라아트 등 어떤 석면물질도 검출되지 않았다"고 주장했다.

이 골프장에 모래를 공급한 이상춘 에코올리빈 대표는 "검은모래는 광물질에 채취해 가공된 모래로 한국산업안전보건연구원 기준에 적합하게 공급했다"며 "올 11월 1일부터 석면안전관리법이 강화되면서 미세입자의 석면이 일부 검출된 것 같다"고 말했다.

한편, W그룹 소유의 R골프장은 연간 6만여명의 골퍼들이 찾고 있으며, 지난 2008년 제13회 환경의 날을 맞아 친환경으로 골프장을 조성한 공로를 인정받아 환경부장관상을 수상받기도 했다.

여주=류진동기자 jdyu@kyeonggi.com

- 사람들을 만나서 취재하면 대부분은 "그럴리 없다", "이상없다"라는 말을 가장 많이 한다. 그리고, 여러가지 자료들을 제시하면 "기억이 잘 나지 않는다."라고 한다. 이상하다. 서로 짜기라도 한 듯 유사한 발언이다. 잘못한 일이 드러났을 땐, "죄송합니다. 검토하겠습니다."라고 쿨하게 인정하고 재발되지 않도록 하는 자세가 더 멋진 일이 될텐데. 필자라고 예외는 아니다. 변명이 중독된 듯 찌르면 교만부터 올라오는 꺼림직한 뒷감당은 더러운 면죄부를 받은 기분이다. 반면교사라는 좋은 말이 있다. 그들의 기억나지 않는 일들과 그럴리 없는데 검출되는 논란을 접하고 있으면 오히려 스스로 부끄러운 자화상을 보는 듯 하다. 삐뚤어진 마음 곧추세우며 정직한 겸손을 배워간다.

교칙 위반 우리 스스로 해결해요 2012/11/13

9일 여주 세종고에서 열린 학생자치법정에 참여한 학생들이 재판을 진행하고 있다.

"교칙 위반… 우리 스스로 해결해요"

여주 세종고 '자치법정' 학생참여형 선도문화 눈길

"우리 학교는 학생들이 판·검사와 변호사, 배심원을 맡아 학교에서 발생된 교칙위반 행위 등 문제를 직접 해결하고 있습니다."

서기 마유리양이 개정을 알림과 동시에 주심판사인 유병훈군과 부심판사 김성은·윤지원양이 엄숙하게 재판장에 들어선다.

잦은 교칙 위반으로 법정에 선 교우들의 처벌에 대한 검사와 변호사의 치열한 공방이 끝난 뒤 배심원 의견이 재판부에 전달되고, 판사는 의견을 참고해 판결을 내린다. 종고(교장 김은옥) 2층 세종자치법정실의 풍경이다.

학생자치법정은 학생들이 판·검사, 변호사, 배심원 등을 이뤄 학칙을 위반한 학생을 상대로 재판을 진행하는 법정시뮬레이션 프로그램. 학교생활규칙 위반한 과벌점 학생들을 최종 판결을 통해 교내 봉사활동, 자기성찰 및 담임선생님의 지도 등으로 처벌하는 등 학생참여형 선도문화를 선뵈 타 학교의 눈길을 끌고 있다.

이날 프로그램에 판사로 참여한 판결자의 역할을 실제로 맡아보니 학칙에 따른 규율의 실천이 중요하다는 것을 깨달았고, 급우들과 교칙을 준수하기 위해 노력할 것"이라고 말했다.

이에 세종자치법정을 지도한 이기재 교사는 "학생자치법정 진행과정을 살펴보니 명쾌한 관결로 과벌점 학생들에 대한 적절한 관결을 내렸다"며 "이번 기회를 통해 준법의 존엄성과 급우간 친목을 도모하는 소중한 시간이 됐다" 고 말했다.

여주=류진동기자

여주군 등 7개 시·군, 중부내륙권 행정협의회 결성 2012/12/13

여주군과 충주시 등 중부내륙권 7개 시·군이 상생발전을 위한 협의체를 결성했다. 군은 지난 11일 강원·경기·경북·충북 등 4개도 7개 시·군 협의회를 구성, 창립총회를 가졌다고 12일 밝혔다. 이들 협의회는 앞으로 매년 1회씩 정기회의를 개최하고 실무협의회를 구성해 수시 업무 협의와 각종 정보 공유를 통해 주요 현안에 대한 중앙정부 건의 등 중부내륙권시대 도약을 위해 상호 노력하기로 결의했다.

In 2013

굿바이 '여주군', 이젠 '여주시'라 불러주세요

여주 과수산업 업그레이드 박병복 여주복숭아 연구회장 2013/1/3

새얼굴

"여주 과수산업 업그레이드"

박 병 복 여주복숭아 연구회장

"고품질 복숭아 생산과 브랜드 이미지를 높이는데 중점을 두고 기술 습득과 회원 간 단합을 통한 여주 과수산업 발전을 위해 온 힘을 쏟겠습니다."

제7대 여주복숭아 연구회장에 취임한 박병복 회장의 취임 일성.

여주군 농업기술센터는 지난해 12월26일 회원 100여 명이 참석한 가운데 여주복숭아연구회 연말총회를 갖고 박 신임 회장을 제7대 여주복숭아 연구회장에 임명했다.

신임 박병복 회장은 가남면 과수작목반장과 복숭아 최고품질 과실생산단지(탑프루트) 회장을 역임했다.

여주=류진동기자 jdyu@kyeonggi.com

"여주군, 市승격… 경기 동부권 핵심도시 발돋움" 2013/1/17

"여주군, 市승격… 경기 동부권 핵심도시 발돋움"

행안부 '도농복합형태 시 설치 등 법률 제정안' 입법예고

11만 군민·지역 정·관계 일제히 환영… 내실있는 발전 기대

김춘석 군수는 "여주군이 경기 동부권의 핵심도시로 발돋움하려면 시 승격은 필수"라며 "새 정부가 출범하는 시기에 맞춰 시로 승격될 것으로 보이는 만큼 11만 여주군민과 함께 기쁘게 생각하며 앞으로 시 승격에 대비해 준비해 왔던 행정도시 조성사업 등을 착실하게 추진할 것"이라고 기쁨을 감추지 못했다.

또한 김규창 여주군의회 의장도 “농촌 사회였던 여주군이 남한강의 행복도시로 급부상하고 있지만 이를 수용할 만한 행정능력이 구조적으로 빈약했다”며 “시 승격은 이를 해결할 수 있는 절호의 기회”라며 정부의 결정에 환영의 뜻을 밝혔다. 그동안 여주시 승격을 추진해 온 백연택 여주시 승격 특별추진위원장은 “1천537년의 역사를 가진 여주군이 시로 승격되는 영광을 2013년 새해, 새정부 출범과 함께 할 수 있는 것은 11만 여주군민에게 큰 기쁨”이라며 “여주는 이제 남한강의 최고 도시로 거듭날 것” 이라고 흥분을 감추지 않았다. 이어 그는 이제 여주가 시로 승격되는 것은 시간문제며 시로 승격되면 조선시대 한강을 따라 제1의 물류중심지였던 여주 목의 영광을 다시 누릴 수 있을 것”이라고 기대했다.

아울러 시민사회 단체에서도 정부의 시 승격 입법예고를 크게 반기는 분위기다. 신현일 대한노인회 여주군지회장은 “일부에서는 시 승격에 대한 시선도 곱지 않았다”며 “여주가 시로 승격되는 것을 볼 수 있어 행복하고 환영하며 앞으로 노인복지시설을 늘리고 도덕성을 회복시켜 전통문화가 살아 숨쉬는 도시를 조성해달라”고 주문했다. 이와 함께 김문영 여주군 문화원장은 “여주군이 시로 승격되는 만큼 시 격에 맞게 문화의 품격을 높이는데 전력하겠다”며 “여주문화의 품격을 높이고 특히 여성문화를 향상시기는 데 주력해 달라”고 말했다.

김춘석 여주군수 “여주시 승격 등 대변환기 될 것” 2013/1/17

지역사회 | 여주시

[신년 인터뷰]김춘석 여주군수 "여주시 승격 등 대변환기 될 것"

승인 2013-01-20 13:23

류진동 기자 jdyu@kyeonggi.com

기자페이지 >

"희망이 넘치는 행복 여주건설을 위해 11만 군민이 화합해 '여주시'를 탄생시키는데 최선의 노력을 다할 것 입니다."

김춘석 여주군수는 "올 상반기 도·농복합 여주시 승격과 남한강 여주구간 친수구역 지정으로 1천500여년의 여주역사의 대전환기가 될 것"이라며 "2015년 여주전철시대 개막을 대비하고 '2025 여주군 중·장기 발전계획'을 수립해 앞으로 여주가 남한강의 르네상스 중심이 되도록 하겠다"는 포부를 밝혔다.

김춘석 여주군수는 “올 상반기 도·농복합 여주시 승격과 남한강 여주구간 친수구역 지정으로 1천500여년의 여주역사의 대전환기가 될 것”이라며 “2015년 여주전철시대 개막을 대비하고 ‘2025 여주군 중·장기 발전계획’을 수립해 앞으로 여주가 남한강의 르네상스 중심이 되도록 하겠다"는 포부를 밝혔다.

올해 역점 추진 사업은

크게 3가지로 보면 된다. 우선 주민 교통편의 증진이다. 이를 위해 여주 시내를 운행하는 공영버스 9대를 증차하며 '거리 비례제'에 따라 버스요금을 징수하고 환승할인 혜택이 가능하도록 교통체계를 전면 개편할 계획이다. 농어촌 공영버스 운행결손금을 확대, 지원하고 개인택시 증차에 따른 연구용역을 실시해 대중교통 수단을 강화할 것이다. 두번째는 여주군의 독창적 '지역성'이라고 할 수 있는 남한강의 전통문화와 현대적 수변공간을 적극적으로 활용해 수도권 제일의 휴양도시로 변화시킬 수 있는 프로젝트를 추진하고 있다. 세번째는 지역 특산물을 이용한 다양한 사업 추진이다. 여주의 '대왕님표 여주쌀'은 전 국민 1%만 먹는 귀한 쌀로 그 명성을 유지시킬 것이며 천년의 맥을 이어온 여주도자기는 도자기산업의 메카라는 위상을 높일 수 있는 다양한 사업을 추진해 나아갈 것이다.

여주시 승격 원년 계획은

중부내륙고속도로 남여주 IC가 오는 6월 완공되고 4대강사업 남한강변 친수구역 지정에 따른 신도시 개발이 이뤄질 수 있도록 최선을 다 할 것이다. 강천면 간매리~가야리 구간과 흥천면 율극리~내양리, 점동면 당진리, 가남면 본두1리 마을 진입도로를 연내 모두 마무리할 것이다. 또 성남~여주간 복선전철 여주역과 능서역 역세권을 여주군 자체사업으로 개발할 것이다. 민간투자사업인 제2영동고속도로 공사가 원활하게 추진될 수 있도록 적극적으로 지원할 것이다. 여주 강북권개발사업인 법원, 검찰청사 이전에 따른 법무지구 조성사업 마무리와 인근 2천여 세대의 아파트단지의 입주가 완료되면 명실상부한 여주 강북권 신도시 시대가 열리게 된다. 여주읍 하리 2지구와 오학·천송지구 도시개발사업도 적극적으로 추진해 나갈 것이다.

여주시 승격을 대비한 교육환경 개선사업은

'군민을 위한 적극 행정'과 '함께하는 복지 실현', '도약하는 지역경제'를 위해 여주교육발전 중·장기 계획을 수립해 올해부터 매년 30억원, 5년간 총 150억원을 투입해 교육경쟁력을 높여 명품학교를 육성해 나갈 것이다. 여기에는 기숙사 증축과 인터넷 강의시설 구축 등 교육 하드웨어를 구축하고 '방과 후 맞춤형 학습'과 '교과 교실제 수준별 교육' 등 소프트웨어도 강화할 방침이다.

문화와 관광이 꽃피는 '명품 휴양도시 여주'의 기반 확충 계획은

수도권 제일의 맑은 물과 깨끗한 자연환경을 가진 여주는 각종 규제 탓에 개발에 막대한 제한을 받아왔다. 정부의 4대강 사업으로 이미 수변구역과 함께 '남한강변 친수구역 지정' 가능성이 커지면서 여주는 희망의 도시로 변화하고 있다. '마암과 입암층암'(옛 여주팔경)을 복원해 향토유적으로 추가 지정했고, 올해는 북내면 고달사지 원종대사 혜진탑비 복원사업과 신륵사 관광지(연양지구) 소규모 야외수영장 조성, 수석박물관 건립이 오는 5월 개관한다. 남한강변에 '수상레저 스포츠센터 건립 사업' 추진과 여주의 문화·관광을 견인해 줄 인프라를 더욱 확대시켜 나아갈 것이다. 건강하고 활기찬 주민생활을 위해 여주읍 천송리에 2천667㎡ 규모의 체육센터를 건립해 오는 5월 준공될 것이다. 강소농 육성사업을 지난해 300농가에서 400농가로 확대 육성해 지원하고 여주읍 연라리에 농촌테마공원과 능서면 광대리 녹색농촌체험마을 등 2개를 농촌체험관광지로 육성, 지원할 것이다.

주민과 함께하는 복지 실현은

중학교 1학년까지 무상급식 확대 지원과 장애인 편의 이동시설 확충 정비, 다문화 가정 고국 보내주기 사업, 노후 경로당 개보수 공사비를 지원한다. 또 신륵장애인 보호작업장에서 직업재활의 기회를 제공하는 등 장애인 복지향상에 주력할 것이며 가남면 본두리에 공원형 자연장 설치사업을 추진해 이곳에는 자연장지, 납골당, 군립유공자 묘역 등을 조성할 것이다. 능서체육공원 테니스장에 인조잔디 조성, 여주읍에 배드민턴 전용구장 건립, 점동면에 청안지구 게이트볼장 개축 등 생활체육 기반 조성도 적극 지원할 것이다.

시내버스 노선 전면개편 2013/1/21

여주지역 내 대중교통 체계의 효율적인 운영체계 개선을 위해 오는 28일부터 여주지역 시내버스 노선을 전면 개편, 운행한다고 밝혔다. 이에 따라 여주지역에서 현재 운행되고 있는 160개의 노선은 55개로 축소되고, 간선 축의 운행 횟수는 325회에서 435회로 늘린다.

출산장려금 확대 '인구 늘리기' 앞장 2013/1/25

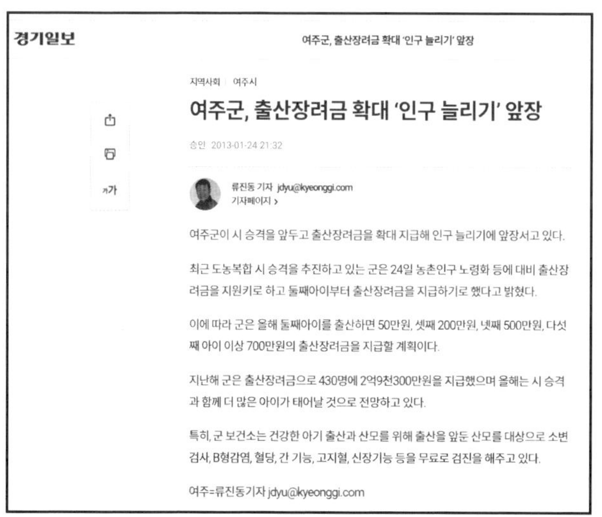

경기일보

여주군, 출산장려금 확대 '인구 늘리기' 앞장

지역사회 | 여주시

여주군, 출산장려금 확대 '인구 늘리기' 앞장

승인 2013-01-24 21:32

류진동 기자 jdyu@kyeonggi.com
기자페이지 >

여주군이 시 승격을 앞두고 출산장려금을 확대 지급해 인구 늘리기에 앞장서고 있다.

최근 도농복합 시 승격을 추진하고 있는 군은 24일 농촌인구 노령화 등에 대비 출산장려금을 지원키로 하고 둘째아이부터 출산장려금을 지급하기로 했다고 밝혔다.

이에 따라 군은 올해 둘째아이를 출산하면 50만원, 셋째 200만원, 넷째 500만원, 다섯째 아이 이상 700만원의 출산장려금을 지급할 계획이다.

지난해 군은 출산장려금으로 430명에 2억9천300만원을 지급했으며 올해는 시 승격과 함께 더 많은 아이가 태어날 것으로 전망하고 있다.

특히, 군 보건소는 건강한 아기 출산과 산모를 위해 출산을 앞둔 산모를 대상으로 소변검사, B형감염, 혈당, 간 기능, 고지혈, 신장기능 등을 무료로 검진을 해주고 있다.

여주=류진동기자 jdyu@kyeonggi.com

농촌인구 노령화 등에 대비 출산장려금을 지원키로 하고 둘째아이부터 출산장려금을 지급하기로 했다고 밝혔다. 이에 따라 군은 올해 둘째아이를 출산하면 50만원, 셋째 200만원, 넷째 500만원, 다섯째 아이 이상 700만원의 출산장려금을 지급할 계획이다.

• 저출산은 이제 막을 수 없는 커다란 사회문제가 되었다. 하루가 멀다 하고 우리나라가 초고령사회로 진입했다는 기사들이 쏟아져 나오는데 출산율은 회복되기는커녕 점점 더 낮아지고 있다. 맘 편히 아이를 낳아 키울 수 있는 때는 언제쯤 올지, 과연 그런 날이 올 수는 있을지 암담한 현실이다.

능서농협, 겨울 씨감자 전량 지원키로 2013/2/5

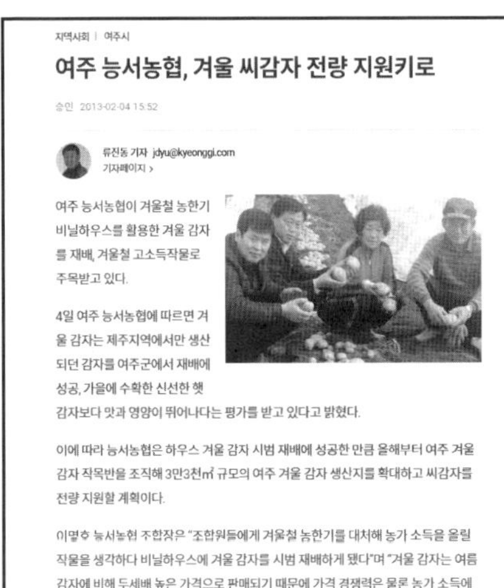

지역사회 | 여주시

여주 능서농협, 겨울 씨감자 전량 지원키로

승인 2013-02-04 15:52

류진동 기자 jdyu@kyeonggi.com
기자페이지 >

여주 능서농협이 겨울철 농한기 비닐하우스를 활용한 겨울 감자를 재배, 겨울철 고소득작물로 주목받고 있다.

4일 여주 능서농협에 따르면 겨울 감자는 제주지역에서만 생산되던 감자를 여주군에서 재배에 성공, 가을에 수확한 신선한 햇감자보다 맛과 영양이 뛰어나다는 평가를 받고 있다고 밝혔다.

이에 따라 능서농협은 하우스 겨울 감자 시범 재배에 성공한 만큼 올해부터 여주 겨울 감자 작목반을 조직해 3만3천㎡ 규모의 여주 겨울 감자 생산지를 확대하고 씨감자를 전량 지원할 계획이다.

이명호 능서농협 조합장은 "조합원들에게 겨울철 농한기를 대처해 농가 소득을 올릴 작물을 생각하다 비닐하우스에 겨울 감자를 시범 재배하게 됐다"며 "겨울 감자는 여름 감자에 비해 두세배 높은 가격으로 판매되기 때문에 가격 경쟁력은 물론 농가 소득에도 크게 이바지할 것으로 전망된다"고 말했다.

능서농협이 겨울철 농한기 비닐하우스를 활용한 겨울 감자를 재배, 겨울철 고소득작물로 주목받고 있다. 4일 여주 능서농협에 따르면 겨울 감자는 제주지역에서만 생산되던 감자를 여주군에서 재배에 성공, 가을에 수확한 신선한 햇감자보다 맛과 영양이 뛰어나다는 평가를 받고 있디고 밝혔다.

신륵사 봉안 '삼존상' 국가 문화재 보물로 지정 2013/2/13

신륵사 봉안 '삼존상' 국가 문화재 보물로 지정 천년고찰 신륵사 내 극락보전의 주존불로 봉안된 삼존상이 국가지정 문화재 보물 제1791호로 지정됐다고 밝혔다.

구재용 여주JC회장 "토론문화 정착·저출산 극복사업 펼 것"

2013/2/26

여주청년회의소 구재용 회장

"여주 市승격 위한 원년… 저출산 극복 등 사업펼 것"

"여주JC는 올해를 여주 시 승격을 위한 원년으로 삼고 토론문화 정착과 저출산 극복을 위한 지원사업 등을 펼쳐가겠습니다."

여주청년회의소(JC) 제35대 구재용 회장이 지역사회 발전을 위한 다양한 사업을 추진하고 있어 눈길을 끌고 있다.

구 회장은 자유로운 토론문화 정착을 위해 매년 4월 여주지역의 초등학교 학생회장과 부회장 등을 여주군의회로 초청해 '어린이 회의진행교실'이라는 프로그램을 운영하고 있다.

'어린이 회의진행교실'은 전문강사를 초빙, 학생대표와 여주JC회원 간 난상토론을 벌이는 자유로운 토론시간으로 JC회원과 학생 간 창의적인 의견을 나누는 회의문화를 습득, 지역사회 필요인재를 육성하는 전문 프로그램이다.

특히 여주JC는 올해 시 승격을 앞둔 여주군의 지역주민들과 '소통'과 '공존'이라는 두 가지 키워드를 풀어가기 위한 교두보 역할을 해낼 것으로 기대를 모으고 있다.

이를위해 다음 달부터 청소년 지도자 육성을 위한 카네기 리더쉽 강좌를 개설, 오는 4월 초등학생 영어연극대회, 5월 인구

토론문화 정착 초등생 학생회장 등 의회 초청 '어린이회의교실' 운영
오피니언 리더 양성소 자리매김

늘리기 사업의 하나로 아기 사진대전, 6월 여주군민이 참여하는 '여주군민 씨름대회' 등 다양한 행사를 준비 중이다. 또 여주JC는 미래의 여주를 이끌어갈 리더를 양성하는 청년조직으로 그간 많은 군의회 의장과 사회·단체장 등 여주지역의 젊은 지도자를 배출하는데 앞장서 지역의 오피니언리더 양성소로서 자리하고 있다.

구 회장은 "원만희 전임 회장이 경기지구 44대 회장으로 진출해 여주JC 위상이 한 단계 높아졌다"며 "남다른 열정으로 여주를 발전시키는데 최선을 다해 1년이라는 짧지만 긴 시간을 통해 여주JC 발전을 위해 최선을 다하겠다"고 말했다.

JC의 이념인 자기역량개발, 지역사회개발, 사업역량개발, 국제와의 우호증진을 바탕으로 여주JC와 여주 발전을 위해 밑거름이 되는데 집중하겠다는 것.

한편, 구 회장은 서울 배재고와 경원대학교를 졸업했으며 현재 연세대 토목공학 대학원에 재학 중이다.

여주=류진동기자
jdyu@kyeonggi.com

여주 양민학살 62년만에 한 풀었다

2013/4/23

여주 양민학살 62년만에 한 풀었다

한국전 당시 인민군 부역 혐의자·가족들 집단 총살
법원, 15억 국가배상 판결

한국전쟁 당시 최소 100명 안팎의 민간인이 집단 처형당한 '여주 부역혐의 희생사건'의 유가족에게 국가가 배상해야 한다는 판결이 나왔다.

서울중앙지법 민사합의16부(지상목 부장판사)는 Y씨 등 65명이 낸 손해배상 청구소송에서 "국가가 14억9천900여만원을 지급하라"며 원고 일부 승소 판결했다고 22일 밝혔다.

재판부는 판결문에서 "희생자와 유가족이 겪은 극심한 고통, 사회와 국가로부터 받았을 차별과 냉대·편견과 이로 인한 경제적 궁핍, 국가가 60년 이상의 오랜 세월이 흐르는 동안 별도의 조치없이 손해를 방치한 점 등을 참작했다"고 밝혔다.

피고 국가는 재판에서 해당 사건이 발생한 지 60년 이상이 지났기 때문에 손해배상 청구권의 시효가 끝났다고 주장했다.

그러나 재판부는 "과거사정리위원회가 진실규명 결정을 한 지난 2009년까지 유가족들이 권리를 행사할 수 없는 객관적 장애사유가 있었다"며 받아들이지 않았다.

재판부는 오히려 "국민의 생명과 신체를 절대적으로 보호해야 할 국가가 불법으로 기본권을 침해한 후 아무런 조치도 취하지 않았다"며 "이제 와서 원고들이 미리 소를 제기하지 못했다며 채무이행을 거절하는 것은 현저히 부당하다"고 질타했다.

이어 재판부는 "위원회의 결정이 법원에 구속력을 가지는 처분은 아니지만 명백히 잘못됐다고 볼만한 특별한 자료가 없는 이상 이를 존중하는 것이 타당하다"고 판시했다.

이에 앞서 진실·화해를 위한 과거사정리위원회는 지난 2009년 5월 여주 부역혐의 희생사건에 대해 진실규명 결정을 내렸다.

위원회는 지난 1950년 9월 서울 수복 이후부터 이듬해 초 재수복 때까지 인민군 부역 혐의자나 그 가족이라는 이유로 집단 총살당한 여주군 주민을 98명 이상으로 추정했다.

희생자들은 군인이나 경찰에 의해 연행돼 창고에 갇혀 있다가 경찰지서 뒷산과 강변, 공동묘지 등지에서 총살당했으며 희생자 중에는 네살배기 여자 아이도 있었다.

한편, 같은 재판부는 지난 1948년 '여순 반란사건' 당시 군경이 반군 협력자를 색출하는 과정에서 희생당한 송윤섭·치섭씨 형제의 유족이 낸 소송에서도 국가가 1억9천800여만원을 지급하라고 판결한 바 있다.

류진동·양휘모기자 return778@kyeonggi.com

봄빛 머금은 도자 여주서 만나다. 2013/4/24

봄빛 머금은 도자 여주서 만난다

방방곡곡 상춘객으로 들끓는 봄이다. 이에 이번 주말 여주에서 봄의 전령사인 꽃을 주제로 한 특별한 축제가 열린다. 한국도자재단이 여주도자세상에서 개최하는 '화화(花火) 페스티벌'이 그것이다. 아찔한 향기를 내뿜는 봄꽃과 뜨거운 불에서 탄생한 도자 위에 핀 매혹적인 꽃을 만날 수 있는 축제다.

국내 첫 원스톱 도자 쇼핑 문화관광지
여주도자세상 27일부터 '花火 페스티벌'
반달미술관 예술·실용성 갖춘 작품 전시

■ 국내 최초 도자 쇼핑 문화 관광지 '여주도자세상'

오는 27일부터 5월19일까지 화화 페스티벌이 열리는 '여주도자세상'은 생활도자에서 예술도자까지 전국에서 생산된 각양각색의 도자기를 감상하고 체험하며 구입할 수 있는 국내 최초 원스톱 도자 쇼핑 문화 관광지다.

경기도와 한국도자재단이 도예문화 진흥과 확산을 위해 여주 신륵사 입구 3만7천여㎡에 조성해 지난 2011년 5월 문을 열었다. 경기세계도자비엔날레에서 12년간 생활도자의 흐름을 주도해 온 여주세계생활도자관을 리모델링했다.

미술관, 쇼핑몰, 체험시설, 휴게시설 등 그야말로 한 공간에서 도자와 관련된 모든 것을 즐길 수 있다.

특히 최근 한국도자재단이 여주도자세상을 비롯해 도자체험 관광지인 경기도 광주와 이천까지 한 번에 돌아볼 수 있는 원스톱 관광상품을 출시해 주목된다.

도자투어라인은 서울에서 곤지암 도자공원, 이천 세라피아, 여주 도자세상 등을 관람하는 코스다. 도자를 주제로 한 테마관광상품으로 외국인에게 한국 문화의 정수를 소개하면서 지역 경제와 도자 산업 발전을 이끌 것으로 기대를 모은다.

■ 한국 도자의 다양한 매력 발산하는 볼거리 풍성

여주도자세상에는 무료로 입장해 값을 매길 수 없는 감동을 받을 수 있는 공간이 있다. 반달미술관이 그곳이다.

현재 반달미술관에서는 기획전과 상설전이 한창이다.

우선 1층에서 기획전 '세라믹스라이프_작은 탐닉'이 '생활과 물건'·'몸과 장식'이라는 2가지 테마로 나뉘어 각각 진행중이다.

전통적인 도자를 기반으로 현대미술의 조형미와 감각이 어우러진 다채로운 작품을 전시한다. 장인 정신이 깃든 수공예 도자를 생활 공간 속에 연출함으로써 특별한 매력을 드러내며 일상에 적용 가능한 사례를 제시한다. 또 장인의 숨결이 살아있는 듯한 도자 공예 장식품을 전시해 예술과 디자인, 상품의 경계가 허물어진 지점을 직접 확인할 수 있도록 했다.

2층에서는 지난 2012년 시작한 장기 기획 초대전 '한국생활도자100인전'이 관람객을 유혹한다.

세 번째 열리는 이번 전시에는 김대훈, 김상만, 손경희, 이광희, 이은범, 이창화 등 국내 도예가 중 40~50대에서도 백자, 분청, 청자, 옹기 등을 작업하는 총 6명 작가의 작품을 각각 선보인다. 마치 조선시대 여인이 고운 천 위에 수를 놓은 듯 백자 위 민화가 그려진 작품(손경희)부터 조형과 공예의 경계를 무너뜨리며 도자기에 대한 새로운 시각을 일깨우는 도자(이창화), 법고창신을 기본정신으로 한 모던한 청자(이은범) 등 작가별 공간에서 각기 다른 매력을 발산하고 있다.

두 전시는 모두 7월30일까지다. 전시품은 모두 구매할 수 있다. 반달미술관 문의(031)885-8233

■ 역동적으로 도자를 즐겨라

여주도자세상 속 미술관을 둘러보며 눈의 만족도를 높였다면 야외 공간에서는 역동적으로 도자의 매력을 즐길 수 있는 공간과 프로그램이 가득하다.

야외공간에는 백화점에 입점하는 상품부터 장인이 만든 세상에 단 하나뿐인 도자, 저렴한 가격에 판매하는 기념품 등을 구매할 수 있는 상품관이 있다. 자유롭게 작품같은 생활도자를 구경하면서 쇼핑까지 할 수 있어 좋다.

여기에 도자투어라인 개통을 기념해 열리는 '화화(花火)축제'의 세부 프로그램을 통해 좀 더 적극적으로 도자를 즐길 수 있다.

우선 이번 축제 기간에는 상품관 앞에 도자 가마를 설치해 관람객이 직접 도자를 만드는 과정을 체험할 수 있도록 했다. 또 백자의 명인으로 꼽히는 여주 초대 도예명장 조병호를 비롯해 지역의 40여 도자 업체가 참여해 관객이 다채로운 도자 제품을 만들고 구매할 수 있는 대규모 장이 열린다.

이 밖에 특별한 꽃 관련 도자 제품을 모아 전시 및 판매하고, 주말에는 미술관 앞에서 화전과 꽃차를 시식 시음할 수 있는 부대행사도 진행할 예정이다.

이광수 한국도자재단 과장은 "도예인의 경제적 부분을 직접적으로 지원하면서 우리나라를 대표하는 경기도의 도예 문화를 진흥시키고 확산할 수 있는 장이 될 것"이라며 "특히 참여 업체(도예가)가 자발적으로 참여했다는 데 의의가 있으며 지속적으로 봄가을 계절 축제로 진행할 계획"이라고 밝혔다. 류설아기자

△여주도자세상 회랑 ▽반달미술관 외관

수원지법 여주지원 현암리시대 개막

2013/5/3

경기일보

수원지법 여주지원 현암리시대 개막

지역사회 | 여주시

수원지법 여주지원 현암리시대 개막

승인 2013-05-02 21:13

류진동 기자 jdyu@kyeonggi.com
기자페이지 >

법무지구 신청사 준공식

수원지방법원 여주지원은 2일 여주읍 현암리 법무지구에서 신청사 준공식을 열고 본격적인 업무에 들어갔다고 밝혔다.

준공식에는 차한성 법원행정처장, 조병현 서울고등법원장, 김병운 수원지법원장, 김형훈 여주지원장 등이 참석한 가운데 열렸다.

신청사는 1만6천902㎡ 부지에 지하 1층, 지상 5층, 연면적 1만㎡ 규모로 지어졌으며 이에 앞서 여주지청은 여주지원 옆에 비슷한 크기의 건물을 지어 지난해 11월 이전했다.

황교안 법무부 장관, 여주서 농촌 일손돕기 구슬땀 2013/5/9

황교안 법무부 장관, 여주서 농촌 일손돕기 구슬땀

사회봉사자 농촌지원사업 적극 지원

황교안 법무부 장관은 8일 어버이날을 맞아 여주군 능서면 광대리 마을을 방문, 사회봉사자들과 함께 여주 농특산물인 고구마를 심으며 구슬땀을 흘렸다.

이날 농촌일손 돕기에는 최원병 농협중앙회장과 여주지역 기관·단체장 및 농민단체 관계자 등 100여명이 참여한 가운데 광대리 마을 이천수씨 밭(1천여㎡)에서 고구마심기 봉사활동을 벌였다.

법무부 사회봉사자 농촌지원사업은 지난 2010년 4월, 법무부와 농협중앙회의 업무협약 체결을 계기로 활성화돼 3년 동안 30만여명에 가까운 사회봉사자들이 농번기 일손 돕기, 농가환경 개선, 태풍피해 복구 등에 지원됐고 올해도 10만여명에 이르는 사회봉사자를 농촌 지원에 투입할 계획이다.

황 장관은 "사회봉사자 농촌지원 사업을 통해 농민들은 부족한 일손을 지원받고, 사회봉사자는 어려운 농촌의 현실과 노동의 참가치를 알 수 있는 좋은 기회"라며 "이 사업이 더욱 활성화 될 수 있도록 적극 지원하겠다"고 말했다.

여주=류진동기자 jdyu@kyeonggi.com

"한국인은 밥심… 직장인 여러분 아침 꼭 드세요" 2013/5/16

여주군과 여주군농협조합 공동사업법인은 지난 13일부터 15일까지 서울지하철 5호선 광화문역과 7호선 가산디지털단지역에서 출근길 도시민을 대상으로 '아침밥 먹기 캠페인' 행사를 벌였다. 쌀소비 촉진을 위해 마련된 이번 행사는 건강도 지키고 쌀 소비 부진으로 어려움을 겪는 농업인도 도울 수 있는 길"이라고 말했다.

여주, 市승격과 함께 '가남읍' 승격 2013/6/4

여주군, 市승격과 함께 가남면 '읍'으로 승격

시 승격을 앞둔 여주군이 가남면을 읍으로 승격시킨다.

여주군은 오는 10일까지 가남면민을 대상으로 여론조사를 실시한 후 군의회 의견수렴을 거쳐 경기도와 안전행정부에 읍 승격 승인을 요청할 계획이라고 3일 밝혔다.

현행 지방자치법은 면이 읍으로 승격되려면 인구 2만명이 넘어야 하지만 읍이 없는 도·농복합 시의 경우 1개 면 단위 지역을 읍으로 승격시킬 수 있도록 규정하고 있다.

지난 4월말 현재 가남면의 인구는 1만6천340명으로 이중 도시적 산업종사자가 78%, 도시지역 거주자가 53%로 읍 승격 요건을 갖추고 있으며 절차가 순조롭게 진행되면 가남면은 여주군이 시로 승격되는 오는 9월23일 가남읍으로 시와 함께 출범된다. 가남면이 가남읍이 되면 여주군은 '1읍 9면'에서 '1읍 3동 8면'으로 재편된다.

여주=류진동기자 jdyu@kyeonggi.com

여주군은 오는 10일까지 가남면민을 대상으로 여론조사를 실시한 후 군의회 의견수렴을 거쳐 경기도와 안전행정부에 읍 승격 승인을 요청할 계획이라고 3일 밝혔다. 가남면이 가남읍이 되면 여주군은 '1읍 9면'에서 '1읍 3동 8면'으로 재편된다.

여주썬밸리 호텔 개관 2013/6/12

여주 8경 중심에 특급호텔 문 열었다

여주썬밸리 호텔 개관

특1급 여주썬밸리 호텔이 문을 열었다.

11일 동광종합토건(회장 이신근)은 여주읍 연양리 414 일원 대지 4천919㎡, 연면적 3만4천198㎡, 지상 12층 규모로 객실 203실과 사우나, 휘트니스 센터, 워터파크 등의 부대시설을 갖춘 여주썬밸리 호텔을 준공했다고 밝혔다.

특히, 사우나는 지하 1천m에서 끌어 올리는 청정수로 뛰어난 수질을 자랑하고 있다.

워터파크는 7천854㎡ 규모로 익스트림 슬라이드, 파도풀, 유수풀 등의 물놀이 시설과 바데풀, 유아풀 등 실내·외 시설이 준비돼 있어 전 연령층이 즐길 수 있다.

여주팔경 신륵사(1경 신륵모종) 건너편 남한강변에 자리잡고 있는 여주썬밸리 호텔 5㎞ 이내에는 2경 마암어등, 3경 학동모연, 4경 연탄귀범, 5경 양도낙안, 6경 팔수장림, 7경 이릉두견 등 8경 중 7경이 위치해 그 풍경이 수려하다.

여주썬밸리 호텔은 여주 남한강의 청정자연 환경과 지역박물관 등을 즐기고 돌아 갈 수 있는 가족형 호텔로서 뿐 아니라 대규모 연회시설은 국제 규모의 행사까지 진행 할 수 있다.

다음달 그랜드 오픈을 준비중인 썬밸리 호텔은 체험하며 즐기는 레저, 휴식과 비즈니스가 공존하는 호텔 트랜드를 지향하고 있다.

여주군은 올해 시 승격과 함께 썬밸리 호텔이 개관해 지역관광과 비즈니스가 더욱 활성화돼 지역경제에 큰 도움이 될 것으로 기대하고 있다.

여주=류진동기자 jdyu@kyeonggi.com

마을변호사 제도 적극 도입해 법률서비스 제공 2013/6/24

마을변호사의 주요 역할은 법률의 사각지대에 있는 주민들의 일상적인 법률문제를 전화, 팩시밀리, 이메일 등을 통한 법률 상담을 비롯해, 필요시 비정기적으로 마을을 방문해 법률상담 실시와 대한변협 법률구조재단 등 구조기관과 연계를 진행한다.

세종대왕의 뜻 새기며… “시원한 휴식 즐기세요” 2013/7/4

여주휴게소, 민족사관고 음악동아리 초청 클래식 음악회

영동고속도로 여주(강릉 방향)휴게소(소장 홍익기)는 지난 6일~7일 양일간 민족사관고등학교 음악동아리 ‘EPIK-17’을 초청, 작은 클래식 음악회를 개최했다.

이날 공연을 기획한 양재호군(민사고 2년)은 “가정형편이 여의치 않아 공연이나 문화활동을 접할 기회가 적은 친구들을 위해 이번 공연을 준비했다”며 “‘나눔’을 테마로 젊은 감성을 접목한 공연을 통해 서로 사랑을 나눌 수 있는 시간이 되었다”고 말했다.

이에 홍익기 여주휴게소장은 “학생들이 좋은 생각과 마음으로 소외된 사회계층을 돕기 위해 기획한 자선음악회에 적극 동참하겠다”고 말했다.

여주＝류진동기자 jdyu@kyeonggi.com

여주지역 상징인 대왕님 표 여주쌀과 성군 세종대왕의 한글창제의 깊은 뜻을 기리고자 ‘한글테마 쉼터’를 조성, 이용객들로부터 인기를 끌고 있다.

본두리 공동묘지 공원화 2013/7/17

만장된 가남면 본두리 공동묘지를 87억원을 투입해 새롭게 리모델링해 공원으로 탈바꿈한다. 한편, 군은 최근 공동묘지 재개발에 따른 200여기의 무연분묘 개장유골을 인근 광주군 추모공원에 안치하고 합동 위령제를 열었다.

대왕님표 여주쌀 통합RPC… 2013/7/31

NH농협 여주군지부와 8개 지역농협이 고품질 대왕님표 여주 쌀 생산과 유통을 위해 통합RPC(미곡종합처리장)를 공동으로 운영하는 등 지역경제 활성화에 앞장서고 있다. 여주군지부는 내년 말 WTO 쌀 관세화와 유예 종료를 앞두고, ‘국제 경쟁력 강화’와 ‘여주 쌀 품질 향상’, ‘유통 활성화’ 등을 위해 그동안 가남, 여주, 대신, 능서 등 4곳의 지역농협 통합을 추진해 왔다. 특히 지난해 9월에는 여주군 점동면 덕평리 320-6일대 1만5천778㎡ 부지에 85억원을 투입, 첨단자동화 시설을 갖춘 현대식 통합RPC를 설립해 1일 100t 규모의 쌀을 가공·생산할 수 있게 됐다. 이에 본보는 여주군 지역농협장들로 구성된 ‘여주군 농협조합 공동사업법인’, 통합 RPC를 운영하며 합리적인 경영과 효율적인 관리로 여주 쌀 품질향상에 박차를 가하고 있는 NH농협 여주군지부의 활동 사항과 지역 봉사활동에 대해 조명해 본다.

'NH농협 여주군지부'의 활동

'NH농협 여주군지부'은 여주농산물 유통 확대를 위해 양곡수매 및 판매사업으로 자체 수매 및 판매와 농민조합원 영농자제 지원, 비료 및 농약, 수도용 상토자금 등을 지역 농협과 함께 통합 운영·지원하고 있다. 이 외에도 농가 소득지원을 위해 '농기계은행 사업' 및 '팜스테이 운영', '1사 1촌 자매결연 사업' 등을 지원하고, 조합원 자녀 장학금 및 농업인 복지지원을 위한 복지센터 지원과 무료 건강검진 등도 지원할 계획이다. 특히, 여주군과 협력 사업으로 세종대왕 마라톤대회와 도자기·쌀 축제, 여주군 인재육성재단 후원 등을 실시하고 있으며, 북내면 외룡리 마을회관을 리모델링 해 '카네이션 하우스'를 조성, 홀로 사는 노인들에게 안락한 휴식공간을 제공했다. 지난해 2월 제17대 이봉열 지부장 취임 이후에는 '함께 나눔에 앞장서는 농협', '농심을 먼저 생각하는 농협', '화합과 상생을 위해 노력하는 농협' 등 3대 역점사업을 추진하며 농민들의 큰 호응을 얻고 있다.

수해 지역 농민들을 위한 비지땀

'NH농협 여주군지부'은 최근 기업이 사회에 미치는 영향력과 위상이 높아짐에 따라 사회적 책임에 대한 중요성이 높아지고 있는 가운데, '함께 나눔 여주사랑 농협봉사단'을 통해 부족한 농촌일손을 돕는데 앞장서고 있다. 농협봉사단은 지난해 5월 여주지역 농·축협 임직원으로 구성된 봉사단체로, 9개팀 230여명이 참여할 만큼 큰 내실을 다지고 있다. 농협봉사단은 지난 22일, 여주 흥천 지역에 300㎜가 넘는 집중호우가 쏟아지면서 산사태와 저수지 제방붕괴 등 피해가 잇따라 발생하자 임직원들이 이 일대 시설채소 농가 및 축산농가에서 수해복구 활동을 전개했다. 또 NH

농협 중앙본부를 비롯해 전국 지역농협 은행과 농·축협 직원의 일손을 신청받아 금사면 참외 농가 등에 배치, 수해복구에 비지땀을 흘렸다. 봉사단과 함께 피해복구 현장을 찾은 이봉열 지부장은 "이번 집중호우로 침수 피해가 발생한 농가에 발 빠른 지원과 대응을 위해 타 시·군 농협 임직원은 물론, 여주군청과 협조체제를 구축해 복구지원에 총력을 기울였다"고 밝혔다. 이들은 지난해 태풍과 가뭄 피해농가를 찾아 복구지원 등 일손이 요구하는 농업인 등을 찾아 봉사활동을 펼치기도 했다. 지난 5월말부터는 한 달여 동안 지역 내 주거환경이 열악하고 경제적으로 어려운 어르신, 장애인가정, 다문화 가정 등 10여 가구에 장판과 벽지, 싱크대 교체 등 봉사활동을 전개했다. 또 지난 9일 한국마사회와 경기농협, 고려대 구로병원 봉사단 20여명의 지원을 받아 점동농협에서 지역 농업인 등 200여명과 금사면과 흥천면 지역의 홀몸노인, 조손가정, 다문화 가정, 원로조합원에게 내과, 가정의학과, 정형외과 진료 등 다양한 의료진료 서비스를 펼쳤다.

지자체와 상생 위한 협의회 설립

NH농협 여주군지부는 농협과 지자체가 함께하는 상생발전을 위해 지난해 사업구조 개편에 따른 농·축협과 계통농협 간 소통의 기회를 확대했다. 또 사업추진을 활성화하고 사업별 경쟁력을 높이고자 '여주군 농협발전 상생협의회'를 설립, 연 2회 정례회의와 수시 사안 발생할 때 개최하는 수시 협의회를 통해 계통 간 당면과제와 향후 발전방향을 논의와 교육을 강화하고 있다. 이봉열 지부장은 "농협은 갈수록 치열해지는 경쟁 사회 속에서 열악한 농민을 돕는 일에 전력을 기울여야 한다"며 "지난 해부터 실시중인 임직원 교육은 우리 농협인이 가져야 할 삶의 자세와 생각의 크기를 키우는 기회가 될 것"이라고 말했다. NH농협 여주군지부는 지역농협과 수익 기반을 공고히 하고, 농민 조합원과 지역사회의 밀착경영으로 지역농협의 위상을 더욱 확고히 한다는 계획이다.

남한강에 수상바이크 '둥둥이' 인기 2013/8/16

여주 남한강서 수상바이크 '둥둥이' 타고 씽씽

시속 8㎞까지 3단 속도조절
남녀노소 쉽게 즐길 수 있어

"무더운 여름, 물 위를 시원하게 질주할 수 있어 기분 최고에요."

부력을 이용해 수상을 자유자재로 안전하게 질주할 수 있는 신종 레저 스포츠인 수상 바이크 '둥둥이'가 화제다.

수상바이크 '둥둥이'는 자전거 페달을 밟으면 감지 센서가 작동해 전기모터(건전지)로 전달돼 스크루를 작동시키는 원리로 남녀노소 누구나 간편하게 즐길 수 있다. 또한, 육상에서 즐기는 자전거 페달 체인에 기름을 사용하는 것과 달리 체인에 기름을 전혀 사용하지 않는 풀리(pulley)를 사용해 수질오염을 차단한 친환경 제품이다.

기존 수상레포츠 제품들이 대부분 프로펠러를 사람의 동력으로만 움직이게 설계돼 있던 것과는 달리 '둥둥이'는 인력과 전기력을 적절히 배합해 손쉽게 바다와 강, 호수 등지의 물 위를 달릴 수 있다.

시속 7~8㎞까지 속도 조절이 가능하며 앞으로 시속 10~15㎞까지 달릴 수 있는 제품이 출시될 예정이다. 압축스티로폼 3개(부력구 직경 70㎝)를 알루미늄 파이프의 삼각형 구조물에 연결해 540㎏의 부력으로 강력하고 안정적인 수상 레저를 즐길 수 있다.

또한, 최소 35㎏에서 최대 110㎏까지 무게를 감당할 수 있어 누구나 수상레포츠를 즐길 수 있도록 제작됐으며 45㎏ 중량에 3단 속도조절을 통해 시속 8㎞까지 속도를 낼 수 있다.

'둥둥이'를 개발한 ㈜현진레포츠 최진욱 대표이사(사회체육학 박사)는 "둥둥이는 지난달 제12회 충주호수축제에서 수상바이크 체험을 통해 성공적인 신고식을 마쳤다"며 "이미 국제특허를 출원 중이며 3개의 관련 기술은 이미 특허를 획득해 기술력을 인정받았다"고 말했다.

여주=류진동기자 jdyu@kyeonggi.com

수상바이크 '둥둥이'는 자전거 페달을 밟으면 감지 센서가 작동해 전기모터(건전지)로 전달돼 스크루를 작동시키는 원리로 남녀노소 누구나 간편하게 즐길 수 있다. '둥둥이'는 인력과 전기력을 적절히 배합해 손쉽게 바다와 강, 호수 등지의 물 위를 달릴 수 있다.

여주군·서울대학교 박물관, '흔암리유적과 쌀문화의 재조명' 주제 학술회의 공동 개최 2013/9/3

여주군과 서울대학교 박물관이 공동으로 오는 4일 오후 2시 서울대 박물관 강당에서 '여주 흔암리유적과 쌀문화의 재조명'을 주제로 학술회의를 개최한다. 이번 학술회의는 1972~1978년 남한강변인 여주군 점동면 흔암리에서 발굴된 청동기시대 취락지의 성격과 3천년 전 것으로 밝혀진 탄화미(炭化米)를 재평가하기 위해 마련됐다. 학술회의에는 최몽룡 서울대 명예교수가 '여주 흔암리유적의 새로운 편년', 안승모 원광대 교수는 '흔암리유적 출토 탄화미 재고', 김장석 서울대 교수는 '청동기시대 흔암리마을의 사회와 경제', 김광언 인하대 명예교수는 '벼농사 전래와 여주 쌍용거줄다리기'를 각각 발표한다. 여주 흔암리유적은 우리나라에서 처음으로 발굴된 청동기시대 취락지인 동시에 가장 오래된 탄화미가 발굴된 현장이다. 탄화미는 유적 출토 곡물의 하나로 불에 타거나 지층 안에서 자연 탄화돼 남아 있는 쌀로 벼농사에 대한 확실한 증거 자료다.

'양궁의 명가' 여주, 전천후 양궁훈련장 만든다 2013/9/4

여주군, 어게인 '양궁 메카' 눈앞

10억 들여 양궁장 현대화 연내 완공… 동계·야간훈련 가능

여자 양궁의 본고장의 명성을 되찾기 위해 '전천후 양궁훈련장 조성사업'을 추진한다고 밝혔다. 여주군 양궁훈련장은 조성된 지 10년이 넘었으며 낡고 협소한 시설에 여주군청 양궁팀과 학생부(여강고·여주여중)가 함께 훈련하는 등 열악한 환경으로 인해 훈련하는데 많은 어려움을 겪어왔다. 이에 따라 군은 전천후 양궁훈련장 조성계획 수립 및 10억원의 사업비(국·도비 51%, 군비 49%)를 확보해 능서면 영릉로 304 일원의 기존 훈련장 부지(7천11㎡)를 활용해 동계 및 야간훈련이 가능한 현대식 시설을 조성키로 했으며 올해 말 완공을 목표로 공사 중이다.

여주 세종고 교육장 상 배드민턴대회 우승 콕 2013/9/12

여주 세종고, 교육장 상 배드민턴대회 '우승 콕'

여강고 2대1로 제치고 정상 차지
군 대표선수로 도대회 진출 영예

여주 세종고등학교(교장 김은옥) 배드민턴 선수단이 여주교육장 상 배드민턴 대회 최종 결승전에서 여강고를 제치고 정상을 차지했다. 세종고 배드민턴 선수단(주장 김준혁)은 최근 여주 세종고 다목적 체육관(마암관)에서 열린 2013 교육장 상 학교스포츠클럽 배드민턴 최강전 복식경기에 출전, 여주 여강고를 2내1로 제치고 우승을 차지했다.

이번 대회는 지난 5월부터 지역 내 중·고교 20

김상식 세종고 체육교사(감독)은 "우리 선수들이 2013년 학교대표선수로 꾸준하게 훈

다양하고 특색 있는 교육활동을 벌이고 있다"라며 "세종고 선수들이 장기적으로 국가

황학산 수목원, 산림생명자원 관리기관 지정 2013/9/17

국립수목원, 지자체 최초 산림생명자원 관리기관 지정

여주 황학산 수목원 '연구사업' 탄력

여주군은 16일 여주읍 매룡리 황학산 수목원이 전국 기초지방자치단체 운영 공립 수목원 가운데 최초로 산림청 국립수목원으로부터 산림생명자원 관리기관으로 지정됐다고 밝혔다.

이에 따라 황학산 수목원은 자생 희귀·특산식물, 벼과·사초과 식물을 체계적으로 조사·수집·증식·연구·분석·평가·보존·관리 업무를 수행할 수 있게 됐고 이에 필요한 위탁용역 사업을 수행할 수 있는 자격이 부여됐다.

산림생명자원 관리기관은 국가·공공기관, 국·공립 교육·연구기관 가운데 희귀·특산식물을 100종 이상 보유하고 있고 증식온실, 증식포, 관련분야 전문가 등을 확보해야 지정받을 수 있다.

지난 2010년 5월 문을 연 황학산 수목원은 여주의 도자기로 표현한 항아리정원, 여주의 시대별 역사를 표현한 나이테광장 등 14개 주제원으로 구성됐다.

여주 황학산 수목원은 27만2천㎡ 부지에 조성된 수목원으로 멸종위기 1급 섬개야광나무 등 66종의 멸종위기 생물종을 비롯해 모두 1천313종의 생물이 서식하고 있다.

여주=류진동기자 jdyu@kyeonggi.com

여주읍 매룡리 황학산 수목원이 전국 기초지방자치단체 운영 공립 수목원 가운데 최초로 산림청 국립수목원으로부터 산림생명자원 관리기관으로 지정됐다고 밝혔다. 이에 따라 황학산 수목원은 자생 희귀·특산식물, 벼과·사초과 식물을 체계적으로 조사·수집·증식·연구·분석·평가·보존·관리 업무를 수행할 수 있게 됐고 이에 필요한 위탁용역 사업을 수행할 수 있는 자격이 부여됐다. 산림생명자원 관리기관은 국가·공공기관, 국·공립 교육·연구기관 가운데 희귀·특산식물을 100종 이상 보유하고 있고 증식온실, 증식포, 관련분야 전문가 등을 확보해야 지정받을 수 있다. 지난 2010년 5월 문을 연 황학산 수목원은 여주의 도자기로 표현한 항아리정원, 여주의 시대별 역사를 표현한 나이테광장 등 14개 주제원으로 구성됐다. 여주 황학산 수목원은 27만2천㎡ 부지에 조성된 수목원으로 멸종위기 1급 섬개야광나무 등 66종의 멸종위기 생물종을 비롯해 모두 1천313종의 생물이 서식하고 있다.

굿바이 '여주군', 이젠 '여주시'라 불러주세요 2013/9/23

郡 강등 118년만에… '남한강의 비상' 새 슬로건으로 시민의 날 행사.

여주군이 23일 경기도에서 28번째 도농복합 시(市)로 승격된다. 여주는 지난 1895년 고종 32년 '여주목(牧)'에서 '여주군(郡)'으로 강등된 이후 118년 만에 시(市)로 새롭게 태어난다. 여주군은 지난 2007년 3월 북내면 오학지구가 여주읍으로 편입되면서 도농복합 시 승격 조건을 갖췄으며 지난 5월 '경기도 여주시 도·농복합형태의 시 설치 등에 관한 법률안'이 국회 본회의에서 재석의원 226명 전원 찬성으로 가결됨으로써 최종 확정됐다. 여주시의 새로운 슬로건은 '남한강의 비상'으로 결정됐으며 상징마크는 남한강과 여주의 넓은 평원에서 힘차게 날아오르는 듯한 형상을 한 디자인으로 바뀐다. 여주군은 시 승격에 맞춰 최근 2개의 국(局) 신설과 가남면의 읍 승격, 여주읍을 3개동으로 분리해 1읍, 3동, 8면으로 행정체계를 개편했다. 또 기존 34개 과(실) 체제에서 안전행정복지국과 경제개발국 등 2국, 40개과(실) 등으로 조직을 개편했다. 여흥동 주민센터는 기존 여주읍 사무소를, 중앙동은 옛 여주보건소를, 오학동은 기존 오학출장소를 각각 청사로 활용한다. 여주시 승격으로 국고 보조금이나 도비 지원은 더 늘어날 것으로 예상된다. 교육 부문은 5년간 150억원, 매년 30억원을 집중 지원해 교육 경쟁력을 강화하고 체질을 개선한다. 또 각종 지원을 받는 복지대상자도 추가로 늘고 국민기초수급자나 노령연금 대상자 선별을 위한 기본공제액이 상향 조정돼 1천600여 명이 추가혜택을 받게 될 전망이다. 반면 각종 인·허가에 따른 등록면허세는 1건당 2천원에서 1만2천원으로 오르고 자동차 환경개선부담금은 1대당 3만원, 시설물은 1건당 1만5천원 늘어난다. 건강보험은 농어촌 감면과 농어민 감면 등 50% 감면 혜택이 사라지면서 전체 2만2천여 가구의 30%에 달하는 7천여가구가 보험료를 더 내야 한다. 김춘석 초대 여주시장은 "시민이 주인인 여주시가 되도록 시정 운영에 온 힘을 쏟겠다"며 "여주시 품격에 맞는 행정으로 '명품 여주'를 만들겠다"고 말했다.

경기일보 자치/의정

여주, 오늘 경기도 28번째 '市 승격'

郡 강등 118년만에… '남한강의 비상' 새 슬로건으로 시민의 날 행사

여주군이 23일 경기도에서 28번째 도농복합 시(市)로 승격된다.

여주는 지난 1895년 고종 32년 '여주목(牧)'에서 '여주군(郡)'으로 강등된 이후 118년 만에 시(市)로 새롭게 태어난다.

여주군은 지난 2007년 3월 북내면 오학지구가 여주읍으로 편입되면서 도농복합 시 승격 조건을 갖췄으며 지난 5월 '경기도 여주시 도·농복합형태의 시 설치 등에 관한 법률안'이 국회 본회의에서 재석의원 226명 전원 찬성으로 가결됨으로써 최종 확정됐다.

여주시의 새로운 슬로건은 '남한강의 비상'으로 결정됐으며 상징마크는 남한강과 여주의 넓은 평원에서 힘차게 날아오르는 듯한 형상을 한 디자인으로 바뀐다.

여주군은 시 승격에 맞춰 최근 2개의 국(局) 신설과 가남면의 읍 승격, 여주읍을 3개동으로 분리해 1읍, 3동, 8면으로 행정체계를 개편했다. 또 기존 34개 과(실) 체제에서 안전행정복지국과 경제개발국 등 2국, 40개과(실) 등으로 조직을 개편했다.

여흥동 주민센터는 기존 여주읍 사무소를, 중앙동은 옛 여주보건소를, 오학동은 기존 오학출장소를 각각 청사로 활용한다.

여주시 승격으로 국고 보조금이나 도비 지원은 더 늘어날 것으로 예상된다.

교육 부문은 5년간 150억원, 매년 30억원을 집중 지원해 교육 경쟁력을 강화하고 체질을 개선한다. 또 각종 지원을 받는 복지대상자도 추가로 늘고 국민기초수급자나 노령연금 대상자 선별을 위한 기본공제액이 상향 조정돼 1천600여 명이 추가 혜택을 받게 될 전망이다.

반면 각종 인·허가에 따른 등록면허세는 1건당 2천원에서 1만2천원으로 오르고 자동차 환경개선부담금은 1대당 3만원, 시설물은 1건당 1만5천원 늘어난다. 건강보험은 농어촌 감면과 농어민 감면 등 50% 감면 혜택이 사라지면서 전체 2만2천여가구의 30%에 달하는 7천여가구가 보험료를 더 내야 한다.

김춘석 초대 여주시장은 "시민이 주인인 여주시가 되도록 시정 운영에 온 힘을 쏟겠다"며 "여주시 품격에 맞는 행정으로 '명품 여주'를 만들겠다"고 말했다.

한편, 시 승격을 기념한 시민의 날 행사는 오전 8시30분부터 오후 9시까지 군청 앞 세종로, 여주종합운동장 일원에서 경축 기념행사와 체육행사 등으로 다채롭게 펼쳐진다.

여주=류진동기자

23일 경기도 28번째 시(市)로 승격되는 여주 전경. 여주군 제공

방광업 전, 경기도시공사 경영관리본부장 "내 고향 여주시 찬가" 2013/9/23

기고

내 고향 여주시 찬가

방광업
전 경기도시공사
경영관리본부장

내 고향 여주가 남한강 물위로 날아올라 118년 만에 옛 여주목(牧)의 영광을 되찾았다. 조선 예종 1년인 1469년 세종대왕릉인 영릉을 여주 북성산 기슭으로 천장해 여주목으로 승격된 이후, 고종 32년인 1895년 지방조직 개편시 군(郡)으로 강등된 지 그 간 많은 세월이 흘렀다.

세상만사가 그러하듯이 모든 것은 변화의 연속이다. 미국의 저명한 정치학자 헤롤드라스키 교수는 역사는 변해야 할 때 변하지 않으면 안 되며, 변화를 거부할 때는 그 대가를 치러야 한다고 했다. 또한 우리가 사는 이 시대는 변화를 기회로 만들 줄 아는 유연하고 긍정적인 자세가 요구되고 있다. 자연이나 조직 그리고 인생 모두가 변화의 소용돌이 속에 있다. 그 변화는 마치 동전의 양면과 같아서 우리에게 위기일 수도 있고, 새로운 기회가 될 수도 있다. 그러나 기회는 아무에게나 주어지지는 않는다. 미리 준비하는 자, 그리고 그것을 껴안는 자에게만 찾아올 뿐이다.

그동안 인근 지역들이 도시로 발전해 인구가 늘고 소득이 높아져 잘사는 지역으로 변모돼 가는 것을 바라보면서 여주지역은 뒤지고 있다는 아쉬움을 가진 것도 사실이다. 그 원인은 무엇이었을까. 지역에 대한 변화를 바라는 굳은 의지와 노력이 부족한 것은 아니었던가 싶다. 햇빛이 나면 그늘이 생기듯 발전과 변화 역시 이와 반대 현상들이 따르게 마련이다. 돌이켜 보면 이번 여주시 승격을 둘러싸고 일부 주민들은 농어촌 특례입학 제외문제와 건강보험료 감면혜택 축소 등을 우려하는 반대여론도 만만치 않았음을 간과해서는 아니될 것이다. 이 또한 우리가 함께 사는 지역 주민들의 중요한 의견들이기 때문이다. 이제 지역 내 반대 의견과 아울러 각계각층의 다양한 의견들을 포용해 문제점들을 하나하나 진지하게 짚어보고 이에 대한 대책을 마련해 나가야 할 것이다.

그간 여주는 남한강에서 비상하는 살기 좋은 여주시의 새로운 꿈을 품어 왔고 그 꿈을 이루었다. 이제 시작이다. 경기도 내에서 뒤늦게 시로 승격됐지만 시민 모두가 하나로 마음을 모아 힘차게 앞으로 나가야 할 것이다. 여주의 큰 변화가 꿈틀거린다. 4대강 사업으로 남한강 물은 항상 맑고 유유히 흐르며 장마철 범람의 우려도 없게 됐다. 이제 성남~여주간 복선전철시대를 맞이하고, 중부내륙고속도로와 영동고속도로에 이어 제2영동고속도로도 개설될 것이다. 이러한 도로교통망 시설의 확충은 수도권은 물론 전국으로부터 인적 왕래와 물류이동을 원활하게 해 인구유입과 관광객 및 기업유치의 기폭제가 될 것이다. 또한 문화교육기반 사업에 중점을 두고 있어 매우 희망적이다.

이제 여주시 출범을 계기로 하여 앞으로 더 큰 변화와 발전을 하기 위해서는 무엇보다도 지역의 도시기본발전계획과 중장기적인 전략수립이 필요하다. 이는 장미빛 계획이 아닌 실현 가능한 계획이어야 할 것이다. 시간이 걸릴 것이다. 재원도 필요할 것이다. 그러나 보다 중요한 것은 지역의 기본 발전방향이 바르게 수립돼야 한다. 도농복합도시로서의 균형발전을 어떻게 이룩할 것인가, 관광휴양 보편화 시대에 걸맞는 매력 있는 친환경적인 문화관광 도시를 어떻게 만들 것인가, 지역의 특산품과 특화산업 육성을 통한 지역경제 활성화 그리고 노인과 장애인 등 취약계층에 대한 복리증진 등이 기본과제가 돼야 할 것이다.

이러한 계획들이 잘 이루어져 상호 유기적인 효과가 나타나면 지역 주민들의 복리 향상과 삶의 질은 높아질 것이며 새로운 꿈을 품고 남한강 물위로 비상하는 여주시가 되어 우리나라를 선도하는 살기 좋은 아름다운 도시가 될 것이다.

세계 속에서 내 조국 대한민국이 발전하고 앞서기를 바라듯이 나는 내 고향이 큰 꿈을 가지고 발전하기를 마음속 깊이 기원한다.

뮤직&캠핑 페스티벌 2013 2013/10/7

경기일보 주최로 4일부터 사흘간 여주 금은모래 강변유원지에서 열린 여주시 승격기념 '여주 뮤직&캠핑 페스티벌 2013' 에서 1만여명의 캠핑 동호인들이 가수들의 공연을 관람하며 가을밤 한때를 즐기고 있다. 김시범기자 sbkim@kyeonggi.com

축제로 물든 '가을빛 낭만' 맘껏 즐겼다

캠핑하고 걷고 달리고… 본보, 다채로운 행사 도민들과 만끽

본격적인 가을의 문턱에 들어선 10월 첫 주말, 경기일보가 주최한 다채로운 행사에 시민들이 대거 몰려 청명한 가을날을 만끽했다.

경기일보는 지난 4일부터 6일까지 '여주 뮤직&캠핑페스티벌2013', '제8회 부천복사골마라톤대회', '2013 구리시민 건강 걷기대회', '제3회 안성맞춤컵 전국여자축구대회' 등 다채로운 행사를 개최해 시민들과 함께했다.

먼저 4~6일 2박3일간 여주 금은모래 강변유원지 일원에서 '여주 뮤직&캠핑페스티벌 2013'이 열려 전국 각지에서 몰려 든 캠퍼들과 여주시민 등 1만여명이 남한강변의 가을 정취에 흠뻑 빠졌다.

무엇보다 ▲남한강 그림그리기대회 ▲캠퍼요리대회 ▲캠퍼노래자랑 ▲낭만콘서트(공개방송) ▲번개장터 ▲릴레이 팔씨름 대회 등 다채로운 프로그램과 ▲김밥만들기 ▲도자물레체험 ▲피자체험교실 등의 체험코너가 마련돼 페스티벌의 흥미를 배가시키며 가족단위 캠핑족들의 마음을 사로잡았다.

이번 캠핑페스티벌에는 700여개 사이트에 3천여명이 참가해 에메랄드빛 남한강변의 풍광을 바라보며 여유로운 캠핑을 즐겼다.

둘째날인 5일, 118년 만에 시로 승격된 여주시민들을 축하해주기 위해 열린 뮤직페스티벌에는 변진섭, 남궁옥분, 박상민 등이 출연해 7080 시절의 추억과 열정, 사랑을 떠올리게 하는 무대를 선보여 1만여명의 관객들이 가을밤의 음악 향연을 즐겼다.

이와 함께 부천시 승격 40주년을 기념해 6일 열린 '제8회 부천 복사골마라톤대회'는 7천여명이 참여해 가을 도심 거리를 달렸다. 같은날 구리 한강시민공원에서 열린 '2013 구리시민 건강 걷기대회'에는 1천500여명이 코스모스가 핀 강변을 걸었다. 지난 5일부터 6일까지 열린 '제3회 안성맞춤컵 전국여자축구대회'에는 여자축구 선수 400여명이 출전해 멋진 드리블 솜씨를 뽐냈다.

강현숙기자 mom1209@kyeonggi.com

관련기사·화보 14·15·16·17·18면

여주프리미엄 아울렛 착공 하루만에 공사 올스톱 2013/10/16

여주프리미엄 아울렛 착공 하루만에 '공사 올스톱'

신세계사이먼, 문화재청 명령 어기고 공사 강행 화근
문화재 전문가 입회도 않고 무단으로 사업구간 훼손

아시아 최대 규모로 조성하기 위해 대대적인 기공식까지 마친 신세계사이먼 여주프리미엄 아울렛이 착공 하루 만에 공사가 중단됐다.

공사주체인 신세계사이먼 측이 '공사를 진행할 때 문화재 전문가의 입회조사를 진행하라'는 문화재청의 행정명령을 어기고 전문가 입회 없이 무단으로 사업구간을 훼손한 것으로 드러났기 때문이다.

15일 여주시와 문화재청 등에 따르면 신세계사이먼은 여주시 상거동 산 15의 12 일대 현 여주 프리미엄아울렛 바로 옆 19만9천여㎡의 부지에 내년 말까지 총 600억여원을 들여 아시아 최대 규모의 아울렛 매장을 조성하기 위해 확장공사를 진행, 지난 14일 기공식을 시작으로 본격적인 공사에 착수했다.

이에 앞서 신세계사이먼 측은 지난 2009년 1차로 사업부지 9만2천여㎡에 대해 문화재 지표조사를 시행해 보고서를 제출했으며 문화재청은 해당 부지가 문화재 출토 가능성이 크다고 보고 사업을 진행할 때 매장 문화재 관련 전문가가 입회조사를 실시할 것을 통보했다.

당시 지표조사를 진행했던 국방문화재연구원 측은 보고서에서 "사업구역 동쪽 1㎞ 안에 고인돌 및 삼국시대 고분군이 확인됐고 바로 인접한 산 15의 1 일대에서는 신라시대 석곽묘와 조선시대 주거지 및 가마터가 확인된 만큼, 공사를 진행할 시 사업구역의 전체면적(9만2천101㎡)에 대해 매장 문화재 전문가가 입회해 문화재 분포 및 매장 여부를 확인하는 것이 바람직하다"고 판단했다.

신세계사이먼 측은 이어 지난 2011년 사업부지를 19만9천여㎡로 확대하면서 문화재청으로부터 '추가부지'에 대해선 문화재 출토 가능성이 낮아 사업을 진행해도 좋다는 답변을 받아냈다.

그러나 신세계사이먼 측은 1차 지표조사가 진행된 9만2천여㎡에 대해서는 공사 시 문화재 전문가의 입회조사를 진행해야 함에도 불구, 시로부터 실시계획 인가를 받은 지난 2일부터 10일까지 입회조사 없이 사업부지에 대해 벌목과 뿌리제거 작업을 진행한 것으로 확인됐다.

특히 중장비를 동원해 나무뿌리 제거를 진행한 일부 부지는 표층의 원형이 거의 남아있지 않을 만큼 심하게 훼손된 상태다.

이같은 사실이 전해지자 문화재청은 여주시에 긴급 현장확인을 지시, 이날 오후 현장을 확인했다.

시 관계자는 "문화재청에 긴급 상황보고를 했으며 현재 보고서 작성 및 조치사항에 대한 결재가 진행 중"이라며 "일단 입회조사 보고서가 나올 때까지 공사중지 명령을 내리고 문화재청 판단에 따라 사후 조치를 취하겠다"고 밝혔다.

이에 대해 신세계사이먼 관계자는 "시로부터 현장에 문제가 발생, 문화재 전문기관을 선정해 입회조사를 받으라는 연락을 받고 지난 11일부터 벌목작업과 나무뿌리제거 작업을 전면 중단시켰다"며 "문화재발굴전문기관을 선정해 12일부터 입회조사를 진행 중"이라고 말했다.

그는 또 "뿌리캐기가 진행된 부지는 경사가 급해 문화재 출토 가능성이 거의 없다는 것이 전문가들의 의견이어서 큰 문제는 없을 것"이라고 덧붙였다.

여주=류진동기자

지난 14일 기공식을 갖고 공사에 들어간 아시아 최대규모의 신세계사이먼 여주프리미엄 아울렛이 문화재 전문가의 입회없이 무단으로 사업구간을 훼손한 것으로 밝혀져 착공 하루 만에 공사가 중단될 위기에 처했다. 류진동기자

신세계사이먼 여주아울렛 착공 중단 감시기능 호평 2013/10/25

신세계사이먼 여주아울렛 착공 중단… '감시기능' 호평

본보 독자권익위 "'독감 무료 예방접종…' 사진기사 정보기능 미비" 지적

경기일보 독자권익위원회(위원장 전봉학)는 24일 오전 11시 본보 2층에서 2013년 제9회 회의를 개최하고 지난 한 달간 게재된 신문 기사와 편집 등에 잘된 부분과 아쉬웠던 점을 언급하며 다양한 의견을 나눴다.

우선 위원들은 아시아 최대 규모로 조성하기 위해 대대적인 기공식까지 마친 신세계사이먼 여주프리미엄 아울렛이 착공 하루 만에 공사가 중단됐다는 기사는 감시기능으로서 언론의 역할을 제대로 수행한 것이라고 호평했다.

지난 15일자 1면 '디스포저 사용 이대로 좋은가'라는 기사는 환경파수꾼

선했다고 언급했다.

이에 반해 '독감 무료 예방접종 시작'과 관련한 사진기사에서는 알려주는 기능이 미비했다며, 좀 더 정확한 수 있을 만큼 해독 가능성이 부족했다고 비판했다.

이와 함께 수도권 제2외곽순환고속도로와 관련해 양평 양서면 개발

강천면 주민 10년 숙원 해결 2013/10/17

강천면 적금리와 강천리 등 인근 8개 지역 1천700여명 주민들이 10년 동안 제기한 교통불편 민원이 국민권익위원회 조정으로 해결됐다. 16일 국민권익위원회와 한국도로공사, 시 등에 따르면 이날 현장을 둘러 본 이성보 권익위 위원장과 기남석 한국도로공사 강원본부장, 김춘석 여주시장은 강천면사무소에서 현장 조정을 통해 영동고속도로 내 구(舊) 남한강 교의 폐도 구간을 주민들이 이용할 수 있도록 개방하는데 합의했다. 그동안 적금리와 강천리 주민 등은 여주시내까지 거리상 1.5㎞에 불과하지만 15㎞를 우회해서 가야 하는 불편을 겪어 왔다.

대검 감찰본부 윤석열 여주지청장 징계 청구

2013/11/12

"윤석열, 국가정보원 정치·대선 개입의혹 사건의 수사팀장 맡아 추가 수사 과정에서 보고누락 등 혐의"

대검찰청 감찰본부(이준호 본부장)가 국가정보원 정치·대선 개입 의혹 사건의 수사팀장을 맡았던 윤석열 여주지청장에 대한 징계를 청구했다.

대검 감찰본부는 11일 국정원 추가수사 과정에서의 보고누락 등에 대한 감찰조사 결과 윤 지청장과 박형철 서울중앙지검 공공형사수사부장의 지시불이행 등 비위혐의가 인정돼 법무부에 징계를 청구했다고 발표했다.

반면 외압 논란으로 스스로 감찰을 요청했던 조영곤 서울중앙지검장은 비위 혐의가 인정되지 않아 징계에서 제외됐지만, "사건 지휘와 조직기강에 대한 모든 책임을 안고 검찰을 떠나고자 한다"며 사의를 표명했다.

市승격 여주시 '백년대계'를 꿈꾼다 2013/11/20

경기일보 2022.03.06(일) 울산 ℃ 미세먼지 나쁨

오피니언 지역사회 인천 정치 경제 사회 문화 스포츠 # 제20대 대선 # 6·1 지방선거

지역사회 중부권 남부권 서부권 동부권 북부권

HOME 지역사회 여주시

남한강의 비상은 시작됐다

류진동 기자 jdyu@kyeonggi.com 입력 2013. 11. 19 오후 2:42 댓글 0

市승격 여주시 '백년대계'를 꿈꾼다

여주시가 '비전 여주 2025' 중장기 종합발전계획을 수립, 백년대계의 새 여주 시대를 대비한다. 시는 '누구나 살고 싶은 남한강 행복도시 여주'의 미래 비전을 담은 '2025 여주비전 장기발전계획'을 수립, 지난 9월부터 '실무추진단(TF팀) '을 구성해 운영하고 있다.

특히, 전문기관에 용역을 맡기는 종전의 방식과 병행, 여주시민의 손으로 직접 실천 가능한 실용적인 계획을 수립한다는 방침이다.

여주시가 '비전 여주 2025' 중장기 종합발전계획을 수립, 백년대계의 새 여주 시대를 대비한다. 시는 '누구나 살고 싶은 남한강 행복도시 여주'의 미래 비전을 담은 '2025 여주비전 장기발전계획'을 수립, 지난 9월부터 '실무추진단(TF팀) '을 구성해 운영하고 있다. 특히, 전문기관에 용역을 맡기는 종전의 방식과 병행, 여주시민의 손으로 직접 실천 가능한 실용적인 계획을 수립한다는 방침이다. 여주시 업무추진의 길라잡이가 될 이번 종합발전계획은 한국지방행정연구원과 함께 분야별로 발전방향을 제시, 대규모 사업과 이천과 양평 등 인근 시·군과 비교 평가해 여주에 필요한 발전시설과 문화행사 등 다양한 분야의 비전을 제시할 것으로 전망된다.

31개 시·군 가운데 28번째 시 승격

여주시는 1895년 고종 32년 '여주목'에서 '여주군'으로 강등된 이후 118년 만인 지난 9월23일 시로 승격됐다. 경기도 내 31개 시·군 가운데 28번째 시로 승격된 여주시의 새로운 슬로건은 '남한강의 비상'이다. 상징마크도 남한강과 여주의 넓은 평원에서 힘차게 날아오르는 듯한 형상의 디자인을 사용했다. 시 승격과 함께 주민행정 서비스 향상을 위해 밀착형 행정조직으로 개편해 가남면을 읍으로 여주읍은 여흥동·중앙동·오학동 등 3개 동으로 개편했다. 행정조직 개편으로 시민들은 다양한 분야의 행정서비스를 보다 편하게 받을 수 있게 됐다.

문화·관광·레저·물류·교통의 요충지로 새로운 도약

새롭게 태어난 여주시는 도시와 농촌의 균형발전을 이루고 문화와 관광 및 레저를 중심으로 참살이 도시, 물류와 교통의 요충지 도약을 꿈꾸고 있다. 조선시대 여주는 한강 4대 나루 중 조포와 이포 나루 등 절반이 여주에 있을 정도로 교통 물류의 중심지였다. 남한강 100리길 정비로 이포보 등 3개 보가 여주에 있고 보 주변에 오토캠핑장과 자전거길 등 수변 관광 인프라가 확보돼 가족단위 관광객들이 여주를 찾아 휴식과 여행을 즐기고 있다. 2015년 개통예정인 성남·여주 복선전철과 제2영동고속도로 건설, 아시아 최대 규모의 여주프리미엄아울렛 확장, 워터파크 시설을 갖춘 초특급호텔인 여주썬밸리호텔 등 관광 인프라도 풍부하다.

'비전 2025' 종합발전계획 '행복 여주 밑그림'

비전 2025는 그동안 여주발전의 발목을 잡고 있던 중복규제에서 벗어나 여주 미래발전의 청사진이자 역점적으로 추진해야 할 전략과 시책, 고령화·저성장 시대에 창조와 혁신으로 새로운 소득원과 일자리를 개발하는 등 환경변화에 따른 중장기적 지역발전 전략이다. 또 4대강 사업으로 조성된 남한강 3개 보를 중심으로 한 남한강 관광개발의 여건이 상당히 충족됐다는 점과, 성남·여주 복선전철, 제2영동고속도로 건설로 사통팔달의 교통요충지로 접근성 등 기반시설이 크게 향상돼 명품도시 '행복 여주'의 지역발전 미래상을 담고 있다. 역점 전략사업으로는 여주 보를 비롯한 3개 보를 중심으로 남한강 관광개발을 특화하고 연간 1천여명의 타 지역 원정출산 애로사항 해결을 위해 '여주분만의료기관'을 건립하는 등 시민 피부에 와 닿는 주민복지 정책을 추진한다. 여주 분만전문병원 건립 계획은 여주시 하동 405의 1 일대 1천804㎡ 부지에 지하 1층~지상 4층 규모의 경기도립 이천병원 여주 분만전문을 갖춘 전문병원을 38억여원을 들여 건립할 계획이다. 이와 함께 여주시는 시 승격 3년 후부터 농어촌 특례입학이 사라져 여주 지역 내 학부모 단체들의 반발과 세금, 의료보험료 인상 등의 문제가 발생했다. 이러한 문제를 극복하고자 교사, 학부모, 교육 관계자 등 1천500명의 의견수렴과 교육 관련 우수사례를 비교·분석, 여주군 교육발전 중장기 계획을 수립해 1년에 30억원, 5년 동안 150억원을 여주 교육 발전을 위해 투입할 계획이다. 시는 명품교육을 위해 미래 인재육성을 위한 평생교육 운영기반 및 네트워크 구축과 성남·여주간 복선전철 역세권 개발, 마을별 농특산품을 관광과 연계한 소득창출 시책을 개발하는 등 문화관광, 교육복지, 농업, 경제, 도시개발 분야 등 미래 비전을 제시할 계획이다.

여주역과 능서역세권 도시개발계획

여주 도시기본계획상 시가지화 예정용지로 계획된 여주와 능서 역세권 지역에 대한 세부적인 도시개발계획을 수립, 지난 1일 경기도시계획위원회 심의를 통과했다. 개발계획은 성남·여주간 복선전철 건설사업 여주와 능서역사 주변 및 기존 시가지를 연계한 체계적이고 계획적인 도시공간 구상 및 도시개발계획을 수립했다. 도는 여주역세권 48만㎡, 능서역세권 23만㎡에 대한 도시개발계획을 승인, 공동주택지, 상업지 및 학교 등 3천400여세대와 9천100여명의 인구를 수용할 신도시를 건설할 계획이다. 내년 상반기에 수도권정비위원회의 심의를 거쳐 최종 통과되면 환경영향평가 및 실시설계 등을 거쳐 2015년 말에 공사를 착수할 계획이다. 시는 606억원의 생산유발 효과와 574명의 고용유발 효과로 지역경제 활성화에 이바지할 수 있을 것으로 기대하고 있다.

주) 능서역은 이후 세종대왕릉역으로 변경됨

5대 비전·9개 부문의 전략사업·140개 과제 최종 조율

여주시 중기지방재정계획 사업과의 연계로 단기사업 추진에 실효성을 크게 강화했고 중장기 전략사업에는 여주 미래 비전을 담은 메가 프로젝트 사업으로 청사진을 제시했다. 여주발전 5대 비전은 매력있는 문화관광, 함께 누리는 복지교육, 소득있는 지역경제, 활력있는 교통도시, 살기좋은 행복도시다. 부문별 발전계획과 9개 부문의 전략사업(문화관광, 복지, 교육체육, 산업, 농업, 교통, 도시개발, 환경생태, 자치행정) 140개의 과제를 선정해 현실적인 계획으로 실행 가능성을 크게 높여 추진할 계획이다. 여주 종합발전계획은 경제건설, 문화체육 관광, 보건복지, 농업진흥, 환경수자원, 안전행정 등 분야별 발전계획 수립과 연구가 이뤄진다. 지난 9월 주민을 대상으로 설명회 개최와 11월 2차 워크숍 등을 거쳐 내년 3월 최종 확정될 예정이다. 현재 수립 중인 '여주시 비전 2025'를 통해 김춘석 시장은 "시 승격과 함께 비전 2025 발전계획으로 여주는 제2의 남한강의 기적을 이루게 될 것이며 지역경제 활성화와 시민복지 향상이라는 목표를 최대한 달성해 나가는 데 노력하겠다"며 "여주의 미래는 밝고 희망차다"고 강조했다.

'동주도시교류협의회' 가입… 2013/12/23

여주시 '동주도시교류협의회' 가입… 전국 14개 도시와 '소통 스타트'

여주시는 22일 갑오년 새해부터 '동주(同州)도시교류협의회'에 가입, 전국 14개 도시와 교류를 시작한다고 밝혔다.

동주도시교류협의회는 도시 이름에 '주(州)'자로 끝나는 지방자치단체간 교류 협의체로 지난 2003년 출범했으며 여주시 가입으로 회원도시는 15개 시로 늘었다.

회원도시는 경주, 공주, 광주, 나주, 상주, 양주, 여주, 영주, 원주, 전주, 제주, 진주, 청주, 충주, 파주 등이다.

회원 도시 이름에 들어간 '주(州)'는 삼국시대부터 1895년 갑오경장에 따른 행정구역 개편 때까지 '큰 고을'을 뜻했던 행정구역 단위이자 명칭이다.

동주도시교류협의회는 매년 상·하반기 단체장 정례회와 수시 실무협의회를 열어 행정정보 공유, 인적·물적 교류, 재해·재난시 지원 등 교류사업을 펴고 있다.

'여주(驪州)'는 1469년 예종 원년 '여흥'에서 '여주'로 개칭된 이래 갑오경장 당시 군(郡)으로 강등됐으며 지난 9월 118년 만에 다시 시로 승격됐다.

여주=류진동기자 jdyu@kyeonggi.com

여주시는 22일 갑오년 새해부터 '동주(同州)도시교류협의회'에 가입, 전국 14개 도시와 교류를 시작한다고 밝혔다. 동주도시교류협의회는 도시 이름에 '주(州)'자로 끝나는 지방자치단체간 교류 협의체로 지난 2003년 출범했으며 여주시 가입으로 회원도시는 15개 시로 늘었다. 회원도시는 경주, 공주, 광주, 나주, 상주, 양주, 여주, 영주, 원주, 전주, 제주, 진주, 청주, 충주, 파주 등이다. 회원 도시 이름에 들어간 '주(州)'는 삼국시대부터 1895년 갑오경장에 따른 행정구역 개편 때까지 '큰 고을'을 뜻했던 행정구역 단위이자 명칭이다. '여주(驪州)'는 1469년 예종 원년 '여흥'에서 '여주'로 개칭된 이래 갑오경장 당시 군(郡)으로 강등됐으며 지난 9월 118년 만에 다시 시로 승격됐다.

- 은빛의 추억들을 들추어 보니 그때는 몰라서 못했던 일들이 많은 아쉬움으로 남는다. 여주가 시의 원년이 되는 해, 구석구석 밟아가며 알아가는 새로운 사실들에 놀라고 고향의 변하는 모습들에 경이로움이 일었던 시기였다. 언제나 한결 같은 마음이고 싶었지만 젊고 교만했던 시기였던 탓에 행동은 그렇지 못했던 일들이 부끄러움으로 남는다. 여주의 발전하던 지난 10년은 여주가 앓아 온 세월만큼 개인적으로도 성장통이 있었던 시기였다. 이 사실은 이후로도 한참 뒤에 깨닫긴 했지만 풋풋한 도전 정신만큼은 뒤지지 않는 열정으로 나타났던 것은 분명하다. 좌충우돌하던 젊은 날의 무모한 패기가 은모래처럼 반짝이는 은빛으로 기억되는 건, 처음이라는 사실이 주는 낯선 대화들에서 일과 사랑의 밀어를 담을 수 있었기 때문이리라. 고향을 사랑하고 일을 사랑하고 사람들을 사랑하는 일은 축복이다. 사람을 만나고 이야기를 나누고 글로 옮기고 그들의 빛나는 발자취를 귀하게 여겼다. 정성이 들어가면 간장도 달듯. 고향을 향한 애정으로 쓴 기사는 고발 사건도 밀어가 된다는 사실을 새삼 깨닫는다. 40대의 나는 열정이면 뭐든 다 할 수 있다고 생각하는 사람 잡는 선무당같았었나 보다. 잘못된 사회를 보도하여 바로 잡는 일이 내가 한 일인 줄 알았던 바보였으니까. 그래도 그 때의 추억이 은빛인 건 회의가 올 때마다 나를 잡아다 앉혀준 은모래 강변의 반성이 아름다웠기 때문이겠지.

여주를 기록하는 시간여행

경기일보 류진동 기자의 취재수첩

시간여행 3

2014~2018

금빛 물결

고향이었지만 취재를 하면서
더 아름답게 다가오는 남한강의 정취

In 2014

오곡나루, 먹거리·볼거리·놀거리 3樂 나들이

기업·주민 '십시일반'… 여주 인재육성장학회, 100억 돌파 2014/2/6

(재)여주시인재육성장학회(이사장 임영헌)가 장학기금 100억 원을 돌파했다. 장학회는 최근 총회를 개최해 장학기금 규모가 총 100억4천600여만 원으로 집계됐다고 3일 밝혔다. 특히 장학기금 100억 원 달성은 지난해 9월 여주 시 출범과 함께 시 승격 원년을 맞은 올해 100억 원 달성이라는 성과를 낳은 것으로 의미를 더한다. 장학기금 출연금은 그동안 지역주민과 농협, 공공기관, 사회단체, 기업, 이향민 등이 십시일반으로 맡긴 성금 등으로 기부됐다.

- 미래 인재 육성을 위해 여주의 어른들이 큰 뜻을 모았다. 장학기금 마련은 자라나는 아이들에게 꿈과 희망을 심어주고 제 역량을 맘껏 펼칠 수 있는 장을 마련해주는 아주 뜻 깊은 일이다. 고향을 아끼고 지켜나가는 많은 이들의 마음이 모여 여주의 밝은 미래를 보여준다.

'비전 2025' 남한강 기적은 시작됐다 2014/2/10

118년 만인 지난해 9월 시로 승격된 여주시는 여주의 지명인 검은 말 여(驪)자의 청말처럼 힘찬 기상으로 남한강의 비상을 실현키로 했다. 남한강의 기적을 위해 시는 '비전 2025 여주 중·장기 종합발전계획'과 '지역경제 도약과 주민생활 안정', '건강 웰빙이 함께하는 문화·관광 휴양도시 건설', '전략적인 농정업무 추진과 선진 영농 실현' 등 연속사업을 차질없이

市 승격… 都·農 균형발전 '제2의 도약'

여주시

전통시장·축제·사회적기업 육성 일자리 창출
미래 위해 '교육·문화·관광 인프라' 구축 앞장

추진하도록 올해 목표를 설정했다. 비전 2025 여주시 중·장기 종합발전계획 시 승격의 원년, 여주 발전의 기반이 될 중·장기 프로젝트인 비전 2025 청사진 실현을 위해 올해 4천363억 원 규모의 예산을 시민 복지와 일자리창출 등 주민생활 안정에 최우선적으로 투입할 계획이다. 특히 교육과 문화·관광 인프라 구축, 농업발전 등 도·농 균형발전에도 역점을 두고 시정을 추진할 방침이다. 여주 교육발전을 위해 시민들이 참여하는 평생학습 사회를 구축, 명품교육과 농어촌 특례입학 피해학생 지원 등에 집중할 것이다. 이를 위해 2017년까지 매년 30억 원씩 150억 원을 투입해 학력 향상을 지원할 계획이다. 또한, 북내 복지회관을 도서관으로 시설을 전환하고 32억 원을 투입해 첨단 시설을 갖춘 가남도서관을 내년까지 건립할 계획이다. 여주와 세종도서관 이용시간도 자정까지 연장한다.

지역경제 도약과 주민생활 안정전통시장 활성화를 위해 하리 제일시장에 주상복합 상가와 주차타워를 조성해 이용객의 편의를 제공할 계획이다. 또 토요 번개시장을 주기적으로 개설해 생산자와 소비자를 연결하는 직거래 장터를 활성화할 방침이다. 지난해 경기도 10대 축제 및 전국 유망축제로 선정된 '오곡나루축제'와 도자기 축제도 활성화한다. 또한, 여주를 대표하는 도자기의 디자인 개발과 품질개선 및 우수 도예인을 발굴, 육성시킨다. 마을기업과 사회적기업 육성을 위해 취업박람회 수시 개최로 청년과 노인 일자리 창출을 지원할 예정이다. 이와 함께 여주전철 개통에 따른 여주와 능서 역세권 도시개발계획 사업을 적극적으로 추진할 방침이다. 여주읍 삼교일반 산업단지 분양완료와 오는 6월 하리2지구 도시개발사업 준공, 오학·천송지구 도시

개발사업과 남여주 일반산업단지 착공, 창리지구 도시개발사업 지구지정 추진, 북내 산업단지사업 등도 지속사업으로 추진한다. 북내 동여주IC와 여주IC~장호원 간 국도 37호선, 333지망도 여주~가남 간 도로 확장사업 등도 조속히 마무리될 수 있도록 전력을 기울인다.

건강 웰빙이 함께하는 문화·관광 휴양도시 건설 풍광이 수려한 남한강에서 가족이 함께 캠핑을 즐길 수 있는 캠핑장 조성과 사계절 관광 휴양지로 여주를 변화시킬 방침이다. 여주전철과 제2영동고속도로가 내년 말과 2016년 개통하면 여주는 7곳의 나들목과 2곳의 전철역 등으로 사통팔달의 교통망이 구축된다. 여기에 남한강 황포돛배 상시 운항과 여주읍 현암지구 수상레저스포츠센터 건립 등 국민소득 3만 달러 시대를 대비한다. 여주박물관 건립과 한국중앙수석박물관, 특1급 썬밸리호텔, 금은 모래 강변공원 유원지와 신륵사를 연결하는 명품 인도교를 건립해 신륵사 관광단지를 활성화할 계획이다. 또, 세종대왕 숭모제전과 세종대왕 전국 한글 휘호대회, 한글날 행사를 확대시켜 여주를 세종대왕과 한글의 도시로 발전시킬 계획을 수립하고 있다. 아울러 세종국악당을 증·개축해 수준 높은 공연 유치와 문화·예술단체 예술활동을 적극적으로 지원한다. 여주지역의 오랜 전통문화 행사로 자리 잡은 '쌍룡거줄다리기'와 본두리 낙화놀이 등 행사도 지속·보존 발전시킬 방침이다.

전략적인 농정업무 추진과 선진 영농 실현 오랜 전통을 간직한 여주 농업의 위상을 새로운 차원으로 발전시켜 선진 일류농업으로 육성한다. 명품 여주 쌀 생산을 위한 생산단지 조성과 농장파티 등 새로운 농업 운영 프로그램을 개발 보급해 농가경제를 더욱 부흥시킨다는 계획이다. 고구마 재배도 첨단기술을 적용한 바이러스 무병묘 공급으로 여주 고구마의 경쟁력을 높인다. 아울러 연라리에 있는 농촌테마파크에 1천600㎡ 규모의 CJ 여주 팜 스튜디오를 건립해 여주 농·특산물 홍보를 극대화 시킬 예정이다. 이와 함께 시는 시민 불편사항을 즉시 해결하고 광속행정을 펼치고자 'SNS 시민소통관제도'를 도입한다.

채소재배 농업인 여주, 이영구씨 도 농업전문경영인 선정 2014/4/10

채소재배 농업인 여주 이영구씨 道 농업전문경영인 선정

경기도 농업전문경영인에 여주시 가남읍에 거주하는 이영구씨(52·사진)가 선정됐다.

이씨는 주변농가 재배기술 및 친환경농업 확대를 위한 컨설팅과 2012년도 농업회사법인 '우리뜰'을 설립해 주변농가에서 생산된 농산물을 판매하고 농가소득 향상에 앞장서 온 점을 높게 평가받았다.

여주=류진동기자 jdyu@kyeonggi.com

여주시, 관리지역 전체 대상 도시계획 재정비안 주민공람 2014/4/23

여주시, 관리지역 전체 대상 도시계획 재정비안 주민공람

여주시는 22일 관리지역 전체(338.3㎢)를 대상으로 도시관리계획 재정비(안)에 대한 주민의견을 청취한다고 밝혔다.

시는 내달 2일까지 도시관리계획 재정비(안)을 시청 도시과(여흥동사무소 2층) 및 12개 읍·면·동 사무소에서 주민 공람을 실시한다.

이번 도시관리계획 재정비(안)는 국토계획법에 의하여 계획, 생산, 보전관리지역으로 세분토록 돼 있어 여주시는 2007년 12월말에 최초 세분을 완료하고 5년이 경과되어 재정비(안)을 마련, 공람을 시행하는 것이다.

시는 관리지역 338.3㎢를 기존 계획관리지역 141.6㎢에서 5.2㎢ 증가된 146.8㎢, 생산관리지역은 49.9㎢에서 1.2㎢ 증가된 51.1㎢, 보전관리지역은 144.3㎢에서 3.9㎢ 감액된 140.4㎢로 변경하는 것을 초안으로 확정했다.

여주=류진동기자 jdyu@kyeonggi.com

여주시는 22일 관리지역 전체(338.3㎢)를 대상으로 도시관리계획 재정비(안)에 대한 주민의견을 청취한다고 밝혔다. 시는 내달 2일까지 도시관리계획 재정비(안)을 시청 도시과(여흥동사무소 2층) 및 12개 읍·면·동 사무소에서 주민 공람을 실시한다. 이번 도시관리계획 재정비(안)는 국토계획법에 의하여 계획, 생산, 보전관리지역으로 세분토록 돼 있어 여주시는 2007년 12월말에 최초 세분을 완료하고 5년이 경과되어 재정비(안)을 마련, 공람을 시행하는 것이다. 시는 관리지역 338.3㎢를 기존 계획관리지역 141.6㎢에서 5.2㎢ 증가된 146.8㎢, 생산관리지역은 49.9㎢에서 1.2㎢ 증가된 51.1㎢, 보전관리지역은 144.3㎢에서 3.9㎢ 감액된 140.4㎢로 변경하는 것을 초안으로 확정했다.

• 도시계획의 재정립이 필요한 이유는 무분별한 도시화를 막고 주민들의 삶을 더 편리하고 풍요롭게 하기 때문이다. 어느새 농촌의 도시화도 빨라지고 복잡해지는 세상에 살게 되었으니 도시와 농촌이 공존하는 여주도 예외가 아니다. 주민의 목소리에 귀 기울이는 올바른 행정이 필요한 이유이기도 하다.

자율·혁신으로 '열린교육'… 시골학교의 '유쾌한 반란' 2014/6/4

메트로

여주 점동고등학교

학생들 스스로 '창의학습' 쑥쑥… 신흥 명문 자리매김

학교 구성원 모두 한마음 행복한 농촌학교의 기적

학생들이 주도해가는 창의교육을 시행하는 점동고는 혁신교육을 위해 교육환경 개선과 수평적 의사소통을 통해 자율적 경영을 하고 있다. 학내 구성원들의 자발적 참여로 민주적 자치공동체를 형성해 '소통과 참여', '배려와 통합'을 기본 정신으로 한 교육과정을 운영하고 있다.

• '교육은 백년대계'라는 말이 있다. 사람을 기르고 교육하는 일이 그만큼 중요하다는 뜻이다. 사람을 길러 놓으면 평생을 두고 써먹을 수 있다는 뜻으로 그 중요성은 누구나 알고 있지만 참교육은 결코 쉬운 일이 아니다. 그래도 늘 새로움에 도전하고 교육 환경을 개선하기 위해 노력하는 이들이 있어 미래가 밝다.

사진 뉴스 6.4 국민의 선택 2014/6/5

6 2014년 6월 5일 목요일 6·4 국민의 선택 경기일보

치열한 접전속에 6·4지방선거에서 당선된 경기지역 기초단체장들이 꽃다발을 손에 든 채 기뻐하고 있다. 왼쪽부터 새정치민주연합 염태영 수원시장 당선인, 새정치민주연합 안병용 의정부시장 당선인, 새누리당 원경희 여주시장 당선인, 무소속 김성기 가평군수 당선인.

[인터뷰] 원경희 여주시장 당선인 2014/6/27

INTERVIEW

"문화관광산업 잘 키워… 돈 잘 버는 '부자도시 여주' 건설"

원경희 여주시장 당선자가 고향인 여주지역 주민과 함께 동고동락한 10년, 지역정치 경험의 저력은 막강했다. 원 당선자는 새누리당의 상향식 공천에서 재선에 도전한 김춘석 현직 시장과 경쟁해 당당히 공천장을 거머쥐고, 54.26%라는 압도적인 지지율로 이번 선거에서 당선됐다. 세 번의 도전 끝에 따낸 값진 결실이다. 원 당선자는 수십 년 그동안 침체한 지역경제를 활성화할 열쇠로 문화관광산업을 선택, 볼거리, 놀거리, 먹을거리, 쉴 거리를 통해 '돈을 버는 여주', '돈이 도는 여주'를 건설하겠다고 밝혔다. CEO 출신 경제 시장이 처음이기 때문이다. 그만큼 원 당선자가 어떻게 침체한 여주시를 경영해 나갈지 관심이 집중되고 있다.

- 새로운 시작은 늘 그렇듯이 희망을 품게 한다. 압도적인 지지율로 당선된 것만 봐도 주민들의 기대가 어떠한지 알 수 있다. 변화와 발전의 속도가 더디기만 한 여주의 지역경제를 CEO 출신의 시장이 어떻게 살릴지 부푼 기대로 시작하던 때다.

여주시 지하시설물 전산화 작업 추진

2014/7/16

여주시는 7대 지하시설물의 위치정보를 체계적으로 관리할 수 있는 지하시설물 전산화사업이 순조롭게 진행되고 있다고 15일 밝혔다. 시가 추진하고 있는 지하시설물 전산화사업은 서울 아현동 가스폭발사고, 대구 지하철 가스폭발사고 등으로 촉발돼 지하시설물 안전 확보 목적을 위해 전국 단위로 구축 중인 사업으로 지난해부터 국토교통부의 지원을 받아 추진 중에 있다. 사업구간은 도로 120㎞, 상수도 191㎞, 하수도 120㎞ 등 총 431㎞이고 지난해까지 약 82㎞ 구간의 사업을 완료했다. 올해도 5억 원의 사업비를 투입해 약 104㎞의 시설물 전산화 사업을 추진 중에 있다.

- 안전은 아무리 강조해도 지나치지 않는다. 전국적으로 일어난 일련의 사건들은 참으로 안타깝지만 이를 반면교사 삼아야 함은 너무도 분명하다. 안전 문제만큼은 그 무엇보다 우선되어야 함을 다시 한 번 상기시켜준다. 여주의 체계적인 시설물 관리 지침이 마련되고 앞으로 반드시 지켜나가는 행정을 기대한다.

여주제일고, 투병중 친구 위해 모금활동 팔 걷어

2014/8/5

"뇌종양 고통 진선이에게 희망을 주세요"

여주 제일高, 투병중 친구위해 모금활동 팔걷어

"뇌종양으로 고통받는 진선이에게 힘이 되어 주세요."

아버지와 단둘이 사는 김진선 양(여주 제일고 3년·18)은 지난 봄부터 칠판 글씨는 물론 바로 앞에 있는 물체도 제대로 보이지 않아 서울의 한 대학병원을 찾았다가 청천벽력과도 같은 소식을 듣게 된다.

단순히 눈에 이상이 있는 줄로만 알았던 김 양에게 내려진 진단은 뇌하수체 악성 미생물 배아세포종, 뇌종양이었다.

김 양은 자신의 몸보다 막대한 병원비를 걱정할 아버지 걱정이 앞섰다.

김 양은 활발하고 적극적인 성격으로 남을 배려하고 아끼는 희생과 봉사정신이 투철한 모범 학생으로 학교에서 평가받고 있다.

이에 딱한 김 양의 소식을 접한 여주 제일고 학교 교직원과 학생, 학부모 등은 김 양을 돕고자 최근 500만원을 전달하는 등 적극적인 모금활동을 이어가고 있다. 투병 중인 김 양은 고강도 방사선 치료를 병행해야 상황으로, 앞으로도 막대한 병원비가 들어갈 것으로 보여 각계의 온정의 손길이 절실히 요구되고 있다.

최인규 여주 제일고 교장은 "투병 중인 김진선 양은 학교생활에 모범을 보이는 바른 생활로 선·후배 학생은 물론 선생님들로부터도 신망이 두터운 학생이다"면서 "병원의 치료과정에서 많이 힘들겠지만 많은 후원자의 성원에 용기를 잃지 말고 병마와 싸워 꼭 이겨내길 바란다"고 말했다. 여주=류진동기자

아버지와 단둘이 사는 김진선 양(여주 제일고 3년·18)은 지난 봄부터 칠판 글씨는 물론 바로 앞에 있는 물체도 제대로 보이지 않아 서울의 한 대학병원을 찾았다가 청천벽력과도 같은 소식을 듣게 된다. 단순히 눈에 이상이 있는 줄로만 알았던 김 양에게 내려진 진단은 뇌하수체 악성 미생물

배아세포종, 뇌종양이었다. 김 양은 자신의 몸보다 막대한 병원비를 걱정할 아버지 걱정이 앞섰다. 김 양은 활발하고 적극적인 성격으로 남을 배려하고 아끼는 희생과 봉사정신이 투철한 모범 학생으로 학교에서 평가받고 있다. 이에 딱한 김 양의 소식을 접한 이 학교 교직원과 학생, 학부모 등은 김 양을 돕고자 최근 500만원을 전달하는 등 적극적인 모금활동을 이어가고 있다. 투병 중인 김 양은 고강도 방사선 치료를 병행해야하는 상황으로, 앞으로도 막대한 병원비가 들어갈 것으로 보여 각계의 온정의 손길이 절실히 요구되고 있다.

- 우리가 사는 세상이 아직은 따뜻해서 참 고맙다. 어느 날 갑자기 찾아온 병마와 싸우는 일도 힘든데 병원비까지 걱정해야 하는 세상이라면 너무 가혹하지 않은가. 친구들의 아름다운 마음이 모여서 전해진 작은 정성으로 진선 양이 병을 이겨내는 버팀목이 되었으면 좋겠다. 이런 따뜻한 마음들이 모여 여주를 빛낸다.

여주시 '문화관광 도시' 주먹구구 추진… 줄줄이 '제동' 2014/8/20

지역사회 | 여주시

여주시 '문화관광 도시' 주먹구구 추진... 줄줄이 '제동'

류진동 기자 sard111@kyeonggi.com

기자페이지 >

문화재심의위 부결 '신륵사관광지 인도교 설치' 사실상 좌초

수석박물관 조성 차질 · 미끄러지지 않는 '모래썰매장'도 골치

여주시가 '명품 여주'를 주창하며 침체된 문화관광의 활성화를 위해 추진하고 있는 주요사업들이 줄줄이 폐기되거나 재검토 되는 등 '좌초' 위기에 놓였다

여주시가 '명품 여주'를 주창하며 침체된 문화관광의 활성화를 위해 추진하고 있는 주요사업들이 줄줄이 폐기되거나 재검토 되는 등 '좌초' 위기에 놓였다. 18일 여주시에 따르면 지난해 말 문화재청 문화재심의위원회로부터 '보류' 판정을 받았던 신륵사관광지 인도교 설치 사업이 지난달 재심의에서 결국 부결됐다. 이 사업은 2016년 말까지 총 96억 원의 예산을 들여 신륵사관광지와 맞은편 금은 모래유원지 일대를 연결하는 길이 420m, 폭 3m의 국내 최초 관광형 인도

교를 설치하는 사업이다. 시는 한강을 대표하는 랜드마크로 여주 관광 활성화에 큰 도움이 될 것이라며 의욕적으로 사업을 추진했지만, 지난해 8월부터 진행된 4차례의 문화재심의위 현상변경 심의에서 줄줄이 '퇴짜'를 맞아 사실상 사업추진이 어려워졌다.

- 명품 여주를 위한 첫걸음부터 삐걱대기 시작했다. 꿈과 포부가 크다고 그대로 이루어지지 않는다. 철저한 사전작업은 물론이고 사업을 이끌어갈 밑거름이 탄탄하게 준비되어야 한다. 겉으로 드러나는 웅장함과 화려함 뒤에는 그 몇 배에 달하는 노력이 뒷받침되어야 한다. 주먹구구식으로 일을 대충하려는 잘못된 자세를 경계해야 한다는 사실을 다시 한 번 일깨워 주었다.

창의 인재 교육, 아이들이 달라졌어요

2014/8/19

12 메트로 경기일보

여주교육지원청

'창의 인재' 교육… 아이들이 달라졌어요

김명란 여주교육장

어머니의 열정과 미소 여주교육 활짝 꽃피워

세종대왕의 도시답게 '한글사랑' 앞장

행정업무 해방된 교사들 학생들에 올인

지역 역사·문화 현장체험 주말버스 '평평'

건강한 학교위해 학부모를 교육 주체로

'사람이 먼저다.' 세종대왕의 경천애인 사상을 계승 발전시키고 있는 여주교육지원청이 즐거운 학교, 소통하는 교육으로 명품 여주를 건설하는 데 앞장서고 있다. 한글을 창제하신 세종대왕이 잠들어 계신 여주교육지원청은 세종의 얼을 계승 발전시키고자 자율적이고 창의적인 인재육성을 교육지표로 삼아 혁신교육에 집중하고 있다.

나무로 만나는 우리 문화와 역사 2014/8/27

책마을 경기일보

나무로 만나는 우리 문화와 역사

원종태 여주시 산림조합장 생생하게 풀어내

40여 년 동안 전국 방방곡곡을 누비며 우리 나무에 얽힌 사연과 역사를 기록해 온 원종태(사진) 여주 산림조합장이 '한국을 지켜온 나무 이야기'(밥북刊) 냈다.

책은 한국인이 좋아하는 나무로 만나는 우리 문화와 역사서로 '나무나라 대통령' 용문사 은행나무, '최고 미남나무' 보은 정이품송, '대통령의 소나무' 대검찰청 소나무, '영원한 사랑을 꿈꾸다' 연리지, '소나무 중의 왕' 괴산 용송 등 나무에 얽힌 이야기를 사진과 함께 흥미롭게 풀어냈다.

여주에서 태어나 청소년 시절 여주 4-H 연합회활동을 벌이고 회장까지 역임한 그는 1979년부터 여주 산림조합에서 나무와 인연을 맺어 현재 여주시산림조합장으로 재직하고 있다.

'나무 박사'로 불리는 원 조합장은 여주군의원으로 왕성한 의정 활동을 하면서 자신의 산림지식을 정책화했고, 3년간 여주대에서 나무와 산림의 중요성을 강의하기도 했다.

원종태 조합장은 "오늘날 현대인은 문명의 편리함만을 찾아 자연을 떠나 살면서 각종 질병과 환경오염에 고통 받고 있다"며 "나무는 나를 지켜주는 수호목이 되고, 다정한 친구이자 이웃으로 건강을 지켜주는 의사와도 같다"고 말했다.

값 1만4천원 여주=류진동기자

40여 년 동안 전국 방방곡곡을 누비며 우리 나무에 얽힌 사연과 역사를 기록해 온 원종태(사진) 여주 산림조합장이 '한국을 지켜온 나무 이야기'(밥북刊) 냈다. 책은 한국인이 좋아하는 나무로 만나는 우리 문화와 역사서로 '나무나라 대통령' 용문사 은행나무, '최고 미남나무' 보은 정이품송, '대통령의 소나무' 대검찰청 소나무, '영원한 사랑을 꿈꾸다' 연리지, '소나무 중의 왕' 괴산 용송 등 나무에 얽힌 이야기를 사진과 함께 흥미롭게 풀어냈다.

시승격 1주년 기념, '여주시민의 날 행사 성료' 2014/9/24

여주시 승격 1주년 기념식이 지난 23일 신륵사관광지 야외공연장에서 성료됐다. 이날 원경희 시장과 정병국 의원, 원욱희·김규창 도의회 의원, 이환설 여주 시의장, 그리스 6·25 참전용사, 시민 등 1천500여 명이 참석한 가운데 오후 4시부터 식전행사와 조병호 여주 도예명장 등 친필낙관, 서명 등이 담긴 무료 친필 페스티벌이 열렸다.

- 118년 만에 여주군에서 여주시로 승격된 지 1년이 훌쩍 지나면서 여주는 더디지만 한 걸음 한 걸음 앞으로 나아가고 있다. 행정적인 변화와 외형적으로 커져버린 여주가 전부가 아니다. 그에 걸맞게 내실이 탄탄한 여주로 거듭나기 위한 다방면의 노력이 필요한 시점이다.

여주뮤직&캠핑페스티벌 2014/10/6

남한강 밤하늘… 음악에 젖어 별 헤는 즐거움

1만여 캠퍼들 가을밤 '행복 충전'

낭만콘서트&불꽃놀이

퀸비즈·최성수·해바라기·울랄라세션 등
세대 아우르는 스타 총출동 '열정의 무대'

여주시민과 전국 캠퍼들이 함께 한 '낭만콘서트&불꽃놀이'가 지난 4일 오후 7시 여주 금은모래 강변유원지에서 펼쳐졌다.

경기일보가 주최한 이번 콘서트는 퀸비즈, 뮤싱어즈, 템테이션, 최성수, 해바라기, 울랄라세션 등 세대를 아우르는 스타들이 대거 출연해 감미롭고 열정적인 무대를 선보였다.

특히, 당대를 풍미했던 추억의 히트곡과 함께 오페라곡, 그리고 최신 유행곡까지 다양한 음악이 가을밤 달빛과 어우러져 여주시민과 전국 캠퍼 등 1만여 명에게 잊지 못할 추억을 선사했다.

오프닝 무대는 지난해 혜성처럼 데뷔한 5인조 걸그룹 '퀸비즈(Queen B'Z)'가 첫 곡으로 '스위치'를 선보여 삼촌팬들과 이모팬들의 큰 환호성을 받았다.

또 90년대를 대표하는 가수 변진섭의 '희망사항'을 퀸비즈만의 파격적인 안무로 인상적인 무대를 선보였다. 이어 남성합창단 '뮤싱어즈'는 깊어가는 가을밤에 어울리는 '푸니쿨리 푸니쿨라', '오 솔레 미오'와 베르디의 오페라 '춘희' 中 '축배의 노래' 등을 불러 남성 중창단의 부드러운 화음과 감동적인 선율을 선사했다.

미모와 실력을 겸비한 퓨전 전자현악팀 '템테이션'은 톡톡 튀는 무대매너와 수려한 미모 화려한 안무로 여성의 미를 한 껏 살려주는 무대를 선보였다. 그리고 1980~90년대를 주름잡았던 최성수와 해바라기가 마이크를 이어받아 녹슬지 않은 노래실력을 뽐냈다. 감미로운 목소리의 전설, 최성수는 '10월의 어느 멋진 날에', '풀잎사랑'을 비롯해 '동행', '후인' 등을 불러 아줌마팬과 중년팬들의 마음을 사로 잡았다. 1980년대 로맨틱 포크의 대명사 '해바라기'는 '내 마음의 보석상자', '어서 말을 해', '사랑으로' 등을 완벽한 무대 장악력으로 관객들을 환호케했다.

남한강을 무대로 펼쳐진 이번 콘서트는 '음원차트 올킬왕'과 '무대 퍼포먼스 끝판왕'으로 통하는 그룹 울랄라세션이 축제의 대미를 장식하면서 가을밤을 음악의 향연으로 수놓았다.

울랄라세션은 '미인'을 첫 곡으로 '아름다운 밤', '스윙베이비', '희미한 기억속에 그대'를 불러 레전드다운 무대로 관객들의 눈과 귀를 즐겁게 했다. 특히 울랄라세션은 격정적인 퍼포먼스에도 흔들림 없는 가창력을 과시하며 팬들과 호흡했다.

여기서 끝이 아니었다. 가수들의 감동은 까만 밤을 형형색색으로 물들인 불꽃축제가 이어갔다. 권한솔기자

여주교도소·오산리 마을 '1사1촌 자매결연' 2014/10/8

여주교도소·오산리 마을 '1사1촌 자매결연'

여주교도소는 여주 가남면 오산리 마을과 자매결연을 맺고 다양한 봉사활동을 펼친다고 7일 밝혔다.

이번 협약으로 교도소측은 오산리 마을에서 생산된 농산물 매입과 농번기 일손돕기, 마을환경 가꾸기 등 다양한 봉사활동을 전개한다. 또 교도소 시설 견학, 선진 교정행정을 소개하는 등 지역사회와 상생을 위한 다채로운 프로그램을 가동한다.

서광범 마을이장은 "농촌실정이 갈수록 어려워져 가는데 여주교도소측의 관심과 후원으로 농가소득 증대에 도움을 줘 감사하다"며 "지역사회 상생의 본보기로 적극 활용할 것"이라고 말했다. 여주= 류진동기자

여주교도소는 여주 가남면 오산리 마을과 자매결연을 맺고 다양한 봉사활동을 펼친다고 7일 밝혔다. 이번 협약으로 교도소측은 오산리 마을에서 생산된 농산물 매입과 농번기 일손돕기, 마을환경 가꾸기 등 다양한 봉사활동을 전개한다. 또 교도소 시설 견학, 선진 교정행정을 소개하는 등 지역사회와 상생을 위한 다채로운 프로그램을 가동한다. 서광범 마을이장은 "농촌실정이 갈수록 어려워져 가는데 여주교도소측의 관심과 후원으로 농가소득 증대에 도움을 줘 감사하다"며 "지역사회 상생의 본보기로 적극 활용할 것"이라고 말했다.

여주 가남간 도로 확.포장공사 경기도의회 건설교통위원회 현장방문 2014/10/16

I도의회 건설교통위원회 현장 방문

— 여주 ~ 가남간 도로확 · 포장공사 —

경기도의회 건설교통위원회와 원경희 여주시장, 이환설 여주시의회 의장이 15일 여주~가남간 지방도 333호선 도로 확·포장 공사현장을 방문해 현안을 점검한 뒤 파이팅을 외치고 있다.

경기도의회 건설교통위원회와 보건복지위원회가 여주와 이천 등 경기 동부지역을 방문해 주요 현안을 점검했다.

여주~가남 도로 확장공사·이천병원 이전 등

도의회 건교위·복지위, 주요 사업장 애로 청취

건설교통위원회는 15일 여주~가남 간 지방도 333호선 도로 확·포장 공사 현장을 방문했다. 이날 방문에는 송영만 위원장 등 의원 10명과 원경희 여주시장, 이환설 여주시의회 의장 등이 참여했으며 경기도 관계공무원, 현장관계자 등의 공사현장 설명회가 진행됐다.

원경희 시장은 "여주~가남 간 도로 확장공사는 지난 2002년부터 추진된 사업으로 내년도 200억원의 예산이 절실하다"고 예산 반영을 요청했다.

이에 대해 송영만 위원장은 "여주는 각종 규제 탓에 재산상 많은 피해를 보고 있다"며 "내년 예산에 필요한 예산이 반영될 수 있도록 적극 노력하겠다"고 밝혔다.

이와함께 복지위는 경기도의료원 이천병원을 방문해 신축 이전 사업방식에 대해 논의를 펼쳤다. 복지위 의원들은 병원과 신축예정지를 둘러보고 BTL(임대형 민간투자사업) 추진 경과와 연구용역 결과에 대한 보고를 받은 후 사업 타당성에 대해 논의했다.

지난 1982년 신축된 이천의료원은 현재 1만2천869㎡ 부지에 125병상이 있으나 건물 노후화와 병실 부족 문제가 대두돼왔으며 이에 따라 1천720㎡의 부지를 추가 확보해 1만4천589㎡ 부지에 300병상 규모인 종합병원으로 신축을 계획하고 있다.

원미정 위원장은 "도민들이 더욱 나은 의료서비스를 받기 위해서는 이천병원의 신축 이전이 필요하다는 것에는 공감하지만 재정확보가 어렵다는 이유로 임대형 민간투자사업(BTL)으로 추진하려는 경기도의 계획에는 면밀한 분석이 요구된다"고 주문했다. 류진동·정진욱기자

세종유물전시관 뚜껑 열어보니 '속빈 강정' 2014/10/16

세종유물전시관 뚜껑 열어보니 '속빈 강정'

대부분 복제품으로 채워져
알맹이 없는 전시관 전락 우려
문화재청 "진품유물 확보할 것"

문화재청이 여주 세종대왕릉 성역화 사업의 일환으로 세종유물전시관을 건립하고 있는 가운데 확보된 유물이 턱없이 부족한데다 대부분 복제품으로 알맹이 없는 전시관으로 전락할 우려가 커지고 있다.

재청은 지난달 16일부터 여주시 능서면 왕대리 영릉입구 2천380㎡에 지상 2층 규모의 세종유물전시관 신축에 나섰다.

이 사업은 문화재청이 오는 2019년까지 288억원의 예산을 들여 세종대왕릉과 효종대왕릉의 원형을 복원하는 한편, 전시관 건립과 정문 및 수표소 건립, 조경 정비 등을 하는 '세종대왕릉과 효종대왕릉 유적 종합정비사업' 가운데 하나다.

하지만 세종유물전시관에 전시될 유물이 기존 세종대왕유적관리소 내 전시관인 것으로 나타났다.

세종전 유물은 대마도 정벌도와 육진개척도 등 회화류 13점과 농가집성과 향약집성방 등 서책류 16점, 편경과 편종 등 악기류 27점 등 총 87점뿐이다.

특히 이들 가운데 문화재 활용가치를 인정받은 유물은 전무한 것으로 밝혀져 '속빈 강정'이란 지적이 나오고 있다.

이에 따라 문화재청은 여주시와 전주이씨 대종회 등을 대상으로 세종대왕과 효종대왕 유물을 수집해 전시할 계획이지만 다.

시민 K씨(53)는 "세계문화유산으로 등재된 왕릉의 유물전시관에 전시할 유물이 복제품으로 채워진다면 무슨 의미가 있냐"며 "여주시와 공동으로 전시유물을 확보해 세종역사박물관이나 한글박물관 등으로 거듭나야 할 것"이라고 지적했다.

이에 대해 문화재청 관계자는 "진품 유물을 확보하는 한편 기획전시회를 열어 관람객들이 다양한 전시물을 즐길 수 있도록 프로그램을 마련할 계획"이라고 말했

문화재청이 여주 세종대왕릉 성역화 사업의 일환으로 세종유물전시관을 건립하고 있는 가운데 확보된 유물이 턱없이 부족한데다 대부분 복제품으로 알맹이 없는 전시관으로 전락할 우려가 커지고 있다. 15일 문화재청과 시민들에 따르면 문화재청은 지난달 16일부터 여주시 능서면 왕대

리 영릉입구 2천380㎡에 지상 2층 규모의 세종유물전시관 신축에 나섰다. 이 사업은 문화재청이 오는 2019년까지 288억 원의 예산을 들여 세종대왕릉과 효종대왕릉의 원형을 복원하는 한편, 전시관 건립과 정문 및 수표소 건립, 조경 정비 등을 하는 '세종대왕릉과 효종대왕릉 유적 종합정비사업' 가운데 하나다. 하지만 세종유물전시관에 전시될 유물이 기존 세종대왕유적관리소 내 전시관인 세종전이 보유하고 있는 복제품에 불과한 것으로 나타났다.

- 그 동안 찬찬히 다져온 여주의 문화 관광 도시로서의 자부심에 상처를 받는다. 문화재 관련 문제점들이 불쑥불쑥 고개를 내밀고 뭔가 잘못되고 있음을 경고하면서 위기감을 불러일으킨다. 잘못을 인지했다면 분명하고도 올바른 해결 방안도 빨리 찾아가길 바란다. 유물의 철저한 관리가 필요한 시점이다.

먹거리·볼거리·놀거리 3樂 나들이 2014/11/5

여주 오곡나루축제

...·볼거리·놀거리 3樂 나들이

...의 선물 '명품 농·특산물'

늦가을의 향취를 따라 여주를 찾아 떠나는 여행은 언제나 설렌다. 여주 신륵사 관광지 일원에서 여주를 빛낸 명품 농특산물이 한자리에 모이기 때문. 오는 7일~9일까지 여주 신륵사 관광지 일원에서 열리는 '제16회 여주 오곡나루축제'는 여주에서 생산된 최고의 명품 농특산물이 한자리에서 만날 수 있다. 먹거리와 볼거리, 즐길 거리를 원스톱으로 즐길 수 있는 이번 축제는 대표적인 농특산물 축제로, 대한민국 문화관광 유망축제와 경기도 10대 축제로 선정된 명품 관광코스다.

- 여주는 다양한 지역 축제가 열리는 곳이다. 타고난 자연환경과 관광 자원으로 활용할 수 있는 여러 가지 이점들을 갖추고 있음을 인정하지 않을 수 없다. 이번에 열린 여주 오곡나루축제도 해를 거듭하며 지역 주민들뿐만 아니라 전국적으로 그 명성을 뽐내고 있다. 관광 자원의 활성화로 앞서가는 여주가 참 자랑스럽다.

남한강 여주보 인근 은어 대거 서식

2014/11/13

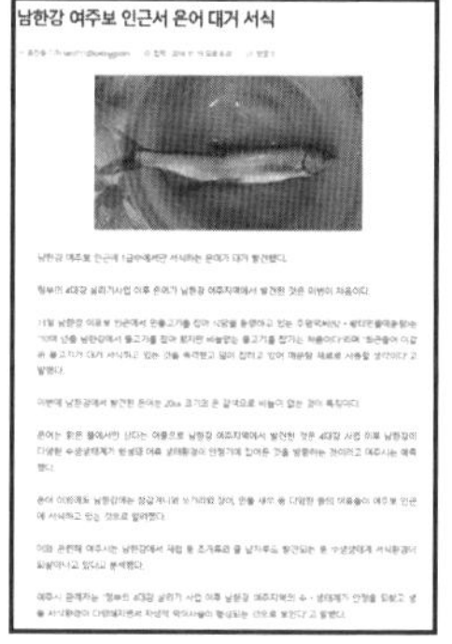
남한강 여주보 인근서 은어 대거 서식

남한강 여주보 인근에 1급수에서만 서식하는 은어가 대거 발견됐다. 정부의 4대강 살리기 사업 이후 은어가 남한강 여주지역에서 발견된 것은 이번이 처음이다. 13일 남한강 이포보 인근에서 민물고기를 잡아 식당을 운영하고 있는 주명덕 씨(52·왕터민물매운탕)는 “10여 년을 남한강에서 물고기를 잡아 왔지만 비늘 없는 물고기를 잡기는 처음이다”라며 “최근 들어 이 같은 물고기가 대거 서식하고 있는 것을 목격했고 많이 잡히고 있어 매운탕 재료로 사용할 생각이다”고 말했다. 이번에 남한강에서 발견된 은어는 20㎝ 크기의 은갈색으로 비늘이 없는 것이 특징이다. 은어는 맑은 물에서만 산다는 어종으로 남한강 여주지역에서 발견된 것은 4대강 사업 이후 남한강이 다양한 수생생태계가 형성돼 어류 생태환경이 안정기에 접어든 것을 방증하는 것이라고 여주시는 예측했다. 은어 이외에도 남한강에는 참갈겨니와 쏘가리와 장어, 민물 새우 등 다양한 종의 어류들이 여주보 인근에 서식하고 있는 것으로 알려졌다. 이와 관련해 여주시는 남한강에서 재첩 등 조개류와 줄 납자루도 발견되는 등 수생생태계 서식환경이 되살아나고 있다고 분석했다. 여주시 관계자는 “정부의 4대강 살리기 사업 이후 남한강 여주지역의 수·생태계가 안정을 되찾고 생물 서식환경이 다양해지면서 자생적 먹이사슬이 형성되는 것으로 보인다”고 말했다.

• 남한강의 생태계가 조금씩 변화하고 있다. 여러 가지 이유로 생물들의 서식 환경이 풍부하게 형성되면서 다양한 종들의 어류들이 발견되고 있다. 남한강 여주 지역의 생태계가 되살아나고 있으니 여주는 정말 축복받은 환경을 자랑하지 않을 수 없다.

여주시, 4천318억 원 규모 내년 예산 편성

2014/11/26

여주시는 2015년도 전체 예산 4천318억 원 규모로 예산안을 편성해 시의회에 제출했다고 25일 밝혔다. 이는 올해 지난해 예산보다 256억 원(6.31%)이 늘어난 규모다. 일반회계는 3천618억 원, 특별회계는 1천2억 원이다. 세출분야는 사회복지(956억 원 26.4%), 수송 및 교통(462억 원 12.8%) 농림해양수산(419억 원 11.3%)이 가장 많았고, 이어 국토 및 지역개발 공공건설(308억 원 8.5%), 문화관광분야(240억 원 6.8%), 일반공공행정(222억 원 6.1%), 공공질서 및 안전분야(26억 원 0.7%), 예비비 및 기타 (635억 원 17.6%) 등으로 짜였다.

• 행정적으로 커지고 있는 여주에 맞게 예산 운용 규모도 그 폭이 커졌다. 국민의 혈세가 허투루 쓰이지 않도록 꼼꼼하게 점검하고 사용되어야 할 것이다, 2015변에는 ‘수송 및 교통’과 ‘농림해양수산’에 높게 편성된 것으로 보아 내년 시의 밑그림이 보인다. 비전을 선포한 해인 만큼 여주의 중장기적인 종합발전계획이 체계적으로 이루어지는 발전방안으로 활용될 수 있기를 바란다.

여주시 가남읍·점동면 농업용수 개발 본격화 2014/12/1

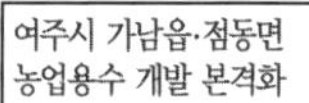

여주시 가남읍·점동면
농업용수 개발 본격화

박재영 의원, 사업 타당성 지속 건의… 1천400억 예산 확보

여주시 가남읍과 점동면 등 지역에 다목적 농업용수 개발사업이 본격 추진된다. 30일 여주시의회 박재영 의원(새정치민주연합)에 따르면 남한강 지류인 청미천 주변 여주와 이천 일부 지역 농업용수 개발사업인 '점동지구 다목적용수개발 사업'이 최근 기획재정부의 '예비타당성 조사 지구'로 최종 확정됐다. 이 사업은 1천400억 원을 투입, 남한강물을 이용해 여주 가남읍과 점동면 이천 장호원 지역에 안정적으로 농업용수를 공급하기 위한 사업이다.

뜨끈 뜨끈 사람담긴 국수 한그릇 2014/12/3

유병훈·허윤강·이웅희군(오른쪽부터)이 최근 여주시 하동 장애인 복지관을 방문, 어르신들께 따뜻한 국수를 대접하며 말벗이 되어 드리고 있다.

'뜨끈뜨끈' 사랑 담긴 국수 한그릇

여주 세종고 유병훈·허윤강·이웅희군 요양원 등서 봉사

여주 세종고 학생들의 이웃사랑이 주위를 훈훈케 하고 있어 화제다.

주인공은 세종고 3학년 동기생인 유병훈·허윤강·이웅희군으로 여주시 장애인복지관 및 신륵사 요양원, 노인·장애인 복지관 등을 누비며 어르신 목욕봉사 등에 앞장서 왔다.

이들 봉사 삼총사는 세종중학교와 세종고등학교를 함께 다닌 6년 지기 동창생들로 학업성적 또한 상위권을 기록하는 모범생들로 소문이 자자하다.

이 군은 "중학교 1년부터 우리 삼총사는 주말마다 신륵사에서 운영하는 요양원에서 할머니와 할아버지의 불편함을 도와드렸다"며 "어릴 때부터 대학에 합격하면 거동이 불편한 이웃을 위해 봉사활동을 하고 싶었다"고 말했다.

이들은 "이곳에서 봉사하면서 자신이 얼마나 행복한 삶을 살고 있는지를 알게 됐다"며 "맘껏 공부하고 맘껏 놀 수 있다는 것은 최고의 행복"이라고 덧붙였다.

하지만, 봉사 삼총사도 주말이면 3~4시간씩 온라인 게임을 즐기는 청소년으로 고3, 수능이라는 학업 스트레스로 짓눌린 마음을 봉사활동과 교유관계로 풀고 있다. 앞서 이들 봉사 삼총사는 여주시 하동 장애인 복지관을 찾아 신륵사 교도 봉사자와 여주대 학생 등 20여 명과 함께 점심 국수나눔 봉사에 참여했다.

이날 학생들의 마음을 담은 따뜻한 국수를 대접받은 A씨는 "쌀쌀한 날씨때문에 몸도 마음도 쓸쓸한데 학생들이 활짝 웃는 얼굴로 반겨주며 뜨끈한 국수를 말아주니 고맙고 따뜻하다"고 말했다.

김은희 여주시장애인복지관장은 "밝은 청소년이 봉사활동을 하면서 가족에 대한 소중함을 느끼고 돌아간다"며 "단순히 학교생활기록부 기재용으로 봉사시간을 채우기보다 이 군과 동기생처럼 진심에서 우러나오는 예쁜 마음으로 이웃을 살피는 봉사자로서의 자세를 가졌으면 한다"고 말했다. 여주=류진동기자

• 누군가에게 행복을 주는 일이 멀리 있는 어려운 것이라고 생각했던 부끄러운 자화상을 돌이켜보게 됐다. 애띤 턱에 솜털 같은 수염이 송송 자라는 소년들 덕에어르신들의 행복한 얼굴이 떠오르는 훈훈한 미담이다. 이제 고3이면 한창 철없을 나이인데, 그것도 못하는 어른들을 대신해 참사랑을 실천하는 모습이 향기롭다. 이들의 선한 영향력이 사회 곳곳에 퍼져 '행복여주'의 아름다운 동행이 되었으면 한다.

여주시립 폰박물관 전시유물 3억 원에 구입 2014/12/9

여주시는 기존 휴대전화기박물관 유물 1천 634점을 3억 원에 사들여 시립 폰박물관(수석박물관 변경)에 전시한다고 8일 밝혔다. 이번에 이병철 폰박물관장으로부터 사들인 전화기 관련 유물 1천634점과 1천666점은 기증받았다.

• 처음에는 폰박물관이 여주와 어떤 접점이 있는지 의문이 있었던 것도 사실이다. 하지만 현재 폰발물관은 세계적으로 유일한 휴대전화 박물관으로 알려져 있다. 휴대전화는 우리의 삶을 가장 크게 변화시킨 발명품으로 손꼽힌다. 폰박물관은 여주를 찾는 많은 사람들에게 과거와 현재, 그리고 미래까지 보여주는 다양한 전시품들로 관심을 끌고 있다.

여주시 조직개편안 윤곽 2국·2담당·154개 팀 추진 2014/12/18

여주시가 추진 중인 조직개편안이 윤곽을 드러냈다. 시는 지난 16일 제9회 여주시의회 제2차 정례회 예산심의에서 조직개편안 설명을 마치고 2국, 2담당, 154개 팀을 기본으로 추진한다고 17일 밝혔다. 시장 직속 기관인 가칭 창조경제단을 신설해 단장(사무관) 1명, 팀장 1명, 직원 4명을 배정할 계획이다.

• 여주가 점점 커지고 발전하는 것은 무척 반가운 일이다. 하지만 외형적으로 조직만 비대해지는 것은 분명 경계해야 할 일이다. 일하는 사람들이 다함께 업무 효율을 높이면서 즐겁게 일할 수 있는 바람직한 방향으로 개편되기를 희망한다.

In 2015

뉴욕페스티벌 in 여주 2015

"AI 이어 구제역까지… 얼마나 더 죽어야" '가축방역 사투' 2015/1/16

여주지역에서 AI에 이어 돼지 구제역까지 발생한 가운데 구제역과 AI가 동시에 창궐하고 있는 도내 지자체들이 확산 방지에 사활을 걸고 있다. 15일 여주시에 따르면 이날 가남읍 대신리 한 돼지농장에서 사육하는 비육돈 3천700마리 중 30여 마리에서 수포와 구제역 의심증상이 발생, 경기도축산위생연구소에서 정밀 검사를 벌이고 있다. 간이검사에서는 양성으로 나왔다. 이에 따라 여주시는 해당 농장의 가축과 종사자 등에 대해 이동제한 조치를 취하고 구제역 백신 긴급접종 및 우제류 전 사육농가에 SMS를 통해 문자 홍보를 하고 있다. 이 농장 돼지에 대해 구제역 양성 판정시 FRP 저장탱크를 이용해 매몰 처리한다는 계획이다.

• 이제는 가축의 풍토병으로부터도 자유롭지 못한 세상이 되고 있다. 일단 감염이 확인되면 격리되어 매몰 처리하는 방법밖에 없으니 사육 농가와 지자체는 확산 방지에 안간힘을 쓸 수밖에 없다. 거의 해마다 발생하는 가축 풍토병인데 아직 완벽한 백신이나 치료제가 없어 안타깝다.

여주 현암리와 대신면 가산리 간 도로 확장공사 2015/2/22

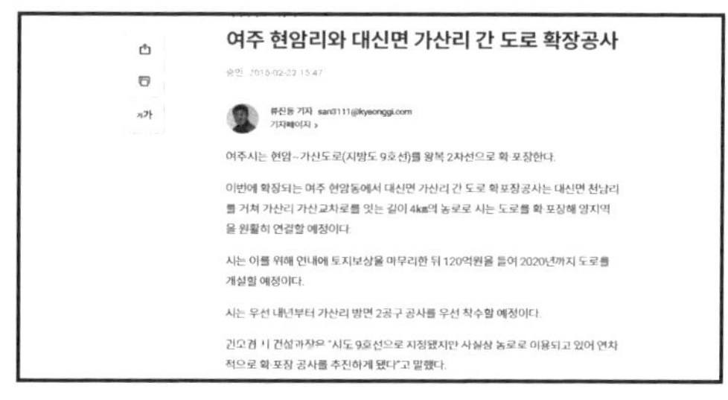

여주 현암리와 대신면 가산리 간 도로 확장공사

승인 2015-02-22 15:47

류진동 기자 san3111@kyeonggi.com
기자페이지 >

여주시는 현암~가산도로(지방도 9호선)를 왕복 2차선으로 확·포장한다.

이번에 확장되는 여주 현암동에서 대신면 가산리 간 도로 확포장공사는 대신면 천남리를 거쳐 가산리 가산교차로를 잇는 길이 4㎞의 농로로 시는 도로를 확·포장해 양지역을 원활히 연결할 예정이다.

시는 이를 위해 연내에 토지보상을 마무리한 뒤 120억원을 들여 2020년까지 도로를 개설할 예정이다.

시는 우선 내년부터 가산리 방면 2공구 공사를 우선 착수할 예정이다.

김오경 시 건설과장은 "시도 9호선으로 지정됐지만 사실상 농로로 이용되고 있어 연차적으로 확·포장 공사를 추진하게 됐다"고 말했다.

여주시는 현암~가산도로(지방도 9호선)를 왕복 2차선으로 확·포장한다. 이번에 확장되는 여주 현암동에서 대신면 가산리 간 도로 확포장공사는 대신면 천남리를 거쳐 가산리 가산교차로를 잇는 길이 4㎞의 농로로 시는 도로를 확·포장해 양 지역을 원활히 연결할 예정이다.

• 농촌의 도로도 하루가 다르게 변하고 있다. 빨라지는 세상의 속도에 발맞추어 도로는 점점 넓어지고 편리해지고 있다. 덕분에 이웃한 지역민들은 더 가까운 이웃이 되고, 여주는 사통팔달의 도로망을 활발하게 갖춰가고 있다.

여주능서주민 '능서역→세종대왕릉역' 변경요구 2015/3/4

여주 능서 주민, 능서역→세종대왕릉역 역명 변경 요구

여주시 능서면 주민들이 한국철도시설공단이 추진하고 있는 성남~여주간 복선전철 여주 능서역을 세종대왕릉역으로 변경해 줄 것을 요구하고 나섰다.

3일 여주시 능서면 주민 등에 따르면 오는 5일 능서면사무소에서 능서이장단협의회 회의를 개최, 성남~여주간 전철구간 능서역 이름을 '세종대왕릉역'으로 변경하는 방안을 토론키로 했다. 이날 회의결과를 토대로 주민 여론을 수렴, 여주시와 철도시설공단에 역사 이름을 변경해 줄 것을 요구할 방침이다.

여주시 능서면 왕대리에 있는 세종대왕과 효종대왕 2분의 성군이 잠들어 있는 능서면은 세종대왕릉(영릉) 서쪽에 자리잡고 있다고 해서 능서란 지역명칭을 갖게 됐다. 여주시는 지난 2013년 9월 여주시 승격과 함께 능서면을 세종면으로 명칭을 개정하는 방안을 적극적으로 검토하고 있다. 이에 따라 지역명칭과 역사 명칭을 함께 개정해야 한다는 목소리가 높다.

박용길 능서면 이장단협의회장은 "세종면과 세종대왕릉역은 세종대왕릉이 여주에 있다는 것을 설명하지 않아도 대외적으로 사람들에게 인식시킬 수 있는 명칭"이라며 "주민들의 자부심을 고취시키고 자연적인 지역홍보가 될 것으로 기대하고 있다"고 밝혔다.

여주=류진동기자

여주시 능서면 주민들이 한국철도시설공단이 추진하고 있는 성남~여주간 복선전철 여주 능서역을 세종대왕릉역으로 변경해 줄 것을 요구하고 나섰다.

• 여주의 특징을 한눈에 보여주는 역명을 위해 주민들이 한목소리를 내었다. 세종대왕릉역은 세종대왕릉이 여주에 있다는 사실을 굳이 설명하지 않아도 사람들에게 알릴 수 있는 명칭인 셈이다. 오랜 진통 끝에 그 요구가 받아들여져 현재 여주에는 세종대왕릉역이 실제로 존재한다.

전 감사 대 전 이사 4파전 가남농협 집안끼리 혈전 주목 2015/3/4

前 감사 vs 前 이사 '4파전'… 가남농협 집안끼리 '혈전' 주목

[3·11 조합장 선거] 여주

가남농협

신승훈 서광범 박병복 김지현

흥천농협

김용붕 조병국 권오승 정환중

축산업협동조합

이재덕 조창준

산림조합

신현배 원종례

산림조합

이후정

여주지역 조합장 선거의 화두는 단연 가남농협, 흥천농협, 여주축산업협동조합, 여주산림조합이다.

가남농협은 후보 전원이 전 감사 및 전 이사로 집안 혈전이 관전포인트이고 흥천농협은 현 조합장이 불

여주 능서 주민, 능서역→세종대왕릉역 역명 변경 요구

여주시 능서면 주민들이 한국철도시설공단이 추진하고 있는 성남~여주간 복선전철 여주 능서역을 세종대왕릉역으로 변경해 줄 것을 요구하고 나섰다.

3일 여주시 능서면 주민 등에 따르면 오는 5일 능서면사무소에서 능서이장단협의회 회의를 개최, 성남~여주간 전철구간 능서역 이름을 '세종대왕릉역'으로 변경하는 방안을 토론키로 했다. 이날 회의결과를 토대로 주민 여론을 수렴, 여주시와 철도시설공단에 역사 이름을 변경해 줄 것을 요구할 방침이다.

여주시 능서면 왕대리에 있는 세종대왕과 효종대왕 2분의 성군이 잠들어 있는 능서면은 세종대왕릉(영릉) 서쪽에 자리잡고 있다고 해서 능서란 지역명칭을 갖게 됐다. 여주시는 지난 2013년 9월 여주시 승격과 함께 능서면을 세종면으로 명칭을 개정하는 방안을 적극적으로 검토하고 있다. 이에 따라 지역명칭과 역사 명칭을 함께 개정해야 한다는 목소리가 높다.

박용길 능서면 이장단협의회장은 "세종면과 세종대왕릉역은 세종대왕릉이 여주에 있다는 것을 설명하지 않아도 대외적으로 사람들에게 인식시킬 수 있는 명칭"이라며 "주민들의 자부심을 고취시키고 자연적인 지역홍보가 될 것으로 기대하고 있다"고 밝혔다.

여주=류진동기자

여주교육지원청, 7개 학교장 초청 토론회 2015/3/24

"좋은 교육 위해 마을공동체 활성화해야"

"한 아이를 키우려면 마을 공동체가 서로 협력해야만 합니다" 24일 여주교육지원청(교육장 정종민) 소회의실에는 7명으로 구성된 발제자들이 보육과 교육의 패러다임을 놓고 쌀쌀한 봄날씨도 잊은 채 열띤 논의를 펼쳤다. 바로 여주교육청이 지역 내 초·중고교 학교장을 초청, '마을교육공동체 중심의 교장협의회'(이하 마중교 협의회)를 놓고 뜨거운 토론을 벌인 것. 마중교 협의회는 여주·여흥·능

서홍천·금사상품·가남점동·대신·북내강천 등 총 7개 마을에 소재한 초등(23개 교)·중등(13개 교)·고등(9개 교)를 대상으로 △공동 교육과정 운영 △방과후 활동 및 창의적 체험활동 연계 △학교 특성화 프로그램 연계 등을 통해 상급학교 진학 시 재능·특성화 교육이 단절되는 문제점을 개선, 창의인재를 육성하는 교육 시스템이다.

• 아프리카 속담 중에 '한 아이를 키우려면 온 마을이 필요하다'는 말이 있다. 그만큼 마을 공동체의 협력이 아이 교육에 큰 영향을 미친다는 얘기일 것이다. 이번 토론회는 이 속담처럼 마을 공동체의 협력을 통해 미래 교육을 이끌어가겠다는 의지가 돋보이는 그야말로 산교육의 현장이다. 미래 교육을 위해 모인 만큼 좋은 결과로 이어지길 바란다.

여주 공무원들 부실한 '산불 대응' 2015/3/23

여주 공무원들 부실한 '산불 대응'

최근 잇단 산불 '재택근무자 동원령' 겉돌아 '굼벵이 출동'

최근 여주시 곳곳에서 산불이 발생하고 있는 가운데 진화과정에서 여주시청 공무원들의 화재대응 능력이 부족하다는 지적이 일고 있다.

23일 여주시에 따르면 지난 21~22일 이틀간 점동면과 능서면, 북내면 등 지역에서 모두 6건의 산불이 발생, 4.1ha의 임야를 태웠다. 여주시는 750여 공직자 중 3분의 1(200여 명)씩 나눠 산불발생 집중시기인 11월부터 3월까지 재택근무를 하면서 산불발생 시 비상출동 하도록 규정하고 있다. 하지만 화재 발생 2시간 만에 현장에 출동하는가 하면 아예 출동하지 못한 공무원도 있어 재난대응 능력이 떨어진다는 지적을 받고 있다.

실제 지난 22일 낮 12시50분께 북내면 중암리 야산에서 산불이 발생해 3ha를 태우고 4시간여 만인 오후 5시께 진화됐다. 산불이 발생하자 여주시청은 오후 1시40분께 200여명의 재택근무자 동원령을 발령했다. 하지만 시청 공무원들은 이날 오후 3시께서야 현장에 집결돼 화재 진화에 투입됐다. 주말 외지활동에 나서는 직원들이 많아 제시간에 현장에 도착하지 못하면서 화재지역 인근 주민들은 발을 동동 굴러야 했다.

이에 대해 여주시청 관계자는 "모든 화재는 소방서에서 총괄해서 관리하고 지자체와 협의를 통해 처리하는 것이 바람직하다"며 "재택근무 직원들에 대한 근무지침을 다시 한번 확인시키겠다"고 해명했다.

여주=류진동기자

최근 여주시 곳곳에서 산불이 발생하고 있는 가운데 진화과정에서 여주시청 공무원들의 화재대응 능력이 부족하다는 지적이 일고 있다. 23일 여주시에 따르면 지난 21~22일 이틀간 점동면과 능서면, 북내면 등 지역에서 모두 6건의 산불이 발생, 4.1ha의 임야를 태웠다. 여주시는 750여 공직자 중 3분의 1(200여 명)씩 나눠 산불발생 집중시기인 11월부터 3월까지 재택근무를 하면서 산불발생 시 비상출동 하도록 규정하고 있다. 하지만 화재 발생 2시간 만에 현장에 출동하는가 하면 아예 출동하지 못한 공무원도 있어 재난대응 능력이 떨어진다는 지적을 받고 있다. 실제 지난 22일 낮 12시50분께 북내면 중암리 야산에서 산불이 발생해 3ha를 태우고 4시간여 만인 오후 5시께 진화됐다. 산불이 발생하자 여주시청은 오후 1시 40분께 200여명의 재택근무자 동원령을 발령했다. 하지만 시청 공무원들은 이날 오후 3시께서야 현장에 집결돼 화재 진화에 투입됐다. 주말 외지활동에 나서는 직원들이 많아 제시간에 현장에 도착하지 못하면서 화재지역 인근 주민들은 발을 동동 굴러야 했다.

• 작은 불씨가 힘들게 가꿔온 고향 산천을 잿더미로 만들 수 있다. 더구나 공무원들의 부실 대응으로 산불 피해가 더 커지는 일은 분명 경계해야 할 일이다. 지역을 책임지고 있는 공무원과 주민 모두, 봄철은 산불 조심 기간임을 잊어서는 안 된다.

여주시 산불피해 면적 17배 축소 보고 2015/3/31

여주시 북내면 중암리에서 발생한 산불의 산림 피해면적이 애초 3ha보다 무려 17배 가량 늘어난 50.7ha로 집계된 것으로 밝혀져 여주시의 피해면적 발표가 신뢰성을 잃었다는 지적이다. 30일 여주시와 경찰, 소방서 등에 따르면 시는 북내면 산불 진화 직후 경기도를 통해 피해면적을 3ha로 보고했지만 이날까지 정밀조사를 거친 결과 50.7ha로 집계됐다고 정정 발표했다.

• 거짓말은 그동안 쌓아온 믿음과 신뢰를 한순간에 무너뜨리기도 한다. 되돌릴 수 있는 잘못이라면 바로 잡으면 되고, 같은 잘못을 반복하지 않으면 될 일이다. 사람들은 눈 가리고 아웅 하는 행정에 더 이상은 속아주지 않는다.

여주 목영회, 여주향교 등 문화탐방 2015/4/13

여주 목영회, 여주향교 등 문화탐방 여주 목영회(회장 이범관)는 12일 김춘석 전 여주시장과 김진호 전 도의원, 김영자 여주시의회 부의장 등 50여 명이 참석해 여주향교(경기도 문화재 제3호)와 이완 장군 묘(경기기념물 제16호) 참배 등 문화탐방을 가졌다. 여주=류진동기자

이날 문화탐방에는 김춘석 전 여주시장과 김진호 전 도의원, 김영자 여주시의회 부의장 등 50여 명이 참여한 가운데 여주시 교동의 여주향교(경기도 문화재 제3호)와 상거동 이완 장군 묘(경기기념물 제16호) 참배 등 사색걷기와 역사 문화탐방을 진행했다. 목영회는 여주지역의 역사적 유례가 깊은 세종대왕릉과 효종 대왕릉, 신륵사, 명성황후 생가, 고달사지, 파사 성, 홍영식 선생 묘, 서희 장군 묘, 여주·강천·이포보 등 지역 문화유적지를 찾아 현장의 역사적 의미를 되새기고 애향심과 내 고장의 자긍심 고취와 홍보, 발전방향을 모색하고자 지난 2012년부터 연 5회 진행하고 있다.

- 여주는 문화의 향기가 곳곳에 배어있는 곳이다. 여주를 아끼고 문화를 사랑하는 이들의 작은 노력들이 모여 여주를 더 빛나게 한다. 역사는 잊지 않고 기억한 만큼 우리에게 더 밝은 미래를 선물한다.

"숲과 더 친근하게… '자연 전도사' 꿈꿔요" 2015/4/21

"숲과 더 친근하게… '자연 전도사' 꿈꿔요"

여주시 오학동에 사는 허화자씨(여·50)는 지난달 초부터 꿈꾸는 숲 감성아카데미(숲 해설가 전문과정) 교육을 받고 있다. 그는 매주 수요일과 토요일 주 2회 산림·기후·생태·인간관계 등 숲에 대한 해설기법과 프로그램개발, 동·식물 생태학, 지구환경변화 등 지난달 28일부터 교육을 받으면서 지난 18일 자연림 야외 체험학습에 참가해 던진 한마디이다. 초등학교 앞에서 문구점을 운영하고 있는 허 씨는 "50여 년을 살면서 자연에 대한 많은 궁금증을 풀기 위해 전문교육기관을 찾았다"며"여주와 인접한 곳에 숲에 대한 산림과 동·식물 등 전문가들에게 다양한 프로그램을 통해 숲을 이해하고 공부할 수 있어 행복하다"고 말했다. 꿈꾸는 숲 감성아카데미(대표 김동주)는 지난 2013년 산림청 인증 '숲 해설가 전문교육기관'을 양평면 지평면 구둔영화체험길 자연림에 개설해 운영하고 있다. 숲 해설이 진행되는 100만㎡의 자연림의 자연환경은 다양한 숲의 생태환경을 보전하고 있어 자연환경 변화에 대해 실감 나는 체험을 할 수 있다. 이처럼 다양한 프로그램을 운영하고 있는 꿈 꾸는 숲 전문 해설가 프로그램은 지난달부터 오는 8월 말까지 지평 자연림에서 진행된다.

능서면에 '남여주 산단' 첫삽 여주시, 76억 투입 내년 11월 준공 2015/5/21

여주시는 능서면 오계리 남여주IC 인근에 남여주 일반산업단지를 착공했다고 20일 밝혔다. 이번에 착공된 남여주 산단은 능서면 오계리에 5만5천585㎡ 규모로 조성되며 총사업비 76억원이 투자돼 내년 11월 준공된다. 남여주 산단에는 전자부품, 컴퓨터, 통신, 전기장비 등의 업종이 유치될 예정이다. 시는 자족기능 강화를 위해 남여주를 비롯해 장안, 강천, 삼교, 북내, 연라 등 6곳에 모두 35만1천153㎡의 소규모 산단을 조성했거나 조성 중이다.

- 여주가 산업도시로 거듭나기 위한 노력은 현재진행형이다. 산업단지 조성은 지역 경제를 살리는 데 큰 몫을 할 것으로 기대가 크다. 여주의 발전을 위해서 꼭 필요한 일이지만 여주는 천혜의 자연을 품고 있는 아름다운 곳이다. 경제를 살리면서도 자연과 환경을 훼손하지 않도록 철저한 감시가 필요하다.

한반도 문명 발달의 근원지 원경희 여주시장 2015/5/28

"한반도 문명 발달의 근원지"

원경희 여주시장

한글 창제한 세종대왕릉 있고
남한강변 선사유적지 다량 분포
남한강 문화관광 명소로 조성

"'직지심체요절(세계 최고 금속활자본 백운화상초록불조직지심체요절)'의 저자인 백운(경한)화상이 여주 혜목산 취암사에 거주하면서 목판본을 출간했다. 또 남한강 옆 능서면 왕대리에는 한글을 창제한 성군 세종대왕릉이 있다" 원경희 여주시장은 세계문자박물관 건립 최적지로 여주만한 곳이 없다고 힘주어 말했다.

원 시장은 "여주는 도시의 중심부로 남한강이 흐르고 강 주변에 선사유적지가 다량 분포돼 있어 문명 발달의 근원지로 꼽힌다"며 그 예로 점동면 흔암리·연암리·적금리 일대의 선사유적지와 한반도 문명의 유적 등을 들었다.

그는 "여주는 전국 최초의 쌀 특구로 지정돼 전통적인 쌀 생산의 명맥을 잘 유지해 오고 있고 천년 전통의 도예문화도 번성한 문자와 예술의 중심지"라며 "사통팔달의 교통망과 유서 깊은 남한강변 연양동 금은모래강변공원에 문자박물관을 유치하겠다"고 피력했다. 유네스코 세계유산인 세종대왕릉과 문자박물관을 연계, 남한강 문화관광의 새로운 명소로 발전시킨다는 복안이다.

아시아 최대 규모인 신세계사이먼 여주프리미엄아울렛 연간 620여만명, 세종대왕릉 30만명, 20여 개 골프장 250여만명 등의 방문객도 여주가 세계문자박물관 최적지로 선정돼야 하는 또 다른 이유다.

원 시장은 "연양동 문자박물관 유치 부지는 캠핑장과 특급 호텔, 수목원, 곤충박물관 등과 인접해 있다"며 "여주는 문자박물관 유치를 위해 입지성, 경제성, 역사성, 국가 장래성 등 다각적인 분석을 마치고 입지를 선정해 신청서를 제출했다"고 설명했다. 여주=류진동기자

'광고올림픽' 내달 1일 팡파르 '도시브랜드' 날개 달다 2015/5/28

'뉴욕페스티벌 in 여주' 전국 홍보 시동

한한국 홍보대사 등 7일간 전국 순회…"성공 개최 협조를"

미국 뉴욕에는 허드슨강과 자유의 여신상이 있고 대한민국 여주에는 남한강과 성군 세종대왕의 얼이 살아 숨쉰다. 자유의 여신상은 '세계를 비추는 자유의 빛'으로 아메리칸 드림의 상징이자 자유와 민주주의, 인권, 기회 등의 가치를 담고 있으며 세종의 한글 창제와 과학기술의 발전 등 문맹퇴치와 창조정신은 한민족을 넘어 전 세계로 퍼져 나가고 있다. 두 명소는 모두 유네스코 세계유산으로 지정돼 지구촌 사람들로부터 소중하게 여겨지며 문화관광의 핵심 자원으로 주목받고 있다. 다음달 1일부터 5일까지 미국 뉴욕에서 열리는 세계 3대 광고제(뉴욕페스티벌클리오광고제(미국 뉴욕), 칸광고제(프랑스 칸)) 중 하나인 '뉴욕페스티벌'이 여주에서 개최된다. 여주시는 이번 행사를 통해 우리 민족의 우수성과 창조정신을 세계에 널리 알리고, 경제 활성화를 위한 동기를 유발시키겠다는 전략을 세우고 있다.

여주 뉴욕페스티벌 6만여 명 몰려 2015/7/2

세계 3대 광고축제 '뉴욕페스티벌 in 여주' 개막

아시아선 中 이어 두번째… 국내외 인사 500여명 참석

대한민국 최초로 여주에서 열린 '뉴욕페스티벌 in 여주 2015'가 5일 막을 내렸다. 세미나와 포럼, 강연회, 아시아부문 시상, 세종창조상 시상 등 각종 행사와 전시회, 상영회, 문화예술공연 등이 지난 1일부터 여주 신륵사 관광지 도자세상과 썬밸리호텔, 세종국악당 등에서 이어진 가운데 6만여 명의 관람객들이 행사장을 찾았다.

• 그동안 여주는 다양한 지역 문화축제로 지역을 알리고 발전시켜왔다. 오랜 경험을 바탕으로 이제 세계적인 축제까지 치러내기에 이르렀다. 뉴욕 페스티벌은 세계 3대 광고제 중의 하나로 그 명성이 드높아 전 세계인들을 여주로 불러 모으는 계기가 되었다. 여주의 문화도시의 면모를 맘껏 자랑할 수 있어 참 뿌듯하다. 이렇게 세계화는 이미 시작되었다.

여주 군사보호구역 308만여㎡ 규제 완화 2015/7/27

여주 군사보호구역 308만여㎡ 규제 완화

월송·연라동 등 건축행위 가능

여주시는 군사보호구역 308만9천671㎡ 규모의 통제보호구역을 건축행위가 가능한 제한보호구역으로 변경했다고 26일 밝혔다.

시는 군부대와 협의를 통해 1960년대 지정된 통제보호구역을 최근 건축행위가 제한됐던 월송동과 연라동 1천683가구(4천548명)와 능서면 번도리, 신지리, 구양리, 왕대리, 오계리 1천626가구(3천724명) 등 총 3천309가구(8천272명)에 대한 제한보호구역으로 변경했다.

이번에 통제보호구역이 제한보호구역으로 완화돼 군부대와 협의로 토지 용도에 맞게 각종 건축행위도 가능해졌다.

여주시와 서여주TC, 능서역, 능서면이 연계된 42번 국도변에 있는 군사보호구역은 교통 접근성, 우수한 자연환경 등의 지리적 여건이 좋아 개발행위 민원이 많은 곳이다. 하지만 이 일대는 군사지역에 의한 제한, 수도권정비계획법과 한강수계 상수원 수질개선 및 주민지원 등에 관한 법률에 의한 개발제한 등 이중, 삼중으로 제약을 받아왔다. 이에 시는 2013년 5월부터 군 측에 군사보호구역 규제 완화를 지속적으로 건의해 왔다.

원경희 시장은 "이번 통제보호구역 완화 조치로 11만 여주 시민의 재산권 보장과 지역경제 활성화에도 크게 도움이 될 것으로 기대된다"고 말했다.

여주=류진동기자

여주시는 군사보호구역 308만9천671㎡ 규모의 통제보호구역을 건축행위가 가능한 제한보호구역으로 변경했다고 26일 밝혔다. 시는 군부대와 협의를 통해 1960년대 지정된 통제보호구역을 최근 건축행위가 제한됐던 월송동과 연라동 1천683가구(4천548명)와 능서면 번도리, 신지리, 구양리, 왕대리, 오계리 1천626가구(3천724명) 등 총 3천309가구(8천272명)에 대한 제한보호구역으로 변경했다. 이번에 통제보호구역이 제한보호구역으로 완화돼 군부대와 협의로 토지 용도에 맞게 각종 건축행위도 가능해졌다.

• 그동안 규제에 묶여 개인 재산임에도 그 이익을 제대로 실현하지 못했던 이들에게는 분명 반가운 소식일 것이다. 과도한 규제도 경계해야 하지만 규제 완화로 무분별한 개발과 건축 행위가 이어진다면 또 다른 문제를 불러올 수도 있다는 사실을 염두에 두어야 한다. 규제 완화가 가져올 득과 실을 꼼꼼하게 따져볼 필요가 있다.

여주 황학산 어린이 숲 체험학교 인기 짱 2015/6/5

"인성교육의 키워드로 숲 체험이 떠오르면서 자연에서 배우고 느끼는 산림교육의 중요성이 높아지고 있습니다." 지난달 28일부터 30일까지 여주지역 초등학생 34명을 대상으로 황학산 수목원에서 '제10기 황학산 수목원 숲 체험학교'를 진행한 경현 황학산 수목원 숲 체험학교장(여주시청 산림공원과장). 이번 숲 체험학교는 숲과 자연이 최고의 교실이고 교재, 교사가 됐다. 숲 체험학교는 이윤영(녹지연구사)와 원말금·송영란(숲 해설가), 최여경(수목원코디네이터)가 자연 재료를 활용한 명찰 목걸이 만들기, 솔방울을 이용한 더위 잡기 게임, 수목원에서 자라는 다양한 식물 채집 활동, 종이끈을 이용한 팔찌 만들기, 딱지치기, 채원에서 자란 수박으로 화채를 만들어 먹는 체험, 압화 부채 만들기, 원두막에서 여름 식·생물 배우기 등 다양한 프로그램이 진행됐다.

• 숲은 어른 아이 모두에게 아낌없이 모든 걸 내어준다. 그래서 숲 체험학교는 늘 인기가 많다. 공부에 대한 압박에서 자유롭지 못한 요즘 어린이들에게는 더더욱 숲과 자연의 품이 해방구 역할을 톡톡히 하고 있다. 그래서 일회성에 그치는 행사가 아니라 정기적이고 지속적인 프로그램으로 어린이들과 함께 하기를 바란다.

원경희 여주시장과 이필운 안양시장 여주에서 첫 벼베기 행사

2015/8/3

지역사회 | 여주시

이필운 안양시장·가족봉사단 여주 첫 벼베기 행사 구슬땀

승인 2015-08-02 21:10

류진동 기자 san3111@kyeonggi.com
기자페이지 >

이필운 안양시장과 가족봉사단이 지난 1일 여주시 능서면 구양리 앞뜰에서 여주 쌀 첫 노지 벼 베기 행사에 참가해 찜통더위 속에서 구슬땀을 흘렸다.

이날 행사는 여주시 고품질 쌀 작목반(회장 서재호) 주관 제3회 여주시 고품질 쌀 첫 벼 베기와 농촌일손돕기 행사로 원경희 여주시장과 이필운 안양시장, 원욱희 도의원, 이대직 과천부시장, 권용준 안양시 의정회장. 안양시 가족봉사단원 등 300여명이 참여한 가운데 지난봄 모내기한 진부 올벼 노지 첫 벼 베기를 했다.

가남농협 농어촌사랑 명품 클래식 음악회 성황

2015/8/12

지역사회 | 여주시

가남농협 농어촌사랑 명품 클래식 음악회 성황

승인 2015-08-12 15:44

류진동 기자 san3111@kyeonggi.com
기자페이지 >

"60평생을 살면서 TV에서만 봤던 클래식 음악을 이렇게 직접 보기는 처음이네요. 멋진 공연을 선물해준 가남농협에 감사합니다."

지난 10일 여주 가남농협(조합장 김지현) 2층 대회의실에서 유준희 가남읍장과 신종엽 여주시 이 · 통장협의회장, 조합원과 장애인가족 등 300여 명이 참석한 가운데 열린 '농어촌 사랑 클래식 콘서트'가 열렸다.

"60평생을 살면서 TV에서만 봤던 클래식 음악을 이렇게 직접 보기는 처음이네요. 멋진 공연을 선물해준 가남농협에 감사합니다." 지난 10일 여주 가남농협(조합장 김지현) 2층 대회의실에서 유준희 가남읍장과 신종엽 여주시 이·통장협의회장, 조합원과 장애인가족 등 300여 명이 참석한 가운데 열린 '농어촌 사랑 클래식 콘서트'가 열렸다. 농어촌활성화를 위한 소통과 공생 프로젝트의 하나로 열린 이번 공연은 (사)농어촌문화 미래연구소 주관으로 농림축산식품부가 후원, 농촌지역 눈높이에 맞춘 멋진 클래식 음악을 관객들에게 선사했다.

여주쌀 2015년 조생종 고시히카리 벼 수매가 7만 4천원 확정 2015/8/20

대왕님표 여주쌀 2015년 조생종 고시히카리 벼 수매가 7만 4천원 확정

2015년산 여주지역 조생종 벼 수매가가 고시히카리 40kg 기준 최고 7만4천원으로 결정됐다.

여주지역 농협 조합장과 심정보 여주시농협조합 공동사업법인 대표, 농민 대표 등은 18일 공동사업법인 2층 회의실에서 2015년산 고시히카리와 히도메보레, 금성 벼 수매가 결정 이사회를 열고 수매가를 확정했다.

여주지역 농협 조합장과 심정보 여주시농협조합 공동사업법인 대표, 농민 대표 등은 18일 공동사업법인 2층 회의실에서 2015년산 고시히카리와 히도메보레, 금성 벼 수매가 결정 이사회를 열고 수매가를 7만4천원으로 확정했다.

• 여주 쌀은 타 지역에서 생산되는 쌀에 비해 비싼 가격으로 판매된다. 그럼에도 소비자들로부터 변함없는 선택을 받고 있다. 그만큼 품질과 맛에서 우수하다는 얘기일 것이다. 그런데 이런 여주 쌀의 품종이 거의 일본품종이라 아쉬움이 남는다. 지금은 국산품종의 다양한 쌀이 판매되고 소비자들의 사랑을 받고 있지만 이때만 해도 일본품종이 주를 이루었다.

"명품 여주 쌀로 든든한 하루 시작하세요" 2015/8/20

"명품 여주 쌀로 든든한 하루 시작하세요"

권오승 여주시농협조합공동사업법인 운영위원회장

쌀 소비 촉진 '아침밥먹기' 운동
최고 수매가에 걸맞는 품질 유지
무인 헬기 방제시스템 도입 예정

"전국민의 1%만 먹는 귀한 대왕님표 여주 쌀로 아침식사 꼭 하세요" 전국에서 생산되는 쌀 중 밥맛이 최고라고 평가받는 대왕님 표 여주 쌀로 '아침 밥먹기' 운동에 나서고 있는 권오승 여주시농협조합공동사업법인 운영위원회장(흥천농협 조합장)은 쌀 소비가 감소하는 현재 추세를 막기 위해서라도 반드시 밥 먹는 풍토를 정착시켜야 한다고 강조한다. 권 회장은 "우리 미래의 주역인 청소년들이 아침

밥을 먹고 튼튼해야 건강한 대한민국을 건설할 수 있다"며 "아침 밥먹기 운동을 전개해 식문화를 변화시키는 첨병이 최고의 밥맛을 자랑하는 여주쌀이 될 수 있도록 법인 회원 모두가 나서도록 최선의 노력을 다하겠다"고 강조했다.

- 아침밥을 먹고 하루를 시작하면 여러 가지 면에서 좋다는 것은 누구나 알지만 실천하기는 쉽지 않다. 쌀 소비량이 해마다 줄고 있고 있으니 아침밥 먹기 운동이라도 해서 쌀 소비량을 늘리고 싶을 것이다. 그런데 현실은 다양한 먹거리가 넘쳐나다 보니 쌀 소비량이 줄어드는 것은 어쩌면 당연한 일일지도 모른다. 그래도 다양한 시도는 필요하다.

세종실록 강독회, 여백서원서 '세종에게 그 길을 묻다' 특강 2015/8/22

세종실록 강독회, 여백서원서 '세종에게 그 길을 묻다' 특강

세종실록 강독모임(지도교수 박현모)은 지난 21일 여백서원(강천면 걸은리)에서 '세종대왕에게 그 길을 묻다.'란 주제로 2기 마지막 강독회를 했다. (사)한국형리더십개발원 주최로 열린 이번 세종실록 강독회는 '세종'이라는 공통분모로 대학교수와 대기업 연구원, 의원 등 20여 명의 다양한 직업군의 사람들로 모임이 결성되어 이날 2기 마지막 수업을 했다.

어린이가 안전한 스쿨존… 교통안전 '첫 걸음' 2015/8/30

여주시는 시 승격 2년을 맞아 여주경찰서와 함께 중심 시가지 및 학교 앞 교통 기반시설과 신호체계 변경 등 교통사고 줄이기 캠페인을 합동으로 전개하고 있다. 지난 24일에는 여주초등학교 앞에서 개학하는 학생들의 안전한 등굣길을 위해 경찰서장과 학교장, 녹색어머니회, 모범운전자회, 어머니폴리스, 포돌이·포순이 등 50여명이 초등학생 687명을 대상으로 캠페인을 전개했다. 이 자리에서는 어린이 횡단보도 안전하게 건너는 법, 인도로 보행하기 등 교통안전 교육과 운전자 상대로 제한 속도와 신호 준수, 어린이 보호구역 내 안전운전 홍보를 하는 한편 학교폭력 예방을 위한 포돌이·포순이 마스코트, 등교생 '프리허그' 캠페인을 펼쳤다.

• 여주의 도심 교통 상황이 이제는 대도시화되어 차량들로 넘치고 있다. 그동안 꾸준하게 도로를 정비하고 주차 시설도 확충하면서 도심 정비를 해왔지만 늘어나는 차량의 속도를 제대로 따라가지 못한다. 그래도 복잡한 교통 환경으로부터 아이들의 안전을 지키는 일이 최우선되어야 한다.

여주에서 마산·창원·전주 시외버스 노선 신설 2015/10/26

원경희 여주시장은 명품 여주 시민의 교통편의 제공을 위해 여주에서 경남 마산과 창원, 전북 전주 시외버스 노선을 신설 운행한다고 27일 밝혔다. 원 시장은 "여주시민들이 마산과 창원, 전주 등의 지역을 시외버스로 방문하기 위해서는 그동안 이천버스터미널과 원주 등지로 시내버스나 택시를 타고 이동해 환승을 해야 하는 불편을 겪어 왔다"고 강조했다.

• 여주는 사통팔달의 교통 요충지로 거듭나기 위해 끊임없이 노력하고 있다. 다양한 시외버스 노선 신설도 여주 교통이 계속 발전중에 있다는 것을 보여준다. 여주 시민들의 불편을 해소할 수 있도록 노력하는 행정이 참 고맙다.

'대한민국여주경찰이야기' 특별기획전
여주경찰서 창설 70주년 2015/10/14

12 2015년 10월 14일 수요일 메트로 경기일보

Metro focus 여주경찰서 창설 70주년 '대한민국 여주경찰 이야기' 특별기획전

시민의 지팡이 70년 민생치안 '파노라마'

16일~12월20일까지 여주박물관서 전시

여주시민과 애환을 함께해 온 여주경찰서가 창설 70주년을 맞아 지난 역사를 되돌아보게 하는 '대한민국 여주경찰 이야기' 특별기획전을 오는 16일부터 12월20일까지 여주박물관에서 개최한다. 올해 대한민국 광복 70주년과 경찰 창경 70주년, 여주경찰서 창설 70년을 기념해 열리는 이번 특별기획전은 1945년부터 여주 시민과 함께해 온 여주경찰의 역사와 발자취를 스토리텔링 형식으로 구성해 전시된다. 이번 특별기획전을 준비해 온 원용춘 경무과장은 "여주시민과 70년의 애환을 함께 해 온 여주경찰의 역사를 한 눈에 볼 수 있게 만들었다"며 "역대 63명의 여주경찰서장 중에서 이근표·윤웅섭(경기, 서울청장)·조용연(충남, 울산청장) 청장과 직전 정성제 서장 등 4명의 역대 서장들을 모시고 여주경찰 70년의 발자취를 다양한 장르의 전시물(계급장과 수첩, 경찰복 등)을 감상할 수 있게 했다"고 설명했다. 특히 여주경찰서는 창설 70주년을 기념해 경찰서 담장에 벽화 그리기 작업을 벌여 남한강 100리 길과 주요 관공서, 남한강 여주보 등 3개 보, 여주팔경 등 명소와 구름·나비(희망·행복·사랑·봄·따뜻함) 등이 벽화로 표현, 여주의 아름다움을 홍보한다. 남한강을 끼고 있는 여주는 '여주목'이라는 행정관청이 설치된 수운의 교통 중심지이자 역사적·지리적으로 매우 중요한 전략 요충지로 그 곳의 주민들의 삶에 여주경찰 70년의 역사도 함께 했다.

INTERVIEW

엄명용 제64대 여주경찰서장

뒤돌아 본 과거 통해 '미래 조명' 시민들과 '안심도시 만들기' 최선

Q 광복 70년 경찰 창설 70년, 여주경찰 70년의 의미는.

A 여주경찰 70년의 역사 전시를 기획한 의미는 현재의 치안도 중요하지만, 과거의 경찰이 가졌던 역사적인 역할, 그 기록물을 다시 한 번 회고하고 앞으로의 70년을 준비하는 계기가 될 것이다. 한반도 중심에 있는 여주는 교통과 물류의 중심지다. 여주는 역사적으로 이포 조세창 등 정부 조세창이 2곳이 있던 곳으로 역사적 의미가 매우 높다. 여주는 작은 도시지만 한강상수원보호 지역이라는 중요한 역할을 담당해 왔다. 개발이 제한되다 보니 발전을 할 수 없어 인구가 30년 동안 10만여명이 그대로 유지됐고 치안도 안정적으로 유지됐다.

Q 여주경찰 앞으로의 70년 준비는.

A 대한민국 수도 서울에서 상수원보호에 대한 역할은 매우 크다. 상수원보호 지역인 여주는 앞으로 지연친화적인 문화·관광의 도시로 발전할 것으로 전망된다. 여주경찰은 문화·관광도시의 여주경찰로 그 역할을 충분히 담당할 수 있도록 차분히 준비하겠다. 여주는 영동고속도로와 제2영동고속도로, 중부내륙고속도로 등 한반도 중심의 교통 요충지로 역할도 지대하다. 물류와 사람의 교통에 있어 경찰의 역할이 절대적이다.

Q 여주시민들에게 당부하고 싶은 말은.

A 치안은 경찰관이 주로 담당하지만, 경찰 혼자 할 수는 없다. 여주시민들이 범죄와 사건 사고 현장을 목격했을 때 경찰에 빠른 신고를 당부한다. 안전과 관련된 좋은 정보와 의견 있으면 언제든지 경찰과 공유해 함께 만들어가는 여주치안이 될 수 있도록 간곡히 부탁한다.

여주=류진동기자

여주경찰의 역사

조선시대의 여주경찰은 지방 관청인 여주목사가 행정 및 사법업무 일체와 육방 중 병방과 형방이 경찰사무를 담당했다. 당시 여주경찰은 총순 1명, 권임 2명, 순검 9명으로 구성된 여주분소가 설치되어 치안업무를 담당했다. 1469년 여주목(여주목사가 현재의 경찰권 행사)설치. 1910년 당시 여주군 주내면(현 여주시 창동)에 여주분귀소가 운영됐다. 1945년 10월 21일 국립경찰 창설로 정식 여주경찰서 창설(1개 주재소 및 7개 지서 담당, 정원 35명) 2011년 10월 남한강경찰대가 개설되어 현재에 이르고 있다.

조선시대 포도대장.

일제강점기

1910년 8월 여주군 주내면에 여주분귀소를 설치, 헌병 2명과 한인 보조원 2명을 배치해 총 4명이 여주치안을 담당했다. 1919년 8월 헌병제도를 폐지, 여주면 홍문리에 여주경찰서를 설치, 점동·가남·이포·개군·북내·강천·대신면 등 총 7개면에 주재소를 설치했다.

일제 강점기 경찰.

건국 초기

1945년 8월15일 광복 이후, 도지사 산하에 경찰부가 설치돼 1946년 초대 민선 여주경찰서장으로 석광태가 임명됐다. 이후 10월21일 국립경찰 창설과 동시에 여주경찰은 군 자위대로부터 경찰서를 인수받아, 정식으로 여주경찰서를 개설했다. 제19구 경찰서(여주경찰서)로 정원 35명의 경찰관이 여주읍과 7개면, 1개 주재소와 7개 지서를 담당했다.

1965년 말을 타고 순찰하고 있는 여주경찰서장.

건국 이후

한국전쟁 이후 경찰은 전투경찰체제로 통합돼 보급과 및 경찰병원이 설치되는 등 비상사태에 대처하기 위한 조직으로 개편됐다. 한국전쟁 동안 여주경찰은 2명의 순경이 순직했고, 경찰서 본청 및 농서와 강천지서가 소실돼 여주초등학교 강당을 임시경찰서로 사용했다. 휴전 이후 1956년 9월 여주경찰서 신청사가 준공됐으나, 1956년 11월19일 화재로 인해 청사 본관이 전소해 한동안 부속건물에서 경찰업무를 담당했다. 1957년 11월 여주읍 창리 162번지로 현재 여주경찰서를 이전해 사용해오고 있다.

1960년대

1960년대 경찰은 북한 공비침투를 방어하는 역할을 군과 함께 담당했다. 1968년 1월21일 김신조 무장공비 사건과 69년 흑산도에 침입한 공비 소탕 작전에서도 맹활약을 펼쳤다. 여주경찰은 1개 주재소, 8개 지서를 담당하게 됐고 1968년 경찰서장 계급이 총경으로 승격됐다. 여주경찰서는 지역내 치안유지와 군민체육대회 및 동아방송 공개방송 노래자랑 등 각종 행사의 개최장소로 경찰서 광장이 제공돼 주민과 가까워지는 계기가 마련됐다.

1980년대 여주경찰서 전경.

1970년대

1970년대 경찰조직의 개편과 경찰행정 및 경찰의 처우개선과 복지의 향상에 주력했다. 1974년 8월 15일 박정희 대통령 저격사건을 계기로 기존의 치안국을 치안본부로 격상시키고, 치안본부장을 차관급 대우로 격상시켰다. 또한 1970년대 인구의 증가에 따른 치안수요를 충족하기 위해 경찰서 및 지·파출소의 신설이 지속적으로 이뤄졌다.

1980년대

1981년 가남지서를 개축했고 1988년 여주경찰서 신청사가 준공. 1985년 여주경찰서 민원실 준공으로 목민 경찰행정이 현실화됐다. 1989년 산북출장소가 파출소 승격으로 여주지역 10개 파출소를 관할하게 되었다.

여주경찰서 담장벽화.

현재 여주경찰서 전경.

오늘날의 여주경찰

내무부 외청으로 승격된 경찰은 시도지사의 보조적인 기관에서 독립된 독립관청으로 승격됐다. 경찰조직의 독립과 동시에 경찰위원회제도를 도입해 민주적 통제시스템을 구축하기 위한 기초적 토대를 마련했다. 여주경찰은 2003년 지역경찰제가 도입으로 직제가 개편돼 3개 지구대 및 산북파출소, 6치안센터 체제로 변경됐다. 2006년 북내, 능서, 대신 치안센터가 파출소로 승격, 현재 1실 6과 16계의 편제를 갖추고 있다. 여주시 관내의 파출소로 3개 지구대, 4개 파출소가 있다. 여주경찰은 각종 범죄예방활동과 청소년 선도, 지역봉사, 환경감시 등의 분야에서 12만 여주시민과 함께하는 지역사회 경찰로 활발한 치안활동을 전개하고 있다. 특히 1990년대부터 남한강 유원지를 찾는 피서객들을 위해 연양리에 여름파출소 운영과 이포보에서 강천보에 이르는 남한강 수상과 수변구역의 치안을 담당하고자 2011년 남한강경찰대를 설치해 운영하고 있다.

여주=류진동기자

김봉자 여주시청 보건소 위생팀장 민원봉사대상 수상 2015/10/27

"김팀장은 26년 8개월 동안 공직에 몸담아 7개의 자격증을 취득해 전문적 민원 서비스를 제공했다"

동정

김봉자 여주시청 보건소 위생팀장 '제19회 민원봉사대상' 대상 수상

김봉자 여주시청 보건소 위생팀장이 '제19회 민원봉사대상' 시상식에서 대상을 수상했다. 김 팀장은 26년 8개월 동안 공직에 몸담고 특히 10여 년간 대민부서에서 근무하며, 사회복지사 2급 등 7개의 자격증을 취득해 전문성을 살린 민원 서비스를 제공했다는 점을 높게 평가받았다.

여주=류진동기자

전국 동주도시 교류협의회장 관광박람회 추진키로 2015/11/4

전국 동주도시 교류협의회장 관광박람회 추진키로

여주시 등 도시명에 주(州)를 포함한 기초자치단체들이 관광박람회 개최 등 상생발전을 위한 공동협력사업을 추진하기로 했다. 전국 동주도시 교류협의회(회장 원경희 여주시장)는 최근 여주썬밸리호텔에서 '2015년 하반기 정례회의'를 열고 공동협력사업 등 5개 안건을 처리했다고 4일 밝혔다. 이번 회의에는 원 시장을 비롯한 광주, 원주, 상주, 공주, 영주, 진주, 청주, 충주, 파주, 경주시 등 11개 지자체장과 부단체장 등이 참석, 공동협력사업 실행계획 4건과 내년도 상반기 총무도시 선출안 등을 처리했다. 공동협력 사업은 ▲관광박람회 공동개최 ▲동주도시 역사와 문화 뿌리 찾기 투어 ▲지역축제 공동홍보 부스 운영 및 참가 등 문화관광 교류 활성화 ▲동주도시의 명품 특산물 판매 등 농·특산물 공동 마케팅 사업 등이다. 또 차기 총무도시로 경주시를 선출했다. 원경희 시장은 "전국동주도시들이 교류를 하면서 도시 간 공동 번영과 교류협력을 강화해 나가면서 좋은 의견을 공유하고 발전해 나가고 있다"며 "동주시 상생협력을 통한 소중한 기회가 되기를 기대한다"고 말했다. 한편 동주도시협의회는 전국 15개 동주시장 모임으로 2003년 창설되어 교류협력 및 상생발전을 도모하고 있다.

자연보전권역 과도한 규제 풀어달라

2015/11/12

"자연보전권역 과도한 규제 풀어달라"

경기지역 시·군의회 의장들이 자연보전권역 규제개선과 군사격장 및 군사시설 피해에 대한 정부정책 개선을 촉구하고 나섰다.

경기도 시·군의회 의장협의회(회장 박권종)는 12일 여주 소피아그린CC에서 제126차 정례회의를 개최했다.

경기지역 시·군의회 의장들이 자연보전권역 규제 개선과 군사격장 및 군사시설 피해에 대한 정부정책 개선을 촉구하고 나섰다. 경기도 시·군의회 의장협의회(회장 박권종)는 12일 여주 소피아그린CC에서 제126차 정례회의를 개최했다. 도내 31개 시·군 의장과 관계자 등 100여 명이 참석한 가운데 이환설 여주시 의장(의장 협의회 사무총장) 주관으로 열린 회의에서는 자연보전권역 규제 개선과 군 사격장 및 군사시설 피해에 대한 불평등한 정부정책 개선, 특별법 제정을 촉구하는 결의문을 채택했다.

무질서한 도로 안녕 여주에 '명품 선비길'

2015/11/16

여주시 가남읍 태평리(선비)에 보행자가 우선인 '명품 선비길'이 조성된다. 여주시는 차 없는 거리와 차량 일방통행 등에 대한 설계를 내년 상반기에 완료하고 연말까지 '명품 선비길'을 조성할 계획이라고 15일 밝혔다. 명품 선비길은 태평리의 옛 지명인 '선비'를 지칭해 차 없는 거리를 조성하고자 추진하며 이 사업은 국민안전처가 전국 지자체를 대상으로 공모한 '2016년 안전한 보행환경 개선지구 사업' 대상에 선정됐다.

- 사람을 먼저 생각하는 위민행정은 세종의 지역에서는 너무나 당연하고 중요한 일이다. 소중한 가치를 지키고 이어가는 정신이 멋지다. 화려한 변신을 거듭하고 있는 여주지만 아직도 남아있는 옛 정취를 잊지 않고 옛길을 되살리고자 하는 노력이 고맙고 아름답다. 여주는 또다시 한 단계 성장하고 있다.

여주시 올해보다 500억 원 증액된 5천 127억 원 내년 예산안 편성 2015/11/25

여주시는 세종인문도시 명품여주 건설을 위해 올해보다 500억 원이 증액된 5천127억 원으로 2016년도 예산안을 편성했다고 25일 밝혔다. 시는 내년도 예산안을 편성해 지난 20일 시의회에 제출했으며 '제16회 여주시의회 제2차 정례회'의 예산결산특별위원회의 심의를 거쳐 오는 21일 확정될 예정이다. 내년도 예산안은 올해보다 505억 원(10.9%)이 증액됐으며, 일반 3천782억 원, 특별회계 1천345억 원이다. 사회복지분야 1천64억 원(21.86%), 국토 및 지역개발 766억 원(15.75%), 환경보호분야 642억 원(13.19%), 수송 및 교통분야 619억 원(12.73%), 농업 분야 499억 원(10.26%) 순으로 편성했다. 여주시 재정자립도는 30.8%로 전년도보다 0.3% 감소했다. 시는 서민 생활 안정을 위해 기초연금 293억 원, 기초생활보장 생계급여 100억 원, 장애인 생활시설 운영 46억 원 등을, 서민 일자리 창출과 노인 일자리 확충사업에 19억 원, 자활 지원 14억 원, 공공근로 사업에 4억 원을 각각 편성했으며, 영유아 보육으로 지원 91억 원, 가정양육수당 지원 34억 원, 교육학력 향상을 위해 28억 원을 각각 편성했다. 미래 성장동력 확보를 위한 사업으로는 2016년 성남~여주간 복선전철 개통에 따른 여주 역세권 개발사업 100억 원, 능서 역세권 도시개발사업 30억 원을 투자할 계획이며, 기존 시가지 활성화를 위해 창동지구 도시개발사업 20억 원, 가남읍 태평지구 도시개발 15억 원을 편성하여 계획적인 미래 도시개발 수요를 반영했다. 또한, 편리한 교통망 확충과 산업단지 개발을 위해 동여주 IC개설 사업에 93억 원, 남여주 일반산업단지 조성에 86억 원 등 기업하기 좋은 도시 환경조성으로 자급도시로의 도약을 준비했다. 올해 신규 사업으로는 가남읍 농촌중심지 활성화 사업 12억 원, 이포권역 다목적 행복센터 건립 17억 원, 안전한 보행환경 조성사업 20억 원, 대신면 공공도서관 건립 10억 원 등이 새로 편성됐다. 또 깨끗하고 밝은 여주 만들기, 남한강을 이용한 자연경관 활성화, 여주박물관 및 폰박물관 개관, 강천섬권역 개발용역 실시 등 문화관광 도시 이미지 구축으로 지역경제 활성화와 '돈 버는 여주'의 기본을 마련, 연양동과 이포 당남리섬 유료화, 수상체육센터 개관 등 여가·체육활성화 사업을 중점 관리하기로 했다.

남신우 시 기획예산담당관은 "세종인문도시 명품여주를 만들기와 서민 생활안정 등을 위해 올해보다 500억 원이 증액된 내년도 예산을 500억여 원을 증액된 5천 127억 원으로 예산안을 편성했다"고 말했다.

여주署, 2급지로 승격 2015/12/6

여주署, 2급지로 승격

여주경찰서가 2급지로 승격됐다.

여주는 지난 2013년 9월 군에서 시로 승격된 후 경찰의 치안수요 등이 크게 증가하면서 2급지로 승격시켜야 한다는 시민들의 주장이 꾸준하게 제기돼 왔다. 또 12만명에 육박하는 시의 인구는 2급지 승격 기준(15만~25만명 미만)에는 부족하지만, 내년 상반기 개통예정인 성남-여주 간 복선전철과 20여 곳의 골프장, 아시아 최대 규모의 신세계사이먼 여주프리미엄아울렛, 375st 등 여주세종인문도시 여주로의 도약 등이 급지 상향에 크게 작용한 것으로 알려졌다.

여주시민들은 급지가 상향됨에 따라 전반적인 치안서비스가 향상될 것으로 기대하고 있다. 특히 본보는 여주경찰서 급지승격에 대한 필요성과 치안서비스 확보에 대한 타당성을 지속적으로 제 했다. 여주는 112신고건수와 강력사 등이 일부 3급지에 비해 월등하게 높 도시특성을 갖고 있다.

엄명용 여주경찰서장은 "명품여주 민들은 이번 여주경찰서 급지승격으 다양한 치안서비스 혜택을 받게 됐다 며 "앞으로 경찰인력보강 등이 이뤄 주민 치안 만족 극대화를 추구하겠다 고 말했다.

여주=류진동기

여주경찰서가 2급지로 승격됐다. 여주는 지난 2013년 9월 군에서 시로 승격된 후 경찰의 치안수요 등이 크게 증가하면서 2급지로 승격시켜야 한다는 시민들의 주장이 꾸준하게 제기돼 왔다. 또 12만 명에 육박하는 시의 인구는 2급지 승격 기준(15만~25만 명 미만)에는 부족하지만, 내년 상반기 개통예정인 성남-여주 간 복선전철과 20여 곳의 골프장, 아시아 최대 규모의 신세계사이먼 여주프리미엄아울렛, 375st 등 여주세종인문도시 여주로의 도약 등이 급지 상향에 크게 작용한 것으로 알려졌다.

- 기자라는 신분 덕분에 성장하는 여주의 모습을 누구보다 먼저 접하고 발 빠르게 전달하는 희열을 느낀다. 무엇보다 고향 여주의 소식을 먼저 알고 있다는 사실이 참 뿌듯하다. 더구나 이렇게 반갑고 좋은 소식일 때는 그 기쁨이 배가 된다.

오늘 개통 국도 37호선 여주IC~장호원 구간 가보니… 2015/12/8

“도로 곳곳의 안전시설물이 미흡하고 진출입로도 엉망이라서 사고 위험이 불보듯 뻔합니다.”

8일 오전 찾은 국도 37호선 여주IC~장호원 구간. 도로공사 분야에서 30여 년간 종사해 온 전문가 A씨(50)는 취재진과 동행한 자리에서 9일 개통하는 이 구간에 대해 깊은 우려를 나타냈다. 이 도로는 서울지방국토관리청이 1천72억 원의 사업비를 투입, 지난 2005년 착공해 10여년 만인 9일 개통을 앞두고 있다.

신사임당 장학회 17회 장학금 전달식 가져 2015/12/24

신사임당 장학회 17회 장학금 전달식 가져

여성 최초로 고액권인 5만 원 화폐 인물인 문희·신사임당의 현모양처(賢母良妻)의 삶을 후학들에게 기리고 더 많은 배움의 기회를 제공하고자 설립한 신사임당 장학회(회장 이문자)가 올해 17회 장학금 전달식을 가졌다. 신사임당 장학회는 여주와 강원지역 다문화 학생과 중·고교생과 대학생 성적우수자 18명을 선발해 지난 23일 영동고속도로 여주휴게소(서창방향)에서 장학금을 전달했다.

• 학업에 힘을 실어주는 일이야말로 여주의 발전과 미래에 큰 힘이 되는 아름다운 기부다. 미래 자산인 청소년들의 배움에 있어서는 그 어떤 차별이나 어려움도 없어야 한다. 이 아이들은 훗날 따뜻한 마음을 가진 멋진 어른으로 성장할 것이고, 나아가 지역을 빛내는 인재가 될 것이다.

세종 정신의 부활… 인문·관광도시의 품격 2015/12/30

12 메트로 경기일보

Metro focus 사람이 행복한 여주시

세종 정신의 부활… 인문·관광도시의 품격

교육·복지·소통·문화관광·창조경제·산업 5대 추진전략 빈틈없는 실천 '균형 발전' 새해 '세종인문도시' 건설에 행정력 집중

INTERVIEW 원경희 여주시장

세종대왕 창조열정 본받아 '글로벌 여주' 도약

세종인문도시 명품 여주 건설을 위해 원경희 시장이 선포한 비전은 '사람이 행복한 여주'를 만드는 것이다. 민선 6기 원경희 시장은 취임 후 세계적 행사인 뉴욕페스티벌을 '뉴욕페스티벌 in 여주 2015'로 개최, 여주시와 대한민국을 세계에 널리 알렸다. 또 세종대왕 창조정신을 여주에 접목해 시민이 행복하고 '돈을 버는 여주, 돈이 도는 여주'를 만들어 경제적으로 윤택하고 시민이 서로 돕고 배려하며 살고 싶은 매력 도시를 만들기 위해 정진하고 있다. 원 시장의 올해 주요 시책 방향은 세종대왕께서 펼친 덕목 중 가장 주목을 받는 '생업을 즐겁게 하여 일을 일으키면 그 삶이 풍요로워질 것'이라는 가르침을 여주발전에 도입하는 것이다. 이를 위해 지난 9월부터 여주시 창조경영단과 각 부서의 협력을 통해 올 연말까지 기본 골격을 만들어낼 예정이다. 지난달 17일에는 여주시 핵심 공직자 40여명과 외부 전문가 10명을 주축으로 '세종 인문도시 비전설계 실무위원회 워크숍'을 개최하기도 했다.

In 2016

수도권에서 가장 큰 유채꽃물결 보러오세요

불법 산지전용·무허가 벌채… 여주 무차별 산림훼손 심각 2016/1/29

여주지역의 수십년된 참나무와 소나무 등 울창한 산림이 불법 산지전용과 무허가 벌채 등으로 인해 최근 2년간 10만여㎡가량 훼손되고 있어 철저한 단속과 조사가 요구되고 있다. 28일 여주시와 경찰 등에 따르면 최근 점동면 흔암리 A청소년수련원 뒤쪽 임야 3만여㎡가 인공 조경시설물 조성사업 과정에서 속살을 드러낸 채 방치되고 있다.

- 기자의 눈을 피해 갈 수 있는 일이란 없다. 고향을 지킨다는 자부심으로 사는 것도 이젠 도사가 다 됐다. 매의 눈으로 보면 어느 것 하나 허투루 보이지 않는다. 길을 가다 보면 훼손되는 현장들이 들어온다. 지인들과 함께 가다가도 나에게만 현장이 보이는 건 오랜 경험에서 오는 나름의 촉이겠지. 여주를 지키라는 사명감이 생기는 대목이다.

불법개발에 사라지는 '수려한 풍광 여주' 2016/2/12

여주지역이 무분별한 산림훼손이 끊이질 않고 있다. 11일 오전 여주시 강천면 걸은리 산 21-4 걸은 3리(말개미 마을) 뒷산 2만9천950㎡가 하얀 허릿살을 드러내 놓고 있었다. 마을 주민 A씨가 밭으로 사용하겠다며 지난해 11월2일 시로부터 내년 9월 30일까지 만기의 개간허가를 받은 곳이다. 하지만, 마을에서 허가받은 임야까지 폭 2m, 길이 150여m의 시멘트

포장 진입로가 밭을 가로질러 설치돼 있고 개발지 입구에서 정상부근까지 경계선 주변에는 수십 년 된 소나무와 참나무 등이 맥없이 쓰러져 있었다.

- 마음이 많이 쓰리고 아프다. 나무가 쓰러지는 현장을 목격하며 이들을 지켜야겠다는 생각이 들었다. 비록 작은 힘이지만 나무를 아끼는 마음으로 내가 할 수 있는 일이라면 뭐든 해야겠다. 한번 훼손된 자연을 되돌리는 일은 수십 배, 수백 배의 시간과 노력이 필요한 법이다. 무분별한 산림의 훼손을 그냥 놔둘 수는 없다.

여주 가축분뇨처리장 건립 '갈등 심화'

2016/2/14

여주축협이 능서면 광대리에 추진하고 있는 가축분뇨공공처리시설(이하 축분장)을 둘러싸고 갈등이 빚어지고 있는 가운데 원경희 여주시장, 축협 관계자, 주민 등이 머리를 맞대고 나섰으나 좀처럼 해결의 실마리를 찾지 못하고 있다. 14일 시와 축협 등에 따르면 지난 11일 오후 시청 4층 회의실에서 축분장이 들어설 능서면 광대리와 오계리, 가남읍 본두리와 화평리 등 7개 리 마을 주민들과 축협, 시 관계자, 시의원 등이 참석한 가운데 원 시장과 대화의 시간을 가졌다. 이는 여주축협이 능서면 광대리 500-100번지 외 27필지(3만5천986㎡)에 116억 원을 투입해 2015년부터 가축분뇨공공처리시설을 추진하자 주민들이 반발하고 있기 때문이다.

여주·양평·가평 이범관 "북한강 상류로 취수장 이전"

2016/2/17

이범관 새누리당 여주·양평·가평 예비후보는 16일 규제철폐 공약을 발표, "현재의 팔당상수원 취수장을 북한강 상류로 이전 추진해 공염불에 그쳐온 여주·양평 주민들의 염원인 규제철폐를 근본적으로 해결하겠다"고 밝혔다.

여주시 중국 신이시와 경제무역협력 구축 2016/2/26

지역사회 여주시

여주시 중국 신이시와 경제무역협력 구축.

여주시와 중국 장쑤성 신이시가 경제 · 문화 · 관광 등 분야 공동발전에 협력하기로 뜻을 모았다.

원경희 시장과 윤희정 시의원, 언론인 등 중국 국제교류방문단 12명은 지난 23일부터 26일까지 3박 4일 중국 신이시를 방문해 경제·문화·체육·교육·농업분야 등에서 경제협력 및 우호증진을 강화하기로 의견을 모으고 의향서를 체결했다

여주시와 중국 장쑤성 신이시가 경제·문화·관광 등 분야 공동발전에 협력하기로 뜻을 모았다.원경희 시장과 윤희정 시의원, 언론인 등 중국 국제교류방문단 12명은 지난 23일부터 26일까지 3박 4일 중국 신이시를 방문해 경제·문화·체육·교육·농업분야 등에서 경제협력 및 우호증진을 강화하기로 의견을 모으고 의향서를 체결했다. 지난 25일 중국 신이시청 4층 회의실에서 열린 이번 업무협약은 지난해 7월 중국 신이시 한국투자유치단이 여주를 방문, 우호도시 교류를 제안해 양 지역의 경제·문화관광·무역·투자 분야의 실질적인 협력을 강화해 나가고자 마련됐다. 이날 원 시장과 왕성장(王成長) 중국 신이시 시장은 우호평등(友好平等), 호혜상생(互惠相生)의 원칙에 각 지역이 보유한 자원을 활용해 지역경제·문화·체육·교육·농업분야 등에서 공동발전을 위해 합의했다.

흔암리 선사유적지, 20년간 엉뚱한 곳에 '깃발' 2016/3/8

청동기 대표 유물 발굴 장소보다 100m 떨어진 야산에 지정청동기 시대 쌀과 보리·수수 등 '탄화 미'가 발견된 국내 대표적인 선사 유적지로 명명되고 있는 여주 점동면 흔암리(欣巖里) 유적지가 유물 발굴 장소에서 100m가량 떨어진 엉뚱한 곳에 지정된 사실이 20여년 만에 밝혀져 관리 부재란 지적이다. 6일 여주시와 서울대 박물관 등에 따르면 흔암리 선사유적지는 지난 1972년부터 1978년까지 7차례에 걸친 서울대 박물관팀의

사회 | 사회일반

흔암리 선사유적지, 20년간 엉뚱한 곳에 '깃발'

승인 2016-03-06 21:56

류진동 기자 san3111@kyeonggi.com
기자페이지 >

청동기 대표 유물 발굴 장소보다 100m 떨어진 야산에 지정

청동기 시대 쌀과 보리·수수 등 '탄화 미'가 발견된 국내 대표적인 선사 유적지로 명명되고 있는 여주 점동면 흔암리(欣巖里) 유적지가 유물 발굴 장소에서 100m가량 떨어진 엉뚱한 곳에 지정된 사실이 20여년 만에 밝혀져 관리부재란 지적이다.

▲ 여주시가 청동기시대를 대표하는 선사유적 발굴지에서 100m 가량 떨어진 곳에 설치한 움집.

발굴조사 결과 돌도끼, 토기 등과 함께 탄화된 쌀과 겉보리 등 곡물이 발견됐다. 특히 흔암리 유적지는 청동기시대의 16기를 즈음한 선사시대 유적 가운데 최대 규모이며 청동기시대의 우리나라 농경사회와 선사시대의 생활상을 입증하는 결정적인 곡물인 탄아미가 발견되면서 세계적인 관심도 높다. 또한 이곳에서 발견된 구멍무늬토기(孔列土器), 민무늬토기 등은 '흔암리 식 토기'로 고유명사화될 정도로 상징성을 갖고 있으며 한국 청동기 시대의 생업경제를 규정하는 효시를 제공했다는 평가를 받고 있다. 이 때문에 지난 1995년 8월7일 발굴지인 점동면 흔암리 산2-1 일대 주변 임야 4만8천999㎡가 '경기도 기념물 제155호로 여주 흔암리 선사유적'으로 지정됐으며 청동기시대를 연구하는 대부분 논문에서 인용되고 있다. 시도 지난 2005년 발굴지 아래 야산 900여㎡에 움집을 조성해 유적지임을 알리고 있다. 그러나 본보 취재 결과 현재 지정된 유적지의 위치가 유물이 발견된 발굴지가 아니라 100m가량 아래쪽으로 내려온 일개 야산이란 사실이 20여년 만에 확인됐다. 시는 지난 2014년 이곳 유적지에 대한 기본적인 재조사를 하면서 이런 사실을 알았으나 최근까지 후속 대책을 마련하지 않고 있다. 잘못 지정된 이유에 대해서도 측량 오류 등으로 추정만 할 뿐 정확한 원인조차 파악하지 못하고 있다. 또한 인근에 전원주택지가 개발되고 있어 관리에도 허점을 보이고 있다. 이런 가운데 서울대 박물관은 발굴 이후 석기와 토기 관련 보고서를 추가로 작성한 데 이어 초기 발굴 당시 조사가 완벽하게 이뤄지지 않았다고 판단, 추가 발굴을 계획하고 있다. 서울대 박물관 이정은 연구원은 "흔암리 유적지는 제대로 정비가 되고 더 체계적인 발굴·연구 성과가 보완된다면 국가 기념물로 지정되기에 충분한 상징성을 가진 청동기시대 대표 유적지"라고 규정한 뒤 "추가적인 발굴(계획)이 필요하다"고 말했다. 이에 대해 시 관계자는 "유적지로 잘못 지정된 것은 재조사과정에서 확인됐다"면서도 "유적지를 재지정하려면 토지 소유관계에 따른 재산권 문제, 고시 등 행정절차 등 풀어야 할 숙제가 많아 마음만 앞설 뿐 뾰족한 해법을 내놓지 못하고 있다"고 말했다. 한편 시는 현재 유적지 재지정 등을 위한 관련 예산도 확보하지 못하고 있다.

원주 광역화장장 건립에 58억원 투입키로 2016/3/8

여주시가 원주 광역화장장 건립사업에 본격 참여하게 됐다고 7일 밝혔다. 여주시는 지난 4일 여주시의회가 임시회에 재상정된 원주 광역화장장 건립동의안을 통과시킴에 따라 여주시 분담금 58억원을 투입해 본격적인 원주 화장장 건립사업에 참여키로 했다.

'생활임금제' 시행 2016/3/30

여주시가 근로자의 복지증진 등을 위해 '생활임금제'를 시행한다. 이번에 실시하는 생활임금은 근로자의 인간적, 문화적 생활을 지원할 할 목적으로 법정 최저임금보다 높게 주는 급여로 지난 28일 생활임금심의위원회를 열고 시급 6천570원을 생활임금으로 책정했다. 이는 올해 최저임금 시급 6천30원의 108.9% 수준이며 최저임금과 비교할 때 월 최대 11만 2천860원(209시간 근로 시) 많은 금액이다. 시는 오는 30일 입금액을 고시하고 올해 1월 1일자로 소급 적용해 임금을 지급한다.

시급 '6천570원'

여주, 생활임금제 실시

"시민 소득 불평등 해결"

여주시가 근로자의 복지증진 등을 위해 '생활임금제'를 시행한다고 29일 밝혔다.

이번에 실시하는 생활임금은 근로자의 인간적, 문화적 생활을 지원할 할 목적으로 법정 최저임금보다 높게 주는 급여로 시는 지난 28일 생활임금심의위원회를 열고 시급 6천570원을 생활임금으로 책정했다.

이는 올해 최저임금 시급 6천30원의 108.9% 수준이며 최저임금과 비교할 때 월 최대 11만2천860원(209시간 근로 시) 많은 금액이다.

시는 30일 임금액을 고시하고 올해 1월1일자로 소급 적용해 임금을 지급한다.

생활임금액은 고용노동부가 통계로 밝힌 지난해 5인 이상 사업체 근로자 평균 임금(274만 8천504)의 50%에 월평균 근로시간(209시간)을 나눠 산정했다.

시는 소속 및 출자·출연기관의 저임금 근로자 204명에게 생활임금을 우선 적용해 지급하고 앞으로 시의 사무를 위탁받은 기관과 업체 등으로 대상을 확대할 방침이다.

또 생활임금 전면 실시를 위해 추경 예산 2억 원을 편성할 예정이다.

원경희 시장은 "시민이 행복한 명품 여주는 시민 생활임금의 정착과 소득불평 등 해소를 위해 다양한 지원책을 마련해 나가겠다"고 말했다.

여주=류진동기자

가남읍 새로운 100년을 설계한다 2016/4/18

여주시 가남읍 새로운 100년을 설계한다

류진동 기자 san3111@kyeonggi.com | 입력 2016. 04. 18 오후 5:13 | 댓글 0

여주시 가남읍이 미래비전 100년을 위한 새로운 변화를 위한 100인 토론회를 개최, 큰 호응을 얻고 있다.

유준희 가남읍장은 지난 2013년 여주시 승격 이후 면사무소에서 읍사무소로 지역명칭도 승격되면서 새로운 가남읍 미래비전을 위한 도심 활성화 방안과 농촌중심지 활성화 사업을 추진하고자 최근 100인 토론회를 개최했다.

여주시를 대표하는 가남읍은 정부가 추진하고 있는 농촌중심지 활성화 사업 유치에 성공, 농림축산식품부로부터 80억 원의 사업비를 지원받아 이 중 56억 원을 공모사업에 투입하기로 했다. 이에 따라 사업 추진은 한국농어촌공사에 일괄 수탁해 현재 기본계획을 수립하고 있다.

이 사업의 효율적 추진을 위해 여주시는 지난 15일 가남초등학교 체육관에서 원경희 시장과 원욱희 · 김규창 도의회, 이환설 시 의장과 시의원, 김지현 가남농협장, 지역주민 등이 참석한 가운데 '가남읍 농촌중심지 활성화 사업 100인 대토론회'를 개최했다.

이번 토론회에서는 마을주민, 소상공인, 관내 기업인 등 다양한 계층의 주민이 참석한 가운데 가남읍의 과거를 되돌아보고 미래의 성장가능성을 여는 다양한 의견이 도출됐다.

시는 이날 제시된 의견은 전문가 검토를 통해 기본계획에 반영할 예정이다.

원 시장은 "가남읍 농촌중심지 활성화 사업 100인 대토론회가 가남읍 발전과 주민참여에 의한 주민의 삶의 질 향상에 실질적인 효과가 나타나기를 기대한다"고 말했다.

한편, 가남읍 농촌중심지 활성화 사업은 올해 기본계획을 수립 ▲ 복지·문화생활서비스 확충 ▲농촌공동체 거점기능 강화 ▲ 지역정체성 확립을 통한 지역경제 활성 등 가남읍 지역발전과 주민의 삶의 질 향상을 위해 2019년까지 추진될 계획이다.

여주=류진동기자

여주시를 대표하는 가남읍은 정부가 추진하고 있는 농촌중심지 활성화 사업 유치에 성공, 농림축산식품부로부터 80억 원의 사업비를 지원받아 이 중 56억 원을 공모사업에 투입하기로 했다. 이에 따라 사업 추진은 한국농어촌공사에 일괄 수탁해 현재 기본계획을 수립하고 있다. 이 사업의 효율적 추진을 위해 여주시는 지난 15일 가남초등학교 체육관에서 원경희 시장과 원욱희·김규창 도의회, 이환설 시 의장과 시의원, 김지현 가남농협장, 지역주민 등이 참석한 가운데 '가남읍 농촌중심지 활성화 사업 100인 대토론회'를 개최했다.

가정의 달 5월 이천 - 여주 - 광주는 도자기의 달 2016/4/29

가정의 달 5월… 이천·여주·광주는 '도자기의 달'

'30돌 맞이' 이천도자기축제 오늘 설봉공원서 개막
여주축제장은 '도자기 만들고, 깨고' 색다른 재미
조선백자의 본고장 광주선 왕실도자기 재현

흙 빚고 물레 돌리고… 온가족이 '도자기 예술가'

■ 제30회 이천도자기축제

'제30회 이천도자기축제'가 29일부터 다음달 22일까지 24일간 이천 설봉공원에서 열린다. 올해는 30주년을 맞아 '지나온 30년, 나아갈 30년(Past 30, Next 30)'이란 주제로 특별·기획展, 워크샵·심포지엄, 체험과 다양한 상품과 먹거리, 문화공연과 이벤트, 어린이 놀이마당 등 더욱 다양하고 풍성한 프로그램으로 관람객을 맞이할 계획이다.

도자축제의 가장 큰 매력은 직접 도자를 만지고 경험할 수 있다는 것이다. 야외 공간에서 진행되는 '나만의 도자 만들기' '흙 밟기 놀이'는 촉촉하고 부드러운 흙의 감성을 손끝과 발끝으로 느낄 수 있다. 전문 도공들이 함께해 더욱 값진 경험을 제공한다.

이천 토박이 청자장인 해주 엄기환 선생과 함께 하는 '도자순례'도 진행한다. 이천과 도자에 대한 스토리텔링 체험 프로그램으로, 흙을 밟고 가마에 굽는 과정까지 상세하게 알 수 있다. 여기에 1598년 정유재란 때 일본으로 끌려간 조선의 사기장 심당길의 후예들이 맥을 이어오고 있는 심수관가(家)의 15대 심수관, 왕건종, 주곽경, 나카니시마수카츄 등 4대 거장들의 초청강연을 통해 도자에 대한 좀 더 깊이 있는 예술세계를 엿 볼 수 있다.

명품 도자를 저렴하게 구입하는 것은 덤이다. 이천지역의 123개 독립공방들이 참가하는 도자마켓은 전통과 현대를 넘나들며 모든 장르를 아우르는 도자기를 저렴한 가격으로 만날 수 있다. 커피잔, 막걸리·소주·와인잔 등 다양하고 개성 있는 잔을 구매할 수 있는 '잔·잔·잔' 코너에서는 예술성과 작품성, 실용성이 고루 섞인 도자들을 축제에서 구매 할 수 있다.

조병돈 시장은 "30주년을 맞는 올 축제에서는 도자기를 알뜰 바자회에서 판매해 그 수익금을 어려운 이웃에게 지원해 주는 나눔행사도 열고, 일부 도자기 품목에 대해서는 30% 세일 행사도 열 예정"이라며 "앞으로는 국내뿐만 아니라 세계에서도 인정하는 도자기 축제가 될 수 있도록 더욱 힘쓰겠다"고 밝혔다. 문의 (031)638-8609

■ 제28회 여주도자기축제

'제28회 여주도자기축제'는 오는 30일부터 다음달 22일까지 23일간 여주 신륵사 관광지 일원에서 펼쳐진다.

올해 축제는 '도자천년 물길 따라 행복여행'을 슬로건으로 다양한 체험 활동과 공연·이벤트, 전시·판매 행사로 꾸며진다.

30일 오후 2시 신륵사관광지 야외공연장에서 열리는 개막식은 판소리 공연과 대북공연, 서문탁, 금잔디, 추가열 등 인기가수의 축하공연으로 23일간 대장정의 첫 시작을 알린다.

축제기간 내내 전통물레를 이용한 도자기 만들기와 도자기에 그림그리기, 전통가마에서 도자기 꺼내기, 다도 체험도 마련했다. 또 국악·판소리, K-POP 퍼포먼스, 마술 등 다양한 공연도 펼쳐지고, 여주 도예명장과 중요무형문화재 옹기장·사기장·목각장 등이 만든 각종 작품을 관람하고 저렴한 가격에 구입할 수도 있다.

특히 이번 축제에서는 예년과 달리 가마솥에서 바로 만들어낸 묵을 선보여 축제를 즐기는 관광객들에게 전통음식의 맛과 재미를 선사하고, 신륵 공원에 옛 장터분위기를 연출해 먹거리 촌을 운영한다. 이와 함께 신선한 여주 농특산물과 중소기업 제품전시 홍보부스를 마련해 지역경제 발전에도 이바지 할 예정이다.

축제의 하이라이트는 단연 '여주전국도자접시깨기' 대회다. 액운을 퇴치하고 스트레스도 풀면서 도자업체를 지원하는 일석삼조 효과가 있다. 도공들이 가마에서 구운 도자기들 중 완성도가 떨어지거나 결함이 있는 도자기는 주저하지 않고 깨버리는데 착안한 대회다. 도자기를 잘 깬 사람에게는 도자기 교환권(최대 30만원)을 상금으로 준다. 참가비는 5천원이며 현장접수 및 인터넷 사전접수하면 된다.

여주시 관계자는 "따사로운 봄날, 여주를 방문하셔서 남한강을 둘러보며 세종대왕릉과 천년고찰 신륵사, 아름다운 여주 파사성 및 황학산수목원 등을 둘러보며 관광도 하고, 신명나는 축제도 즐기시길 바란다"며 축제에 대한 많은 관심을 부탁했다. 문의 (031)887-3335

■ 제19회 광주왕실도자기축제

조선시대 광주일대에는 왕실에서 사용하는 도자기를 생산하는 관요인 '사옹원의 분원'이 설치돼 있던 곳이다. 광주시에서는 조선왕조 500년간 이기를 생산해 온 왕실도자의 본고장으로의 역사와 위상을 널리 알리기 위해 광주왕실도자기축제를 개최해 오고 있다.

곤지암도자공원 일원에서 개최되는 '광주왕실도자기축제'는 올해로 19회를 맞이하며 도자명가로서의 역사적 배경을 계승한 고품격 도자축제로 명성을 높여가고 있다.

29일부터 다음달 15일까지 17일간 개최되는 축제 기간 동안 도자체험, 흙놀이 경연대회, 전통물레·흙밟기, 장작 가마 불 지피기 체험 등 온 가족이 즐길 수 있는 프로그램과 노래자랑, 초청 가수 공연, 각종 이벤트 등 흥거운 공연이 이어지며 도자전시·할인판매, 지역 농특산물 등 먹거리가 마련된다.

특히 29일 개막식에는 광주시립농악단과 극단 파발극회의 식전공연 합동 퍼포먼스인 토호을 시작으로 전통가마 불 지피기, 인기그룹 코요태(신지, 빽가, 김종민)의 축하 공연 등이 펼쳐진다.

또 5월5일 어린이날에는 기념 백일장, 합창단 공연, 마술쇼 등과 5월15일 다문화 가족 어울림 축제에는 외국인 주민 장기자랑, 세계음식, 문화 체험 등을 즐길 수 있다.

광주왕실도예사업협동조합도 축제에 참여하는데 35개 요장에서 생산된 도자기가 전시 및 판매되며 옹기 전시, 강진청자교류전도 함께 열린다.

이밖에도 '제4회 광주백자공모전 수상작품' 40여점도 경기도자박물관에 전시되며, 도자기전시판매장에서는 제1대부터 6대까지의 광주시 왕실도자기 명장의 작품을 만나볼 수 있다.

광주왕실도자기 축제 입장은 무료로 진행되며 일부 체험행사 참가비와 경기도자박물관 입장료는 별도로 준비해야 된다.

문의 (031)760-2726

김정오·류진동·한상훈

송시연기자

생명존중 .자살예방으로 여주시민 정신건강 지킬 것 2016/5/10

"생명존중·자살예방으로 여주시민 정신건강 지킬 것"

이헌일 여주고려병원 부원장

"정신건강과 생명사랑 지킴이는 오랜 숙원사업으로 자살예방 교육도 함께 펼치겠습니다"

여주고려병원 이헌일 부원장은 최근 대한정신건강재단과 대한신경 정신의학회에서 주최한 2016년도 '정신건강의 날' 기념식에서 지역사회 정신보건 사업에 공헌한 공직자와 실무자에게 수여하는 공로패를 받았다. 이 부원장은 여주고려병원 소속 의료진으로서 중증 정신질환자의 사회복귀 활성화 등에 다양한 분야에서 노력한 점을 인정받았다.

이 부원장은 "우리나라의 정신질환 치료가 필요한 사람 중 15%만이 전문적인 의료 서비스를 받는 것이 안타깝다"며 "앞으로 여주고려병원은 여주뿐 아니라 경기도에서 가장 문턱 낮은 병원으로 환자가 쉽게 찾고 의지하는 병원으로 거듭나기 위해 더욱 노력할 것"이라고 설명했다.

이어 "기관 및 실무자들의 노력도 중요하지만, 여주 시민들의 자살에 대한 이해와 관심, 가까운 이웃에 대한 관심이 중요하며 이를 통해 보다 성숙한 자살예방 문화를 만들어 나갈 수 있으며 기관의 운영자와 실무자로서 더욱 노력하겠다"고 덧붙였다.

정신질환 치료 필요한사람 중 15%만 전문적 의료서비스 안타까워… 쉽게찾고 의지하는 병원으로 노력 정신보건사업 공헌 공로패 수상도

이를위한 여주시자살예방센터의 중요성에도 힘을 줬다. 그는 "지역의 특성에 맞는 자살예방사업을 추진하기 위해 관계기관 간 네트워크를 활성화해 지역 응급의료센터를 통한 자살시도자 사후관리 서비스 시스템을 구축코자 정기적인 간담회 등을 실시하고 있다"며 공동체적 시각으로 풀어야 할 자살문제에 대한 대응방안을 내놨다. 좀더 디테일한 서비스에 대해 묻자, 이 부원장은 ▲24시간 정신건강위기상담 전화 운영 ▲정신건강교육 및 자살예방 교육 ▲우울증 검진 ▲의료비 지원 ▲사례관리 등 정신건강 사업을 열거했다.

한편, 여주시생명사랑지킴이 소속으로 활동의 폭을 넓히고 있는 이 부원장은 "생명존중과 자살예방 등 정신건강의 문제는 우리 사회가 꼭 풀어야 할 숙제"라며 "하나씩 매듭을 풀기 위해서는 여주시민뿐 아니라 모두가 밝은 생각과 사고, 긍정적인 마인드가 필요한 시대"라고 강조했다.

여주=류진동기자

여주시 규제개혁 평가 대통령 기관표창 수상 받아 2016/5/10

여주시가 지난해 전국 지자체 규제개혁 추진실적 평가에서 우수 지방자치단체로 선정돼 10일 정부 서울청사에서 대통령 기관표창과 함께 특별교부세를 받았다. 이날 시상식에서 이석범 부시장이 행정자치부장관 기관표창과 박상림 시 규제개혁팀장이 규제개혁 유공자로 선정돼 국무총리상을 수상 받고 특별교부세 5천만 원을 부상으로 받았다.

- 여주의 발전을 위해 열심히 노력해 온 결과다. 시민들의 손과 발이 되어 여주 곳곳을 꼼꼼하게 살핀 행정이 드디어 인정을 받았다. 누가 알아주지 않아도 묵묵히 제 할 일을 해준 많은 이들이 함께 이룬 성과라 더 값지다.

수도권에서 가장 큰 유채꽃물결 보러오세요 2016/5/12

수도권에서 가장 큰 유채꽃물결 보러오세요

대신면 당남리 섬 남한강변에 유채꽃이 활짝 피어 이번 주말 관광객들의 시선을 사로잡게 될 전망이다. 여주시 농업기술센터(소장 김덕수)는 이번 주말 유채꽃이 만발해 이달 말까지 보름 여간 지속할 것으로 예상한다고 밝혔다. 남한강 당남리 섬 유채꽃은 수도권에서 가장 규모가 큰 7만2천300㎡에 이르는 면적으로 축구장 10배 크기의 면적이다. 여주시는 지난달 30일 개막돼 오는 22일까지 계속되는 여주도자기축제와 27~29일까지 3일간 금사근린공원에서 개최될 예정인 여주금사참외축제장 등을 찾는 방문객들에게 또 다른 볼거리를 제공하고자 지난 3월16일 유채씨를 파종했다. 파종 후 꽃이 만개하기까지는 2개월이 소요됐다.

- 유채꽃은 따뜻한 남쪽, 제주도에서만 피는 줄 알았다. 여주는 강원도와 접경지역이라 전체적인 기온이 낮은 편이다. 그런데 여주에서도 유채꽃이 피고 축제를 이끌 첨병 역할까지 하기에 이르렀다. 하루가 다르게 변하고 있는 환경의 영향이라는 생각이 들어서 왠지 씁쓸하기도 하다. 예쁜 유채꽃은 슬플지도 모르겠다.

여주대표 향토음식 여오밥·고당채와 여주쌀국수로 만든 라이스로제스파게티 2016/5/16

여주대표 향토음식 여오밥 고당채와 여주쌀국수로 만든 라이스로제스파게티

여주시와 한국외식업중앙회 여주시지부가 주최한 '제5회 여주시 향토 음식요리경연대회'에서 여오밥·고당채와 여주쌀국수로 만든 라이스로제스파게티 등이 명품상과 우수상을 각각 차지했다.

산림조합중앙회 17일 여주 임산물유통종합정보센터 개관 **2016/5/17**

중앙회 17일 여주 임산물유통종합정보센터

1@kyeonggi.com | 입력 2016. 05. 17 오후 3:42 | 댓글 0

앙회는 여주시 상거동 임산물유통종합정보센터와 세계 최대 규모의 트로이

앙회는 17일 여주시 상거동에서 창립 54주년 기념행사와 임산물유통종합정
용하 산림청 차장과 원경희 여주시장, 남성현 산림과학원장, 김남균 한국임
녹색사업단장, 이후정 여주시산림조합장 등 임업 관계자 300여 명이 참석했

연 임산물유통종합정보센터는 임산물의 생산, 서비스, 문화와 결합한 임산물
소비 모델을 창출하는 곳으로 국내 처음 개관했다..

로 강릉 방향 여주 IC를 나와 5분 거리에 있는 이 센터는 국산 목재의 우수성
높이 25m의 세계 최대 크기인 목마(가칭 트로이 목마)가 세워져 있어 이곳이
센터임을 알 수 있다.

천㎡에 지하 1층, 지상 3층으로 지어진 센터는 임업 활성화를 위한 전진기지
산물 전시판매장과 가공시설, 임산물을 이용한 음식 레시피 개발을 위한 임
등을 갖추고 있다.

숲을 치유에 활용할 수 있도록 하는 산림치유 놀이관, 숲 체험관 등 부대시설

조합중앙회 홍보팀장은 "이번에 문을 연 임산물유통종합정보센터는 숲을
위한 장소로만 활용하는 것에 그치지 않고 치유나 임산물을 이용한 음식을
으로 사용하는 모델 창출 역할을 하게 될 전망이다."라고 말했다.

동기자

산림조합중앙회는 여주시 상거동 임산물유통종합정보센터와 세계 최대 규모의 트로이 목마 개관식을 했다.

• 세계 최대 크기를 자랑하는 트로이목마는 국산 목재 유통 활성화를 위해 제작되었는데 처음에는 좀 생뚱맞은 느낌이었다. 임산물유통종합정보센터와도 동떨어져 보였는데 이제는 영동고속도로를 타고 집으로 돌아오는 길이면 웅장하게 맞이하는 트로이목마가 이제 집에 다 왔다는 안도감을 심어준다.

제28회 여주도자기축제 성과와 과제 **2016/5/24**

여주시는 지난 4월 30일부터 22일까지 진행된 여주도자기축제에 23만 명의 관광객이 찾았다고 24일 밝혔다. 올해 28회째를 맞은 여주도자기축제는 공연과 이벤트는 물론이고 체험과 전시, 판매행사 등 다채롭고 풍성한 즐길거리와 먹을거리, 볼거리 등으로 진행돼 관광객에게 즐거움을 선사한 것은 물론 지역경제 활성화에도 크게 이바지했다. 시는 성공적인 축제를 위해 초기부터 문자와 SNS 등으로 실시간으로 홍보하고 주민에게 상세 프로그램 등을 전파했다. 또한, 축제 기간에 향토 음식요리 경연대회, 청소년 어울림마당 등의 행사를 함께 개최하는 등 치밀하게 대응했다. 더불어 주민과 공연단체 등이 직접 참여해 친숙함을 더했을 뿐만 아니라,

신륵공원에 옛 주막 모양의 먹을거리 장터를 마련해 묵 시리즈를 선보이는 등 축제기간 내내 먹고, 보고, 즐기는 축제로 자리매김할 수 있도록 했다. 이 밖에도 시는 전시와 판매장, 미술관 등 다양한 코너에서 '무형문화재 전시전'을 비롯한 문인협회와 미술협회 전시전과 '테이블 위로 떠난 여행전' 등을 열어 신비로운 여주 도자기를 감상토록 한 것도 성공적 도자기 축제로 마감할 수 있었던 요인으로 분석된다. 하지만, 매년 되풀이되는 12개 읍·면·동사무소의 시민 동원과 반복적인 프로그램과 공연, 23일간의 긴 행사기간 등은 효율성이 떨어져 개선점으로 지적되고 있다. 여기에 올해 다섯 번째를 맞는 '여주도자 접시 깨기 대회' 행사는 주말을 제외하고는 관광객이 없어 행사관계자가 선물을 받아가는 등 '그들만의 행사로 전락했다'는 곱지 않은 시선도 제기됐다. 시 관계자는 "매년 문제점을 보완해 발전적인 축제를 준비하고 있다"며 "도자 천 년의 명품 여주는 앞으로도 수준 높은 전시와 도자체험 등 다양한 프로그램을 개발해 한 단계 더 발전하도록 하겠다"고 말했다.

- 여주도자기축제는 이미 세계적인 축제로 이름을 알리고 있다. 역사가 깊은 만큼 오랜 경험도 쌓여 더 세련되고 전문적인 축제로 거듭나고 있다. 성공 뒤에는 많은 사람들의 보이지 않는 노력이 숨어있고, 미디어를 이용한 홍보에도 열을 올렸다. 그러나, 효율적인 행사로 개선해 신선한 재미를 주는 축제의 장이 되는 것도 주요한 포인트가 되어야 한다.

제10회 여주금사참외축제 27일 개막 2016/5/25

"금빛사랑 채우GO 행복 나누GO"

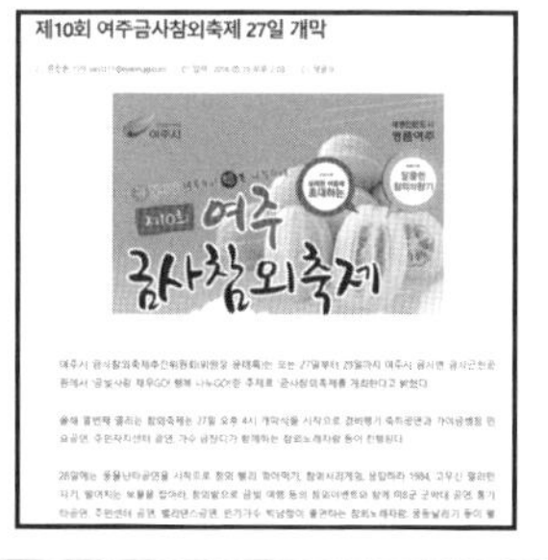
제10회 여주금사참외축제 27일 개막

세종의 삶과 역사 상호교류를 위한 여주시 종로구청간 자매결연 2016/5/31

세종의 삶과 역사 상호교류를 위한 여주시 종로구청간 자매결연

여주시(시장 원경희)와 서울시 종로구(구청장 김영종)가 31일 여주시 강천보 한강문화관에서 자매결연 협약식을 가졌다. 세계문화유산 세종대왕릉(조선왕릉)이 있는 여주는 세종대왕탄신제과 한글날 행사, 도자기축제, 여주 오곡나루축제 등 다양한 행사를 추진하며 세종인문도시로 발돋움해 연간 1천만 명의 관광객이 찾고 있다. 세종이 태어난 곳이자 재위기간 동안 머물렀던 경복궁이 있는 서울 종로는 세종한울길 등 다양한 세종 사업을 추진하면서 역사문화 도시로 자리매김해 연간 200만 명 이상의 관광객이 방문하고 있다.

"복선전철 역명 세종대왕역으로 해달라" 2016/6/2

성남-여주 복선전철 여주구간 능서역(가칭)의 역명이 '영릉역'으로 고시되자 여주 시민들이 '세종대왕역'으로 변경, 확정해 달라고 요구하고 있다. 2일 여주시 세종대왕역 명칭제정 추진위원회 등에 따르면 국토교통부는 지난 4월29일 성남~여주 복선전철 여주 능서역(가칭) 역명을 '영릉역'으로 고시했다. 지난해 7~8월 실시된 설문조사에서 세종대왕역이 주민 선호도 1위였지만, 4위였던 영릉역이 선정된 것이다.

- 여주 시민에게 세종대왕에 대한 사랑은 무조건적이고 독보적이다. 전 국민이 존경하는 세종대왕이 영면한 곳이라는 자부심 또한 대단하다. 세종대왕의 위업만큼이나 왕의 정신을 계승하는 왕의 나라, 여주가 되어야겠다고 생각한다.

여주시 기업하기 좋은 도시 아직 멀었다. 2016/6/6

“여주는 기업하기 좋은 도시가 아닙니다” 여주시 북내면 천송동에 소규모 도자협동화단지를 조성한 8개 업체 대표들이 시 기업체 담당 공무원에게 표출한 불만이다. 이들은 “원경희 시장이 최근 전국 지자체 규제개혁 추진실적 평가에서 대통령 기관표창을 받는 등 세종 인문도시 명품 여주 건설에 집중하고 있지만, 지역경제 실무를 담당하는 공무원은 이런저런 핑계로 만나기도 어렵고 안 되는 법 조항만 내세워 기업활동을 하지 못하게 막고 있다”고 주장했다. 이유는 이렇다. 이들 8개 업체는 어영실로 51-1(북내면 천송동)일원 1만2천800㎡ 부지에 소규모 도자협동화단지 조성 공사를 지난해 4월부터 시작했고 토목·기반시설 공사를 진행하면서 같은 해 5월 원 시장과 면담을 했다. 이 자리에서 이들은 단지 내 도로 기부채납과 도로포장·상하수관·도시가스 등 기반시설 확충에 따른 지원을 요청했다. 하지만, 이들에게 돌아온 것은 지원이 아니라 과태료였다. 시는 이들 중 4개 업체가 불가피하게 기존 공장에서 나와 이곳에 사전입주를 했다며 700만 원의 과태료를 부과한 것이다. 시 관계자는 “법적으로 지원할 수 있는 근거가 없다”며 “지원을 받을 수 있는 조건을 만들어 신청하면 검토하겠다”고 밝혔다. 이에 대해 8개 기업 대표들은 과거와 다른 시의 처사에 서운함이 역력하다. A 업체 대표는 “법적으로 안 된다고 하니 그냥 모르고 지내왔다”면서도 “하지만, 과거 점동면 H자기 가 입주할 때나 이천도자예술촌 도시가스 건설 시 시가 지원에 나서 각종 문제점을 해결해 줬던 것에 비추어 보며 소규모 도자협동화단지 지원은 너무도 인색하다”고 지적했다. 특히, 이들은 “원 시장은 소규모 도자협동화단지 조성, 도자산업 육성을 공약으로 까지 내세웠음에도 지원은 없다”며 “기업하기 어려운 환경에서 ‘뭉치지 않으면 죽는다’는 각오로 소규모 도자협동화단지를 조성했는데 시는 그서 법만 운운하며 지원 및 개선 의지는 없다”고 목소리를 높였다. 한편 소규모 도자협동화단지는 알파, 대양 등 요업업체와 유약·전사·상해·재형 업체들로 구성됐으며, 20년 이상 경력을 바탕으로 100억 원 가량의 매출을 기록하고 있다.

- 기업하기 좋은 도시로 홍보는 하고, 지원은 미루는 이중적인 행정의 모습은 여주답지 않다. 행정은 주민의 편에서 이루어져야 한다. 물론 법까지 무시해야 한다는 건 아니다. 주민들은 갈수록 정보에 민감하고 노련해지고 있으며, 거기에 전문적인 지식까지 갖추고 있다. 주민들을 위한 정확하고 분명한 행정이 필요한 이유다.

'여주 추모공원' 준공식 가져 2016/6/13

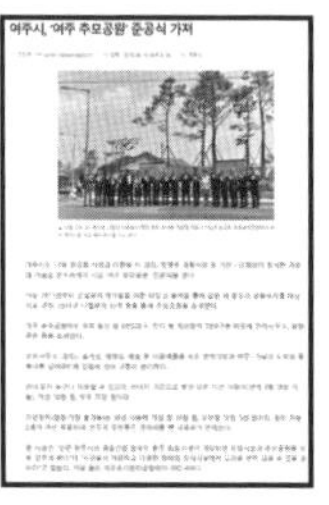
여주시, '여주 추모공원' 준공식 가져

여주시는 13일 가남읍 본두리에서 시립 '여주 추모공원' 준공식을 했다. 시는 2011년부터 공설묘지 재개발을 위한 타당성 용역을 통해 같은 해 본두리 공동묘지를 대상지로 선정, 2014년 12월부터 93억 원을 들여 추모공원을 조성했다.

여주 삼교하수처리장 준공 2016/6/21

여주시 삼교하수처리장이 최근 준공식을 갖고 본격운영에 들어갔다. 21일 여주시에 따르면 삼교하수처리장은 총사업비 96억 원을 투입, 하수관로 15.6㎞, 1일 300t의 하수를 처리할 수 있도록 지난 2013년 3월 착공해 4년여 만에 완공됐다.

여주시 과밀학급 부채질 2016/7/6

여주시가 4개 학급 증설을 조건으로 아파트 3천500세대가 몰려있는 오학동 지역에 최고 49층 388세대 규모의 주상복합 아파트 개발을 승인하자 인근 오학초등학교 학부모들이 교육환경 악화 등을 우려하며 반발하고 있다. 이런 가운데 시와 교육당국은 사업 승인 전에는 학교 신설에 부정적이었다가 학부모와 시의회의 반발이 일자 뒤늦게 학교 신설 협의에 나서 뒷북행정이라는 지적이다. 6일 시에 따르면 시는 최근 도시건축심의위원회를 열어 천송동 동진웨딩홀 부지 6만9천㎡에 한국토지신탁㈜가 신청한 388세대 규모의 주상복합 KCC스위첸아파트 사업을 승인했다. 앞서 건축심의위는 한국토지신탁㈜가 제출한 신청조건이 타당한지 시와 여주교육지원청의 자문을 받았다. 자문에 나선 교육지원청은 49층 388세대 주상복합 아파트가 설립되면 초등학생 105명, 중학생 37명 등 142명의 학생이 유입될 것으로 추산했다. 하지만, 학교 신설에는 부정적 의견을 제시했다. 이에 따라 신설 초교를 추진했던 한국토지신탁㈜는 오학초에 4개 교실을 증설해 유입 초등학생 105명을 수용하고 37명의 중학생은 인근 학교로 분산배치하는 계획을 수립했다. 문제는 오학초가 지난 2009년부터 인근에 3천500세대의 아파트가 들어서면서 32학급까지 증설하면서 등하굣길 교통전쟁이 발생하는 등 교육환경이 악화된 가운데 388세대의 KCC스위첸까지 가세하자 학부모들이 반발하고 있다는 것이다. 5학년 자녀를 둔 A씨(44·여주시 천송동)는 "가뜩이나 학생수가 많아 교육환경이 악화되고 있는데 학교 신설없이 특정학교의 증설만을 고집하는 것은 누구를 위한 정책이냐"며 "이미 오학초는 학생 수용에 한계에 다다른 만큼 시와 교육 당국은 다른 방안을 강구해야 한다"고 주장했다. 이항진 시의원은 "행정과 교육당국이 학생 수 감소에 따른 도심학교 신설을 불허하고 있으나, 오학지구는 상황이 다르다"며 "오학지구 교육환경 개선을 위해 초·중학교 신설이 장기적으로 추진돼야 한다"고 지적했다. 상황이 이렇자 오학초 교실 증설만을 고집했던 시와 교육지원청은 뒤늦게 신설학교 문제를 협의하고 나섰다. 시는 학부모 반발과 시의회 지적이 제기되자 지난달 26일 교육지원청에 '오학지구 초·중학교 신설을 적극적으로 검토해 달라'는 공문만

발송했고 교육지원청도 그제서야 교육부 협의에 나선 것이다.시 관계자는 “장기적으로 오학초 하나로 오학지구 학생을 수용하는 것은 한계가 있어 초·중학교 신설 방안을 교육지원청과 협의하고 있다”고 말했고, 여주교육지원청 관계자는 “시에서 학교신설 계획을 묻는 공문을 보내와 오학초의 교실 증축은 더이상 어렵다는 판단하에 교육부 등과 협의를 진행하고 있다”고 밝혔다.

- 저출산으로 인구는 계속 줄고 있는데 아이러니하게도 한쪽에서는 과밀 학급이 문제가 될 거라고 우려하고 있다. 그야말로 도시형 고민이 시작된 셈이다. 멀리 내다보는 꼼꼼한 행정이 필요하다.

파사산성 2016/6/14

여주 - 婆娑山城 (파사산성)

역사 품은 驪江에 人和 결합된… 난공불락의 철옹성

선조 1592년 유성룡이 수축 결정하면서
도총섭 의엄이 승군 500여명 이끌고
둘레 943m·높이 4.3~4.8m 규모로 축성
성 안에 집 짓고 성 아래엔 둔전 개척
성곽 방어·무예 연마시켜 왜적 침입 대비
‘전망이 아름다운 산성’으로도 손꼽혀

〈산성 정상에서 바라본 남한강〉

사적 제251호인 경기도 여주 천서리 파사산성은 천서리 마을 뒤쪽 해발 230m의 나지막한 파사산에 위치하고 있다.
남한강의 동안(東岸)에 있는 해발 230m의 우뚝 솟은 산위에서 서남쪽의 작은 계곡을 에워싼 석축(石築)의 산성으로 남한강의 물줄기를 따라 펼쳐진 평야와 구릉을 한눈에 내려다볼 수 있는 요충지에 자리 잡고 있는데, 지금 남아있는 성벽은 조선시대에 임진왜란을 겪으면서 새로이 개축된 것이다. 조선시대 초기에는 이미 고산성(古山城)으로 신증동국여지승람에서는 여주의 북방 53리에 있으며, 둘레가 38,825척의 석축으로 기록되어 있다. 이는 산의 아래까지 포용한 대규모의 포곡식산성의 자태를 연상케 하나, 임진왜란을 겪으면서, 이 산성의 전략적 중요성을 다시 깨닫고 대대적인 수축공사가 진행되어 옛 고산성의 실제 모습은 알 수 없게 되었다. 1595년(선조28) 3월에 비변사(備邊司)의 요청으로 승(僧) 의엄을 도총섭(都摠攝)으로 임명하여 수축하도록 하였는데 의엄은 성안에 집을 짓고, 성 밖의 구릉과 평지는 둔전을 마련하고 군사의 양식을 마련하였으며, 무너진 성벽은 승인(僧人)을 동원하여 수축하여 1597년에 공사를 마쳤다.
당시의 전략적 개념으로는 이곳이 남한강 상류의 요충으로 용진과 함께 서로 의지하며 성원할 수 있고 서울을 지키는 관문으로 인식하였다. 그러나 보다 상류의 조령방면으로 보장을 삼으려는 계획과 남한산성의 효용이 강조되면서 조선시대 후기에 이르러서는 수개(修改)가 없이 다시 퇴락되었다. 성벽은 길이 936m쯤이 거의 옛 모습을 보여주며, 성벽의 높이가 4~5m나 된다.
성벽은 그 상단이 내외협축(內外夾築)이며, 석재가 고르게 사용된 점, 지형의 이점을 최대한 고려하고 남문·동문의 시설을 두고 있는 점과 수구의 구조에서도 삼국시대의 일반적인 산성양식을 충실히 따르고 있음을 알 수 있다. 그리고 남문터에는 조선시대 수축의 팔각주형 주초석이 남아있다. 동문 터는 옹문(甕門)의 구조로 되어 있고, 장대(將臺)터는 너비 17m, 길이 13m의 긴네모꼴로 남아있다. 한강 상류지방에 있어서의 독특한 형식을 가진 수구가 남문에서 동무방향 10m쯤 떨어진 성벽에 남아있어서 우리나라의 성터들이 가지는 특징을 잘 간직하고 있다.
성안 남문 터 안쪽에는 넓은 평지가 있고 지름이 5m쯤 되는 저수지 모양의 우물터가 있어 지금도 물이 고여 있다. 옛날 남녀 두 장군이 남장군은 나막신을 신고 중국에 다녀오고, 여장군은 파사산성을 쌓는 내기를 했는데 여장군이 성을 다 쌓기 전에 남장군이 다녀왔다고 한다. 개군면 석장리에 가서 치마폭에 돌을 담아오던 여장군이 남장군의 도착 소식을 듣고 놀라 치마폭이 찢어지면서 돌이 떨어져 마을에 돌담이 만들어졌다고 한다. 그리고 이 때문에 파사산성은 미완성 상태라는 전설이 전해오고 있다. 산성의 남문은 현재 문화재청에서 복원공사가 진행중입니다.

100년 만에 여주 품에 안긴 고달사 원종대사탑 비신 2016/7/14

100년만에 여주품에 안긴 고달사 원종대사탑 비신

보물 제6호인 여주 고달사지 원종대사탑비가 온전한 모습으로 복원돼 100년 만에 여주의 품으로 돌아온다. 여주시는 14일 천송동 신륵사 관광지에서 여주박물관 신관 개관식을 개최했다. 시는 97억 원을 투입, 기존 여주박물관 인근에 연면적 1천918㎡ 3층 규모의 신관을 조성해 보물 제6호 '원종대사탑비'의 비신(碑身), 흔암리 청동기 유적, 고달사지 유적 등 여주에서 출토된 전국 각지 유물을 모두 회수해 신관에 전시할 계획이다.

• 여주에서 출토된 많은 문화재들이 그동안 전국을 떠돌았다는 사실이 마음 아프다. 다행히 이번에 여주박물관 신관을 개관하면서 흩어져있던 유물을 한곳에 모을 수 있게 되었다. 문화재를 지키는 여주의 노력이 빛을 발하고 있다. 그래서 문화의 도시라는 슬로건이 아깝지 않다.

정차 역 없는 여주~서원주 철도 지역주민 정차역 신설 촉구 2016/7/22

정차역 없는 여주~서원주 철도
주민들 "강천역 신설해야"

오는 9월 개통 예정인 여주~성남 간 복선전철 사업과 함께 추진되고 있는 여주~서원주역 추가노선 구간에 정차 역이 하나도 없어 주민들이 '강천역' 신설을 촉구하고 나섰다. 21일 여주시와 시민들에 따르면 여주~서원주 간 철도건설사업은 인천에서 강릉으로 이어지는 동서철도망 구축사업이 추진 중인 가운데 여주에서 서원주까지의 구간을 구축하는 사업이다. 총 길이가 20.9㎞에 이르고 구간 내에 여주시 강천면과 원주시 문막읍 등을 경유하지만 이들 지역에 정차역 없다.

여주 흥천면 주민들 원주지방국토관리청서 나들목 명칭 변경요구 2016/7/31

여주시 흥천면 주민들이 지난 29일 원주지방국토관리청 앞에서 이포나들목의(이하 IC) 명칭을 흥천IC로 변경해 줄 것을 요구하는 시위를 벌였다. 여주 흥천IC 명칭사수 투쟁위원회(위원장 이재각, 이하 투쟁위)는 최근 1천500여 명의 주민의 서명서를 받아 원주국토관리청에 전달했다. 하지만 원주국토청은 이를 무시하고 지난 22일 이포IC로 고시했다.

- 명칭 문제는 이해관계가 얽혀있다 보니 민감할 수밖에 없다. 주민들의 의견을 무시하고 일방적으로 일을 진행하면 꼭 문제가 생기는 법이다.
- 나들목과 인접한 흥천면과 금사면 주민들 간의 갈등으로까지 번졌으나 원만하게 합의가 이루어져 현재는 흥천이포 나들목으로 불리고 있다.

미국선녀벌레 등 돌발해충 급증 농작물 피해 심각 2016/8/4

최근 고온다습한 날씨가 지속되면서 번식력이 왕성한 돌발해충이 급격히 증가해 여주지역 농작물 등에 큰 피해를 주고 있다. 4일 여주시와 농가 등에 따르면, 여주지역에서 갈색날개 매미충과 미국선녀 벌레, 꽃매미 등 돌발해충의 발생면적과 번식밀도가 크게 높아진 것으로 나타났다. 이들은 사과와 복숭아, 감, 블루베리 등 나무와 초본류에 기생하면서 양분을 빨아먹고 알을 산란해 가지를 고사시키거나 그을음 발생 등으로 과일의 상품성을 하락시킨다.

돌발병해충이 발생하면 농산물 수량감소와 품질저하, 생산비용 급증 등의 직접 피해는 물론 농산물 수출 차질 등 2차 피해를 유발하기 때문에 무엇보다 미리 살피기와 공동방제가 중요하다는 지적이다. 여주시 관계자는 "여주지역의 돌발해충은 배와 사과, 블루베리, 인삼 같은 농작물을 가리지 않고 공격한다"며 "이들 해충은 농경지에서 약을 뿌리면 인근 산림으로 도망갔다가 다시 농경지로 돌아오기 때문에 발생 시기에 맞춘 서식지 동시방제가 효과적이다"고 말했다.

• 여주는 농사를 주로 하는 지역이다. 농작물에 피해를 주는 것이 있다면 그 무엇이건 빨리 해결해야 한다. 여주의 일 년 경제가 농작물에 달려있다고 해도 과언이 아니다. 소중한 우리 땅에 건강한 식물이 자랄 수 있도록 환경적 요인을 해결하는 데 만전을 기해야 한다.

새마을문고 대구중구지부 청소년 여주 역사문화탐방 2016/8/9

새마을문고 대구중구지부 청소년 여주 역사문화탐방

새마을문고 대구중구지부(회장 조부자)는 9일 남산4동 독서클럽 소속 청소년 등 30여 명이 세종인문도시 명품 여주시를 찾아 '길 위의 인문학 역사·문화 발자취를 찾아서' 역사문학 기행을 진행했다.

여주시 찾은 중국 후난성 닝샹현 방문단 문화 관광 교류확대 요청 2016/8/22

여주시-中 닝샹현 우호교류 돈독

중국의 대표적인 관광도시인 후난성 닝샹현 여주시 방문단이 지난 19일 여주시를 찾아 상호 우호협력을 통한 문화·관광분야 등 교류를 확대키로 했다.

• 자랑스러운 역사를 품은 문화의 도시답게 여주가 전국으로, 세계로 그 영역을 넓혀가고 있다. 문화 관광 도시의 자부심을 가져도 좋을 듯하다. 여기에 더해 여주를 찾는 이들이 많아질수록 여주의 정체성은 더 분명하게 지키고 가꾸어야 할 과제다.

도내 으뜸 형사팀 평가 여주경찰서 2회 연속 1위 2016/8/24

도내 '으뜸 형사팀' 평가
여주경찰서 2회 연속 1위

여주경찰서가 올 상반기 경기도 내 으뜸 형사팀 평가에서 2회 연속 1위(2·3급지)를 차지, 전국 최고의 형사임을 다시 한 번 확인시켰다.

23일 여주경찰서에 따르면 경기남부지방청에서 경찰서 치안수요별 권역을 구분, 평가하는 으뜸 형사팀 평가에서 강력 2팀이 1분기 우수관서·우수 팀, 강력 1팀은 2분기 우수 팀으로 선정됐다.

여주 형사들의 뛰어난 능력을 보여주고, 시민들로부터 신뢰를 받은 것은 물론, 지난해 경찰청에서 시행한 전국 형사활동평가에서 전국 1위(2·3급지, 경찰관서)의 영예를 안아 경위 1명 특진, 경기도 내 으뜸 형사 연간평가 1위, 마약류 특별단속 도내 3위의 성과를 거둬 경사 1명이 특진하는 위업을 달성했다.

최근 경기도내 으뜸 형사팀으로 평가를 받은 여주경찰서 수사과 형사들이 파이팅을 외치고 있다.

최정현 여주경찰서장은 "시민의 안전을 위협하는 각종 범죄로부터 안심하고 살 수 있도록 지속적인 단속과 철저한 피해자보호 활동으로 '안전한 시민 행복한 경찰'이 되도록 전력을 기울이겠다"고 말했다. 여주=류진동기자

"학교 앞·교차로 교통약자 안전시설 확대" 2016/9/7

여주경찰서는 최근 교통사고가 빈번하게 발생하는 학교 앞 도로 등에 대한 교통사고 예방을 위해 교통환경 시설개선을 진행했다. 7일 여주시와 여주경찰서에 따르면 교통약자인 노인과 어린이, 장애인 보호를 위해 산북면 상품리 상품중학교 앞과 여주시 하동로터리, 북내면 중암리 라파엘의 집 앞, 능서면 구양리 AJS 앞, 시청 남한강사업소 앞, 여주초교 후문 입구 등에 대한 교통안전 시설을 강화했다. 12만 여주시민 중에서 노인비율(기준 65세 이상)은 18%로 꾸준히 증가하고 있어 '찾아가는 교통안전교육'을 통해 교통약자 대상 무단횡단 근절 당부와 사고예방 교육을 했다, 노인 교통안전교육과 보행자 사고 예방활동을 전개, 보행 시 차량운전자의 시인성을 확보할 수 있는 교통안전물품(야광태클, 신발 뒷굽 반사스티커, 야광반사조끼) 등을 교통 약자에게 전달하기도 했다.

• 여주도 점점 노인 비율이 증가하고 있다. 노령화 사회로 가고 있는 전 세계적인 추세를 더 이상은 거스를 수 없게 되었다. 그렇다면 행정도 그에 맞춰 교통 약자 편에서 이뤄져야 한다. 한 발 앞서가는 연장자를 위한 행정이 필요한 때다.

원경희 여주시장과 원창묵 원주시장

2016/9/20

주시장(왼쪽 세번째)과 원창묵 원주시장(오른쪽 세번째)이 19일 오전 여주시청 2층 시장실에서 해당 공무원이 참석한 가운데 제2영동그
비 부담을 국가가 부담해야 한다는데 의견을 모으고 있다.

여주~성남간 복선전철 23일 개통식… 11개역 57km 운행

2016/9/20

여주~성남간 복선전철 23일 개통식...11개역 57km 운행

여주에 수도권 전철이 연결되어 개통한 것은 여주목 547주년 및 시승격 4주년기념과 함께 여주전철시대 개막을 알리는 역사적인 순간으로 12만 여주시민의 축제의 날이다. 이매역과 판교역에서 분당선, 신분당선으로 환승할 수 있어 수도권 진출입이 원활해 질 전망이다.

여주 뮤직 & 캠핑 페스티벌
잊지말아요. 남한강의 추억 2016/10/4

복잡한 도심 벗어나… 자연의 품에서 행복한 2박3일

르익어가는 가을, 여주 금은모래 강변유원지 일원에서 열린 '2016 제5회 여주 뮤직&캠핑 페스티벌'에서 남한강 변에 설치된 1천630동의 텐트가 장관을 이루고 있다. 드론촬영. 김시범·오승현기자

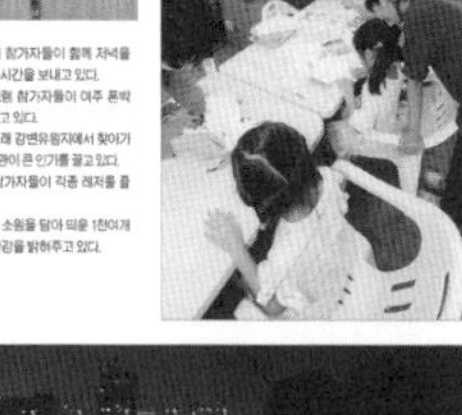

1 가족단위의 참가자들이 함께 저녁을 먹으며 행복한 시간을 보내고 있다.
2 체험프로그램 참가자들이 여주 폰박물관을 견학하고 있다.
3 여주 금은모래 강변유원지에서 찾아가는 경기도박물관이 큰 인기를 끌고 있다.
4 가족단위 참가자들이 각종 레저를 즐기고 있다.
5 참가자들의 소원을 담아 띄운 1천여개의 유등이 남한강을 밝혀주고 있다.

"아름다운 남한강 풍경 화폭에 담아요"

남한강그림그리기 대회

입상작은 21일 본보 홈피 공지

페스티벌과 함께 진행된 남한강그림그리기대회에서 어린이들이 남한강을 그리고 있다.

"아름다운 자연을 도화지 뿐만 아니라 마음에 담아가요."

지난 2일 '2016 제5회 여주 뮤직&캠핑페스티벌'이 열리고 있는 여주 금은모래 강변유원지 일대가 시끌벅적해졌다. 어린이와 청소년을 대상으로 '남한강그림그리대회'가 펼쳐진 것.

온라인으로 사전접수한 참가자에 이날 현장접수까지 총 500여명의 청소년이 참가했다.

남한강그림그리기대회는 '자연'을 주제로, 오전 10시부터 오후 12시까지 유치부, 초등부, 중등부, 고등부로 나뉘어 열렸다. 대회가 시작되자, 남한강이 내려다 보이는 강변에 테이블과 의자이 펼쳐졌다. 준비한 화구를 꺼내든 참가자들은 남한강의 아름다운 풍경을 도화지에 그리기 시작했다.

대회에 참가한 이진서양(11)은 "강 이름은 잘 몰랐는데, 남한강이 크고 굉장히 멋있다"며 "그 중에 어떤 것을 그려야할지 고민돼 지웠다 그렸다 반복 중"이라고 수줍게 웃었다.

옆에서 한창 그림을 그리고 있던 이윤서양(9)도 "남한강 건너편에 보이는 멋있고 큰 나무를 중심으로 그림을 완성해가고 있다"며 "미술 선생님에게 많은 것을 배웠는데 실제로 나와서 자연을 그리니 설렌다"고 들뜬 마음을 전했다.

아들 자매를 지켜보던 어머니 전은주씨(40)는 "아이들에게 추억을 선물하고 싶어 페스티벌에 신청했는데 마침 아이들을 위한 그리기대회가 열려 참여하게 됐다"며 "캠핑도 즐기고 그리기대회까지 참여하니 기쁨이 배가 됐다"고 말했다.

수상결과는 심사를 거쳐 오는 21일 오후 6시 경기일보 홈페이지(www.kyeonggi.com)에 게재된다. 손의연기자

인터뷰 원경희 여주시장

"문화·예술콘텐츠 지속적 개발… 명품 여주 조성"

"전국에서 2016 제5회 여주 뮤직& 캠핑 페스티벌을 찾아주신 캠핑가족들에게 진심으로 감사드립니다."

"2016 제5회 여주 뮤직& 캠핑 페스티벌" 행사의 성공적 개최를 지원한 원경희 여주시장은 "매년 캠핑축제를 하면서 지역 우수 농·특산물 판매·홍보와 여주의 역사와 문화관광·예술 발전에 크게 기여하고 있는 행사다"고 밝혔다.

원 시장은 "여주는 한반도 중심의 교통요충지로 최근 여주~성남 복선 전철 개통과 함께 오는 11월 수도권과 강원권을 잇는 제2영동고속도로가 개통돼 역동적인 도시로 변화되고 있다"며 "캠핑을 비롯해 세계 유네스코 세계문화유산으로 지정된 세종대왕릉을 활용한 한글시장 조성 사업 등 다양한 문화콘텐츠 개발로 여주를 전 세계에 하나뿐인 독창적인 도시로 발전시킬 것"이라고 설명했다.

원 시장은 이어 "경강선 여주역 개통을 계기로 2천600만 수도권 시민들이 여주를 찾아 힐링하면서 다양한 문화와 역사, 체험 등을 즐길 것"이라며 세종인문도시 명품 여주는 새로운 도시 이미지로 변화돼 '돈이 도는 여주'가 될 것"이라고 말했다.

그는 특히 "이제 여주 뮤직& 캠핑 페스티벌은 여주시의 대표축제가 됐다"며 "전 국민이 공감하고 즐길 수 있는 문화·예술 콘텐츠를 지속적으로 개발해 편안하고 따뜻한 나눔이 있는 행복한 명품 여주을 만드는 데 최선의 노력을 다할 것이다"라고 강조했다.

끝으로 그는 "이번 캠핑대회에 참가한 2만여명의 참가자들에게 깊은 감사를 드린다"라며 "12만 여주시민 여러분과 함께 캠핑을 즐기기 위해 여주를 찾아주신 손님들께 다시한번 감사의 말씀을 드린다"고 말했다. 여주=류진동기자

경강선 개통 했는데 여주역 주변 인프라 전무 2016/10/10

여주역 주변 인프라전무 대책마련 시급

여주와 성남을 잇는 복선전철(경강선)이 지난달 개통됐지만, 이용객을 위한 편의시설이 전무해 대책마련이 시급하다는 지적이다. 특히 여주역을 이용해 여주지역 관광지와 음식점을 찾아 헤매는 관광객들이 불편을 호소하고 있는 실정이다.

• 전철이 개통되면서 크고 작은 문제점들이 하나둘 드러나고 있다. 이용객들이 늘어날수록 요구하는 것도 필요한 것도 더 늘어날 것이다. 급하게 서두른다고 되는 일은 아니겠지만 우선 눈에 보이는 불편함부터 대책 마련이 시급해 보인다.

세종대왕열차 순환버스 타고 여주관광 떠나요. 2016/10/28

한번 오면 다시 찾고 싶은 여주역

2016/11/10

"한 번 오면 다시 찾고 싶은 여주역 만들 것"

류강림 여주역 초대 역장

코레일 철도 편리성 홍보 강화
지역문화·관광지 알리기 최선
"이용객에 최상의 서비스 제공"

"수여선 기차 운행이 중단된지 44년 만에 다시 살아난 첫 여주역의 업무를 수행하게 돼 막중한 책임감을 느낍니다. 여주역을 이용하는 고객들에게 최상의 서비스를 제공하겠습니다."

지난 9월 23일 개통한 경강선(성남 판교~여주) 여주역의 초대 역장으로 부임한 류강림씨(61)는 "여주역을 이용하는 고객들의 편의를 위해 노력하고, 세종대왕릉과 신륵사, 명성황후 생가, 여주프리미엄아울렛 등 여주지역의 문화·관광지를 알리는데도 최선을 다하겠다"고 포부를 밝혔다.

수여선(水驪線 수원~여주 간) 협궤철도 노선 열차가 지난 1972년 폐선됐다가 44년 만에 경강선으로 부활, 전차가 달릴 수 있게 되면서 여주역도 다시 금 활기를 찾았다. 류 역장은 한국철도공사(코레일)가 운영사로 선정되며 코레일 네트웍스 소속으로 역의 초대 역장으로 부임하게 됐다. 그는 코레일에서 40여 년간의 현장 근무 경력을 바탕으로 수원역과 평택역, 의왕역에서 역장업무를 수행한 '베테랑 역장'이다.

여주역에서는 오전 5시 30분 첫차부터 밤 11시 21분 막차까지 열차가 달린다. 일일 운행횟수는 평일 최대 118회, 휴일 97회. 여주역에서 성남 판교역(57km)까지 소요시간은 50여 분이며, 전동열차 4량 규모의 열차가 출·퇴근시간대 15~20분, 주간 시간대는 20분~24분 등 배차간격으로 운행된다. 이용요금은 2천150원이고 하루 이용객은 왕복 7천~8천여 명이다.

류 역장은 여주시민의 자긍심을 고취시킬 수 있는 우수한 철도서비스를 제공하는 것이 목표라고 말한다. 그는 "여주역 이용객이 갈수록 늘고 있는데, 최상의 서비스를 제공해 여주역을 한 번 이용한 고객이 다시 찾을 수 있게 하고 싶다"고 말했다. 또 코레일의 안전하고 편리한 철도이용 홍보를 강화하겠다고 강조했다. 그가 계획하는 홍보방안은 세종대왕릉과 천년고찰 신륵사, 조선의 국모 명성황후 생가, 남한강 3개 보(여주·이포·강천), 신세계사이먼 여주프리미엄아울렛 등 여주의 관광지를 함께 홍보하는 것. 현재 여주시는 전철을 이용해 여주를 찾는 관광객을 위해 최근 세종대왕릉 등 관광지를 순환하는 버스를 운행하고 있다. 이와 함께 예전 능서역에서 세종대왕릉역으로 역명이 변경됨에 따라 혼동하는 고객들에게 이 같은 내용을 정확히 알리는 것도 그가 생각하고 있는 홍보방안의 하나다.

이와 함께 류 역장은 "'코레일 톡+(플러스)' 어플을 이용하면 지도에서 출발·도착역을 바로 선택하는 등 열차와 전철이용시간을 대폭 줄이고, 열차 실시간 운행정보를 제공받을 수 있어 매우 편리하다"며 코레일 철도승차권 예매 스마트폰 어플 활용도 당부했다.

여주=류진동기자

여주시, 경기도 지속가능 기초자치단체 대상

2016/12/14

상생의 힘!… 광역화장장 공동건립으로 50억 예산 절감

"규제개혁으로 친환경산업 발굴·육성"

원경희 여주시장

여주시

경기일보와 이투데이, 한국CSR연구소가 개최한 '제1회 경기도 지속가능 기초자치단체 대상'에서 여주시가 인구 30만 이하 시·군 중 지속가능 기초자치단체로 선정됐다. 경제와 사회, 환경, 재정, 거버넌스 등 5개 분야 95개 세부지표로 평가된 이번 지속가능 대상에서 여주시는 사회분야와 재정분야에서 높은 평가를 받았다.

여주시, 지적·토지 업무 운영실적 종합평가 '부동산관리 분야 최우수 기관' 선정

2016/12/19

여주시, 지적·토지 업무 운영실적 종합평가서 '부동산관리 분야 최우수 기관' 선정

여주시가 '2016년 지적·토지 업무 운영실적 종합평가'에서 '부동산관리 분야 최우수 기관'으로 선정됐다. 경기도는 최근 도민에 대한 부동산행정의 효율성과 행정서비스 질적 향상을 위해 도내 31개 시·군·구를 대상으로 ▲토지행정 ▲지적행정 ▲부동산관리 등 3개 분야 15개 지표에 대한 추진실적 평가에서 최우수 기관으로 선정되어 경기도지사 표창을 받았다.

- 여주시의 노력이 빛을 발하는 평가라 할만하다. 방만한 시정 운영에서는 절대 이뤄낼 수 없는 성과라고 하겠다. 꼭 필요한 화장장 건립도 이뤄내면서 예산 절감까지 한 노력 등이 성과를 가져왔다. 모범이 되는 행정을 몸소 실천해 온 여주다.

아름다운 명예 퇴임식 홍웅표 강천면장

2016/12/30

"논두렁 리사이틀과 강천역 유치 노력 등 지역발전의 노력"

지역사회 | 여주시

홍웅표 여주시 강천면장 35년 공직생활 마감

승인 2016-12-29 15:13

류진동 기자 san3111@kyeonggi.com
기자페이지 >

홍웅표 여주시 강천면장(59)이 35년 간의 공직생활을 마치고 29일 명예퇴임했다.

홍 면장은 지난 1981년 10월 여주시 금사면 산북출장소에서 공직의 첫발을 내딛은 후 2010년 11월 사무관으로 승진, 세무과장과 허가과장, 자치행정과장, 점동면장을 역임했다.

In 2017

여주팔도한마당 조성, 전국팔도 건축양식 재현

2017 열심히 뛰겠습니다. 2017/1/24

12 2017년 1월 24일 화요일 **2017 열심히 뛰겠습니다** 경기일보

"세종대왕·한글 콘텐츠 개발… 체류형 관광도시 건설"

여주시 원경희 시장

원경희 여주시장의 새해 포부는 세종인문도시 명품여주 구현을 통해 여주시를 시민 누구나 행복을 찾는 사람중심의 명품도시로 육성하는 것이다. 원 시장은 '남한강의 아름다운 풍광을 자랑하는 여주는 자연과 미래, 친환경산업 도시의 메카, 사람중심의 명품도시로 거듭날 것'이라며 '여주시 신청사 건립 추진과 평생교육도시 등을 추진해 품격 있는 문화·관광도시, 살고 싶은 도시를 설계하고 있다'고 밝혔다. 세종인문도시 명품여주는 경제와 농업, 문화, 체육, 교육, 복지, 여성·청소년, 노약자 등 시민을 행복하게 섬기는 것이라는 원 시장의 새해 시정 방향에 대해 들어본다.

-세종대왕·한글도시 명품 여주에 대해 설명해달라.

명품 여주는 세종대왕과 한글의 대표도시로 새롭게 태어나기 위해 세종마을 만들기와, 세종로 한글거리 조성, 세종대왕과 한글 이야기 등을 활용한 도시 경관디자인 등을 준비하고 있다. 강천섬과 SBS드라마 세트장 건립, 반려동물테마파크 조성 등 여주를 체류형 관광도시로 건설하는 것이다. 세종대왕과 관련, 문화콘텐츠 개발과 육성을 위해 세종·한글 관련 주요도시 문화교류를 추진할 것이다. 이를 위해 '생생지락(生生之樂)'하는 문화교류를 통해 예절교육에 필요한 세종밥상이리교육을 진행할 것이다. 남한강 수운길 생산시설을 통해 '세종여주 햇밥 수운길 생산시설'을 추진할 계획이다. 세종퀘즈와 세종아카데미 운영, 세종대왕 관련 학교 지원 프로그램개발 및 초·중·고 교재개발 추진, 영릉고속도로 여주 나들목에서 여주중심시가지까지 한글쉼터와 한글판석, 버스정류장 한글디자인 사업도 진행할 방침이다. 현 세종도서관 1층에 세종대왕과 한글 관련 국내·외 자료를 수집해 세종대왕특화도서관을 만들겠다.

-경제활성화를 위한 올해 주요 사업은.

남한강 일성콘도에서 싸리산까지 이어지는 4.5㎞구간에 세계 도자·공예문화의 거리를 조성해 주차장과 기반시설, 조형물 등 명품 도자·공예거리로 만들 것이다. 천송동 293-2번지 일원 야외공연장 옆 공원에 여주 도자문화센터를 건립해 기획전시관, 공방연구실, 다목적실 등을 갖춘 도자문화센터(2018년 12월 완공예정)를 추진한다. 여기에 북내면 외룡리 산6-1번지 일원에 미디어센터를 비롯한 문화 및 숙박시설 등을 갖춘 SBS 드라마세트장을 연말완공 예정을 조성하고 능서면 오계리에 남여주 산업단지와 남여주 물류단지, 북내면 산업단지, 가남 산업단지 등 소규모 산업단지도 추진한다.

-도로인프라 구축 방안은.

여주중심시가지에서 가남을 잇는 333지방도로 확·포장공사(현재 공정률 80%)를 연말까지 마무리할 것이다. 천송동~북내 신남리간(보상 중), 우만동~점동면 흔암리간 도로와 능서면 백석리~능서면 내양간 도로 확·포장 공사(행정절차 진행) 추진, 인근 시도 확·포장공사와 대신면 계림리~대신면 율촌리간(용지보상 및 공사추진), 현암동~대신면 가산리간(용지보상 및 행정절차 이행), 가남읍 하귀리~심석리간(실시설계 및 행정절차 이행)도로 확·포장 공사 실시망 구축을 위해 올 연말까지 완공을 목표로 추진하고 있다. 여주전철시대 개막과 함께 체계적인 역세권 개발을 추진하고 여주~원주 철도사업(가칭)강천역을 적극 유치할 것이다.

-문화·관광 명품여주 육성 계획은.

여주역에 세종대왕 열차와 세종대왕 관광순환버스를 배치, 운행하고 천년도자 역사를 자랑하는 도예산업을 육성하기 위해 도자기축제를 지속적으로 추진하며 여주오곡나루 축제를 남한강 나루터 등 9개 마당으로 새롭게 구성할 것이다. 반려동물 테마파크를 내년 연말까지 마무리하고 여주시립미술관을 연양동 8번지 일원에 지하1층 지상2층 규모로 2021년 5월까지 마무리하겠다. 테마가 있는 체류형 복합 관광도시로 도약을 위해 황학산수목원 온·난대식물 전문온실과 동절기에도 다양한 볼거리를 제공할 황학산수목원 온·난대식물원 전문온실을 건립할 계획이다. 농경문화체험관과 한식당, 여주팜스튜디오 등의 시설을 갖춘 농촌테마공원 조성과 함께 대신면 당남리섬에 17만4천841㎡규모로 봄에 유채꽃, 가을에는 메밀과 코스모스 등을 심어 볼거리를 제공할 것이다.

> **세종·한글 활용한 도시경관디자인**
> **국내·외 자료 수집 특화도서관 추진**
>
> **남한강 일성콘도~싸리산 4.5㎞ 구간**
> **세계 도자·공예문화의 거리 조성하고**
> **반려동물 테마파크 내년 연말 마무리**

여주=류진동기자

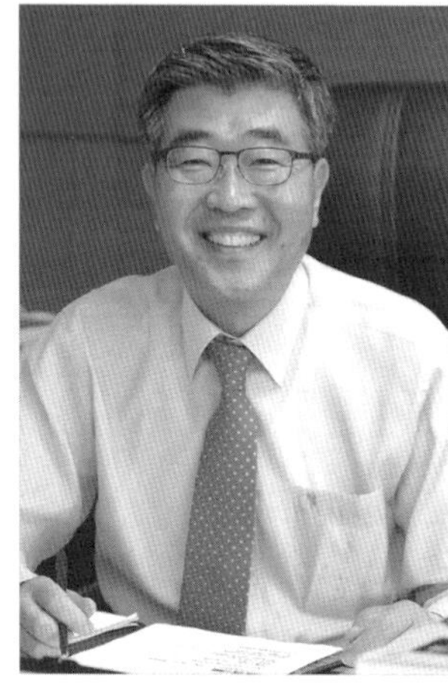

"소통하는 현장 중심 의정… 살기 좋은 여주시 만들 것"

여주시의회
YEOJU CITY COUNCIL

이환설 시의장

이환설 여주시의회 의장(새누리)은 2017년 정유년 새해를 맞아 12만 여주시민과 소통하고 '민심은 천심이다'란 말처럼 시민의 대변자로 역할을 수행한다는 방침이다. 이 의장은 12만 여주시민이 행복한 '세종 인문도시 명품 여주'를 건설하는 일에 이상춘 부의장을 비롯한 6명의 시의원 모두가 동심동덕(同心同德)의 마음으로 열정의 의정 활동을 펼치겠다는 포부를 밝혔다.

-여주시의회 새해 설계는 어떻게 하고 있나.

새해에도 시민의 작은 소리에 더욱 귀를 가까이하고 시민의 대변자로서 한 치의 소홀함이 없이 정경대원(正經大原)바른 길과 큰 원칙의 자세로 최선을 다할 것이다. 여주시는 수도권 변방 도시라는 이미지를 벗어나 경기 동부권의 신성장 도시로 성장해 수도권에서 가장 살기 좋은 친환경 전원도시로 정착하고 있다. 빠르게 변화하는 사회환경 속에서 우리가 가진 귀중한 역사·문화 환경과 유통·물류·첨단 분야의 신산업기반을 중심으로 친환경 산업도시를 조성해 사람중심의 살기 좋은 도시를 만드는 데 집행부와 함께 노력하겠다. 이와 함께 시민의 삶의 현장 속에 함께하고 민원 해결을 위한 의정 활동을 진행함으로써 따뜻한 지역사회를 이루는 일과 시민 모두가 공감하는 공공의 이익을 위한 정책발굴에 힘쓰겠다. 또 열린 의회, 공부하는 의회, 혁신적인 의회로서의 기능과 역할에 충실하고 집행부에 대한 견제와 감시기능을 강화해 올바르고 투명한 여주시정이 실현될 수 있도록 하겠다.

-남한강의 수려한 자연환경이 여주의 아이콘으로 자리 잡도록 하기 위한 문화콘텐츠 개발 계획은.

잠자는 여주의 역사와 문화를 깨우고 남한강과 세종대왕, 한글을 중심으로 한 새로운 문화콘텐츠를 창출하는 일이 절실하다. 1조2천억 원이라는 많은 국가 예산을 투입해 새롭게 태어난 남한강을 성장동력으로 활용한 여주만의 문화창달을 추구할 것이다. 대한민국 경제의 중심도시, 자연치유의 고장, 문화의 도시라는 명성을 얻는 일은 우리의 노력에 달렸다고 본다. 문화관광 전문 스터디 그룹 구성과 활동을 통한 주제별 아이디어 발굴을 적극적으로 지원하고 지난해 말 경기도가 발표한 경기 동부지역 종합발전계획에 의한 문화루트 사업을 연계해 여주시의 문화관광 산업이 시너지를 높이도록 하겠다.

-각종 규제로 개발제한을 받아온 여주시의 규제개혁방안은.

지난 30년간 여주시 전체가 수도권 시민의 맑은 물 공급을 위해 자연보전권역과 상수원보호지역 등 각종 규제로 개발이 제한받아 시민들이 고통받아 왔다. 여주의 발전을 목죄는 수도권정비법 등을 벗어나기 위한 더 적극적인 규제대책 방안이 절실하다. 불합리한 수도권 규제 악법으로부터 우리 스스로 걸어 나올 수 있도록 민·관이 하나되어 목소리를 더욱 높이며 새해에도 규제개혁 업무가 여주 시정의 제일 목표로서 성과를 이룰 수 있도록 시의회가 적극적으로 앞장서겠다. 국회와 중앙정부에 규제개혁의 당위성을 설토하는 일에 주저하지 않으며 규제완화를 위해 강력히 대처할 것이다.

-시민과 소통하는 여주시의회 구현 계획은.

지난해에 이어 시민의 관심이 높은 지역현안을 중심으로 의정포럼을 이어가며 대화와 타협, 소통을 통한 따뜻한 지역사회 건설이라는 명제하에 지역경제, 농업, 환경분야 등에 대한 새로운 발전방안을 제시하겠다. 또 시민 대토론회를 주기적으로 개최해 지역사회가 원하는 가치 높은 여주의 위상을 정립할 방침이다.

-시민들에게 하고 싶은 말은.

2017년 한해도 여주시의회는 시민의 아픔과 기쁨을 함께하며 시민의 편에서, 시민을 위한, 시민의 봉사자로서 기대에 어긋남이 없도록 현실에 안주하지 않는 마부정제(馬不停蹄: 달리는 말은 말굽을 멈추지 않는다)의 마음가짐으로 보다 발전한 의정을 이뤄내는 일에 최선의 노력을 다하겠다.

> **집행부 감시… 투명한 시정 실현**
> **문화관광 전문 스터디 그룹 구성**
> **주제별 아이디어 발굴해 적극 지원**
>
> **중앙정부에 규제개혁 당위성 설토**
> **지역현안 의정포럼… 발전방안 제시**

여주=류진동기자

늘푸른 자연학교 청소년문화제공연 최우수상 2017/1/24

여주 늘푸른자연학교가 2016년 방과후학교 대상에서 전국 최우수상을 받았다. 24일 교육부 등에 따르면 늘푸른자연학교는 교육부와 한국교육개발원, 삼성꿈장학재단 등이 공동으로 주관한 이번 평가에서 폐교를 리모델링해 '농촌과 아이들의 동반성장'을 목표로 지역과 연계한 다양한 방과후 활동을 운영한 점을 높이 평가받았다.

- 농촌 인구가 줄어들면서 전국적으로 폐교가 늘어나고 있다. 여주도 예외는 아니다. 이런 현실에서 폐교를 활용한 다양한 운영방법이 높은 평가를 받았다. 안 되는 일이라고 포기하지 않고 새로운 길을 찾다보니 숨어있던 또 다른 에너지가 뿜어져 나온다. 여주는 아직 꺼내지 않은 숨은 보물이 무궁무진하다.

축사 등 개발행위허가 규제 강화 2017/2/20

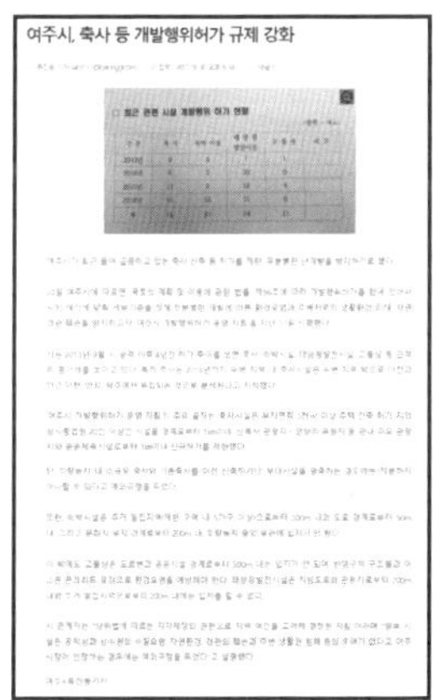
여주시, 축사 등 개발행위허가 규제 강화

여주시가 최근 들어 급증하고 있는 축사 신축 등 허가를 제한, 무분별한 난개발을 방지하기로 했다. 20일 여주시에 따르면 '국토의 계획 및 이용에 관한 법률' 제56조에 따라 개발행위허가를 함에 있어서 시의 여건에 맞춰 세부기준을 정해 무분별한 개발에 따른 환경오염과 주변지역의 생활환경 피해, 자연경관 훼손을 방지하고자 '여주시 개발행위허가 운영 지침'을 지난 10일 시행했다. 시는 2013년 9월 시 승격 이후 4년간 허가 추이를 보면 축사, 숙박시설, 태양광발전시설, 고물상 등 급격히 증가세를 보이고 있다. 특히 축사는

2018년까지 수변 지역 내 축사시설은 수변 지역 밖으로 이전과 인근 이천, 안성, 광주에서 유입되는 것으로 분석된다고 지적했다.

'여주시 개발행위허가 운영 지침'의 주요 골자는 축사시설은 부지면적 3천㎡ 이상 주택 건축 허가 지와 상시종업원 20인 이상인 시설물 경계로부터 1㎞이네, 신륵사 관광지·연양리 유원지 등 관내 주요 관광지와 공공체육시설로부터 1㎞이내 신규허가를 제한했다. 단, 우량농지 내 소규모 축사와 기존축사를 이전 신축하거나, 부대시설을 증축하는 경우에는 적용하지 아니할 수 있다고 예외규정을 두었다. 또한, 숙박시설은 주거 밀집지역(제한 구역 내 5가구 이상)으로부터 300m 내와 도로 경계로부터 50m 내, 그리고 문화지 부지 경계로부터 200m 내, 우량농지 중앙 부근에 입지가 안 된다. 이 밖에도 고물상은 도로변과 공공시설 경계로부터 500m 내는 입지가 안 되며, 반영구적 구조물과 아스콘 콘크리트 포장으로 환경오염을 예방해야 한다. 태양광발전시설은 지방도로와 관광지로부터 200m 내와 주거 밀집지역으로부터 200m 내에는 입지를 할 수 없다. 시 관계자는 "상위법에 따르는 지자체장의 권한으로 지역 여건을 고려해 결정한 지침"이라며 "일부 시설은 공익성과 상수원의 수질오염, 자연환경, 경관의 훼손과 주변 생활권 침해 등의 우려가 없다고 여주시장이 인정하는 경우에는 예외규정을 두었다"고 설명했다.

일본 진남정과 산업경제분야 교류 확대 2017/3/15

여주시 국제교류방문단은 지난 11~14일 일본 자매도시인 니가타현 진남정(津南町:쯔난마치)의 제41회 진남정 눈축제 초대를 받아 방문, 산업경제분야에 실질적인 교류를 확대키로 했다. 원경희 시장은 이번 방문에 국내 상황으로 참석하지 못하고 대신 윤희정 시의원을 방문단장으로 구성, 이영옥 시의원과 권오도 시 비서실장 등을 비롯해 농업·사회복지·도시정책 관계 공무원 등 9명이 동행했다. 방문단은 지난 11일 진남정에 도착, 눈축제 개막식과 풍등체험행사 등에 참석한 뒤 진남정 인근 마을인 시나강과 치쿠마강 사이에 시나치쿠 눈축제장을 찾아 양국의 우호증진방안을 논의하고 진남정(津南町)청사를 방문, 카미무라켄지 정장과 농업과 사회복지, 산업경제분야의 발전방향 등을 모색했다.

여주, 서울서 전철 타고 봄 여행 오세요

2017/3/19

"서울 등 수도권에서 전철 타고 여주로 나들이 오세요." 최근 개통된 경강선 전철(성남 판교~여주)을 이용한 여행객들이 늘고 있다. 지난해 9월 개통한 성남~여주복선전철 경강선은 판교에서 출발해 여주역까지 운행된다. 여주역에선 세종대왕 관광버스가 운행한다. 여주역을 출발지로 주요 관광지를 도는 세종대왕 관광순환버스의 첫 번째 코스는 신륵사다. 남한강이 감싸고 도는 신륵사는 여주를 대표하는 관광지이자 낭만적인 강변도시 여주의 정체성을 대변한다.

세종대왕의 '농업행정직설(農業行政直說)' 발간

2017/4/9

여주시가 세종대왕의 농사직설(農事直說) 편찬 업적을 되새기고 시의 농업행정 업무를 체계화하고자 '농업행정직설(農業行政直說)'을 발간했다.

여주시, 세종대왕의 '농업행정직설(農業行政直說)' 발간

여주시가 세종대왕의 농사직설(農事直說) 편찬 업적을 되새기고 시의 농업행정 업무를 체계화하고자 '농업행정직설(農業行政直說)'을 발간했다.

이 책자는 여주시 농정 일반현황, 2017년도 주요 농정사업 현황, 담당부서별 업무추진 세부계획 등 순으로 구성됐으며 광범위한 농업행정 업무를 보다 알기 쉽게 엮어 실무자들에게는 더없이 유용할 것으로 기대된다.

통병구 시 농정과장은 "농업행정직설로 누구나 쉽게 농정업무를 이해하고 업무 편찬을 통해 열린 농업행정을 구현함으로써 업무공유를 통한 전문성과 신속한 처리로 세종인문도시 명품여주 구현에 한 걸음 더 다가갈 수 있게 되기를 바란다"고 말했다.

가남읍 정단지구 배수개선사업 국비 35억 원 받아 착수 2017/4/13

상습 침수지역인 가남읍 정단리 일원에 배수개선사업 국비 지원이 확정됐다. 여주시 가남읍 정단지구는 경지정리가 완료된 지역으로 양화천 및 대신천 수위에 직접적으로 영향을 받고 있으며, 배수 본천인 양화천과 대신천의 수위 상승으로 홍수유입량 배제가 지연되고 저지대 농경지에 저류돼 상습 침수피해를 입는 지역으로 배수개선사업이 절실히 요구됐던 지역이다.

- 어려운 곳일수록 직접 찾아가는 것이 진정한 시민을 위한 행정이다. 상습적으로 침수 피해를 입어왔으니 그 어려움은 겪어보지 않으면 모를 일이다. 배수개선사업이 원만히 이루어져서 하루빨리 시민들이 안전한 생활을 할 수 있기를 바란다.

금은모래 강변공원 120년 된 매화나무 식재 2017/5/11

원경희 여주시장, 금은모래 강변공원 120년 된 매화나무 식재

류진동 기자 san3111@kyeonggi.com 입력 2017.05.11 오후 7:30 댓글 0

원경희 여주시장이 시 농업기술센터 내 120년 된 매화나무를 남한강 금은모래강변공원에 옮겨 심었다.

이 매화나무는 지난 2008년 중부내륙고속도로 개설 당시 시 농업기술센터에 기증한 흥천면 문장리에 거주한 故 황일환 선생이 소유했던 것으로 수령이 120년 이상된 고목이다.

원 시장은 앞서 지난 10일 남한강 금은모래유원지 강변공원을 찾는 관광객들과 함께 그 아름다움을 나누고자 매화나무를 옮겨심게 됐다고 설명했다.

수령 120년 된 매화나무는 이른 봄 화사한 매화꽃과 함께 매실을 수확할 수 있고 매화의 꽃말은 고품격과 기품으로, 조선시대 선비 강희안은 저서 '양화소록' 중 화목 9등품론에서 매화나무를 1품으로 분류한 기록이 있다.

여주=류진동기자

여주시 농업기술센터 내 120년 된 매화나무를 남한강 금은모래 강변공원에 옮겨 심었다. 이 매화나무는 지난 2008년 중부내륙고속도로 개설 당시 시 농업기술센터에 기증한 흥천면 문장리에 거주한 故 황일환 선생이 소유했던 것으로 수령이 120년 이상된 고목이다.

수십억 들인 여주시 수상센터 '유명무실' 2017/5/15

예산 수십억 원을 들여 조성한 시립수상센터(수상센터)가 홍보 부족 등으로 주중 이용객들이 전혀 없는 상태로 방치되고 있어 대책 마련이 시급하다. 14일 시에 따르면 시는 지난 2011년부터 현암동 남한강에 수상센터 건립을 추진, 총사업비 67억 원과 부대사업비 8억5천만 원 등 77억5천만 원을 투입해 지난 2014년 10월 착공에 들어가 지난달 20일 완공했다. 수상센터는 지상 3층에 총 면적 803m² 규모로 육지가 아닌 물 위에 떠있는 콘크리트 선박 구조물 형태로 1층에는 관리사무실과 클럽하우스 휴게실 탈의실 샤워장 등이 있고 2층에는 교육장과 세미나 연회를 열 수 있는 다목적실 등을 갖추고 있다. 하지만, 수상센터는 개장 이후 주중에는 단 한 명의 이용객도 없는 것으로 알려졌고, 주말에는 단체 1팀만 이용하는 것으로 알려졌다. 시가 도시공단에 위탁 관리하고 있는 시립수상센터는 직원 3명과 계약직 2명이 관리하고 있다.

- 시립수상센터는 많은 혈세가 들어간 시민들의 공간이다. 건립에도 많은 예산이 쓰였지만 건립 후에도 관리와 운영에 예산이 지속적으로 필요하다. 그렇다면 제대로 운영이 되어야 한다. 홍보가 제대로 되지 않아 시민들이 수상센터의 존재 자체를 모른다면 이는 잘못된 행정으로 충분히 비난받을 일이다. 기자로서 여주의 이런저런 일들을 접하다 보면 대부분은 "그럴 수도 있겠구나"라는 생각이 드는 일들이 많다. 사실, 여주에 살고 있으면서도 구석구석 모든 일들을 알기는 어렵다. 지인들의 제보가 있으면 자세한 속내를 파고 들어가 시시비비를 가지고 잘못된 일이라는 생각이 판단되면 객관적인 사실을 보도한다. 가끔은 감추고 싶었던 일도 있지만 시민의 '알권리'를 우선한다는 일념으로 펜을 든다.

기고 - 윤희정 여주시의원 2017/5/15

여주시 자매도시 日 진남정 축제를 다녀와서

| 기고 |

윤희정
여주시의회 의원

여주시와 자매결연을 맺은 일본 니가타현 진남정은 눈이 많이 오는 도시로 쌀과 눈축제가 유명하다.

인천공항을 출발해 니가타공항에 도착해 바로 진남정 눈축제장으로 향해 진남정에서 제공한 버스를 타고 축제장에 가까워질수록 눈이 점점 많이 쌓여 있고 심지어 어른 키를 훌쩍 넘길 만큼 많은 눈이 쌓여 있는 눈길 사이로 달렸다. 진남정 눈축제장에 도착해 진남정 관계자들로부터 눈축제에 대한 설명을 듣는 과정에서 1만여 명의 진남정 인구에 눈축제장을 찾는 관광객이 1만여 명이 찾는다는 설명에 놀라지 않을 수 없었다. 왜 3일간 눈축제에 1만여 명이 찾는지 알 수 있었다.

축제를 준비하는 주민들이 한결같이 자기 집 잔치처럼 준비한다는 것이다. 모든 주민들이 행사에 참여한다는 것이 우리와는 다른 축제문화다. 거기에 아기자기하게 만든 수많은 눈사람과 눈 조형물들이 여기저기 즐비했고 사람들은 줄을 서서 눈사람 옆에서 사진을 찍고 눈을 즐겼다. 통제하는 사람이 별로 없는데도 줄을 서서 자기가 가져온 쓰레기를 다시 봉투에 담아가는 모습은 우리와는 다른 점이다. 진남정(우리나라 면단위 크기)에서 추진하는 축제다. 축제의 규모가 작지 않을까 싶었는데 소박하지만 알차게 준비된 눈축제는 주민들의 축제에 대한 자긍심도 관광객들의 호응도 높다. 정말 모두가 즐길 수 있는 축제인 것 같아 우리 일행도 절로 흥이 나서 같이 축제를 즐겼다. 눈축제의 하이라이트는 풍등날리기다. 우리 방문단은 풍등에 소원을 빌어 풍등을 하늘로 일제히 사회자의 지휘에 따라 날려 보내니 정말 장관이었다. 다음날 진남정 인근 도시인 시나치쿠 마을 눈축제장을 찾았다. 도로 양옆에 우리 일행보다 높게 쌓인 도로를 20여 분 달려 찾은 축제장에서 "안녕하세요, 어서 오세요", 라며 우리말로 방문단 일행을 반기는 일본 아주머니들과 인사를 하면서 반가웠다. 이들은 한국에 대한 관심이 많아 우리말을 배우는 한글학교 학생들로 한글을 배우는 중이다라고 동행한 통역이 귀띔해줬다.

제5회 시나치쿠 축제는 주민 모두가 함께 참여하는 축제이다. 나 한 사람이 빠지면 이 축제는 안 된다는 주민들의 동참의식이 결의되어 참여도가 상당히 높은 축제인 것 같다. 백발의 전 기초의회 의장을 역임한 분이 손수 의자를 나르는 등 마을 사람 모두가 하나가 되어 축제를 준비하고 진행하는 모습이 아름답고 소박하다는 생각이 들었다. 이들을 보면서 우리 여주시의원들도 여주도자기축제 기간에 교통정리 봉사활동을 다 같이 해보겠다는 생각을 했다. 6년 전 이 마을에 큰 지진 때문에 마을과 학교가 큰 피해를 보았다. 하지만, 우리 여주시에서 천막과 담요 등을 지원해 밤이슬과 추위를 견디게 한 고마움을 지금도 이들은 잊을 수 없다고 진남정 정장이 고마움을 전했다.

진남정은 눈이 내려 쌓인 후 30년 만에 그 눈이 녹아 지하로 내려가 지하수가 되어 깨끗하고 좋은 생수(750mL) 1일 10만 병을 편의점을 통해 판매되고 이 물(농업용수)로 맛좋고 질 좋은 쌀이 생산되고 있다. 여주시와 진남정은 지속적으로 농업인 홈스테이 교류와 진남정 맑은 물로 만든 술(묘장산)을 여주도자기에 담아 유통하면 좋겠다는 제안을 진남정 정장에게 제안했다.

원경희 여주시장, 訪美 워싱턴·오리건… 한글 홍보 2017/6/19

원경희 여주시장이 오는 21일부터 29일까지 미국 서부 워싱턴주와 태평양 연안 오리건주 등지를 방문한다. 원 시장은 이번 방미기간 한인회와 협력, 현지 동포와 외국인들에게 세종대왕의 애민정신과 창의성, 한글의 우수성 등을 홍보할 계획이다. 원 시장은 워싱턴주 시애틀 한인회와 한국학교 등과 자매결연을 맺고 세종대왕을 알리고 한글 관련 협력 방안에 대해서도 협의한다. 워싱턴주 페더럴 웨이·타코마 한인회도 방문 우호증진을 도모한다.

여주시 대왕님표 여주쌀 전국 첫 벼베기 행사 2017/7/6

여주시, '대왕님표 여주쌀' 전국 첫 벼베기 행사

여주시와 여주농협은 5일 대왕님 표 여주쌀 전국 첫 벼베기행사를 우만동 홍기완씨 논(2천㎡)에서 원경희 시장, 이환설 시의장, 이길수 농협시지부장, 농업 관련 단체장 등 100여 명이 참석한 가운데 가졌다.

올해 처음 수확된 햅쌀은 진부올벼로 모내기 이후 106일 만에 홍씨의 2천여㎡의 논에 설치된 비닐하우스에서 수확했다. 이날 수확된 여주 쌀은 전량 농협유통망을 통해 오는 11일 서울 양재 농협하나로클럽에서 세종대왕이 드신 '여주 햅쌀' 진상미 첫 출하 행사에 활용된다.

여주시는 최근 극심한 가뭄을 극복을 위해 가뭄대책비 33억 원을 확보해 긴급용수원 개발, 하천굴착 등 농업용수 공급을 추진했다. 또 고품질 여주 쌀을 생산하기 위해 총력을 기울여 '대왕님표 여주 쌀'이 2017 소비자기 뽑은 품질만족도 대상을 받았다. 여주=류진동기자

시가지 전선 지중화사업 마구잡이공사 시민 불편가중 2017/7/10

여주시와 한전 등이 진행하고 있는 한전 배선선로 지중화공사 구간인 홍문리 현대아파트 입구 공사현장에서 시민 안전을 무시하고 공사가 강행되고 있다. 류진동기자

여주, 전선 지중화 마구잡이 공사 물의

배전·통신사 선로 매설작업 분리발주로 두번씩이나 굴착
통행 불편·상가 피해… 市·한전 "빠른 시일 내 마무리"

여주시와 한국전력공사(한전)가 공동으로 시가지에 대한 전선·통신선 지중화공사를 진행하고 있으나, 졸속 추진으로 시민들의 불편이 가중되고 있다.

9일 시와 한전, 주민 등에 따르면 시와 한전 등은 중심시가지 전선·통신선 지중화공사를 위해 지난해 12월과 지난 2월 각각 협약을 체결했다. 시와 한전 등은 협약을 통해 총사업비 79억7천여만 원을 들여 세종로 등 시가지에 대해 각각 지난 3월과 5월 착공, 최근까지 공정률 70%를 보이고 있다. 그러나 배전과 통신사 선로 매설작업이 두 번씩 굴착되고 메워지면서 인도와 상가 진·출입로를 막아 통행 불편은 물론, 상인들도 피해를 입고 있다.

A씨(58)는 "전선과 통신선 매립공사를 분리 발주, 2번이나 땅을 두번씩이나 파고 묻어 시민 불편과 사고위험은 물론 생계에 막대한 손실을 주고 있다"고 말했다.

이에 대해 시와 한전 등은 "한전과 통신사와 지속적으로 협의를 진행, 시청에서 홍문사거리까지 공사구간은 한번 터파기로 매설공사가 진행됐다. 하지만 나머지 구간은 어쩔 수 없어 공사를 따로 진행하고 있다. 공사를 최단 기간 끝낼 수 있도록 하겠다"고 말했다. 여주=류진동기자

여주시와 한국전력공사(한전)가 공동으로 시가지에 대한 전선·통신선 지중화공사를 진행하고 있으나, 졸속 추진으로 시민들의 불편이 가중되고 있다. 9일 시와 한전, 주민 등에 따르면 시와 한전 등은 중심시가지 전선·통신선 지중화공사를 위해 지난해 12월과 지난 2월 각각 협약을 체결했다. 시와 한전 등은 협약을 통해 총사업비 79억7천여만 원을 들여 세종로 등 시가지에 대해 각각 지난 3월과 5월 착공, 최근까지 공정률 70%를 보이고 있다.

여주, 세종대왕 즉위 600돌 뮤지컬 '세종대왕' 만든다 2017/8/14

여주시가 세종대왕 즉위 600돌을 맞아 뮤지컬 '세종대왕'을 창작하기로 했다. 시는 공연제작사인 'HJ컬쳐'와 함께 이 뮤지컬을 만들어 오는 10월 9일부터 15일까지 여주시 세종국악당에서 트라이아웃 공연을 진행키로 했다고 밝혔다. 내년(2018년) 가을 대극장에서 큰 규모의 공연을 펼치기에 앞서 사전공연의 성격을 띤 이번 뮤지컬 '세종대왕'은 뛰어난 지혜와 탁월한 지도력으로 다양한 분야에서 수많은 업적을 남긴 세종대왕을 뮤지컬을 통해 조명하고 감동과 새로운 시대를 개척하기 위한 창의성 등을 보여주게 된다.

- 여주가 세종대왕 즉위 600돌을 기념해 판을 크게 벌렸다. 이렇게 기획된 뮤지컬 세종대왕은 현재 <세종, 1446>으로 여주를 대표하는 콘텐츠로 자리 잡아 5년째 관객들을 만나고 있다. 왕이 되던 순간부터 생을 마치는 순간까지 세종대왕의 일대기를 담았다. 수많은 업적을 남긴 세종대왕을 뮤지컬을 통해 만나면서 새로운 가치와 감동을 받을 것으로 기대된다.

가축분뇨처리시설 건립 부지공모 신청 '0' 무산 위기 2017/3/31

여주 가축분뇨처리시설 건립 부지공모 신청 '0' 무산 위기

市-축협 협의 후 재공모 추진
응모 마을 인센티브 제공키로

여주 축협(축협)이 111억 원을 들여 여주시 능서면 광대리에 가축분뇨처리시설(이하 축분장) 건립사업을 추진하면서 마을들을 대상으로 건립 부지를 공모했지만, 신청한 마을이 없어 무산될 위기에 처했다.

30일 시에 따르면 시는 축협이 능서면 광대리에 추진했던 축분장 건립이 주민들의 반대로 난항을 겪자 원경희 시장이 "원점부터 부지공모방식으로 다시 시작했다"며 변경안을 제시, 지난 27일까지 공모했지만 신청한 마을이 한곳도 없었다.

시는 이에 따라 축협과의 협의를 거쳐 다시 공모를 추진, 부지 선정을 마무리한 후 축협에 넘겨준다는 계획이다.

시 관계자는 "다양한 지원책을 마련, 공모를 했으나 응모하는 마을이 없었다. 앞으로 추진되는 축분장 공모에 응모하는 마을은 만족할 만한 인센티브가 제공될 것"이라고 말했다.

한편, 축협은 깨끗한 축산환경 조성을 위해 축분장을 건립하기로 하고 토지 3만5천986㎡ 매입, 주민간담회와 선진시설 견학, 지반조사 등에 이어 최근 사업시와 시공사 선정을 끝낸 상태로 자부담과 국비를 포함해 111억여 원의 사업비가 투입된다. 여주=류진동기자

여주 축협(축협)이 111억 원을 들여 여주시 능서면 광대리에 가축분뇨처리시설(이하 축분장) 건립사업을 추진하면서 마을들을 대상으로 건립 부지를 공모했지만, 신청한 마을이 없어 무산될 위기에 처했다.

'가축분뇨 공공처리시설' 진통 예고 2017/9/18

여주 '가축분뇨 공공처리시설' 진통 예고

여주축협, 율극리에 설치 추진
인근 4개 마을 주민들 반발

능서면 내양리와 백석리 주민들이 여주축협이 흥천면 율극리에 추진하고 있는 가축분뇨 공공처리시설 설치에 반대하고 나서 진통이 예고되고 있다. 17일 여주시와 여주축협 등에 따르면 여주축협은 지난 2014년 3월부터 11월까지 가축분뇨처리장 부지선정 사전심사를 거쳐 지난 2015년 8월 능서면 광대 1·2리와 협약식을 체결했다. 하지만, 능서면 광대 1·2리와 인근 마을 주민들의 반대로 지난해 12월 반대대책위와 여주축협 간에 타협이 이뤄지지 않자 원경희 시장의 중재로 원점부터 공개 모집방식으로 전환했다. 이어 시는 지난 3월 하루 가축분뇨 100t과 액비 20t 생산규모의 가축분뇨처리장 부지선정 공모를 했다.

"상수원 보호구역에 가축분뇨처리시설이 웬 말이냐" 주민들 반대집회 2017/9/25

여주시 능서면 내양리와 백석리 주민들이 여주축협이 흥천면 율극리에 추진하고 있는 가축분뇨 공공처리시설 설치에 반대하고 나서 진통(본보 9월18일자 12면)이 예고되는 가운데 주민들이 25일 오전 10시부터 여주시청 앞에서 반대집회를 열었다.

• 우리가 살아가는 데 꼭 필요한 일이지만 기피하는 일에는 쉽게 자리를 내주려고 하지 않는다. 우선 나부터 마음을 고쳐야겠는데 쉬운 일이 아니다. 맛있는 고기를 먹을 줄은 아는데 가축 분뇨를 처리하는 일은 기피하는 이 마음을 어떻게 해야 할지 고민이 깊다.

경기 뮤직&힐링 페스티벌 in 여주 2017 2017/10/16

여주시, 경기관광공사가 주최하고 본보가 주관한 '경기 뮤직&힐링 페스티벌 in 여주 2017'이 누적 참여자 4만여 명에 달할 정도로 인기를 끈 가운데 15일 성료됐다.

- 이번 페스티벌은 캠핑, 공연, 체험, 불꽃놀이 등 다채로운 행사로 꾸며졌다. 특히 캠핑을 즐기는 수많은 캠퍼들이 운집해 가을밤의 정취를 함께 누리는 특별한 경험을 나누었다. 해를 거듭할수록 새로운 프로그램을 선보이며 여주를 대표하는 축제로 만들어가고 있다.

여주팔도한마당 조성… 전국팔도 건축양식 재현 2017/11/8

여주팔도한마당 조성… 전국팔도 건축양식 재현

내년 9월까지 750억원 투입… 오픈 드라마세트장도 조성

여주시 상거동 부지 3만6천여㎡에 내년 9월까지 750억 원이 투입돼 1950~1960년대 전국 팔도의 건축양식을 재현한 건물과 놀이마당, 향토음식점 등을 갖춘 '여주팔도한마당'이 조성된다.

7일 시에 따르면 이곳에는 이 밖에도 한옥형 숙박시설(120여 객실)과 힐링 찜질방, 실내동물원, 애견카페, 카트 랜드, 레포츠 몰, 레이저 서바이벌 게임존, 실내외 공연장, 컨벤션센터 등의 편의시설과 LED 멀티플렉스 영화관 등도 입점한다. 이들 시설 연면적은 4만4천여㎡ 규모다. 1950~60년대를 재현한 팔도 문화놀이마당에는 근·현대시대를 배경으로 한 오픈 드라마세트장도 조성돼 드라마나 영화, CF 촬영장 등으로 활용된다.

이기철 여주팔도한마당㈜ 회장은 "여주팔도한마당이 전통과 현대를 아우르는 국내 유일의 '전통 민속문화촌'으로 탄생하게 된다"고 말했다.

한편, 7일 열린 기공식에는 이해준 여주시 창조도시사업국장과 이상춘 여주시의회 부의장, 김영자·이영옥·이항진 시의원, 이기철 여주팔도한마당㈜ 회장을 비롯해 지역 기관·사회단체장, 시민 등 500여 명이 참석한 가운데 비전선포식과 함께 다양한 이벤트 행사가 진행됐다.

여주=류진동기자

상거동 부지 3만6천여㎡에 내년 9월까지 750억 원이 투입돼 1950~1960년대 전국 팔도의 건축양식을 재현한 건물과 놀이마당, 향토음식점 등을 갖춘 '여주팔도한마당'이 조성된다. 7일 시에 따르면 이곳에는 이 밖에도 한옥형 숙박시설(120여 객실)과 힐링 찜질방, 실내동물원, 애견카페, 카트 랜드, 레포츠 몰, 레이저 서바이벌 게임존, 실내외 공연장, 컨벤션센터 등의 편의시설과 LED 멀티플렉스 영화관 등도 입점한다. 이들 시설 연면적은 4만4천여㎡ 규모다. 1950~60년대를 재현한 팔도 문화놀이마당에는 근·현대시대를 배경으로 한 오픈 드라마세트장도 조성돼 드라마나 영화, CF 촬영장 등으로 활용된다.

현암동 도시개발 사업부지서 구석기~조선시대 고분·유물 출토 2017/11/16

여주시 현암동 도시개발지구 사업부지에서 구석기시대 유물 산포지에 대한 발굴조사가 진행 중인 가운데 이곳에서 구석기시대 유물인 몸돌과 격지, 초기 철기시대의 철검과 철모 등이 발견됐다. 류진동기자

여주 현암동 도시개발 사업부지서 구석기~조선시대 고분·유물 출토

철검·토광묘·유구 등 대거 나와

남한강이 한눈에 내려다보이는 여주시 현암동 도시개발지구 사업부지에서 구석기 유물과 초기 철기시대~조선시대 고분과 유물 등이 다수 발견됐다.

15일 여주시와 문화재청 등에 따르면 기호문화재연구원은 문화재청 허가를 받아 기호문화재연구원이 지난해 9월 7일부터 지난 15일까지 여주시 현암동 281의 1 일원 도시개발지구 사업지구 내 4만5천여㎡에 대해 시·발굴을 조사했다.

이 결과 이곳에서 구석기시대 것으로 추정되는 몸돌과 격지 등과 초기 철기시대 철검과 철모(鉾) 등과 분묘, 유물 등 원삼국시대부터 조선시대에 이르기까지 유물을 다수 발견했다.

원삼국과 조선시대의 토광묘에서 다수의 유물이 출토됐고 청동기시대 무문토기 저부편도 출토돼 남한강에서 경기 동남부 지역에 이르는 청동기 문화가 유입·정착되는 과정을 보여주는 중요한 유물로 평가를 받고 있다. 원삼국시대 고분인 주구 토광묘·토광묘·옹관묘(甕棺墓/독무덤) 등은 한 구역에서 발견, 여주가 원삼국시대 선대인들의 생활상을 연구하는 데 중요한 단서의 자료가 될 전망이다. 이번에 출토된 구석기와 철제시대 유물은 당시 여주지역에 철기 문화가 어떻게 정착·확산됐는지 과정을 살펴볼 수 있는 자료로 판단된다. 조선시대 유구는 토광묘가 다수 조사됐고, 유구 내에선 도자편 등 일부가 출토됐다.

문화재청 관계자는 "최종 확인된 조사 결과를 토대로 전문가 자문과 위원회를 통해 유구와 유물의 성격 등을 규명하겠다"고 밝혔다. 여주=류진동기자

남한강이 한눈에 내려다보이는 여주시 현암동 도시개발지구 사업부지에서 구석기 유물과 초기 철기시대~조선시대 고분과 유물 등이 다수 발견됐다. 15일 여주시와 문화재청 등에 따르면 기호문화재연구원은 문화재청 허가를 받아 기호문화재연구원이 지난해 9월 7일부터 지난 15일까지 여주시 현암동 281의 1 일원 도시개발지구 사업지구 내 4만5천여㎡에 대해 시·발굴을 조사했다.

12만 여주시민의 건강을 위한 경기도한의사회와 업무협약 2017/11/27

여주시 12만 여주시민의 건강을 위한 경기도한의사회와 업무협약

여주시가 한의학 관련 사업과 지역축제 및 지역보건증진사업 등 12만 여주 시민을 위한 건강 관련 사업의 적극적 추진을 위해 경기도 한의사회와 업무협약을 체결했다. 지난 24일 여주시청 2층 시장실에서 열린 협약식에는 원경희 시장과 박광은 경기도한의사회장 등 관계자들이 참석한 가운데 상호 간 협력체계 구축을 위한 업무협약을 체결했다.

- 시민의 건강을 최우선으로 하는 여주시의 이번 협약은 노령 인구가 점점 늘어나는 여주의 현실과 맞물려 많은 기대를 받고 있다. 다양한 한의학 분야에서 시민들의 건강에 대한 욕구를 충분히 충족시켜주는 계기가 되길 바란다.

현암도시개발 사업 탄력받는다 2017/12/18

여주 현암도시개발 사업 탄력받는다

구석기와 초기 철기시대 유물이 발견돼 개발사업이 난항을 겪을 것으로 예상됐던 여주시 현암도시개발사업이 탄력을 받게 됐다. 사업부지 내 문화재 발굴조사를 벌인 기호문화재연구원은 최근 발굴 조사를 마무리하고 문화재 전문위원들로 구성된 학술자문회의를 열어 의견을 들은 결과 "출토된 문화재의 보존가치가 낮아 개발사업을 진행해도 될 것 같다"고 결론을 내고 문화재청의 최종 승인을 받기로 했다.

여주초등학교 간덕영 총동문회장 2017/12/18

"학교 역세권 이전·동문 1인 1계좌… 여주초 새로운 100년 준비"

우리 **동문회 최고** ⑩ 간덕영 여주초 총동문회장

"지난 100년을 바탕으로 새로운 여주초교 발전을 위한 100년을 설계하겠습니다."

108년 역사를 자랑하는 여주초등학교의 제8대 총동문회 간덕영(57·청아관광 대표) 회장은 여주초의 전통과 명성을 지속발전시키기 위해 동문 1인 1계좌 갖기 운동을 전개해 여주초의 새로운 100년을 준비하고자 동분서주하고 있다.

-새로운 100년을 위해 어떤 것을 준비하고 있나.

여주초는 최근 지속적으로 감소하는 학생 수를 늘리기 위해 학교 이전을 검토하고 있다. 여주초의 새로운 100년 프로젝트는 현재 여주시 청심로 139번지에서 경강선 여주역 인근 역세권으로 이전하는 방안으로, 여주시와 교육지원청 그리고 학부모 등과 함께 모색하고 있다. 오랜 전통을 자랑하는 여주초를 이전하는 문제는 간단한 일이 아니기 때문이다. 우선 학부모들의 적극적인 지지와 동의가 필요하고 이후 동문회와 여주시, 교육지원청 등이 협력해야 한다. 역세권 개발로 인한 학생 수 증가는 곧 명문학교로 가는 지름길로 현재의 열악한 교육환경을 동시에 개선하는 효과가 있다. 최근 후배들이 동문회에 가입하지 않는 문제점을 해결해 동문회를 활성화하기 위해 학교 이전이 절실하다.

-100년이 넘는 역사만큼 학교에 대한 자긍심도 높을 것 같은데.

1908년 개교한 여주초는 108년의 오랜 역사를 자랑하는 등 여주 지역을 대표하는 초등학교로 지금까지 총 2만1천여 명의 졸업생을 배출했다. 여주초는 '인성인·창의인·소통인·감성인'을 바탕으로 인재를 육성하며, 지역사회는 물론 대한민국 곳곳에서 동문의 활약이 왕성하다. 여주초 출신으로는 이범관 변호사(전 서울지검 검사장)와 유용태 전 노동부장관, 문용린 전 교육부장관, 임창선 전 여주군수, 김춘석 초대 여주시장, 이명우 변호사, 이광수 여주농협조합장, 여영욱 여주시의원 등이 있으며 2만1천여 명의 동문이 사회 각 분야에서 왕성한 활동을 펼치고 있다.

학생 수 늘어야 지속 발전 가능
학부모·지역사회 적극 협력 필요
노후화 교육시설 개선 힘 보탤 것

-명문학교의 명성을 지키기 위해 중점을 둔 활동은.

여주지역의 명문학교로서 명성을 지키고 활성화를 위한 방안으로 동문 1인 1계좌 갖기 운동을 전개해 재학생들을 후원, 학교 발전에 기여하기 위해 노력하고 있다. 오랜 역사만큼 시설이 노후화돼 학생들이 학업에 충실할 수 없다는 판단에서다. 특히 노후화된 학교시설교체를 위해서는 많은 예산이 소요된다. 이를 한 번에 타개하려면 역세권으로 학교를 이전하는 것이 바람직하다고 여겨진다.

또 역사적 전통이 있는 학교를 만들고자 동문과 함께 매년 500만 원씩 발전기금과 장학사업을 지원하고 있다. 우리 동문회는 여주인으로서 자긍심을 높이고 여주를 떠나 지구촌을 이끌어 갈 인재로 학생들을 양성하고자 학교장을 비롯해 모든 교직원들이 함께 힘을 모으고 있다.

-마지막으로 하고 싶은 말은.

세종의 얼을 계승, 발전시켜 많은 인재를 육성해 온 여주초는 이 학교 출신으로 살아가는 것이 자랑스럽고 영광스러울 수 있게 동문회를 육성·발전시킬 계획이다. 지역사회를 대표하는 여주초 동문회는 새로운 100년을 설계해 동문의 자긍심을 높이는데 최선을 다하겠다.

여주=류진동기자

출산 장려금 확대 셋째부터 1천만 원 2017/12/22

여주시, 출산 장려금 확대 셋째부터 1천만 원 지급

"셋째 아이부터는 출산할 때마다 1천만 원을 드리겠습니다."

여주시는 내년부터 출산 장려금을 확대 지원한다고 21일 밝혔다.

시는 이에 따라 출산 장려 및 다자녀 가정 양육지원에 관한 조례를 개정, 내년 1월부터 첫째 아이에게 100만 원, 둘째 아이에게는 500만 원을, 셋째 이상 아기는 태어날 때마다 1천만 원의 출산 장려금을 주기로 했다.

종전에는 첫째 아이에게 50만 원, 둘째 아기는 100만 원, 셋째 아기는 200만 원, 넷째 아기는 500만 원, 다섯째 이상 아기는 태어날 때마다 700만 원 등을 줬다.

둘째 아기 이상부터는 5년 동안 분할해 지급한다는 방침이다. 출산 장려금을 지원받으려면 첫째 아기의 경우 여주시에 180일 이상 거주한 보호자이면 된다.

시 관계자는 "출산 장려 및 다자녀 가정 양육지원에 관한 조례를 개정하고 출산 장려금을 상향 조정했다"고 말했다.

여주=류진동기자

"셋째 아이부터는 출산할 때마다 1천만 원을 드리겠습니다." 여주시는 내년부터 출산 장려금을 확대 지원한다고 21일 밝혔다. 시는 이에 따라 출산 장려 및 다자녀 가정 양육지원에 관한 조례를 개정, 내년 1월부터 첫째 아이에게 100만 원, 둘째 아이에게는 500만 원을, 셋째 이상 아기는 태어날 때마다 1천만 원의 출산 장려금을 주기로 했다.

세종이 꿈꾼 세상, 인문도시 여주서 꽃 핀다

여주도시관리공단, 해양경찰청 수상레저 조종면허 대행기관 2018/1/3

여주도시관리공단(공단)은 해양경찰청장으로부터 동력수상레저기구 조종면허시험 대행 기관·수상안전교육 위탁기관으로 지정받았다고 3일 밝혔다. 이에 따라 여주도시관리공단은 앞으로 조종면허 실기시험과 수상안전교육 등을 대행한다.

• 남한강의 아름다운 풍광은 수상레저를 즐기는 사람들에게 많은 사랑을 받고 있다. 산과 들이 어우러진 여주에서 물빛을 가르는 수상스포츠가 짜릿한 맛을 추구하는 이들에게는 안성맞춤이다. 여주도시관리공단의 어깨가 무거워지겠다. 수상레저를 새로 시작하는 이들을 교육하고 시험도 치르게 되었으니 무엇보다 안전에 만전을 기하기를 바라는 마음이다.

재정규모 민선 6기 출범 후 3년간 매년 12%씩 증가 2018/1/8

여주시가 인구 20만 명을 목표로 인구 늘리기에 주력하는 가운데 재정규모가 민선 6기 출범 후 3년간 매년 12%씩 증가한 것으로 조사됐다. 8일 시에 따르면 시의 재정 규모는 지난 2014년 4천689억 원이었으나 지난해 7천188억 원으로 2천500억여 원 늘었다. 연도별로는 지난 2013년 시 승격 후 다음해인 2014년 4천689억 원에서 2015년 5천290억 원(전년 대비 12.81% 증가), 2016년 6천220억 원(전년 대비 17.58% 증가), 지난해 7천188억 원 등으로 전년 대비 15.56% 증가했다. 세입 부문별로는 2014년 대비 시 재정운영의 근간인 자주재원 중 지방세 수입은 219억 원, 세외수입 145억 원을 합쳐 364억 원이 늘었다.

여주 시가지 전선 지중화 지지부진… 도시 미관 해쳐 2018/1/9

여주 시가지 전선 지중화 지지부진… 도시미관 해쳐

사업자 간 업무협의로 일정 차질… 한전 "3월까지 마무리"

여주시 중심시가지 전선과 통신선로 지중화 사업이 사업자 간 협의가 제대로 이뤄지지 않아 지지부진, 도시 미관을 해치고 있다.

8일 시와 한국전력공사 등에 따르면 시와 한전 등은 깨끗하고 쾌적한 도시 경관 조성을 위해 총사업비 79억9천900여만 원을 들여 세종로(시청 삼거리~터미널) 700m 구간과 가남읍 태평로(전천교~터미널) 500m 구간 전선과 통신선로 등 지중화사업을 각각 지난해 3월과 5월 착공, 지난해 말까지 마무리할 계획이었다.

하지만, 지중화사업에 따른 사업자(한전과 케이블TV 등 10여사) 간 업무 협의가 제대로 이뤄지지 않아 사업이 차질을 빚어 오는 3월 말께나 준공될 예정으로 현재 공정률 80%를 보이면서 도시 미관을 해치고 있다.

전선지중화 사업은 한전과 자치단체가 각각 50%의 사업비를 부담해 이뤄지는 데 사업이 늦어지자 시는 한전 측에 공문을 통해 사업이 조기에 추진될 수 있도록 통신업체에 케이블 철거 독려를 요청한 것으로 알려졌다.

이에 대해 한전 관계자는 "통신업체가 다음 달 말까지 모든 통신케이블 철거 등을 완료하면 오는 3월까지 지중화 사업을 마무리할 수 있다"고 말했다.

여주=류진동기자

'사진·동영상' 제보 받습니다

사회부:(031)250-3410

e메일:kgib@kyeonggi.com

여주시 중심시가지 전선과 통신선로 지중화 사업이 사업자 간 협의가 제대로 이뤄지지 않아 지지부진, 도시 미관을 해치고 있다. 8일 시와 한국전력공사 등에 따르면 시와 한전 등은 깨끗하고 쾌적한 도시 경관 조성을 위해 총사업비 79억9천900여만 원을 들여 세종로 700m 구간과 가남읍 태평로 500m 구간 전선과 통신선로 등 지중화사업을 각각 지난해 3월과 5월 착공, 지난해 말까지 마무리할 계획이었다.

• 아름다운 여주를 위한 사업이 순조롭게 진행되지 못하고 있어 안타깝다. 여주의 얼굴인 중심시가지가 깨끗하게 탈바꿈하기만을 기다리고 있는데 예상치 못한 불협화음이 자꾸 생기고 있다. 모든 일은 시민들의 의견이 우선되어야 하는데 무엇이 문제인가.

세종대왕 즉위 600돌 맞아 인문도시 여주 세계에 알릴 것

2018/1/25

"세종대왕 즉위 600돌 맞아 인문도시 여주 세계에 알릴 것"

"세종대왕 콘텐츠 확대 세종로를 한글거리로 조성 시민중심 시립미술관"

'여주역세권 도시개발사업 기공식 2018/2/2

여주역세권
도시개발사업 기공식

경강선 여주역세권 도시개발사업 첫 삽

여주시가 1일 경강선 여주역세권 도시개발 사업 착공식을 갖고 오는 2020년 말 준공을 목표로 본격적으로 추진한다. 시는 이날 오후 2시부터 교동 403번지(여주역)에서 원경희 시장과 이환설 시의장과 시민 등 300여 명이 참석한 가운데 '여주역세권 도시개발사업 기공식'을 가졌다. 여주역세권 개발사업은 교동 403일대 47만4천10㎡(14만3천410평) 면적을 수용·환지 방식으로 진행하는 도시개발사업으로 공사비 304억 원과 보상비 95억 원, 기타비용 266억 원을 합쳐 총 665억 원의 사업비가 투입된다. 이 사업은 2014년 4월 도시개발구역 및 개발계획 수립, 경기도 고시에 이어 2차례에 걸친 변경고시 후, 지난해 3월 경기도로부터 도시개발사업에 대한 실시계획 인가에 이어 10월 도시개발사업 실시계획인가 및 지형도면 경기도 고시를 완료했다. 시는 역세권 일대에 6천172명(2천286세대)의 인구를 수용할 계획이다.

'농촌·휴양마을' 지난해 5만 8천명 다녀가 2018/2/7

여주 농촌체험·휴양마을서
5만8천여명 즐겼다

여주시는 지난해 9개 농촌체험·휴양마을에 관광객 5만8천여 명이 다녀갔다고 6일 밝혔다. 지난해 가장 많은 관광객이 찾은 곳은 능서면 광대2리 넓은들 마을로, 휴양뿐만 아니라 체험, 1사 1촌 등의 프로그램 참여를 위해 1만여 명이 방문했다. 넓은들 마을은 양화천과 매류천에 둘러싸여 나분들이라고 불리던 마을로, 지난 2016년 농촌관광코스 10선에 선정됐고 김치 체험장 등으로 인기가 높다. 대왕님표 여주쌀과 밤고구마를 농·특산물로 수확·판매한 점동면 도리 늘향골마을과 강천면 오감도도리마을도 각각 6천명, 4천명이 찾은 것으로 조사됐다. 시는 관광객이 여주 농촌체험·휴양마을에서 자연을 즐기고 체험하면서 농특산물을 구매해 지난해 이 농가들이 7억7천만 원의 소득을 올린 것으로 집계했다.

- 이제 농촌이 농사만 짓는 것으로 끝이 아니다. 농촌의 타고난 자연환경 자체가 관광 상품이 되기도 하는 세상이다. 농촌에 조성된 휴양마을도 그렇고 농촌 체험 프로그램들이 사람들을 농촌으로 불러들이고 있다. 농가의 소득이라는 측면에서 보면 타고난 자원을 아주 적절하게 이용하여 많은 수익을 내고 있는 아이디어가 돋보인다.

여주시, 영국 방문해 '세종대왕'과 '한글'을 알리다 2018/2/20

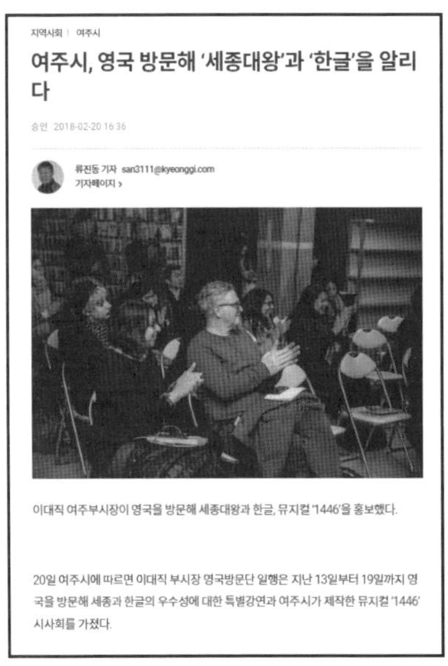

지역사회 | 여주시

여주시, 영국 방문해 '세종대왕'과 '한글'을 알리다

승인 2018-02-20 16:36

류진동 기자 san3111@kyeonggi.com
기자페이지 >

이대직 여주부시장이 영국을 방문해 세종대왕과 한글, 뮤지컬 '1446'을 홍보했다.

20일 여주시에 따르면 이대직 부시장 영국방문단 일행은 지난 13일부터 19일까지 영국을 방문해 세종과 한글의 우수성에 대한 특별강연과 여주시가 제작한 뮤지컬 '1446' 시사회를 가졌다.

이대직 여주부시장이 영국을 방문해 세종대왕과 한글, 뮤지컬 '1446'을 홍보했다. 20일 여주시에 따르면 이대직 부시장 영국방문단 일행은 지난 13일부터 19일까지 영국을 방문해 세종과 한글의 우수성에 대한 특별강연과 여주시가 제작한 뮤지컬 '1446' 시사회를 가졌다. 시는 오는 9월 세종대왕 즉위 600돌을 맞아 한글 세계화의 하나로 영어의 일 번지 영국을 찾아 '세종대왕과 한글'을 주제로 지난 15일 여주시와 재영한인회 간 업무 협약과 교류 등을 진행, 주영한국문화원에서 이 부시장이 직접 현지인과 학생들을 대상으로 특강을 했다. 또 영국 현지에서 지난 17일 영국 웨스트엔드 앤드루 로이드 웨버 The Other Palace에서 세종대왕 일대기를 그린 뮤지컬 '1446'의 워크숍과 시사회를 펼쳤다.

세종 즉위 600돌 대왕의 꿈이 깨어난다.
복지정책의 선구자 2018/2/22

노비에 출산 휴가… 사회적약자 보살핀 복지정책 선구자

2 사람에 뿌리둔 정책 펼친 세종대왕

세종대왕 즉위 600주년이다. 올해 세종대왕을 조명하는 행사와 사업이 다수 진행될 예정이다. 즉위 600주년이 아니라도 세종대왕은 가장 많이 언급되고 주목받는 역사 인물 중 한명이다. 그를 소재로 한 드라마나 영화, 책은 꾸준히 나오고 있다. 근래에는 위인으로서 세종을 다룬 작품이 아니라 인간으로서 조명한 작품이 대중의 관심을 끌었다. 지난 2008년 방영한 KBS드라마 〈대왕세종〉은 대군 시절 '이도'라는 한 인물이 왕으로 어떻게 성장하는지 집중했다. 2011년 방영한 SBS드라마 〈뿌리깊은 나무〉도 무겁고 진지한 위인의 모습이 아니라 고민하고 갈등하며 신하에게 욕하기도 하는 세종의 모습을 상상했다.

두 작품은 세종의 인간적인 면모를 부각시켜 대중의 공감과 호평을 얻었다. 뿐만 아니라 민본주의와 인문정신에 기반을 둔 세종의 다른 정책들에 대한 관심을 불러일으켰다.

여주시 홍문동에 있는 세종대왕 동상. 세종대왕의 업적을 상징적으로 보여주고 있다. 여주시 제공

■ 남성 중심 유교 사회…여성을 하찮게 여기지 않은 세종

세종대왕이 펼친 '환과고독(鰥寡孤獨)' 정책은 여성과 노인, 고아 등 사회적 약자를 배려하기 위함이었다. 남성 중심의 유교 국가인 조선이었지만 세종은 백성 한 사람, 한 사람의 삶을 살뜰히 살피고자 했다.

지금 봐도 획기적인 '출산휴가 제도'는 심지어 천민 계층인 여자 노비에게도 적용됐다.

"옛적에 관가의 노비에 대하여 아이를 낳을 때에는 반드시 출산하고 나서 7일 이후에 복무하게 하였다. 이것은 아이를 버려두고 복무하면 어린 아이가 해롭게 될까봐 염려한 것이다. 일찍 100일간의 휴가를 더 주게 하였다. 그러나 산기에 임박하여 복무하였다가 몸이 지치면 곧 미처 집에까지 가기 전에 아이를 낳는 경우가 있다. 만일 산기에 임하여 1개월간의 복무를 면제하여 주면 어떻겠는가. 가령 그가 속인다 할지라도 1개월까지야 넘을 수 있겠는가. 그러니 상정소(詳定所)에 명하여 이에 대한 법을 제정하게 하라." (조선실록, 세종실록 50권 세종 12년 10월 19일)

당시 신하들의 반대가 있었지만 세종은 이를 제도화했다. 남편 노비에게는 부인을 돌볼 수 있는 간호휴가 한달을 주기도 했다.

또 여성이 건강하게 살 수 있도록 정책을 펼쳤다. 세종대왕의 아버지인 태종 때에도 '의녀제도'는 서울인 한양에만 있었다. 세종은 이 의녀제도를 전국으로 확대했다. 여성들은 병을 앓고 있어도 남자 의사에게 신체를 보이는 것을 꺼렸다. 내외하던 풍습때문이었다. 그래서 병이 악화되고 죽는 일이 잦아지자 세종은 전국 관아의 노비 중 젊고 영리한 아이들을 제생원에서 교육시켜 지방에 다시 보내도록 했다.

각별히 친했던 누나인 정안공주가 출산 중 사망하는 일이 일어나자 의관인 노중례에게 지시해 <태산요록>을 편찬해 보급하기도 했다. 노중례는 여러 의서를 참고해 임신과 분만, 출산 전·후, 어린이 치료와 간호 등 부녀자에게 필요한 의학 지식을 수록했다.

관노비 출산휴가는 당시 획기적인 정책이었다. 세종실록 50권 원본 이미지

여성·노인·고아 백성들 살뜰히 살펴
여진족 포로 여성에도 의식주 제공
中·日 주변국 사람들 집단귀화도
시각장애인 기술교육 관직 길 열어

또 그냥 지나칠 수 있었던 어느 여자 양민 약노의 사례를 크게 받아들여 형벌에 대한 기준을 정해 제도화했다. 이 양민 약노는 주문을 외워 사람을 죽인 혐의로 투옥됐는데 살펴본 결과 고문을 이기지 못해 거짓 자백을 한 결과였다. 세종은 여노비의 사례를 가볍게 지나치지 않고 재조사를 실시해 조치했다.

여진족을 토벌한 당시에도 포로인 여진족 여성에게 의식주를 제공하고, 아이들과 남자들이 다른 공간에서 지낼 수 있도록 했다. 이런 대우로 인해 주변 여진과 일본, 중국의 사람들이 조선 백성으로 살고 싶다며 집단귀화한 일도 있었다.

■ 장애인 복지에도 힘쓴 성군

조선 전기 장애를 가진 사람들은 후기에 비해 비교적 차별받지 않고 살았다. 세종 또한 당시 장애인을 위한 선진적인 정책을 시행했다.

"독질(篤疾)이 있는 사람으로서 아들 하나가 있는 사람은, 나이 비록 70세가 되지 않았더라도 또한 시정(侍丁)한 사람을 주고, 그 중에 90세 이상이 된 사람은 그 집의 부역을 면제해 주니, 그것이 양로(養老)의 의리에는 극진하지 못한 것 같다. 부모가 나이 70세 이상이 된 사람과 독질이 있는 사람은 비록 나이 70세가 차지 않더라도 시정(侍丁)한 사람을 주고, 만약 여러 아들이 먼저 죽었으면 여러 손자 가운데서 시정 한 사람을 주고-" (조선실록, 세종실록 57권, 세종 14년 8월 20일)

시정은 '나이 많은 어버이를 보양(輔養)함으로써 국역을 면제받은 사람'이다. 세종은 장애가 있거나 병이 위독한 사람의 아들이 부모를 돌볼 수 있도록 국역을 면제해줬다. 아들이 먼저 죽으면 손자까지 혜택을 받을 수 있도록 범위를 넓히는 등 각 백성의 사정에 맞게 조율할 수 있도록 했다. 또 최초로 시각 장애인을 대상으로 한 기술교육을 시행했다.

"명과학(命課學)을 하는 장님을 나이 젊고 영리한 자 10인을 골라서 서운관(書雲觀)에 소속시키고, 훈도(訓導) 네댓 사람을 두고 사흘마다 한 번씩 모여서 그 업(業)을 익히게 하소서." (조선왕조실록 세종실록 107권, 세종 27년 3월 5일)

조선 시대 시각 장애인의 많은 수가 점술가로 일했다. 세종 때는 운을 점치는 학문에 대해 시각장애인들 대상으로 교육시켰다. 두각을 보이면 관직에 나아갈 수 있었다.

또 박연이 맹인 악사의 어려운 생활을 알리자 세종은 맹인 악사에게 일 년에 두 번 주던 돈을 네번으로 늘려 지급하기도 했다.

혼자 사는 여자 맹인(盲人) 29명이 북치며 "나라 자식을 위해 먹임시면 가난한 탓으로 갚지 못하니 닥나무로 만든 종이로 대신 바치겠다"고 호소하자 세종이 흔쾌히 호조에 소원을 들어주라고 명한 기록이 남아있다.

■ 민본·인문 정신 바탕

"백성은 나라의 근본이니, 근본이 튼튼해야만 나라가 평안하게 된다. 내가 박덕(薄德)한 사람으로서 외람되이 생민의 주가 되었으니, 오직 이 백성을 기르고 무수(撫綏)하는 방법만이 마음속에 간절하여-" (조선실록, 세종실록 21권 세종 5년 7월 3일)

세종대왕은 '나라의 뿌리는 백성'이라는 말을 가장 잘 실천한 군주다. 훈민정음 창제, 측우기·해시계·농사법 보급 등 과학 기술 발전, 군사용 천문 등 업적뿐만 아니라 백성의 삶을 살뜰히 챙긴 세심한 정책이 돋보인다.

세종은 여성과 장애인, 노인 등 약자를 배려하는 정책을 펼쳤지만 매번 수월하게 진행되진 못했다. 대체로 신하들의 반발이 거셌다.

출산휴가를 시행할 당시에도 신하들은 사대부에게 없는 출산휴가를 노비에게 주냐 반대했지만 세종은 이를 물리치며 제도화했다. 사대부에게는 부인을 보살필 노비가 있지만 노비는 그렇지 못하다는 게 이유였다.

또 시각장애인 점복사(점치는 사람)를 지원에게 종3품 벼슬을 내릴 때도 신하들의 파면 요구가 있었다. 이 또한 세종은 받아들이지 않았다.

세종은 높은 위치에 있지만 낮은 곳을 바라보며 굽어 살필 줄 아는 사람이었다. 파격적인 정책은 세종의 굳은 의지가 있어 가능했다. 굳은 의지는 백성이 중심이고 사람이 먼저라는 민본·인문 정신에서 나왔다. 류진동 손의연기자

세종이 왕자 시절 독서하고 있는 모습을 그린 그림. 세종대왕박물관 제공

인터뷰/ 조성문 여주세종문화재단 상임이사

"세종은 근본적으로 사람을 사랑한 군주"

양로연 개최 신분 구분없이 베풀어
차별없는 정책… 백성 삶의 질 높여

사회적 약자를 배려한 세종. 그의 정책은 당시 파격으로 느껴지기도 했다. 정책 추진 과정에 대해 세종대왕을 연구해온 조성문 여주세종문화재단 상임이사에게 들어봤다.

-지금 봐도 파격적인 정책들이다. 세종대왕이 사람중심 정책을 추진한 이유는.

유교를 숭상했던 국가는 기본적으로 공자나 맹자 사상을 이어받는다. 정통 유학사상을 보면 그 나라의 주인을 백성으로 본다. 세종은 누구보다 책을 많이 읽고 공부한 군주다. 그 가르침에 충실했다. 세종은 다른 군주와 다르게 굉장히 백성 친화적인 일들을 펼쳤다. 백성이 튼튼해야 나라가 튼튼할 수 있다라는 생각으로 백성 사랑을 몸소 실천한 것이다. 전제군주 시대 민주, 평등, 국민, 개인에 대한 개념이 없던 때 근본적으로 사람차별에 대해 남다른 개념을 가진 사람이었다. 천민을 보고도 하늘 천(天)자를 쓰는, 하늘이 내려준 천민이라고 정의했다. 백성이 자기와 똑같은 위치에 있는 인간, 사람이라는 것에 방점을 두고 32년동안 나라를 다스렸다.

-차별에 대한 생각이 다른 왕들과 다른 것 같다.

세종이 최초로 노인을 위한 양로연을 개최했다. 한양성에 80세 이상 노인을 모이라고 했다. 이때 신하들이 반대했다. 80세 이상 노인 중에서는 벼슬을 내려놓은 양반이 많은데 양반과 천민이 같은 자리에 앉아 임금의 잔칫상을 받을 수 없다는 이유였다. 그러나 세종이 간단하게 이야기했다. 자신이 양로연을 베푸는 이유는 저들의 신분을 구분하기 위함이 아니라 나이듦을 존중하기 때문이라고. 그래서 천민도 전부 참석하게 했다.

-당시 반발이 있었을 텐데 세종이 정책을 추진할 수 있었던 배경은.

강한 의지도 있고 근본적으로 인간을 사랑했다. 다방면을 통해 정책을 수립했다. 옳은지 그른지를 가렸다. 집현전에서 젊은 학자들이 옛날 법 등 고전에서 근거를 찾도록 했다. 또 한시적으로 상종서를 뒀다. 중대사가 있을 때 벼슬을 그만둔 노인 등 원로들이 검토하게 하는 거다. 집현전과 상종서를 두고 현재 관리들이 하는 것을 검토하며 좋은 답안을 얻어냈다. 이때문에 권위로 신하들을 누르는 것이 아니라 자세하게 알게 했다.

-이런 정책들은 백성의 삶에 어떻게 다가왔나.

세종은 의논해가며 정책을 만들었다. 공법 개혁만 봐도 세종의 정책 추진 과정을 볼 수 있다. 공법 개혁은 세종 때 시작해 성종 때 완성했다. 오랜 기간이 걸린 이유가 있다. 당시 조선 인구가 300만 명 정도인데 17만 5천 명에게 의견을 물었다. 이중 과반수가 찬성했음에도 세종은 반대하는 사람들이 만족할 수 있는 방법을 연구했다. 누구나 소외받지 않는 정책을 펴 백성들의 삶의 질이 크게 향상됐다. 손의연기자

세종즉위 600돌 대왕의 꿈이 깨어난다.
영릉, '천하의 명당' 2018/3/13

여주 영릉, 조선의 명운 100년 연장시킨 '천하의 명당'

3 세종대왕이 여주에 잠들기까지

조선 왕릉은 지난 2009년 6월 유네스코 세계유산으로 지정됐다. 총 40기가 18개 지역에 흩어져 있다. 그중 세종대왕이 묻힌 여주 영릉(英陵)은 조선 왕릉 중에서도 대표적이다. 영릉은 한국 역사에서 세종이 첫손에 꼽히는 임금인 만큼, 조선 왕의 무덤을 이야기할 때 가장 먼저 떠올리는 왕릉이다. 세종대왕릉이 여주로 천장(遷葬, 무덤을 다른 곳으로 옮김)된지 549년. 세종이 여주에 잠들기까지 그 과정이 평탄하지 않았다. 조선 역사에서 왕릉이 천장하는 사례가 종종 있는데 영릉도 그랬다.

■ 세종은 왜 여주에 잠들었나

세종대왕은 소헌왕후 사이에서 낳은 여덟 번째 아들인 영응대군 집에서 승하했다. 여주 이전 정해 놓은 장지에 묻혔다. 세종 28년 먼저 세상을 뜬 소헌왕후가 있는 곳이다.

본래 영릉(英陵)은 서울 대모산 자락에 있었다. 세월이 많이 지나 현재 구 영릉이 있던 자리를 정확히 파악하고 못하고 있다. 1970년대 발굴 당시 영릉과 관련한 석물들을 발견했지만 봉분의 자리를 찾지 못했다.

구 영릉은 세종의 부왕과 모후의 무덤인 헌릉(獻陵) 인근에 조성했다. 1445년 세종 27년에 헌릉 서편에 묘자리를 확정했다. 당시 우의정 하연, 예조판서 김종서, 우참찬 정인지 등 관리가 명나라의 풍수지리서를 참고해 산릉(국장을 하기 전에 아직 이름을 정하지 않은 새 능)자리를 정했다.

조선시대 왕릉을 정하는 데 풍수지리가 중요한 기준이었다. 소헌왕후가 흉하고 묘자리에 대해 풍수지리가 불길하다는 지적이 있었다. 이에 세종은 "선영 곁에 장사하는 것만 하겠는가"라고 강행했다.

영릉의 풍수에 대해 문종대부터 논의가 있었다. 세조대에도 영릉 개장에 대한 이야기가 나왔다. 세종대 중국 문물 수입 과정에서 풍수 서적이 많이 들어왔고 이후 연구가 활발히 진행됐다. 세조는 풍수지리를 가장 깊게 연구한 인물 중 한 사람이었다.

영릉(英陵)을 개장(改葬)할 것을 의논하게 하고, 신숙주(申叔舟) 등에게 명하여 경기(京畿)에 가서 땅을 가려 정하게 하였는데…(중략) 산형도(山形圖)를 보고 이내 안효례·최호원 등을 불러 길흉(吉凶)을 변론하게 하였더니…(중략) 모두 우물쭈물하고 길흉(吉凶)을 분명하게 말하지 못하므로, 명하여 의금부(義禁府)의 옥(獄)에 가두게 하고 아울러서 파직(罷職)시켰다.(세조실록 42권, 세조 13년 4월 5일)

헌릉 인근에 조성됐던 舊 영릉
풍수지리 불길하다는 지적에
예종에 이르러 여주로 천장 결정
모란반개형 명당에 영원히 잠들어

이 기록에는 영릉 천장을 의논했으며 그 자리를 서울과 가까운 경기에 두려고 했다는 내용이 담겨 있다. 또 장지를 정하는 데 풍수를 중요시 했다는 걸 알 수 있다.

이어 예종대 신숙주, 한명회, 서거정 등이 영릉을 옮기기 위해 지리서를 참고해 자리를 논했다는 기록이 있다. 한명회가 옛 임금한 터가 북서부에 능침을 쓸 만하다는 의견을 내기도 했다.

결과적으로 오랜 논의 끝에 예종 즉위년 12월 26일, 천장지는 여흥(현재 여주)으로 결정됐다.

여주의 풍수지리에 대해서는 조선 제24대 왕인 헌종대 논한 기록이 남아 있다.

산릉 도감(山陵都監) 당상인 조병과 민유중이 여러 산을 살펴보고 들어오니, 상이 희정당에서 인견하였는데, 우의정 김수흥도 입시하였다. 상이 차례로 여러 산의 우열을 하문하니, 김수홍 등이 여러 지관(地官)의 말로 대답하기를, "화접동(花蝶洞)의 형세가 꽤 좋지만 혈(穴)위에 10여 개의 옛무덤이 있으니 쓸 수 없을 듯하고, 영릉(寧陵)의 백호(白虎) 밖 첫 번째 언덕이 영릉에 비교해 낫지만 마무리되는 마당이 작으니, 모두 영릉(英陵) 안쪽 홍제동(弘濟洞)의 순수하게 좋은 곳만 같지 못하다고 하였습니다." (현종개수실록 27권, 현종 14년)

영릉 재실

■ 천하명당에 자리잡은 영릉

영릉은 경기도 여주시 능서면 왕대리에 있다.

조선 왕릉의 공간구성에는 특징이 있다. 죽은 자와 산 자가 만나는 공간인 정자각을 중심으로 세 부분이다. 재실 등이 자리하는 진입공간, 홍살문을 지나 정자각과 제례로, 수복방, 수라간이 배치된 제향공간, 언덕 위 봉분을 중심으로 곡장과 석물이 조성된 죽은 자의 공간 등이다.

영릉도 조선 왕릉의 특징을 가지고 있다. 여주 경관과 영릉은 감탄이 나올 만큼 잘 어우러져 있다.

북성산이 주맥이다. 능 뒤에 솟은 칠성산은 병풍을 두른 형상 같다. 또 작은 산맥들이 왕릉을 향해 엎드려 있는 것처럼 보인다. 모란반개형의 명당으로 모란꽃이 반쯤 피어난 형상을 하고 있다. 이곳으로 천장해 조선왕조가 100년 더 연장됐다는 설이 있을 정도로 명당 자리로 꼽힌다.

천장과 관련해 여주에 내려오는 전설도 흥미롭다. 세종대왕이 여주에 온 필연성과 까닭을 담고 있는 이야기다. 우의정 이인손이 죽자 후손들이 좋은 자리를 고르기 위해 지관을 찾았다. 지관은 자리를 잡아주며 "어떤 일이 있어도 봉분과 비석을 세우지 말라"고 신신당부했다. 그러나 자손들은 이를 잊었다. 조정에서 영릉 천장론이 대두돼 각지에서 지관을 풀었고, 한 지관이 여주 능서면을 찾았다. 갑자기 온 소나기가 멎자마자 자신이 찾던 명당을 발견했다. 앞에는 북성산이 신하가 엎드린 모습으로 있고, 작은 산들이 겹겹이 둘러있었다. 회룡고조형의 대명당이었다.

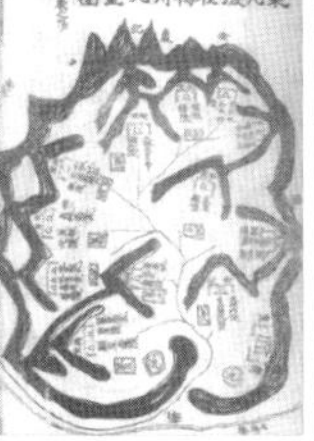

선원보감에 그려진 영릉과 영릉산릉도. 국립문화재연구소 제공

이인손의 후손은 봉분을 세운 것을 후회하며 묘를 옮기려고 땅을 파헤쳤다. 그러자 '이 자리에서 연을 날려 연이 떨어진 자리에 이장하라'고 적힌 비기(秘記)가 나왔다. 후손은 비기대로 했고 이인손의 묘는 능서면 신지1리에 있다.

이런 전설이 아니더라도 세종대왕과 소헌왕후뿐만 아니라 효종대왕과 인선왕후, 세종의 누이인 경안공주까지 여주에 묻혀 있다. 여주가 역사적으로 좋은 기운을 가지고 있는 땅으로 인정받고 있음이 분명해 보인다. 손의연기자

인터뷰 정해득 한신대학교 교수

"왕·왕비 함께 묻힌 최초의 합장릉 큰 의미"

정해득 한신대학교 한국사학과 교수는 조선 왕릉능역 전체를 조선 왕릉으로 봐야 한다는 인식의 전환이 필요하다고 주장했다. 그는 조선 왕릉 제도 전반을 연구하며 제도의 발전 과정을 규명했다. 정해득 교수에게 영릉(英陵) 이야기를 들어봤다.

-세종대왕릉의 의미를 이야기하려면 먼저 조선 왕릉에 대한 이해가 필요할 것 같다.

세 가지 의미가 있다. 한 왕조의 왕릉이 고스란히 남아 있고, 제향이 복원돼 이뤄지고 있다. 또 원형에 가깝게 남아 있고 경관이 우수하다. 왕정국가에서는 전란이나 후왕조에 의해 왕릉이 많이 파괴되기 때문에 조선 왕릉처럼 남아 있는 건 드물다. 보통 세계문화유산으로 지정되려면 시신이 묻힌 공간을 열어야 한다. 그러나 우리는 기록이 남아 있다. 기록으로 확인할 수 있어 그런 과정이 필요 없었다. 영릉도 천장 과정이나 당시 몇 사람이 동원됐는지 같은 자세한 기록이 남아 있다.

-영릉을 여주로 천장한 이유는 무엇인가.

세조는 정통적이지 않은 방법으로 왕위에 올랐다. 정통성을 보이기 위해 어떤 형태로든 왕실 사업을 해야 했다. 자신이 풍수지리를 공부했으니 그 이야기를 거론했을 거다. 실록을 제외하고 조선 전기 서적이 없어져서 당시 여주의 풍수지리에 대해 논한 구체적인 기록을 찾기 힘들다.

-여주 영릉의 특이사항은.

여주 영릉은 서울에서 가장 멀리 있다. 조선 왕릉은 관례상 서울로부터 100리 안에 두는 걸로 돼 있다. 그 기준이면 수원, 파주, 화성, 여주 등 경기도 권이다. 남한 땅에서 현재 기준으로 영월 장릉이 가장 멀지만 나중에 봉릉한 것이다.

-영릉이 왜 중요한가.

최초 합장릉이다. 조선 왕릉 중에서도 영릉이 중요한 이유는 한 봉분 안에 왕과 왕비가 최초로 함께 묻혔다. 그 전까지는 봉분 하나에 왕, 다른 하나에 왕비가 있었다. 세종은 <주자가례>와 명나라 능묘제도를 심층적으로 연구해 조선 왕릉에 적용하고자 했다. 그래서 부부합장을 실현했다. 사람이 한시에 죽지 않기 때문에 구조적으로 합장릉을 만드는 것이 어렵다.

이런 형태는 영릉과 함께 정조와 효의왕후가 합장된 건릉이 대표적이다. 이념 상 주자가례를 지향하지만 실질적으로 실천한 왕은 둘이 대표적이다. 손의연기자

세종즉위 600돌 대왕의 꿈이 깨어난다.
'세종의 DNA' 여주로 흐른다. 2018/3/27

여주는 매년 세종대왕을 위한 제사를 열며 세종대왕의 정신을 이어왔다. 사진은 지난해 '세종대왕탄신 620돌 숭모제전' 진행 모습이다. 여주시청 제공

백성들 정신적 지주 영릉… '세종의 DNA' 여주로 흐른다

4 여주에 잠든 세종의 의미

대왕이 묻혀 있는 여주. 세종대왕릉인 영릉(英陵)은 여주를 돌아볼 때 꼭 들러봐야 하는 곳이 됐다. 여주의 빼놓을 수 없는 관광지이기도, 학생들의 필수 견학 장소이기도 하다. 지역의 명소라는 시각에서 벗어나 세종이 여주에 왜 잠들었는지, 세종이 여주에 어떻게 영향을 끼쳐왔는지 살펴본다.

■ 임금이 찾는 고을 여주

세종대왕이 옮겨온 후 여흥이었던 여주는 격이 상승됐다. 이때부터 여주와 세종대왕은 뗄 수 없는 관계를 맺었나. 세종대왕이 여주에 잠든 순간부터 세종대왕의 정신은 여주로 이어지고 있다.

이는 과거에서부터다. 세종 뒤 후대 왕들은 세종대왕릉에 참배하기 위해 여주를 찾았다. 여주는 왕이 찾는 고을이 됐다.

'임금이 영릉(英陵)에 배알(拜謁)함으로 인하여 여주(驪州)에 거둥하니, 백관이 홍인문(興仁門) 밖에 나가서 대가(大駕)를 전송하였다. 광주(廣州)의 율현(栗峴) 냇가에서 주정(晝停) 하고, 저녁에는 같은 고을 낙생역(樂生驛) 앞들 파오달(坡吾達)에서 머물렀다.' (성종실록 12권, 성종 2년 10월 8일)

'아, 대행 대왕이 하늘로 떠나신 그 다음달 병술일에 우리 사왕 전하(嗣王殿下)께서 애지(哀旨)를 내려 삼공(三公)·구경(九卿)과 관각(館閣)·삼사(三司)의 신하들로 하여금 ___이다 하였다. 영릉(寧陵)과 영릉(英陵) 배알을 마치고 돌아오는 길에 이천에서 행차를 멈추고는 윤음(綸音)을 내려 광주·이천·여주 세 고을 부로(父老)들을 개유하고, 대가가 지나는 연도의 백성들에겐…' (정조실록 1권, 부록 / 정조 대왕 행장)

성종대는 조선 최고의 태평성대 시대로 꼽힌다. 세종대왕과 무관하지 않다. 조선 초 세종의 치세가 성종에 이르러 꽃을 피웠다. 정치, 경제, 법, 과학, 문화, 복지 등 세종이 다방면에서 이룩해놓은 업적 덕분이었다. 정조는 세종대왕과 닮은 점이 있다. 과학을 중시하며 백성을 위하는 애민 정신이 투철한 왕이었다. 그도 여주에 발길음했다. 조선의 성군으로 불리는 성종과 정조가 세종대왕릉을 방문해 그 정신을 되새기고 계승했다는 기록은 의미 있다. 정조의 '영릉(英陵) 국내(局內)에 흙을 채울 때의 고유문(告由文)'과 '영릉(英陵)과 영릉(寧陵)에 전알한 날의 운율'은 정조의 시문집인 홍재전서에 실려 있다. 세종을 존경하고 닮고 싶어하는 정조의 마음을 알 수 있어 유의미하다.

또 정통성 확보와 왕권 강화의 목적도 있을 것이라 추측할 수 있다. 성종도 영릉에 참차했다.

'모든 거둥에 관한 일을 사관(史官)에는 반드시 다 쓰렸으나, 이번에 능에 참배하는 일은 날마다 전교한 것부터 정승(政丞)에게 수의(收議)하고 정승이 아뢴 일과 폐사가 아뢴 일과 영릉(英陵)에서 제사를 거행한 뒤에 환궁(還宮)할 때까지 한 일을 모두 상세히 써서 아뢰면 또한 이것을 뒷날의 규례로 삼을 수 있을 것이다.' (중종실록 63권, 중종 23년 9월 13일)

'세릉에 제사를 지낸 뒤에 정락궁에서 양로연(養老宴)을 열어야 한다. 전에 영릉(英陵)에 행행하였을 적에는 과천(果川)과 용인(龍仁) 지방에 모두 양로연을 베풀었다. 이번에는 개성부와 풍덕(豊德) 지방의 노인은 정락궁에서 잔치를 베풀고 장단(長湍)·파주(坡州)·고양(高陽) 지방의 노인은 통제원(通濟院)에서 잔치를 베풀라는 것을 예조에 이르라.' (중종실록 80권, 중종 30년 8월 7일)

중종은 1506년 연산군을 몰아낸 '중종반정'으로 왕위에 오른 왕이다. 본인이 직접 주도한 반정이 아니었기에 개혁을 추진하고자 해도 한계가 있었다. 중종의 단순한 참배만을 위해 세종대왕릉을 찾은 것으로 생각할 수 없다.

또 중종은 영릉에서 행한 제사부터 궁으로 돌아갈 때까지 상세히 기록해 훗날 왕들이 참고할 수 있도록 했다. 주목할 점은 선대 왕들 영차가 백성에게 선정을 베푸는 계기가 된 것이다. 중종은 경기도 개풍군에 있는 조선 태조의 정비 신의왕후릉에 제사 지낸 뒤 양로연을 베풀어야 한다고 말했다. 여주 영릉을 방문했을 때 과천과 용인 지방에서 양로연을 베푼 사례를 들었다.

양로연은 조선시대 노인을 공경하고 풍습을 바로잡기 위한 잔치다. 특히 세종은 양로연을 열며 80세 이상이면 천민도 참석하게 했다. 이렇듯 백성과 노인을 위하는 세종의 마음은 후대까지 전해 내려왔다.

■ 신하와 만중의 정신적 지주 된 영릉

영릉은 후대 왕 뿐만 아니라 신하와 백성의 정신적 지주가 되기도 했다. 많은 신하가 영릉을 오가며 시를 남겼다.

'여주(驪州) 고을 산 빛이 구의산 흡사하니
/ 黃驪山色九疑同
두 분 성군 의관이 여기 이곳 묻혔어라
/ 三聖衣冠葬此中
고개 돌려 바라볼 제 고금의 한 아련하여
/ 回首[illegible]今古[illegible]
저무는 강 동녘에서 봄바람에 노 멈추네
/ 春風[illegible]江東 ('왕릉을 바라보며', 김창협)

일만 산이 구의산을 향하여서 조아리니
/ 萬山朝拱九疑[illegible]
신성한 분 천년토록 길이길이 생각누나
/ 神聖千秋永孝思
솔과 잣은 울창하여 하얀 학이 둥지 틀고
/ 松柏[illegible]白鶴
앵두 복숭 봄에 익어 누런 꾀꼴 울어 대네
/ 櫻桃春熟[illegible]
원로들이 갱가 부른 중화 임금 납인 때다
/ 賡歌元老[illegible]
사신들이 시를 짓는 한 무제의 시절이네
/ [illegible]
활과 칼은 몇 차례나 가는 세월 쥐었는가
/ 弓劍[illegible]
평 번 전각 바라보매 슬픔 금치 못하겠네
/ [illegible]不[illegible] ('영릉의 정자각을 봉심하다', 정두경)

'영릉의 정자각을 봉심하다'가 실려 있는 동명선생집 페이지

성종·정조 등 후대 왕… 선비들 참배 잇따라
오늘날에도 빼놓을 수 없는 명소로 자리매김

작년 세종대왕 탄신 620돌 숭모제전 개최
여주시, 매년 제사 지내며 정통성 확보
문화·역사 '세종인문도시' 도약 행사 활발

위 시들은 조선 후기 문신들이 지은 시다. 세종대왕이 승하한지 오랜 세월이 흐르고 나서 여주 왕릉을 지나며 쓴 시다. 세종대왕을 떠올리며 드는 소회를 담은 내용이다. 조선 선비들은 주자학을 충실히 따른 세종대왕을 존경하고 본받고자 했다. 선비들은 여주를 찾아 이런 마음을 시와 글 등 작품에 담았다.

이와 동시에 왕릉을 둘러싸고 있는 여주의 자연을 노래했다. 왕릉을 품고 있는 여주의 뛰어난 경관이 드러난다. 두 시에서 공통으로 나오는 '구의산'은 중국의 최고 임금 중 한 사람으로 꼽히는 순(舜) 임금이 묻힌 산이다. 김창협과 정두경은 세종대왕이 잠든 여주를 구의산에 빗대 표현했다.

조선왕조실록에는 영릉에 대한 다른 흥미로운 언급이 있다. 바로 임진왜란 때 경기도순찰사로 왜적과 싸운 '성영'의 이야기다. 그는 임진왜란 때 어려움 속에서 군사를 모집하던 중 영릉 앞에서 각오를 다졌다. 실록에는 그가 왕 앞에서 "영릉(英陵)을 배알(拜謁)하고 통곡하며 네 번 절하고 물러왔는데, 그것은 당시 어리석은 백성들이 조정(朝廷)이 있다는 것을 모르고 가끔 무리한 말들을 많이 하므로 군대를 이끌고 선왕(先王)의 능침(陵寢)을 배알하여 대중의 뜻을 용잉시키고 대의(大義)를 밝히려 하였던 것이다"라고 밝혔다고 적혀 있다. 전쟁이 끝난 후 성영은 이런 자신의 행동이 예에 어긋나는 망령된 것이라며 파직을 청했지만 왕은 이를 물리쳤다. 선조가 성영의 이야기를 듣고 감동했을 것이라 감히 추측할 수 있다.

■ 여주, 매년 세종대왕릉에서 제사 지내며 정통성 확보…활용 가능한 콘텐츠도 풍부

여주 세종대왕릉에서는 매년 제사가 열린다. 지난해 세종대왕탄신 620돌 숭모제전을 치렀다. 여주가 가지고온 정통성은 현대 활용할 수 있는 문화·역사 콘텐츠의 바탕이 되기도 한다. 여주시는 지난 2015년부터 '세종인문도시'를 표방해 세종대왕과 관련한 여러 행사와 사업을 진행하고 있다.

여주를 이야기할 때 세종대왕을 빼놓을 수 없다. 세종대왕을 이야기할 때도 여주를 빼놓을 수 없다. 영릉이 여주에 있기 때문이기도 하지만 오랜시간 세종의 정신이 여주를 기점으로 전해지기 때문이기도 하다.

류진동·손의연기자

세종즉위 600돌 대왕의 꿈이 깨어난다. '세종이 꿈꾼 세상' 2018/4/24

18 2018년 4월 24일 화요일 세종 즉위 600돌 대왕의 꿈이 깨어난다 경기일보

6 여주에 흐르는 세종의 인문정신

'임사이구(臨事而懼). 두려운 마음으로 일을 성사시켜라' 세종실록에 등장하는 어구다. 세종이 재위 31년에 한 말로 큰 일을 당하면 두려움과 같은 엄중한 마음을 지니고 지혜를 짜내 일을 성사시키라는 뜻을 담은 말이다. 대사(大事)에 임하는 자세가 어떠해야 하는지 교훈을 준다. 이 말은 이달의 세종대왕이란 이름으로 세종인문도시 명품여주 홈페이지에 걸려 있다. 여주시는 매달 세종의 어록을 발췌해 시민에게 알리고 있다. 여주와 세종대왕을 이야기하며 '영릉'을 중심에 뒀다. 여주는 더나아가 이제 세종의 인문정신을 본격적으로 입힌 정책과 문화콘텐츠에 집중하고 있다.

'세종이 꿈꾼 세상' 인문도시 여주서 꽃 핀다

■ 세종의 사람 길러내는 교육… 세종의 '사가독서' 여주에 꽃피워

세종의 업적이 가능했던 이유는 바로 '사람'이다. 세종은 현명한 학자들이 모인 집이라는 뜻의 집현전(集賢殿)을 뒀다. 임금의 관심과 아낌없는 지원으로 유능한 인재들은 모여서 공부에 집중할 수 있었다. 집현전 학사들은 유교가 기반이 되는 정치 제도와 정책을 연구했다. 뿐만 아니라 성리학, 역사, 지리, 의약, 천문 등 다 분야의 발전을 가져왔다. 이들의 업적 중 백성을 위한 것으로 우리식 학문 편찬을 꼽을 수 있다. 농업, 의학에 관한 책을 중국에서 가져와 그대로 쓰고 있었지만 조선 사정에 맞는 책을 발간해 백성들의 삶을 바꿔놓았다. 세종이 발탁한 인재들이 중심이 됐다.

여주시는 '세종인문도시 명품여주'만들기를 추진하며 세종인문학 인재 배출을 목표로 잡았다. 이를 위해 세종에 대한 연구를 진행하며 세종학 학술회의를 열고 세종을 다룬 책들, 통섭학으로서의 세종학, 한글, 세종리더십과 청년 등을 논했다.

더 나아가 다양한 연령대를 위한 인문학 교육을 열고 있다. 보건소는 '세종의 밥상머리 교육'을 통해 올바른 식습관을 알려주는 프로그램을 마련했다. 세종대왕 아카데미 강좌를 통해 '세종과 인권', '세종 리더십', '여주시민 집현전' 등을 운영한다. '세종과 인권'은 여주시정신건강증진센터에서 펼쳐진 프로그램이다. 세종대왕의 애민정신과 생명존중 정신에 초점을 두고 정신보건사업의 비전을 제시한다. 만성정신질환자에 대한 긍정적인 인식변화를 도모해 다양한 지역 구성원이 함께 갈 수 있도록 꾀했다.

市, 밥상머리 교육·시민 집현전 등 연령별 인문학 교육
한글디자인포럼 개최… 한글 산업화·정책적 연구 지원
세종대왕문화제 9월 첫선… 道 대표 축제로 발전 기대
여주세종문화재단 창작 뮤지컬 '1446' 특별 공연 마련

지난해 열린 사전 세종대왕문화제 중 책잔치 프로그램에 참여한 어린이들 모습.

여주시민 집현전 강좌는 세종에 대해 전반적으로 배워볼 수 있는 프로그램이다. 인간 세종, 세종의 즉위와 정치, 국가 경영, 세종실록 등을 알아본다. 전문가 초청 특강을 통해 보다 세부적이고 전문적인 지식을 얻을 수 있다.

또 흔한 교육프로그램이라도 세종과 연계해 시민이 흥미를 가지고 참여할 수 있도록 설계한다. 곧 아이가 태어날 가정을 대상으로 한 태교 프로그램이 그 예다. 지난해 여주박물관이 운영했던 '우리아이 세종처럼'이란 프로그램은 세종 탄신 620주년을 기념한 태교 교실이다. '우리 아이의 무병 장수를 기원하는 배냇저고리 짓기', '부귀공명을 바라는 엄마의 마음을 담은 민화 그리기', '고전명언과 세종대왕의 어록, 태명을 캘리그라피로 써보기' 등 세종을 입혀 특별함을 더했다.

청소년을 위한 프로그램이 풍성하다. 세종인문 초·중·고 교재를 만들어 체계적으로 접할 수 있도록 했다. 자유학기제 수업과 연관시켜 청소년이 지역의 구성원이라는 자부심을 가질 수 있도록 한 것이 특징이다. '청소년 세종 오락(5樂) 캠프'는 세종리더십을 주제로 또래들과 여러 주제를 이야기하고 활동하게 한다. 친구들과 어울리며 세종을 친숙하게 만나고, 배울 수 있게 구성했다.

올해 즉위 600돌을 기념해서 여주 박물관은 평소 관심을 갖기 힘든 '국왕의 즉위식'에 대해 알아본다. 국왕의 즉위의례, 역사, 상징, 기록, 국왕의 하루, 현대 의미를 살펴보는 프로그램을 만들었다.

세종의 밥상을 재구성한 시민 체험.

■ 세종의 이야기를 문화 콘텐츠로 살려내다

세종대왕이 통치한 시기는 문화예술이 꽃피운 때이기도 하다. 세종은 문화예술에 조예가 깊은 임금이었다. 유명한 일화가 있다. 세종이 새해맞이 연주회에서 편경(국악기 중 타악기) 연주를 들었다. 세종은 "아홉 번째 소리가 음이 약간 높은 듯하구나. 어찌된 일인가?"라고 물었다. 이때 총 음악감독이었던 박연이 깜짝 놀라 직접 편경을 살펴보니, 아홉 번째 돌에 먹물이 아직 마르지 않은 상태였다. 박연이 직접 먹물을 갈아 없애니 음이 제대로 나왔다고 한다. 이렇듯 세종은 음악에 조예가 깊었다. 박연과 더불어 우리나라에 잘 어울리는 악기를 만들고, 음악의 기준이 되는 표준음을 정해 실제 많은 노래를 작곡했다. 우리식 음악인 '신악'을 몸소 만들고 '정간보'라는 악보를 개발하기도 했다.

여주시도 문화를 귀히여긴 세종을 본받아 콘텐츠로 문화의 힘을 강화하기 위해 노력 중이다. 지난해 도내 31개 시군 중 15번째로 문화재단을 출범시켰다. 세종인문도시 명품 여주를 지향하는 중책 기관으로서다. 여주세종문화재단은 올해 본격적인 문화예술사업을 추진하고 있다. 예술가 지원, 시민문화예술 활성화, 문화예술교육 등을 기획 중이다.

또 세종대왕 즉위 600돌을 기념해 특별한 공연을 기획했다. 바로 창작 뮤지컬 <1446>이다. 한글 창제, 인재 등용, 과학 기술발전 등 세종의 수많은 업적보다 그 뒤 숨겨진 내면의 고통과 고민을 담아낸 작품이다. 웰메이드 창작 작품으로 평가받으며 지난 2월에는 영국 웨스트엔드 앤드류 로이드 웨버 'The Other Palace'에서 워크숍과 리딩 쇼케이스를 가져 해외 성공의 가능성을 모색했다.

세종대왕 즉위 600돌 기념 창작 뮤지컬 '1446'.

지난해 10월에는 한글디자인포럼을 열고 한글 산업화를 위한 방안을 논했다. '한글 디자인'의 정책적 연구를 지원한 것은 전국 지자체 중 여주시가 처음이다. 이 자리에서는 한국 최고의 디자이너들이 한글과 디자인, 세종대왕과 여주시를 연계한 도시환경 및 한글 산업화를 위해 진행한 연구를 발표했다. 포럼 회장을 맡은 한기웅 강원대 교수는 "세종대왕께서 여주에 영면해 있다는 자체만으로도 여주는 그 어느 도시보다 혜택 받은 도시"라며 "이번 포럼이 여주만의 산업을 한글과 세종대왕을 연결하는 출발점이 될 것으로 기대한다"고 밝혔다.

■ 즉위 600돌 기념하는 세종대왕문화제…지역 대표 축제로 거듭날까

올해 '제1회 세종대왕문화제'가 오는 9월 15~19일 열린다. 세종대왕 즉위 600돌을 맞아 대규모로 준비된다. 세종대왕기념사업회, 한글학회, 외솔회, 세종대왕나신곳성역화국민위원회, 한글문화연대 등 주요 국내 세종대왕·한글단체도 함께 한다. 세종대왕 즉위일인 1418년 음력 8월10일을 그레고리력 기준 양력으로 환산해 날짜를 맞췄다. 세종대왕릉 원찰(願刹)이었던 신륵사 인근 여주도자기축제장에서 펼친다.

도내 지자체 중 수원화성문화제와 오산독산성문화제 등이 대표적인 관광 축제로 꼽힌다. 여주시는 첫 세종대왕문화제를 앞두고 다른 지자체의 우수사례를 벤치마킹하며 만반의 준비를 했다.

올해 세종대왕문화제는 단일 행사로 그치는 게 아니라 한글날인 10월 9일까지 행사를 이어간다. 세종대왕 주간을 잡아 여주시민의 날, 도전! 독서골든벨, 한글날 문화제, 각종 체육대회, 전시회 등을 꾸린다.

여주 세종대왕문화제가 여주 시민, 더 나아가 경기도민의 축제가 될 수 있을지 주목된다.

손의연기자

세종즉위 600돌 대왕의 꿈이 깨어난다.
세종의 숨결 여주서 마주하다. 2018/5/8

7 세종을 찾아 여주로

여주는 자연환경과 역사, 문화가 어우러져 여행하기 좋은 고장이다. 남한강과 수려한 산수가 펼쳐 있고 신륵사, 국보 제4호 고달사지 승탑, 석축 산성 파사성 등이 있다. 세종대왕이 영면해 있는 영릉, 조선 마지막 국모 명성황후 생가도 있어 역사 테마 여행지로도 적격이다. 지난 2016년 편리하게 여주를 방문할 수 있는 방법이 생겼다. 바로 성남과 여주를 잇는 경강선 복선전철과 세종대왕 관광순환버스다. 세종대왕 관광순환버스는 여주 내 관광지를 연결한다. 성남과 여주를 잇는 경강선 복선전철과 함께 이용하면 수도권에서도 편하고 저렴하게 시티투어를 할 수 있다. 지난 3일 세종인문도시 여주를 찾았다.

남한강 흐르는 역사의 향기… 세종의 숨결 여주서 마주하다

영릉 일부구역 정비공사로 관람 제한
조선시대 세종대왕릉의 원찰 '신륵사'
제1회 세종대왕문화제 9월 개최 예정

5일장·아울렛 등 먹거리·볼거리 풍성
자연을 즐기는 황학산수목원도 인기

■ **영릉, 현재 정비 공사 중이지만 세종대왕역사문화관, 효종대왕릉 볼 수 있어**

세종대왕 관광순환버스를 이용하려면 여주역에서 표를 구입해야 한다. 방문 당일에는 매표소가 쉬어 버스 기사에게 표를 구입했다. 성인은 5천 원, 65세 이상·청소년·어린이 등은 3천 원으로 하루종일 관광지를 오가기에 저렴한 가격이다. 카드 결제는 되지 않아 현금을 준비해야 한다. 버스에 오르자 세종대왕과 여주의 관계를 다룬 소개 영상이 흘러 나왔다. 영상이 끝나자 운전기사는 여주시에 대한 역사를 간단히 승객들에게 말했다. 운전기사는 "버스를 이용하는 관광객은 오전 10시~12시 가장 많으며 특히 전철 요금이 들지 않은 노인들이 많이 탄다"며 "3천원으로 여주시내를 왔다갔다 하고 밥만 사먹으면 되니 1만 원으로 와도 남는 여행"이라고 설명했다. 남편과 함께 버스를 탄 여성 승객은 "적은 비용으로 여러 군데를 자유여행하는 것처럼 다 돌아볼 수 있어 편리하다"고 감탄했다.

14개 테마정원을 갖춘 '황학산수목원'

10여 분을 달려 세종대왕릉(영릉)에 도착했다. 세종대왕릉 일부 구역은 현재 정비 공사가 진행 중이라 관람이 제한된다. 효종대왕릉과 이어지는 왕의 숲길을 지나 능침 구역을 볼 수 있었다. 비가 내리는 궂은 날씨였지만 우산을 쓰고 우비를 입은 학생 단체를 비롯해 방문객이 많았다. 현재 홍살문과 정자각을 지나는 '세종대왕릉 걸어가는 길'은 정비 공사로 인해 진입할 수 없다. 본래 홍살문부터 정자각은 직선 도로로 나야 한다. 이번 정비 공사가 끝나면 한 번 꺾어야 했던 세종대왕릉 홍살문~정자각 사이 길이 수정될 것으로 보인다.

올해 12월 31일까지 세종대왕릉 일부를 볼 순 없지만 세종대왕의 일대기와 업적에 대한 전시를 하고 있는 세종대왕역사문화관을 천천히 둘러보는 재미가 쏠쏠하다. 세종대왕릉과 이웃한 효종대왕릉 재실에는 천연기념물 제459호로 지정된 회양목도 눈길을 줄 만하다.

여주 봉미산에 위치해 있는 '신륵사'

세종대왕 관광순환버스는 가 코스와 나 코스로 나뉜다. 이중 필수코스로 꼽히는 세종대왕릉, 신륵사와 함께 한글시장(5일장)에서는 환승이 가능해 노선을 오갈 수 있다.

■ **여주 역사문화 중심지가 된 신륵사… 비 와도 관광객 많아**

비가 오는 날씨였지만 신륵사는 아름다웠다. 신륵사 입구를 지나자 색색 연등이 펼쳐졌다. 석기반신일을 앞두고 들뜬 분위기가 느껴졌다. 관광객들은 흙탕길을 밟으면서도 신난 얼굴이다.

신륵사는 아름다운 남한강을 배경으로 자리잡은 유서 깊은 절이다. 신라 진평왕 때 원효대사가 창건했다는 설이 있다. 고려 우왕 때 나옹선사가 입적하면서 유명한 절이 됐다.

중요 문화재를 많이 가지고 있다. 보물 제180호로 지정된 조사당, 제225호 다층석탑, 제226호 다층전탑, 제228호 보제존자석종, 제229호 보제존자 석종비, 제230호인 대장각기비, 제231호인 석등 등이다. 또 유형문화재 극낙보전 이외 부속건물인 구룡루·명부전·시왕전·산신당 등이 있다.

비가 많이 와 다 둘러보지는 못했지만 너른 남한강을 배경으로 한 사찰을 바라보는 것만으로 마음이 편안해지는 느낌이다.

신륵사는 세종인문도시를 내세우는 여주시에 아주 중요한 의미가 있기도 하다. 바로 조선시대 세종대왕릉의 원찰이었기 때문이다. 원찰은 죽은 사람의 명복을 빌거나 자신의 소원을 빌기 위한 사찰이다. 조선시대는 죽은 왕 무덤 가까이 사찰을 뒀다. 세종대왕릉과 가까운 신륵사가 세종대왕의 명복을 비는 사찰이 됐다. 신륵사는 세종대왕과 여주의 연을 이어주는 절로 세종인문도시를 내세우는 여주에 의미가 깊다.

신륵사 바로 옆에는 여주박물관이 있다. 황마관과 여마관 두 동이 있다. 세련된 외형을 갖춘 여마관은 2017년 한국건축가협회 올해의 건축 베스트7에 선정되기도 했다. 박물관은 신륵사, 고달사지, 영릉, 흔암리 선사유적지 등에서 출토된 유물을 전시하고 있다. 역사실, 남한강 수석전시실, 조선 왕릉실 등 상설전을 통해 여주의 역사, 자연, 문화를 골고루 볼 수 있다. 여주의 역사문화콘텐츠를 살린 기획전도 펼치고 있다.

신륵사 일대는 오는 22일까지 열리는 제30회 여주도자기축제의 장소이기도 하다. 마침 축제 준비가 한창이었다. 축제는 '남한강, 세종대왕 그리고 천년도자의 만남'이라는 주제로 다양한 전시와 체험, 판매, 공연 이벤트 프로그램으로 꾸려진다. 신륵사에서 본 관광객들이 예쁜 도자기를 구입할 수 있는 도자세장으로 줄지어 들어갔다.

천년 고찰이 그 장소로서 지역 역사와 문화에 큰 역할을 하고 있다. 올해 세종대왕 즉위 600돌을 맞아 9월 열릴 첫 세종대왕문화제도 영릉이 공사 중인 관계로 신륵사 일대에서 펼쳐질 예정이다.

■ **세종대왕 관광순환버스 타고 다양한 관광지로 달리는 재미**

세종대왕 관광순환버스를 이용하면 유적지와 박물관, 수목원 뿐만 아니라 막국수촌과 여주 5일장, 여주아울렛 등에서 먹거리와 즐길거리를 함께 즐길 수 있다. 황학산수목원은 세종대왕 관광순환버스가 활성화되며 관광객 수가 크게 늘어난 한 곳이다. 황학산수목원서는 중·장년층을 많이 볼 수 있었다. 수목원은 습지원, 식정원, 산열매원, 미니가든, 찔아리정원 등 14개 테마정원을 갖췄다. 27만3천183㎡ 대지에 목본 717종류와 초본 1천109종류 등 식물 총 1천826종류를 보유하고 있다. 산림박물관이 있고, 유아를 위한 체험 프로그램이 있어 앞으로 더 성장할 수 있는 관광지로 기대된다. 수목원 내 포토존에서 사진을 찍고 있던 관광객 K씨(55·여)는 "수목원 위치가 일반 대중교통으로 오기엔 힘들 것 같은데 관광순환버스를 타고 수목원에 쉽게 올 수 있어 좋았다"며 "역사와 관련된 장소 뿐 아니라 자연을 즐길 수 있는 코스가 있어 더욱 마음에 든다"고 말했다.

아쉬운 하루를 마치며 버스 운전기사의 말을 떠올렸다.

"세종대왕 관광순환버스 코스에 있는 관광지 한 곳을 한 시간 안에 둘러본다 해도 하루가 너무 짧아요. 다 둘러보려면 하루가 아니라 며칠 잡고 여행오는 걸 추천합니다" 류진동·손의연기자

세종대왕 관광순환버스

하루 8번·1시간 단위 운행
2개 코스 관광지 '한눈에'

여주시는 '세종대왕 관광순환버스'를 지난 2016년부터 운영 중이다. 이 버스를 이용하면 여주시 주요 관광지를 쉽게 오갈 수 있다. 여주시는 지난해 4월 경강선이 개통한 후 운행 횟수를 두 배 늘려 하루 8번 운행하고 있다. 버스는 1시간 단위로 다닌다.

코스는 두 개다. '가' 코스는 여주역에서 출발해 신륵사, 목아박물관, 강천보, 금·은모래유원지, 황학산수목원, 명성황후생가, 여주프리미엄아울렛을 거쳐 다시 여주역으로 돌아온다. 1시간 가량 걸린다.

'나' 코스는 가코스보다 30여 분 더 소요된다. 여주역~여주5일장~세종대왕릉~여주보~이포보~막국수촌·파사성~신륵사~여주역을 거친다.

지난해 세종대왕 관광순환버스를 이용한 탑승객 수는 3만 4천여 명이다. 세종대왕릉, 신륵사, 명성황후 생가 뿐만 아니라 쇼핑을 할 수 있는 프리미엄 아울렛과 지역 먹거리를 즐길 수 있는 천서리 막국수촌 등을 연결하는 알찬 코스를 꾸린 결과로 분석된다.

또 2016년 대비 지난해 25%이상 관광객이 증가한 황학산 수목원과 일반 대중교통으로 가기 힘든 천서리 막국수촌도 대표관광지로 발돋움했다. 손의연기자

효종대왕릉

권규 묘역 세종대왕의 누이 '경안궁주 묘역'으로 명칭 변경 2018/3/11

여주시 권규 묘역 세종대왕의 누이 경안궁주 묘역으로'명칭 변경

여주시는 태종의 부마 제간공 권규 묘역(점동면 덕평리)을 경안궁주 묘역으로 명칭을 변경했다고 11일 밝혔다. 2007년 9월 7일 경기도문화재 기념물 제214호로 지정된 '제간공 권규 묘역'은 조선 태종의 부마 권규와 3녀이자 세종대왕의 누이인 경안궁주의 상하 묘역이다. 이 묘역은 조선 당시의 원형을 거의 유지하고 있고, 묘제의 형식이 역사적이며, 문화재적 가치가 매우 높은 유적으로 평가되고 있으나 '제간공 권규 묘역'이 부마와 궁주의 묘역이라는 것을 일반인들이 거의 알지 못해 여주시의 요청으로 지난해 12월 경기도 문화재위원회 심의를 거쳐 명칭을 변경하게 됐다. 특히 '궁주'라는 표현도 생소함에 따라 묘역안내판에 설명글을 삽입해 묘역을 찾는 관람객들의 이해를 돕기로 했다.

바르게살기협 미투운동 전개 눈길 2018/3/20

여주 바르게살기협 미투운동 전개 눈길

바르게살기운동 여주시협의회(회장 경규명)는 최근 사회 전반으로 확산하고 있는 '미투(Me Too)' 캠페인을 지지하고 성폭력·성희롱 등 성범죄 예방 캠페인을 벌였다고 20일 밝혔다. 이들은 '미투운동'이 국민적 관심을 끌고 있고 바른 사회 구현을 위해 여주지역 읍·면·동 지역위원장과 이사 등 30여 명이 참여한 가운데 여주시청과 시민회관 등지에서 Me Too와 양성평등 피켓을 들고 거리행진 등 캠페인을 전개했다. 이와 함께 이들은 각 읍·면·동 지역위원회별로 현수막을 설치해 미투 캠페인을 지지하고 성폭력 피해자들을 응원하겠다고 설명했다.

- 사회가 점점 발전할수록 성범죄 관련 이슈도 덩달아 확산되고 있다. 사회는 급격한 변화를 맞이하고 있는데 그에 맞는 젠더 감성지수는 아직도 한참 부족하다. 그 어떤 범죄도 마찬가지지만 특히 성관련 범죄는 가해자가 아닌 피해자 입장에서 생각해야 한다. 오랜 시간 고통 속에서 힘들어했을 성폭력 피해자들을 돕고 응원하는 움직임이 더 활발해지고 결국에는 범죄 없는 세상이 오길 희망한다.

여주교도소 오산초교 학생들에게 보라미 준법교실 진행 2018/4/19

여주교도소 오산초교 학생들에게 보라미 준법교실 진행

류진동 기자 urn3111@kyeonggi.com 입력 2018. 04. 19 오후 2:42 댓글 0

여주교도소(소장 김도형)는 여주 오산초등학교 교사와 학생을 대상으로 '보라미 준법교실'을 진행했다고 19일 밝혔다.

이번 준법교실은 교정홍보 동영상 시청, 교도관 직업 소개, 교정장비 체험, 교정시설 견학, 학생들의 눈높이에 맞춘 준법 강의 등 다양한 프로그램이 진행됐으며, 학생들이 준법의식함양과 교정공무원의 역할을 이해할 수 있도록 교육했다.

한편, 여주교도소는 지난 2017년 오산초등학교와 업무협약을 체결해 지역주민과 함께하는 유도교실을 운영하는 등 신뢰받은 열린 교정 행정을 실천하고자 노력하고 있다.

여주=류진동기자

여주교도소(소장 김도형)는 여주 오산초등학교 교사와 학생을 대상으로 '보라미 준법교실'을 진행했다고 19일 밝혔다. 이번 준법교실은 교정홍보 동영상 시청, 교도관 직업 소개, 교정장비 체험, 교정시설 견학, 학생들의 눈높이에 맞춘 준법 강의 등 다양한 프로그램이 진행됐으며, 학생들이 준법의식 함양과 교정공무원의 역할을 이해할 수 있도록 교육했다. 한편, 여주교도소는 지난 2017년 오산초등학교와 업무협약을 체결해 지역주민과 함께하는 유도교실을 운영하는 등 신뢰받은 열린 교정 행정을 실천하고자 노력하고 있다.

- '보라미 준법교실'은 직접 학교로 찾아가는 교정 교육으로 학생들의 호기심을 해결해 주었다. 또한 교정공무원에 대한 이해도 이끌어낸 특별한 프로그램이다. 어린 시절에 제대로 익힌 준법정신은 어른으로 성장한 이후의 삶을 올바른 길로 이끄는 탄탄한 밑거름이 될 것이다.

14 2018년 4월 9일 월요일 기획 경기일보

유리산업 클러스터 메카 '눈앞'
여주시·KCC·中企 '상생의 기적'

여주시, 규제장벽 뚫고 '미래 먹거리' 개척

여주시가 신개념 유리산업 클러스터 메카로 새로운 천 년을 준비하고 있다. 시는 최근 5천억 원 매출 규모의 KCC 여주공장 인근에 남여주 물류단지를 조성, 최근 KCC와 중소기업 6개사로 구성된 KCC 컨소시엄과 물류시설 용지에 대한 사전입주계약을 체결했다. 남여주 물류단지에 들어설 신개념 유리산업 클러스터는 오는 2020년 12월 준공을 목표로 추진 중이며, 완공 후 KCC 컨소시엄이 운영에 들어가면 1천940여억 원의 기업투자 효과와 기존 500여 명의 KCC 직원에 250여 명이 늘어난 고용창출이 기대된다. 또 44여억 원의 연간 지방세 수입의 증대도 예상된다. 시는 그동안 한반도 중심의 사통팔달 교통 핵심축으로 지리적인 물류 최적지임에도 수도권에 속해 있다는 이유만으로 각종 규제 등으로 공장 신설과 증설 등을 제한받아 친환경농업과 굴뚝 없는 산업유치만 가능한 실정이다.

남여주 물류단지 사전입주계약 체결식.

남여주 물류단지 전경.

여주지역 최대 기업인 KCC 여주공장(자동차 유리 생산라인)의 경쟁력을 높이려면 공장 증설이 절실한 상태지만, 각종 규제로 인해 증설이 어려워 일부 시설이 충남으로 이전, 1천여 명의 직원에서 절반으로 인원 감축과 함께 연간 23억 원 규모의 지방세를 포함해 지역경제에 환원되는 814억 원의 KCC 여주공장 예산감소로 지역 경제에 큰 피해가 발생했다.

하지만, 시는 세종대왕의 창조·창의적 정신을 적극 행정을 도입, 기존 KCC 유리공장과 연계한 '유리산업 클러스터'의 신개념 패러다임을 물류시설에 적용해 뼈아픈 과거의 문제를 해결했다.

시는 이를 위해 지난 2014년 4월부터 남여주 물류단지 조성사업을 추진, 국토교통부의 신규 물류단지 지정과 물류단지 실수요 검증을 거쳐 지난 2016년 물류단지 지정권자인 경기도로부터 남여주 물류단지 지정 및 실시계획 승인을 받았다. 이 사업은 여주시 연라동 659의 1번지 일원 20만 7천399㎡(물류시설용지 15만 3천41㎡) 부지에 총 사업비 370여억 원 중 보상비가 201여억 원이 투입될 예정이다.

남여주 물류단지 조성사업과 관련해 물류시설용지 15만 3천41㎡에 대한 사전입주계약을 KCC 컨소시엄과 체결, 소요되는 사업비는 시 재정 투입 없이 토지보상비 201여억 원에 대한 문제를 해결, 이번 사전입주계약 체결로 숨통이 트일 전망이다.

관련 법령에 따라 사전 입주기업체의 선수금 250억 원을 미리 받아 보상하고 대행개발방식을 도입해 물류단지 조성공사를 추진할 계획이다.

> 연라동 일대 20만7천399㎡ 규모
> 남여주 물류단지 조성사업 박차
> KCC 여주공장 생산라인과 연계
> 생산→완성→출고 '원스톱' 처리
> 市, 기업애로 해결 올인 알찬 결실

■ 존폐 위기 국가기반 유리산업 경쟁력 강화

KCC는 지난해 기준 5천억 원의 매출을 올리는 기업으로 국내 유리시장 점유율 59%를 차지하는 1위 기업이다. 하지만, 중국 유리의 파상적인 원판과 가공품 수입이 증가할 경우 점유율 하락에 따른 국내 유리산업의 기반이 위협받는 동시에 전국 중소 가공업체 또한 생계와 고용에 직접적인 타격이 예상됐다.

국가기반 유리산업 시장을 보호하고자 KCC는 연구개발을 통한 고기능성 유리제품을 출시했으나 10% 이상 차이 나는 중국 수입유리 원판가격에 가격경쟁력 강화를 위해서는 KCC 여주공장 증설을 통한 대량생산 및 유통비용 절감이 불가피했다.

이를 위해 시와 KCC가 손을 잡고 이번에 남여주 물류단지를 조성, 중소기업과 연계한 국내 유리산업의 최고 생산유통단지가 탄생했다.

■ 신개념 유리산업 클러스터 기대 효과

국내 최대 판유리 생산 공장인 KCC 여주공장 생산라인과 연계해 생산→완성→출고 과정을 한자리에 집적한 유리산업 클러스터라는 신개념 패러다임을 물류단지에 적용한다. 이로써 여주지역 일자리 창출과 지역경제 활성화 등 경기도 동부권 지역발전과 국가기반 유리산업의 국제경쟁력을 높일 수 있는 계기가 마련됐다.

총 사업비 1천940억 원, 일자리 창출 250명, 지방세 수입 44여억 원 등과 현장견학 등 관광자원 발굴, 대기업과 중소기업의 공동입주로 유통비용 절감 및 기술공유로 상생협력 발전을 이룰 것으로 전망된다.

■ 여주시, 세종창의적 발상이 전환점

국가기반 유리산업 보호를 위해 KCC 여주공장의 증설이 반드시 필요하나 현재 51만 5천859㎡ 부지로 수도권정비계획법이 규정한 자연보전권역 내 공업용지 조성면적인 3만㎡(수도권정비위원회 심의를 거치면 6만㎡)를 훨씬 초과해 사실상 공장 증설은 불가능한 실정이다. 여기에 한강수계 상수원 수질개선 및 주민지원 등에 관한 법률과 수질오염 총량관리 기본방침에 따라 개발부하량 미할당 시 개발사업 허가를 받을 수 없다.

수질 및 수생태계 보전에 관한 법률 시행령과 한강유역 폐수배출시설 설치제한을 위한 대상지역 및 시설 지정고시에 따라 팔당호의 영향권인 여주시는 전 지역이 배출시설 설치제한 지역으로 지정되어 있어 특정수질유해물질이 배출되는 사업(폐수배출시설)은 입지가 불가능하다.

일부 지방 이전이라는 15년 전 아픔을 다시는 겪지 말아야 하겠다는 간절함으로 세종인문 명품여주시의 대표적인 기업인 KCC는 1990년에는 판유리 생산과 자동차 유리 생산라인이 별도로 있어 공장 인원이 1천여 명에다 생산량도 꾸준히 늘어나 매년 100만대 이상의 생산시설 확충이 필요한 상황이다.

수도권 규제로 결국 2001년 자동차 유리 생산라인이 충남 전의지방산업단지로 이전, 여주지역 경제 침체, 고용·인구 감소 등 안타까운 사례가 또다시 발생할 수 있는 상황이 이번 국내 최대 유리산업 생산유통단지를 조성하는 전환점이 됐다.

■ 공무원·기업이 머리 맞댄 값진 결과

시는 세종의 창의적 정신을 발상의 전환점으로 삼아 중앙 관계부처 및 경기도 관계부서 방문, 전문가 조언 등 KCC 투자 유치를 위해 적극적으로 노력한 결과 단순 공장 증설이 아닌 신개념 패러다임의 유리산업 클러스터를 대안으로 착안, 국가기반 유리산업의 비전을 제시했다.

KCC와 협력업체들이 하나의 단지를 형성해 KCC는 기존 공장과 연계한 생산 및 가공, 재장 업무를 담당하고, 협력업체들은 영업 및 출하 업무를 담당하는 생산부터 출하까지의 모든 업무를 한 곳에서 처리해 유리산업의 경쟁력을 향상시키는 방안이 모색됐다.

또 총사업비 370억 원이 투입되는 남여주 물류단지 조성사업은 대규모 건설사업으로 2016년 기준 재정자립도 36.8%(2017년 기준 28.9%)로 도내 31개 시·군 중 25위로 일반회계 전출금 370억 원(보상비 201억)을 특별회계로 전입하기가 재정상 어려운 실정이어서 사업추진이 사실상 불가능했으나 선수금 제도를 도입하고 공개모집공고를 통해 KCC 투자 유치를 이끌어내 사전 입주기업체로부터 250억 원을 미리 받아 부족한 재원을 확보했다. 여주=류진동기자

원경희 여주시장, "4년 동안 여주를 잘 이끌었습니다"

2018/7/1

원경희 여주시장, "4년 동안 여주를 잘 이끌었습니다"

'세종인문도시 명품여주' 건설을 주창해온 민선 6기 원경희 시장이 지난 29일 4년간의 임기를 마무리하고 퇴임했다. 친절 행정 구현과 문화·관광 인프라 확장, 평생학습도시 실현 등 여주발전을 위해 새벽부터 늦은 밤시간까지 열정으로 노력해 온 원 시장은 이날 이임식 갖고 여주의 역사 속 한 페이지를 장식했다.

여민락주에 취한 사람중심의 '행복여주'

2018/7/9

여민락주에 취한 사람중심의 행복여주

사람중심 행복여주시가 풍요롭고 활기찬 세종마을 만들기 사업으로 추진해 온 '여민락주 체험장' 준공, 본격적인 사업에 돌입했다. 여주시 가남읍 연대리 다목적회관에서 지난 5일 열린 여민락주 체험장 준공식에는 이대직 부시장과 남신우 가남읍장 등 기관·단체장이 참석한 가운데 그동안 연대리 주민들이 생계수단으로 대왕님 표 여주 쌀을 원료로 사용해 빚은 전통주다. 120여 가구가 사는 가남읍 연대리는 그동안 전통주 체험마을로 명성을 이어왔으나 이번 사업추진으로 경쟁력 강화는 물론 추진 동력 얻게 됐다. 여주를 대표하는 전통주 여민락주는 이 마을 주민협의체인 연대리영농조합(대표 이무권·이장)을 대표이사를 중심으로 새로운 고급 전통주 수요층에 맞춰 '여민락주 제조·체험마을'을 운영한다는 방침이다.

여주시 임업경영인협회 창립총회 2018/7/17

여주시임업경영인협회 창립총회

여주시임업경영인협회(회장 심형식) 창립총회에는 이항진 여주시장과 이후정 시 산림조합장, 김덕수 시농업기술센터소장, 유종석 한국산림경영인협회전무, 권혁면 시 산림공원과장 등 50여 명이 참석한 가운데 열렸다. 이항진 시장은 축사를 통해 “산림에 대한 사회적 요구가 갈수록 다양해지고 특히 산촌의 역할과 활성화가 필요한 요즘 여주임업인경영인협회가 발족되어 산지 활용에 대한 새로운 영역 개척과 가치 창출이 이루어질 것으로 기대된다.”라며 “산림복지 서비스 향상을 위해 노력해 달라”라고 밝혔다.

여주시새마을회 제15대 회장에 고광만 현대환경대표 선출 2018/8/10

여주시새마을회장에 고광만 씨 선출

㈔여주시새마을회 제15대 회장에 새마을지도자 가남읍협의회 고광만 감사(55)가 선출됐다. 여주시새마을회는 지난 8일 임시총회를 열고 대의원 28명이 참석한 가운데 단독 출마한 고광만 감사(현대환경 대표)를 만장일치로 제15대 회장으로 추대했다. 고 신임 회장은 “새마을지도자들이 중심이 돼 여주시 발전에 앞장서고 봉사활동을 선도해 나가겠다”며 “사람중심 행복 여주를 만드는데 새마을 정신으로 앞장서겠다”고 말했다.

발해의 역사 찾아서 떠나는 여주 청소년들 2018/8/15

여주청소년들, 대제국 발해를 꿈꾸다

여주사람들(대표 권광선)이 주최하고 여주시가 후원하는 ‘2018 세종캠프’ 역사문화탐방팀이 옛 발해 영토(중국 헤이룽장성)를 찾아 나섰다. 이번 역사탐방은 비

영리법인 여주사람들이 여주지역 청소년을 대상으로 최근 급부상한 평화통일 이슈와 관련해 통일시대를 대비하고 잊혀진 발해 역사의 자취를 찾아보고자 마련됐다. 캠프에는 여주지역 중·고등학생 6명과 운영요원, 현지 중국동포 청소년 20명을 포함해 총 30여 명이 참여한다.

여주세종문화재단 비상대책특위 최진호 위원장 2018/8/30

"세종대왕 잠든 여주, 세종문화재단 다시 태어날 것"

여주세종문화재단 비상대책특위

최진호 위원장

도자기축제 등 행사 진행 아쉬운 결과

이사회 임원 전원사퇴… 조직 재정비

'위대한 세종과 한글 가치 널리 알리고

이어질 축제 성공적 개최 역량 집중'

"역량 있고 열정과 의욕이 넘치는 사람이 여주세종문화재단을 맡아야 지역발전은 물론 재단이 발전할 수 있다고 생각합니다" 여주시는 말도 많고 탈도 많던 여주세종문화재단의 전문성을 높이고자 비상대책특별위원회(위원장 최진호)를 구성했다.

여주시 뙤약볕 피할 곳에 그늘막 설치 '인기짱' 2018/9/4

여주시 뙤약볕 피할 곳에 그늘막 설치 인기짱

승인 2018-09-04 15:21

류진동 기자 san3111@kyeonggi.com

기자페이지 >

▲ 시민들이 여주시청 사거리 신호등 그늘막에서 햇볕을 피하고 있다

여주시가 시민이 행복한 여주, 사람중심 행복 여주를 위해 '거리 그늘막'을 설치해 시민

여주시가 시민이 행복한 여주, 사람중심 행복 여주를 위해 '거리 그늘막'을 설치해 시민들로부터 호평을 받고 있다. 시는 최근 지속적인 불볕더위와 뙤약볕을 피할 수 있도록 신호등 대기지점과 거리 곳곳에 그늘막을 설치해 인기를 끌고 있다.

• 시민들을 위한 행정이 곳곳에서 빛을 발하고 있다. 아주 사소한 일이지만 한여름에는 거리 그늘막 하나가 얼마나 큰 도움이 되는지 누구나 알고 있다. 세종대왕의 얼을 본받아 위민 행정을 제대로 펼치는 여주에 거는 기대가 크다.

대왕님표 여주쌀 수매가격 7만 원 확정 2018/8/30

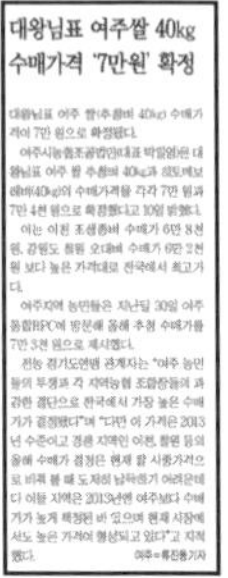

대왕님표 여주쌀 40kg 수매가격 '7만원' 확정

대왕님표 여주 쌀(추청벼 40kg) 수매가격이 7만 원으로 확정됐다.

여주시농협조공법인(대표 박일영)은 대왕님표 여주 쌀 추청벼 40kg과 히토메보레벼(40kg)의 수매가격을 각각 7만 원과 7만 4천 원으로 확정했다고 10일 밝혔다.

이는 이천 조생종벼 수매가 6만 8천 원, 강원도 철원 오대벼 수매가 6만 2천 원 보다 높은 가격대로 전국에서 최고가다.

여주지역 농민들은 지난달 30일 여주통합RPC에 방문해 올해 추청 수매가를 7만 3천 원으로 제시했다.

전농 경기도연맹 관계자는 "여주 농민들의 투쟁과 각 지역농협 조합장들의 과감한 결단으로 전국에서 가장 높은 수매가가 결정됐다"며 "다만 이 가격은 2013년 수준이고 경쟁 지역인 이천, 철원 등의 올해 수매가 결정은 현재 쌀 시중가격으로 비춰 볼 때 도저히 납득하기 어려운데다 이들 지역은 2013년엔 여주보다 수매가가 높게 책정된 바 있으며 현재 시장에서도 높은 가격이 형성되고 있다"고 지적했다.

여주=류진동기자

대왕님표 여주 쌀(추청벼 40kg) 수매가격이 7만 원으로 확정됐다. 여주시농협조공법인(대표 박일영)은 대왕님표 여주 쌀 추청벼 40kg과 히토메보레벼(40kg)의 수매가격을 각각 7만 원과 7만 4천으로 확정했다고 10일 밝혔다. 이는 이천 조생종벼 수매가 6만 8천 원, 강원도 철원 오대벼 수매가 6만 2천 원 보다 높은 가격대로 전국에서 최고가다. 여주지역 농민들은 지난달 30일 여주통합RPC에 방문해 올해 추청 수매가를 7만 3천 원으로 제시했다.

• 전국 최고라는 여주 쌀의 명성은 계속되고 있다. 비싼 가격만큼 맛으로 소비자들을 제대로 만족시키고 있다는 말이다. 최고라는 명성에 만족하지 않고 끊임없이 연구하고 노력한 결과일 것이다.

"시의회, 과다한 행감자료 요구" 여주시공무원노조 피켓시위 2018/9/11

"시의회, 과다한 행감자료 요구"
여주시공무원노조 피켓시위

세금계산서·통장사본 등 개인정보 보호 침해 고충

여주시공무원노동조합(위원장 문병은)은 10일 오전 여주시의회 청사 입구에서 행정사무감사를 앞두고 여주시의원들이 과다한 자료를 요구하고 있다며 항의 피켓시위를 벌였다.

"행감자료 요구 과다" vs "항의 시위 부당" 2018/9/12

'행감자료 요구 과다' vs '항의 시위 부당'
여주시공노조-與 여주·양평지역위 갈등

여주시공무원노동조합의 행감자료 요구가 과다하다고 피켓시위(본보 9월11일 12면)를 벌인 가운데 더불어민주당 여주시·양평군 지역위원회(위원장 백종덕)가 항의 시위가 부당하다는 성명을 발표하며 갈등 양상이 벌어지고 있다. 지역위원회는 이날 '여주시공무원노동조합은 여주시의회의 행정감사가 제대로 진행될 수 있도록 적극 협력하라'는 제목의 성명서를 내고 공무원노조의 피켓시위는 시민들로부터 위임받은 권리를 여주시 공무원이 거부한 것이라고 주장했다.

- 갈등의 양상은 다양하고 복잡하다. 이해관계가 서로 다를 뿐 아니라 누구나 자기 입장이 우선하게 된다. 그러나 풀어가는 방법은 의외로 간단할 수도 있다. 무슨 일이든 서로 이해하려는 마음이면 된다. 대화로 풀지 못 할 갈등은 없다.

막가파식 농로 강제폐쇄 세종대왕릉 정비사업 공사현장 2018/9/18

막가파식 농로 강제폐쇄 세종대왕릉 정비사업 공사현장

18일 오후 3시께 여주시 능서면 세종대왕릉 정비사업 공사현장 인근 농지에서 벼 수확에 나선 농민 김진배씨(62)는 오전부터 벼 베는 농기계(콤바인)로 벼 수확을 해 1t트럭으로 벼를 운반하려고 했으나 세종대왕릉 정비사업 공사현장에서 멈춰서야 했다. 정비공사를 진행하면서 업체 측이 기존에 사용했던 도로를 폐쇄시키고 언덕을 높게 만들어 자동차 진출입을 못하게 했기 때문이다. 김씨는 "세종대왕유적관리소 정비공사를 진행하면서 농사일을 하는데 정말 불편하고 안전에도 문제가 많다"며 문화재청과 시공사 측에 대책 마련을 촉구하고 나섰다.

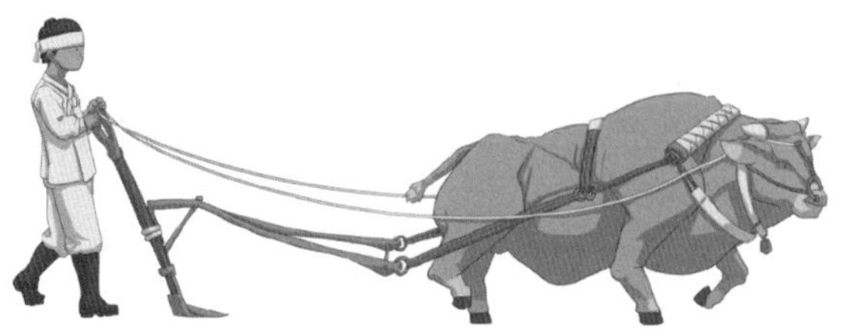

어느 가을, 깊은 밤
흐린 눈 스르르 감기며 기억 속 장면의 주인공을 본다
스치는 바람과 소소한 일상이 선명해지면
소와 아버지의 아름다운 동행에 심장이 두근거린다
"소처럼 앞만 보고 가야 혀"라며
유능보다 성실을 가르치시던 분
꿈만 있으면 다 될 것 같았던 열정도 세상에 닳아
이제 더 이상 가슴이 뛰지 않는다 해도
흙에서 배운 정직한 사랑으로
평범하고 진실한 어른이 되고 싶다

삽화 고래홍(디지털아티스트)

본 사진은 경기일보 DB의 자료를 참조 했습니다

여주 가남 선비장터문화축제 오는 13일부터 2일간 개최 2018/10/11

여주시 가남읍(읍장 남신우)과 선비장터문화축제 추진위원회(위원장 고광만)가 '제1회 여주가남 선비장터 문화축제'(이하 선비장터축제)를 오는 13일과 14일 양일간 개최한다. 이번 선비장터축제는 여주시 가남읍 태평리의 옛 지명인 '선비'와 현재 5일마다 열리는 '가남 5일장'을 결합해 가남읍의 농산물 홍보·판매와 관광객 유치를 위해 올해 처음으로 진행하는 행사다. 여주시 가남읍의 지역경제 활성화와 특색 있는 볼거리·먹거리를 제공해 전국적인 축제로 키우기 위한 가남읍민들의 마음을 담았다. 가남읍이 주최하고 가남읍 축제추진위원회가 주관하는 이번 행사는 '여주가남 선비장터로 떠나는 장돌뱅이'라는 주제로 이틀간 오전 10시부터 오후 8시까지 가남농협 앞 장터에서 열린다. 개막식 축하공연과 동아리 및 기타 단체 공연, 각설이 공연, 노래자랑, 창작국악그룹, 폐막식 불꽃놀이가 있으며 각종 전시·체험·농산물 판매행사, 특히 지역 농특산물인 가지와 게걸무 기름과 동치미 등을 저렴한 가격으로 구입할 수 있고 우수 농산물 전시와 행사장 방문객들에게 뻥튀기를 무료로 제공한다. 먹거리로는 새마을부녀회, 생활개선회, 연대리(여민락주) 등이 참여해 장터 분위기를 낼 예정이다.

- '선비장터로 떠나는 장돌뱅이'라는 말만으로도 고향의 정취가 물씬 묻어난다. 재미와 먹거리, 추억을 위한 일도 이젠 각색이 되어야 한다는 사실이 좀 아쉬울 뿐이다. 불과 얼마 전까지만 해도 이런 일은 일상이었는데 이제는 옛일에 대한 향수를 불러오는 소재가 되었다. 그래도 남아서 추억을 유지할 수 있다는 것이 얼마나 감사한가. 엿가락 하나도 그때만큼 맛있지는 않지만 설레는 마음만은 동심을 소환했다. 세상은 참 순식간에 변하고 있다. 선비장터에 가면 쟁기질하는 소를 혹시 볼 수 있을까 하는 기대로 아련한 옛 시절을 그려 본다.

경기 힐링&뮤직페스티벌 in 여주 2018 2018/10/14

경기일보

kyeonggi.com

남한강의 가을밤을 배경으로 사흘간 펼쳐진 '경기 힐링&뮤직페스티벌 in 여주 2018'이 4만여 명의 캠퍼와 관광객들에게 잊지 못할 추억을 선사했다. 경기일보와 여주세종문화재단이 주관하고 여주시와 경기관광공사가 주최한 올해 페스티벌은 지난 12일부터 14일까지 여주 금은모래강변유원지에서 열렸다. 콘서트는 물론 캠핑, 캠핑요리경연대회, 남한강가요제, 레저체험 등 다채로운 프로그램을 함께 진행해 색다른 재미를 선사했다.

- 여주라고 해서 언제나 흙만 있는 건 아니다. 남한강변에서 열린 페스티벌은 향토적이기보다는 오히려 초현대적인 세련됨이 더 돋보였다. 오래도록 잊지 못할 힐링을 했다는 생각에 참으로 기분 좋은 하루였다. 잠시 동안이지만 내가 취재를 하는 건지 페스티벌 관객으로 온 건지도 잊을 만큼 흥분되는 경험도 했다. 잔잔함과 화려함이 오묘한 조화를 부르는 멋진 여주의 밤이었다.

여주역세권 도시개발 위기 2018/10/24

여주지역 최대 핵심사업인 '여주역세권 도시개발사업'이 중단될 위기에 처했다. 토목공사가 한창이고 환지 예정지에 대한 공람공고를 마친 상태에서 시가 교육복합시설 조성을 이유로 용도지역 변경을 검토 중인 것으로 알려져 토지주의 반발을 사고 있기 때문이다. 24일 시와 주민들에 따르면 시는 여주역 주변 47만 4천㎡ 면적에 2천257세대 6천92명 인구를 수용하는 '여주역세권 도시개발사업'을 지난 3월 착공(현재 토목공사 공정률 15%), 오는 2021년 준공할 계획이다. 시는 지난 7월 '1차 환지예정지 공람공고'를 통해 토지주에게 토지 위치나 감보율(토지구획 정리사업에서 공용지 확보와 공사비 충당을 위해 토지를 공출받는 비율) 적용 후 남은 면적 등 도시계획 여부를 확인했다. 이후 9월 '2차 환지지정 공고'가 진행될 예정이었다. 그러나 시가 사업지 내 학교부지에 어울림센터와 청소년 수련관, 이음터 등이 들어서는 교육복합시설 조성을 추진하면서 환지지정 공고가 미뤄지는 등 사업 추진에 제동이 걸렸다.

한국미술가교류협 그림보다 더 아름다운 나눔 2018/10/31

한국미술가교류협 그림보다 더 아름다운 나눔

한국미술가교류협회(회장 김백수)가 31일 한강문화관에서 열린 회원전의 판매 수익금을 홀로 사는 노인 돕기 성금으로 여주시 가남읍 화평리에 전달했다.

협회는 지난 16일부터 이날까지 여주 강천보 한강문화관 1층 전시실에서 홀로 사는 노인 돕기 회원전을 열었다. 회원전에는 한국미술가교류협회 여승현 이사장을 비롯해 서양화가 신범승·청계 양태석·묵파 김영수·박천복 화백 등의 그림과 도화 작품 60여 점이 전시됐다.

김백수 회장은 "화평리마을 독거노인들이 추운 겨울 조금이라도 더 따뜻이 보낼 수 있도록 성금을 전달하게 됐다"며 "전시회를 성공적으로 마칠 수 있도록 도와준 한강문화관 관장과 관계자에게 감사드린다"고 말했다.

손영희 화평리 이장은 "홀로 사는 노인 돕기 전시회를 통해 성금을 전달해줘 감사드린다"며 "성금은 꼭 필요한 어르신들을 위해 쓰겠다"고 밝혔다.

여주=류진동기자

한국미술가교류협회(회장 김백수)가 31일 한강문화관에서 열린 회원전의 판매 수익금을 홀로 사는 노인 돕기 성금으로 여주시 가남읍 화평리에 전달했다. 협회는 지난 16일부터 이날까지 여주 강천보 한강문화관 1층 전시실에서 홀로 사는 노인 돕기 회원전을 열었다. 회원전에는 한국미술가교류협회 여승현 이사장을 비롯해 서양화가 신범승·청계 양태석·묵파 김영수·박천복 화백 등의 그림과 도화 작품 60여 점이 전시됐다.

• 예술의 향기가 아름다운 나눔으로까지 퍼져나간다. 혼자 살아가는 세상이 아니라는 것을 몸소 실천하는 이들이 있어 세상은 아직 따뜻하고 살만하다. 전시회에 참여한 작가들은 물론 그림을 구매한 이들 모두가 아름다운 여주를 만드는 일등공신이다.

여주시민 골프축제 해슬리나인 브릿지에서 성료 2018/10/31

제6회 여주 시민의 날 기념 시민골프축제가 지난 29일 여주 해슬리나인브릿지 골프클럽에서 열린 가운데 여주시골프협회가 500만 원의 성금을 마련해 이항진 여주시장에게 전달했다.

• 여주는 '골프 특구'라는 명성에 걸맞게 타고난 자연의 혜택으로 많은 골프장을 갖고 있다. 지역 경제를 책임지고 있다고 해도 무방할 것이다. 골프 특구답게 시민골프대회도 매년 열어 많은 이들이 골프와 가까워지고, 명품 골프장을 이용할 수 있는 기회도 마련해주고 있다.

여주역세권 도시개발사업 재검토 백지화 2018/11/5

여주역세권 도시개발사업 재검토 백지화

토지주 반발·사업지연 이유 철회
이달 중 2차 환지 예정 공람공고

여주시가 여주역세권 도시개발사업 내 교육복합시설조성 등을 이유로 용도지역 변경 등 재검토 계획(본보 10월25일 12면)이 철회됐다. 해당 토지주의 반발과 사업 지연 등이 이유다.

5일 여주시 등에 따르면 이항진 여주시장은 최근 관계자 회의에서 교육복합시설조성을 위한 용도지역 변경을 검토하지 않기로 했다고 밝혔다.

이 시장은 학교 주변 보행자 중심의 도로 설치와 주차장 지하화 등 학생들과 시민의 안전을 최우선으로 하는 교육복합시설 조성과 역세권 도시개발을 추진하라고 지시했다. 이에 따라 시는 보행자 중심의 도로 설치와 주차장 지하화 등 서울 등 대도시의 사례 검토에 돌입했다.

시는 이달 중으로 2차 환지 예정 공람공고와 12월에 환지지정 고시, 그리고 공동주택 2단지의 채비지 매각도 함께 추진할 계획이다. 결국 재검토를 진행하면서 시간만 낭비한 셈이다.

지역 부동산업계 관계자는 "다음달 환지지정고시 후에 절차를 밟아 건축행위를 할 수 있다고 하지만 사업을 전면 재검토하면서 사업시기만 늦어졌다"고 말했다. 이에 대해 시 관계자는 "사업을 재검토하면서 다소 토지주들의 혼란을 빚기도 했지만 2022년 여주초등학교 이전도 아파트 입주시기와 맞추는 등 여주역세권 도시개발이 순조롭게 진행될 것"이라고 전망했다.

한편 여주시는 여주역 주변 47만4천여㎡에 2천257세대 6천92명을 수용하는 '여주역세권 도시개발사업'을 지난 3월 착공(현재 토목공사 공정률 15%), 오는 2021년 준공할 예정이었다.

여주=류진동기자

여주시가 여주역세권 도시개발사업 내 교육복합시설조성 등을 이유로 용도지역 변경 등 재검토 계획(본보 10월25일 12면)이 철회됐다. 해당 토지주의 반발과 사업 지연 등이 이유다. 5일 여주시 등에 따르면 이항진 여주시장은 최근 관계자 회의에서 교육복합시설조성을 위한 용도지역 변경을 검토하지 않기로 했다고 밝혔다.

노란색 단풍으로 물들인 여주시청 은행나무 2018/11/6

가을의 끝자락을 노랗게 물들인 여주시청 은행나무 단풍이 6일 시청을 찾은 민원인들의 감성을 자극시키고 있다.

• 마음이 싱숭생숭하거나 커피향의 진한 전율이 그리워질 땐 무심코 핸들을 돌려 은행나무 즐비한 여주의 길들을 가곤 한다. 가까이에서 감성을 달랠 수 있는 기쁨, 그 앞에 서있는 것만으로도 위안이 되는 은행나무니까.

단아 박광천 명장 '조선백자와 한국화의 만남'展 개최 2018/11/7

단아 박광천 여주시 3호 도예명장의 <조선백자와 한국화의 만남>展이 9일부터 15일까지 경기도문화의 전당 빛나는 갤러리에서 열린다. '흙·불을 만나다.'란 주제로 열리는 이번 전시는 전원 도예연구소가 주최하고 여주시와 경기일보, 서초포럼, 가현세무법인, 인정종합건설, 혜화통상,(주)전한, 폴리라인, 초록유통, 농성원푸드, 깨끗한물티슈 샤인, 라파오(영통점)이 후원한다. 한국화와 조선백자의 만남을 통해 최성근 전원도예연구소 수석 큐레이터와 함께하는 도자이야기, 조선백자의 멋과 향연(화필기법 시연 및 체험), 조선백자의 발현(물레시연 및 체험), 흙·불을 만나다(도예작업 과정 영상물 상영)등 프로그램으로 진행된다. 문화재 화공 164호 이인호 선생의 사사를 받은 박 명장은 여주에서 태어나 여주에서 올해로 43년 도예 외길 인생을 걸어온 도예명장이다.

여민락주 여주 대표 명주로 육성 2018/11/14

여민락주 여주지역 대표 명주로 육성

승인 2018-11-14 19:46

류진동 기자 san3111@kyeonggi.com
기자페이지 >

▲ 이항진 여주시장

이항진 여주시장이 '여민락주' 공장을 찾아 생산과정을 직접 체험하고 여주지역 대표 명주로 육성하겠다고 밝혔다.

이 시장은 지난 13일 여주시 가남읍 연대리 '여민락주' 생산시설을 둘러보고 관계자들과 함께 시음을 하면서 "알코올 도수가 16%로 각종 육류와도 잘 어울리는 달짝지근한 맛이 아이스와인과 같다"라며 "경쟁력을 높이기 위해서 여성층을 공략하는 것이 바람직 하다"라고 강조했다.

이항진 여주시장이 '여민락주' 공장을 찾아 생산과정을 직접 체험하고 여주지역 대표 명주로 육성하겠다고 밝혔다. 이 시장은 지난 13일 여주시 가남읍 연대리 '여민락주' 생산시설을 둘러보고 관계자들과 함께 시음을 하면서 "알코올 도수가 16%로 각종 육류와도 잘 어울리는 달짝지근한 맛이 아이스와인과 같다"라며 "경쟁력을 높이기 위해서 여성층을 공략하는 것이 바람직 하다"라고 강조했다.

국토부에 여주~원주 강천역 신설, 복선화 강력 촉구 2018/11/20

이항진 여주시장, '강천역 유치' 광폭 행보

국토부·국회 방문 '여주~원주 전철 복선화' 강력 건의

이항진 여주시장이 여주~원주 전철 강천역 유치와 복선화를 위해 시력을 집중하고 나섰다.

여주시는 이 시장이 최근 국토교통부와 국회를 잇달아 방문, 여주~원주 전철 강천역 유치와 복선화를 강력 촉구했다고 19일 밝혔다.

경강선 여주~원주 전철(21.95km)은 지난 9월 노반 기본 설계에 착수, 단선으로 추진되고 있는 가운데 여주 강천역이 설계에 반영되지 않은 것으로 드러나면서 여주시의 반발을 초래하고 있다.

이런 가운데 국토교통부는 여주시의 입장을 고려, 수요증가 등의 여건 변화에 따라 강천역 신설을 검토하겠다는 입장을 보이고 있는 것으로 파악되고 있다.

이 시장은 "경강선(송도~강릉) 성남~여주선이 개통됐고 수서~광주선 복선전철도 계획되고 있다"며 "전철 복선화 및 강천역 신설이 필요하다"고 주장했다.

또 "경강선 구간 중 유일하게 여주~원주구간만 단선으로 추진되고 있는데 동·서 철도 네트워크를 효율적으로 연결하기 위해서는 단선 구간을 복선화해야 한다"며"여주~원주선 무정차에 따른 취약지역의 교통 불평등을 해소하고 남한강으로 분리돼 있는 여주시의 균형발전을 위해 강천역이 설치돼야 한다"고 설명했다.

이 시장은 앞서 지난달 31일 국회 의원회관에서 열린 더불어민주당 경기도당 주관 제1회 기초단체 예산정책협의회에서 여주~원주선 복선화와 강천역 신설을 위한 예비타당성 조사를 건의한 바 있다.

여주=류진동기자

이항진 여주시장이 최근 열린 민주당 경기도당 주관 기초단체 예산정책협의회에서 강천역 신설을 위한 예비타당성 재조사를 건의하고 있다.

이 시장이 최근 국토교통부와 국회를 잇달아 방문, 여주~원주 전철 강천역 유치와 복선화를 강력 촉구했다고 19일 밝혔다. 경강선 여주~원주 전철(21.95km)은 지난 9월 노반 기본 설계에 착수, 단선으로 추진되고 있는 가운데 여주 강천역이 설계에 반영되지 않은 것으로 드러나면서 여주시의 반발을 초래하고 있다. 이런 가운데 국토교통부는 여주시의 입장을 고려, 수요증가 등의 여건 변화에 따라 강천역 신설을 검토하겠다는 입장을 보이고 있는 것으로 파악되고 있다. 이 시장은 "경강선(송도~강릉) 성남~여주선이 개통됐고 수서~광주선 복선전철도 계획되고 있다"며 "전철 복선화 및 강천역 신설이 필요하다"고 주장했다.

남한강에 '국가정원 2호' 꿈꾼다

여주 임업경영인協 심형식 회장

"자연풍광이 아름다운 여주 남한강에 정원박람회를 유치하고 국가정원을 조성하겠습니다."

여주 남한강 일대에 제2호 국가정원을 유치하고자 구슬땀을 흘리는 임업인이 있다. 여주시 임업경영인협회 심형식 회장(64)이 그 주인공이다.

심 회장은 여주 흥천면 귀백리가 고향이다. 인천에서 30여 년간 인천외국어사를 운영하다 3년 전 귀향해 임야를 계획관리하면서 지난해 여주시 임업경영인협회장을 맡았다. 그는 여주시 면적의 50%가 산림인데다 자연풍광이 아름답고 임업 관련 인프라가 구축된 장점을 살려 정원박람회 유치 등 다양한 사업을 추진하고 있다.

심 회장은 "2013년 국가정원 박람회를 개최한

면적 절반이 산림… 아름다운 자연풍광
교통·임업 인프라 우수해 지정 요건 충분
정원박람회 유치·관광산업 활성화 온힘

전남 순천시의 경우 제1호 국가정원이 조성돼 많은 관광객이 찾고 있다"며 "한반도 중심에 있는 여주 남한강은 제2호 국가정원이 들어서기에 최적지이다"고 강조했다. 그는 "여주 남한강 일대는 자연풍광이 아름다운데다 대중교통수단인 경강선 전철이 연결됐고, 전국에서 제일 많은 고속도로 톨게이트가 설치돼 있어 전국 어디서나 쉽게 찾을 수 있는 교통의 요충지"라고 말했다. 이어 "천년고찰 신륵사와 유네스코 지정 조선왕릉 중 한글을 창제하신 세종대왕릉과 조선의 국모 명성황후 생가 등 유·무형문화재 100곳이 산재해 있는 데다 여주시 면적의 50%가 산림이고 산림조합중앙회 목재유통센터와 임산물 가공센터, 산림버섯연구센터 등 임업 관련 인프라가 잘 갖춰져 있다"고 덧붙였다.

특히 심 회장은 "이포보에서 당남리섬, 백석리섬, 양섬, 연양리 강변공원과 강천섬은 그 면적이 30ha 이상 되는 넓은 면적을 자랑한다. 더구나 원형보전지와 조성녹지, 호수와 하천 등 녹지면적이 40% 이상 차지하고 있어 국가정원 지정 요건이 충분하다"고 강조했다.

심 회장은 "정원이란 식물과 흙과 돌, 조형물 등을 전시·배치하거나 재배·가꾸기 등을 통해 지속적인 관리가 이뤄지는 공간으로 최근 국민소득이 증대하면서 가정의 정원 꾸미기가 늘어나는 현실이다"고 밝혔다. 이어 "전국 지자체는 앞다퉈 정원사 양성을 비롯해 정원교육에 열을 올리고 있고, 국가도 순천시에 정원지원센터를 만들어 정원용 식물과 시설물 및 재료를 생산유통하고 이에 필요한 서비스를 제공하는 산업을 육성하고 있다"고 말했다.

심 회장은 제2호 국가정원이 몇 년째 지정되지 않는 점을 안타까워했다. 그 이유로 적당한 장소를 찾지 못한데다 국가정원의 중요성을 지자체장들이 인식하지 못하고 있는 점을 꼽았다.

심 회장은 "여주 남한강은 4대 강 정비사업으로 자전거 길이 잘 갖춰져 있고 풍부한 수자원을 자랑함에도 사람이 찾지 않고 있다. 이는 하드웨어는 구축돼 있으나 소프트웨어가 부족하기 때문이다"고 말했다.

이를 위해 심 회장은 "협회 회원이 주축이 돼 여주시와 산림조합 등의 후원을 받아 풍광이 아름다운 여주 남한강에 전국임업후계자대회, 산림조합대회, 정원박람회 등을 개최하고자 노력하고 있다"며 "이런 경험을 쌓은 후 국가정원 2호를 여주 남한강 일대에 유치해 여주 관광산업 활성화에 최선을 다하겠다"고 말했다. 여주=류진동기자

여주시민행복위원회 이항진시장 사조직 전략 우려 2018/11/19

이항진 여주시장이 시민 참여를 통한 정책 실현을 위해 추진하고 있는 '여주 시민행복위원회'가 사조직으로 전락할 수 있다는 지적이다. 여주시는 여주 시민행복위원회의 설치를 위해 여주 시민행복위원회 준비위원회(이하 행복위 준비위)를 출범시키고, 지난 9월 19일 1차 모임을 시작으로 4차례에 걸쳐 회의를 열고, 전남 나주시의 '시민소통위원회'와 수원시의 '좋은시정위원회' 사례 등을 연구하며 위원회의 기능과 역할, 구성 등에 대한 의견을 반영한 조례안을 지난 9일 입법 예고했다. 조례안에 따르면 여주 시민행복위원회 위원장은 시장과 시민위원 중 1인이 공동으로 맡는다. 위원들은 보건·복지·교육, 농업·농촌, 경제·일자리, 문화관광·환경, 행정·자치 등 5개 분과로 나눠 활동하게 되며 임기는 2년이다. 하지만 여주시의회 행정사무감사 모니터 요원으로 활동했던 C씨(54)는 최근 SNS(사회관계망서비스) 상에 타 시·군의 시민위원회 조례와 비교표를 게재하고 문제점을 제기했다.

여주시의회, 별정직 공무원 채용 놓고 파행 예고

2018/11/29

소통과 혁신을 주창해 온 여주시의회가 파행으로 치닫고 있다. 6급 상당 별정직 공무원 2명(본청 1명, 의회 1명)을 채용하기 위해 '여주시 행정기구와 정원 조례 일부 개정 조례안'이 조례심사특위에서 부결되자, 의장을 비롯한 민주당 의원들이 본회의에 직권 상정해 의결을 강행할 태세다. 29일 시와 의회에 따르면 지난 28일 제1차 조례심사특별위원회(위원장 이복예)에서 28개 조례안건에 대한 심의가 이뤄졌다. 이 중 다양한 정보의 효과적인 분석을 통한 시장의 정책 결정 기능을 보강하고, 시민과 소통하는 의정을 펼치고자 의장의 의정보좌 수행을 목적으로 6급 상당의 별정직 공무원 2명을 증원(본청 1명, 의회 1명)하는 '여주시 행정기구와 정원 조례 일부개정조례안'이 도마 위에 올랐다.

여주시에 임업후계자 전국대회 유치

2018/12/18

"이필기, (사)한국임업후계자협회 경기남부지회장"

[새얼굴] 이필기 (사)한국임업후계자협회 경기남부지회장

승인 2018-12-17 17:29

류진동 기자 san3111@kyeonggi.com
기자페이지 >

"2020년 한국임업후계자 전국대회를 여주시로 유치하는데 최선을 다하겠습니다."

(사)한국임업인후계자협회 경기남부지회 이필기 회장(54)의 취임 일성.

이 회장은 여주 제일고를 졸업하고 1983년부터 한국석탄공사 장학회와 석탄산업합리화사업단, 한국지역난방공사 등에서 25년을 근무했다. 2014년 퇴직 후 여주시 점동면 뇌곡리에서 아름드리호두농원을 운영하고 있다.

▲ 이필기 임업후계자 경기남부지회장

이 회장은 "남한강의 아름다운 자연풍광과 한글을 창제하신 세종대왕릉과 천년 고찰 신륵사 등 유구한 문화관광, 역사를 자랑하는 여주에서 전국임업후계자대회를 유치해 임업인의 자긍심을 높이겠다"고 말했다.

여주 바르게살기협 한마음대회 성료 **2018/12/24**

바르게살기운동 여주시협의회(회장 경규명)는 최근 더 컨벤션 웨딩홀에서 '2018 바르게살기운동 여주시협의회 한마음 회원대회'를 개최했다고 24일 밝혔다. 이번 대회에는 회원 간의 화합과 유대를 강화를 위한 단합대회와 지난 1년간의 사업성과, 유공회원 표장 등 순으로 진행됐다.

여주 강천면 간매리 자동차 전용도로간 도로 개통 **2018/12/27**

여주시는 강천면 간매리 마을회관~자동차전용도로 구간의 강천도시계획도로(소로3류12호)를 개통했다고 27일 밝혔다. 이번 사업은 총연장

276m, 폭 6m로 지난해 11월 착공에 들어가 총 사업비 8억 원이 투입됐다. 시는 강천면 소재지 주민들에게 교통편의를 제공하고자 예정보다 공사기간을 3개월 단축해 도로개설을 완료했다. 시는 그동안 기존 도로의 폭이 협소하고 교량이 노후해 통행하기 불편하고 안전사고가 발생할 위험이 높았으나, 이번 사업을 계기로 강천면 소재지 교통 환경이 개선될 것으로 전망하고 있다.

• 무엇을 위해 사는가, 그리고 일하는가에 대한 생각으로 마음을 다잡아 가며 보냈던 글쟁이 3/4분기였다. 아름답고 수려한 풍광을 훼손하는 일에 사명감을 가졌으며 해가 지날수록 알찬 행사로 거듭나는 축제들에 대한 발전을 위해 아낌없이 써내려갔다. "길따라 강따라" 여강 백리길 현장 탐방에서 고향의 품을 느끼던 금빛 물결, 남한강변의 별 헤는 밤은 음악에 젖게 했던 귀한 시간들이 흘러갔다. 세월이 지나도 변치 않는 고향의 인심 이 좋았고 어릴 때나 지금이나 마음을 들뜨게 하는 강변의 전경을 바라보는 일도 그대로다. 어느 날 아침 부서져 들어오는 햇살에 이끌려 넓은 창 앞에 서니 남한강 잔잔한 물결위에 잔상처럼 행복이 몽실거렸다. 동반자와 어깨를 나란히 하고 바라보는 듯 창밖의 상고대는 남한강 금빛 물결에 지나간 반백의 걸음들을 그려준다. 취재를 하면서 알아가는 고향은 더욱 깊고 사랑스럽다. 가히 왕의 나라에 산다는 자부심으로 세종에게 길을 물어 가듯 지혜를 구하며 형평의 잣대를 늦추지 않으려 애썼다. 화려하게 변해가는 여주의 도심에 적응하려 노력했고 현대와 옛 풍류의 조화 속에 괴리가 발견되지 않도록 고민하는 날들은 고향 사랑이라는 교집합을 찾으려 했다. 3樂에 빛나는 청정 여주의 선물을 갈수록 귀하게 여기며 '먹거리, 볼 거리, 놀거리'를 알리고자 또박또박 눌러쓰며 정성을 쏟았다. 자연의 숨결로 땅을 짓는 농부와 문화가 흐르는 남한강에 생명의 웃음을 남겼다. 천년 의 숨결이 살아 있는 여주, 이제 남은 하루하루도 푸른 숨소리를 담아내고 싶다. 내 고향의 길, 여강이 숨 쉬는 그 길 위에서.

시간여행 4

2019~2022

새빛 비상

여주의 미래를 밝히는 사통팔달의 철도와
세계를 향하는 도자기, 쌀의 진출

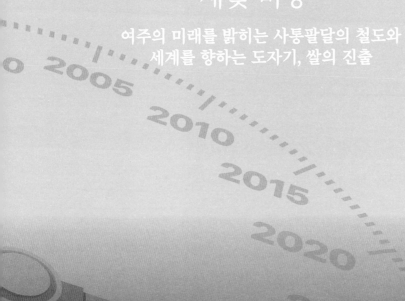

In 2019

여주에 뽕나무가 사라져 가요

여주, 도내 첫 농민 기본소득제 추진

2019/1/8

여주시, 도내 첫 '농민 기본소득제' 추진

이르면 하반기부터 1만1천여명에 연간 60만원 지급
市 "68억 예산 추정"… 道에 사업비 50% 지원 요청

여주시가 도내 시·군 가운데 처음으로 농민 기본소득제 도입을 추진한다.

여주시 관계자는 7일 "이르면 올 하반기 시행을 목표로 농민 기본소득제를 준비하고 있다"며 "일단 경기도에 사업비 분담을 요청한 상태"라고 밝혔다.

시는 농업경영체로 등록한 지역 내 농업인 1만1천여명에게 연간 60만 원의 기전남도 강진군과 해남군 사례를 벤치마킹해 농민 기본소득의 구체적인 지원기준과 범위를 정한 뒤 관련 조례를 제정할 계획이다.

시 관계자는 "우리 시의 인구가 11만여 명인데 농업경영체 등록 농업인이 1만1천여명일 정도로 도내 대표적인 농업도시"라며 "이항진 시장이 신년사와 연본소득제 도입을 약속한 만큼 도비 지원을 기대하고 있다"며 "재정 형평성 시비만으로 기본소득을 지급하기에는 어려운 점이 있다"고 덧붙였다.

앞서 이 지사는 지난해 11월28일 양평군민회관에서 열린 '농민 기본소득을 위한 초청 강연 및 토론회'에서 "농업이야말로 실업 문제를 해결할 수 있는 전략산업이자 안보산업"이라며 농민 기본소득제 등 농업지원정책을 확대하겠다고 밝혔다.

한편 강진군의 경우 논밭 면적을 합해 1천㎡ 이상(농업경영체 등록 기준)을

남북 표준시 통일 1주년 기념 여주서 국가 표준시 첫 시험방송

2019/1/9

'남북표준시 통일' 1주년 기념… 여주서 국가표준시 첫 시험방송

한반도 전체에 가장 정확한 시간을 알리는 장파 표준시 방송국(장파 방송국)이 오는 4월27일 경기도 여주에서 시험방송을 시작한다.

여주시는 능서면한국표준시방송국 설치반대추진위원회, 한국표준과학연구원과 '국가표준시방송국 관련 합의문'에 서명했다고 8일 밝혔다. 이에 따라 한국표준과학연구원은 여주시 능서면 용은리 옛 KBS 송신소에 장파 방송국을 설치, 남북

지난해 4월27일 판문점에서 열린 남북 정상회담에서 김정은 북한 국무위원장이 평양 표준시를 30분 늦춰 서울과 일치시키겠다는 의견을 제시해 남북 표준시가 통일됐다.

장파 방송은 50~100kHz 대역 장파를 이용해 중계안테나 없이 송신탑 하나로 국내 전역에 달하는 1천㎞ 이상에 전파를 송출할 수 있는 기술이다. 한반도 전역에서 손목시계나 탁상시계로도 남북

여주시청에서 여주IC까지 한글거리 조성 2019/1/15

> **여주시청~여주IC**
> **한글거리 조성 첫 삽**
>
> **이항진 시장, 현장 확인**
>
> 여주시는 14일 세계적으로 가장 아름답고 과학적인 '한글'을 재조명하고자 여주시청에서 여주 IC까지(세종로 구간)에 세종대왕 한글거리를 조성하기 위한 첫 삽을 떴다.
>
> 시가 이번에 추진하는 세종로 한글거리 조성사업은 경기도에서 추진한 공모사업에 참여해

여주시는 14일 세계적으로 가장 아름답고 과학적인 '한글'을 재조명하고자 여주시청에서 여주 IC까지(세종로 구간)에 세종대왕 한글거리를 조성하기 위한 첫 삽을 떴다. 시가 이번에 추진하는 세종로 한글거리 조성사업은 경기도에서 추진한 공모사업에 참여해 42억 원을 확보하고 그간 설계용역에 착수했다.

2019 열심히 뛰겠습니다 이항진 여주시장 2019/1/28

매년 두곳 국공립어린이집 전환
아이 키우기 좋은 여주 만든다

이항진 여주시장

여주초 학교복합화 시설 추진
금사·능서 등 공공도서관 건립

대형 물류센터·가남산단 조성
'시민 청원방' 개설 적극 소통

여주 가남농협 김지현 조합장 자랑스러운 조합장 상 2019/2/12

여주 가남농협 김지현 조합장 '자랑스러운 조합장 상'

여주 가남농협 김지현 조합장이 농협중앙회로부터 4차 산업혁명 대응과제 추진 우수상과 지도사업대상을 포함해 '자랑스러운 조합장 상'을 수상하는 영예를 안았다.

김 조합장은 지난 7일 중앙본부 정례조회에서 열린 이달의 '자랑스러운 조합장 상' 시상식에서 상패를 받았다.

농협중앙회가 매월 전국의 농·축협 조합장을 대상으로 선정하는 '자랑스러운 조합장 상'은 탁월한 리더십으로 사업역량을 적극적으로 발휘해 협동조합 역할 확산에 이바지한 조합장에게 수여하는 상이다.

김지현 조합장은 "가남농협 조합원의 소득증대를 위해 더욱 노력하라는 격려와 응원으로 이번 상을 준 것 같다"며 "지역사회와 함께 성장 발전하는 가남농협이 되고자 임직원과 함께 최선을 다하겠다"고 말했다. 여주=류진동기자

오학지구 대수리 하천 정비 공사 2019/2/17

이번에 정비되는 오학지구 대수리천은 2006년 자연재해위험개선지구로 지정돼 그동안 자연재해대책법 등에 규정에 따라 건축행위 및 토지의 형질변경 제한 등 불이익이 많았으며 농경지의 상습 침수로 재산피해가 많았던 지역이다.

Lee카페 이웃돕기 7080 추억이 담긴 자선음악회 성료 2019/2/18

여주 Lee카페 불우이웃돕기 전영록 하남석 등 7080 추억이 담긴 자선음악회 성료

불우이웃을 돕기 위한 'Lee 카페와 함께하는 자선음악회'가 성황리에 열렸다. 지난 16일 여주 Lee 카페(대표 이혁준)에서 열린 자선음악회는 미스코리아 출신 배우 성현아의 사회로 가수 전영록·하남석·위일청·박진광·황영익·김형과 추억의 스케치 등이 재능기부로 출연해 7080 세대의 낭만과 감성을 자극했다. Lee 카페는 자선음악

회를 통해 얻은 수익금과 성금으로 대왕님표 여주쌀 70포(10kg)를 여주시 가남읍 남신우 면장에게 전달, 지역 내 불우이웃에게 나눠줄 계획이다. Lee 카페를 운영하는 이혁준 대표는 여주시 가남읍 화평리 출신이다. 이 대표는 지역사회 공헌활동 일환으로 그동안 친분을 쌓아온 7080세대를 대표하는 가수와 함께 자선음악회를 공동기획, 주옥같은 음악공연을 선사해 지역 주민의 큰 호응을 얻었다. 고향인 화평1리 마을 홀로 어르신 30여 명에게 자장면 나눔 봉사를 준비하고 있다.

어르신이 행복한 여주 잰걸음 이항진 시장 노인시설 방문 점검 2019/2/18

이항진 여주시장이 최근 여주시노인복지회관 등 노인시설을 잇따라 찾아 노인에 대한 이해의 폭을 넓혀가고 노인 정책에 대한 큰 관심을 보이고 있다. 사진은 이 시장이 노인복지시설 현장 방문 모습. 여주시 제공

'어르신이 행복한 여주' 잰걸음

이항진 시장, 노인시설 방문 현장 점검
치매 관리·일자리·경로당 교류사업 등
초고령화 시대 대비 맞춤형 정책 추진

이항진 여주시장이 맞춤형 노인 정책을 만들기 위한 광폭행보에 나섰다.

17일 여주시에 따르면 이 시장은 최근 노인체험과 함께 치매 예방교육, 치매 선별검사, 노인 일자리 사업, 경로당 교류사업 등 노인시설 현장방문 등을 통해 노인 정책에 대한 정책 추진에 주력하고 있다. 이는 여주시의 올해 65세 이상 고령 인구가 총인구에서 20% 이상인 초고령 사회로 진입하기 때문이다.

이 시장은 여주시노인복지회관 등을 방문한 자리에서 "초고령 사회일수록 노인의 복지수요가 높아 더 세밀한 노인 정책을 만들고 시행해야 한다"면서 "대한민국의 모든 어르신은 우리 사회를 만들고, 지켜오신 분들로 당연히 존중받아야 한다"고 설명했다.

우선, 노인들이 가장 큰 두려움을 갖고 있는 치매에 대한 접근으로 그는 시 보건소 치매안심센터의 기능을 강화, 체계적인 치매 관리로 '치매 안심 도시 여주'를 만들겠다는 포부다.

'치매 안심 책임제'를 시행하기 위해 치매 예방교육을 강화하고 '찾아가는 치매 검사로 편리하게 치매 선별 검사를 받고 치매가 확인되면 마을과 읍·면·동, 여주시로 이어지는 치매 안심 관리시스템을 통해 관리를 받게 된다. 대부분 지자체가 치매나 각종 질병 등 단순한 현상에만 신경 쓰는 것에 비해 이 시장은 치매나 질병의 근본적 원인으로 꼽히는 '외로움'에 집중하고 있다. 이를 위해 시는 '어르신 한끼 식사'를 준비하고 있다.

이 시장은 "요즈음 밥을 굶는 사람이 없다고는 하지만 무엇보다 어떻게 먹느냐가 중요하다. 혼자 대충 먹는 식사가 아니라 동네 어르신들이 한데 모여 제대로 된 한끼를 드시게 하는 것이다"고 말했다.

이밖에 노인들의 자신감과 자립심을 고취하는 경로당 교류사업과 노인 일자리 사업에도 특별한 관심을 보이고 있다. 이 시장은 "어르신들이 신체가 불편하다는 것이 어느 정도인지 노인체험을 통해 알게 됐다"면서 "체계적·심층적·지속적인 여주시 노인 정책을 만들겠다"고 약속했다.

노인체험과 노인 정책 현장 방문 등으로 노인을 깊이 이해해 가고 있는 이항진 시장이 다음에는 '어르신이 행복한 여주'를 만들기 위해 어떤 정책을 내놓을 지에 관심이 쏠리고 있다. 여주=류진동기자

여주 경강선 역세권 개발부지서 문화재 출토 2019/2/21

12 메트로

여주 경강선 역세권 개발부지서 문화재 출토

고려~조선 초기 주거지·경작 유구 등 생활유적 확인… 내달부터 발굴조사

능서면 일원 도시개발 '차질'… 市 "개발계획 추가 검토 등 사업 지연 최소화"

여주와 성남(판교)를 잇는 경강선 전철 여주 세종대왕릉역 역세권개발사업 부지에서 14~15세기 문화재가 발견돼 다음달부터 발굴조사가 진행된다. 20일 여주시에 따르면 지난해 9월부터 사업부지에서 실시한 문화재 시굴조사에서 고려~조선시대 초기(14~15세기)의 생활유적이 확인됐다. 사업 전체면적 23만5천741㎡의 19%인 4만5천530㎡를 대상으로 진행된 조사에서 고려부터 조선 초의 주거지, 경작 유구, 토광묘, 구상 유구 등이 발굴됐다. 이에 따라 시는 문화재 학술자문회의를 거쳐 매장 문화재의 정확한 분포범위와 성격, 시대 등을 파악하기 위한 발굴조사를 하기로 결정했다. 발굴조사는 8개월정도 진행될 것으로 예상된다. 이에 따라 능서면 신지리 342 일원 23만5천741㎡에 924가구 2천494명 규모의 공동주택과 지원시설 등이 계획된 능서역세권 도시개발사업 차질이 불가피할 전망이다. 능서역세권 개발사업 사업은 단독·공동주택용지 8만297㎡(34.1%), 상업용지 6천143㎡(2.6%), 유통지원시설용지 4만2천795㎡(18.2%)와 도로·공원·주차장 등 도시기반시설을 갖추는 것으로, 총사업비 400억 원 가량이 투입되며 환지방식으로 시가 진행한다.

여주 기업인협 제2대 회장에 에스지판넬공업 문효군 대표 2019/3/14

여주 기업인協 제2대 회장에 에스지판넬공업 문효군 대표

여주시 기업인협의회 제2대 회장에 에스지판넬공업㈜ 문효군 대표(62)가 취임했다.

문 회장은 2014년 전국 최초로 부식에 강한 돈사전용 '에스맥' 신제품을 개발해 축산인들로부터 호평을 받았다. 최근에는 15년 이상 내식성을 보장하는 내벽판에 고강도 마그네슘 알루미늄을 적용한 에스맥(AL) 축사용 샌드위치 판넬을 특허청에 실용신안 등록하는 등 왕성한 기업활동을 이어가고 있다.

문 회장은 취임사에서 "기업간 경영·기술·마케팅 등 정보교류 활성화를 통해 기업인협의회의 역량을 강화하겠다"고 말했다.

여주=류진동기자

세계적 사진 예술가 김아타, 여주서 북콘서트 2019/2/25

세계적 사진 예술가 김아타, 여주서 북콘서트

세계적인 사진 예술가 김아타 작가가 지난 23일 여주 세런디피티 78 북카페에서 '자연과 사람의 끊임없는 대화를 통해 자신을 성찰하며 작품을 창작하는 방법'의 북 콘서트를 진행했다.

김 작가는 '산이 높은 것은 골이 깊은 이유이다. 높음은 깊음을 먹고산다. 골은 자신의 살을 내놓아야 더 깊어진다.' 우리 안에 아이히만이 있다.

'다름과 차이에 대한 단상' 등 주제에 따라 글을 엮은 '백정의 미학'을 최근 출간했다.

그는 "나는 살코기를 발라내면서 날을 세우는 백정질이야말로 최고의 수행이라 믿었다"며"나는 그것을 백정의 미학이라 이름했다"라고 강조했다.

김아타 작가는 지난 2016년부터 여주시 북내면 지내리에서 거주하고 있다. 그는 최근 여주시 점동면 덕평리에 '블루마운틴'을 조성하고자 '터'를 잡고 자신의 창작세계를 옮기기 위한 작업을 진행 중이다. 여주=류진동기자

ON-AIR Project 153-1, Ice Parthenon, from the series "Monologue of Ice", 2008

개인택시 서비스 경기도내 낙제점 2019/3/18

개인택시 서비스 수준이 경기도내에서 최저점을 받아 대책마련이 시급하다는 지적이다. 최근 경기도가 모니터링 요원을 동원해 택시 서비스 수준을 조사한 결과 법인은 안산, 개인은 여주지역이 최저점을 받은 것으로 알려졌다. 경기도와 여주시에 따르면 지난해 8~9월 법인택시 1만530대(192개 업체) 중 4천50대, 개인택시 2만6천875대(31개 조합) 중 2천80대를 대상으로 서비스 수준을 조사했다. 그 결과 법인택시와 개인택시 모두 전체적으로 80~90점대 이상을 기록해 양호한 서비스 수준을 보였지만 일부는 70점대의 저조한 수치를 기록하기도 했다. 법인택시 서비스 평가 결과 안산지역 5개 회사가 모두 70점대를 기록해 31개 시·군 중 최저점을 기록했다. 기본거리 2㎞에 3천 원, 이후 144미터당 100원, 35초당 100원의 '시간·거리 동시병산제'로 운영되고 있는 택시(중형 기준) 기본요금은 다음달부터 800원 오른 3천800원으로 인상될 예정이다.

'여주 반려동물테마파크' 경기관광公이 맡는다 2019/3/20

'여주 반려동물테마파크' 경기관광公이 맡는다

민간사업자 선정 특혜 시비 해소… 道, 부지매입 6월 착공

여주시 상거동에 조성될 '여주 반려동물테마파크' 부지 조성을 경기관광공사가 맡기로 했다.

19일 여주시와 경기도 등에 따르면 도는 최근 여주 반려동물테마파크 민간구역 개발을 우선협상대상자인 펫토피아컨소시엄이 아닌 경기관광공사가 맡기로 결정했다.

앞서 지난해 3월 도는 여주반려동물테마파크 민간구역의 개발사업자로 '펫토피아컨소시엄'을 우선협상대상자로 결정했지만, 실무협약 체결이 늦춰지면서 착공이 지연되고 민간사업자 선정에 대한 특혜 시비까지 터졌다.

이후 도는 이 사업과 관련해 특혜 의혹이 있다는 감사결과를 발표하면서 상황이 급전환됐다. 민간사업자와 계약을 체결하며 맹지였던 민간부지 7만100㎡에 진입로를 개설해 땅값 상승 등이 예상되고 의무사용기간도 10년으로 규정해 자칫 특혜 우려가 있다고 발표한 것이다.

이에 도는 계약내용을 변경한다는 방침에 따라 민간구역 개발부지 우선협상대상자를 배제하고 이달 말부터 다음달 초 여주시 소유의 부지를 사들여 6월 공공 조성 구역에 착공, 2020년 12월 준공을 목표로 추진한다는 계획이다.

애초 민간이 부지를 구매할 예정이었던 구역은 도가 사들여야 함에 따라 공유재산심의를 거쳐 공사를 진행할 예정이다.

시 관계자는 "최근 경기도에서 반려동물테마파크 사업을 경기관광공사에서 추진한다는 의견을 전해왔다"고 말했다.

한편 여주반려동물테마파크 사업은 여주시 상거동 일대 9만5천여㎡ 부지에 유기견 1천 마리를 보호하는 '유기견 보호동'과 '반려문화센터'를 만들고, 민간사업자가 7만100㎡ 부지에 반려동물과 함께 쉴 수 있는 숙박시설과 캠핑장, 반려동물 공원, 동물병원 등을 조성하는 사업이다.

여주=류진동기자

상거동에 조성될 '여주 반려동물테마파크' 부지 조성을 경기관광공사가 맡기로 했다. 19일 여주시와 경기도 등에 따르면 도는 최근 여주 반려동물테마파크 민간구역 개발을 우선협상대상자인 펫토피아컨소시엄이 아닌 경기관광공사가 맡기로 결정했다.

• 국내 반려동물 인구가 어느새 1500만이 넘어서는 시대가 되었다. 바야흐로 펫 시대가 도래했다고 해도 과언이 아니다. 여주 반려동물 테마파크는 성숙한 반려동물 문화 확산과 반려동물 산업의 발전, 동물복지 향상 등 동물보호 인프라 구축을 위한 문화, 교육 공간으로 꾸며질 예정이다. 오랜 준비기간을 거쳐 드디어 올해 상반기 개장을 앞두고 있다. 반려동물을 키우는 이들이라면 꼭 방문해보고 싶은 명소가 될 것이다.

하늘나래원 여주,원주,횡성 광역추모공원 다음달 1일 개원 2019/3/26

여주시와 강원 원주·횡성시민의 숙원사업인 광역추모공원 하늘나래원이라는 이름으로 다음달 1일 문을 연다. 26일 여주시에 따르면 광역추모공원은 3개 시·군이 사업비를 공동으로 분담, 원주시 흥업면 사제리 일원 3만4천30㎡ 규모로 총 7기의 화장로를 갖춘 화장시설과 1만 위를 안치할 수 있는 봉안당과 유택동산 등이 조성됐다. 자동화시스템을 통해 연간 최대 5천여 기 이상의 화장이 가능한 시설을 갖추고 있으며, 1만 기(개인단 8천기, 부부단 2천기)를 안치할 수 있는 봉안당은 향후 8~9년 동안 수용이 가능할 전망이다. 또 유족들을 위한 유족대기실, 매점과 식당 등 편의시설과 함께 화장 진행 과정을 방송과 영상을 통해 전달, 유족들이 불편 없이 이용할 수 있도록 했다. '하늘나래원'으로 명명된 광역추모공원은 봉안당 '휴(休)마루' 등 부대시설을 갖췄으며, 3개 시·군 주민이 동일한 이용료로 시설을 이용할 수 있다. 시 관계자는 "하늘나래원' 추모공원이 개원함에 따라 그동안 타 시군으로 이동해 비싼 이용료를 부담해야 했으나 이번 개원으로 주민 불편 해소는 물론 여주시 장례문화가 크게 향상될 것으로 기대한다"라고 말했다.

역사 속으로 사라질 위기에 처한 '여주잠사박물관' 2019/3/28

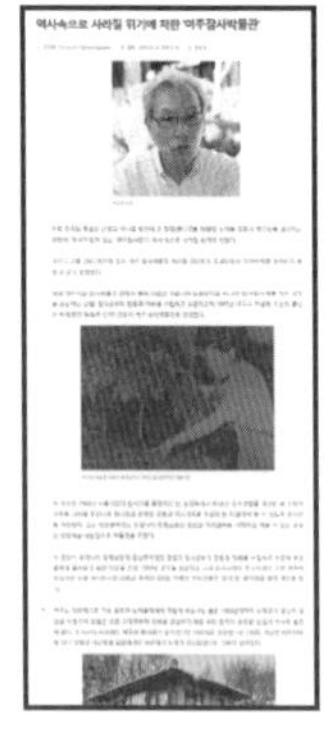

역사속으로 사라질 위기에 처한 '여주잠사박물관'

우리 민족의 중요한 산업의 하나로 발전해 온 잠업(뽕나무를 재배해 누에를 길러서 명주실을 생산하는 과정)의 역사가 담겨 있는 '여주잠사관'이 역사 속으로 사라질 위기에 처했다. 여주시 교동 299-5번지에 있는 여주 잠사박물관 자리에 아파트가 조성되면서 이전 부지를 마련하지 못해 갈 곳이 없어졌다. 28일 여주시와 잠사박물관 관계자 등에 따르면 우리나라 농업분야의 하나인 잠사업(누에를 쳐서 생사를 생산하는 산업) 잠사문화의 전통과 자취를 수집하고 보존하고자 1997년 여주시 가남면 오산리 출신인 박재명(전 농림부 근무) 관장이 여주 잠사박물관을 개관했다. 박 관장은 1960년 서울시립대 잠사과를 졸업하고 전, 농림부에서 45년간 공직생활을 마감한 뒤 고향인 여주로 내려와 우리나라 잠사업과 관련된 유물과 역사기록을 수집해 한 자리에서 볼 수 있도록 전시관을 마련했다. 그는 학생들에게는 우리나라 전통농법인 잠업과 자연과학을 이해하고 배울 수 있는 생생한 현장학습 체험장으로 박물관을 꾸몄다. 박 관장이 우리나라 경제성장의 중심축이었던 잠업과 잠사문화의 전통과 자취를 수집하고 보존해 후손들에게 물려주기 위한 작업을 진행, 1999년 공직을 퇴임하고 나서 잠사사업의 중심지였던 고향 여주에 잠업 관련 유물 역사전시장 26평과 주차장 300평, 박물관 부속건물인 '언덕 말' 음식점과 함께 개관을 했다. 여주는 지리적으로 기후 풍토가 농작물재배에 적합해 벼농사는 물론 1980년대까지 누에고치 생산이 성업을 이뤘으며 잠업은 오랜 고대로부터 의복을 생산하기 위한 우리 민족의 중요한 산업의 하나로 발전해 왔다. 조선시대 자료에도 여주에 뽕나무가 금사면 1만 3천816주, 점동면 1만 130주, 가남면 8천159주 등 당시 양평군 개군면을 포함해 8만 34주에서 누에가 생산되었다는 기록이 남아있다.

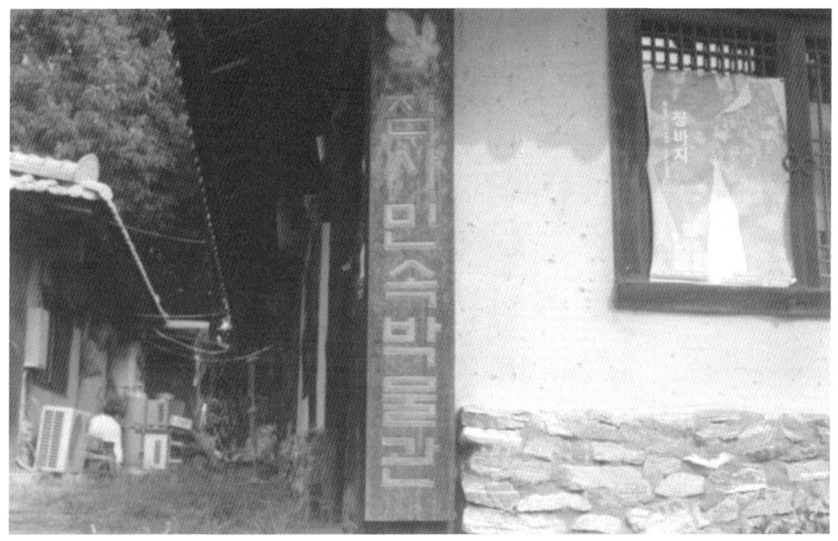

여주 잠사박물관 존폐기로 2019/4/5

'여주 잠사박물관' 존폐기로

6월 해당부지에 공동주택 착공 대체지 마련 못해 폐쇄 저울질

우리 고유의 '잠업(뽕나무를 재배해 누에를 길러 명주실을 생산하는 과정)' 역사가 담겨 있는 '여주 잠사박물관'이 역사 속으로 사라질 위기에 처했다. 해당 부지가 공동주택 부지로 지정돼 조만간 착공을 앞두고 있으나 현재까지 대체부지를 찾지 못하고 있기 때문이다.

4일 여주 잠사박물관과 여주시 등에 따르면 여주 가남 출신의 공직자 박재명씨(현 박물관장)의 의지로 지고 있던 중 독지가로부터 무상으로 사용할 수 있는 토지를 제공받아 박물관을 건립할 수 있었고 지금에 이른 것으로 알려졌다.

하지만 최근 D건설이 공동주택 용지로 박물관 부지를 확보한 데 이어 급기야 400여 세대 규모의 공동주택 건립을 위한 착공식이 오는 6월로 다가오면서 잠사박물관은 존폐기로에 처하게 됐다. 이 과정에서 박 관장은 타 시도로의 이전과 함께 여주시에 존치할 수 있는 방안 등을 놓고 해당 지자체 등과 협의를 거쳤지만 뚜렷한 성과를 내지 못한 채 폐쇄를 저울질 할 수밖에 없는 실정이다.

이해하고 배울 수 있는 생생한 현장 학습 체험장으로 활용되고 있다.

특히 여주지역이 조선시대 뽕나무가 금사면 1만 3천816주, 점동면 1만 130주, 가남면 8천159주 등 수만 주가 있어 누에 생산에 적합한 기후 풍토를 지녔다는 기록 등으로 보아 여주 잠사박물관의 의미를 더하고 있다.

박재명 관장은 "잠사의 중심지인 여주에 박물관을 잘 보존해 미래의 후손들에게 아이콘 사업으로 키울 수 있는 바탕을 마련해 줘야 한다는 게 저의 생각"이라며 "아파트 개발로 이러지도 저러지도 못하고 있어 안타깝다"고 말했다.

• 여주잠사박물관이 처음 개관했을 때 그 신기했던 기억은 지금도 생생하다. 경제 성장의 아이콘이었던 때가 잠업에도 있었지만 이제는 내리막을 걷게 되었다. 한 시대를 이끌었던 산업도 신소재에 속절없이 대체되는 현상들을 보며 우리네 삶도 별반 다르지 않다는 생각을 하게 된다.

세종대왕 숲 복원
여주 시민에 휴식공간 제공 2019/4/9

"세종대왕 숲 복원, 여주 시민에 휴식공간 제공"

세종과 사람들, 달팽이공원서 나무심기 행사

세종과 사람들(대표 김문영·여주문화원장)이 여주팔경의 하나인 세종대왕

팔경에 세종대왕께서 친히 다녀가셨다고 알려진 팔대장림을 복원하고자 지

누구도 부인하지 못하는 만큼 여주가 세종대왕의 고장임을 알리는 다양한 사업을 발굴·추진할 계획이다.

세종과 사람들 관계자는 "여주팔경

여주가지 '금보라',
일본인 입맛까지 사로잡다 2019/4/17

여주지역 농·특산물인 금보라 가지가 일본으로 수출됐다. 여주시 가남농협(조합장 김지현)과 여주가지공선회(회장 지명욱)는 최근 서울 농산물산지유통센터(APC)에서 '2019년 가지 수출 선적식'을 갖고 일본으로 수출했다고 17일 밝혔다. 일본인들의 입맛을 공략하고자 지난 5일 첫 수출길에 오른 금보라 가지는 오는 11월 말까지 80t을 수출할 계획이다.

• 여주 가지는 여주를 대표하는 또 하나의 농작물이 되었다. 쌀, 고구마와 함께 여주시의 대표적인 특화작목으로 자리 잡은 것이다. 여주 가지는 남한강 주변의 비옥한 토양과 풍부한 일조량 등 지리적 이점으로 영양분이 풍부하고 품질이 뛰어나 많은 인기를 끌고 있다. 세계화는 차근차근 이렇게 해 나가면 된다.

천년의 혼을 담은 여주도자기축제 오는 27일 개막 2019/4/24

여주시가 오는 27일부터 다음달 12일까지 여주 신륵사관광지 일원에서 '제31회 여주도자기축제'를 개최한다. '천년 도자의 혼을 담은 여주도자'를 주제로 한 이번 축제는 남한강의 맑은 물과 여주 싸리산의 고령토, 도예명장의 혼이 만나 빚어낸 여주 도자기의 진수를 보여준다. 개막전은 여주도예명장들이 직접 도자기를 빚어 그림을 그리는 일련의 과정을 시연하는 '도예명장 퍼포먼스'를 선보고 관람객과 명장이 함께 물레질을 직접 해보고 '나만의 여주 도자기'를 만들 수 있는 특별 코너도 운영된다. 또 도자접시를 던져 깨뜨린 뒤 조각 크기순으로 도자기상품권을 지급하는 '전국도자접시깨기' 대회는 도공들이 흠이 있는 도자기를 깨뜨린 '장인정신'에서 영감을 얻어 진행된다. 여주세계생활도자관에서는 '여주 젊은 도예가전'과 '생활도자 100인전'도 감상할 수 있다.

• 여주도자기축제도 해를 거듭하면서 새로운 시도를 계속 하고 있다. 개인적인 생활이 보편화된 현실을 그대로 보여주는 '나만의 도자기'나 깨뜨려야 시원해지는지 '접시 깨기' 같은 이벤트가 그렇다. 아무래도 시대를 반영하지 않을 수 없을 것이다. 젊은이들이 도예를 한다는 것은 희망적이다. 도공의 혼과 도자기의 본질을 버리지 않는 도자기 축제의 이음이 필요하다고 생각한다.

여주공공산후조리원 개원 후 오는 13일 첫 입소 2019/5/7

여주공공산후조리원 13일 가동
장애·쌍생아 출산 산모실 등 운영

여주공공산후조리원 지난 3일 개원식을 갖고 오는 13일부터 본격적인 운영에 들어간다.

6일 여주시에 따르면 2016년 경기도 공모사업에 선정돼 3년간 준비해 온 '여주공공산후조리원' 개원식에는 이재명 도지사, 이항진 시장, 유필선 시의장, 정병국 국회의원을 비롯한 시·도의원, 지역 주민들이 참석한 가운데 성료됐다.

여주공공산후조리원은 총면적 1천498㎡, 지상 2층의 건물로 총 건립비 51억2천만원이 투입돼 지난해 3월 착공해 지난달에 준공했다. 1층에는 사무실·회의실·프로그램실·조리실이 조성돼 이론과 실기를 겸한 모자건강증진사업을 효과적으로 추진할 수 있게 됐으며 2층에는 장애산모실 1실, 쌍생아 출산 산모실 1실을 포함해 총 13개 실로 운영된다.

산모나 배우자가 경기도민으로, 이용료는 2주 168만원, 셋째 아이 이상 출산 산모, 다문화가족 산모 등은 50% 금액으로 이용할 수 있다. 여주=류진동기자

여주공공산후조리원 지난 3일 개원식을 갖고 오는 13일부터 본격적인 운영에 들어간다. 2016년 경기도 공모사업에 선정돼 3년간 준비해 온 '여주공공산후조리원'은 총면적 1천498㎡, 지상 2층의 건물로 총 건립비 51억2천만 원이 투입돼 지난해 3월 착공해 지난달에 준공했다. 한편 산후조리원개원식 이후 열흘 정도 시범운영기간을 거쳐 오는 13일 첫 입소예정이다.

여주지역 사회단체 4대강 보 해체 절대 안돼 2019/5/6

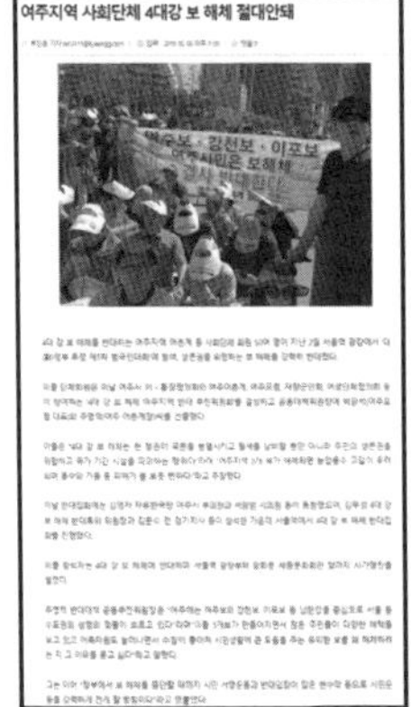
여주지역 사회단체 4대강 보 해체 절대안돼

4대 강 보 해체를 반대하는 여주지역 어촌계 등 사회단체 회원 50여 명이 지난 2일 서울역 광장에서 '대(對)정부 투쟁 제1차 범국민대회'에 참여, 생존권을 위협하는 보 해체를 강력히 반대했다. 이들 단체회원은 이날 여주시 이·통장협의회와 여주어촌계, 여주포럼, 재향군인회, 여성단체협의회 등이 참여하는 '4대 강 보 해체 여주지역 반대 추진위원회'를 결성하고 공동대책위원장에 박광석(여주포럼 대표)와 주명덕(여주 어촌계장)씨를 선출했다. 이들은 "4대 강 보 해체는 현 정권이 국론을 분열시키고 혈세를 낭비할 뿐만 아니라 주민의 생존권을 위협하고 국가 기간 시설을 파괴하는 행위다."라며 "여주지역 3개 보가 해체되면 농업용수 고갈이 우려되며 홍수와 가뭄 등 피해가 불 보듯 뻔하다."라고 주장했다.

김진오 여주세종문화재단 이사장 취임 2019/5/6

여주세종문화재단 김진오 이사장(59)이 7일 취임한다. 김 신임 이사장은 언론·문학 전문가로 중부일보 부장과 인천일보 경기총괄본부장, 편집국장 등 30여 년간 언론인으로 활동했다. 또 경기대학교 외래교수, ㈔정책연구소 미래와 균형 운영위원장 등을 역임했다.

LA한인회 우호교류 협력 위한 협약 체결 2019/5/12

여주시, LA한인회 우호교류 협력 위한 협약 체결

여주시와 미국 로스앤젤레스 한인회가 우호교류 협력을 위한 협약을 체결했다고 12일 밝혔다

제31회 여주도자기축제가 개최된 지난 9일 협약을 맺은 양측은 청소년 교류 탐방(홈스테이), 지역우수 농·특산물, 문화, 관광, 농업분야 등에 상호 협력하기로 했다

LA한인회 측은 여주시의 주요 관광지를 돌아보면서 여주도자기를 로스앤젤레스에 홍보하기로 하는 등 각종 축제를 상호 지원하는데 힘쓰기로 했다. 여주시는 이번 협약을 통해 여주지역 문화, 예술, 농산물, 청소년 어학연수 등 LA한인회와 함께 여러 교류가 추진될 것으로 기대하고 있다

로라 전 한인회장은 "말로만 하는 협약이 아닌 서로가 발전할 수 있는 방향을 모색해 실천할 수 있는 협약을 이끌어 내자"고 말했다. 이에 이항진 여주시장은 "상호 왕래하며 양 도시 간 실정에 맞는 문화 교류가 이뤄질수 있도록 적극 지원하겠다"며" 앞으로도 상호 문화를 이해하고 협력하는 풍토가 확대되길 바란다"고 말했다.여주=류진동기자

여주시와 미국 로스앤젤레스 한인회가 우호교류 협력을 위한 협약을 체결했다고 12일 밝혔다. 제31회 여주도자기축제가 개최된 지난 9일 협약을 맺은 양측은 청소년 교류 탐방(홈스테이), 지역우수 농·특산물, 문화, 관광, 농업분야 등에 상호 협력하기로 했다. LA한인회 측은 여주시의 주요 관광지를 돌아보면서 여주도자기를 로스앤젤레스에 홍보하기로 하는 등 각종 축제를 상호 지원하는데 힘쓰기로 했다. 여주시는 이번 협약을 통해 여주지역 문화, 예술, 농산물, 청소년 어학연수 등 LA한인회와 함께 여러 교류가 추진될 것으로 기대하고 있다. 로라 전 한인회장은 "말로만 하는 협약이 아닌 서로가 발전할 수 있는 방향을 모색해 실천할 수 있는 협약을 이끌어 내자"고 말했다. 이에 이항진 여주시장은 "상호 왕래하며 양 도시 간 실정에 맞는 문화 교류가 이뤄질수 있도록 적극 지원하겠다"며" 앞으로도 상호 문화를 이해하고 협력하는 풍토가 확대되길 바란다"고 말했다.

여주서 전국 임업인들 축제 열린다. 2019/5/20

여주서 전국 임업인들 축제 열린다

2020년 한국임업후계자 전국대회 유치… 추진위 발족 나서

여주시가 국내 최대 임업인 축제인 한국임업후계자 2020년 전국대회 유치에 성공했다.

19일 한국임업후계자 경기도지회 등에 따르면 2020년 한국임업후계자 전국대회 경기도 유치가 확정됨에 따라 임업후계자 경기도지회는 지난 2월14일 정기총회를 개최, 지난달 30일까지 협의회별 제안서를 제출받은 결과 여주시(남부협의회)와 가평군, 양평군 3개 지자체가 3개 시·군이 신청한 서류전형과 협의회장의 프레젠테이션, 질의응답, 신청후보지(행사장) 등에 대한 실사를 벌인 결과, 만장일치로 여주시(신륵사 관광단지)를 최종 선정됐다고 발표했다.

여주시(경기 남부협의회)는 내년 전국대회의 성공적 개최를 위해 각 분야별·단계별 준비에 돌입했다. 우선 여주시와 시 산림조합, 사회단체, 임업인, 언론인 등을 대상으로 전국대회 추진위원회와 변 음식점을 적극 활용하고 행사장 진, 출입로를 개보수해 차량흐름에 지장이 없도록 조치하고 주차장을 대폭 확충한다는 방침이다.

시는 내년 임업인 전국대회 분위기 확산을 위해 옥외전광판과 버스, 택시 등 대중교통 래핑, 현수막과 상징조형물 등 다양한 매체를 동원해 시민홍보에 주력할 방침이다.

또 범시민 서포터즈를 구성해 손님맞이 범시민운동을 전개하고 참여분위기를 확산시키는 한편 자원봉사자, 대학생 홍보단, SNS 시민기자단 등을 통해 내년 전국대회 홍보활동을 추진할 계획이다.

이항진 시장은 "전국 임업인가족 7천

여주시 버스노선 73개 감축 2019/5/28

경기일보

여주시 버스노선 73개 감축

여주시가 버스업계의 주 52시간 근로제에 대비해 오는 30일부터 시내버스 노선을 전면 조정, 지역 내 73개 노선이 감축된다. 27일 시에 따르면 오는 7월 1일부터 주 52시간제 도입에 따라 여주지역에 운행 중인 시내버스 56대 가운데 10대가 감축된다. 이에 따라 현재 운영 중인 버스노선 190개 가운데 86개가 폐지되고 13개가 신설, 전체적으로 73개 노선이 줄어드는 것으로 노선이 조정됐다.

- 내 고향 여주가 아주 시골이라고 생각하며 살았던 어린 시절에는 드문드문 오는 버스도 너무 신기했다. 뽀얀 먼지를 뿌리며 마을을 지나가는 버스를 타면 어디 먼 다른 나라라도 가는 듯 괜스레 타고 싶었다. 결국 고등학교는 서울로 유학을 가는 도시 학생이 되어 버스를 질리도록 타고 다니게 되었다. 하지만 먼지를 내뿜던 기억 속의 버스는 여전히 꿈으로 데려다 주는 아름다운 바퀴로 남아있다. 이제는 그 마저도 승객이 줄고 운행도 줄어들어 향수가 되는 세상으로 변하고 있다.

여주. 강천. 이포보 해체 땐 농-어민 생존권 위협 2019/5/28

"여주·강천·이포보 해체 땐 농·어민 생존권 위협"

여주, 해체 반대 범시민운동 돌입
"농업용수 공급 차질 어업도 타격
홍수조절 능력 투명한 재조사를"

여주지역 주민·단체들로 구성된 '4대강 보 해체 반대 여주시 추진위원회' 관계자들이 27일 오후 남한강 일대에서 여주·강천·이포보 해체를 반대하는 현수막을 내걸고 있다. 김시범기자

여주지역 주민·단체들이 최근 정부의 4대강 보 해체를 반대하는 범시민 운동에 돌입했다.

4대강 보 해체 반대 여주시 추진위원회(공동추진위원장 박광석·주명덕)와 여주시 이·통장연합회(회장 이홍균)는 '여주시민은 여주·강천·이포보 해체를 결사반대한다', '여주 3개 보는 여주시민이 지킨다'란 현수막을 게시하고 서명운동, 집회 등을 진행한다고 27일 밝혔다.

박광석 공동추진위원장(여주포럼 상임대표)은 "여주의 3개 보를 해체하면 농업용수 공급에 차질이 생기고, 물살이 빨라져 어업활동에도 심각한 타격을 줄 것"이라며 "농·어민의 생존권을 심각하게 위협하는 정부의 보 해체 정책은 당장 철회돼야 한다"고 주장했다.

이어 "정부와 일부 환경단체는 4대강 보가 홍수 조절 능력이 없다고 주장하고 있지만, 4대강 사업 이후 그전과는 다르게 여주시에 큰 홍수 피해가 전혀 발생하지 않았다"며 "4대강 여주 3개 보의 홍수 조절 능력에 대해서도 투명한 재조사가 필요하다"라고 강조했다.

이홍균 이·통장연합회장은 "여주지역 3개 보 해체와 수문 개방을 반대한다"며 "여주지역 3개 보의 주인은 여주시민이고 운영도 여주시민이 해야 한다"며 "보 해체의 직접 당사자인 여주시민을 대상으로 여론조사를 진행하고 시와 시의회도 시민의 편에서 입장을 정리해야 한다"고 주문했다.

또 주명덕 여주시 어촌계장은 "물살을 조절하는 여울이 없는 현 시점에서 보를 철거하면 물살이 급격하게 빨라져 남한강에 배를 띄울 수 없게 된다"면서 "보를 해체한다는 것은 어업인들에게 생계를 포기하라는 것과 같다"라고 주장했다.

이들은 앞서 지난 2일 서울역 광장에서 3천여 명이 참석한 반대집회에 동참했으며, 지난 12일 2차 대책회의, 20일 3차 대책회의를 열고 4대강 보 해체 반대 현수막을 여주지역 중심 시가지와 주요 교통집중 지역에 내걸었다. 특히 시민들을 대상으로 반대 서명운동을 벌이면서 다음 달 여주시청 앞에서 집회를 진행한다는 계획이다. 여주=류진동기자

여주미술관 개관식 여주의 새로운 문화 공간 2019/5/29

여주미술관 28일 개관식 여주의 새로운 문화공간 될 것

고려제약 박해룡 회장이 자신의 마지막 꿈을 펼치기 위해 여주시 세종로에 건립한 여주미술관이 28일 개관식을 가졌다. 이날 개관식에는 이항진 시장과 유필선 시의장, 정병국 국회의원, 지역 기관·단체장과 시민 등 200여명이 참석한 가운데 여주미술관 개관 기념 '박해룡의 삶에 물들이기' 특별전이 열렸다.

제일시장 여주시에 매각 2019/5/30

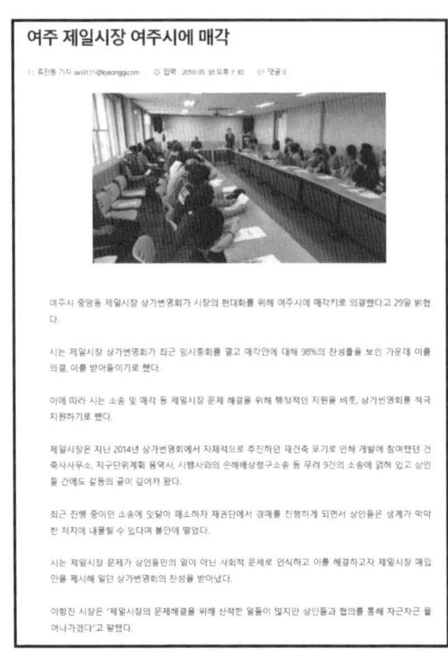

여주 제일시장 여주시에 매각

류진동 기자 san3111@kyeonggi.com | 입력 2019. 05. 30 오후 7:30 | 댓글 0

여주시 중앙동 제일시장 상가번영회가 시장의 현대화를 위해 여주시에 매각키로 의결했다고 29일 밝혔다.

시는 제일시장 상가번영회가 최근 임시총회를 열고 매각안에 대해 98%의 찬성률을 보인 가운데 이를 의결, 이를 받아들이기로 했다.

이에 따라 시는 소송 및 매각 등 제일시장 문제 해결을 위해 행정적인 지원을 비롯, 상가번영회를 적극 지원하기로 했다.

제일시장은 지난 2014년 상가번영회에서 자체적으로 추진하던 재건축 포기로 인해 개발에 참여했던 건축사사무소, 지구단위계획 용역사, 시행사와의 손해배상청구소송 등 무려 9건의 소송에 얽혀 있고 상인들 간에도 갈등의 골이 깊어져 왔다.

최근 진행 중이던 소송에 잇달아 패소하자 채권단에서 경매를 진행하게 되면서 상인들은 생계가 막막한 처지에 내몰릴 수 있다며 불안에 떨었다.

시는 제일시장 문제가 상인들만의 일이 아닌 사회적 문제로 인식하고 이를 해결하고자 제일시장 매입안을 제시해 일단 상가번영회의 찬성을 받아냈다.

이항진 시장은 "제일시장의 문제해결을 위해 산적한 일들이 많지만 상인들과 협의를 통해 차근차근 풀어나가겠다"고 말했다.

여주시 중앙동 제일시장 상가번영회가 시장의 현대화를 위해 여주시에 매각키로 의결했다고 29일 밝혔다. 시는 제일시장 상가번영회가 최근 임시총회를 열고 매각안에 대해 98%의 찬성률을 보인 가운데 이를 의결, 이를 받아들이기로 했다. 이에 따라 시는 소송 및 매각 등 제일시장 문제 해결을 위해 행정적인 지원을 비롯, 상가번영회를 적극 지원하기로 했다. 제일시장은 지난 2014년 상가번영회에서 자체적으로 추진하던 재건축 포기로 인해 개발에 참여했던 건축사사무소, 지구단위계획 용역사, 시행사와의 손해배상청구소송 등 무려 9건의 소송에 얽혀 있고 상인들 간에도 갈등의 골이 깊어져 왔다. 최근 진행 중이던 소송에 잇달아 패소하자 채권단에서 경매를 진행하게 되면서 상인들은 생계가 막막한 처지에 내몰릴 수 있다며 불안에 떨었다. 시는 제일시장 문제가 상인들만의 일이 아닌 사회적 문제로 인식하고 이를 해결하고자 제일시장 매입안을 제시해 일단 상가번영회의 찬성을 받아냈다. 이항진 시장은 "제일시장의 문제해결을 위해 산적한 일들이 많지만 상인들과 협의를 통해 차근차근 풀어나가겠다"고 말했다.

- 5년 동안 갈등을 겪어온 제일시장의 문제가 해결의 실마리를 찾기 시작했다. 제일시장 상인들만의 문제가 아니라 사회적인 문제로 인식하고 원만한 해결을 위해 노력한 시의 행정이 돋보인다. 점점 사라져가는 옛 장터지만 새로운 모습으로 탈바꿈할 그 날을 기대하게 된다.

제2회 여주시 골프협회장배 골프대회 300여명 참여 성료 2019/6/3

여주지역 골프동호인 '화합의 티샷'

제2회 여주시골프협회장배 골프대회… 300여명 참여 성료

제2회 여주시골프협회장배 골프대회가 지난 30일 소피아그린CC(여주시 점동면)에서 300여 명의 시민 골퍼가 참여한 가운데 성료됐다.

골프대회는 이항진 시장과 유필선 시의장, 김영자 시의회 부의장, 이복예·한정미 시의원, 채용훈 시 체육회장, 김봉주 경기도골프협회장, 시민 골퍼 등이 참여한 가운데 신 페리오 방식으로 진행됐다.

권영일 여주시골프협회장은 "여주 골프동호인의 화합을 다지고 실력을 겨루는 한마당 축제로, 기쁠 때나 슬플 때나 함께한 지역 골퍼 동호인 간 친목과 화합을 다질 수 있는 대회가 되기를 바란다"고 말했다.

경기 후 인기 연예인 김종국(개그맨)의 사회와 초청가수 우연희의 공연으로 대회의 분위기 한층 고조되는 한편 골프 경품과 참가자에게 다양한 기념품을 제공했다.

한편, 권영일 여주시골프회장이 경기도골프협회 부회장으로 임명돼 여주 골프의 위상을 높였다. 여주=류진동기자

남한강 보 해체반대대책추진위원회 박광석 공동위원장 2019/6/4

16 2019년 6월 4일 화요일 사람들

"여주에 많은 혜택… 남한강 3개 보 시민이 지킬 것"

남한강 보 해체 반대 대책추진위원회

박광석 공동위원장

무더운 날씨에도 남한강 여주지역 3개 보를 지키고자 거리로 나선 사람이 있다. 남한강 보 해체 반대 대책추진위원회 박광석 공동위원장(64·여주포럼 대표)이 그 주인공이다.

박 위원장은 여주·강천·이포보 해체 땐 농·어민의 생존권을 위협받는다며 남한강 보 해체 반대를 위한 12만 시민 서명운동과 궐기대회를 적극적으로 펼치고 있다.

그는 "남한강 수질이 3개 보 설치로 인해 더러워졌다면 여주시민이 앞장서 보 해체를 할 것이다. 하지만, 보 설치 후 수질이 향상되고 홍수 예방, 풍부한 농업용수 확보, 어족자원 증가 등으로 여주시민에게 많은 혜택을 주고 있다"고 주장했다. 이어 "정부가 많은 예산을 들여 남한강 3개 보를 건설해놓고 이를 다시 해체한다면 그에 따른 철거 비용이 많이 투입된다. 이는 아까운 혈세를 낭비하는 것"이라고 강조했다.

보 해체반대 추진위원회는 최근 이홍균 여주시 이·통장협의회장과 주명덕 여주시 어촌계장 등 지역사회 단체장 및 회원 등과 보 해체반대 12만 범시민 서명운동과 현수막 내걸기, 반대 투쟁 집회 등 다양한 방법으로 반대 입장을 정부에 전달하고 있다.

보 설치 후 물 맑아지고 홍수 예방
풍부한 농업용수·어족 자원도 늘어
정부, 해체 추진… 막대한 혈세 낭비
시민단체 동참 서명운동 등 반대 투쟁

특히 지난달 31일부터 3일간 열린 여주 금사참외축제장 입구에서 범시민 반대 서명운동을 벌였다. 이날 행사에는 정병국 국회의원과 김규창·유광국 도의원, 김영자·서광범 시의원 등 기관·사회단체장 등 6천여 명이 서명운동에 동참했다. 또 여주지역 12개 읍·면·동 지역의 각종 행사와 교회 등지에서 범시민 반대 서명운동을 펼쳐 현재 3만5천여 명의 서명을 받았다고 밝혔다.

박 위원장은 "어린 시절부터 강변에 살아 누구보다도 남한강을 잘 알고 있다"며 "갈수기 물 부족으로 많은 어려움을 겪어 왔는데 여주지역 3개 보 건설로 인해 풍부한 농업용수를 공급받을 수 있어 매년 농사를 짓는데 많은 도움을 받고 있다"고 말했다.

그는 또 "바쁜 영농철 농사일에 전념해야 할 농민이 보 해체를 반대하기 위해 참여하고 있다"며 "정부는 남한강 3개 보 해체를 하지 않겠다는 분명한 입장을 여주시민에게 밝혀달라"고 덧붙였다. 여주=류진동기자

상백리 보리축제 성료 2019/6/9

여주 상백리 보리축제 성료

단오와 함께 보리밭과 남한강변이 어우러진 보리축제가 지난 7일부터 9일까지 열렸다. 상백1리는 매년 남한강변에 보리밭을 조성하고 있으며 올해로 세 번째 개최된 행사로 그네타기와 청포 머리감기 등 단옷날 체험과 시낭송, 미술전 등 문화행사를 함께 진행하는 보리축제를 개최했다. 올해는 보리밭 걷기, 가훈 써주기, 보리밭 영화상영, 사진전시회, 서예전시 등 문화행사와 보리밥과 국수 등도 맛볼 수 있는 체험행사도 함께 진행했다. 상백리 보리축제는 전국에서 보기 드문 마을 단위 축제. 정해정 이장을 주축으로 50여 가구가 옹기종기 모여 사는 전형적인 농촌 마을에 2017년 남한강변에 보리밭을 조성하고 처음으로 축제를 기획된 행사다.

대왕님표 여주쌀 2019 대한민국 명품특산물 페스티벌서 인기짱 2019/6/11

대왕님표 여주쌀 2019 대한민국 명품특산물 페스티벌서 인기짱

여주시가 우수한 농특산물을 홍보하고 소비촉진을 위한 생산자와 소비자 간 교류의 장 마련을 위해 열린 '2019 대한민국 명품특산물 페스티벌'에서 관람객들의 시선을 사로잡는 홍보관을 운영, 인기를 끌었다.

이번 행사는 고양시 킨텍스에서 지난 6일부터 9일까지 4일간 열린 가운데 전국에서 300개사 460부스가 참여한 가운데, 여주시는 대왕님표 여주쌀 가공업체인 여주시농협조합공동사업법인과 여주특산영농조합법인, 마을정미소, (주)한농, ㈜하요, 국순당 여주명주 등 6개 농가(업체)의 여주쌀, 자채쌀, 고구마, 땅콩, 전통주 등 전국에서도 맛과 품질이 유명한 여주 농특산물을 전시・홍보했다.

특히, 방문객을 상대로 우수한 농특산물을 집중 홍보하기 위해 '도전! 행운의여주 열쇠찾기 게임', '여주쌀 200g을 맞혀라'등 참여 이벤트 행사를 진행, 이를 통해 여주쌀을 경품으로 증정해 방문객들의 눈길을 사로잡는 등 톡톡 튀는 홍보활동을 전개해 여주 농특산물 홍보를 극대화 하는데 노력을 기울여 인기를 독차지했다.

원정석 시 농정과장은 "여주지역에서 생산되는 농・특산물은 옛 임금님께 진상했던 품목들이 많았다"라며 "진상미 여주쌀을 비롯해 고구마, 땅콩, 가지 등 남한강 맑은 물에서 생산한 농산물은 그 가치를 소비자들로부터 인정받고 있다"라고 말했다.

여주=류진동기자

여주시가 우수한 농특산물을 홍보하고 소비촉진을 위한 생산자와 소비자 간 교류의 장 마련을 위해 열린 '2019 대한민국 명품특산물 페스티벌'에서 관람객들의 시선을 사로잡는 홍보관을 운영, 인기를 끌었다. 이번 행사는 고양시 킨텍스에서 지난 6일부터 9일까지 4일간 열린 가운데 전국에서 300개사 460부스가 참여한 가운네, 여수시는 대왕님표 여주쌀 가공업체인 여주시농협조합공동사업법인과 여주특산영농조합법인, 마을정미소, (주)현농, ㈜화요, 국순당 여주명주 등 6개 농가(업체)의 여주쌀, 자채쌀, 고구마, 땅콩, 전통주 등 전국에서도 맛과 품질이 유명한 여주 농특산물을 전시·홍보했다.

2030 미래비전 사람중심 환경친화 미래도시 여주 2019/6/16

경기일보

여주시 2030 미래비전 사람중심 환경친화 미래도시 여주

여주시는 미래비전을 '사람중심, 환경친화 미래도시 여주'로 정하고 5가지 전략목표와 9개 분야에 걸친 사업을 지속 추진하기로 했다고 16일 밝혔다. 시는 민선 7기의 새로운 시작 등 급변하는 여건 변화에 따른 선제적이고 종합적인 발전계획을 구상하고자 지난해 7월 ㈔한국공공자치연구원에 연구용역을 의뢰했다.

공공자치연구원은 최근 용역보고를 통해 시의 슬로건을 '퍼스트(First) 여주'로 선정하고 ▲살기 좋은 행복도시 ▲찾고 싶은 문화예술도시 ▲건강한 교육중심도시 ▲청년중심 환경친화 기업도시 ▲소통하는 열린 행정도시 등을 5가지 전략목표로 정했다. 또 ▲산업경제 ▲문화관광 ▲환경 ▲지역개발 ▲보건복지 ▲행정소통 ▲농촌개발정비 ▲교육체육 ▲인구정책 등 9가지 분야의 전략사업도 설정했다. 공공자치연구원은 지난 1년 동안 이해관계자 심층인터뷰, 주민설명회, 설문조사, 현장조사 등을 통해 현황분석을 마치고 공무원들로 구성된 9개 분야 39명의 추진지원단과 10차례 이상의 협의와 워크숍을 통해 과업 완성도를 높였다. 또 부서업무 협의, 읍면동·여주시민행복위원회·여주시의회 설명회 등을 통해 핵심과제를 면밀하게 살폈으며 추후 시민과 공무원 등을 대상으로 주민설명회를 개최한 뒤 이를 보완할 방침이다.

이항진 여주시장 1박 2일 마을주민과 소통 투어 시즌1 마무리

2019/6/16

이항진 여주시장 1박 2일 마을주민과 소통 투어 시즌1 마무리

류진동 기자 san3111@kyeonggi.com | 입력 2019. 06. 16 오후 5:03 | 댓글 0

이항진 여주시장이 시민들과 함께 소통하기 위해 마련한 '1박 2일 마을회관 소통 투어'가 여흥동을 마지막으로 3개월여 간의 투어일정을 마무리했다.

1박 2일 마을회관 소통 투어는 이 시장이 마을 주민들을 찾아가 이야기를 나누며 주민들의 소리를 듣고 함께 호흡하면서 시정의 방향과 정책을 구상하기 위해 실시됐다.

이 시장은 지난 3월6일 가남읍을 시작으로 12개 읍・면・동 지역 마을회관을 순회하면서 마을의 분위기를 직접 체감하는 한편 시민들과 격의 없는 대화를 나눈 뒤 마을회관에서 숙박을 했다.

시 관계자는 "여주시장 1박2일 마을회관 소통투어가 시민들의 뜨거운 호응에 힘입어 조만간 '1박 2일 마을회관 소통 투어 시즌2'를 준비해 더 많이, 더 오래 시민들과 만날 수 있는 기회를 만들 예정이다"라고 말했다. 여주=류진동기자

1박 2일 마을회관 소통 투어는 이 시장이 마을 주민들을 찾아가 이야기를 나누며 주민들의 소리를 듣고 함께 호흡하면서 시정의 방향과 정책을 구상하기 위해 실시됐다. 이 시장은 지난 3월 6일 가남읍을 시작으로 12개 읍·면·동 지역 마을회관을 순회하면서 마을의 분위기를 직접 체감하는 한편 시민들과 격의 없는 대화를 나눈 뒤 마을회관에서 숙박을 했다.

건설업체 수의계약 특정업체 몰아주기 '의혹'

2019/6/18

경기일보

여주시 건설업체 수의계약 특정업체 몰아주기 '의혹'

여주시가 발주하는 지역 건설업체 수의계약이 특정업체에 몰려 관련 업계 불만이 높아지고 있다는 지적이 나왔다. 김영자 여주시의회 부의장은 지난 17일 열린 여주시 행정사무감사에서 수의계약 특혜시비를 지적했다.

남한강 3개 보 해체·개방 '뜨거운 감자' 2019/6/24

남한강 3개 보 해체·개방 '뜨거운 감자'

24일 여주시 능서면 복지회관 1층 회의실에서 남한강 '보' 해체 반대대책위원회(공동위원장 박광석·주명덕·이홍균)와 한강유역환경청(청장 최종원), 여주시, K-water한강보관리단 등이 간담회를 가졌다. 여주 시민의 의견을 청취하고자 오전 10시부터 1시간 30분간 열린 이날 간담회에서는 남한강 3개 보의 해체와 개방 문제가 뜨거운 감자로 부각됐다. 환경단체 측은 남한강 3개 보 해체 및 수문 완전 개방을 주장하는 반면 여주지역 시민들로 구성된 보 해체 반대대책위는 홍수피해와 농업용수, 공업용수 등 생존권과 직결되는 보 해체를 적극 반대하고 있기 때문이다. 대책위는 "보 해체는 물론 수문개방도 해서는 안 된다"라며 "보 해체는 국가시설 파괴행위며 대한민국 문명에 대한 파괴행위"라고 주장했다.

4대강보 해체 여주시민은 분노한다 2019/6/30

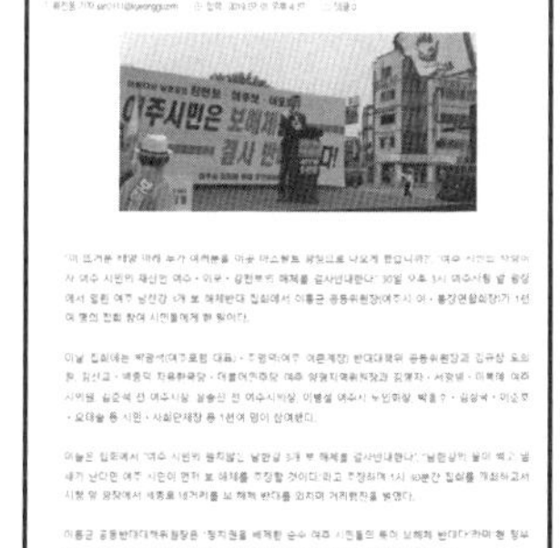

4대강 보해체 여주시민은 분노한다

"이 뜨거운 태양 아래 누가 여러분을 이곳 아스팔트 광장으로 나오게 했습니까?", "여주 시민의 자랑이자 여주 시민의 재산인 여주·이포·강천보의 해체를 결사반대한다." 30일 오후 3시 여주시청 앞 광장에서 열린 여주 남한강 3개 보 해체반대 집회에서 이홍균 공동위원장(여주시 이·통장연합회장)가 1천여 명의 집회 참여 시민들에게 한 말이다. 이날 집회에는 박광석(여주포럼 대표)·주명덕(여주 어촌계장) 반대대책위 공동위원장과 김규창 도의원, 김선교·

백종덕 자유한국당·더블어민주당 여주 양평지역위원장과 김영자·서광범·이복예 여주시의원, 김춘석 전 여주시장, 윤승진 전 여주시의장, 이병설 여주시 노인회장, 박홍수·김상국·이준호·오태술 등 시민·사회단체장 등 1천여 명이 참여했다.

여주 - 양평 국도 37호선 제대로 뚫자. 2019/6/28

"여주~양평 국도 37호선 제대로 뚫자"

정동균 군수·이항진 시장, 도로확장 공동대응 업무협약

양평군과 여주시는 '국도 37호선 여주~양평 간 도로 4차로 확장사업' 공동 대응을 위해 상호협력 협약을 체결했다고 27일 밝혔다.

이날 협약식은 국도 37호선 4차로 미확장 구간인 여주시 대신면~양평군 불곡리 구간의 확장사업 추진에 한목소리로 대응하기 위해 마련됐다.

국도 37호선은 여주시와 양평군을 연결하는 경기 동부지역의 중추적인 도로다. 총 31.9㎞ 중 개군면 불곡리 불곡 교차로와 여주시 대신면 보통교차로 구간 11.7㎞를 제외하고는 모두 4차로로 확장됐으나, 해당 구간은 지난 2006년 일부 민원 등의 문제로 사업 구간에서 제외돼 왔다.

정동균 양평군수(오른쪽)와 이항진 여주시장이 27일 국도 37호선 여주~양평간(대신~불곡) 도로 4차로 확장사업의 공동 대응을 위한 업무협약을 체결하고 있다.

양평군 제공

이 자리에서 이항진 여주시장은 "여주·양평을 잇는 4차선 도로가 완공되면 원활한 통행과 더불어 두 자치단체 간 돈독한 관계를 구축해 미래비전 사업을 함께 추진하는 계기가 될 것"이라고 말했다.

또한 정동균 양평군수는 "국도 37호선 완공을 위해 두 기관이 힘을 모아 적극적으로 대응할 것"이라며 "앞으로도 지역 현안을 함께 협력해 상생·발전할 수 있도록 최선을 다하겠다"고 화답했다.

한편, 국도 37호선 대신~불곡 미확장 구간은 총연장 11.7㎞(양평군 5.8㎞, 여주시 5.9㎞)으로 총 사업비 1천억원이 소요될 예상이다.

류진동·장세웅기자

• 여주는 하루가 다르게 점점 복잡해지고 있다. 환경을 개선하고 주민들에게 교통 편의를 제공해준다는 측면에서는 분명 반갑고 고마운 일이다. 교통 환경이나 도로의 정비 계획은 먼 미래를 내다보고 계획적으로 추진해나가는 안목이 필요하다.

경기일보 독자권익위 회의 서 남한강 보 해체 반대 여주 주민 목소리 잘 반영해 호평 2019/7/25

경기일보 사람들 2019년 7월 25일 목요일 17

'보 해체 반대' 여주 주민 목소리 잘 반영해 '호평'

경기일보 독자권익위 회의

참석자

위원장
이범관 前 서울지검 검사장위원장

위원
이재복 수원대 조형예술학부 교수
황의갑 경기대 경찰행정학과 교수

'종횡무진' 道 스포츠 팀 보도 화제
고려인 기획, 차별 이유 부재 아쉬워
민생 손놓은 정치권 비판기사 필요
인구절벽 맞아 대학교 문제 관심을
쓰레기 대란 실질적인 대책 다뤄야

-지난 2일자부터 시작된 고려인 보호 기획기사는 적절한 지적이 잘 됐으나 고려인의 차별 역사와 이유에 대한 부분이 드러나지 않았다는 점이 아쉽다. 미국이나 유럽 등지로 간 고려인 동포들은 법적 보호를 받았는데 간도를 통해 러시아로 간 사람들은 전혀 보호가 되지 않아 완전히 어려운 생활을 하고 있다. 재외국민이지만 보호해 주는 나라가 없었다. 이제 우리나라가 고려인 보호에 대해서도 특별히 신경 써야 할 시점이 왔다.

-24일자 1면 '고려인 4세 또 다른 차별에 고통'. 우리 사회의 차별과 편견에 대한 고민을 깊게 할 필요가 있다고 본다. 인구 대비 외국인이 더 많은 범죄를 범하지는 않는다. 외국인이 위험하다는 편견을 갖지 말고 배려해야 한다.

-16일자 '유신고, 청룡기도 품었다' 등 황금사자기, 청룡기 등을 종횡무진하고 있는 소식이 스포츠면을 장식하고 있다. 좋은 성과를 거두고 있는 경기도 내 팀들이 더욱 활력을 얻을 수 있도록 지속적으로 집중 보도하길 바란다. KT 위즈 등 경기도 기반팀들의 살아나는 분위기가 전달되면서 정서적으로 유대감 등에 도움을 받고 있다.

-최근 사립학교 문제가 이슈가 되고 있다. 자사고뿐만 아니라 수도권 대학들의 문제도 관심이 필요하다. 정상적인 대학이 없어져 가는 현실 속에서 교육부 감사팀을 믿지 못해 감사원의 감사를 해달라고 청구하는 사례가 발생할 정도다. 인구절벽을 맞아 학생이 급감해 전국 38개 대학 문을 닫는데 경기도 내 대학들 어떤 문제점을 안고 있는지 얘기할 때다.

-24일자, '전·현직 수원지검장 검찰 떠난다'는 기사의 경우 검찰총장 취임 앞두고 사의 표명한다고 팩트 중심으로 정리돼 있다. 이 사안을 놓고 의견이 분분하다. 양쪽 측면에 대해 일선 검사가 어떻게 생각하는지 인터뷰나 학계의견 등을 포함, 독자들이 종합적인 시각을 갖게 도와줘야 한다.

-6월19일자 사설 '지역 주민 의견 건너뛰는 보 해체 강행, 강제로 건설한 이명박 권력과 뭐가 다른가'는 아주 잘 된 지적이다. 보를 건설할 때 여러 논쟁이 있었지만, 현재 지역 주민들은 보가 잘 됐고 경제적 효율성이 높아진 것으로 평가한다. 여주시에서는 3개 보 철거에 대한 반대 목소리가 많다. 집을 지어 고칠 부분이 있으면 고치면서 살아야 하는 것과 같은 이치다. 현지 주민이 반대하는데 누구를 위해 해체하자는 것인지 잘 지적했다.

-단체장 취임 1주년을 맞아 기념 인터뷰를 게재하고 있는데, 알권리를 충족시키는 좋은 기획이다. 다만, 이를 단체장 홍보기획로만 삼지 말고 지역의 특수성에 맞는 정책이 수반되도록 문제점에도 초점을 맞췄으면 좋겠다.

-9일자 경기도가 부실공사 방지 시민 감리단 출범했다는 기사, 19일자 시민감사관 위촉 등의 관련 보도가 이어졌다. 단편적으로 기사를 쓸 것이 아니라 제도를 홍보하고 실적에 대한 부분까지 추적해 후속기사 보도해달라.

-6월17일자 도민 42%만 경기도 소속감 있다는 기사는 경기도가 가진 문제를 잘 지적했으나 이런 현상을 인정하고 개선하는 방향을 찾는 후속기사가 있어야 한다. 소속감 없다는 문제점만 제시하지 말고 추상적이고 형식적인 대안이 아닌 설문조사 등을 통해 뿌리 내릴 수 있는 지역 여건 만들기를 위한 보도가 필요하다.

-쓰레기 대란 관련 보도가 지속적으로 이어지면서 문제점을 잘 파악했다. 우리나라 인구의 절반이 수도권에 살고 있는 만큼 쓰레기 문제는 향후 경기도를 위협하는 요인이 될 것이다. 실질적인 대책을 어떻게 세워야 할지, 정부가 적극 지원하고 개입해서 주도적으로 해결해야 한다는 제안 등이 요구된다.

-경기도 내 8개 시군을 수도권에서 제외해 달라는 목소리가 나오고 있다. 경기도 문제를 소홀히 하고 있는데 정치권을 질타하는 기사가 없다. 지역민심을 중앙정부에 반영해야 할 지역 국회의원의 노력이 미미한데 이를 비판하지 않는다. 국회 파행으로 발 묶인 법안 등 지적이 있지만 각 지역구 주민들의 목소리를 어떻게 대변하는지도 분석해야 한다.

-위기의 학교 체육 시리즈의 경우 보도 방향을 어떻게 잡은 것인지 명확하지 않다. 체육만 잘해서 세계적인 스타가 되어 국위선양을 하는 경우도 있지만 그렇게 만들기 위해 국가적인 차원의 제도를 바꿀 필요가 있는지 고심해야 한다. 우수학생을 키우기 위해 학교 제도 고치자는 것에 대한 사고는 바람직하지 않다. 문학, 예술, 공학 등 여느 분야를 막론하고 인재를 키워야 하는데 유독 학교 체육만 가지고 결론 내릴 수 있는 문제인지 고민해달라. 정리=이지현기자

7월 독자권익위원회의가 열린 24일 수원 경기일보사 중회의실에서 위원들이 지난달 본보 편집방향에 대해 평가하고 있다. 윤원규기자

여주~원주 전철 복선화' 공동 추진키로 2019/7/29

'여주~원주 전철 복선화' 힘 모은다

이항진 여주시장과 원창묵 원주시장은 현재 단선으로 운행 중인 여주~원주 전철의 복선화를 위해 힘을 모으기로 했다. 이항진 여주시장 등은 지난 25일 원주시청 7층 투자상담실에서 노석천 원주시 도시주택국장, 조호길 여주시 지속발전국장, 이계승 철도시설공단 토목설계처장 등 관계자 등이 참석한 가운데 상생협력 간담회를 열고 '여주~원주 전철 복선화'를 위해 공동의 노력을 기울이기로 결의했다. 이항진 시장과 원창묵 시장은 최근 수서~광주 복선전철사업 예비타당성 조사가 통과돼 연계 노선인 여주~원주 전철사업 복선화 여건이 조성됨에 따라 공동 대응이 필요하다는 데 의견을 모았다.

여주시 발로 뛰는 소통행정 (1박2일 마을회관 소통투어 시즌 2)

2019/8/14

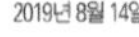

의 소리가 답이다"… 시민 곁으로 더 가까이

7일 여주시 점동면 원부리 마을회관에서 '1
일 마을회관 소통 투어'가 열리던 중 이항진
시장이 주민들에게 사과했다.
민과의 대화에서 당시 한 주민이 "행정기관
찾아 민원을 처리하는 과정에서 공무원들이
절해 화가 났다"고 하자 이 시장이 "시민을
하게 해 드린 점, 공무원들의 친절교육을 제
진행하지 못한 점 등에 900여 공직자의 수
로서 송구한 마음"이라고 말하며 주민의 마
달랜 것이다.
러면서 이 시장은 "시민을 대변해 일 잘하라
뽑아 준 시장은 그 주인을 섬겨야 하며 시장을
해 모든 공직자들은 시민을 섬길 줄 알아야
다"며 "시민에게 불편을 제공하는 행정은 바로
, 민원인을 낮게 보는 자세로 일하는 공직자,
을 무시하는 공직자 등은 철저한 의식개혁을
통해 바로 잡아야 한다"고 강조했다. 이어 "앞
으로도 공직자들이 시민들에게 불편함을
준다거나 친절하지 못하다는 지적을 받
는다면 사과하겠다"고 덧붙였다.

현장의 목소리에 귀 기울이겠다고 천명한 이항진 시장이 '1박2일 마을회관 소통 투어 시즌 2'를 임하는 자세를 보여주는 단적인 예다.

이항진 여주시장은 취임 후부터 마을회관 소통투어에 심혈을 기울였다.

지난 3월6일 가남읍 대신3리(이장 신동준)부터 시작된 '여주시장 1박2일 마을회관 소통 투어'프로그램은 3월13일 점동면 장안4리(이장 탁용복),

'1박2일 마을회관 소통투어 시즌2' 돌입
이항진 시장, 마을회관서 1박하며 스킨십
'우리동네 시장실' 열고 생생한 목소리 청취
연말까지 20개사업 70%이상 이행 노력
"사람중심 행복도시 건설 최선 다할 것"

3월20일 능서면 오계1리(이장 최정열), 3월27일 흥천면 다대리(이장 이명재), 4월3일 금사면 금사1리(이장 박선학), 4월10일 산북면 백자리(이장 이은열), 4월17일 대신면 당산1리(이장 박건배), 4월24일 북내면 상교리(이장 이규찬), 5월1일 강천면 강천1리(이장 남종운), 5월15일 중앙동 창3통(통장 김용숙), 5월29일 오학동 오학1통(통장 김상록), 6월12일 여흥동 멱곡1통(통장 황승용) 등으로 이어졌다.

올해 역시 지난 7월10일부터 '1박2일 여주시장 마을회관 소통 투어 시즌2'를 산북면 송현리를 시작으로 7월17일 중앙동 교2통, 지난 7일 점동면 원부리 마을회관 등에서 진행하면서 시민들과의 스킨십을 강화하고 있다.

시즌2는 오는 11월27일까지 여주지역 12개 읍·면·동 행정복지센터와 마을회관 등지에서 계속되며 읍·면·동장과 해당 마을 이·통장, 주민 등이 참여해 가감 없이 의견을 전달하고 소통할 예정이다. 특히 '우리 동네 열린 시장실' 운영 당일 업무 종료 후 오후 7시부터 마을회관에서 주민 간담회를 진행해 생생한 현장 목소리를 청취하는 것은 백미다. 해당 마을회관에서 시장이 직접 숙박을 하고 다음날 아침 민원현장을 방문해 주민들의 숙원사업을 해결하는 것이 이 프로그램의 핵심이기 때문이다.

앞서 이날 오전 열린 점동면 '우리 동네 시장실'에서도 이 시장은 부시장을 비롯해 담당 국장과 사무관(5급) 이상 관련 공직자들과 점동면 기관·단체장 등이 참석한 가운데 전략회의를 진행했다.

점동면에서는 시정 전반에 대한 논의와 함께 지역 현안사항인 국도 37호선 덕평~와현 도로확장 공사와 사곡리 회전교차로 설치공사, 도리지구 남한강변 낚시금지구역 설정, 특수시책(오갑산 등산로 정비, 점동면 복합화 시설 설치사업) 등 지역 현안 사항이 차질 없이 진행될 수 있도록 해달라고 당부했다. 이어 오전 일정으로 독거어르신을 찾아 점동면에서 마련한 선풍기와 우산, 파스와 마스크 등 생활용품을 지원을 돕고, 점동면 부녀회원들과 오찬, 세계적인 사진작가 김아타씨가 점동면 덕평리에 계획한 '블랙 마운틴 뮤지엄' 추진사항과 애로사항을 청취하고자 함께 지원방안을 모색했다.

오후 7시 원부리 마을회관에서는 원부리 버스정류장 설치, 농업용수 공급을 위한 양수장과 배수로

설치, 자전거 도로변 잡초제거,
설치 등 주민들의 건의사항을
관에서 숙박한 이 시장은 다음
30분부터 마을 이장과 주민, 관
현장을 찾아 민원 해결을 진두지
임봉명 원부리 이장은 "시장
마을을 찾아 1박2일 머무르면
재된 민원현장을 주민과 함께
보면서 진정성을 느꼈다"며 "
관에서 불편한 잠자리를 마다
를 위해 최선을 다해 준 이 시장
지도자다"라고 고마운 마음을
이처럼 주민들과의 적극적인
이항진 시장은 "시의원으로 의
시장으로 시정을 펼치면서 세
한 또 다른 생각을 하게 됐다"
님을 비롯해 부녀회원이 아침밥
주시 발전을 위해 다양하게 주
꼼히 챙기고 따듯하게 환대해
진심으로 감사드린다"고 말했다
또 그는 "여주시의 중심목표
찾은 지 1년이 지났다"며 "이제
사업을 추진함에 있어 시민의
변화에 대한 기대에 부응해 살
들기 위해 흔들림 없이 전진하
어 "12만 시민과 소통을 통해
력을 거울 삼아 '사람중심 행복
기초를 만들겠다"며 "시민들
민원이다. 이들 민원도 적극 해
없는 민원은 민원인에게 자세
를 설명하는데 최선을 다할 것
마지막으로 이 시장은 "올 연
중인 20개 사업에 대해 70% 이
라며 "나머지 사업들도 전부
록 노력하겠다"고 약속했다.

여주시 내년 생활임금 9천640원으로 인상 2019/9/5

여주시 생활임금심의위원회는 내년도 적용하는 생활임금액 시간급을 9천640원으로 결정했다고 밝혔다. 올해 9천370원에서 270원(2.9%) 오른 것으로 내년도 최저임금(8천590원) 인상률과 같다. 생활임금은 근로자가 가족을 부양하며 교육·문화 등 분야에서 인간으로서 존엄성을 유지할 수 있도록 최저임금 등을 고려해 정한 임금이다. 생활임금 적용 대상은 여주시 소속 직·간접 근로자와 출자·출연기관이 직접 고용한 근로자로 210명 정도다.

여주시 LA 한인축제에 참가 지역 농특산물 해외 시장 개척 나섰다

2019/9/29

여주시 LA 한인축제에 참가 지역 농특산물 해외 시장 개척에 나섰다

여주시가 미국 로스엔젤레스(LA)에서 열리는 제46회 한인축제에 참여해 여주쌀 등 지역 농·특산물 해외시장 개척과 우호교류 협력에 나섰다. 여주시는 박제윤 행복지원국장을 단장으로 농업과 지역경제 기획·소통협력 관련 공무원과 농협 시지부장, 지역농협 조합장, 외식업조합장, 도예인 등 20여명의 교류 방문단을 구성해 미국 로스엔젤레스 한인축제와 샌프란시스코, 포틀랜드 등지를 찾는다. 이들은 60만명이 거주하고 있는 미국 남가주 한인동포를 상대로 한 여주지역 우수 농·특산물의 해외시장 개척과 경쟁력을 높이고 판매망 확충을 위해 LA 서울국제공원에서 지난 27일 개막해 다음달 3일까지 개최되는 LA 한인축제에 농·특산물 홍보부스를 개설해 홍보와 판매망 구축에 나서고 있다. 여주시 방문 교류단은 지난 26일 한인축제 개막식과 함께 판매 홍보부스를 설치하고 대왕님표 여주쌀(진공포장용)과 천년의 혼과 맥을 잇는 여주도자기(작품과 공예품) 등을 한인축제에서 판촉활동을 벌였다.

김영자 여주시의회 부의장 무죄 2019/10/1

전 여주시장과 특수임무유공자회(HID)로부터 명예훼손 등의 혐의로 재판에 넘겨진 김영자 여주시의회 부의장이 2심 재판부에서 무죄판결을 받았다. 수원지방법원 형사7부(재판장 김형식)는 지난 26일 항소심에서 전 여주시장과 특수임무유공자회(HID)부터 명예훼손 등으로 고소를 당한 김영자 부의장에게 무죄를 선고하고 원심을 파기 환송했다.

여주쌀 홍보대사 자청 로라 전 LA 회장 "여주쌀, 세계에 알릴 것" 2019/10/11

10

"맛 좋은 귀한 여주쌀, 세계에 알릴 것"

여주쌀 홍보대사 자청

로라 전 LA 한인회장

"세계적으로 유명한 쌀을 먹어 봤지만 대왕님표 여주쌀 처럼 밥맛이 좋은 쌀은 없습니다. 270여만 미주 한인회원 1%만 먹는 귀한 쌀로 여주쌀을 홍보할 계획입니다." 세계 74개국 한인회장 380여 명이 참여한 '2019 세계한인회장대회'에 참석하고 지난 8일 미주 한인회장 21명과 함께 여주시를 찾은 로라 전(Dr.Laura jeon) 로스앤젤레스 한인회장. 이들 우호교류 방문단은 이날 여주썬밸리호텔에서 열린 한글날 학술대회(위대한 유산 한글에서 사람중심 행복의 길을 묻다)에 참석하고서 오찬을 함께 한 뒤 풍광이 아름다운 남한강변에 있는 유네스코 세계유산으로 등재된 세종대왕릉과 천년고찰 신륵사 등지를 둘러보고 나서 천서리 막국수 집에서 저녁 만찬을 진행했다.

종합체육센터 건립 2023년 완공 2019/10/11

여주시가 월송동 종합운동장 일원에 수영장, 다목적체육관 등을 갖춘 종합체육센터를 건립한다고 10일 밝혔다. 시 건축연면적 4천500㎡, 지하 1층·지상3층 규모에 수영장, 사무실, 국민체력인증센터, 다목적체육관, 헬

스장, 부대시설 등을 갖춘 종합체육센터 건립을 2023년 준공을 목표로 내년부터 추진한다. 총 사업비는 시비 130억원 등 160억원이 투입된다. 시는 문화체육관광부가 주관하는 '2020년도 생활SOC 단일시설(국민체육진흥기금 생활체육시설 확충 지원사업)'공모에 선정돼 사업비(국민체육진흥기금) 30억 원을 확보했다.

상수도시설 20곳 '우라늄' 초과 검출

2019/10/15

여주시 점동면과 가남·북내면 등 20여 개 마을 지하수 사용 상수도에서 자연방사성 물질인 우라늄과 라듐 등이 기준치 이상으로 검출된 것으로 드러났다. 특히 점동면 한 마을 지하수는 기준치의 5배 넘는 우라늄(175.3㎍/L)이 검출돼 긴급 지방상수도로 교체했고, 또 가남면과 북내면 등 5개 마을에서는 라듐이 검출돼 정수기 5대를 긴급 투입했다. 15일 여주시에 따르면 환경부는 최근 전국 지하수를 사용하는 마을 상수도시설(소규모수도시설)에 대한 조사를 벌인 결과 76곳의 상수도 시설에서 자연방사성 물질인 우라늄이 검출됐다. 여주시의 경우 20곳에서 우라늄 등이 초과 검출됐다. 우라늄은 지난 1월부터 먹는 물 수질 기준에 포함돼 기준치인 3030㎍/L을 넘지 않아야 한다. 기준치 이상의 우라늄을 장기간 복용하면 화학적 독성에 의한 신장 질환을 일으키는데 어린이, 노약자에 더 위험한 것으로 알려졌다. 환경부는 소규모 수도시설 가운데 마을상수도는 지자체에서 설치·관리·운영 하고 소규모급수시설은 지자체 조례에 따라 마을 주민들이 설치·관리·운영하도록 되어 있어 환경부의 역할에도 문제가 있다는 주장이다. 시 관계자는 "소규모수도시설 관리에 한계가 있다" 며"전체적으로 마을 상수도를 폐지하고 지방상수도를 공급하는 등 개선방안을 마련하겠다"라고 말했다. 한편, 전국에 설치된 소규모수도시설 1만 5천 개소로 급수 인원은 122만 명에 달한다.

경기일보 | 사회

軍 사격장서 고작 500m 떨어진 여주 상구1리

40년 소음 피해 '직격탄'

주민들 "대부분 난청 증세"… 우두산사격장 폐쇄 촉구
육군20사단 "새 방호벽 추진, 야간사격 종료 등 약속"

최근 일명 '군소음법'(군용비행장·군사격장 소음 방지 및 피해 보상에 관한 법률안)이 국회 국방위원회를 통과한 가운데 여주의 한 마을 주민들이 40년간 인근 군사격장 소음에 시달리면서 난청 등의 피해를 호소, 대책 마련이 시급하다는 지적이다.

15일 찾은 여주시 대신면 상구1리. 85가구가 살고 있는 마을 곳곳에는 '우두산사격장 물러가라' 등 육군20사단 우두산사격장 폐쇄를 촉구하는 플래카드가 걸려 있었다. 상구1리 마을 중심과 우두산사격장의 거리는 불과 500m가량밖에 떨어져 있지 않아 주민들이 극심한 소음 피해를 보고 있기 때문이다.

지난 1979년 조성된 우두산사격장은 여주시 내 유일하게 사격훈련을 진행할 수 있는 장소로, 인근 군부대와 경찰 등의 사격훈련이 매주 2~3회씩 이뤄지고 있다. 이날 역시 경찰들의 권총 사격 훈련이 진행됐다.

더욱이 우두산사격장 주변 약 10m도 되지 않는 거리에서 여러 개의 민가도 발견됐다.

사격장과 불과 30m가량 떨어진 곳에 거주하는 A씨(53)는 "바로 옆에서 쏘는 것처럼 총소리가 들린다"며 "야간사격 때만 미리 예고할 뿐 주간사격 때는 예고도 없이 '소음의 고통'이 찾아온다"고 하소연 했다.

이 같은 '소음의 고통'은 사격장과 약 500m 떨어진 상도1리 마을에 하루걸러 하루꼴로 울려 퍼지고 있었다. 이곳에서 한평생을 살았다는 서도원 상도1리 이장(58)은 "훈련이 많은 주에는 평일 내내 사격을 하기도 한다"며 "40년간 참고 지냈는데 이대로는 안된다는 생각에 소음을 측정해보니 100dB 이상 측정됐다"고 전했다. 이어 그는 "사격 소음으로 상도1리 주민 200여 명이 대부분이 난청 증세를 보이고 있다"고 한숨을 내쉬었다.

그러나 이 같은 우두산사격장으로 인한 주민들의 피해는 소음뿐이 아니다. 사격장 표적을 기준으로 약 190m 거리를 두고 등산객이 오가는 등산로가 있어 사격 시 등산객이 총탄에 맞는 위험에 놓여 있는 상태였다. 이는 사격장 사로 기준 약 390m 되는 거리로 K2 소총의 유효사거리인 460m보다 가까운 거리다. 총을 쏘는 방향, 사거리 안에서 등산객들이 오가는 셈이다. 아울러 사격장 후·측면에는 유탄·도비탄을 막아줄 방호벽도 설치돼 있지 않은 상태였다.

이에 육군20사단 관계자는 "산길을 타는 모든 길을 통제할 수는 없지만 등산로에 한에서는 안전통제소를 최대 운영해 사격 시 민간인 출입을 막고 있다"며 "사격장 경고 간판도 사격장 주변 20개소 이상 설치돼 있다"고 말했다. 이어 "현재 사격장 내 후·측면 방호벽이 없는 것은 맞다. 방호벽을 설치할지는 내부 논의하겠다"며 "소음 피해를 막기 위한 새로운 방음벽도 2021년에 설치하고 소음기 착용, 오후 9시 이전 야간사격 종료 등을 약속할 것"이라고 밝혔다.

류신동·김해령기자

우두산사격장, 사유지 무단사용에 산림훼손까지 2019/10/18

여주 우두산사격장, 사유지 무단사용에 산림훼손까지

육군 20사단 '250사로' 폐쇄했지만 콘크리트 등 대형폐기물 그대로 산적
토양오염 유출방지 의무설치도 안해
軍 "환경정화 모든 조치했다" 반박

여주 대신면 상구1리 마을이 우두산사격장과 불과 500m 떨어져 있어 주민들이 40년째 극심한 소음 피해를 받아온(본보 16일자 7면) 가운데 문제의 '우두산사격장'이 개인 소유 토지 일부를 무단 점유, 산림훼손까지 일삼고 있어 논란이 일고 있다.

17일 우두산사격장 인근 토지주 A씨는 "우두산사격장이 사유지 8천400㎡를 침범하고 있다"고 주장했다. A씨는 지난 3월 우두산사격장 인근에 위치한 본인 소유 토지의 경계점을 확인하고자 사격장 내 토지를 측량하던 도중 이 같은 사실을 최초로 확인했다고 전했다. 측량 결과 사격장 내부 후·측면 일부 토지 8천400㎡가 A씨의 토지로 드러났다.

이와 관련, A씨는 1992년 여주시 대신면 상구1리 일대 148만7천㎡의 토지를 매입해 이중 115만7천㎡ 가량을 골프장으로 조성했다. A씨는 골프장 부지를 제외한 원형보존토지 33만㎡ 중 70% 토지가 우두산사격장 인근에 위치해 개발 등 재산권을 행사할 수 없는 상황이라고 호소했다.

A씨는 지난 5월 이 사실을 바탕으로 육군 20사단을 상대로 민사소송을 제기했다. 20사단이 이를 곧바로 시인, 침범 토지에 해당하는 '250사로'를 폐쇄하는 조치를 취했지만, 폐쇄 과정에서 발생한 콘크리트 등 폐기물이 여전히 쌓여 있어 갈등이 지속되는 모양새다. 이에 A씨는 지난 7월 국방부에 이의를 제기해 국방부로부터 "원상복귀 시키겠다"는 답을 받은 상태지만 20사단의 별다른 움직임은 없는 상태라고 전했다.

더욱이 우두산사격장은 무단 점유했던 '250사로'를 조성하는 과정에서 무수히 많은 나무를 쳐내는 등 산림훼손도 일삼은 것으로 확인됐다.

아울러 토양오염을 대비한 유출방지 시설도 설치되지 않은 상태다. 현행 '육군규정 사격장 설치 기준'에 따르면 사격장 설치 시 '환경오염을 예방하기 위해 오염물질 회수 및 유출방지 시설(저류조·침화조·세륜장 등)을 설치하고 환경정화식물(초본류에 해당하는 쑥, 민들레 등)을 심는다'고 명시돼 있다.

이에 육군 20사단 관계자는 "5월에 소송결과를 인정하고 인공 설치물을 제거해 토지주에게 반환했다"며 "환경정화 시설은 개인화기사격장인 우두산사격장은 해당되지 않는다"고 말했다. 이어 "또한 오염물질인 탄피와 탄두 모두 회수하고 있어 토양 오염의 원인을 제공할 만한 것이 없다"고 덧붙였다. 김해령기자

화성 사건도 묻힐 뻔… 미제사건 기록보관 연장돼야

25년 지나면 원칙적 폐기
기간내 사건해결 가능성 낮아
전문가 "보존기간 50년은 돼야"

대한민국 최악의 장기 미제사건으로 꼽혔던 화성연쇄살인사건의 실체가 서서히 드러나며 장기 미제사건에 대한 관심이 고조되는 가운데 사건 해결의 발목을 잡는 "기록 보관 기간" 연장이 시급하다는 지적이다.

17일 경찰에 따르면 경찰청 범죄수사규칙 [illegible] 된 수사 미제사건 기록 등의 보존기간은 25년이다. 이 기간이 지나면 원칙적으로 지난 사건 수사 기록 등은 폐기된다.

경기남부청은 이런 이유로 현재 관리 중인 25년이 지난 미제사건 기록은 없다고 밝혔다. 경찰 관계자는 "공소시효가 지나면 사건 자체를 보관하는 게 의미가 없어지기 때문에 일정 기한이 지나면 폐기한다"며 "서류 등을 보관하려면 물리적인 공간도 필요한데 이도 쉽지 않다"고 말했다. 그러면서 "25년이 지났다면 사 [illegible] 처 없애지 못한 사건 기록이 남아있을 수는 있다"고 덧붙였다. 이 기준에 따르면 화성 사건 기록도 원칙적으로 폐기됐어야 한다. 그러나 워낙 국민적 관심 사안이어서 '특별 보존'된 것으로 알려졌다.

이와 관련, 전문가들은 과학 수사 능력이 향상하고 있는 만큼 미제사건 기록 보존 기간도 연장돼야 한다고 지적한다.

오윤성 순천향대 경찰행정학과 교수는 "살인죄의 경우 '태완이법' 이후 공소시효가 폐지됐는데도 기록 보존기한은 [illegible] 때문에 보존 기간이 최소 50년 정도는 돼야 한다고 본다"고 말했다. 그는 "전산에 입력하는 기록의 경우 용량을 작게 만들어 보관한다면 보다 오랜 기간 보관이 가능하다"고 설명했다.

곽대경 동국대 경찰행정학부 교수는 "과거와 달리 과학 수사 능력이 날로 발전하면서 오래된 미제사건을 해결할 수 있게 됐다"며 "세상이 변한만큼 범죄와 관련된 기록 등을 좀 더 적극적으로 관리할 필요가 있다. 사건 기록을 데이터베이스 [illegible]

여주 대신면 상구1리 마을이 우두산사격장과 불과 500m 떨어져 있어 주민들이 40년째 극심한 소음 피해를 받아온 가운데 문제의 '우두산사격장'이 개인 소유 토지 일부를 무단 점유, 산림훼손까지 일삼고 있어 논란이 일고 있다. 17일 우두산사격장 인근 토지주 A씨는 "우두산사격장이 사유지 8천400㎡를 침범하고 있다"고 주장했다. A씨는 지난 3월 우두산사격장 인근에 위치한 본인 소유 토지의 경계점을 확인하고자 사격장 내 토지를 측량하던 도중 이 같은 사실을 최초로 확인했다고 전했다. 측량 결과 사격장 내부 후、측면 일부 토지 8천400㎡가 A씨의 토지로 드러났다. 이와 관련, A씨는 1992년 여주시 대신면 상구1리 일대 148만7천㎡의 토지를 매입해 이중 115만7천㎡ 가량을 골프장으로 조성했다. A씨는 골프장 부지를 제외한 원형보존토지 33만㎡ 중 70% 토지가 우두산사격장 인근에 위치해 개발 등 재산권을 행사할 수 없는 상황이라고 호소했다. A씨는 지난 5월 이 사실을 바탕으로 육군 20사단을 상대로 민사소송을 제기했다. 20사단이 이를 곧바로 시인, 침범 토지에 해당하는 '250사로'를 폐쇄하는 조치를 취했지만, 폐쇄 과정에서 발생한 콘크리트 등 폐기물이 여전히 쌓여

있어 갈등이 지속되는 모양새다. 이에 A씨는 지난 7월 국방부에 이의를 제기해 국방부로부터 "원상복귀 시키겠다"는 답을 받은 상태지만 20사단의 별다른 움직임은 없는 상태라고 전했다. 더욱이 우두산사격장은 무단 점유했던 '250사로'를 조성하는 과정에서 무수히 많은 나무를 깎아내는 등 산림훼손도 일삼은 것으로 확인됐다. 아울러 토양오염을 대비한 유출방지 시설도 설치되지 않은 상태다. 현행 '육군규정 사격장 설치 기준'에 따르면 사격장 설치 시 '환경오염을 예방하기 위해 오염물질 회수 및 유출방지 시설(저류조·정화조·세륜장 등)을 설치하고 환경정화식물(초본류에 해당하는 쑥, 민들레 등)을 심는다'고 명시돼 있다. 이에 육군 20사단 관계자는 "5월에 소송 결과를 인정하고 인공 설치물을 제거해 토지주에게 반환했다"며 "환경정화 시설은 개인화기사격장인 우두산사격장은 해당되지 않는다"고 말했다. 이어 "또한 오염물질인 탄피와 탄두 모두 회수하고 있어 토양 오염의 원인을 제공할 만한 것이 없다"고 덧붙였다.

감쪽같이 사라진 여주시 향토유적… 유적 훼손 사실 알고도 여주시는 '나몰라라'

2019/11/8

사라진 향토유적 여주시 나몰라라

조선시대 문인 '박준원의 묘'
후손들 "관리 어렵다" 자체 제거
市 "문화재 아니라 고발 불가능 유적보호委 자문받아 제외 조치"

여주시 향토유적으로 지정된 조선시대 문인 박준원의 '묘'가 감쪽같이 사라졌다. 유지、관리가 어렵다는 이유로 후손들이 '자체 제거'한 것인데, 여주시는 이 사실을 인지하고도 '어쩔 수 없다'는 이유로 2년째 별다른 조치 없이 방치한 것으로 나타났다. 7일 여주시와 여주문화원 등에 따르면 여주문화원은 최근 '지역문화재 기록사업' 진행 중 여주시 향토유적 제9호인 '박준원 묘·신도비' 중 묘비와 주변 석물들이 통째로 사라진 것을 확인했다. 이날 실제 묘가 있었던 여주시 가업동 산7-1 일원을 찾아가 보니 그곳에는 포크레인과 발자국만 있을 뿐 묘가 있었다는 흔적은 찾아볼 수 없었다. 묘비 옆에 있던 묘표는 약 70m 떨어진 신도비 옆에 옮겨져 있었고, 그 외 혼유석·상석·향로석·고석·망주석 등 옛 석물들은 모두 사라져 있었다. 조선 23대 왕 순조의 외조부이기도 했던 박준원의 묘·신도비는 1986년 여주시 향토유적으로 처음 지정됐다. 당초 묘역은 원형대로 잘 보전돼 있었으며 각 석물들은 당대 유행하던 문양 장식을 자제하고, 기능성을 강조해 전문가들로부터 높은 평가를 받았다. 이 같은 '묘 행방불명' 해프닝은 향토유적 관리자로 지정된 박준원 일가 후손들의 뜻으로 확인됐다. 묘가 향토유적으로 지정됐을 때부터 관리해온 후손들이 고령화로 인해 유지、관리에 어려움을 느끼고 묘를 없애버린 것이다. 후손들은 지난 2016년 '유지、관리 어려움'을 이유로 여주시에 향토유적 해제 조치 또는 시에서 묘를 매입, 대신 관리해달라고 요청했다. 이에 시는 후손들에게 '보존'을 권유하며 거절하자 후손들은 이듬해 6월 시에 어떠한 협의 및 통보도 없이 무작정 묘를 없애고 시에 재차 향토유적을 해제를 요구했다. 그러나 여주시는 이에 대해 아무런 조치 없이 내버려두고 있었다. 후손들의 향토유적 훼손에 대한 조치, 향토유적 철회 등에 대한 절차를 거치지 않은 채 '나 몰라라'하고 있는 것이다. 여주시 관계자는 "2년간 사라진 묘에 대해 아무런 조치를 취하지 않은 게 사실"이라고 시인하면서 "향토유적은 문화재가 아니라 법적 고발 조치가 불가능해 어쩔 수 없었다"며 "늦었지만 지금이라도 향토유적보호위원회에 자문을 받아 '박준원 묘·신도비'에서 묘를 빼는 등 조치를 취할 예정"이라고 밝혔다.

<공터가 된 박준원묘자리>

여주시 초유 면역물질 측정키트 개발로 대통령상 수상 2019/11/10

지역사회 | 여주시

여주시 초유 면역물질 측정키트 개발로 대통령상 수상

승인 2019-11-10 17:05

류진동 기자 san3111@kyeonggi.com
기자페이지 >

여주시가 개발한 '초유 면역물질 측정키트'가 지난 7일 세종정부청사에서 열린 인사혁신처 주관 '제4회 적극 행정 우수사례 경진대회'에서 최우수상인 대통령상을 수상했다. 여주시 제공

여주시가 개발한 '초유 면역물질 측정키트가 '제4회 적극 행정 우수사례 경진대회'에서 최우수상인 대통령상을 수상했다고 10일 밝혔다.

지난 7일 세종정부청사에서 열린 정부 주관 경진대회는 공직사회 내 적극 행정 문화를 확산하고자 중앙행정기관, 지자체, 공공기관에서 사례를 접수해 사전에 1차와 2차 심사를 거쳐 최종 12팀을 선정했으며, 국민참여단 100명과 전문심사위원 6명이 객관적 심사를 통해 수상자를 선발했다.

'초유 면역물질 측정키트'는 소에 꼭 필요한 초유의 면역물질(IgG) 함량을 측정하는 키트로, 관행 대비 비용은 87% 절감하고 측정시간은 99.9% 단축했으며, 신규 세원까지 확보할 수 있게 했다.

여주시가 개발한 '초유 면역물질 측정키트가 '제4회 적극 행정 우수사례 경진대회'에서 최우수상인 대통령상을 수상했다고 10일 밝혔다. 지난 7일 세종정부청사에서 열린 정부 주관 경진대회는 공직사회 내 적극 행정 문화를 확산하고자 중앙행정기관, 지자체, 공공기관에서 사례를 접수해 사전에 1차와 2차 심사를 거쳐 최종 12팀을 선정했으며, 국민참여단 100명과 전문심사위원 6명이 객관적 심사를 통해 수상자를 선발했다. '초유 면역물질 측정키트'는 소에 꼭 필요한 초유의 면역물질(IgG) 함량을 측정하는 키트로, 관행 대비 비용은 87% 절감하고 측정시간은 99.9% 단축했으며, 신규 세원까지 확보할 수 있게 했다.

남한강에 중심시가지와 오학지구 연결 문화교 건립 2019/11/19

여주시가 남한강을 중심으로 공동화 현상이 빚어지고 있는 구도심과 오학 신시가지를 연결하는 친수기반형 도시재생벨트를 조성한다. 이항진 시장은 19일 오후 2시 시청 상황실에서 기자간담회를 갖고 이 같은 내용을 골자로 한 내년도 중점 사업계획을 설명했다. 이를 위해 시는 여주대교를 가운데 두고 양측에 신륵사와 금은모래강변공원을 연결하는 출렁다리와 시청과 오학 신시가지를 잇는 문화교(인도교)를 건립하기로 했다. 33만여㎡ 규모의 현암동 637 일원(여주대교~세종대교) 남한강 둔치에는 놀이마당, 체험시설, 야외물놀이장, 생태탐방로, 경관농업, 산책로, 주차장 등 편의시설을 갖춘 공원을 조성한다. 총 예상 사업비 690억 원은 국비 150억 원, 도비 150억 원, 시비 390억 원으로 마련할 계획이며 시는 내년에 본격적으로 사업을 시작해 오는 2022년 완료한다는 방침이다. 사업비는 길이 515m, 폭 2.5m인 출렁다리 건설에 125억 원, 문화교 건설에 200억 원, 시민공원 조성에 20억 원이 투입한다.

돼지열병으로 비상인데 능서 이장협 필리핀 해외연수 눈총

2019/11/20

"ASF 발생국 방문 부적절"

"이미 계획 됐던 일정"

돼지열병으로 비상인데…

여주 능서면 이장단協 필리핀 해외연수 '눈총'

ASF 발생국 방문 부적절 비난
협의회장 "이미 계획됐던 일정"

아프리카돼지열병(ASF) 발병으로 비상 상황이 지속되고 있는 가운데 여주시 능서면 이장단협의회가 ASF 발생국가인 필리핀으로 해외 연수를 다녀온 사실이 뒤늦게 드러나 축산인과 시민 등으로부터 비난을 사고 있다.

19일 여주시 능서면 이장단협의회 등에 따르면 능서면 이장단협의회 소속 회원과 사회단체장 등 24명은 지난 6일부터 10일까지 4박5일 일정으로 아프리카돼지열병 발생국인 필리핀으로 연수를 다녀왔다. 이들은 이번 해외연수를 위해 시에서 지원하는 이장 수당과 지역농협에서 지급하는 영농회장 수당 등 수천만 원의 연수경비를 지출한 것으로 파악됐다.

여주시와 축산업계는 ASF의 유입 차단을 위해 방역 거점초소와 농가방역초소에서 철통방역에 나서는 상황에서 이장단 ASF 발생국가 방문은 부적절하다는 지적이 나오고 있다.

특히 이항진 시장을 비롯한 시 공무원들은 인근 충북과 강원지역에서 유입되는 사료차량과 가축수송차량, 생축, 가축분뇨 등 위험요인 사전 차단을 위해 밤낮을 가리지 않을 정도로 행정력을 쏟아 붓고 있는 것과 대조를 보이고 있다.

여주 이장단 해외 연수는 능서면 이장단협의회 외에도 점동면과 가남읍 등에서도 추진 중인 것으로 알려졌다.

여주시 축산인 관계자는 "여주지역 이장들이 그동안 돼지열병 예방을 위해 노력해온 것은 다 알고 있다"며 "하지만 해외연수를 하면서 돼지열병 발생국을 선택한 것은 바람직하지 못했다"고 말했다.

이에 대해 능서면 이장단협의회장은 "이번 연수 일정이 이미 오래전부터 계획돼 있었고, 당시 아프리카돼지열병이 국내에서 확산되지 않은 시점이어서 필리핀을 방문하게 된 것"이라며 "그동안 우리 이장단은 방역초소 지원 등 아프리카돼지열병 방역을 위해 많은 노력을 기울여 왔고 이번 연수를 준비하면서 많은 고민을 했다"고 설명했다.

여주=류진동기자

도내 최초 '농민수당' 지급… 농가당 연 60만원 2019/11/28

내년 6월부터… 여주시, 경기지역 첫 농민수당 지원

여주시가 경기도 최초 내년 6월부터 농민수당을 지원한다. 27일 열린 여주시의회 2차 정례회 조례심사특별위원회(위원장·한정미)는 '여주시 농민수당 지원 조례안'을 만장일치로 원안 가결했다. 오는 29일 본회의에서 최종 처리되는데 본회의 통과도 확실시되고 있다. 이번 조례안은 지난 10월 임시회에서 부결된 바 있다. 반대 의원들은 재정 부담과 함께 경기도와 협력사업 우선 추진 등을 이유로 들었다. 하지만 농민단체와 기관 단체 등에서 강한 반발과 경기도 관계자 협의 등을 거쳐 도비 지원안이 윤곽이 잡히면서 분위기가 바뀌었다. 이번 조례안에는 2년 이상 여주시에 주소를 두고 농업경영체로 등록한(실제 경작 또는 사육하는) 농업인에게 연간 60만 원 이내의 농민수당을 지역 화폐로 지급하는 내용이 담겼다.여주시의 경우 논밭 면적을 합해 1천㎡ 이상(농업경영체 등록 기준)인 농업인이 모두 1만1천여명으로 농민수당 예산으로 66억여 원이 소요될 것으로 예측된다.

시민행동 경기실크부지 매입 예산낭비 지적 2019/12/9

"여주시 경기실크 부지 매입 예산 낭비"

시민단체 지적에… 市 "주차장 조성, 주거환경 개선 목적"

여주시가 도심 속 소공원 및 주민편의 주차장 조성 목적으로 경기실크 부지를 100억 원을 투입해 매입키로 결정하자 일부 시민단체들이 '예산낭비'라며 반발하고 있다.

8일 여주시 등에 따르면 여주시 하리 123-6번지 경기실크 8천995㎡ 부지와 건물 8동 개 동을 매입하기 위해 사업비 100억 원을 책정했다. 주차난 해소와 주민들의 안락한 생활환경개선 등을 위해서다. 하지만 여주시민행동은 "지역 마을단위로 소공원이 조성되어 있는데 강변 요충지 비싼 땅을 매입해 소공원과 주차장을 만들어야 하는가"라며 "이 부지를 사들이려는 이유가 다른 목적(문화교)과 연계된 것이 아닌지 의심스럽다"고 지적했다.

이어 "당장의 목적은 공원과 주차장 조성이지만 향후 문화교(인도교)와 연계시키기 위한 부지매입이라면 예산낭비"라며 "주민편의 시설제공이란 명분으로 토지주의 배를 불리는 특혜"라고 덧붙였다. 여주시의회는 최근 여주시가 신청한 경기실크 부지 매입 건에 대해 의결했다.

경기실크 부지 매입에 대한 반대 뜻을 밝힌 A시의원은 "공유재산을 매입하거나 매각할 때는 시민공람을 통해 의견을 청취하는 등 신중하게 처리해야 한다"며 "공유재산 매입시 예산대비 실효성 등을 따져보고 특혜 시비 등이 발생하지 않아야 한다"고 주장했다.

이에 대해 시 관계자는 "여주 하동지역은 남한강을 끼고 있는 시가지 중심지역이지만 그동안 낙후된 상권과 저밀가 지역으로 분류되어 있었다"며 "하동 제일시장 등 상권활성화와 계획된 도시지역으로 조성하기 위해 도심 속 소공원과 주민편의 시설인 주차장 조성 등의 목적으로 경기실크 부지를 매입해 주차난 해소와 시민 주거환경개선을 진행할 계획"이라고 말했다. 여주=류진동기자

여주시가 도심 속 소공원 및 주민편의 주차장 조성 목적으로 경기실크 부지를 100억 원을 투입해 매입키로 결정하자 일부 시민단체들이 '예산낭비'라며 반발하고 있다. 8일 여주시 등에 따르면 여주시 하리 123-6번지 경기실크 8천995㎡ 부지와 건물 8동 개 동을 매입하기 위해 사업비 100억

원을 책정했다. 주차난 해소와 주민들의 안락한 생활환경개선 등을 위해서다. 하지만 여주시민행동은 “지역 마을단위로 소공원이 조성되어 있는데 강변 요충지 비싼 땅을 매입해 소공원과 주차장을 만들어야 하는가”라며 “이 부지를 사들이려는 이유가 다른 목적(문화교)과 연계된 것이 아닌지 의심스럽다”고 지적했다.

여주서 ‘한반도 표준시’ 알린다 2019/12/11

사회 | 사회일반

여주서 ‘한반도 표준시’ 알린다

표준연, 능서면서 국내 첫 장파 시험방송 시작
남북 공유 반경 1천㎞ 본방송국 구축 추진

한국표준과학연구원은 한반도 전역에 가장 정확한 표준시를 제공하게 될 국가표준시보국 시험방송을 11일 여주시 능서면 용은리 산 35번지 KBS송신소에서 시작했다.

국내 첫 장파를 활용한 시험송출은 반경 1천㎞ 이상 송출할 수 있는 30~300㎑급으로 표준시를 시작으로 사각지대가 있었던 기존 단파 방송의 한계를 극복할 수 있다.

표준연은 내년 12월까지 향후 1년간 시험방송국을 운영하고 그 결과를 토대로 남북이 하나의 표준시를 공유하는 반경 1천㎞ 수준의 본방송국 구축을 추진할 계획이다.

국가표준시보 시험방송국의 안테나 높이는 135m로 송신 주파수 대역은 65㎑, 출력은 50㎾며 표준주파수국이 구축된 지난 1984년부터 시작해 시각의 동기화로 문자와 음성 등 정보를 주고받을 때 발신하는 쪽과 수신하는 쪽 사이에 시간 지연 없이 시각이 정확히 일치하도록 해준다.

한국표준과학연구원은 한반도 전역에 가장 정확한 표준시를 제공하게 될 국가표준시보국 시험방송을 11일 여주시 능서면 용은리 산 35번지 KBS 송신소에서 시작했다. 국내 첫 장파를 활용한 시험송출은 반경 1천㎞ 이상 송출할 수 있는 30~300㎑급으로 표준시를 시작으로 사각지대가 있었던 기존 단파 방송의 한계를 극복할 수 있다. 표준연은 내년 12월까지 향후 1년간 시험방송국을 운영하고 그 결과를 토대로 남북이 하나의 표준시를 공유하는 반경 1천㎞ 수준의 본방송국 구축을 추진할 계획이다. 국가표준시보 시험방송국의 안테나 높이는 135m로 송신 주파수 대역은 65㎑, 출력은 50㎾며 표준주파수국이 구축된 지난 1984년부터 시작해 시각의 동기화로 문자와 음성 등 정보를 주고받을 때 발신하는 쪽과 수신하는 쪽 사이에 시간 지연 없이 시각이 정확히 일치하도록 해준다.

- 여주가 명실상부한 한반도의 중심으로 우뚝 서게 되었다. 국가표준시보 시험방송국이 여주에 터를 잡고 드디어 시험 방송을 시작했다. 남북이 하나의 표준시를 공유한다는 점에서 상징적 의미가 큰 만큼 여주에 대한 자부심이 한 단계 업그레이드되었다.

SK하이닉스에 물 사용료 3억8천만 원 징수 가능 2019/3/27

여주시, SK하이닉스에 물 사용료 3억8천만원 징수 가능

수공이 행사했던 징수권 되찾아… 전국 지자체 최초

여주시가 전국 최초로 수자원공사가 징수해온 남한강 물(하천수) 사용료 권리를 되찾아 연간 3억 8천여만 원을 돌려받을 수 있는 근거를 마련했다. 이항진 여주시장이 여주시의원 시절 수공이 징수한 남한강 물 값을 여주시에 돌려줘야 한다는 주장에 따라 여주시가 소송에 나서면서 최근 법원이 일부 이 시장의 손을 들어줬기 때문이다.

26일 여주시에 따르면 대전고법(박순영 부장판사)은 지난 21일 이항진 여주시장이 시의원 때 문제 제기한 SK하이닉스 하천수 사용료 징수와 관련해 여주시에게 징수권한이 있다는 판단을 내렸다. 이 같은 법원 판단으로 그동안 수공이 행사해 왔던 하천수 징수권한을 여주시가 전국 지자체 최초로 돌려받아 행사할 수 있게 됐다.

이 시장은 지난 2017년 시의원 당시, 충주댐 준공에 앞서 여주시가 '하이닉스'에 하천점용허가를 내준 물량 '2만 1천㎥(하루 기준)'에 대해 댐 건설법에 따라 여주시가 하천수 사용료를 받아야 한다고 주장했다. 이에 여주시는 같은 해 8월부터 수공을 상대로 하천수 부당이익금 반환 소송을 제기했다.

결국 2심 재판부는 시가 SK하이닉스로부터 징수한 하천수 부당이익금 5억 1천여만 원에 대한 반환청구건은 시의 손해 발생에 대한 책임을 물어 기각한 반면, 댐 준공이전인 1985년 4월 시가 SK하이닉스에 하천점용허가를 내준 하천수 사용물량 2만 1천㎥(하루 기준)에 대해서는 여주시에 사용료 징수권한이 있다고 판시했다. 시는 이런 내용의 2심 판결이 확정될 경우 매년 3억 8천만 원 이상의 물값을 '하이닉스'에 부과해 징수할 수 있어, 행·재정적으로 큰 도움이 될 것으로 기대하고 있다. 여주=류진동기자

여주시(시장 이항진)가 전국 최초로 수자원공사가 징수해온 남한강 물(하천수) 사용료 권리를 되찾아 연간 3억 8천여만 원을 돌려받을 수 있는 근거가 마련됐다. 이항진 여주시장이 여주시의원 시절, 수공이 징수한 남한강 물 값을 여주시에 돌려줘야 한다는 주장에 따라 여주시가 소송에 나서면서 최근 법원이 일부 이 시장의 손을 들어줬기 때문이다.

하이닉스로부터 5년 치 물 값 받아냈다 2019/5/2

> **여주시, 이천 SK하이닉스에 남한강물 사용료 23억 첫징수**
>
> 여주시가 이천 SK하이닉스로부터 남한강물 사용료 23억여 원을 처음으로 징수했다고 1일 밝혔다.
>
> 앞서 시는 1985년 4월 SK하이닉스(당시 현대전자)에 남한강물 취수를 위한 하천점용허가를 내줬고, 이어 수자원공사는 1986년 10월 충주댐을 완공한 뒤 남한강물(댐용수) 사용료를 SK하이닉스로부터 받아왔다. 그러나 시는 관련 법을 숙지하지 못해 남한강물 사용료를 부과하지 않다가 이항진 시장이 시의원이던 지난 2017년 8월 문제를 제기함에 따라 사용료 반환소송을 냈다.

여주시가 이천 SK하이닉스로부터 남한강물 사용료 23억여 원을 처음으로 징수했다고 1일 밝혔다. 앞서 시는 1985년 4월 SK하이닉스(당시 현대전자)에 남한강물 취수를 위한 하천점용허가를 내줬고, 이어 수자원공사는 1986년 10월 충주댐을 완공한 뒤 남한강물(댐용수) 사용료를 SK하이닉스로부터 받아왔다. 그러나 시는 관련법을 숙지하지 못해 남한강물 사용료를 부과하지 않다가 이항진 시장이 시의원이던 지난 2017년 8월 문제를 제기함에 따라 사용료 반환소송을 냈다. 이에 대전고법은 지난 3월21일 수자원공사와 함께 여주시에도 남한강물 사용료 징수 권한이 일부 있다는 취지의 판결을 내렸다. 법원판결 뒤 시는 곧바로 SK하이닉스에 사용료를 부과했고 지난달 30일 모두 징수했다. 하천법에 따른 하천수 사용료 소멸시효가 5년이므로, 시는 SK하이닉스에 2014년 4월부터 지난해 12월까지 사용료 18억7천여만 원과 올해 사

용료 4억3천여만 원 등 23억여 원을 부과했다. 시 관계자는 "앞으로 SK하이닉스로부터 매년 4억여 원을 징수하게 돼 안정적인 '물 값 재원'을 확보하게 됐다"며 "우리 시와 유사한 사례의 다른 지자체에도 영향을 미칠 것으로 보인다"고 말했다.

남한강 하천수 사용료 징수 대통령상 수상 2019/12/18

여주시 남한강 하천수 사용료 징수 대통령상 수상

여주시가 행정안전부 '2019년 지방재정 우수사례 발표대회'에서 대통령상을 수상했다. 시는 지난 17일 정부세종청사에서 열린 발표대회에서 전국 243개 지방자치단체가 제출한 세출절감과 세입증대 등 3개 분야 사례 248건 중 분야별 1, 2차 심사를 마치고 10개의 지방자치단체 우수사례에서 1위를 차지했다. 시는 '전국최초 하천수 사용료 징수권 34년 만에 되찾아오다!'란 주제로 누락세원 발굴을 위해 추진한 세입증대 우수사례를 발표, 종합심사 결과 대통령상을 받았다. 또 재정인센티브 2.5억 원도 함께 확보하는 쾌거를 거뒀다. 하천수 사용료의 징수권 회복은 지방자치단체 유일한 사례로 2017년 5월 여주시의회 정례회 시정 질문에서 이항진 시장(당시 시의원)이 한국수자원공사가 SK하이닉스사로부터 징수하던 남한강 하천수 사용료의 일부 징수 가능성을 제기하면서 시작됐다.

- 관리 주체가 사용료를 징수하는 건 당연한 일이다. 누락될 수도 있었던 세원을 발굴해서 세입 증대 우수 사례로 대통령상까지 받았으니 지방자치 시대의 성과라 할 만하다. 그런데 남한강은 여주뿐만 아니라 경기도의 여러 지자체를 끼고 흐르고 있다. 그러다보니 한국수자원공사와의 갈등은 여주만의 문제가 아니다. 근본적인 해결을 위해서는 지자체들이 함께 논의하고 방법을 찾아야 할 것이다.

SRF열병합발전소 허가 취소 선언 2019/1/3

여주시, SRF열병합발전소 허가 취소 선언

이항진 시장 "주민 건강권 위협"… 업체는 법적 대응 예고

이항진 여주시장이 주민 건강권을 이유로 폐플라스틱고형연료(SRF) 열병합발전소의 건축허가를 취소하겠다고 선언하면서 업체측이 법적 대응을 예고하는 등 논란이 일고 있다.

이 시장은 2일 오후 시청 브리핑룸에서 "강천 SRF발전소 문제는 강천면만이 아닌 여주 시민의 권리를 위협하는 일"이라고 건축허가 취소 이유를 설명했다. 그는 또 "취소 시점을 아직 정하지는 않았으며 취소 사유를 찾는 등 절차를 진행해 나가겠다"며 "행정적인 문제보다 사회적인 문제로 접근하겠다"고 강조했다.

이에 해당 업체인 엠다온측은 즉각 반발하고 나섰다. 엠다온 관계자는 이날 "2015년 11월부터 2016년 10월까지 산업통상자원부 전기발전사업 허가, 경기도 대기배출시설설치 허가, 여주시 건축허가를 모두 적법하게 받은 사항인데 여주시가 허가취소를 실행할 경우 법적 대응에 나설 수밖에 없다"며 "고가의 외국 기계장비를 들여오는 등 투자액만 수백억 원에 달하는 만큼 행정소송은 물론 손해배상소송도 불가피하다"고 덧붙였다.

한편, 엠다온은 강천면 적금리 일원 8천500㎡ 부지에 800억 원을 투입, 발전용량 9.8MW의 SRF 열병합발전소를 지어 올해 말 시험 운전에 들어갈 예정이었다.

여주=류진동기자

이항진 여주시장이 주민 건강권을 이유로 폐플라스틱고형연료(SRF) 열병합발전소의 건축허가를 취소하겠다고 선언하면서 업체측이 법적 대응을 예고하는 등 논란이 일고 있다. 이 시장은 2일 오후 시청 브리핑룸에서 "강천 SRF발전소 문제는 강천면만이 아닌 여주 시민의 권리를 위협하는 일"이라고 건축허가 취소 이유를 설명했다. 한편, 엠다온은 강천면 적금리 일원 8천500㎡ 부지에 800억 원을 투입, 발전용량 9.8MW의 SRF 열병합발전소를 지어 올해 말 시험 운전에 들어갈 예정이었다.

"열병합발전소 친환경적으로 건설"

2019/1/18

"여주 열병합발전소 친환경적으로 건설"

엠다온㈜, 강천면에 800억 투입
"폐타이어 등 연료로 사용 안해 환경조사 정기실시 신뢰 높일것"

여주시 강천면에 SRF열병합발전소를 추진 중인 엠다온㈜이 17일 여주 썬밸리호텔에서 기자회견을 열고 회사 측의 공식 입장을 밝혔다.

이날 이승훈 대표는 "엠다온이 건설 중인 고형연료 발전시설은 국제 기준에 맞는 최첨단 기술을 적용해 친환경적으로 건설·운영될 시설"이라며 "일부 단체에서 주장하는 폐타이어, 폐합성 섬유나 폐고무, 의료용 폐기물은 관련법에 따라 엠다온에서는 연료로 사용할 수 없다"고 밝혔다.

그는 이어 "여주 사업을 추진하기 위해 20억 원을 들여 기존 사업부지에 방치된 막대한 폐기물을 적법하게 처리했다"며 "인근 마을 주민들이 우리 사업에 대해 동의해 준 배경"이라고 강조했다.

외부 쓰레기를 들여와 소각하는 사업이냐는 질문에 이 대표는 "여주에서 발생한 것도 사용하지만, 인근 지역에서 발생한 원료도 가지오게 될 것"이라며 "현재 여주지역 쓰레기도 타지역으로 내 보내고 있으며, 이런 관점에서 우리나라 전체의 환경문제에 대해 폭넓은 이해가 필요하다"고 설명했다.

지난달 말 이항진 시장의 건축허가 취소 선언에 대해서는 "여주 사업부지를 매입해 1년간 주민반대 등의 이유로 사업이 지연되면서 경제적으로 큰 피해를 보고 있다. 허가 취소시 법적 소송은 행정행위 주체인 여주시를 대상으로 할 수밖에 없다"며 "허가받지 않은 폐타이어 등을 사용하면 영업정지뿐 아니라 대표자 등이 법적 처벌을 받는데 무리하게 불법행위를 할 수 있겠나"고 반문했다.

이어 엠다온은 지역주민의 우려를 해소하기 위해 ▲발전시설 가동 이후 주변지역 환경영향조사를 정기적으로 실시 ▲굴뚝원격감시체계(TMS) 설치 및 오염물질 배출현황을 실시간으로 투명하게 공개 ▲발전시설 운영기간 동안 주민의견을 청취하고 시설 운영에 반영 등으로 지역사회의 신뢰를 높여나아겠다는 입장을 강조했다.

한편 엠다온은 강천면 적금리 일원 8천500㎡ 부지에 800억 원을 투입, 발전용량 9.8MW의 SRF 열병합발전소를 지어 올해 말 시험 운전에 들어갈 예정이었으나, 주민 반대에 부닥친 것은 물론 이항진 여주시장이 주민 건강권을 이유로 폐플라스틱고형연료(SRF) 열병합발전소의 건축허가를 취소하겠다고 선언하면서 갈등을 빚고 있다.

여주=류진동기자

여주시 강천면에 SRF열병합발전소를 추진 중인 엠다온㈜이 17일 여주 썬밸리호텔에서 기자회견을 열고 회사 측의 공식 입장을 밝혔다. 이날 이승훈 대표는 "엠다온이 건설 중인 고형연료 발전시설은 국제 기준에 맞는 최첨단 기술을 적용해 친환경적으로 건설·운영될 시설"이라며 "일부 단체에서 주장하는 폐타이어, 폐합성 섬유나 폐고무, 의료용 폐기물은 관련법에 따라 엠다온에서는 연료로 사용할 수 없다"고 밝혔다.

SRF열병합발전소 "허가 취소는 시민 건강 위한 것" 2019/3/28

여주시장 "SRF열병합발전소 건축 허가 취소"

기자회견서 "시민 건강 위한 것"

이항진 여주시장이 27일 시청 3층 상황실에서 기자회견을 열고 북내면 외룡리에 조성될 예정인 SRF열병합발전소 건축 허가를 취소하겠다고 밝혔다.

이 시장은 시민의 건강 및 생활상 권리를 보호하고 증진할 의무가 있어 장기 미착공 등 건축법 제11조 제7항에 따라 건축허가를 취소했다고 설명했다.

이어 시민의 건강하고 쾌적한 환경에서 생활할 수 있도록 최선을 다하겠다고 강조했다.

특히 허가 취소 이후 업체측의 대응과 관련한 질문에 이 시장은 "북내면 발전소와 달리 강천면 발전소는 허가권이 산자부와 경기도에 허가권이 있어 상대적으로 여주시의 권한이 작고 사업자는 대항권이 크다"라며 "이를 고려해 행정과 법적 대처를 진행하고 있으며, 국가와 대기업 등을 상대로 공익 소송에서 헌신하신 대규모 변호인단이 꾸려지고 있다"고 답했다.

한편 이날 기자회견에는 유필선 시의장도 참석했다. 여주=류진동기자

이항진 여주시장이 27일 시청 3층 상황실에서 기자회견을 열고 북내면 외룡리에 조성될 예정인 SRF열병합발전소 건축 허가를 취소하겠다고 밝혔다. 이 시장은 시민의 건강 및 생활상 권리를 보호하고 증진할 의무가 있어 장기 미착공 등 건축법 제11조 제7항에 따라 건축허가를 취소했다고 설명했다.

SRF발전소 공사 중지는 정당 경기도 행정심판위원회 여주시 勝 2019/5/9

"SRF발전소 공사 중지는 정당"

道행정심판위원회, 여주시 '勝'

여주시가 강천면에 추진되던 SRF(고형연료제품, Solid Refuse Feul)열병합발전소의 공사를 중지시킨 것은 정당했다는 경기도 판단이 나왔다.

경기도 행정심판위원회는 사업자 M사가 여주시를 상대로 제기한 '공사 중지 명령 취소 등 심판 청구'와 관련, 이같이 판단해 여주시의 손을 들어줬다.

여주시는 2017년 10월 M사에 발전소 건축물 착공 신고에 대한 보완을 요청했으나 M사는 1년을 넘긴 지난해 12월 말 시가 요구한 서류를 제출했다.

이 과정에서 M사는 서류 제출 한 달 전인 지난해 11월23일 기계 설비 설치를 위한 터파기 작업을 시작으로 사실상 공사에 들어갔고 시는 같은날 공사 중지 명령을 내렸다. 이에 불복해 M사는 지난 1월28일 여주시장을 상대로 '공사 중지 명령 취소' 등을 요구하는 행정심판을 경기도에 청구했다.

경기도 행심위는 "착공신고는 수리를 요하는 것으로 해석할 여지 있다"라며 "시가 미비된 구비 서류에 대한 보완을 요구한 것은 적법·타당하고 (착공신고 수리) 이전에 시작한 공사에 대해 중지를 명령한 것 역시 적법하다"라고 판결했다.

시 관계자는 "행심위는 심사 대상인 건축물이 소규모 환경영향평가 대상이라고 한 여주시 주장 역시 받아들였다"라며 "이번 판단은 향후 이어질 수 있는 법적 분쟁과 관련해 새로운 분수령이 될 것이다"라고 밝혔다.

이에 대해 M사 관계자는 "경기도 행심위의 결과에 대해 아쉽고 유감이다"라며 "하지만 사업을 포기할 수 있는 입장은 아니며 추후 대책마련을 진행 중"이라고 말했다. 여주=류진동기자

日 선진사례 연수 떠난 여주 2019/5/27

[日 선진사례 연수 떠난 여주] 쓰레기발전소·학교시설 복합화 벤치마킹... 지역현안 '해법 찾기' 올인

여주시에는 특별한 현안이 있다. 강천면과 북내면에 건립이 추진되던 SRF(고형연료제품, Solid Refuse Feul) 열병합발전소가 그것이다. 해당 발전소 문제는 주민들의 극렬한 반대가 이어져 지역갈등으로 비화됐다. 결국 강천면 발전소는 현재 공사가 중지돼 행정소송 등 법적 다툼까지 진행되고 있으며, 북내면 발전소는 지난 3월 말 여주시가 건축허가를 취소하기에 이르렀다. 이에 여주시는 지난 19일부터 22일까지 시민단체장 및 언론인 등과 함께 SRF열병합발전소 건립에 대한 주민갈등 해소를 위한 지역현안사업 우수정책 성공사례 선진지 견학을 위해 일본 연수를 진행했다.

강천SRF발전소 시행사 엠다온, 30억원 손해배상 소송제기 2019/12/23

강천SRF발전소 시행사 엠다온, 여주시장과 반대주민에 30억원 손해배상 소송제기

여주시 강천면 SRF열병합발전소 시행사인 엠다온㈜이 이항진 여주시장과 SRF열병합발전소 반대추진위 임원 5명을 상대로 30억원의 손해배상청구 소송을 제기했다. 여주시는 지난 19일 강천SRF열병합발전소의 시행사인 엠다온(주)이 이 시장을 비롯해 반대추진위 소속 임원 5명에게 30억원의 손해배상 청구 소송(2019가합 11967)을 제기했고 23일 밝혔다. 소장에서 엠다온(주)은 '피고의 고의 과실에 의한 강천SRF발전사업을 법령상의 근거를 고려하지 않은 채 부당한 건축착공신고 보완 등의 행위를 했으며, 이에 원고(엠다온)는 엄청난 규모의 손실비용이 발생하고 있어, 피고는 30억 원 및 이에 대한 지연 손해금을 지급하라'는 내용을 담고 있다.

여주시에 성금 2억원 전달 이남림씨 얼굴없는 기부천사 2019/12/24

'볼펜 장수' 출신으로 얼굴이 알려지지 않은 기부천사 이남림씨(73)가 최근 여주시에 이웃돕기 성금 2억 원을 전달했다. 시는 24일 이씨의 아들이 시청을 찾아 수표 2억 원의 성금과 함께 손 편지를 전달했다고 밝혔다. 손 편지에는 "연말연시와 다가오는 설 명절을 맞이해 여주시 관내 형편이 어려운 분들께 조금이나마 도움을 드리고, 희망과 용기를 주고 싶은 마음에 성금을 전달하게 됐다"라고 적혀 있었다. 개인이 억대의 성금을 내기는 처음이라 이항진 시장이 직접 찾아뵙고 감사의 인사를 전하겠다고 했으나 이씨의 아들은 아버님의 뜻이라며 한사코 거절했다. 시는 지난달 20일부터 내년 1월 31일까지 모금액 3억 원을 목표로 '희망 2020 나눔 캠페인(사랑의 온도 탑)'을 벌이고 있는데 이씨의 기부로 목표액을 훌쩍 넘은 3억 4천여만 원이 쌓였다. 시 관계자는 "용인시에 살던 이씨가 여주시로 이사를 온 것으로 알고 있는데 여주시에 기부하기는 올해가 처음이다"라며 "손 편지도 공개되는 것을 원하지 않았다"라고 말했다. 이씨는 20대 때 서울 남대문시장에서 볼펜·만년필 장사를 시작해 돈을 모았고 안경도매점을 운영하며 자수성가했다. 그는 1972년 큰 물난리를 겪으면서 모든 것을 다 잃었다고 한다. 앞서 2002년과 2003년에도 태풍 루사와 매미로 피해를 본 수재민을 위해 1억 원씩의 성금을 내는 등 최근까지 70여억 원을 기부한 것으로 알려졌다.

In 2020

여주시, '꿈꾸는 여주'로 市歌 교체

여주 가남읍 행복지수 1위 만들기 프로젝트 성과 커 2020/1/2

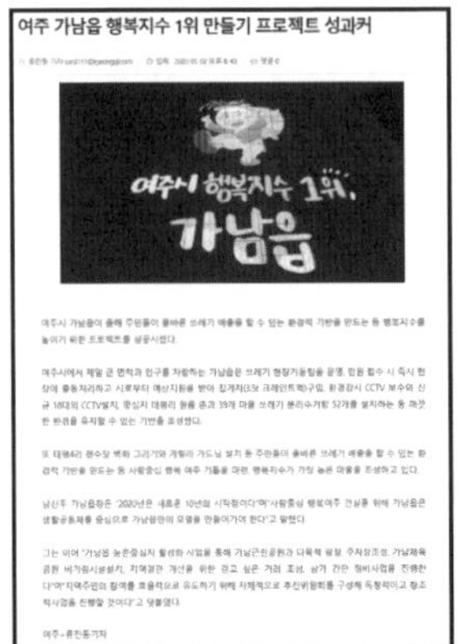

여주 가남읍 행복지수 1위 만들기 프로젝트 성과커

여주시 가남읍이 올해 주민들이 올바른 쓰레기 배출을 할 수 있는 환경적 기반을 만드는 등 행복지수를 높이기 위한 프로젝트를 성공시켰다. 여주시에서 제일 큰 면적과 인구를 자랑하는 가남읍은 쓰레기 현장기동팀을 운영, 민원 접수 시 즉시 현장에 출동처리하고 시로부터 예산지원을 받아 집게차(3.5t 크레인트럭)구입, 환경감시 CCTV 보수와 신규 18대의 CCTV설치, 중심지 태평리 원룸 촌과 39개 마을 쓰레기 분리수거함 52개를 설치하는 등 깨끗한 환경을 유지할 수 있는 기반을 조성했다. 또 태평4리 정수장 벽화 그리기와 게릴라 가드닝 설치 등 주민들이 올바른 쓰레기 배출을 할 수 있는 환경적 기반을 만드는 등 사람중심 행복 여주 기틀을 마련, 행복지수가 가장 높은 마을을 조성하고 있다. 남신우 가남읍장은 "2020년은 새로운 10년의 시작점이다"며"사람중심 행복여주 건설을 위해 가남읍은 생활공동체를 중심으로 가남읍만의 모델을 만들어가야 한다"고 말했다. 그는 이어 "가남읍 농촌중심지 활성화 사업을 통해 가남근린공원과 다목적 광장, 주차장조성, 가남체육공원 비가림시설설치, 지역경관 개선을 위한 걷고 싶은 거리 조성, 상가 간판 정비사업을 진행한다"며"지역주민의 참여를 효율적으로 유도하기 위해 자체적으로 추진위원회를 구성해 독창적이고 창조적 사업을 진행할 것이다"고 덧붙였다.

• 우리는 점점 환경문제가 중요해지는 시대에 살고 있다. 환경이 파괴되면서 급격한 기후변화를 겪기도 하고, 미세먼지로 인한 온갖 건강문제에 맞닥뜨리며 살아간다. 쓰레기 문제도 큰 골칫거리가 된 지 오래다. 환경문제를 개선하려는 움직임이 시민들의 자발적인 노력으로 이뤄지고 있다니 마음이 든든하다.

문화체험공동체 다스름 김미진 대표 2020/1/3

문화체험공동체 다스름 김미진 대표

"여주 나루굿 살리기 앞장 전통문화 맥 이어갑니다"

"전통문화는 현재가 지나면 전통이 됩니다. 풍물에 대한 살아 있는 기록은 거의 없지만, 발품을 들여 기록을 찾고 체험을 통해 재연·보급하고 있습니다."

여주에서 풍물굿패 지도자로 활동하는 김미진 문화체험공동체 다스름 대표. 그는 각 마을을 찾아다니며 남아 있는 전통 장단이나 어르신들이 놀았던 풍습, 공동체 놀이 위주로 재연하고 체험을 통해 보급하고 있다.

김 대표는 여주 나루굿 살리기 운동에 앞장서고 있다. 그는 "여주에는 나루가 많아서 나루터를 이용한 어떤 삶터, 나눔터 등이 있었을 것이다. 그것을 기본으로 놀이를 체험·발굴한 것이 나루굿이다"고 강조했다.

김 대표는 "처음에는 초등학생과 고등학생을 대상으로 강의했고 이후에는 어르신들이 계신 마을을 찾아가는 마을굿 살리기 강의를 했다"며 "굿이란 나눌거리와 볼거리, 먹을거리 등을 표현한다"고 말했다. 그는 "나루굿이라는 놀이판을 만드는 것을 어른들은 무척 좋아하셨다"며 "문제는 마을의 자산, 문화적 가치, 놀이 활용의 단계로 이를 할 수 있는 젊은이가 없다. 이런 부분을 채워가면서 기억에 남는 것을 재현하고 지속시켜 자생력을 찾을 수 있게 도와주는 일을 '다스림'이 하고 있다"고 설명했다.

살아있는 기록 찾아 재연·보급 지역예술가 등 참여 지원 필요

김 대표는 "정부의 4대 강 사업 이후 나루터가 많이 없어졌고, 어떤 마을은 마을 전체가 외지에서 이주해와 마을 전통문화가 사라진 곳도 있다"며 "나루터 마을의 전통문화를 살리고자 흥천면 상백리 찬우물 나루터에서 2년여 동안 체험행사와 전통문화 공연 등을 재연하고 있다"고 덧붙였다.

다스림이 여주지역 작은 마을과 나루터까지 재미있는 놀이거리와 사람이 같이 어울릴 수 있는 공동체 놀이거리를 지역 특색 문화사업으로 기획한 것이 여강(남한강) 나루굿 찬우물 잔치다. 김 대표는 "문화사업을 기획하면서 가장 먼저 생각한 것이 지역 사람들이다. 마을 사람들이 직접 참여해 풍물도 치고 놀이에 참여하는 것이다. 마을에 사람이 많지 않으면 여주지역 전체 사람들의 참여를 이끌어 내야 한다"고 강조했다.

김 대표는 "지역 문화예술 전통축제는 마을 사람과 함께하는 축제로, 지역 예술가나 활동가들이 폭넓게 참여하고 지원해야 한다"며 "2020년은 우리의 전통 놀이 문화를 나누는 한 해가 되길 바란다"고 말했다.

여주=류진동기자

여주 가남읍 이태희 카페운영자 공연수익금 사랑의 쌀 기부 2020/1/14

여주 가남읍 이태희 카페운영자 공연수익금으로 사랑의 쌀 기부

여주시 가남읍에 있는 L 카페(운영자 이태희)는 13일 지역의 어려운 이웃을 위해 써달라며 여주쌀(10㎏짜리) 45포를 가남읍사무소에 기탁했다.

이태희 카페 운영자는 "지난 8일 카페에서 소외계층을 위한 자선음악회를 개최해 공연 수익금으로 여주쌀을 구입해 이웃돕기 성품으로 기탁하게 됐다"며 "이번 자선음악회에 아낌없는 후원을 해준 하남석·위일청·신성철·유상록·희승연·김형과 추억의 스케치 등 공연단과 남신우 읍장, 조창준 여주축협 조합장 등에 깊은 감사를 드린다"고 밝혔다.

한편, 카페 운영자 이태희씨는 여주축협 이사로 활동하면서 지역발전과 나라사랑운동에 적극 참여하고 있으며, 지난해 이어 올해 두 번째 자선음악회를 개최했다.

여주=류진동기자

"아름다운 선율
고운 마음
그리고
여주 밤하늘"

40여년 돼지농장 악취 등 피해 연라리 주민들 농장폐쇄 요구 시위 2020/1/15

지역사회 | 여주시

40여년 돼지농장 악취 등 피해 여주 연라리 주민들 농장폐쇄 요구 시위

승인 2020-01-15 16:24

류진동 기자 san3111@kyeonggi.com
기자페이지 >

여주시 연라리 주민 120여명이 인근 돼지농장이 40여년간 악취피해를 주고 있다며 농장 폐쇄를 요구하는 시위를 벌였다.

15일 여주시청 앞에서 열린 이날 집회에서 주민들은 "40여년 이상을 농장의 악취와 고통속에 대화로 해결하려고 농장 관계자들과 많은 대화를 했으나 번번이 약속을 이행하지 않았다"며 "지난해 마을하천에 물고기 떼죽음 사태후에도 돼지농장 주인과 세입자는 '농장폐쇄'를 약속하고도 이를 이행하지 않았다"고 주장했다.

이어 "더 이상의 돼지농장으로 인해 악취 등 생활고통은 겪지 않겠다"며"돼지농장으로 반입되는 사료와 돼지 출하 등 농장 진출입로를 막는 등 실력행사를 진행하겠다"고 강조했다.

여주시 연라리 주민 120여명이 인근 돼지농장이 40여년간 악취피해를 주고 있다며 농장 폐쇄를 요구하는 시위를 벌였다. 15일 여주시청 앞에서 열린 이날 집회에서 주민들은 "40여년 이상을 농장의 악취와 고통속에 대화로 해결하려고 농장 관계자들과 많은 대화를 했으나 번번이 약속을 이행하지 않았다"며 "지난해 마을하천에 물고기 떼죽음 사태후에도 돼지농장 주인과 세입자는 '농장폐쇄'를 약속하고도 이를 이행하지 않았다"고 주장했다.

출산·육아·취업하기 좋은 도시 사람 중심 '행복한 여주' 실현

이항진 여주시장

이항진 여주시장은 "올해는 지난 1년 반동안 이룬 성과를 바탕으로 보다 더 든든한 여주 만들것이다"며"올해는 사람중심 행복 여주 실현을 위해 '희망의 꽃'을 피우기는 행운의 숫자 '7' 일곱 가지의 중점 계획을 추진하겠다"고 밝혔다.

- 올해 역점 사업은.

'사람 중심'으로, '행복 여주'를 만들겠다. 시민의 삶을 이해하고, 시민의 행복을 고민하고, 시민 행복의 조건을 채워가겠다.

아이 키우기 좋은 여주, 일자리가 넘치는 여주, 농촌과 도시가 조화로운 여주, 문화와 예술이 풍성한 여주, 시민과 소통하는 여주 등 5개 분야 7대 과제 20개 사업을 공간과 계층, 생애주기별에 맞춰 착실히 추진하겠다.

여주 시청사와 의회청사를 여주초교 이전부지와 현 청사 인근 부지를 사들여 청사 확장을 추진할 것이다. 남한강 둔치 현암지구와 오학지구를 개발해 파크 골프장과 캠핑장, 수영장 등 대규모 스포츠 휴양단지를 조성할 계획이다. 전국에서 1만여 명이 참여하는 임업분야 대규모 축제인 한국임업후계자 전국대회가 오는 6월 여주 신륵사관광단지에서 개최될 예정이다. 성공적인 행사 개최를 위해 만반의 준비를 다할 것이다.

- 여주에는 남한강이 있다. 친수기반형 도시재생 벨트 조성 계획을 설명해 달라.

저 출생 고령화 사회에 돌입한 여주를 '여주형 도시개발'로 활성화 할 계획이다. 유럽의 여러 도시의 강을 중심으로 발전했듯이 여주도 남한강 친수기반형 도시재생 벨트를 조성할 것이다. 구도심과 오학을 잇는 문화예술교와 출렁다리를 조성해 한글시장과 접근성을 높여 지역경제 활성화를 도모하고 시민 화합과 신륵사 관광지구와 둔치공원개발로 남한강변과 연계한 관광코스로 개발할 것이다.

- 행복공동체 기초가 될 학교시설 복합화는.

여주 역세권 학교시설 복합화 사업비로 90억 원의 국비를 확보, 2천257세대가 입주할 예정인 역세권에는 여주초교를 이전해 초교와 공동주택, 청소년 수련관 등을 조성해 학생들과 주민들이 시설을 같이 공유하고 정도 나누는 공간으로 조성할 계획이다. 교육 예산도 지난해보다 늘어난 164억 원을 확보해 혁신교육지구 사업지원 투자 확대와 다양한 교육사업으로 '아이 키우기 좋은 도시'로서의 입지를 만들어 마을공동체, 행복공동체를 만들 것이다.

남한강에 골프·캠핑·수영장 마련 대규모 스포츠 휴양단지 만들고 친환경 트램 도입… 교육투자 확대 지역화폐 활성화 재래시장 '활력'

- 재래시장 활성화 사업은.

여주시 하동 경기실크 부지의 다각적인 활용과 노후화된 제일시장의 재정비로 여주 하동 구도심 주변에 새로운 활력을 불어 넣게 된다.

농민수당과 지역 화폐인 여주사랑카드 사용으로 농업인 복지향상과 골목상권, 소상공인 모두가 혜택이 돌아가는 소비의 리싸이클링화로 지역경제 활성화를 진행할 것이다.

- 읍면동의 복합화로 친환경 콤팩트도시로 발전계획은.

친수기반형 도시재생 벨트 조성, 학교시설 복합화, 구도심 정비를 통해 시가지를 핵심시설로 압축 재정비하겠다. 각각의 마을을 복합화로 압축시키고 마을 안에는 걷거나 자전거를 이용하는 친환경 마을 길 조성과 대중교통을 이용하거나 장기적으로 트램 등의 친환경 교통수단을 도입해서 미래 친환경 콤팩트도시로서 발전시킬 것이다.

여주=류진동기자

농업인에 335억 지원하는 농어촌공 여주이천지사 2020/1/30

농업인에 335억 지원하는 농어촌공 여주이천지사

한국농어촌공사 여주·이천지사(지사장 박현철)가 지역 농업인에게 올해 335억 원의 농지은행사업비를 지원한다고 30일 밝혔다. 지난해 268억 원보다 67억 원이 증액된 사업비를 지원하는 여주·이천지사는 매입비축사업 209억 원과 경영회생지원사업 66억 원, 농지연금사업 48억 원, 195ha의 임대수탁사업 등을 지원한다. 은퇴·전업을 희망하는 농업인의 농지를 매입해 이용 효율화를 도모하는 매입비축사업의 경우 매입상한 단가가 3.3㎡(1평)당 16만5천원에서 30만4천원으로 대폭 인상되어 대상 농가를 크게 확대했다.

• 삶의 근간인 농업을 살리는 일이니 무엇보다 반가운 소식이다. 힘들게 농사를 짓는 만큼 그에 따른 적절한 이윤과 보상은 반드시 필요한 법이다. 이를 계기로 농민들도 더 힘을 내어 농업의 발전으로 이어졌으면 좋겠다.

여주환경운동연합 환경오염물질배출시설 허가해 준 시장에 경고 2020/1/30

여주환경운동연합 등 시민사회단체는 30일 오전 11시 여주시청 3층 상황실에서 기자회견을 열고 여주시청의 무분별한 환경오염시설 인·허가로 인해 환경오염이 심각하게 파괴되고 있다며 무능 행정을 성토했다. 이들은 "친환경 행복도시만든다더니 오염물질 배출시설 유치가 웬말이냐."며"태양광 발전소를 명목으로 여주의 산림이 파헤처지고 폐쓰레기 발전소

지역사회 | 여주시

여주환경운동연합 환경오염물질배출시설 허가해 준 여주시장에 경고

승인 2020-01-30 18:46

류진동 기자 san3111@kyeonggi.com
기자페이지 >

"위험에 처한 여주의 환경상황에도 손을 놓고 있는 여주시장과 공직자에게 경고한다."

여주환경운동연합 등 시민사회단체는 30일 오전 11시 여주시청 3층 상황실에서 기자회견을 열고 여주시청의 무분별한 환경오염시설 인·허가로 인해 환경오염이 심각하게 파괴되고 있다며 무능 행정을 성토했다.

이들은 "친환경 행복도시만든다더니 오염물질 배출시설 유치가 웬말이냐"며 "태양광발전소를 명목으로 여주의 산림이 파헤쳐지고 폐쓰레기 발전소와 LNG발전소 건설이 목전에 놓였다"고 주장했다.

이어 "2017년부터 지난해까지 3년간 여주지역 태양광발전 허가지역이 88건으로 축구장 237개에 해당하는 면적의 산림이 훼손되어 오존층을 파괴하는 온실가스를 흡수하는 산림을 파괴했다."라며 "산림파괴형 태양광발전허가 대부분이 부실한 환경영향평가와 주민동의 없이 승인된 것은 시장과 공무원들이 책임이 크다."라고 지적했다.

와 LNG발전소 건설이 목전에 놓였다"고 주장했다. 이어 "2017년부터 지난해까지 3년간 여주지역 태양광발전 허가지역이 88건으로 축구장 237개에 해당하는 면적의 산림이 훼손되어 오존층을 파괴하는 온실가스를 흡수하는 산림을 파괴했다."라며 "산림파괴형 태양광발전허가 대부분이 부실한 환경영향평가와 주민동의 없이 승인된 것은 시장과 공무원들이 책임이 크다."라고 지적했다.

코로나19바이러스 우한 교민 환영 이천시 인근 여주 가남읍 반발 2020/2/12

지역사회 | 여주시

코로나바이러스19 우한 교민 환영 이천시 인근 여주 가남읍 반발

승인 2020-02-12 17:02

류진동 기자 san3111@kyeonggi.com
기자페이지 >

12일 우한교민 140여명이 임시 수용된 이천시 장호원읍 이황리 국방어학원 입구 전경

중국 우한 지역 교민 140여 명이 이천 국방어학원으로 격리된 가운데 관할 이천시 시민들은 환영하는 반면, 인접한 여주시 가남읍 주민들은 생계대책을 호소하는 등 불만을 표출하고 있다.

12일 오전 이천시 장호원읍 이황리 국방어학원에 우한교민 3차 140여 명이 격리 수용되자 사회봉사단체인 라이온스클럽과 향우회, 적십자사 등 20여 개 단체은 국방어학원 주변에 "청정지역 장호원에서 편히 쉬고 가세요"라는 등의 현수막을 내걸고 교민을 환영했다.

앞서 지난 11일 진영 행정안전부장관, 엄태준 이천시장, 김희겸 도 행정1부지사 등이 국방어학원 인근 마을 주민과 장호원 시민사회단체 대표들을 초청, 간담회를 진행해 코로나바이러스19 방역 상황 등 관리 방안에 대해 논의했다.

중국 우한 지역 교민 140여 명이 이천 국방어학원으로 격리된 가운데 관할 이천시 시민들은 환영하는 반면, 인접한 여주시 가남읍 주민들은 생계대책을 호소하는 등 불만을 표출하고 있다. 12일 오전 이천시 장호원읍 이황리 국방어학원에 우한교민 3차 140여 명이 격리 수용되자 사회봉사단체인 라이온스클럽과 향우회, 적십자사 등 20여 개 단체는 국방어학원 주변에 "청정지역 장호원에서 편히 쉬고 가세요"라는 등의 현수막을 내걸고 교민을 환영했다. 앞서 지난 11일 진영 행정안전부장관, 엄태준 이천시장, 김희겸 도 행정1부지사 등이 국방어학원 인근 마을 주민과 장호원 시민사회단체 대표들을 초청, 간담회를 진행해 코로나19바이러스 방역 상황 등 관리 방안에 대해 논의했다.

가남읍 깨끗하고 밝은 가남읍 만들기에 1천억원 투입한다 2020/2/13

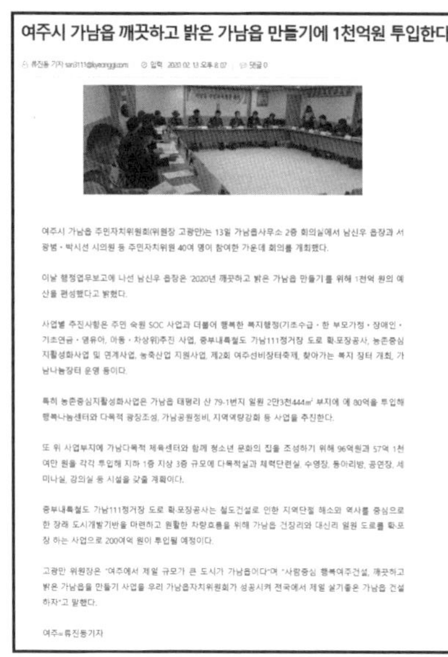

여주시 가남읍 깨끗하고 밝은 가남읍 만들기에 1천억원 투입한다

류진동 기자 san3111@kyeonggi.com | 입력 2020.02.13 오후 8:07 | 댓글 0

여주시 가남읍 주민자치위원회(위원장 고광만)는 13일 가남읍사무소 2층 회의실에서 남신우 읍장과 서광범·박시선 시의원 등 주민자치위원 40여 명이 참여한 가운데 회의를 개최했다.

이날 행정업무보고에 나선 남신우 읍장은 '2020년 깨끗하고 밝은 가남읍 만들기'를 위해 1천억 원의 예산을 편성했다고 밝혔다.

사업별 추진사항은 주민 숙원 SOC 사업과 더불어 행복한 복지행정(기초수급·한 부모가정·장애인·기초연금·영유아, 아동·차상위)추진 사업, 중부내륙철도 가남111정거장 도로 확·포장공사, 농촌중심지활성화사업 및 연계사업, 농축산업 지원사업, 제2회 여주선비장터축제, 찾아가는 복지 장터 개최, 가남나눔장터 운영 등이다.

특히 농촌중심지활성화사업은 가남읍 태평리 산 79-1번지 일원 2만3천444㎡ 부지에 에 80억을 투입해 행복나눔센터와 다목적 광장조성, 가남공원정비, 지역역량강화 등 사업을 추진한다.

또 위 사업부지에 가남다목적 체육센터와 함께 청소년 문화의 집을 조성하기 위해 96억원과 57억 1천여만 원을 각각 투입해 지하 1층 지상 3층 규모에 다목적실과 체력단련실, 수영장, 동아리방, 공연장, 세미나실, 강의실 등 시설을 갖출 계획이다.

중부내륙철도 가남111정거장 도로 확·포장공사는 철도건설로 인한 지역단절 해소와 역사를 중심으로 한 장래 도시개발기반을 마련하고 원활한 차량흐름을 위해 가남읍 건장리와 대신리 일원 도로를 확·포장 하는 사업으로 200여억 원이 투입될 예정이다.

고광만 위원장은 "여주에서 제일 규모가 큰 도시가 가남읍이다"며 "사람중심 행복여주건설, 깨끗하고 밝은 가남읍을 만들기 사업을 우리 가남읍자치위원회가 성공시켜 전국에서 제일 살기좋은 가남읍 건설하자"고 말했다.

여주=류진동기자

가남읍 주민자치위원회(위원장 고광만)는 13일 가남읍사무소 2층 회의실에서 남신우 읍장과 서광범·박시선 시의원 등 주민자치위원 40여 명이 참여한 가운데 회의를 개최했다.

이날 행정업무보고에 나선 남신우 읍장은 '2020년 깨끗하고 밝은 가남읍 만들기'를 위해 1천억 원의 예산을 편성했다고 밝혔다. 사업별 추진사항은 주민 숙원 SOC 사업과 더불어 행복한 복지행정(기초수급·한 부모가정·장애인·기초연금·영유아, 아동·차상위)추진 사업, 중부내륙철도 가남111정거장 도로 확·포장공사, 농촌중심지활성화사업 및 연계사업, 농축산업 지원사업, 제2회 여주선비장터축제, 찾아가는 복지 장터 개최, 가남나눔장터 운영 등이다. 특히 농촌중심지활성화사업은 가남읍 태평리 산 79-1번지 일원 2만3천444㎡ 부지에 에 80억을 투입해 행복나눔센터와 다목적 광장조성, 가남공원정비, 지역역량강화 등 사업을 추진한다. 또 위 사업부지에 가남다목적 체육센터와 함께 청소년 문화의 집을 조성하기 위해 96억원과 57억 1천여만 원을 각각 투입해 지하 1층 지상 3층 규모에 다목적실과 체력단련실, 수영장, 동아리방, 공연장, 세미나실, 강의실 등 시설을 갖출 계획이다. 중부내륙철도 가남111정거장 도로 확·포장공사는 철도건설로 인한 지역단절 해소와 역사를 중심으로 한 장래 도시개발기반을 마련하고 원활한 차량흐름을 위해 가남읍 건장리와 대신리 일원 도로를 확·포장 하는 사업으로 200여억 원이 투입될 예정이다.

점봉동 성산천 정비사업 추진 2020/2/24

여주시는 다음달부터 점봉동 성산천 소하천정비사업을 위한 편입 토지와 지장물 보상협의를 진행한다. 이번 사업은 점봉동 지역의 숙원사업인 성산천 정비공사로 800m 구간에 33억원을 투입, 하천개수와 배수시설 교체, 교량을 개량하는 사업으로 2022년 완공을 목표로 올 하반기부터 공사를 착수할 예정이다.

여주 신라골프장서 원인모를 화재 2020/2/24

여주 골프장서 원인모를 화재
2시간 만에 진화 4억 재산 피해

여주시의 한 골프장에서 불이 나 4억여원의 재산피해가 발생했다.

경찰과 소방당국은 지난 22일 오후 5시45분께 여주시 북내면 신라골프장 관리동 창고에서 원인을 알 수 없는 화재가 발생해 2시간여만에 진화 됐다고 23일 밝혔다.

이날 불로 관리동 창고 1개소가(778㎡)전소됐으며, 창고에 주차돼 있던 잔디 깍는 기계장비와 관리장비, 화물차, 오토바이 등이 불에 다 4억5천여만원 상당(소방서 추산)의 재산피해가 발생했다. 화재 발생을 처음 목격한 직원 A씨가 1차로 소화기를 이용해 진화하려 했으나 실패했다. 이후 신고를 받고 출동한 소방관·경찰·시 공무원 등에 의해 2시여 만인 오후 7시44분께 진화가 완료됐다. 다행히 인명피해는 발생하지 않았다. 경찰과 소방당국은 정확한 화재원인을 조사 중이다.

여주=류진동기자

지난 22일 오후 원인모를 화재가 발생한 여주시 북내면 한 골프장 관리동 창고에서 소방대원들이 불길을 잡고 있다. 이번 화재로 인명피해는 없었으나 4억5천여만원 상당의 재산피해가 발생했다.

여주소방서 제공

여주시 선관위 방송토론위원 위촉 및 구성 2020/2/24

여주시 선거방송토론위원회(위원장 이병삼·수원지법 여주지원장)는 24일 여주시 선거관리위원회 2층 사무실에서 신규 위원 위촉과 함께 1차 회의를 개최했다. 이날 신규 위촉된 김홍기 위원(덕평요업 대표)과 신승훈 위원(딜라이브 취재기자)이 위원장으로부터 위촉장을 받았다.

또 간사장으로 김영호 여주시 선관위 사무국장과 김규철 중부일보 부장, 류진동 경기일보 부장, 안동희 여주문화원 사무국장, 윤희경 여주대 겸임교수, 구팔회 신동국 법률사무소 사무장이 각각 연임위원으로 위촉됐다. 제21대 국회의원선거 여주·양평지역 국회의원 출마 후보를 대상으로 실시되는 이번 방송토론회는 딜라이브 경동 케이블TV가 중계방송사로 선정되어 오는 4월 6일 남양주 소재 경기시청자미디어센터에서 선거방송토론이 진행될 예정이다. 이병삼 위원장은 "이번 국회의원 선거는 국민의 삶에도 큰 영향을 미칠 수 있는 중대한 국가적인 대 행사다"며 "공명선거가 치러질 수 있도록 선거방송토론위원회가 최선을 다해 줄 것"을 당부했다. 한편, 여주선거방송토론위원회는 제21회 국회의원선거를 앞두고, 공정한 선거방송을 위해 유의해야 할 내용 △선거여론조사 보도기준 준수 △후보자의 방송 출연제한 △선거보도의 공정성·형평성·정치적 중립성 확보 등을 결의했다.

이항진 여주시장 코로나19 긴급 기자간담회 개최 2020/2/24

이항진 여주시장이 24일 긴급 기자회견을 하고 불특정 다수의 왕래가 집중되는 여주지역 5일장과 신천지 집회장소 폐쇄 등을 선언했다. 이날 정부가 코로나 19를 심각 단계로 격상시킨 데 따른 긴밀한 협조체제를 구축하고 여주시재난안전대책본부를 중심으로 확산 방지를 위한 대응체제를 갖췄다. 현재까지 확진 자가 없는 여주시는 인접 시군의 확진 자 발생과 함께 대구·경북을 중심으로 급격하게 확산하는 코로나 19 발생으로 시민들의 불안이 가중되고 있는 만큼 빠르게 대응하겠다고 밝혔다. 전국에서 불특정 다수의 왕래가 집중되는 여주·대신·가남 5일장 등을 잠정 중단하고 소상공인 피해에 대한 보상대책도 마련해나가기로 했다.

여주시와 이천시 화장장 설치 놓고 갈등심화 2020/3/2

여주시 주민들이 이천시립화장시설 건립을 반대하고 나섰다. 1일 여주시와 지역주민들에 따르면 여주 능서면 이장협의회 등은 지난달 28일 이천시 경계지역인 이천 부발읍 죽당리·수정리를 비롯해 여주 능서면 42번 국도변, 용은리·양거리·매화리 등에 100여개의 현수막을 내걸고 이천시립화장시설 건립 반대입장을 밝혔다. 또 이들은 이날 이천시청 앞에서 "이천 죽당리와 수정리, 고백리 등 주민과 여주 용은리와 양거리, 매화리 등 시 경계지역 주민들은 조상대대로 함께 농사를 짓고 함께 살아온 형제나 마찬가지"라면서 "이웃 사촌들끼리 서로 혐오시설을 놓고 갈등을 빚게 만든 이천시는 각성하라"고 목소리를 높였다.

하리제일시장 매입 뜨거운 감자 2020/3/24

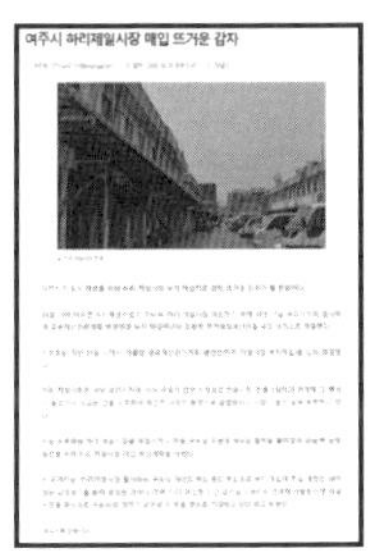
여주시 하리제일시장 매입 뜨거운 감자

여주시가 도시 재생을 위해 하리 제일시장 부지 매입키로 결정, 뜨거운 감자가 될 전망이다. 24일 시에 따르면 도시재생사업의 하나로 하리 제일시장 매입하기 위해 지난 17일 여주시의회 임시회에 공유재산관리계획 변경안과 부지 매입예산이 포함된 추가경정예산안을 부의 안건으로 제출했다. 시의회는 지난 23일 시에서 제출한 공유재산관리계획 변경안(하리 제일시장 부지매입)을 심의 의결했다. 하리 제일시장은 성남 모란시장에 이어 규모가 컸던 시장으로 한글시장, 전통 5일장과 연계해 그 명성이 높았으나 지금은 건물 노후화와 재건축 과정의 분쟁으로 슬럼화되고 시장 기능이 날로 퇴락하고 있다. 시는 노후화된 하리 제일시장을 재정비하고 하동 구도심 주변에 새로운 활력을 불어넣어 강·남북 균형발전을 위해 하리 제일시장 매입 추진계획을 세웠다.

여주시민이면 누구나 다음달부터 20만원씩 받는다 2020/3/25

여주시가 세계적으로 확산하는 코로나 19 위기 극복을 위해 다음 달부터 모든 시민들에게 재난 기본소득 20만 원(경기도 10만원, 여주시 10만원)을 지급한다고 25일 밝혔다. 이항진 시장은 25일 유튜브 영상기자회견을 열어 "코로나 19 장기화로 파산상태로 내몰리는 지역경제 위기 극복을 위해 경기도와 함께 다음 달부터 소득과 나이에 상관없이 전 시민을 대상으로 여주시 재난 기본소득을 지급하겠다."라며 "현재 상황에서는 특정 대상을 위한 '복지'가 아니라 시민 모두를 위한 '경제 정책'이 필요하다"라고 주장했다.

서광범 여주시의원, "제일시장 매입 문제" 2020/3/31

서광범 여주시의원이 31일 제44회 임시회 제2차 본회의 5분 자유발언을 통해 시가 매입을 추진 중인 하동 제일시장 문제를 지적했다. 서 의원은 "이항진 여주시장이 제일시장 매입을 추진하면서 그 과정이 공정했는가"라며 "제일시장은 2010년부터 시장 상인들로 구성된 시장번영회에서 재건축을 추진했다. 지난 2012년 6월 정기총회를 통해 맥스 이엔씨를 사업 시행 대행사로 선정해 2개월 후에 계약체결, 공사도급업체와 건축설계사, 용역업무 총괄대행업체까지 선정했다"고 설명했다. 서 의원은 이어 "그 후 제일시장 계약불이행으로 계약업체들과 분쟁을 벌여 강제경매까지 진행됐다"며"76명의 제일시장 주주와 실제 소유자와 절대 사적인 이해관계로 이 문제를 언급함에 있어 오해가 없기를 바란다"고 덧붙였다.

여주 이천 주민들 이천시립화장장 백지화 하라 2020/4/1

지난 30일 여주·이천 주민들이 이천시청 앞 광장에서 "이천여주경계지역에 화장장 건립 전면 백지화"를 외치며 반대 집회를 하고 있다.
여주·이천시 부발읍 화장장반대비상대책위 제공

여주·이천 주민들 "이천시립화장장 백지화하라"

부발읍비대위, 이천시청 앞 반대 집회… "市 경계 건립땐 여주 시민 피해"

여주·이천시 부발읍화장장반대비상대책위원회(위원장 양순배)가 이천시가 여주 인접지역인 부발읍에 추진 중인 시립화장시설 반대 집회를 여는 등 반발하고 있다.

31일 여주·이천시 부발읍화장장반대비상대책위에 따르면 지난 30일 이천시청 광장에서 열린 이번 집회에는 여주시 능서면과 이천시민 100여 명과 유필선 여주시의장과 김영자·서광범·이복예·최정미·박시선·한정미 시의원과 김규창 도의원 등이 참여했다.

집회 참가자들은 "이천화장장이 여주시 경계에 건립되면 피해는 고스란히 여주 시민의 것"이라고 주장하며 항의했다.

대책위는 또 상여와 관을 제작해 엄태준 이천시장을 압박시위를 벌이고 면담을 요구했으나 이날 엄 시장이 자리를 비워 면담은 이뤄지지 않았다.

이들은 "여주시 경계의 3개 후보지는 경강선 부발역과 능서역, 성남~장호원 자동차전용도로, SK 하이닉스 공장 신설 등 무궁무진한 발전지역이다"라며 "엄 시장은 100억 원의 지원금으로 일부 지역 주민들을 들러리 세우지 말고 당장 사업을 백지화하라"라고 주장했다.

이천시는 시립화장시설 건립을 추진하면서 후보지를 공모했다. 그 결과 이천지역 6개 마을이 신청했고, 이중 이천시 부발읍에만 3개 마을이 집중돼 있다. 죽당1리(산71-9), 수정리(11-1 번지 외), 고백리(257-6번지 외) 등 이다.

이들 후보지는 여주시 능서면 매화리, 용은2리, 양거리 마을회관에서 2㎞ 이내에 있다.

이천시는 다음 달 말까지 타당성 용역을 마무리하고, 시립화장시설 건립추진위원회가 후보지를 결정한다는 계획이다.

이날 집회에 참석한 시위대는 이천시청 집회 후 여주시청으로 이동해 이항진 여주시장과 시의원들에게 부발읍 화장장 저지에 적극적으로 나설 것을 촉구하기도 했다. 여주·이천=류진동·김정오기자

OK마트 여주점 사랑가득 식료품 나누기 동참 2020/4/1

OK마트 여주점, '사랑가득 식료품 나누기' 동참

250만원 상당 식료품 등 기탁

여주시 중앙동 행정복지센터는 코로나19 극복을 위한 '사랑가득 식료품 나누기' 프로젝트에 지역 내 기업들의 참여가 이어지고 있다고 31일 밝혔다.

OK마트 여주점(대표 김영복)은 최근 코로나19로 어려움을 겪고 있는 이웃에게 전달해 달라며 라면과 조미김 등 250만원 상당의 식료품과 생필품을 중앙동 행정복지센터에 기탁했다. 또 10여 개 업체도 따뜻한 온정이 담긴 밑반찬, 사골곰탕, 감자 등 후원물품을 전달했다.

기탁받은 후원물품은 코로나19로 어려움을 겪는 지역 내 취약계층 300가구에 전달할 예정이다.

박은영 중앙동장은 "경제위기 상황에서도 어려운 이웃을 위해 식료품 나누기에 적극 참여해준 기업들에 감사하다"며 "따뜻한 마음이 담긴 후원물품은 어려운 이웃에게 잘 전달하겠다"고 말했다.

여주=류진동기자

여주, 양평 선거구 의원 후보 방송토론회 6일 개최 2020/4/6

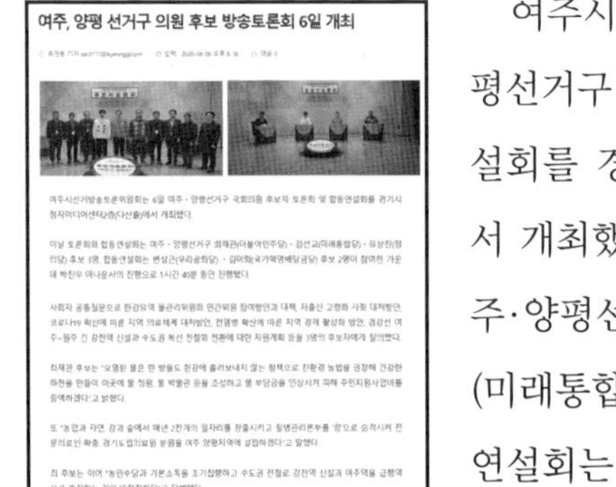

여주, 양평 선거구 의원 후보 방송토론회 6일 개최

여주시선거방송토론위원회는 6일 여주·양평선거구 국회의원 후보자 토론회 및 합동연설회를 경기시청자미디어센터2층(다산홀)에서 개최했다.

이날 토론회와 합동연설회는 여주·양평선거구 최재관(더불어민주당)·김선교(미래통합당)·유상진(정의당) 후보 3명, 합동연설회는 변성근(우리공화당)·김미화(국가혁명배당금당) 후보 2명이 참여한 가운데 박진우 아나운서의 진행으로 1시간 40분 동안 진행했다.

사회자 공통질문으로 한강유역 물관리위원회 민간위원 참여방안과 대책, 저출산 고령화 사회 대처방안, 코로나19 확산에 따른 지역 의료체계 대처방안, 전염병 확산에 따른 지역 경제 활성화 방안, 경강선 여주~원주 간 강천역 신설과 수도권 복선 전철화 전환에 대한 지원계획 등을 3명의 후보자에게 질의했다.

최재관 후보는 "오염된 물은 한 방울도 한강에 흘려보내지 않는 정책으로 친환경 농법을 권장해 건강한 하천을 만들어 이웃에 물 정원, 물 박물관 등을 조성하고 물 부담금을 인상시켜 피해 주민지원사업비를 증액하겠다"고 밝혔다.

또 "농업과 자연, 강과 숲에서 매년 2천개의 일자리를 창출시키고 질병관리본부를 '청'으로 승격시켜 전문의료인 확충, 경기도립의료원 분원을 여주 양평지역에 설립하겠다"고 말했다.

최 후보는 이어 "농민수당과 기본소득을 조기집행하고 수도권 전철로 강천역 신설과 여주역을 급행역으로 추진하는 것이 바람직하다"고 답변했다.

김선교 후보는 "팔당 유역 7개 지자체에 각 1명의 물 관리 민간위원으로 참여하도록 강력 추진하고 우리 실정에 맞춤 물관리 정책을 진행하겠다"며 "국민 재산권 보호를 위해 농업 진흥지역 해제와 보전산지를 준보전산지 완화를 추진할 것"이라고 설명했다.

여주시선거방송토론위원회는 6일 여주·양평선거구 국회의원 후보자 토론회 및 합동연설회를 경기시청자미디어센터2층(다산홀)에서 개최했다. 이날 토론회와 합동연설회는 여주·양평선거구 최재관(더불어민주당)·김선교(미래통합당)·유상진(정의당) 후보 3명, 합동연설회는 변성근(우리공화당)·김미화(국가혁명배당금당) 후보 2명이 참여한 가운데 박진우 아나운서의 진행으로 1시간 40분 동안 진행됐다. 사회자 공통질문으로 한강유역 물관리위원회 민간위원 참여방안과 대책, 저출산 고령화 사회 대처방안, 코로나19 확산에 따른 지역 의료체계 대처방안, 전염병 확산에 따른 지역 경제 활성화 방안, 경강선 여주~원주 간 강천역 신설과 수도권 복선 전철화 전환에 대한 지원계획 등을 3명의 후보자에게 질의했다.

- 시대가 변하고 있음은 선거에서도 느낄 수 있다. 미디어의 영향력은 절대적임을 시민들도 알고 있다. 그래서 말 한 마디, 손짓 하나, 표정까지 진심을 담아주기를 기대하게 된다. 신중한 말로 시민을 위한 진정성이 보일 때 아낌없이 표가 주어질 것이다. 여주의 모든 당선자가 거짓이 없었다면 하는 바램이다.

여주바르게살기협회 시에 400만원 기탁 2020/4/8

여주바르게살기協, 市에 400만원 기탁

여주시바르게살기운동협의회(회장 경규명)는 최근 세계적으로 확산추세에 있는 코로나19 극복을 위한 이웃돕기 성금 400만 원을 여주시에 기탁했다고 7일 밝혔다.

성금 전달에는 이항진 시장을 비롯해 경규명 회장과 장보선 부회장, 유명숙 여성회장, 권순광 청년회장, 엄복춘 오학위원장, 홍상하 산북위원장 등 회원 8명이 참석했다. 전달된 성금은 여주시바르게살기운동 회원들이 자발적으로 참여, 코로나19 청정지역의 어려움을 겪는 취약계층을 지원한다.

경규명 회장은 "코로나19 극복을 위해 회원들이 자발적으로 성금을 모아 맡기게 됐다"며 "어려운 상황이 하루빨리 종식되길 희망한다"고 말했다.

이항진 시장은 "기탁한 성금은 어려움을 겪는 이웃을 위해 소중하게 사용하겠다"며 "코로나19 확산 방지를 위해 최선을 다하겠다"고 말했다.

한편, 바르게살기운동 여주시협의회는 코로나19 예방 캠페인으로 손 소독 티슈 제작 배부, 방역 봉사활동, 공적 마스크 기부 챌린지 등 코로나19 조기 종식을 위해 다양한 봉사활동을 펼치고 있다.

여주=류진동기자

여주-양평 김선교 코로나 극복 성금 기부

2020/4/9

여주·양평 김선교, 코로나 극복 성금 기부

미래통합당 김선교 여주·양평 후보는 선거비용 일부를 여주시와 양평군에 코로나19 극복 재난 성금으로 기탁했다고 8일 밝혔다.

김선교 후보는 이날 오후 2시께 양평군청을 방문, 변영섭 양평부군수에게 500만 원의 성금을 전달했다.

이에 앞서 김 후보는 전날 오전 10시 여주시청을 찾아 예창섭 여주부시장을 만난 뒤 "코로나19 극복을 위해 써 달라"며 성금 500만 원을 건넸다.

이와 관련, 김 후보는 "대한민국 국민의 뛰어난 국민성과 우수한 의료제도, 헌신적인 의료진들의 노력으로 국가적인 재난사태를 잘 극복하고 있다"며 "코로나19로 모두가 힘들어하는 시기에 치러지는 선거인 만큼 상대후보에 대한 비방이나 흠집내기 등 네거티브 선거운동을 지양하고 주민들에게 희망을 줄 수 있는 선거운동을 하겠다"고 강조했다.

여주=류진동기자

김선교 국회의원 당선인 여주 양평지역 발전방안 챙기기 잰걸음

2020/5/3

김선교 미래통합당 여주·양평지역 국회의원 당선인이 13일 한국농어촌공사 여주이천지사(지사장 박현철)를 방문, 지역현안과 발전방향을 협의했다. 이날 서광범 여주시의원과 함께 여주 이천지사를 찾은 김 당선인은 박현철 지사장으로부터 올해 신규사업 선정과 정부예산 지원에 대한 설명을 청취하고 지역발전을 위해 국비확보를 위해 노력하겠다고 약속했다. 농어촌공사 여주 이천지사 주요 사업은 ▲북내지구 다목적농촌용수개발사업(세부설계 대상지구) ▲대신지구 다목적농촌용수개발사업(기본조사 대상지구), 현안사업은 ▲점동지구 다목적농촌용수개발사업 ▲백신지구 다목적농촌용수개발사업 ▲가남 태평 문화공원 조성사업 ▲점동 공공청사 복합건립사업 등이다. 특히 북내지구 다목적농촌용수개발사업(여주시 북내면 가정리 등 14개 리)은 여주 지역민의 오래된 숙원사업이ㄷ. 해딩 지구는 대형 관정의 부재로 충분한 농업용수 확보가 어려워 지역농민들이 매년 극심한 고충을 겪고 있으며, 경기도 1순위 신규사업화 대상지로 선정돼 있다. 박 지사장은 "해당 지구의 세부설계지구 사업 선정을 통해 남한강의 풍부한 물을 가뭄 농지에 충분히 공급할 수 있도록 두 분의 협조가 절실하다."라며 "지역발전을 위해 소통과 협력의 자리가 마련되어 감사한 마음과 함께 지역 농민의 실질적인 소득증대와 삶의 질을 높이는 크게 이바지할 것이다."라고 말했다.

여주프리미엄아울렛 '농가 응원' 쌀 5천만원 상당 구입

신세계사이먼 여주프리미엄아울렛이 코로나19 장기화로 어려움을 겪는 지역 농민들의 고통분담 및 상생을 위해 5천만 원 상당의 대왕님 표 여주 쌀(진상미)을 구입했다.

여주프리미엄아울렛은 10일 여주시청 2층 시장실에서 이항진 시장과 도현철 여주프리미엄아울렛 점장, 박일영 여주시농협조합공동사업법인 대표, 이용기 농업기술센터소장 등이 참석한 가운데 여주 쌀(진상미) 1kg 소포장 5천만원 상당을 구입했다. 구매한 쌀은 고객사은 행사기간 동안 고객들에게 전달할 예정이다.

도현철 점장은 "코로나19 장기화로 어려움을 겪는 지역농가들에 조금이나마 도움이 되고자 쌀을 구입하게 됐다"라며 "지역경제 활성화에 보탬이 되길 바란다"고 말했다.

여주=류진동기자

여주프리미엄아울렛 농가 응원 대왕님표 여주쌀 5천만원 상당 구입

2020/6/11

오학동 행정복지센터 30일 이전 개소식

2020/6/30

여주시 오학동 행정복지센터 이전 개소식이 30일 이항진 시장과 유필선 의장, 지역주민 등 100여 명이 참석한 가운데 열렸다. 이날 개소된 오학동 행정복지센터는 1천362㎡ 부지에 지하 1층 지상 3층 규모로 민원실, 소회의실, 예비군 오학동대, 대회의실 등이 갖춰져 있다. 1층 민원실은 전면 개방이 가능한 접이식 문을 설치해 쾌적하고 안락한 민원대기 공간을 마련했으며, 이외 유아놀이방과 농산물판매대, 현금자동입출금기를 설치해 주민 편의시설을 확충했다.

- 이제 행정복지센터도 단순한 행정업무만 보는 사무 공간이 아니다. 행정복지센터라는 명칭도 시대를 반영하여 몇 차례 바뀌어 현재의 이름을 갖게 되었다. 동사무소에서 동주민센터로 한 차례 바뀌었다가 현재는 행정복지센터로 불리고 있다. 주민의 발길이 끊이지 않을 수 있도록 배려하고 찾아오는 민원, 친근한 이웃으로서의 역할을 해야 할 때이다.

여주경찰서, 지역치안협의회 개최 2020/7/1

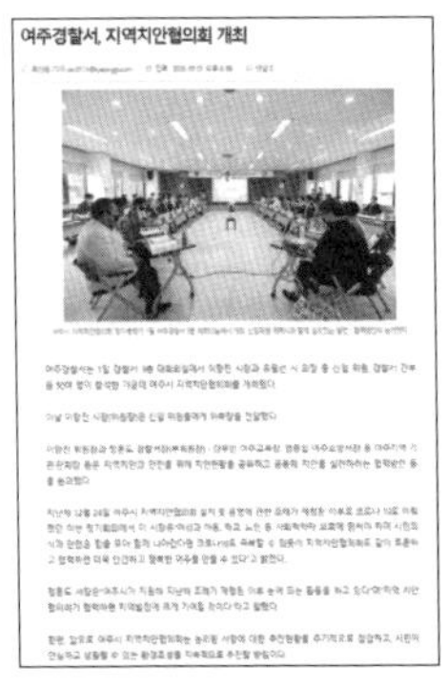
여주경찰서, 지역치안협의회 개최

여주경찰서는 1일 경찰서 3층 대회의실에서 이항진 시장과 유필선 시 의장 등 신입 위원, 경찰서 간부 등 50여 명이 참석한 가운데 여주시 지역치안협의회를 개최했다. 이날 이항진 시장(위원장)은 신입 위원들에게 위촉장을 전달했다. 이항진 위원장과 정훈도 경찰서장(부위원장)·강무빈 여주교육장, 염종섭 여주소방서장 등 여주지역 기관·단체장 등은 지역치안과 안전을 위해 치안현황을 공유하고 공동체 치안을 실천하려는 협력방안 등을 논의했다.

지난해 12월 24일 여주시 지역치안협의회 설치 및 운영에 관한 조례가 제정된 이후로 코로나 19로 미뤄졌던 이번 정기회의에서 이 시장은“여성과 아동, 학교, 노인 등 사회적 약자 보호에 힘써야 하며 시민의식과 안전은 힘을 모아 함께 나아간다면 코로나19도 극복할 수 있듯이 지역치안협의회도 같이 토론하고 협력하면 더욱 안전하고 행복한 여주를 만들 수 있다”고 밝혔다. 정훈도 서장은“여주시가 지원해 지난해 조례가 제정된 이후 눈에 띄는 활동을 하고 있다”며“지역 치안협의회가 협력하면 지역발전에 크게 기여할 것이다”라고 말했다. 한편, 앞으로 여주시 지역치안협의회는 논의된 사항에 대한 추진현황을 주기적으로 점검하고, 시민이 안심하고 생활할 수 있는 환경조성을 지속적으로 추진할 방침이다.

- 여주는 선한 사람들이 모여 살아서 법 없이도 사는 평화로운 마을이었다. 이제는 많은 것들이 변하여 치안을 위한 실질적인 논의가 필요해진 시대가 되었다. 그래도 여주가 평화로운 건 사람들의 마음이 선해서 일 게다. 난, 여주가 참 좋다.

여주 흥천중 조회대 카페 '여행 쉼터'로 변신 오픈 2020/7/3

조회대의 변신… 여주 흥천중, 카페 '여행 쉼터' 오픈

여주 흥천중학교(교장 김태수)는 조회대 안쪽 공간을 개조해 만든 카페 '여행 쉼터' 개소식과 함께 학부모 총회를 개최했다.

학교 조회대는 통제·권위 문화의 잔재로, 학교에서 사용하지 않는 비효율적인 공간이었다. 이에 흥천중은 '여주시 혁신교육지구 공모사업'을 통해 학생 자치회와 학교 구성원 모두가 편안하게 얘기를 나눌 수 있는 특별한 장소로 탈바꿈시켰다.

김태수 교장은 "창의적 공간으로 탈바꿈한 조회대 카페 '여행 쉼터'에서 앞으로 흥천중학교 발전을 위한 열띤 토론의 장이 펼쳐질 것이라 기대한다"고 말했다.

여주 흥천중 교사 김재식

여주시의회 박시선 의장 서광범 부의장 체제 출범 2020/7/5

여주시의회 박시선 의장 서광범 부의장 체제 출범

여주시의회 후반기 박시선 의장과 서광범 부의장이 지난 2일 출범식을 갖고 힘찬 출발과 함께 새로운 의정활동을 다짐했다. 더불어민주당 5명과 미래통합당 2명 등 총 7명의 의원으로 구성된 여주시의회는 지난달 제46회 정례회 제3차 본회의에서 후반기 의장단으로 의장에 박시선(45·민), 부의장에 서광범(58·통) 의원을 선출했다. 박 의장과 서 부의장은 여주시 가남읍 오산리 출신으로 한 마을에서 시의장과 부의장을 배출한 국내 유일한 마을로 기록됐으며, 이 마을 선·후배 사이인 박 의장과 서 부의장은 서 부의장이 마을 이장직을 수행할 때 박 의장은 총무로 활동해온 것으로 알려져 화제를 모으고 있다. 제3대 여주시의회는 2018년 7월 2일 개원했으며 전반기 의장단으로 유필선 의장(민), 김영자 부의장(통)이 활동했다.

- 시민들의 이익과 편리를 우선으로 하는 이들이 있기에 참 든든하다. 정치적인 신념이나 이념을 떠나 소통과 협력의 자세가 무엇보다 필요해 보인다. 새롭게 출발하는 만큼 시민들의 손과 발이 되어 여주 발전에 밑거름이 되었으면 좋겠다.

농어촌공사 여주이천지사 장마대비 농수로 정비 2020/7/14

농어촌공사 여주이천지사, 장마대비 농수로 정비

농어촌공사 여주이천지사(지사장 박현철)가 장마철 집중호우를 대비해 여주·이천지역 농경지 침수 피해를 방지하고자 총력을 다하고 있다.

공사는 장마전선이 본격적으로 상륙할 것으로 예상됨에 따라 배수장 유수지와 배수로의 퇴적물 및 수초제거와 농수로 정비를 완료했다고 13일 밝혔다.

특히 고소득 타작 물 재배지와 시설하우스 밀집지역, 시·군 경계지역 등 중점 관리지역을 중심으로 총 15개소 4㎞에 대한 수초제거 작업을 진행했으며 이외에 저수지, 배수장 등 공사관리 3개소와 여주시 수탁배수장 6개소에 대한 사전점검 및 정비도 완료했다.

박현철 지사장은 "배수로 퇴적물과 수초 등 침수 유발요인을 제거해 집중호우 상황에 대처했다"며 "장마철 집중호우시 큰 피해사례가 발생할 수 있는 만큼 저수지 수위 관리, 배수장 가동상태 점검 등 수리시설 예찰활동 및 시설물 관리를 강화해 재난 재해 방지에 선제적으로 대처하겠다"고 말했다.

여주=류진동기자

여주경찰서 직장협의회 창립 2020/7/15

여주경찰서 직장협의회 창립

여주경찰서 직장협의회(회장 권순배)가 지난 14일 경찰서 3층 강당에서 정훈도 서장과 각 과장 및 회원, 이천·양평서 직장협의회장 등 50여 명이 참석한 가운데 창립총회와 현판식을 하고 출범했다. 이번에 출범한 여주서 직장협의회는 지난해 12월 공무원직장협의회의 설립·운영에 관한 법률이 개정됨에 따라 경감 이하 경찰관도 직장협의회를 가입할 수 있게 되어 지난 6월부터 회원가입을 시작으로 220여 명의 회원들이 가입했다. 여주서 직장협 준비위원회는 회원들을 상대로 지난달 12일부터 28일까지 회장 선거를 진행, 지난달 29일 흥천파출소 권순배(경감) 후보가 초대 회장으로 선출했다.

여주시축구협회 개선 필요… 스포츠공정위 개선책 마련 요구 2020/7/17

"부실 운영 여주시축구협회 개선하라"

市 체육회 스포츠공정위, 일부 독소조항 규약 대책 요구

축구協 "권고 사항일 뿐"… 이사회 이후 적용 여부 결정

여주시 축구협회 부실 운영과 관련, 여주시 체육회 스포츠공정위가 개선책 마련을 요구하고 나섰다.

16일 여주시 체육회(체육회)와 축구인 등에 따르면 최근 체육회 스포츠공정위가 여주시 축구협회(축구협회)에 회장 출마 자격 요건 등과 관련된 일부 규약의 삭제 또는 개정 등을 권고했다.

하지만 축구협회 임원 일부가 권고안에 대해 부정적인 시각을 보이고 있어 이행 여부는 불투명하다.

변화와 혁신을 위한 여주시 축구협회 비상대책위(비대위)는 앞서 지난달 10일 "축구협회 규약 중 일부 조항이 축구인을 무시하는 독소조항으로, 이사회 기능이 총회 기능보다 우월하다. 이를 바로 잡아 달라"며 체육회에 진정서를 제출했다.

비대위는 진정서를 통해 "현 회장이 15년가량 집권하면서 이사회를 사유화하고 이사진을 업체 관계자 등으로 채웠다. 축구인을 대변하지 않고 있다"고 주장했다.

체육회는 같은달 29일 스포츠공정위를 소집, 위원 11명이 참석한 가운데 진정 내용을 심의, 만장일치로 비대위가 독소조항으로 지적한 내용을 개선하라고 '권고' 의결하고 체육회에 통보했다.

체육회는 축구협회에 다음달 19일까지 이행 결과를 알려달라고 요청했다.

스포츠공정위는 당시 회의에서 종목단체 임원 인준은 스포츠공정위 권한사항이라며 '삭제'를 주문했다.

대한축구협회와 경기도축구협회 규정은 부회장과 이사는 회장이 추천한 자 가운데 총회에서 선출한다고 규정하고 있다.

하지만 축구협회 임원 일부는 스포츠공정위 권고에 불만을 표시하고 있어 권고가 받아들여질지 여부는 축구협회 이사회가 열린 이후에나 결정될 것으로 보인다.

축구협회 관계자는 "지난 3월 열린 정기총회에서 비대위 측이 올린 회장 출마 자격에 대한 건이 부결됐다. 회장이 되려면 어느 정도 협회에서 고생한 사람이어야 한다는 의견이 많아 자격 제한을 뒀다"고 말했다.

이에 대해 비대위 관계자는 "당시 열린 건 이사회와 대의원 회의였다. 규약을 개정하겠다고 통보하고 유인물도 없이 관련 내용만 알려줬다. 지난 5월27일 총회가 열렸는데 그때는 정관 내용을 인쇄해 보여줬지만 본 안건으로 상정하지도 않았다. 기타 안건으로 처리해 토론만 했을 뿐 의결하지 않았다"고 반박했다.

여주=류진동기자

여주시 축구협회 부실 운영과 관련, 여주시 체육회 스포츠공정위가 개선책 마련을 요구하고 나섰다. 16일 여주시 체육회(체육회)와 축구인 등에 따르면 최근 체육회 스포츠공정위가 여주시 축구협회(축구협회)에 회장 출마 자격 요건 등과 관련된 일부 규약의 삭제 또는 개정 등을 권고했다. 하지만 축구협회 임원 일부가 권고안에 대해 부정적인 시각을 보이고 있어 이행 여부는 불투명하다. 변화와 혁신을 위한 여주시 축구협회 비상대책위(비대위)는 앞서 지난달 10일 "축구협회 규약 중 일부 조항이 축구인을 무시하는 독소조항으로, 이사회 기능이 총회 기능보다 우월하다. 이를 바로 잡아 달라"며 체육회에 진정서를 제출했다. 비대위는 진정서를 통해 "현 회장이 15년가량 집권하면서 이사회를 사유화하고 이사진을 업체 관계자 등으로 채웠다. 축구인을 대변하지 않고 있다"고 주장했다. 체육회는 같은 달 29일 스포츠공정위를 소집, 위원 11명이 참석한 가운데 진정 내용을 심의, 만장일치로 비대위가 독소조항으로 지적한 내용을 개선하라고 '권고' 의결하고 체육회에 통보했다.

- 스포츠 정신은 공정에 있다. 그렇지 않으면 사람들의 외면과 분노를 불러오기 마련이다. 우리는 한국 체육계의 케케묵은 병폐들이 시시때때로 수면 위로 올라와 사람들을 충격에 빠뜨리는 세상에 살고 있다. 그렇기 때문에 그 누구든 스포츠를 등에 업고 더 이상의 부패한 권력이 되지 않도록 열심히 참견하고 감시해야 한다. 물론 열렬한 응원도 필요하다.

대신·북내 일부 주민들, 천연가스발전소 조기 건립 촉구 2020/7/22

여주 대신·북내 일부 주민들, 천연가스발전소 조기 건립 촉구

여주시 대신·북내면 일부 주민들이 이항진 시장을 만나 북내면 외룡리에 건립 예정인 천연가스발전소 조기 건립을 촉구하고 나섰다. 지역경제 활성화를 위해서다. 반면 일부 시민단체들은 반대하고 있어 이 시장이 어떤 결정을 내릴지 주목된다.

원부리 농경지 침수 피해현장 "장마철마다 피해 되풀이"

2020/8/4

여주 원부리 농경지 침수 피해현장 "장마철마다 피해 되풀이"

류진동 기자 sun0111@kyeonggi.com 입력 2020.08.04 오후 6:50 댓글 0

"매년 장마철이면 농경지 2만여 평이 침수되는 피해가 발생해 수리조합 당시부터 경지정리를 요구했으나 시장이 바뀔 때마다 약속만 하고 이행을 하지 않아요."

4일 오후 4시10분께 여주시 점동면 원부교 인근 농경지 침수 피해현장. 이곳에서 쓰러진 벼를 세우다 만난 황선동 점동면 원부리 이장(61)은 "올해들어 3번째 수마가 쓸고간 농경지 침수피해가 발생했다"며"정부와 지자체가 제발 비 피해가 발생하지 않도록 도와달라"고 주문했다.

황 이장은 지난 2일부터 최근까지 내린 집중호우로 농경지 2만여평 중 자신의 논 3천여평이 침수되는 피해를 입었다. 자신의 피해 복구는 엄두도 못 내고 마을 이장의 책임을 다하기 위해 마을 주민들의 농경지와 침수된 농가들을 돌면서 복구를 돕고 있다.

황 이장은 "원부리에서 평생을 살고 있지만 수십년만에 처음 많이 내렸다"며"침수피해가 발생한 농경지는 청미천 바닥보다 낮은 지역에 위치, 하천 물이 불어나면 하천물이 역류, 매년 침수피해가 발생한다. 봄에는 물 부족으로 하천 물을 양수기로 펌핑해 농경지에 물을 대고 있어 올해도 농가 6곳이 물을 펌핑하다 하천물이 불어나 양수기 4대가 사라졌다"고 호소했다.

"매년 장마철이면 농경지 2만여 평이 침수되는 피해가 발생해 수리조합 당시부터 경지정리를 요구했으나 시장이 바뀔 때마다 약속만 하고 이행을 하지 않아요." 4일 오후 4시10분께 여주시 점동면 원부교 인근 농경지 침수 피해현장. 이곳에서 쓰러진 벼를 세우다 만난 황선동 점동면 원부리 이장(61)은 "올해들어 3번째 수마가 쓸고간 농경지 침수피해가 발생했다"며"정부와 지자체가 제발 비 피해가 발생하지 않도록 도와달라"고 주문했다. 황 이장은 이번 집중호우로 농경지 2만여평이 침수되는 피해를 입었다고 했다. 황 이장은 "원부리에서 평생을 살고 있지만 수십년만에 처음 많이 내렸다"며"침수피해가 발생한 농경지는 청미천 바닥보다 낮은 지역에 위치, 하천물이 불어나면 하천물이 역류, 매년 침수피해가 발생한다. 봄에는 물 부족으로 하천 물을 양수기로 펌핑해 농경지에 물을 대고 있어 올해도 농가 6곳이 물을 펌핑하다 하천물이 불어나 양수기 4대가 사라졌다"고 호소했다. 이어 "다음 주까지 비가 더 온다는 기상예보가 잡혔는데 복구해도 또 피해가 발생할까 걱정"이라며 망연자실했다. 황 이장은 "임창선 군수 시절부터 시장·군수가 바뀔 때마다 경지정리사업을 요구했다"며"이항진 시장의 방문(1박2일 마을 소통투어)시에도 원부교 인근 농경지가 매년 침수피해로 수확량이 떨어지는 등 어려움을 겪고 있다며 농지정리(경지정리)를 진행해 달라고 요구했다"고 말했다. 청미천 원부교 인근 원부리 마을은 주민 200여명이 거주하는 마을로 이번 집중호우로 농경지 7만여㎡가 침수되고 주택 10채가 물난리를 겪어야만 했다. 점동면 원부리와 관할리 인근 주민들은 지난 2일 원부교 한강홍수통제소가 홍수경보를 발령하자 "하천물이 범람할 경우를 대비해 긴급하게 마을회관으로 대피했으나 저지대에 있는 마을회관조차 물에 잠길 위기에 처해 인근 점동초등학교 다목적체육관으로 대피했다가 4일 현재 집으로 귀가한 상태다.

여주시의회, 후반기 박시선 의장 2020/8/5

[후반기 의장에게 듣는다] 박시선 여주시의회 의장

류진동 기자 san3111@kyeonggi.com 입력 2020.08.05 오후 9:11 댓글 0

▲ 박시선

여주시의회 후반기를 이끌어 갈 박시선 의장은 "시민의 입장에서 생각하고 행동할 것"이라며 "오로지 시민만을 바라보고 의정 활동을 펼치겠다"고 강조했다.

여주시의회 최연소 의장직을 수행하고 있는 박 의장은 "시의원은 시민의 대변자로서 집행부 상생발전과 건전한 견제라는 의회의 고유기능을 접목시켜 시민의 심부름꾼으로 열심히 뛰겠다"고 밝혔다.

박 의장은 이어 "코로나19 등으로 대내외적 시민 생활 여건이 녹록지 않다. 현재 7명 의원들이 각자 다른 색을 내고 있다"며 "후반기는 이들 의원님들의 각색을 조합해 한색을 표출시킬 것이다. 집행부가 추진하고 있는 경강선 여주역세권 개발사업, 도시재생사업, 역세권학교복합화 사업 등을 적극 지원하겠다"고 설명했다.

여주시의회 최연소 의장직을 수행하고 있는 박 의장은 "코로나19 등으로 대내외적 시민 생활 여건이 녹록치 않다. 현재 7명 의원들이 각자 다른 색을 내고 있다"며 "후반기는 이들 의원님들의 각색을 조합해 한색을 표출시킬 것이다. 집행부가 추진하고 있는 경강선 여주역세권 개발사업, 도시재생사업, 역세권학교복합화 사업 등을 적극 지원하겠다"고 설명했다. 또 "시민이 시정과 의정에 적극적으로 참여할 수 있는 소통기구 '시민 모니터링' 시스템을 구축할 것이다. 시민과 언론, 집행부의 소통을 강화할 것"이라며 "여야의 구분보다는 여주의 발전과 시민의 행복이 판단의 기준이 되는 의회 풍토를 만들겠다"고 약속했다. 박 의장은 특히 "여주의 미래를 위한 의정 활동 정책연구와 정책토론, 정책개발을 수행할 수 있는 기구를 만들겠다"며 "지역 특성에 맞춤 시의회 상을 구현하겠다. 지역발전을 위한 일이라면 당 소속을 가리지 않고 소통할 것"이라고 덧붙였다. 박 의장은 "시민을 위한 생산적인 의회를 어떻게 만들어 갈 것인가에 대해 고민하고 있다"며 시민의 소리에 경청하는 겸손한 의정 활동을 펼치겠다"고 했다.

폐기물 자원화로 청정 여주 만든다 2020/8/6

폐기물 자원화로 '청정 여주' 만든다

에스알그린연구소 이세린 소장

"사용 후 버려지는 하수슬러지 등을 융합기술로 자원화 할 수 있게 연구개발하는 일이 제일 잘하는 일 입니다. 고향 여주를 세계적인 환경친화도시로 성장시키는 데 최선을 다 할 것입니다."

최근 여주시의 각종 하수슬러지와 쓰레기 발전소 사업 등의 인·허가 문제를 놓고

슬러지 활용한 건축·산업 자재 등
재활용 기술 연구에 한평생 매진
"세계적인 환경친화도시 힘쓸 것"

해당 지역 주민들이 민·민 갈등을 빚고 있는 가운데 이세린(73) 에스알그린연구소장은 고향인 여주를 환경친화도시로 성장시킬 프로젝트를 추진, 관심을 끌고 있다.

이 소장은 여주 가남읍 출신으로 지난 1984년 환경자원화 선진기술을 배우고자 일본으로 건너갔다. 도쿄 미쓰비시중공업에서 환경기술소재 담당으로 근무하면서 가볍고 단단하면서도 불에 잘 타지 않는 신소재(특수 FRP·비행기와 배의 내장재) 등을 개발, 각종 폐기물의 자원화 사업에 관심을 갖게 돼 연구를 시작했다.

이후 1990년대 초 귀국해 각종 폐기물 자원화의 융합기술개발로 물성변화 시킨 신소재 기술을 개발해 하수종말 처리장 슬러지를 초경량 건축자재로 만들고, 화력발전소의 애쉬와 분진을 자원화하는 기술을 개발해 충남 당진에 환경연구소인 에스알그린연구소를 설립했다.

그는 또 각종 폐슬러지를 활용한 다양한 리사이클 기술 연구를 진행하면서 하수와 석면, 건축 등 슬러지를 활용한 소재 개발은 물론 싱크홀 문제 등을 해결하고 슬러지를 이용한 경량패널 제작 등 건축·건설·산업용 자재를 생산하는 체계를 구축했다.

현재는 환경연구소를 광주로 이전, 20여 명의 연구진들이 버려지는 각종 폐기물을 리사이클링해 자원화하는 기술을 연구개발하고 있다.

특히 제주도의 환경회복포럼연구소장으로 활동하면서 제주도 자연유산 보존 및 자연보호 활동과 청정 제주를 위한 캠페인 등도 진행하고 있다.

이 소장은 "고향 여주가 세계적인 환경친화도시로 성장할 수 있는 기틀을 만들기 위해 현재 광주에 있는 연구소의 여주시 점동면 이전을 검토하고 있다"면서 "여주에서 한평생 연구하고 개발한 리사이클 처리 노하우와 성과물을 완성시켜 여주를 세계유일 무한 경쟁도시로 성장시키는 데 보탬이 되고 싶다"고 말했다. 여주=류진동기자

남한강에 정박 어선 9척 폭우로 사라지는 등 피해 속출 2020/8/9

여주 남한강에 정박 어선 9척 폭우로 사라지는 등 피해 속출

여주시는 9일 오후 3시 현재 최근 내린 집중호우 총 누적 강우량이 428.2㎜로 주택침수와 농경지·어선 실종 등의 피해가 속출했다고 밝혔다. 중앙재난안전대책본부와 경기도 재난본부는 기록적인 폭우가 내린 여주 지역에 9일 오전 10시와 오후 2시50분을 기해 집중호우 위험지역과 저지대침수, 비탈면 붕괴 등 위험지역 주민 긴급 대피명령을 각각 발령했다. 이번 폭우로 여주어촌계 선박피해는 2억원 정도 발생한 것 같다고 한다.

여주쌀 추곡수매가 최고 8만2천원 결정… 지난해보다 4천원 올라 2020/8/26

여주쌀 추곡수매가 최고 8만2천원으로 결정...지난해보다 4천원

여주시 통합 PRC 운영협의회(회장 임광식·대신농협조합장)는 대왕님표 여주쌀 올해 추곡수매가를 지난해보다 4천원 오른 최고 8만2천원으로 결정됐다고 26일 밝혔다. 협의회는 지난 25일 이사회를 열어 올해 대왕님표 여주쌀 조곡 40㎏(재현율 83%) 기준 영호진벼 7만8천원, 진상벼 8만원, 히도메브리 8만2천원 등으로 결정했다. 지난해보다 평균 수매가는 4천원 올랐다. 지난해 대왕님표 여주쌀 조곡 매입량은 3만여t으로 올해도 같은 수준으로 사들일 계획이다.

신세계사이먼 여주시에 이웃돕기 성금 1천만원 기탁 2020/8/26

신세계사이먼, 여주시에 이웃돕기 성금 1천만원 기탁

신세계사이먼(대표 조창현)여주프리미엄아울렛(점장 도현철)이 코로나 19와 집중호우로 피해입은 여주지역 주민돕기 기부금 1천만 원을 이항진 여주시장에게 전달했다고 25일 밝혔다.

이번 기부금은 경기공동모금회를 통해 여주지역 주민들의 생계지원과 수해복구를 위해 사용할 예정이다.

여주프리미엄아울렛은 지역사회 상생발전과 지역주민들에게 실질적 도움을 제공하기 위한 다양한 활동을 펼치고 있다.

2012년부터 여주시와 공동으로 매년 '농특산물 직거래 장터'를 개최해 농업인 후원을 통한 지역경제 활성화를 위한 노력으로 2015년 신관확장과 함께 상생형 매장 '여주 퍼블릭 마켓'을 열었다. 여기에 여주 도자기 판매관, 여주 장터 맛집 등을 갖춰 여주시 홍보를

전 세계적으로 확대하고 지난해 지역사회 발전을 위한 기부금 1억 원을 전달하기로 했다.

또 지난 1월부터 지역사회 경제 활성화와 발전을 위한 다양한 사업을 전개한 공로를 인정받아 조창현 신세계사이먼 대표가 지역사회 발전 분야 '경기도의회 의장 표창'을 수상했다.

여주=류진동기자

여주 문장초교 독서캠프 진행 2020/8/29

농촌지역 문화체험 격차 줄인다
여주 문장초교 '독서캠프' 진행

여주 문장초등학교(교장 신화용)는 교내 한빛독서관에서 주변의 문화적 체험공간이 부족한 농촌지역 학생들을 위해 '독서나무에 독서꽃이 피었습니다'라는 이름의 독서캠프를 진행했다고 27일 밝혔다.

이번 독서캠프는 코로나19로 인해 비대면 수업 중 학생들이 직접 원하는 도서를 대출하기 어려워 마련됐으며, 2020년 신간 도서 중 교과연계 도서를 활용해 진행됐다.

학생들은 학년별 책을 골라 읽고 독후 활동지를 작성한 뒤 독서나무에 꽃 모양으로 붙여 풍성한 독서나무를 탄생시켰다. 학생들은 자신들이 만든 독서나무에서 기념사진을

촬영하기도 했다.

신화용 교장은 "문장초 학생들이 코로나19 방역수칙을 잘 지키며 학교에 나와 밝고 활기찬 분위기로 독서캠프 활동에 임하는 모습을 보니 매우 빛나 보인다"고 말했다.

여주 문장초 교사 이연주

"여주시 수백t 불법 산업폐기물 치워라" 강천주민협의체-市 갈등 2020/8/30

여주시 농어촌폐기물종합처리장 운영을 맡은 강천면매립장주민협의체(이하 주민협의체)와 여주시가 불법 야적된 산업폐기물 수백t 처리를 놓고 갈등을 빚으면서 10일 간 쓰레기 반입이 중단됐던 것으로 드러났다. 30일 여주시와 주민협의체 등에 따르면 여주시 농어촌폐기물종합처리장 3단계 개발부지에 수 년 전간 산업폐기물(혼합폐기물) 수백 t이 불법 야적돼 환경오염 등이 우려된다며 주민협의체가 지난 19일 처리장 쓰레기 반입을 중단시켰다. 반입이 중단되자 여주시 전역에서 매일 배출되는 쓰레기를 12개 읍·면·동 지역과 하동 야적장에 10여 일 방치하기에는 어려운 상황, 이에 시는 주민협의체와 수차례 간담회를 개최한 결과 불법 야적된 폐기물을 27일까지 처리하는 선에서 조건부 반입허용을 받았다. 이에 따라 시는 방치된 폐기물 수백t을 예산범위 내에서 환경전문업체인 이천 삼성환경 등에 처리하고 남은 잔량은 환경오염방지 시설이 완비된 곳으로 처리,

지난 28일부터 쓰레기 반입이 허용돼 10여 일간 방치됐던 쓰레기를 처리해 대란은 피했다. 하지만 수년간 불법야적된 산업폐기물 등의 침출수로 인한 남한강 상수원 환경오염 문제는 답을 내지 못하고 있다.

여주시 도내 첫 농민수당 60만원 준다 2020/9/8

여주시, 도내 첫 농민수당 60만원 준다

2년이상 거주 8천333농가
지역화폐로 추석 전 지급

여주시가 경기도 최초로 추석 2주일 전인 오는 14일 8천333 농가에 농민수당으로 60만원씩 총 50억원을 지역화폐로 지급한다고 7일 밝혔다.

코로나19로 침체된 지역경제 활성화와 농업·농촌이 갖고 있는 공익적 기능 보전과 증진 등을 위해서다. 경기도 내 최초로 시행하는 사업이다.

대상은 영농규모 1천㎡ 이상 농가 중 2년 이상 계속해 여주에 주소를 두고 거주하면서 실제 영농에 종사하는 농업경영체에 등록된 농가다.

단, 농업 외 종합소득금액이 3천700만원 이상이거나 신청 전년도에 각종 보조금을 부정 수급한 사실이 있으면 제외된다.

시는 농민수당 지급을 위해 지난 1월부터 2월까지 한달 간 신청을 받아 자격 검증과 이의신청 등을 거쳐 8천333농가를 대상자로 선정했다.

시는 앞서 지난달 31일 모든 대상자에게 여주사랑카드 발급을 완료했다.

이항진 시장은 "농민수당이 추석 명절을 앞둔 지역 상권에 희망과 활력을 줄 수 있기를 기대한다"며 "농업인들은 농업의 공익적 가치 증진과 농촌의 공동체 활성화에 힘써 달라"고 말했다.

여주=류진동기자

장애위험군 영유아 지원 조례 여주시의회 전국 최초 추진 2020/9/8

장애위험군 영유아 지원 조례 여주시의회, 전국 최초 추진

영유아 정상발달 정책·지원 강화
만장일치 가결, 본회의 통과 확실

여주시의회가 전국 최초로 장애 위험군 영유아발달지원 조례 제정을 추진, 향후 여주시 발달장애 영유아 지원이 강화될 전망이다.

전국 70여개 지자체에서 발달장애인에 대한 권익보호나 지원조례를 두고는 있지만, 장애 위험군까지 포함해 영유아 발달지원을 집중한 사례는 이번이 처음이다.

여주시의회 조례특별위원회는 7일 '장애 및 장애위험군 영유아발달 지원 조례안'을 만장일치로 가결했다. 시의회 조례특별위원회는 의장을 제외한 6명의 여주시의원 전원으로 구성돼 오는 11일로 예정된 본회의 통과도 확실시된다.

이번 조례안은 저체중아, 이른둥이 등 장애 위험군을 포함한 영유아의 정상발달을 지원하고자 '영유아 정상발달 및 장애 예방 위원회'를 두고 관련 정책 수립, 장애의 조기발견 서비스 제공을 위한 홍보 등의 사항을 심의하도록 했다. 영유아 정상발달 및 장애예방 위원회는 영유아 관련 기관 전문가, 장애 예방 관련 복지전문가, 보호자 대표, 어린이집 원장 등으로 구성한다.

조례안은 영유아의 정상발달과 장애 예방에 관한 정보의 수집·제공·상담 및 서비스를 위해 영유아발달지원센터를 설치, 운영하는 내용을 담고 있다.

이번 조례안을 대표 발의한 최종미 의원은 지난 7월 23일 여주시 장애인복지관에서 열린 발달지연 아동발굴 및 서비스제공 방향 모색 세미나에 참석해 발달 지원 아동을 위한 조기개입 서비스의 중요성과 서비스 네트워크 구축의 필요성을 주장하기도 했다.

최 의원은 "장애 위험군까지 포함한 영유아 발달 지원 조례를 추진하기는 여주시의회가 전국에서 처음"이라며 "발달 장애의 해결책은 조기 대응이 최우선인 만큼 해당 조례가 장애를 예방하고 건강한 사회 구성원으로 성장, 발달시키는 데 도움이 될 것으로 기대한다"고 말했다.

여주=류진동기자

김선교 국회의원 여주천연가스발전소 갈등 해법 모색

2020/9/9

김선교 국회의원 여주천연가스발전소 갈등 해법 모색

김선교 국회의원(국민의힘 여주·양평)이 최근 여주천연가스발전소 송전선로 관련, 민·민 갈등을 빚고 있는 가운데 해법찾기에 나섰다. 김 의원은 최근 송전선로 지상화 찬성 주민들과 간담회 자리에서 "여주천연가스발전소 건립공사가 40% 이상 진행된 것을 백지화하는 것은 비현실적이다. 송전선로는 2013년에 추진한 원안대로 하는 것이 맞다"라며 "현재 논란이 가중되고 있는 송전선로 변경에 대해 산업통상자원부 측에 주민의견제출 내용 등 정확한 진행경과를 다시 한 번 확인하겠다"라고 밝혔다.

로컬푸드 기반 확충 위해 71억 원 투입한다

2020/9/10

여주시는 먹을거리 공동체 구축사업에 오는 2022년까지 71억 원을 투입한다고 10일 밝혔다. 올바른 농산물 생산과 더 건강하게 소비하는 먹을거리를 위해서다. 시는 앞서 농림축산식품부 주관 공모사업인 '2019년 농촌 신활력 플러스사업 기본계획'을 지난 7일 승인받았다.

- 로컬푸드는 농산물이 생산지에서 밥상에 이르기까지 물리적 거리가 가까운 곳에서 생산되는 모든 농산물을 일컫는 말이다. 장거리 수송이나 여러 단계의 유통을 거치지 않아도 되기 때문에 신선한 농산물을 착한 가격에 소비할 수 있는 이점이 있다. 지역 경제에도 도움이 되고 건강하고 좋은 먹거리를 위한 투자인 만큼 계획과 실행에 부족함이 없었으면 좋겠다.

송촌초교 특별한 아침 맞이 행사 2020/9/18

"마음이 야무진 우리" 즐거운 등굣길
여주 송촌초, 특별한 아침 맞이 행사

여주 송촌초등학교(교장 이일현)가 코로나19 상황 속 모처럼 등굣길에 나선 학생들을 위해 특별한 아침 맞이 행사를 진행했다.

송촌초는 약 3주간의 원격수업을 마치고 이달 14일부터 등교를 재개, 학생들의 즐거운 학교생활을 위해 '마야우(마음이 야무진 우리)' 행사를 실시했다.

코로나19 여파로 다른 인근 학교들은 아직 원격수업을 하는 중이지만 전교생 60명 미만의 작은 학교인 여주 송촌초는 학부모·학생·교직원 등 교육공동체의 의견을 수렴해 등교수업을 재개하기로 했다.

9월14일 행복한 아침맞이 행사를 위해 학생들을 기다리고 계신 송촌초 교사들의 모습.

이번 행사를 통해 학생들은 '모두가 어우러져 함께 만들어가는 송촌교육'을 의미하는 학교 로고가 새겨진 티셔츠와 건강한 생활을 응원하는 유기농 쿠키를 선물 받았다.

이성혜 교감은 "코로나19 속에서 전교생이 등교수업을 할 수 있는 것은 학생 수가 적은 학교만이 누릴 수 있는 혜택이라고 생각한다"며 "송촌초 아침 맞이 행사인 '마음이 야무진 우리'에 함께하면서 모두 웃음 가득한 날을 보낸 것 같아 기쁘다"고 말했다. 이연우기자

조명래 환경부장관 여주 방문 2020/9/23

조명래 환경부장관 여주 방문

조명래 환경부장관이 여주를 방문했다.

조 장관은 지난 21일 여주시청 시장실에서 이항진 시장과 만나 남한강 자연성 회복을 위한 협력방안을 논의한 것으로 알려졌다.

이 시장은 "정부가 추진하는 4대강 자연성 회복을 위해 다양한 의견들을 논의했다"며"남한강 여주의 3개보와 관련, 수질보존 필요성과 운영 개방, 주민 정서, 지역발전 기여 등 다양한 의견을 포괄적으로 나눴다"고 말했다.

이어 "여주시는 수십년 동안 자연환경을 지키기 위해 많은 노력을 기울여 왔다. 이제는 정부가 그동안 규제와 불이익을 받아온 여주발전을 위해 지원해야 한다"며"여주 발전을 위한 다양한 지원책과 제안 등을 조 장관에게 요청했다"고 덧붙였다.

한편 환경부는 남한강이 2천500만 수도권 시민 젖줄로 상수원 보호에 매우 중요하다는 인식을 함께하고 여주시와 다양한 논의를 통해 상생협력방안을 모색키로 한 것으로 알려졌다.

여주=류진동기자

조명래 환경부장관이 여주를 방문했다. 조 장관은 지난 21일 여주시청 시장실에서 이항진 시장과 만나 남한강 자연성 회복을 위한 협력방안을 논의한 것으로 알려졌다. 이 시장은 "정부가 추진하는 4대강 자연성 회복을 위해 다양한 의견들을 논의했다"며"남한강 여주의 3개보와 관련, 수질보존 필요성과 운영 개방, 주민 정서, 지역발전 기여 등 다양한 의견을 포괄적으로 나눴다"고 말했다. 이어 "여주시는 수십년 동안 자연환경을 지키기 위해 많은 노력을 기울여 왔다. 이제는 정부가 그동안 규제와 불이익을 받아온 여주발전을 위해 지원해야 한다"며"여주 발전을 위한 다양한 지원책과 제안 등을 조 장관에게 요청했다"고 덧붙였다. 한편 환경부는 남한강이 2천500만 수도권 시민 젖줄로 상수원 보호에 매우 중요하다는 인식을 함께하고 여주시와 다양한 논의를 통해 상생협력방안을 모색키로 한 것으로 알려졌다.

여주 '세종효종대왕릉' 9일 준공식 2020/10/6

여주 '세종효종대왕릉' 9일 준공식

류진동 기자 san3111@kyeonggi.com 입력 2020. 10. 06 오후 8:19 댓글 0

6년 2개월여만에 제모습 찾아

한글을 창제한 세종대왕릉인 영릉(英陵)이 말끔하게 정비돼 제574돌 한글날인 오는 9일 준공식을 갖는다.

특히 세종대왕릉은 효종대왕릉과 함께 지난 2009년 6월 조선왕릉 40기가 유네스코 세계문화유산에 등재된 것을 계기로 왕릉의 모습을 바로 잡기 위해 6년 2개월동안의 공사를 거쳐 이번에 공개돼 의미를 더하고 있다.

문화재청은 오는 9일 제574돌 한글날을 맞아 세종대왕릉과 효종대왕릉 종합정비사업 준공식을 개최한다고 7일 밝혔다.

이 사업은 지난 2009년 6월부터 시작돼 능제(陵制·무덤 양식)와 예법에 맞지 않게 조성된 인위적인 시설물들이 철거됐고 발굴조사를 통해 세종대왕릉의 재실과 배수를 위한 도랑인 어구(御溝), 향·어로와 영릉(寧陵) 연지 등의 원래 터를 확인, 원형에 가깝게 정비됐다.

준공식은 경과보고와 기념사, '문무와 무무 그리고 태평성대' 축하 공연, 제막식, 기념 식재, 재실 관람, 헌화 및 분향 등의 순서로 진행된다.

앞서 이날 오전 9시 여주시 주최로 한글문화행사가 세종대왕역사문화관 앞에서 열린다.

한글의 우수성을 알리는 다양한 이벤트들도 진행될 예정이다.

준공식은 정세균 국무총리 주재로 열릴 예정이다. 코로나19 확산방지를 위해 초청자는 50명 이내로 제한될 예정이다.

여주시는 앞서 '여주, 한글로 나르샤'를 주제로 8일 썬밸리호텔에서 '한글과 민주주의, 지역사회에서의 문해력'를 주제로 학술대회도 연다.

학술대회는 김하수 전 연세대 교수의 '문해력, 민주주의, 교육', 최경봉 원광대 교수의 '한글과 민주주의' 기조강연 등으로 문을 연다.

대회는 이날 오전 10시부터 오후 6시까지 3부로 진행된다. 각각의 주제를 4분과로 나눠 분과별 발표와 토론 등으로 이어진다.

이항진 여주시장은 "올해로 574돌을 맞는 한글날에 세종대왕릉 종합정비사업 준공식을 열게 돼 감회가 새롭다"며 "코로나19 방역을 위해 초청자가 50명 이내로 제한돼 진행되지만 한글을 창제한 세종대왕의 정신을 아로 새기는 날이 되길 기대한다"고 말했다.

여주=류진동기자

한글을 창제한 세종대왕릉인 영릉(英陵)이 말끔하게 정비돼 제574돌 한글날인 오는 9일 준공식을 갖는다. 특히 세종대왕릉은 효종대왕릉과 함께 지난 2009년 6월 조선왕릉 40기가 유네스코 세계문화유산에 등재된 것을 계기로 왕릉의 모습을 바로 잡기 위해 6년 2개월동안의 공사를 거쳐 이번에 공개돼 의미를 더하고 있다. 문화재청은 오는 9일 제574돌 한글날을 맞아 세종대왕릉과 효종대왕릉 종합정비사업 준공식을 개최한다고 7일 밝혔다. 이 사업은 지난 2009년 6월부터 시작돼 능제(陵制·무덤 양식)와 예법에 맞지 않게 조성된 인위적인 시설물들이 철거됐고 발굴조사를 통해 세종대왕릉의 재실과 배수를 위한 도랑인 어구(御溝), 향·어로와 영릉(寧陵) 연지 등의 원래 터를 확인, 원형에 가깝게 정비됐다.

여주시, '꿈꾸는 여주'로 市歌 교체 2020/10/7

여주시, '꿈꾸는 여주'로 市歌 교체

여주시는 시가(市歌)를 '꿈꾸는 여주'로 바꿨다고 6일 밝혔다.

'꿈꾸는 여주'는 전 국민 가사 공모전 최우수작(김응혜 작사)에 '이등병의 편지'를 작곡한 가수 김현성씨가 곡을 붙였다.

시는 앞서 지난해 2월28일 친일인명사전에 오른 김동진이 작곡한 시가 '여주의 노래' 사용을 중단한 뒤 가사 공모전을 진행했다.

김동진은 1939년 만주국 건국을 찬양하는 곡을 만드는 등 일본제국의 만주정책에 협조한 행적으로 친일인명사전에 등재됐다.

시 관계자는 "시민 781명을 대상으로 설문 조사한 결과, 93%가 시가 개정에 찬성했다"며 "새로운 시가가 여주 시민의 화합과 단결의 상징이 될 수 있도록 노력하겠다"고 말했다.

새로운 시가는 여주시 홈페이지를 통해 악보와 음원을 다운로드를 받을 수 있다. 여주=류진동기자

여주쌀 생산량 50% 감소 농민들 한숨

2020/10/8

여주쌀 생산량 작년比 50% 감소

긴 장마·태풍 등에 일조량 부족… 불완전米 수확 예고
가남농협 조합장 "정부는 농민재난극복지원금 지원해야"

올해 여주지역 쌀 생산량이 지난해에 비해 50% 이상 감소할 것으로 전망돼 농민들의 한숨이 깊어지고 있다.

긴 장마로 일조량 부족에 연이은 태풍 영향 등으로 벼알이 충실하게 여물지 못하는데다 덜 여문 알벼 등 불완전미 수확이 예고되기 때문이다.

7일 시에 따르면 벼 재배면적은 7천157ha로 이 중 최근까지 80여%인 5천700여ha에서 벼베기를 완료됐다. 지난해 농협미곡종합처리장(RPC)의 수매벼는 2만9천123t이나 올해 벼수매 예상량은 절반으로 감소할 것으로 전망된다.

가남농협의 경우 700여 수매농가에서 지난해 진상 벼·추청·고시히카리·히도메보레 등의 품종을 재배해 5천100t을 수매했으나 올해는 긴 장마와 일조량 부족 등으로 절반 수준인 3천여t이 수매될 것으로 예상된다.

가남읍 금당리에서 50여년간 벼농사를 짓고 있다는 A씨는 "지난해 논 1만6천여㎡에 진상벼를 재배, 40㎏들이 220가마니를 생산했으나 올해는 그 절반에도 못 미치는 100여 가마니를 생산, 수확을 포기하고 싶었다"고 말했다.

가남읍 건장리에서 40여년간 벼농사를 짓는다는 B씨도 "지난해 논 4만6천261㎡에 진상벼를 심어 수매값으로 9천여만원을 받았다. 올해는 같은 면적에 은품종을 심어 3천800여만원의 매출을 올렸다. 타작을 포기하고 농지에 불을 지르고 싶은 심정"이라고 말했다.

시는 올해 여주쌀 전체 생산량이 지난해보다 35%가량 감소할 것으로 전망했다.

김지현 가남농협 조합장은 "올해 여주쌀 생산량 감소 원인은 긴 장마와 태풍 등으로 인한 도복벼, 일조량 부족 등이다. 전체 벼 수확량이 예년보다 50%가량 감소해 쌀값 인상요인으로 작용될 것이다. 정부는 농업인 경영안정을 위해 농민재난극복지원금을 지원해야 한다"고 주장했다.

여주=류진동기자

올해 여주지역 쌀 생산량이 지난해에 비해 50% 이상 감소할 것으로 전망돼 농민들의 한숨이 깊어지고 있다. 긴 장마로 일조량 부족에 연이은 태풍 영향 등으로 벼알이 충실하게 여물지 못하는데다 덜 여문 알벼 등 불완전미 수확이 예고되기 때문이다. 7일 시에 따르면 벼 재배면적은 7천157ha로 이 중 최근까지 80여%인 5천700여ha에서 벼베기를 완료됐다. 지난해 농협미곡종합처리장(RPC)의 수매벼는 2만9천123t이나 올해 벼 수매 예상량은 절반으로 감소할 것으로 전망된다. 가남농협의 경우 700여 수매농가에서 지난해 진상 벼·추청·고시히카리·히도메보레 등의 품종을 재배해 5천100t을 수매했으나 올해는 긴 장마와 일조량 부족 등으로 절반 수준인 3천여t이 수매될 것으로 예상된다.

- 사람이 아무리 노력해도 하늘의 도움이 없으면 할 수 없는 일이 농사다. 그래서 민심은 천심이라는 말도 있는 모양이다. 긴 장마로 인한 일조량 부족이 한 해 농사를 망쳤으니 농민들의 한숨이 하늘까지 닿겠다.

한글 품은 여주 전통시장 1020세대 마음도 품었다. 2020/10/9

한글 품은 여주 전통시장, 1020세대 마음도 품었다

한글간판 즐비·환경 개선 등 노력… 젊은층이 찾는 명소로 부활
서울 종로구, 한글표기 안되면 간판 허가 안내줘… 수원과 대조

수원 행리단길과 달리 서울 인사동과 여주 한글시장은 한글사랑을 통해 전국적인 명소로 거듭났다.

8일 오전 10시께 서울시 종로구 인사동 일대는 외국어가 범람하는 보통의 도심과 달리 한글간판으로 빼곡했다. 스타벅스와 같은 해외 업체부터 유명 프랜차이즈 업체까지 이곳에선 모두 한글간판을 달고 있었다.

대부분 행정 제재가 불가능한 면적 5㎡ 이하의 자율 설치 간판이지만, 종로구는 간판정비사업에 포함시켜서 외국어간판을 한글간판으로 바꾸고 있다. 수원시와 같은 조건이지만, 정반대의 모습이다.

이날 서울 종로구청에 따르면 종로구는 자체적으로 세부 규칙까지 마련해 한글 표기가 안 되면 아예 간판 허가를 내주지 않는 등 적극적인 한글간판 정책을 펼치고 있다. 한글과 외국어를 병기해야 할 때도 한글 비중이 20% 이상 돼야 한다.

경기도에서는 여주 한글시장이 모범사례로 꼽힌다.

이날 오후 4시께 여주시 창동에 위치한 여주 한글시장은 그야말로 한글의 터전이었다. 간판들이 한글로 표기됐음은 물론 의자, 안내판까지 한글 자음 형상으로 만들어졌다. 시장 내 점포 총 165곳 중 외국어간판을 쓰는 곳은 단 5곳(3%) 뿐이었고, 이들 5곳도 한글과 외국어를 병기해 법령을 준수했다.

과거 이곳은 1980년대부터 모여든 가게들이 중앙로상점가를 형성했으나, 세월이 흘러 구도심이 되면서 인적이 드문 전통시장으로 전락했다. 그러다 여주 세종대왕 영릉을 착안한 여주시의 아이디어로 다시 태어났다.

여주시는 중소벤처기업부 문화관광형 시장육성사업에 선정돼 2016년 한글시장 조성을 시작했다.

이후 2019년 호평 속에 전국 최초로 2차 지원에 선정되는 기염을 토했다. 한글 보존으로 낡아가는 전통시장을 살려낸 성과를 인정받은 것이다.

한글시장은 단순히 한글에서 그치지 않았다. 경기도 지원으로 시장 입구에 주차면 수 188면의 3층 주차타워와 쉼터, 수유실 등을 조성해 접근성을 높였다. 여주시는 주차타워의 추가 유치를 준비 중이다.

이 같은 노력은 전통시장의 젊은 인구 유입이라는 효과로 이어졌다.

순우리말 문장으로 감성을 자극하는 카페와 여주 명물 여주빵에 한글 자음을 새겨넣은 한글빵 등이 탄생했다. 이날 시장 골목을 채운 인파의 대다수는 10~20대의 젊은 사람들이었다.

한글빵카페를 운영하는 신재순씨(62)는 "한글시장이라는 상징성이 시장을 새롭게 만들어줬다"며 "여주시에서 한글빵을 적극적으로 홍보해주는 등 많은 도움을 주고 있다"고 했다.

제574주년 한글날을 하루 앞둔 8일 오후 여주시 창동 여주 한글시장 내 상점마다 한글로 표기된 간판들이 설치돼있다. 윤원규기자

윤민진 중소벤처기업부 산하 여주 한글시장 육성사업단장은 "이곳 상인회는 다른 어느 곳보다 단합이 잘된다"며 "새로운 임차인이 와서 간판이 바뀔 때면 상인들이 한글시장의 정체성을 알리며 한글간판을 권유하는 등 이제는 상인들이 먼저 자부심을 갖고 발벗고 나선다"고 말했다.

장희준기자

한국유기질비료산업협동조합 친환경농업 훼손 지역 우대 차등지원 철회 촉구 성명 2020/10/12

한국유기질비료산업협동조합 친환경농업 훼손 지역 우대 차등지원 철회 촉구 성명

승인 2020-10-12 18:41

류진동 기자 san3111@kyeonggi.com
기자페이지 >

한국유기질비료산업협동조합

한국유기질비료산업협동조합 경기남부협의회(회장 현국환)는 12일 농림부가 공정성 문제로 금지했던 지역우대 차등지원정책으로 인해 환경오염 등 심각한 문제가 발생할 수 있다고 주장했다.

이들은 이 같은 내용을 담은 '친환경 농업 훼손시키는 유기질비료 지역우대 차등지원 무엇이 문제인가' 제하의 성명서를 농림부 등 농업 관련 단체 등에 전달하고 언론에 공개했다.

한국유기질비료산업협동조합 경기남부협의회(회장 현국환)는 12일 농림부가 공정성문제로 금지했던 지역우대 차등지원정책으로 인해 환경오염 등 심각한 문제가 발생할 수 있다고 주장했다. 이들은 이 같은 내용을 담은 '친환경 농업 훼손시키는 유기질비료 지역우대 차등지원 무엇이 문제인가' 제하의 성명서를 농림부 등 농업 관련 단체 등에 전달하고 언론에 공개했다.

여주 북내면 일부 주민들 천연가스발전소 지역 정치인들 중립 촉구 2020/10/14

여주 북내면 일부 주민들 천연가스발전소 관련 지역 정치인들 중립 촉구

여주시 북내면 SK천연가스발전소 송전선로와 관련, 주민들이 지역 정치인들의 중립을 촉구하고 나섰다. 이명호 북내면 이장협의회장 등 마을대표 10여명은 지난 13일 북내면 주암1리 마을회관에서 최재관 더불어민주당 여주·양평지역위원장과 유필선 전 여주시의장 등과 2차 간담회를 열었다. 이들은 "한쪽 입장만 듣고 지지할 게 아니라 현장방문과 함께 해당 마을 주민 의견을 수렴해 성명서를 발표해야 했다. 1차 면담 이후 가시적인 후속 조치가 있을것으로 기대했다. 그런데 대신면 8개리 중 7개리가 송전탑 선로방식을 수용하고 보상금까지 받은 상황에서 지역 정치권이 지중화안을 지지한다는 입장을 표명하면서 민민갈등만 조장하고 있다"고 주장했다. 이어 "북내면 일부 마을을 관통하는 지중화방식에 절대 반대한다. 민주당 지역위원회는 북내면의 반대 의견도 수렴한 당론을 채택하거나 아니면 정치권은 엄정한 중립을 지켜줄 것을 재차 촉구한다"고 덧붙였다.

여주에 핀란드 직업학교 '옴니아' 추진

2020/10/27

여주에 핀란드 직업학교 '옴니아' 구축

여주시와 경기도교육청이 세계적 직업훈련학교인 핀란드 옴니아학교 모델을 접목시켜 새로운 직업교육 생태계를 조성한다. 경기도교육청의 '경기내일캠퍼스사업'의 하나로 시행되는 옴니아학교는 구성원과 연령대도 다양하지만 일을 통해 배우고 배움을 일로 연결하는 직업학교다. 새로운 직업훈련교육 모델을 제시, 분야별로 분리·운영되던 직업교육을 연구·행정·산업·복지 등과 연계한 종합기능으로 수행해 배움·일자리·삶이 연결되는 미래형 직업교육 모델이기도

하다. 경기내일캠퍼스는 직업교육을 희망하는 시민을 대상으로 직업교육과 취업·창업·진학을 돕고 해당 지자체와 학교, 교육청, 연구기관, 기업 등이 함께 운영하고 지원하는 새로운 형태의 직업교육사업이다.

• 핀란드의 직업학교 '옴니아'는 직업학교의 혁신적 모델로 유명하다. 우리처럼 학벌 위주의 줄세우기식 교육과는 거리가 멀다. 직업을 찾거나 이직을 하고 싶을 때 맨 처음 찾는 교육기관이 옴니아 직업학교다. 무료교육에 하고 싶은 일을 맘껏 할 수 있다니 참 꿈같은 얘기다. 우리도 옴니아식의 교육 방법을 잘 배우고 받아들인다면 앞으로 국제학교로도 자리 잡을 수 있지 않을까 하는 기대도 하게 된다.

여주박물관

2020/10/16

"2020 경기도 박물관·미술관 다시보기"

"여주 역사 생생 타임머신"

"향토사 한눈에"

2020 경기도 박물관·미술관 다시보기

여주박물관

'여주 역사' 생생 타임머신
구석기시대까지 시간여행

1997년 '여주군향토사료관'으로 출발
2016년에 신관 신축 '박물관' 재탄생

여마관 2층 올라서면 향토사 한눈에
구석기·청동기·삼국시대 등 유물 전시

황마관에선 세가지 특별한 전시 눈길
여주 출신 소설가·남한강의 수석 영롱

■ 남한강과 함께한 여주의 유구한 역사를 한눈에

■ 여주, 영릉을 품다

여주 금은모래강변공원 자연치유 공간으로 각광 2020/10/21

여주 금은모래강변공원 자연치유 공간으로 '각광'

짚라인·언덕미끄럼틀 등 이색시설

여주시 연양동 금은모래강변공원이 코로나19로 지친 시민들을 위한 자연치유공간(사진)으로 주목받고 있다.

20일 시에 따르면 신륵사 맞은편 남한강변에 위치한 금은모래강변공원은 최근 경기도형 놀이터를 조성, 기존 어린이놀이터에서 벗어나 짚라인과 언덕미끄럼틀 등의 독특한 놀이시설물로 구성, 어린이들이 즐겁게 뛰어놀며 상상력을 키울 수 있도록 조성됐다.

놀이터 주변에는 플라타너스 광장과 가을을 대표하는 국화와 아스타, 그라스 등 사계절 꽃정원도 조성됐다. 감성적인 꽃길을 따라 포토존과 어린이와 어른이 함께 즐길 수 있는 테마공원 등도 꾸며져 호응을 얻고 있다.

황톳길과 자전거도로 등으로 새롭게 단장된 1.2㎞의 순환산책로를 걷거나 달리다 보면 가을꽃으로 물들은 금은모래강변공원을 한눈에 조망할 수 있어 야외활동을 즐기려는 시민들에게 각광을 받고 있다.

남한강의 청명한 물빛과 가을 하늘색이 어우러져 노란빛을 뽐내는 황화 코스모스 등 다양한 꽃물결도 공원 이용객들에게 즐거움을 더해주고 있다.

장홍기 여주시 산림공원과장은 "최근 사회적 거리두기가 1단계로 내려가면서 많은 시민이 찾아 힐링하고 있다"고 말했다.

여주=류진동기자

여주시 여주휴게소
마지막 '그리스군 참전 추도식' 개최

2020/11/5

여주시, '그리스군 참전 추도식' 개최

류진동 기자 san3111@kyeonggi.com | 입력 2020. 11. 05 오후 4:31 | 댓글 0

여주시는 5일 한국전쟁 참전 그리스군 기념비가 있는 한국도로공사 여주휴게소에서 '그리스군 참전 추도식'을 개최했다.

여주시는 5일 한국전쟁 참전 그리스군 기념비가 있는 한국도로공사 여주휴게소에서 '그리스군 참전 추도식'을 개최했다. 대한민국 상이군경회 여주시지회 주관으로 열린 이번 추도식에는 이항진 여주시장과 서광범 여주시의회 의장, 야니스 콘스탄티누 그리스 국방무관, 김장훈 경기동부보훈지청장 등이 참석했다. 기념비는 한국전쟁 당시 UN군 소속으로 한국전쟁에 참전한 그리스군 1천63명을 기리기 위한 목적으로 지난 1974년 10월 정부가 건립했다. 야니스 콘스탄티누 그리스 국방무관은 추도사에서 "한국전쟁에 참전했던 그리스군의 희생과 공언을 기억해줘 감사하다"며 "앞으로도 그리스는 한반도의 지속적인 평화를 위해 노력할 것"이라고 말했다. 이항진 시장은 "6·25전쟁 70주년을 맞아 그리스 용사들의 희생과 헌신에 감사와 존경을 표한다"며 "여주시민은 그리스군의 용맹과 희생을 잊지 않고 있으며 이번 추도식을 통해 다시금 자유와 평화의 소중함을 되새기는 계기가 됐을 것"이라고 밝혔다. 한편 시는 그리스참전비를 오는 2021년 말까지 상동 영월루공원으로 이전할 계획이다.

여주시 농업정책 '알찬 결실' 7년 연속 농정업무 우수기관 2020/11/10

지역사회 | 여주시

[여주시 농업정책 '알찬 결실'] 7년 연속 농정업무 우수기관

승인 2020-11-10 09:50

류진동 기자 san3111@kyeonggi.com
기자페이지 >

수도권 식량자원 보고 '우뚝'

여주시가 농정업무 평가 결과, 지난 2014년부터 7년 연속 우수 기관에 선정되면서 쌀산업특구 명성을 높이고 있다. 여주는 전체 인구의 16.8%인 1만8천690명이 농업에 종사할 만큼 도내 농업인구 비율이 가장 높은 도시다. 농산촌도 99.5%에 이르고 있다. 이를 바탕으로 상수원보호구역 등 이중규제 등으로 인한 역차별도 극복하고 있다. 여주시는 수도권에서 질 좋은 농산물을 생산하고 공급하는 최고의 농업도시라는 자부심으로 다양한 농업정책들을 펼쳐왔다.

여주시가 농정업무 평가 결과, 지난 2014년부터 7년 연속 우수 기관에 선정되면서 쌀산업특구 명성을 높이고 있다. 여주는 전체 인구의 16.8%인 1만8천690명이 농업에 종사할 만큼 도내 농업인구 비율이 가장 높은 도시다. 농산촌도 99.5%에 이르고 있다. 이를 바탕으로 상수원보호구역 등 이중규제 등으로 인한 역차별도 극복하고 있다. 여주시는 수도권에서 질 좋은 농산물을 생산하고 공급하는 최고의 농업도시라는 자부심으로 다양한 농업정책들을 펼쳐왔다.

■ 대왕님표 여주쌀의 차별화 전략

세종대왕의 도시 여주시는 대왕님표 쌀을 비롯해 각종 반찬의 재료가 되는 채소작물, 버섯과 같은 특용작물 등 농작물 재배환경에 맞는 맞춤형 지원사업으로 적재적소에 사업비와 인력 등을 편성했다. 여주 농업에서 가장 중요한 위치를 차지하는 대왕님표 여주쌀의 높은 품질과 인지도 제고 등을 위해 '진상벼'를 품종으로 전국 최초의 쌀산업특구답게 고품질 쌀 생산을 위한 다양한 사업들을 추진하고 있다. 통합 RPC(Rice Processing Complex:미곡종합처리장)를 통해 수매와 가공 판매까지 통합 시스템으로 일괄 처리하고 차별화를 위해 내년에는 GAP(Good Agricultural Practices:농산물우수관리제도) 재배단지를 조성했다. 3천800여ha에서 6천670여ha로 지원을 확대하고 사업비 34억원을 투입했다. 이밖에두 품질

좋은 쌀을 안정적으로 생산할 수 있도록 병해충·맞춤 비료·예비 못자리·볍씨 발아기·육묘장·기기장비 구입·농업용 무인방제기 등을 지원하고 색다른 볼거리인 유색벼 논그림을 통해 차별화된 홍보도 병행하고 있다.

■ 고구마와 가지 등 선택형 맞춤 농정 지원사업으로 경쟁력 제고

여주 농산물의 품질과 맛이 유독 뛰어난 이유는 적당한 강수량과 온도, 남한강의 풍부한 수자원 등을 비롯해 자연재해가 많지 않기 때문이다. 최적의 환경으로 고구마와 가지, 땅콩, 참외 등 밭작물은 최고의 품질을 자랑한다. 특히 고구마는 전국 최대 주산지로 동글동글한 모양과 빛깔이 좋고 꿀맛이 나 각광받고 있다. 전국 생산량의 25%를 차지하는 여주 가지도 선명한 보랏빛에 안토시아닌과 폴리페놀 등이 풍부해 혈액순환 개선과 암 예방 효과에 도움을 주는 건강채소로 사랑받고 있다. 여주시는 맛 좋고 건강에도 좋은 고구마와 가지 등을 선택형 맞춤 농정 지원사업 대상 작물로 선정하고 육성하고 있다. 여주가지오이연합회와 여주고구마연합회 등에 20억8천900만원을 지원하고 중형지게차와 농산물 건조기, 환풍기, 저온저장고, 고구마 세척기 등 필요한 장비를 갖출 수 있도록 했다. 특히 유기질비료와 칼슘 유황 비료 지원으로 병충해를 예방하고 안정적인 생산을 유도하고 있다. 이와 함께 '고구마 바이러스 무병묘센터'를 통해 바이러스에 감염되지 않은 우수한 모종을 농가에 공급하고 품질 향상과 30% 이상 수확량 증대로 농가소득에도 이바지하고 있다.

■ 신활력 플러스사업으로 농업가치 창출.

여주시는 그동안 규모화·기계화 등 하드웨어에 치중했던 농업정책에서 농업가치를 창출하는 소프트웨어로 방향을 전환하고 있다. 경기도내 최초로 조례를 제정하고 추진한 농민수당 지원사업과 신활력 농촌 플러스사업 등이 대표적이다. 시는 농민수당 지원사업으로 관련 예산 66억원을 책정하고 올해 처음으로 농업인들에게 지급, 경기도 농촌기본소득 모델이 되기도 했다. 농림축산식품부 공모 사업인 신활력 플러스사업에도 선정돼 5년 동안 70억원을 투자하고 물적·인적 네트워크를 구성해 농업을 선도해 나가는 한편 푸드플랜사업을 통해 생산과 소비가 톱니바퀴처럼 돌아가면서 여주 행복공동체의 중요한 동력을 키워내고 있다. 또한 미래 먹을거리로 주목받는 곤충산업도 체계적으로 발전시키고 여주의 대표 축제인 오곡나루축제를 대한민국을 대표하는 농특산물축제로 발전시켜 나가는 데 주력하고 있다.

가남읍 흑석 항아리고개길 안전한 도로 만든다 2020/11/15

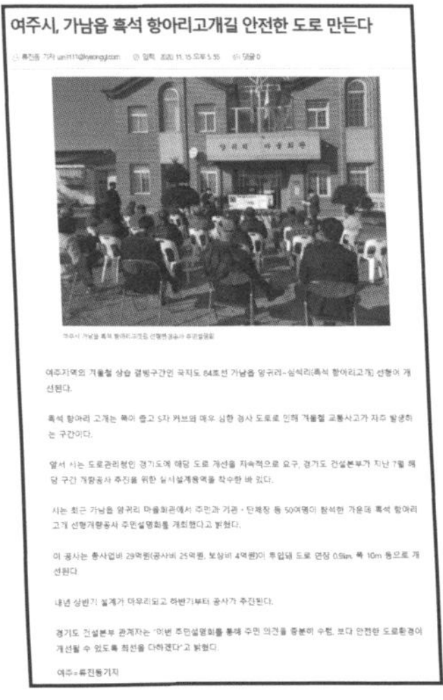
여주시, 가남읍 흑석 항아리고개길 안전한 도로 만든다

여주지역의 겨울철 상습 결빙구간인 국지도 84호선 가남읍 양귀리~심석리(흑석 항아리고개) 선형이 개선된다.

흑석 항아리 고개는 폭이 좁고 S자 커브와 매우 심한 경사 도로로 인해 겨울철 교통사고가 자주 발생하는 구간이다.

앞서 시는 도로관리청인 경기도에 해당 도로 개선을 지속적으로 요구, 경기도 건설본부가 지난 7월 해당 구간 개량공사 추진을 위한 실시설계용역을 착수한 바 있다.

시는 최근 가남읍 양귀리 마을회관에서 주민과 기관·단체장 등 50여명이 참석한 가운데 흑석 항아리 고개 선형개량공사 주민설명회를 개최했다고 밝혔다.

이 공사는 총사업비 29억원(공사비 25억원, 보상비 4억원)이 투입돼 도로 연장 0.9㎞, 폭 10m 등으로 개선된다.

내년 상반기 설계가 마무리되고 하반기부터 공사가 추진된다.

경기도 건설본부 관계자는 "이번 주민설명회를 통해 주민 의견을 충분히 수렴, 보다 안전한 도로환경이 개선될 수 있도록 최선을 다하겠다"고 밝혔다.

여주=류진동기자

여주지역의 겨울철 상습 결빙구간인 국지도 84호선 가남읍 양귀리~심석리(흑석 항아리고개) 선형이 개선된다. 흑석 항아리 고개는 폭이 좁고 S자 커브와 매우 심한 경사 도로로 인해 겨울철 교통사고가 자주 발생하는 구간이다. 앞서 시는 도로관리청인 경기도에 해당 도로 개선을 지속적으로 요구, 경기도 건설본부가 지난 7월 해당 구간 개량공사 추진을 위한 실시 설계용역을 착수한 바 있다. 시는 최근 가남읍 양귀리 마을회관에서 주민과 기관·단체장 등 50여명이 참석한 가운데 흑석 항아리 고개 선형개량공사 주민설명회를 개최했다고 밝혔다.

이 공사는 총사업비 29억 원(공사비 25억 원, 보상비 4억 원)이 투입돼 도로 연장 0.9㎞, 폭 10m 등으로 개선된다. 내년 상반기 설계가 마무리되고 하반기부터 공사가 추진된다.

• 항아리같이 생겨서 항아리고개라는 이름으로 불리는데 그 유래도 만만찮게 예쁘고 정겹다. 여주의 길들은 발 닿는 곳 어디라도 아름답지만 안전상의 문제가 있으니 도로 개선은 꼭 해야 할 일이다. 새롭게 단장할 항아리고개가 기대된다.

공익농업직불금 181억 원 지급 2020/12/1

농업인을 위한 기본형 공익농업직불금을 농가당 120만원씩 지급한다. 기금은 국비로 확보된 181억 원으로 지난해 83억 원보다 2배 이상 늘었다. 대상은 농지면적 0.5ha 이하 일정 요건을 갖춘 소규모 농가 8천900여 가구다. 그 외 농가에는 면적 구간별로 기준면적이 커질수록 지급액이 낮아지는 차등단가를 적용, ha당 100만~205만원을 지급한다. 올해 처음 시행하는 공익농업직불금은 기존 쌀과 밭작물, 조건불리 직불 등 6개 직불금 제도를 통합·개편한 것이다. 작물 간 형평성을 도모했고 단가도 상향돼 농업 및 농촌의 공익기능 증진을 위한 준수사항도 기존 3개에서 17개로 확대됐다. 준수사항을 이행하지 않은 농가는 직불금이 감액돼 지급된다.

첫 지역주택조합 인가 2022년말 입주 예정 2020/12/7

여주 첫 지역주택조합 아파트 동부센트레빌 건립 승인

여주시 첫 지역주택조합 아파트인 동부센트레빌(404세대) 건립이 승인됐다. 5일 여주시와 교동 향교마을 지역주택조합 등에 따르면 여주시 향교마을 지역주택조합이 신청한 조합인가 신청이 지난 4일 최종 승인됐다. 이번에 조합인가 최종승인을 받은 교동 향교마을 지역주택조합은 여주시 점봉동 모델하우스에서 임시총회를 개최했으며 동부건설사를 아파트 시공사, 하나금융사가 금융투자사로 참여했다. 지역주택조합은 404세대 가운데 50% 이상인 265명의 조합원을 모집한 후 여주시청에 인가 신청했다. 이후 국토교통부, 한국감정원 등에서 자격 취득 요건을 검토한 결과 조합원 265명 가운데 자격 조건이 맞지 않은 조합원 36명이 탈락해 229명의 조합원이 최종 자격취득을 받았다. 여주시는 탈락한 36명을 제외한 229명의 조합원으로 여주지역 최초 지역주택조합을 인가했다.

신륵사관광지와 썬밸리호텔 잇는 출렁다리 연말 착공 2020/12/9

여주 신륵사관광지와 썬밸리호텔 잇는 출렁다리 연말 착공

여주 신륵사관광지와 썬밸리호텔을 잇는 남한강 출렁다리 조성공사가 연말 착공된다. 이 다리는 총연장 515m, 너비 2.5m 규모로 사업비 270억원이 투입되며 여주도자기가 형상화된다. 9일 시에 따르면 지난달 조달청 공사발주에 들어간 남한강 출렁다리는 그동안 계획단계부터 신륵사 인접 설치에 따른 문화재 심의 등에 의해 번번이 발목이 잡혔다. 앞서 지난 2018년 5월 설계용역에 착수, 경기도 문화재 현상변경허가, 중앙투자심사, 국가하천점용허가 등 굵직한 인허가절차를 최근 모두 마무리했다.

여주도자기 온라인 플랫폼 개원 2020/12/22

여주시 여주도자기 온라인 플랫폼 개원

여주시가 천년의 맥을 잇는 여주도자기 활성화를 위한 온라인몰인 '여주도자기플랫폼'을 열었다. 여주도자기 온라인몰은 여주도자기의 우수성을 홍보하고 새로운 도자 시장 구축과 산업 저변확대에 지렛대 역할을 담당하게 될 것으로 전망된다. 이항진 시장은 지난 21일 정지현 여주도자기조합 이사장과 김진오 세종여주문화재난 이사장, 손상희 인덕대 교수 등과 함께 여주도자기플랫폼 오픈 시연을 가졌다.

• 점점 온라인 세상으로 바뀌고 있다. 비대면 시대에 따른 어쩔 수 없는 변화기도 하지만 언젠가는 해야 할 일이기도 하다. 여주도자기를 온라인에서 만날 수 있다는 사실도 반갑다. 옛것의 현대화라는 시각으로 보면 새로운 조합으로 나름 신선하기도 해서 앞으로가 기대된다.

신세계사이먼 여주프리미엄 아울렛 따듯한 행보 취약계층 돕기 1억원 쾌척

2020/12/25

신세계사이먼 여주프리미엄 아울렛 '따뜻한 행보'

취약계층 돕기 1억 쾌척

신세계사이먼 여주프리미엄 아울렛(대표 조창현)이 코로나19 등 지역경제 침체에도 매년 연말 불우이웃돕기 성금을 기탁해 화제가 되고 있다.

신세계사이먼 여주프리미엄 아울렛 허영무 상생협력팀장과 도현철 여주점장 등 관계자는 24일 여주시청을 방문해 이항진 시장에게 지역 취약계층 돕기 성금 1억 원을 전달했다.

한강 여주구간 자연성 회복사업 구체화 여주시-환경부 등 협약체결

2020/12/29

여주시는 환경부와 '한강 여주구간 자연성 회복 선도사업'을 추진키로 하고 29일 오후 서울 서초구 환경부 한강홍수통제소에서 업무협약을 체결했다. 협약식에는 여주시, 환경부, 한국수자원공사, 한국환경공단, 한국농어촌공사 등 5개 기관이 참석했다. 이날 체결한 협약에는 강천보와 여주보, 이포보 등 한강보 3곳의 취·양수장을 개선하고 자연성 회복선도사업을 추진하기 위해 공동협의체를 구성하며 계획 수립에 필요한 연구용역 추진 등을 함께 추진하자는 내용이 담겼다. 이번 선도사업 추진방안은 환경부가 지난 11일 한강유역물관리위원회에 제출했다.

여주 지방도 341호선 능서면 백석리~내양리 구간 개통 2020/12/29

여주시는 능서면 백석리와 내양리를 잇는 지방도 341호선 2.5㎞ 구간을 개통했다고 29일 밝혔다. 이 구간은 설공사는 총 사업비 107억원이 투입돼 지난해 1월 착공, 2년만에 완공됐다. 전체 구간이 왕복 2차선이다 기존 도로는 짧은 구간인데도 1차선과 2차선이 뒤섞여 있어 사고위험이 높고 도로폭이 좁고 굴곡이 심해 양쪽 차로에서 차량이 동시에 지나가는 게 불가능했었다.

여주~원주 철도 복선화 타당성 재조사 최종 통과 2020/12/31

여주~원주 복선 철도 내년말 조기 착공

서울 강남과 강원 원주를 40분대 이내로 연결하는 여주~강원 원주 철도건설사업이 내년부터 복선으로 추진된다.

30일 여주시와 기획재정부 등에 따르면 여주~강원 원주 복선화 철도사업 타당성 재조사가 최종 통과됐다. 이에 따라 그동안 단선으로 추진되던 사업을 복선화하기 위해 지난 3월 타당성 재조사가 착수된 이후 9개월만에 확정됐다.

여주~원주 복선 철도는 원주와 경기 남부 판교는 물론 서울 수서~경기 광주 철도와 연결돼 서울 강남권을

타당성 재조사 최종 통과

40분대로 연결이 가능해진다. 이는 여주시가 서울과 강원도를 연결하는 교통 요충지로서 역할이 확대될 것으로 기대된다.

여주시는 그동안 기획재정부와 국토교통부 등 관련 부처에 여주~강원 원주 철도건설사업의 경제성과 당위성 등을 적극적으로 건의해 왔다. 이에 지난 2일 국회 본회의를 통과한 정부의 관련 예산안에 여주~강원 원주 철도사업 명목으로 49억원을 증액, 사업비로 모두 157억원을 확보하면서 청신호가 켜졌다.

여주시는 원주시와 협력체계를 구축해 여주~강원 원주 철도사업이 차질 없이 진행될 수 있도록 할 방침이다.

이항진 여주시장은 "여주와 원주를 연결하는 철도 건설사업은 서울 강남에서 수도권과 원주를 1시간대 연결되는 수도권 광역시대를 여는 새로운 시작의 의미가 크다"며 "복선 철도 설계기간도 최대한 단축, 내년 말 조기 착공될 것으로 전망된다"고 말했다.

여주=[illegible]기자

서울 강남과 강원 원주를 40분대 이내로 연결하는 여주~강원 원주 철도건설사업이 내년부터 복선으로 추진된다. 30일 여주시와 기획재정부 등에 따르면 여주~강원 원주 복선화 철도사업 타당성 재조사가 최종 통과됐다. 이에 따라 그동안 단선으로 추진되던 사업을 복선화하기 위해 지난 3월 타당성 재조사가 착수된 이후 9개월만에 확정됐다. 여주~원주 복선 철도는 원주와 경기 남부 판교는 물론 서울 수서~경기 광주 철도와 연결돼 서울 강남권을 40분대로 연결이 가능해진다. 이는 여주시가 서울과 강원도를 연결하는 교통 요충지로서 역할이 확대될 것으로 기대된다. 여주시는 그 동안 기획재정부와 국토교통부 등 관련 부처에 여주~강원 원주 철도건설사업의 경제성과 당위성 등을 적극적으로 건의해 왔다. 이에 지난 2일 국회 본회의를 통과한 정부의 관련 예산안에 여주~강원 원주 철도사업 명목으로 49억원을 증액, 사업비로 모두 157억원을 확보하면서 청신호가 켜졌다.

엄동설한에 단수, 주민들 항의 쇄도

2021/1/14

"엄동설한에 단수"… 여주 주민들 항의 쇄도

市 "급수차량 더 투입"

여주지역에서 갑자기 수돗물이 끊기면서 주민들의 항의가 쇄도했다.

13일 여주시와 주민들에 따르면 능서면 광대리와 오계리, 신지리를 비롯해 흥천면 일부 지역과 가남읍 상활리, 산북면 명품리 등지에 지난 12일 오후 8시50분부터 13일 새벽 4시50분까지 수돗물 공급이 끊겼다.

이 때문에 지역 커뮤니티에는 주민들의 항의가 빗발쳤다.

주민들은 "갑작스런 단수로 황당했다. 수은주도 영하 20℃로 내려 가는 혹한을 어떻게 보내야 할 지 막막하다"고 입을 모았다.

주민 A씨는 "여주시 수도사업소 측이 단수지역과 수돗물이 끊긴 가구수 집계도 오락가락하고 있다. 엄동설한에 수돗물이 나오지 않아 고통을 겪었다"고 토로했다.

여주시 관계자는 "산북면과 흥천면 배수지는 비상급수 차량으로 물을 계속 채우고 있으나 사용량이 많아 급수차량을 더 투입시킬 계획"이라고 말했다. 여주=류진동기자

경기·인천 유료부수 1위 **경기일보**

여주시, 경강선 여주~원주 구간 강천역 신설·복선화 추진

2021/1/18

경강선 여주~원주 구간에 강천역 신설과 복선화 등이 추진된다. 경강선은 시흥시 월곶역과 강원도 강릉시 강릉역을 연결할 예정인 간선철도 노선이다. 여주시는 이 같은 내용을 담은 도시개발계획 용역을 본격적으로

진행한다고 18일 밝혔다. 지난해 12월29일 경강선 여주~원주 복선화사업이 기획재정부의 재정사업평가위원회 심의를 최종 통과함에 따라 용역이 진행된다. 강천역이 신설되면 여주~원주 구간 내 역이 없이 무정차에 따른 지역 단절로 인한 사회문제도 해소될 전망이다. 여주시는 앞서 지난해 12월 강천역 신설에 대비, 강천역 도시개발계획 기본구상 용역에 착수했다. 강천역 도시개발계획 기본구상 용역의 주요 골자는 사업면적은 24만7천㎡이고 주거·상업·기반시설용지 등을 조성한다.

스마트 팜 혁신 밸리·에너지 자립마을 등 / 디지털·그린 뉴딜 20개 사업 본격적 추진 / 농민수당 등 사회안전망 9개 사업도 박차

2021/1/26

여주형 뉴딜 발굴·추진
'사람중심 행복도시' 실현

이항진 여주시장

남한강 문화예술교 중심 도시재생 벨트 조성
친환경 IT 기업 유치… 일자리 창출에도 박차

< 새해 역점사업 >
▲ 구도심 정비·신활력 플러스사업 추진
▲ 여주~원주 철도 복선 변경
▲ 농민수당·무상교복 도입
▲ 마을공동체·사회적 경제기업 육성
▲ 남여주IC 대형 물류단지 조성

■ 여주형 지역뉴딜사업

세종의 백성사랑 정신을 바탕으로 한 여주형 지역뉴딜사업은 문화와 과학기술, 통계가 기초다. 지난해 정부의 한국판 뉴딜정책에 맞춰 여주 시는 29개의 여주형 뉴딜사업을 발굴하고 추진해 왔다. 정부의 한국판 뉴딜은 2025년까지 160조 원을 투입해 새로운 일자리 190만 개를 창출한다는 목표다. 올해 국비 21조 3천억 원을 포함한 전체 32조 5천억 원을 투입해 36만 개의 일자리를 창출한다는 계획이다. 첫 번째로 국립 여주자영농고를 기반으로 배움, 일자리, 삶이 연결되는 미래형 직업교육 모델을 구축, 도 교육청이 추진 중인 '경기내일캠퍼스'사업과 '여주형 스나트 팜 혁신 밸리'를 결합한 새로운 직업 교육 생태계 조성이다. 이를 통해 교육에서부터 연구, 생산, 유통, 판매, 복지까지 원스톱 지원이 가능한 인프라를 구축하고 농촌 정주 여건 개선과 일자리 창출까지 가능한 새로운 농촌경제 활성화 모델을 조성할 계획이다.

■ 여주 디지털 생태계를 강화하라(디지털 뉴딜)

여주형 디지털 뉴딜 중 가장 중요한 사업은 스마트 팜 혁신 밸리다. 여주 시는 농업인구 비율이 16.8%로 경기도 내에서 가장 높다. 이를 바탕으로 국가산업의 근간인 농업을 차세대 고부가가치산업으로 육성한다는 전략 아래 30만 평 부지를 가진 여주농업고와 연결해 교육, 연구, 행정, 산업, 복지 등 종합기능을 갖춘 농산 업 클러스터를 조성할 계획이다. 산학협력 강화와 농업발전을 선도할 수 있는 기업 및 연구기관을 유치하고 최첨단 스마트 팜 시스템 구축으로 생산, 가공, 유통시스템도 구현한다. 아울러 경기 내일 캠퍼스와 연계해 창업프로그램을 운영 지원하고 장애인 등 취약계층의 직업 교육과 일자리 제공을 위한 소셜팜 도입도 구상 중이다. 계획대로 진행된다면 농업의 다원적 기능을 통한 지속 가능한 농업을 실현하고 청년 일자리 창출은 물론 미래농업 발전을 선도할 수 있다. 오는 3월 공동 추진위원회를 준비하고 발족할 계획이다. 이 밖에도 농업분야 ICT 인프라 구축을 지원하는 '스마트 팜 지원사업 확대 추진', 초중고 디지털 기반 교육 인프라 조성을 위한 '온·오프 디지털 교육환경 조성'과 ICT기술을 활용한 어르신 건강관리서비스 시범사업 '등이 여주시 디지털 뉴딜 주요사업이다.

■ 녹색의 도시·공간·생활·인프라를 구축하라(그린뉴딜)

시민 생활공간과 인프라를 친환경 녹색으로 전환하는 그린 뉴딜사업을 위해 국비 20억을 포함해 총 40억 사업비로 공공하수처리시설 디지털 기반 의사결정 지원체계를 구축하는 사업이다. 인공지능 기술을 적용해 조건부 자동화 단계의 운영 기술을 확보하고 공공하수처리시설 수질개선 에너지 절감 운영효율 극대화 등의 기대효과를 얻을 수 있다. 신재생에너지 확산기반 구축 및 공정한 전환 지원을 위한 에너지자립마을 지원사업도 저탄소·분산형 에너지 확산에 기반을 두고 추진된다. 마을공동체 태양광 발전사업과 자가용설비를 결합한 사업으로 주민참여형 이익공유 사업을 도입하고 농촌·산단 융자 지원 확대와 주택 이 밖에도 도시 기후·환경문제에 대한 종합 진단을 통해 환경·ICT 기술 기반 맞춤형 환경 개선을 지원하는 스마트 친환경도시 공모사업을 추진한다. 미래 친환경 신교통수단 도입 및 연계교통망 등 사람중심의 편리한 교통체계 구축할 것이다.

■ 함께 잘사는 포용적 사회를 만들어라(사회안전망 강화)

여주 시는 경기도 최초로 농민수당을 지급했다. 올해도 농민수당 지원 사업은 계속된다. 도시와 농촌 간 소득격차와 인프라의 양극화에 대한 사회적 보상이자 농촌의 공익적 가치 존중을 위한 사업이다. 2년 이상 여주시에 거주하는 실경작 농가당 60만 원을 지역 화폐로 지급되며 골목상권을 살리는 순기능 효과도 있다. 사회적 경제 기업 육성 및 활성화를 위한 사회적 공동체 지원센터 운영, 생활밀착형 공공서비스 확대 및 공익적 일자리 창출을 위한 경기행복마을관리소 운영, 함께 행복한 지역공동체 구축을 위한 주민자치형 공공서비스 추진 등 여주지역 고용 안전망을 탄탄하게 구축해간다. 고용사회 안전망 구축에 필수적인 양질의 고용환경 조성과 청년 실업률 해소, 지역 중소기업 양성, 청년 창업가 육성을 위해 청년 일자리 창출 지원사업을 지속적으로 추진한다. 지역청년과 지역 중소기업을 연계해 취업을 알선하고 직접 일자리 제공과 24개월간 인건비 지원, 기업이 고용을 지속하면 청년에게 1백만 원의 인센티브를 제공한다. 전국 1호인 스마트 팜 기반 컨소시엄형 표준사업장인 '푸르메여주팜'은 효율적 장애인 일자리 창출과 중증장애인 영농훈련 등으로 호응을 얻고 있다.

• 정부의 한국판 뉴딜정책에 발맞추어 여주는 지역에 맞게 여주형 뉴딜 정책으로 추진해나가면 될 것이다. 계획이 원대하고 거창해보이지만 해야 할 일과 잘 할 수 있는 일을 우선적으로 추진한다면 여주의 미래는 희망적이다. 효율적인 지역 발전과 디지털 기반의 뉴딜사업으로 옮겨갈 여주의 변화가 기다려진다.

여주시 표준지 공시지가 6.96% 상승

2021/1/31

여주시는 표준지 공시지가가 지난해 1월말에 비해 6.96% 올랐다고 31일 밝혔다. 시에 따르면 올 1월말 기준 표준지 공시지가(토지)는 6.96%로 경기도내 42개 시·군·구 중 파주와 연천 등에 이어 세번째로 낮은 상승률을 보였지만 최근 5년 동안 평균 상승률 3.41%와 비교하면 높은 편이다.

천년의 맥을 이어온 여주도자기 책으로 빚다

2021/2/1

천년의 맥을 이어온 여주도자기 책으로 빚다

천 년의 맥을 이어온 여주 도자기의 역사를 한 눈으로 볼 수 있는 '여주 도자기 역사문화 학술연구 집'이 발간됐다. 여주는 태백산맥의 한강 발원지 검룡소를 따라 남한강의 유구한 역사와 함께 해온 우리 민족의 천 년 도자기 역사를 대표적인 도자기 고장이다. 여주 북내면 중암리 가마터는 고려시대부터 도자기를 생산했던 곳임을 입증하고 있다. 우리 도자기 천 년의 역사는 그 역사를 통해 인류 문명의 역사와 문화, 산업의 흐름을 알 수 있을 뿐 아니라 우리 삶과 도자기 역사의 변화를 가늠케 한다. 천 년의 여주도자기 역사를 한 눈으로 볼 수 있는 책자가 발간돼 학계 주목을 받고 있다.

여주교육지원청 영상에 노무현 비하 사진 논란 2021/2/3

여주교육지원청 영상에 '노무현 비하' 사진 논란

'일베' 의혹에 교육청 "검색한 사진 써"… 영상 삭제

"교육청 영상에 '일베 사진' 들어 있어요!"

여주교육지원청 공식 유튜브 채널에 극우 커뮤니티인 일간베스트 저장소 자료로 의심되는 영상이 게재돼 논란이다. 해당 영상은 현재 삭제된 상태다.

2일 경기도교육청과 여주교육지원청에 따르면 지원청은 지난 1일 오후 11시40분께 공식 유튜브 계정에 '전입교원 홍보 영상'이라는 제목의 2분50초 분량 영상을 올렸다. 이 영상에는 영화 '부산행'을 '여주행'으로 패러디한 포스터가 담겼는데 해당 포스터가 고(故) 노무현 전 대통령을 비하하기 위해 일베에서 만든 것 아니냐는 의혹이 나왔다.

먼저 포스터에 적힌 A배우 이름은 노 전 대통령으로 수정됐다. B배우 손은 일베 회원임을 인증할 때 쓰는 손가락 모양으로 바뀌었다. 포스터 원본에 C배우가 차지하던 자리에도 노 전 대통령의 모습이 들어갔다.

그 외에도 'out of competition'이라는 문구가 'out of competilbe'로 바뀌고 끝 글자에 '일베'를 넣었다.

여주교육지원청은 오는 3월 전입할 교사들을 환영하고 여주지역을 소개하기 위해 최근 2주에 걸쳐 이 영상을 자체 기획해 만든 것으로 확인됐다. 예산은 투입되지 않았으며 교사들의 재능 기부 형태로 제작됐다. 그러다 일베 의혹 등이 제기되자 이날 오전 6시17분께 영상을 삭제한 것으로 알려졌다.

여주교육지원청 관계자는 "이러한 일이 없었어야 하는데 물의를 일으켜 죄송하다"며 "경위를 파악해 실수한 부분을 책임지고 앞으로 같은 문제가 발생하지 않도록 논의하겠다"고 밝혔다.

이어 "제작자들은 일베 회원이 아니며 이미지 검색 시 상단에 뜨는 사진을 쓴 것"이라며 "그동안 저작권과 개인정보 부분을 신경 쓰며 사진을 여러 번 교체했는데 이 과정에서 발생한 문제로 다시는 같은 일이 일어나지 않도록 하겠다"고 덧붙였다.

류진동·이연우기자

여주 세종문화재단 '여강길 이야기' 출간 2021/2/15

여주 세종문화재단 '여강길 이야기' 출간

여주 세종문화재단이 남한강(여강) 사람들의 천년 역사를 담은 '삶이 흐르는 여강 1, 여강길 이야기'를 펴냈다. 책은 4부작으로 구성됐다.

1부는 아홉사리 고개 이야기 등 다섯개 이야기가 담겨 있다. 2부는 조포나루 이야기 등 다섯개 이야기가 실렸다. 3부는 이포나루터 구간의 이야기로 이포나루 4·1만세운동 이야기 등이 수록됐다. 4부는 여강길을 만들고 가꾸어 온 사람들 이야기로 여강길이 만들고 함께한 사람들을 인터뷰하고 좌담회를 통해 그 여정을 담아냈다.

김진오 재단 이사장은 "여주의 미래 자원인 여강의 문화콘텐츠화를 위해 발간했다"고 말했다. 여주=류진동기자

한국농어촌공사 여주이천지사, 민족의 젖줄 남한강물로 농업용수 공급 박차 2021/2/25

한국농어촌공사 여주이천지사, 민족의 젖줄 남한강물로 농업용수 공급 박차

한국농어촌공사 여주·이천지사는 우리 민족의 생명수 남한강 '물길'을 공급, 전국 최고의 밥맛을 자랑하는 대왕님 표·임금님표 여주·이천 쌀 재배와 생산을 위한 농업용수 공급사업에 박차를 가한다.

세종대왕 고장 여주서 화폭에 한글 담는다 한국 만다라 명인 체율 김경호 화백

2021/2/28

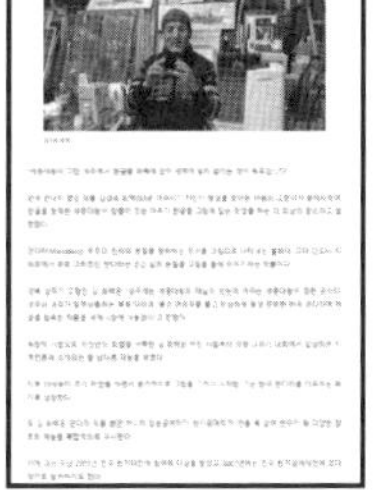

"세종대왕의 고장 여주에서 한글을 화폭에 담아 세계에 널리 알리는 것이 목표입니다" 한국 만다라 명인 체율 김경호 화백(60)은 여주시가 자신이 평생을 찾아온 마음의 고향이자 종착지라며, 한글을 창제한 세종대왕이 잠들어 있는 여주가 한글을 그림에 담는 작업을 하는 데

최상의 장소라고 설명했다. 만다라(Mandala)는 우주의 진리와 본질을 망라하는 진수를 그림으로 나타내는 불화다. 경북 성주가 고향인 김 화백은 "성주에는 세종대왕의 태실이 있는데 여주는 세종대왕이 잠든 곳이다. 성주와 여주가 일맥상통하는 부분"이라며 "용이 여의주를 물고 비상하듯 평생 준비한 한국 만다라에 한글을 접목한 작품을 세계시장에 내놓겠다"고 전했다. 독창적 기법으로 자신만의 화법을 구축한 김 화백은 35세부터 조각 작업을 하면서 본격적으로 그림을 그리기 시작해 한국 만다라를 대표하는 화가로 성장했다. 또 김 화백은 만다라 작품 뿐만 아니라 장승공예작가, 한지공예작가, 전통 목 상여 연구가 등 다양한 장르의 예술을 복합적으로 구사한다. 이에 그는 지난 2003년 전국 한지대전에 참여해 대상을 받았고, 2007년에는 전국 한지공예대전에 초대작가로 참여하기도 했다. 지난 2008년 숭례문 소실 100일 천도재에서 장승무 그림 퍼포먼스를 진행했고, 2012년에는 국회 헌정회관에서 열린 국제다문화창립대회에서도 퍼포먼스에 나섰다. 김경호 화백은 "새로운 도전과 여주 발전을 위해 마지막 남은 모든 열정을 쏟겠다"며 "한국문화를 통해 세계인의 정신과 영을 일깨우고 화폭에 한글을 접목, 세계인들에게 한글의 아름다움을 널리 알릴 것"이라고 말했다.

여주 코로나 신속 PCR검사 전국 첫 도입.. 선제적 대응 눈에 띄네 2021/3/3

여주시가 코로나19 신속PCR(Polymerase Chain Reaction:유전자 증폭)검사를 전국 최초로 도입, 선제적으로 대응해 높은 평가를 받고 있다. 표적 핵산을 증폭해 검출하는 이 검사는 환자의 침이나 가래 등 가검물에서 리보핵산(RNA)를 채취해 진짜 환자의 리보핵산과 비교해 일정 비율 이상 일치하면 양성으로 판정한다.

상권 활성화 VS 혈세낭비. 엇갈린 반응 속 오늘 기공식 2021/3/3

여주 남한강 출렁다리 찬반 '팽팽'

"상권 활성화" vs "혈세 낭비" 엇갈린 반응 속 오늘 기공식 市 "여주 홍보에 기여 전망"

여주시가 추진하는 신륵사 관광지와 여주 썬밸리호텔을 잇는 남한강 출렁다리 건설을 놓고 졸속 추진 논란을 빚고 있다.

출렁다리가 조성되면 관광객 유치로 상권이 활성화 된다며 찬성하는 측과 출렁다리가 관광객의 관심을 끌기 어렵고 막대한 건설비용과 유지비용을 이유로 반대하는 의견이 팽팽히 맞서고 있다.

이런 가운데, 시는 오는 3일 오전 10시 남한강 출렁다리 기공식을 남한경변 둔치에서 연다고 밝혔다.

전문가들은 "전국 지자체들이 출렁다리를 관광상품화하면서 더 길게, 더 높게 조성해 경쟁력이 떨어지고 있다"며 "인근 원주 출렁다리와 충남 예당호와 논산 탑정호 출렁다리, 경북 안동 출렁다리 등은 다리 연장을 가장 길게 하기 위해 경쟁을 벌이고 있지만 정작 관광객은 줄고 있다"고 지적했다.

이어 "수도권이란 이점도 있고 건설 초기 호기심때문에 몰릴 수 있지만 장기적으로는 유지관리비용만 늘어 결국 혈세만 낭비될 것"이라며 "재검토가 필요하고 관광객 안전을 충분하게 고려해야 한다"고 덧붙였다.

시 관계자는 "천년 고찰 신륵사와 여주썬밸리호텔 등을 이용하는 관광객은 물론 지역 유명 문화관광지를 찾는 관광객에게 볼거리와 체험거리를 제공하게 될 것이다. 출렁다리가 조성되면 여주 홍보에 기여할 것으로 전망된다"고 밝혔다.

한편 여주 남한강 출렁다리는 강변 금은 모래유원지와 신륵사관광지를 잇는 길이 515m에 너비 2.5m 규모로 설계된 교량으로 체험형 관광상품 설치 등에 총사업비 270억원이 투입될 예정이다. 지난 2018년 5월 설계용역 착수와 경기도 문화재 현상변경허가, 중앙투자심사, 국가하천점용허가 등 인허가와 공사발주절차를 최근 마무리했다.

여주=류진동기자

여주의 세월 품고 흐르는 물길 名作이 되다 2021/3/18

경기일보 | 아름다운 강산 '산山 내川 들野' 나들이 | 2021년 3월 18일 목요일 | 13

'여주의 세월' 품고 흐르는…

물길, 名作이 되다

여주

강은 좋은 길이 된다. 순풍에 돛이라도 달면 물길은 뭍 길보다 훨씬 빠르기도 하다. 강안에서 바라보는 풍광 또한 얼마나 멋진가. 그리하여 오래 전부터 물길은 수많은 사람들과 함께 삶을 이어 왔다. 여강은 물길 중에서도 더 없이 중요한 길이다. 서울 한가운데를 흐르는 한강 상류가 바로 여강이며, 수많은 물산을 실은 배가 여강을 지나갔다. 조선시대 큰 나루터 네 개 중에 두 개가 여강에 있을 정도였다. 서울의 마포나루와 광나루, 여강의 이포나루와 조포나루가 그 넷이다.

글=장주식 〈여강길 이야기〉 중에서

■ 구비구비 돌고 돌아 여주땅에 닿다

여강(驪江)은 남한강의 물줄기 중 여주땅을 관통하는 물줄기의 별칭이다. 여강은 '유난히 수려한 강'이라는 뜻에서 얻어 진 이름이다. 강원도 태백시 창죽동, 금대봉(1천418m)의 깊은 계곡 안쪽, 검룡소에서 한강 물줄기가 시작된다. 514㎞, 1천300리 한강 물줄기에는 수많은 이름들과 사연들이 담겨져 있다. 검룡소에서 분출하는 힘찬 물줄기 '골지천'은 백두대간의 서편자락, 첩첩산중 겹겹의 계곡을 돌고 돌아 정선땅 여량에 닿는다. 이곳에서 대관령으로부터 흘러 내려온 '송천'과 아울러 '조양강'이 된다. 그래서 이곳 이름이 '아우라지'가 되었다. 옛날에는 마포나루까지 물길로 뗏목을 띄어 보내던 곳이었다. 조양강은 영월에 닿고 그 이름도 '동강'으로 바뀐다. 구곡양장 동강은 영월땅을 관통하고, 평창에서 흘러 온 '서강'과 만나 드디어 남한강이라는 이름을 부여 받는다. 서강에는 굽이쳐 흐르는 하천의 침식과 퇴적 등에 의하여 만들어진 한반도를 빼닮은 지형도 있다.

남한강은 충청도 단양땅을 적시면서 단양팔경의 네 곳 석문과 도담삼봉, 구담봉과 옥순봉의 절경도 연출한다. 강물은 계속 흘러내려 충주땅에서는 '내륙의 바다'로 불리는 인공호수 충주호를 펼쳐 놓는다. 충주호를 떠난 물길이 드디어 여주땅에 다다르고 아름다운 강마을을 휘감는다.

■ 곱고 아름다운 모래가 빚은 여강, 삶이 흐르는 여강길을 탄생시키다

강물이 흘러 흘러 천년만 가리, 만년만 가리 – 수천년 맑은 물과 아름답고 고운 모래, 수많은 철새와 물고기가 공생하던 아름다운 강 여강. 이 아름다운 여강의 고운 모래가 수난을 불러 왔던 때가 있었다.

2000년 초부터 경기도에서는 남한강 정비사업이라는 이름으로 골재채취사업이 추진됐다. 이에 여주에서는 여러 시민단체들이 중심이 돼 맑은 물과 고운 모래를 지키자는 반대운동을 일으켰다. 이 반대운동에 참여한 여러 단체와 성직자 그리고 강 가까운 곳에 사는 사람들이 우선 여강의 가치를 바르게 알아 보자는 취지로 여강 강변을 찬찬히 걸어 봤다. 당시는 정부의 4대강 사업 이전이라 맑은 물, 고운 모래, 아름다운 여울들과 생명을 품고 있는 습지들이 잘 보존돼 있었다. 처음 택한 순례길은 여주시청에서 이포대교까지 여강의 하류였고 연이어 남한강의 숨은 길들을 연결하며 걸었다. 그 결과 여강의 환상적인 아름다움이 세상에 알려졌고 뒤이어 해마다 지역의 학생들과 함께 본격적인 여강의 도보순례가 진행됐다. 이후 4대강 사업을 추진하던 정부에 의해 경기도에서는 최초로 여강길은 2009년 문화체육관광부의 '문화생태탐방로 여주여강길'로 지정됐다.

■ 이야기가 많은 문화생태탐방로 11개 코스

여주 나들이길에는 각양 각색의 다양한 테마가 있다. 문화역사탐방 코스와 여강길 둘러보기코스가 큰 기둥이지만 긴 구간의 자전거코스와 농촌체험코스, 쇼핑나들이코스도 만만찮은 코스다. 11개 코스로 구성된 여강길 코스에서는 볼거리가 너무 많아 여러 차례의 계획을 세워야만 한다. 외지인들이 가장 선호하고 많이 찾는 코스는 제1코스 '옛나루터길'이다. 옛 여강에는 총18개의 나루터가 있었다. 사람들은 이 나루터를 통해 장을 보고 소와 땔감을 실어 날랐다. 강길을 걷다 보면 커다란 느티나무가 서 있는 곳이 옛 나루터의 흔적이다. 여주역에서 시작하여 도리마을까지 걷는 1코스 옛 나루터길에는 현재 부라우, 우만리, 흔암리 나루터 세 곳의 흔적이 남아 있다. 여주역에서 출발해 여주터미널을 지나 '달을 맞는 누각'이라는 뜻의 영월루를 시작으로 여강을 볼 수 있는 구간이다. 제방을 쌓기 전 모래에서 은빛이 난다고 해서 금은모래라고 부르는 강변유원지를 지난다. 지금은 캠핑장소로 연중 많은 사람들이 찾고 있다. 남한강이 연양천과 만나는 합수지점에서 복원된 황포돛배를 탈 수 있고 수운이 발달했던 시대의 정류장인 나루터를 지나는데 이호, 부라우, 우만리 나루터를 만난다.

■ 신륵사와 파사성, 그리고 여주의 먹거리

우리나라 대부분의 사찰이 산속에 지어졌는데 신륵사는 유별나게 강변에 있는 절이다. 남한강변의 수려한 자연 경관과 어우러진 신륵사는 신라 진평왕 때 원효대사가 창건했다는 설이 있고, 고려 우왕 2년(1376년)에 고승 나옹선사(懶翁禪師·1320~1376)가 입적하면서 유명한 절이 되었다. 여강을 굽어볼 수 있는 나옹선사의 당호를 딴 정자 강월헌은 다른 절에서는 볼 수 없는 명소다. 파사성은 파사산(해발 251m) 정상을 중심으로 능선을 따라 축성한 삼국시대의 석축산성이다. 성 전체 둘레는 936m이다. 정상에 서면 유유히 흐르는 남한강 물줄기와 이포보를 내려다 볼 수 있다.

우리나라 외식업계에서는 "여주는 몰라도 천서리는 안다"는 말이 있다. '천서리'가 지명인 것도 모르는 경우도 많다. 천서리는 경기도 여주시 대신면 '천서리'의 지명이다. 이관정 할아버지가 젊은 날, 이곳에서 막국수집을 시작해서 유명해지자 주변에는 막국수집 여러 곳이 문을 열어 이곳은 천서리막국수촌으로 세상에 널리 알려 졌다. 지금 이곳에는 '천서리막국수' '홍원막국수' '강계봉진막국수' 세 곳이 모범음식점으로 성업중이다.

글=우촌 박재근 / 사진=사진단체 여강길 제공

❶ 영월루와 황포돛배
❷ 구름이 감싼 여강 전경
❸ 석양 속 영월루의 실루엣

유난히 수려한 강, 여주 관통하는 물줄기 별칭
시민단체들 "맑은 물과 고운 모래 지키자"
2000년초 '남한강 정비사업 골재채취' 반대운동

매년 전국서 모인 학생들 '도보순례길' 걷고
옛나루터·황포돛배·캠핑 등 다양한 테마 담은
여강길 11개 코스는 '문화생태탐방로' 지정
파사성·신륵사 등 힐링 명소도 즐비

여주마을 구석구석 역사.문화 한눈에 2021/4/8

여주마을 구석구석… 역사·문화 한눈에

여주시 마을 곳곳에 있는 산과 하천, 나무, 바위 등에 담긴 이야기들을 직접 기록한 <여주마을 구석구석>이 책으로 발간됐다.

남한강을 낀 경기 최고의 농경문화를 꽃피운 비옥한 터전 여주는 나루터를 통해 물길을 따라 서울로 오가는 교통은 물론 문화의 집산지로 역사의 페이지마다 기록된 유서 깊은 고장이다.

문화와 역사, 전통의 고장 여주는 세종대왕릉을 비롯해 신륵사, 명성황후 생가, 고달사지, 흔암리 선사유적 등 우리나라 역사의 한 획이 된 역사유적지가 산재해있다.

지난 1년 동안 총 12개 읍·면·동의 42개 마을 이야기를 발굴하고 기록했으며 급격한 산업화로 잊히고 전해지지 않았던 각 마을의 전설과 역사 속 이야기, 마을 이름과 그 유래 등을 만날 수 있다.

현장을 느낄 수 있는 풍성한 사진과 명소 소개 자료를 함께 안내해 시민은 물론 여주를 방문하는 사람도 숨겨진 여주의 모습을 만날 수 있다.

여주마을 구석구석
여주세종문화재단 刊

김진오 여주문화재단 이사장은 "여주의 역사와 문화가 담긴 마을 이야기는 지역 정체성을 세우고 여주문화 발전의 기초자료로 활용할 수 있는 만큼 앞으로도 지속적으로 발굴해 책으로 발간하겠다"고 말했다.

여주=류진동기자

GH, 여주에 거점물류단지 조성… 축구장 100개 면적 2021/4/9

GH, 여주에 거점물류단지 조성… 축구장 100개 면적

소규모 창고 집적화·스마트화 첨단물류 체계 구축 용역 착수

경기주택도시공사(GH, 사장 이헌욱)가 축구장 약 100개 면적인 70만㎡ 규모의 여주시 물류단지 개발계획 수립을 위한 사업화방안용역을 8일 착수했다.

여주시는 수도권정비계획법상 자연보전권역과 상수원보호구역에 해당하는 등 중첩규제로 개발이 억제된 상황이었다.

이에 GH는 현재 경부선 중심의 물류체계를 중부내륙선 쪽으로 분산하고, 산재한 소규모 물류창고를 집적화해 스마트 물류 체계를 구축하는 차원에서 여주 물류단지 조성을 추진한다.

GH는 이를 통해 영동·중부내륙고속도로와 경강선 전철 등이 통과하는 여주시의 우수한 교통 접근성을 바탕으로 여주시를 경기 동부권의 물류·유통의 거점도시로 발전시킨다는 계획이다. 이를 위해 GH는 올해 안에 최적 후보지를 여주시와 협의해 선정하고, 내년에 실수요 검증을 거쳐 개발계획 승인을 신청할 예정이다.

이헌욱 사장은 "이번 사업을 시작으로 국내 물류산업의 수요에 대응하고, 물류를 지속가능한 성장동력으로 육성하기 위해 물류 중장기 개발계획을 수립 중"이라며 "기업 물류비 절감과 지역경제 활성화를 목표로 2035년까지 지역별 거점물류단지를 조성하겠다"고 밝혔다.

한편 경기도는 물류단지 조성 희망 사업자가 도에 일반물류단지 지정 요청서를 제출할 경우 먼저 해당 시·군에 의견조회를 진행한 후 실수요검증 실시 여부를 결정하기로 하고 지난해 시행에 들어갔다. 현재 경기도에서 운영되거나 지정절차가 진행 중인 물류단지는 30개소로, 이 가운데 광주·이천·용인 등 수도권 동남부권역에 17개소가 위치하고 있다. 이호준기자

여주 점동면 처리 가마들천 정비 2021/4/23

여주 점동면 처리 가마들천 정비

여주시 점동면 처리 가마들천이 오는 2024년까지 68억원이 투입돼 정비된다.

여주시는 농경지 침수 예방과 환경 개선 등을 위해 점동면 처리 가마들천 하천정비사업을 시행키로 하고 실시설계에 착수했다고 22일 밝혔다.

내년 상반기 실시설계 완료와 주민 설명회를 통해 의견들도 수렴한다. 이어 오는 2024년 완공 목표로 68억원을 들여 3.29㎞에 대해 개수와 배수시설 교체 및 교량 설치 등이 진행된다.

주진봉 여주시 하천정비팀장은 "가마들천 정비를 통해 치수안정은 물론 주민불편 해소에도 기여할 것으로 기대된다"고 말했다. 여주=류진동기자

시정단상 - 이항진 여주시장 2021/4/30

馬의 도시 여주에 GTX가 필요한 이유

시정단상

이항진
여주시장

말(馬)처럼 사람들의 이동시간을 단축시켜준 동물이 또 있을까. 자동차라는 새로운 이동수단이 나오기 전까지 수천년 간 사람들의 발이 되어준 말은 여주시와도 각별하다.

여주의 '여'가 '가리말 驪'이기 때문이다. 가리말은 검은말이라는 뜻이다. 여주라는 지명 유래는 남한강변에 있는 영월루 아래 마암(馬巖)에서 '황마(黃馬)와 여마(驪馬)가 솟아났다'는 전설에서 비롯됐다. 고려 경덕왕 때 황려현에서 조선시대 예종 때 여주목이 되면서 지금까지 이어지고 있으니 마암에 전해지는 이야기가 지명유래의 씨앗이 된 것이다.

그런 역사적 의미를 잇듯이 여주시는 지난해 농림축산식품부 공모사업인 '2021년 말산업 육성사업'에 선정됐다. 사업 선정으로 내년 12월이면 여주시 상거동 4만㎡에 실내·외 마장과 원형마장 등을 갖춘 공공승마시설이 들어선다. 국비와 지방비 총 51억원이 투입되며 그 옆에 들어설 반려동물테마파크와 함께 지역경제 활성화에 크게 기여할 것으로 기대하고 있다.

이를 위해 여주시는 말산업 육성을 위한 조례를 제정하고 말산업 저변 확대를 위해 말농가 육성과 인력 양성에 힘쓰고 있다. 공공승마장이 조성되면 지역 학생들에게는 승마체험 기회를 제공하고, 지역자활센터와 연계해 장애인과 트라우마 직업군 등에게는 재활치료를 위한 재활승마도 추진할 계획이다.

말산업과 함께 여주시 역사성과 연결된 또 하나의 사업이 있다. 바로 GTX 유치다. 뜬금없이 말과 GTX가 무슨 상관이 있을까 하겠지만 앞서 언급했듯이 말은 시간을 단축해 주는 가장 빠른 이동수단이었다. 현대에는 자동차와 기차, 비행기가 그 역할을 수행하기 때문이다.

여주시에는 고려말부터 흥천면 상백리, 귀백리와 효지리를 거쳐 가남면과 이천을 경유하는 말마당이라고 불린 역마소(驛馬所)가 있었다. 여주지역에 3개의 역이 있었고 이중 한 곳에는 18명의 역리가 있었을 정도다. 예로부터 수도권과 지방을 잇는 교두보 역할을 여주시가 해온 것이다. 여주시는 이런 역사성을 현대의 이동수단으로도 잇고자 한다. 그동안 국가 철도정책의 방향과 변화를 따라가며 수도권 철도 교통 중심지로 성장하는 여주시의 발전을 차분히 준비해왔다. 대도시와 연결되는 수도권광역급행철도 GTX 유치를 위한 '수도권 철도 교통중심지 성장계획'을 발표하고 지난 1일에는 여주역에서 엄태준 이천시장, 신동헌 광주시장 등과 공동서명식을 가졌다. 40여년 동안 수도권정비계획법으로 특별한 희생을 감내해온 광주-이천-여주가 GTX노선 유치를 통해 그간의 희생을 보상해달라는 간절한 바람을 담았다. 수도권 내 불균형과 불공정을 해소하고 균형발전과 공정을 촉진시키는 시대적 사명임을 천명했다. GTX 유치가 실현되면 경강선을 통해 강원도까지 이어지는 발판이 되고 현 정부가 역점으로 내세우는 수도권과 비수도권의 상생발전의 기폭제 역할도 충분히 가능할 것이다. 또한 승용차중심에서 철도중심의 대중교통체계로 전환함으로써 광역교통 혼잡을 해소하고 기후변화 위기대응에 맞서는 탄소중립과 그린뉴딜정책에도 상당히 기여할 것이라는 판단이다.

과거의 이동수단인 말은 현대사회에서 철마로 불리는 기차로 변신했고 세상은 엄청난 변화를 이뤄냈다. 이름에 말을 품고 있는 여주시가 GTX 유치에 힘을 쏟는 이유는 그동안 수도권 관문이면서도 균형발전에서 소외됐던 여주시와 12만 시민들의 발전에 대한 염원을 이룰 수 있는 꿈의 이동수단이기 때문이다. 부디 GTX가 유치되길 기원한다.

여주시 장애인자립생활센터 조정오 소장 2021/5/5

"사회적 약자 보듬어… 불편 없는 여주 만들기 앞장"

여주시장애인자립생활센터
조정오 소장

불의의 사고로 장애인 삶, 동병상련의 아픔
평생학습 시설 버팀목야학·자립생활센터 열어
문맹탈출·문화 쉼터 제공… '든든한 버팀목'

"여주 시민의 한 사람으로서 장애인이 차별 받지 않고 살아갈 수 있는 세상을 꿈꾸며 장애인의 든든한 버팀목이 되도록 최선을 다하겠다."

'차별에 저항하라'는 메시지를 던지며 여주시장애인자립생활센터를 이끌고 있는 조정오(54)소장은 "우리는 동정을 바라는 게 아니다. 장애인도 시민의 한 사람으로 아무런 불편 없이 살아갈 수 있는 사회적 시스템과 제도를 만들어야 한다"고 주장했다.

그는 지난해부터 여주지역 중증장애인들의 문맹탈출과 평생학습을 위한 시설인 장애인 평생교육시설 버팀목야학(여주교육지원청 등록 제11호)을 개설해 2년째 운영, 호평을 받고 있다.

여주시와 여주교육지원청의 지원을 받아 운영되고 있는 버팀목야학은 현재 40여 명의 장애인들이 문해교육과 홈패션, 검정고시, 태권도, 난타, 음악동아리 등 장애인들이 평소 경험하지 못한 프로그램을 운영해 학교에 다니지 못한 분들이 학교생활을 즐길 수 있는 장점이 있어 인기가 높다는 평가를 받는다.

여주시장애인자립생활센터가 운영하고 있는 버팀목야학은 황석우 교장과 평생교육사, 행정실장, 강사 등 12명의 직원이 참여하고 있다.

버팀목야학은 장애인들이 언제든지 쉬어 갈 수 있는 문화 쉼터(사랑방)와 무료급식장소, 여주시장애인보장구 수리센터, 장애인 근로복지공장(나무와 도자기)을 운영해오고 있다. 특히 최근 유행하고 있는 다육식물 화분과 폐목재를 이용해 만든 테마가 있는 새 둥지를 보급해 인기를 끌고 있다.

여주시 천송동에서 태어나 중 3학년 때인 1982년 8월8일 불의의 사고로 중증장애인의 삶을 살아가고 있는 조정오 소장은 사고 후 1986년 이방자 여사가 설립한 장애시설인 '명휘원'에서 전자기술을 배운 뒤 독립해 사업을 해왔다. 1995년 여주로 귀향한 후에는 한국지체장애인협회 여주지회를 1997년에 설립해 운영했다. 이후 2009년부터 장애인활동지원 제공기관인 자립생활센터를 창립해 운영해오고 있다.

조 소장은 "여주시에는 10여 개의 장애인단체가 활동하고 있지만, 장애인들이 생활하기에는 열악한 환경이었다"며 "이를 개선하고자 우선적으로 중증장애인의 권익보호와 생활지원을 위한 시스템 제공을 위해 노력한 결과 5년 전 여주시교통약자이동지원센터를 만든 것이 큰 성과다"고 강조했다. 그는 이어 "교통약자이동지원센터에서 운영하는 중증장애인 이동지원차량(특장차량) 20대가 운영되고 있다"며 "이 차량들은 교통약자들이 신청하면 1시간 안에 집앞까지 도착하고 이용료도 저렴해 인기가 높다"고 덧붙였다.

여주시 장애인체육회와 시민행복위원회에서 활동하고 있는 조정오 소장은 "사람중심 행복여주에서 시민의 한 사람으로 평범하게 살아갈 수 있는 제도와 시스템을 구축하고 장애인차별철폐를 위해 노력하겠다"고 말했다. 여주=류신동기자

코로나 모범도시 '우뚝'… 발빠른 '방역혁신' 빛났다 2021/5/6

여주 '신속 PCR 검사', 방역 패러다임 바꿨다

3차 대유행 속 28일간 확진자 '0명'
이항진 시장 "기존 방법만 정답 아냐"

코로나19 4차 유행이 우려되는 가운데 여주시가 신속 PCR 검사로 방역 성공신화를 새로 쓰고 있다.

여주시는 지난 1월 신속 PCR 검사 도입 후 주민 6만7천여명이 검사받았고, 이 과정에서 감염경로가 불분명한 감염자 22명을 찾았다고 5일 밝혔다.

이 같은 신속 조치로 여주시는 하루 확진자 1천여명이 발생한 3차 팬데믹 속에서도 28일(1월16일~2월12일) 동안 확진자 '제로'를 유지하는 등 효과를 거뒀다.

특히 최근 무증상·경증 감염자발(發) '조용한 전파'가 이어지는데다 다중이용시설 등을 중심으로 집단감염이 속출하면서 신속 PCR 검사 확대의 필요성이 대두된다. 신속 PCR 검사는 기존 PCR 검사에 비해 저렴한 검사비용과 검사 뒤 1시간 이내에 결과를 받을 수 있는 장점이 있어 방역시스템의 패러다임을 바꿨다는 평가가 나온다.

이항진 시장은 "최근 감염경로를 파악할 수 없는 은밀한 감염과 변종 등의 해외유입도 늘고 있다"며 "이런 상황에서 경직된 검사·추적과 과도한 사회적 거리두기만으로는 역부족이다. 신속 PCR 검사가 확산돼야 대면 사회를 앞당길 수 있다"고 강조했다.

여주=류진동기자 **관련기사 11면**

코로나19가 좀처럼 진정될 기미를 보이지 않으면서 4차 유행까지 우려되고 있다. 무증상·경증 감염자발(發) '조용한 전파'가 이어지는데다 다중이용시설 등을 중심으로 집단감염이 속출하면서 신규 확진자도 700명대로 올라섰다. 변이 바이러스 국내 전파사례도 속속 확인되고 있어 방역당국이 촉각을 세우고 있다. 이런 가운데, 여주시가 기존의 방역 패러다임과는 전혀 다른 신속 PCR(Polymerase Chain Reaction:표적 핵산을 증폭해 검출하는 검사법) 검사로 성공신화를 쓰고 있다. 여주시가 선제적으로 대응한 신속 PCR 검사를 통해 자치방역 시스템을 구축하면서 방역 패러다임도 바꿨다는 평가도 나오고 있다. 본보는 이에 신속 PCR 검사에 대해 알아본다.

■ 해외에서도 인정받는 신속 PCR

신속 PCR 검사 진단장비 가격은 기존 PCR 검사 진단장비(6만2천원 기준)에 비하면 절반 이하 수준이다. 이 비용은 검사기법 개선으로 더욱 낮아질 것으로 전망된다. 신속 PCR 검사는 해외에서도 인정받고 있다. 페루나 태국 등은 공항 등지에서 빠른 진단검사기법을 사용하는 것으로 파악됐다. 실제 국내에서 개발된 신속 PCR 검사 제품은 중동과 인도, 동남아 등지에도 수출되고 있다. 특히 여주에서 사용 중인 신속 PCR 검사 진단장비는 코로나19 청정국으로 알려진 두바이에 올해 2월 이후 월간 100만 키트씩 수출되고 있다. 여주시는 검사에 걸리는 시간과 비용 등을 줄이는 게 방역 핵심이라는 사실을 파악, 전국 최초로 신속 PCR 검사를 도입했다.

그 결과 성과는 놀라웠다. 본격적으로 코로나19 나이팅게일센터를 운영하기 시작한 1월 이후에는 자영업자들이 평소와 다름 없이 계속 영업 중이다. 그런데도 실질적인 지역 내 감염이 타 시·군에 비하면 현저히 적다. 현재까지 4개월 동안 주민 6만7천명이 검사받았고, 이 과정에서 감염경로가 불분명한 감염자 22명을 찾아냈다. 여주는 신속 PCR 검사로 확진자를 사전에 빠르게 조치, 하루 확진자가 1천여명 발생한 3차 팬데믹 속에서도 28일 동안(1월16일~2월12일) 확진자 '제로'를 유지할 수 있었다. 주민들은 타 지자체보다 안심하면서 생활할 수 있었다. 이 같은 결과는 검사를 받은 주민 중 91%가 만족한다고 대답한 만족도 조사결과에서도 입증됐다.

■ 신속 PCR 검사 도입한 여주시의 혁신적 자체 방역실험

여주시는 지난해 12월28일 여주교도소에 나이팅게일센터를 설치하고 교도소 직원과 수감자 1천892명이 신속 PCR 검사를 통해 이틀 만에 전원 음성판정을 받았다. 지난 1월25일 전국 최초로 전통시장에 이동검사소를 설치, 상인과 주민이 신속 PCR 검사를 통해 '안심 5일장'을 개장했다. 사회적 거리두기 2단계에 따라 전통시장을 폐쇄한 지 59일만이었다. 지난달 30일 여주 세종문화재단이 주최한 '양성원&문지영 콘서트-첼로의 향해' 공연장에도 이동검사소를 설치, 전국 최초로 관객과 스텝, 출연자 등 150여명이 신속 PCR 검사를 받고 안전하게 공연을 즐겨 공연업계에 대안을 제시했다.

■ 무증상 확진자 조기 발견으로 지역확산 사전 차단

신속 PCR 검사로 감염경로가 불분명한 확진자 22명을 발견했다. 이 중에는 하루 1천명이 근무하는 대규모 물류센터에서 직원 1명, 하루평균 2만명이 다녀가는 프리미엄 아울렛에서 직원 1명, 불특정 다수와 접하는 택시기사 가운데 1명, 수천명이 한번에 집회를 여는 종교시설에서 1명 등을 조기 발견해 대규모 집단감염사태를 막았다. 서울시 순천향대병원 발(發) 집단감염 발생 직전에 퇴원했으나 역학조사에서 제외돼 자택에서 거주하던 중 집단감염 소식을 보고 자발적으로 신속 PCR 검사를 통해 무증상 감염자 2명을 조기 발견, 지역확산도 빠르게 차단할 수 있었다.

■ 기존 PCR 검사 대비 검사비용 대폭 절감

신속 PCR 검사 단가는 건당 2만9천원으로 선별 PCR 검사 단가 6만2천원에 비해 50% 저렴하다. 여주시 검사인원 6만6천여명을 대입하면 20억7천여만원을 절감, 향후 풀링방식 도입 시 80%까지 절감이 예상된다. 여주시 신속 PCR 검사 성과는 이미 입증됐다. 중앙재난안전대책본부(중대본) 회의와 정세균 총리가 우수 사례로 수차례 언급하기도 했다. 신속 PCR 검사 필요성에 다수 지자체와 기관 등이 공감했다. 신속 PCR 검사 도입을 위해 수원시, 인천 서구, 서울 송파구, 원주시 등과 서울대, 문체부, 강원랜드 등의 벤치마킹이 쇄도하고 있다. 전남 영암군도 산업공단 근로자 대상 신속 PCR 검사를 도입, 지난 3월2일 중대본 회의에서 우수 수범사례에 선정됐다.

■ 국가적 차원의 방역 패러다임 변화 추진

여주시 신속 PCR 검사는 민감도와 특이도 모두 100%로 질병관리청이 승인한 제품을 사용 중이다. 여주시가 현재까지 신속 PCR 검사를 받은 6만7천여명 중 108명에게서 양성 의심이 나왔고, 이 중 65명이 양성으로 판정됐다는 건 6만7천여명을 검사, 음성자 없이 확진자 65명을 정확하게 찾았음을 입증한다. 수치로 나타내면 민감도 100%, 특이도 99.94% 등이다. 여주시가 시행 중인 신속 PCR 검사가 얼마나 정확한 검사인지를 입증하고 있다. 코로나19 신규 확진자가 700명대를 유지하고 있다. 아무도 예상할 수 없는 산발적인 대규모 집단감염도 끊임없이 이어지고 있다. 3명

중 1명이 숨어 있는 무증상 감염자이다. 감염경로를 파악할 수 없는 은밀한 감염과 변종의 해외유입도 계속되고 있다. 전염성·독성이 더 강한 것으로 추정되는 영국·남아공·브라질·미국 변종이 모두 유입된 상황이다. 이런 상황에서 무증상 감염자를 1명이라도 더 찾아내는 게 먼저인지, 정확도를 빌미로 현재의 방역 패러다임을 고수하는 게 정답인지 생각해봐야 한다. 경직된 검사·추적과 과도한 사회적 거리두기만으로는 역부족이다. 여주시의 신속 PCR 검사 시행에 따른 성공이 전국으로 확산될 수 있어야 대면사회를 앞당길 수 있다.

600억 규모 환경기초시설 관리대행업체 선정 놓고 잡음 2021/5/11

여주시 600억 규모 환경기초시설 관리대행업체 선정 놓고 잡음

류진동 기자 san3111@kyeonggi.com 입력 2021. 05. 11 오후 7:13 댓글 0

▲ 여주시청

여주시가 진행 중인 600억원대 환경기초시설 관리대행업체 선정에 시장 비선실세 개입설이 제기되는 등 잡음이 일고 있다.

11일 여주시와 관련업계 등에 따르면 여주시 하수사업소는 오는 8월말 계약만료 예정인 환경기초시설 관리대행업체 선정절차를 진행 중이다. 연간 125억원으로 5년간 장기계약 조건으로 총용역사업비는 600억원 규모다.

선정되면 지역 내 하수처리시설 38곳과 하수관로, 중계펌프장 등을 운영한다. 시는 2차례 사전규격을 공고한 뒤 이달 중 입찰공고를 내고 다음달 대행업체를 선정한다.

이런 가운데, 선정위원 명단이 사전에 유출돼 특정업체 선정설이 제기됐다. 시의회는 이에 하수사업소장을 2차례 불러 공정한 진행을 촉구했다.

현행 환경부 지침은 선정위원은 상하수도분야 기술사, 상하수도 관련 박사학위 소지자, 공인회계사, 변호사 또는 법학교수, 관계 공무원, 상하수도 관련 10년 이상 실무 경험자, 민간위탁 전문가나 시민단체 관계자 등으로 5인 이상 10인 이내로 구성해 시장이 위촉하도록 돼 있다.

현재 선정위원에는 관련 공무원 2명, 변호사, 회계사, 관련분야 교수 3명 등 7명이 내정됐다. 선정위원으로 참여할 공무원 2명의 직급이 6급 이하라는 구체적인 내용까지 나돌고 있다.

입찰에 참여할 업체들은 "입찰공고도 띄우지 않았는데 선정위원 직종과 인원까지 떠돌고 있다는 건 이미 투명성과 공정성을 상실한 게 아닌가. 시장 비선실세가 A업체 임원으로 근무하고 있어 그 업체를 밀어주기 위한 입찰절차가 진행 중"이라고 주장했다.

시의회 A의원은 "선정위원 명단유출 의혹이 제기되는만큼 공정하게 입찰이 진행될 수 있도록 시에 요청했다"고 말했다.

시 관계자는 "선정위원 명단이 외부로 유출되면 (업체의) 로비 등 문제가 생길 수 있어 비공개로 행정절차를 진행 중이다. 특히 시장 비선실세 개입과 특정업체가 선정됐다는 주장은 사실이 아니다"라고 해명했다.

여주=류진동기자

여주시가 진행 중인 600억원대 환경기초시설 관리대행업체 선정에 시장 비선실세 개입설이 제기되는 등 잡음이 일고 있다. 11일 여주시와 관련업계 등에 따르면 여주시 하수사업소는 오는 8월말 계약만료 예정인 환경기초시설 관리대행업체 선정절차를 진행 중이다. 연간 125억원으로 5년간 장기계약 조건으로 총용역사업비는 600억원 규모다. 선정되면 지역 내 하수처리시설 38곳과 하수관로, 중계펌프장 등을 운영한다.

세종이 꿈꾸던 생생지락… 여주서 완성 2021/5/20

세종이 꿈꾸던 생생지락… 문화도시 여주서 완성

(生生之樂)

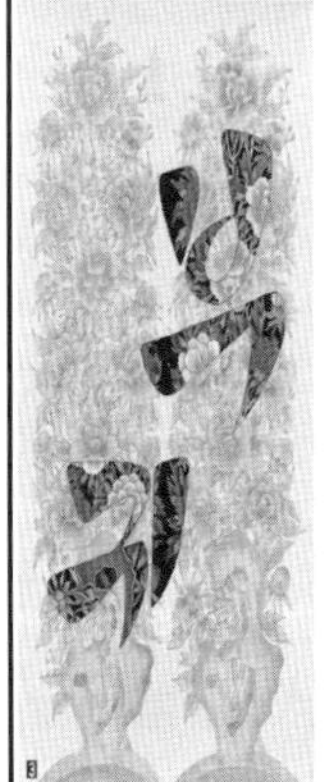

1 뮤지컬 공연 〈세종, 1446〉 2 마을미술프로젝트에 참여한 학생들이 그림을 그리고 있다. 3 한글을 담은 민화 배우기 교육 작품.

'원통하고 억울한 처지를 면하게 하여, 시골 마을에서 근심하고 탄식하는 소리가 영구히 끊어져서 각자 즐겁게 생업에 종사하게 할 것이다' 민본사상을 바탕으로 세종이 꿈꾸던 생생지락(生生之樂)이다. 여주세종문화재단은 세종의 생생지락을 실현하기 위해 세종의 가치관, 안목, 문제 해결 방식, 국가 경영 리더십과 여주의 문화·예술분야가 소통을 통해 '사람 중심, 행복 여주'를 만들고자 지난 2017년 설립됐다. 언론인 출신으로 지난 2019년 제2대 여주세종문화재단 사령탑을 맡은 김진오 이사장(61). 그가 이끌고 있는 여주세종문화재단(재단)을 살펴본다.

■ 다양한 프로그램 … 문화로 풍요로운 삶 견인

재단은 설립 당시부터 지금까지 지역의 문화예술 발전을 위해 숨가쁘게 달려왔다. 특히 전문예술창작지원, 우리 동네 예술프로젝트, 청소년문화예술 활성화 지원, 시민문화예술동아리 지원, 지역특화 문화예술교육, 문화예술 역량강화 등 6개 분야를 역점 추진해왔다. 이와함께 세종국악당의 '문예회관 문화예술교육', '교과서에서 나온 예술수업', '시민예술학교', 자동차영화관 등을 운영해 시민에게 큰 호응을 얻고 있다.

여기에 매년 5월 가정의 달부터 6개 이상 시즌 운영, 옛 추억을 되새길 수 있는 고전영화와 우수 독립영화 상영 등 작품성을 인정받고 있는 감동적인 작품 선사도 인기다.

어르신 그림책 만들기 사업으로 개인의 역사를 담아내는 '역사를 담은 나의 일상 이야기' 등은 스토리텔링이 화두로 떠오른 시대에 여주이야기 발굴이라는 면에서 의미를 더하고 있다는 평가가 나온다. 재단은 여주 설화수집과 간행, 여주 5일장 자료수집과 간행, 옛 문헌과 그림 속 숨은 이야기, 여주 문화예술자원 전수조사 등과 함께 각 사업의 기초연구결과를 종합하고 이를 책으로 출간해 기초자료로 사용할 계획이다.

한글 관련 사업도 이어가고 있다. 먼저 한국어 세계화를 위해 한글 학술대회와 지역문화를 대표하는 청심루 복원 등을 통해 문화예술이 살아 숨 쉬는 여주를 만드는데 앞장서고 있다. 뮤지컬 '세종, 1446' 특별공연, 명성황후 박물관대학 등은 조선시대 기록문화의 꽃인 '의궤'에 대한 강의와 '추쇄도감의궤', '창경궁 연건 도감 의궤' 등 의궤 교육과 그 속에 담긴 조선시대 사회상을 되짚어보는 계기를 마련했다.

특히, 작품성과 대중성 모두 인정받은 '세종, 1446'은 2021년 한국문화예술회관연합회 방방곡곡 문화공감 국·공립 우수공연으로 선정돼 세종대왕의 도시 여주를 알리는데 크게 기여할 것으로 전망한다.

예술인·시민 역량 살리는 6개 분야 역점
車영화관·어르신 그림책 만들기 등 호응
'세종, 1446'·의궤 교육 조선시대 되짚기

1천년 맥 잇는 여주도자기 판로 개척
세라믹 페어, 내달 19일부터 12일간 개최
명성황후 숭모제 오곡나루 축제 계획도

재단은 랜선 국악 당을 운영, 아이 키우기 좋은 여주, 문화와 예술이 풍성한 여주, '문화가 있는 날 공연', '방방곡곡 문화공감사업' 등 각종 우수공연을 유치해 문화예술 향유기회를 확대 제공할 계획이다.

■ 1천년 맥 잇는 여주도자기 판로 개척… 지역경제 활성화도 기여

재단은 1천년 맥을 잇는 여주도자기의 판로 개척에도 앞장서고 있다. 지난해 12월에 문을 연 여주도자기 온라인 쇼핑몰 '여주몰'은 현재 90여 개 도예업체의 제품 600여 점이 등록돼 운영 중이다. 앞으로 '여주몰'을 공예품과 농·특산물, 중소기업 제품까지 입점하는 지자체 종합 쇼핑몰로 확장 운영할 뿐 아니라 다양한 우수 제품 홍보와 안정적인 판매망 확충으로 대표 온라인 쇼핑몰로 자리매김할 수 있도록 지원할 예정이다.

재단은 여주도자기의 꽃을 피우는 '여주도자기축제'와 과거 한양으로 특산품을 진상하던 조포나루터를 재현해 우수한 여주 농산물을 홍보 판매할 수 있는 장인 '여주오곡나루축제'를 기획하고 있다.

올해 열리는 제33회 여주도자기축제는 '여주 세라믹 페어'로 대체, 6월 19일부터 30일까지 12일간 여주프리미엄아울렛 일원에서 개최한다. 이번 여주 세라믹 페어는 여주도자기 판매와 전시는 물론 여주도자기의 다양한 모습을 담은 포토존을 설치해 여주도자기의 매력을 느낄 수 있는 기회를 제공할 계획이다. 또 여주도자기축제 30년 발자취를 담은 '여주도자기축제 백서'를 발간, 축제의 역사적 가치를 조명한다.

■ 다양한 문화행사 마련

재단은 올해 한글날 훈민정음 반포를 기념해 한글의 소중함과 그 가치를 기리고 한글도시 여주로서 그 위상을 높일 '한글날 문화행사'를 기획하고 있다. 11월에는 명성황후 생가에서 '명성황후 숭모제'를 개최한다.

문화관광도시 여주의 가치를 높일 수 있는 다양한 신규사업을 발굴하고 공모전과 각 12개 읍면동의 길과 농·특산물의 새로운 가치 창출을 위한 연구조사, 품평회도 추진한다.

재단은 지역 특산물을 활용한 전통문화 발굴을 위해 '여주 오곡으로 빚은 가양주 품평회'를 열고 지역 농특산물의 가치 조명과 다양한 부가가치 창출에 힘을 실을 계획이다.

여주=류진동기자

김진오 여주세종문화재단 이사장

"시민 참여 중심 문화로 여주만의 정체성 확립"

"시민과 소통하고 상생발전 할 수 있는 문화의 다양성을 공유하는데 최선을 다하겠다"

지난 17일 재단 사무실에서 만난 김진오 이사장은 "문화예술은 모두가 함께 만들어 나갈 때 빛이 난다"며 이같이 말했다.

여주세종문화재단의 정체성 확립과 시민 참여 중심의 문화복지 활성화와 지역 문화예술 진흥을 위해 노력하고 있는 김 이사장은 "여주 시민들과의 약속을 지키고자 묵묵히 소통을 하고 있다"고 밝혔다.

-코로나19로 재단 운영에 어려움이 적지 않았을 텐데.

지난해 코로나19 팬데믹으로 지역 문화예술계도 적지 않은 타격을 입었다. 여주 역시 예정된 4월 도자기축제, 10월 오곡나루축제가 연이어 취소되는 어려움을 겪었다. 재단의 빠른 결단이 문화예술인들의 어려움을 극복하는데 보탬이 됐다고 본다.

-이사장으로 보람을 느낀 것이 있다면.

지난해 진행한 사업 중 기획공연 '랜선 국악당' 시리즈는 '카이의 뮤지컬 갈라 콘서트', '정호영 셰프의 요리 콘서트', 어린이 뮤지컬 '어른 동생' 등 남녀노소 모두의 흥미를 끌었다. 총 17회의 프로젝트를 온라인으로 진행한 것을 보람으로 느낀다. 코로나19 극복을 위해 영화관이 없는 지역적 특성을 고려해 운영한 자동차영화관도 기억에 남는다. 자동차 영화관은 어린이날, 7~8월 여름, 광복절 등 가족이 함께 추억을 쌓는 기회의 장이 되기도 했다. 시민들의 문의가 쇄도하고 있는데 올해도 운영할 것이다.

-여주지역 문화예술을 위한 한마디는.

먼저 여주지역의 문화예술활동을 지원하고 있는 이항진 시장에게 감사를 드린다. 지역의 문화예술이 발전하기 위해서는 시민들이 곳곳에서 참여하는 문화가 이뤄져야 하고 문화예술가와 단체들의 끊임없는 소통이 필요하다.

베스트웨스턴호텔 팔도한마당 - 여주 상거동에 들어선다. 2021/5/26

'베스트웨스턴호텔·팔도한마당' 여주 상거동에 들어선다

포스트 코로나 시대 관광 트렌드를 주도할 여주 베스트웨스턴호텔과 여주팔도한마당이 내년 하반기 여주 상거동에 들어선다.

㈜팔도 한마당은 총사업비 1천120억원을 들여 내년 하반기까지 여주 베스트웨스턴호텔과 여주팔도한마당을 완공키로 하고 다음달 착공한다고 25일 밝혔다.

이들 시설이 들어설 지역 인근에는 신세계프리미엄아울렛 등이 위치했다.

여주 베스트웨스턴호텔은 지상 8층, 연면적 5천136㎡, 객실 153실 등의 규모로 지어진다. 객실에서 온천욕을 즐길 수 있다. 내년 하반기 준공을 목표로 추진된다.

국내 유일 전통 민속문화 체험형 테마파크인 여주팔도한마당은 신세계프리미엄아울렛과 인접한 부지 3만6천61㎡에 지하 4층, 지상 4층, 연면적 4만6천135㎡ 등의 규모로 건립된다.

특히 관광형 숙박시설, 비즈니스 컨벤션센터, 복합놀이형 어드벤처센터, 국내 유명 향토음식관, 우주체험센터 등을 갖춘 융복합문화테마파크로 조성된다.

이들 시설은 사전에 유명 글로벌 브랜드와 지자체, 공공기관 등과 업무협약이 체결돼 시너지 효과를 낼 것으로 기대된다.

내년 하반기 준공… 숙박시설·향토음식관 등 융복합문화테마파크 '관광 랜드마크' 기대

이기철 ㈜팔도 한마당 회장은 "포스트 코로나 시대 관광 트렌드는 안전·로컬·디지털로 국내외 관광시장 수요를 선점하고자 콘텐츠의 다양성 전문성 등에 초점을 맞춰 프로젝트 극대화를 꾀하고 있다"며 "특히 여주팔도한마당은 근현대 생활문화에 녹아든 전통문화 변천사를 체험하는 공간이자 세대와 계층을 뛰어넘어 모두가 하나 되는 테마파크로 자리매김할 것"이라고 말했다.

여주=류진동기자

4 2021년 6월 15일 화요일

"세종의 과학영농, 여주서 실현할 것"

여주시 정책자문관
유종균

40여년 민간기업 경험·신기술
여주농업 발전 위해 힘 쏟아
스마트팜 접목·조성 필요 강조

"세종대왕의 고장 여주는 대한민국 유일의 쌀 산업 특구다. 여기서 생산되는 쌀과 고구마, 땅콩, 가지 등을 세종의 과학영농과 접목시킨 세계적인 과학영농단지가 여주의 관문인 세종대왕릉역 주변에 조성돼야 한다"

세계 최초로 농업에 온실을 이용한 것은 세종 때였다. 40여년 간 민간기업에서 일하며 터득한 경험과 신기술을 이용해 세종의 '과학영농 온실'을 여주에서 실현시키기 위해 노력하는 이가 있다. 유종균 여주시 정책자문관(63)이 그 주인공이다.

KCC그룹에 입사했던 그가 여주시와 인연을 맺은 것은 KCC 여주공장 설립과 금강골프장 조성과 관련한 각종 인·허가 업무를 담당하면서다. 그는 최근 KCC그룹 총괄 상무이사로 정년을 마치고 여주시 정책자문관으로 활동하고 있다.

그는 KCC그룹에서 여주공장과 금강골프장을 조성하면서 여주지역이 수도권 정비계획법상 자연보전권역 등 각종 규제로 산업활동하기에 어려움이 많은 도시라는 것을 절감했다. 이를 해결하기 위한 많은 공부와 끈질기 노력 덕에 공장은 원활하게 가동됐다.

그는 자신의 경험과 신기술을 제2의 고향 여주에서 펼칠 포부로 가득하다. 그가 여주에 주목한 이유는 "여주는 세종의 고장이다. 세종대왕이 잠들어 계신 능서면은 여주의 곡창지대"라고 설명한다.

구체적으로 세종의 과학영농을 여주의 관문인 경강선 능서면 세종대왕릉역 주변에 세계적인 '스마트팜' 조성의 필요성을 제시하고 있다.

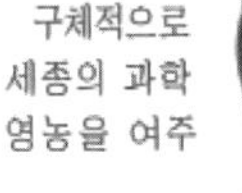

그는 "세종대왕릉역역세권 개발사업에 세종의 얼이 담긴 과학영농 온실농법인 스마트팜을 접목시켜야 한다. 세종대왕릉역 명칭에 걸 맞는 지역에 세종의 업적인 과학영농의 전초기지를 만들어야 한다. 세종의 과학영농이 현재의 스마트팜이다. 여기에서 명품 농산물을 생산하고 가공, 유통을 통해 일자리창출 효과와 관광객 유치에 성공할 수 있다"고 말했다.

실제 식물재배는 노지재배에서 비닐하우스, 유리온실로 변화하고, 이는 다시 스마트팜으로 고도화 하는 추세다. 스마트팜은 비닐하우스, 또는 유리온실이 ICT와 만난 것으로 농업의 새로운 패러다임으로 주목받고 있다. 그는 "농업은 대체불가한 지속가능한 사업이다. 경강선(성남~여주 전철) 세종대왕릉역 주변에 스마트팜을 조성하면 재택근무가 가능한 젊은 농부(스마트팜)들이 몰릴 것이다. 청년인구가 증가하면서 여주는 활력이 넘치는 도시로 성장하게 될 것으로 확신한다"고 강조했다. 여주=류진동기자

여주문화원 등 앙부일구 복원 효과 학술발표회 개최 2021/6/23

여주문화원 등 앙부일구 복원 효과 학술발표회 개최

여주문화원(원장 박광우)과 가칭 세종시대 앙부일구 복원국민위원회(공동 위원장 김슬용·김태양) 등은 지난 21일 여주시 사회적 공동체 지원센터에서 '앙부일구 복원의 문화적·경제적 효과'라는 주제로 비대면 학술발표회를 개최했다.

손병희 국민대 교수의 사회로 진행된 학술발표회는 이상희 전 과기처 장관 등이 참여했다.

이용삼 충북대 명예교수는 이 자리에서 "세종대왕은 앙부일구를 설치하면서 한자를 모르는 백성을 위해 시각 표시를 동물 신 그림으로 나타냈다. 그런데 현재 복원 품들은 동물 신 그림 대신에 한자 전문가도 알기 어려운 전서체 한자로 만들었다"고 지적했다.

학술대회 주관·후원 단체들은 이날 '정부와 각 지자체는 앙부일구 복원국민위원회가 제대로 된 복원품을 만들어 보급할 수 있도록 모든 지원을 해야 한다'는 성명을 발표했다.

2021년 하지(夏至)를 기념한 이번 학술대회는 세종국어문화원 여주지원, 여주시 사회적공동체협의회와 센터, 늘푸른자연학교, 사회적협동조합 여의주, 한글예술원, 여주대 세종리더십연구소, 세종대왕 국민위원회, 과학 선현 장영실 선생기념사업회, 해시계 연구회, 세종대왕정신계승 범국민위원회 등이 주관하고 후원했다.

여주=류진동기자

여주 CGV 신축현장 무단 도로점용 물의 2021/7/5

"아침 출근 시간부터 도로를 막고 공사라니...이게 말이나 됩니까?" 여주시 홍문동 CGV 영화관 신축공사 시공사가 도로를 무단 점용한 채 공사를 강행해 물의를 빚고 있다.

'일제 잔재' 여주시 능서면 명칭, 세종대왕면으로 변경 추진 2021/7/7

'일제 잔재' 여주 능서면→세종대왕면 추진

여주시 능서면 명칭의 '세종대왕면'으로의 변경이 추진된다.

능서면은 오는 15일까지 전체 주민(6천500여명)의 3분의 2 이상의 동의서를 접수한 뒤 여주시에 명칭변경을 요구할 계획이라고 7일 밝혔다.

앞서 지난 2일에는 박시선 여주시의회 의장과 노규남 이장협의회장 등을 공동위원장으로 하는 '능서면(세종대왕면) 명칭 변경 추진위원회'도 출범했다.

명칭 변경 추진위 출범
주민 동의서 접수 계획

능서면(陵西面)은 수계면(水界面)과 길천면(吉川面) 등으로 불리다 일제강점기인 1914년 두 면이 통합하면서 세종대왕릉의 서쪽에 있다는 이유로 지금의 이름으로 바뀌었다.

김용수 능서면장은 "일제강점기에 식민통치 효율성을 위한 단순방위적 의미로 능서면이라고 지었다"며 "세종대왕릉이 있는 우리 면의 정체성에 맞게 세종대왕면으로 변경하는데 주민 80% 이상이 찬성하고 있다"고 밝혔다.

이어 "면 명칭 변경은 여주시의 실태조사와 관련 조례 개정 등의 절차를 거치면 가능하다"며 "추석 이전에 세종대왕면으로 명칭이 바뀔 수 있을 것으로 기대한다"고 덧붙였다.

여주=류진동기자

여주시 능서면 명칭의 '세종대왕면'으로의 변경이 추진된다. 능서면은 오는 15일까지 전체 주민(6천500여명)의 3분의 2 이상의 동의서를 접수한 뒤 여주시에 명칭변경을 요구할 계획이라고 7일 밝혔다. 앞서 지난 2일에는 박시선 여주시의회

의장과 노규남 이장협의회장 등을 공동위원장으로 하는 '능서면(세종대왕면) 명칭 변경 추진위원회'도 출범했다. 능서면(陵西面)은 수계면(水界面)과 길천면(吉川面) 등으로 불리다 일제강점기인 1914년 두 면이 통합하면서 세종대왕릉의 서쪽에 있다는 이유로 지금의 이름으로 바뀌었다. 김용수 능서면장은 "일제강점기에 식민통치 효율성을 위한 단순방위적 의미로 능서면이라고 지었다"며 "세종대왕릉이 있는 우리 면의 정체성에 맞게 세종대왕면으로 변경하는데 주민 80% 이상이 찬성하고 있다"고 말했다.

이어 "면 명칭 변경은 여주시의 실태조사와 관련 조례 개정 등의 절차를 거치면 가능하다"며 "추석 이전에 세종대왕면으로 명칭이 바뀔 수 있을 것으로 기대한다"고 덧붙였다.

- 늦었지만 꼭 해야 할 일이었다. 버릴 것은 과감히 버릴 줄도 알아야 한다. 주민들의 절대적인 지지를 얻었으니 세종대왕면으로의 변경은 순조롭게 진행될 것이다. 명칭 변경을 계기로 여주시가 새로운 변화의 시작점이 되어 세종대왕의 위상에 맞는 여주시로 거듭나기를 바란다.

"GTX-A노선 수서역 접속부 공사비 부담하겠다" 2021/7/27

이항진 여주시장 "GTX-A노선 수서역 접속부 공사비 부담하겠다"

이항진 여주시장이 GTX-A노선 유치를 위해 수서역 일원 접속부 공사비를 부담하겠다고 제안했다. 이 시장은 27일 "수도권 각종 규제가 집중된 여주 시민들에 대한 보상과 앞으로 여주 발전을 위해 GTX A노선 유치는 반드시 이뤄내야 한다. GTX A노선 유치를 위한 범시민서명운동을 다음달 13일까지 벌이겠다"며 이처럼 밝혔다. 여주시는 이를 위해 시청과 읍·면·동 행복복지센터에 비치된 서명부를 이용, 오프라인 서명과 시 홈페이지 배너를 통한 온라인 서명방식으로 진행한다. 이와 함께 GTX-A노선을 수서역에서 수서~광주선과 연결, 광주~이천~여주~원주까지 유치하는 방안을 광주·이천·원주시와 함께 추진 중이다. GTX-A노선 수서역 접속부 공사는 GTX-A노선 수서역에서 수서~광주선 300여m 구간을 잇는 것으로 GTX 유치에 필수적이다. 앞서 여주시 등 4개 시는 지난달 접속부 공사비 212억원을 공동 부담하겠다는 뜻을 밝힌 바 있다. 안상황 교통행정과장은 "GTX-A노선 유치가 판가름나는 수서역 일원 접속부 설치여부가 오는 9월 중 결정될 것으로 보여 범시민서명운동을 3주일 동안 신속히 전개하기로 했다"며 "서명부를 국토부에 전달, 여주시민의 유치 열망을 알리겠다"고 말했다. 한편 여주시가 총력전을 펼치는 GTX-A노선은 개통 예정이 계속 늦춰지고 있다. 지난 2019년 6월 착공한 GTX-A노선은 오는 2023년 말 개통을 목표로 하고 있지만, 주민 반발과 유물 발견 등으로 지연되고 있다.

내년 지방선거 누가 뛰나 '여주시장' 2021/7/29

자치/의정

5

이항진 재선 도전 속… 수성이냐, 탈환이냐 '관심 집중'

내년 지방선거 누가 뛰나 여주시장

전통적인 보수텃밭으로 분류되던 여주시는 지난 2018년 6·13 지방선거에서 보수층이 분열되면서 더불어민주당에 민선 7기 여주시장 자리를 넘겨줬다. 내년 지방선거에서는 더불어민주당 이항진 현 시장에 맞서 국민의힘 시장 후보들이 탈환을 벼르는 모양새다. 2018년 지방선거에서 당시 자유한국당(국민의힘 전신) 이충우 후보를 0.5%p(309표) 차로 따돌리고 당선된 이항진 시장이 민선 7기 시장직을 3년여 간 수행하고 있는 가운데 내년 6·1 지방선거는 이 시장의 재선 성공 여부가 관심거리다. 역대선거에서 초대 여주군수에 당선된 박용국 전 군수가 재선에 성공했을 뿐 여주시는 그 이후 시장들은 모두 단선으로 끝났다. 결국 내년 여주시장 선거는 국민의힘 후보가 시장직을 탈환하느냐, 민주당 이 시장이 재선 고지를 점령하느냐가 주요 관전 포인트가 될 전망이다. 민주당의 경우 현재까지 이항진 시장(56) 외에 뚜렷하게 거론되는 후보가 없는 상황이다. 국민의힘은 이충우 경기도당 부위원장(62)과 이대직 전 여주 부시장(61)이 일찌감치 출마 의사를 밝히고 책임당원 확보 등 후보자의 확고한 입지를 다져 나가는 가운데 여주출신 글로벌 사업가 이만희 네오에코텍㈜ 대표(50)가 하마평에 오르고 있다.

여주교도소 입구 대신천 하수배출구 주변서 물고기 떼죽음 2021/8/3

여주교도소 입구 대신천 하수배출구 주변서 물고기 떼죽음

가남읍 여주교도소 입구 대신천에서 물고기가 집단 폐사, 여주시가 원인 분석에 나섰다. 3일 여주시와 가남읍 오산리 주민 등에 따르면 지난 2일 가남읍 오산리 여주교도소 입구 대신천에서 잉어와 메기, 쏘가리 등 물고기가 떼죽음당해 하천변에 쌓여 있다는 신고가 접수됐다. 여주교도소 입구 최종 하수배출구 인근에서 악취가 날 정도로 물이 줄어들면서 수십마리의 물고기 사체들이 하천물에 떠 있고 물속에서 썩고 있었다. 이 마을 주민들은 “대신천 관리주체인 여주시는 물고기 폐사원인을 철저하게 조사해야 한다”며“하천물을 이용, 농사를 짓고 있는데 하천물이 오염되면 생산한 농산물도 오염돼 농사를 망친다”고 주장했다. 이에 대해 여주시 관계자는 “깨끗한 수질관리에 노력하고 있는데 갑작스런 물고기 떼죽음과 심각한 악취 발생 원인을 아직 파악하지 못하고 있다”며 “하천으로 유입되는 하수배출구를 점검하고 하천수를 채수, 수질검사를 통해 원인을 분석하고 불법 오염물질을 방류하는 주체를 찾아 처벌할 방침”이라고 밝혔다.

후포천 농민 침수피해 호소 2번째피해 2021/8/10

[현장의 목소리] 여주 후포천 농민 침수피해 호소…"지난달에 이어 2번째"

"지난주에도 물에 잠겼는데, 또 침수돼 허망할 따름입니다"

여주 대신면 후포천 개수공사 배수로 범람 관련 피해 농민의 비닐하우스가 최근 내린 비로 또 침수됐는데도 발주처인 경기도가 대책을 내놓지 않고 있다

앞서 해당 농민은 지난달 11일 내린 집중호우로 침수피해를 입은 바 있다

"지난주에도 물에 잠겼는데, 또 침수돼 허망할 따름입니다" 여주 대신면 후포천 개수공사 배수로 범람 관련 피해 농민의 비닐하우스가 최근 내린 비로 또 침수됐는데도 발주처인 경기도가 대책을 내놓지 않고 있다. 앞서 해당 농민은 지난달 11일 내린 집중호우로 침수피해를 입은 바 있다. 10일 여주시와 해당 농민 등에 따르면 지난 6일 오후 4~6시 대신면에 23㎜의 집중호우가 내리자 후포천 지류인 배수로가 또 범람했다. 이 때문에 이곳에서 가지농사를 짓는 농민 A씨의 비닐하우스 3개동(후포리 220-1, 면적 2천300㎡, 3천그루)이 침수됐다. 그의 비닐하우스는 앞서 지난달 11일 내린 집중호우(53.5㎜) 때도 침수돼 농사를 망쳤다. A씨는 "최근까지 발주처인 경기도로부터 피해보상과 대책은 커녕 아무런 내용도 전달받지 못했다"며 "피해는 조사해 놓은 상태에서 가지농사를 다시 시작하기 위해 줄기를 모두 잘라내고, 다시 싹을 키워 줄기가 나오던 중이었는데 또 침수돼 올해 농사를 망쳤다"고 말했다. 이어 "지난 2019년 시행됐던 공사현장 하천과 연결된 배수관이 지름 1m 원형관이어서 토사나 각종 부유물이 떠내려오면 배수관이 막혀 배수로가 범람할 수 있다고 문제를 제기했지만 시공업체와 경기도, 한국농어촌공사 등은 아무런 대책을 내놓지 않고 있었다. 이제는 서로 책임 떠넘기기에 급급하다"고 덧붙였다. 경기도 하천과 관계자는 "한국건설관리공사(감리단)과 설계용역사 등과 농경지 침수에 대한 원인을 분석 중이다. 원인분석 결과에 따라 피해보상 등 협의를 진행할 방침"이라고 밝혔다. 해당 공사는 길이 1.58㎞에 사업비 69억여원이 투입됐으며 연말 완공 예정이다.

LH와 도시재생사업 추진 2021/8/13

여주시 LH와 도시재생사업 추진

여주시가 지역 특성을 살린 도시재생사업 추진을 위해 LH경기지역본부와 손잡고 상생발전 협업을 추진한다고 13일 밝혔다. 이항진 여주시장과 김성호 LH경기지역본부장은 지난 12일 여주시청 2층 시장실에서 여주시가 100억 원을 투입해 사들인 제일시장과 경기실크 등을 포함한 중앙동 1지역(하동) 도시재생사업에 대한 상생발전 협업을 추진키로 했다.

- 도시재생사업이 탄력을 받으면 여주도 많은 변화를 겪을 것이다. 화려하고 멋진 신세계가 들어서는 것은 분명 희망찬 일이다. 하지만 옛 마을이 흔적도 없이 사라지는 것은 좀 아쉽다. 그래서 옛 모습을 기록으로 남기는 사업도 분명 필요하다. 추억 속으로 사라질 마을에 대한 아카이빙은 훗날 중요한 사료가 될 것이다.

경기동부권 미래 100년… GTX-A 노선 유치 올인 2021/8/29

경기동부권 미래 100년
GTX-A 노선 유치 올인

여주시와 이천시·광주시·강원 원주시 등 4개 지자체가 110만 시민의 염원이 담긴 수도권 광역급행철도인 GTX-A노선 유치를 위해 올인하고 있다. 여주시가 선봉장으로 이 같은 움직임을 주도하고 있다. 해당 노선이 유치되는 지역들은 광역철도라는 교통 인프라의 형성과 더불어 집값 상승, 더 나아가 내년 지방선거 결과에까지 영향을 미칠 것으로 전망된다. 이에 따라 이항진 여주시장과 엄태순 이천시장,

신동헌 광주시장, 원창묵 강원 원주시장 등은 최근 GTX 유치공동추진위원회(이하 유치위)를 꾸리고 20만명 청와대 국민청원에 들어갔다.

■ 수서 접속부 설치는 필수

GTX는 수도권 외곽에서 서울 도심 주요 거점을 연결하는 수도권광역급행철도로 시속 100㎞ 이상, 최고 200㎞으로 운행하는 신개념 광역교통수단이다. GTX-A노선이 유치되면 서울역과 삼성역 등 서울 주요 도심과 여주역이 30분대로 연결돼 수도권 대도시와 여주시가 하나의 생활권으로 묶여 교육·의료·문화·경제 등 광역 인프라 공유가 가능해진다. 여주 시민의 이동권과 삶의 질 향상에도 크게 이바지할 것으로 전망된다. 이 때문에 GTX-A노선 연결을 위한 수서역 접속부 설치가 시급한 실정이다. 이런 가운데, 여주시는 이천시·광주시·원주시와 공동으로 GTX-A노선 수서 접속부 설치를 국토부 등에 요구하고 나섰다. GTX-A노선 수서역에서 광주시·이천시·여주시·원주시까지 연결하가 위해서다. 이 사업은 GTX-A노선 유치에 필수적이다. 추진위는 앞서 지난 6월23일 국토부 장관을 만나 수서역 접속부 설치 공사비를 공동 분담한다는 입장도 전달했다. 추진위는 지난 10일 이천시청 대회의실에서 간담회를 열어 청와대 국민청원과 서명운동 추진사항 등을 공유하고 앞으로의 홍보계획도 수립했다.

■ "경기동부권 광역교통망 필수"

여주시를 비롯해 이천시·광주시·원주시는 서울로의 접근성 확보를 위해선 GTX-A노선 등 수도권 광역급행철도망 구축이 시급하다. 통일시대에 대비해 내륙철도가 남북과 유라시아로 연결돼야 한다는 차원에서도 수도권 광역급행철도망이 유기적으로 연결돼야 한다는 지적에 무게가 실리고 있다. 이상원 위원장도 청와대에 제출한 국민청원서를 통해 "경기동부권인 여주시·이천시·광주시는 수도권 정비계획법에 따른 각종 중첩규제로 40여년간 희생을 감내해 왔다”며 “제4차 국가철도망 기본계획에 여주시·이천시·광주시·원주시가 제외되면 수도권 내 교통 격차는 더욱 커지고 불공정한 110만 시민의 삶을 지속적으로 강요받는다”고 주장했다. 이어 “수도권 동남부권 균형발전과 앞으로 내륙철도가 남북과 유라시아 등으로 연결되는 중요한 역할 수행은 물론 앞으로 30년간 140조원의 경제효과가 기대되는 GTX-A노선 수서역 접속부 설치를 국토부에 승인을 촉구한다”고 덧붙였다. 그러면서 “국가 철도망 구축은 100년을 내다보고 추진하는 사업으로 국토부 결정이 앞으로 경기동부권과 강원 원주시의 100년을 책임지게 될 것”이라고 강조했다.

■ 탄소중립정책에도 시너지 효과

GTX-A노선 유치활동이 본격화된 건 지난 4월이다. 여주시는 지난 4월1일 여주역 광장에서 GTX-A노선 유치를 위한 건의문 채택과 함께 ‘GTX-A노선 유치 건의문 공동서명식’을 개최했다. 이 자리에는 이항진 여주시장과 엄태준 이천시장, 신동헌 광주시장 등이 참석했다. 이항진 여주시장은 “그동안 경기동부권인 여주시와 이천시·광주시는 수도권정비계획법(자연보전권역)과 팔당상수원 등 중첩규제로 수십년간 차별과 고통 등을 감내하고 희생해왔다”며 “GTX A노선 구간에 세 도시를 포함시키는 것이야말로 이에 대한 특별한 보상”이라고 강조했다. 여주역에서 서명식을 마친 이들 지자체장은 여주역에서 경기도청까지 승용차로 이동, 이재명 경기도지사에게 GTX-A노선 공동건의문을 전달했다. 안상황 여주시 교통행정과장은 “GTX-A노선 유치는 수도권 내 불균형과 불공정 등을 해소하고 균형발전과 공정을 촉진시키는 시대적 사명”이라며 “GTX-A노선 여주~이천~광주～원주 연결은 경강선을 통해 강원도까지 이어지는 발판이 되고, 정부가 역점으로 내세우는 수도권과 비수도권 상생발전의 기폭제로 작용할 것‘이라고 설명했다. 이어 “GTX-A노선 연결은 승용차 중심에서 철도중심의 대중교통체계 전환으로 광역교통 혼잡 해소는 물론 정부의 2050 탄소중립과 기후변화 위기대응 등에 부합하고 그린뉴딜정책에도 큰 도움이 될 것"이라고 덧붙였다.

■ 수도권 주택공급문제도 해결

철도전문가들도 GTX-A노선 유치로 경제적 타당성도 제고되고 정부가 추진 중인 2050 탄소중립정책에도 시너지 효과가 기대된다며 반기고 있다. 김시곤 서울과학기술대 교수는 지난 6월7일한국프레스센터에서 열린 토론회에서 정부안의 대안으로 수서(GTX-A)-수서~광주선-경강선(광주~여주), 하남(GTX-D)-경강선(광주~여주), 사당(GTX-D)-수서(GTX-A)-수서~광주선-경강선(광주~여주) 등 세 가지 노선을 제시했다. 이어 "하남(GTX-D)-경강선(광주~여주)을 제외한 모든 대안에서 경제적 타당성이 확보되는 것으로 분석된다. 수서(GTX-A)-수서~광주선-경강선(광주~여주)과 사당(GTX-D)-수서(GTX-A)-수서~광주선-경강선(광주~여주)을 비교해 볼 때 수서(GTX-A)-수서~광주선-경강선(광주~여주)이 경제적 타당성이 더욱 높아질 것으로 전망된다"며 "광주·이천·여주시가 일심동체로 GTX-D노선 유치활동을 강화해야 역 주변의 TOD(Transit Oriented Development) 개발이 추진된다. GTX 사업을 민간투자 사업으로 추진해야 한다"고 분석했다. 김시곤 교수는 "GTX가 연결되는 도시는 서울 도심과 동일한 생활권에 포함돼 수도권 주택공급문제가 자동적으로 해결되고 출·퇴근에 따른 교통지옥 문제가 해소되는 효과가 있다"며"여주에 GTX가 들어오면 정부의 4기 신도시를 여주에 조성해도 문제가 없으며 교통수단이 승용차에서 철도로 바뀌면 정부가 추진 중인 2050 탄소중립정책에도 시너지효과가 기대된다"고 말했다.

한편 추진위는 앞으로 지역구 국토교통위 국회의원들과 연대, 국회세미나 개최 등 심도 있는 논의를 진행하고 시민들이 동참할 수 있는 다양한 홍보계획도 수립키로 했다. 이와 함께 110만 시민을 대상으로 오프라인 서명부 작성과 홍보자료 배포, SNS 게시 등 GTX-A노선 유치를 위한 다양한 활동을 지원한다. 여주·이천·광주·원주시 GTX-A노선 유치를 위한 청와대 국민청원은 다음달 5일까지 30일 동안 진행된다.

여주시의회 역세권 환승주차장 설치 등 가결 후 마무리 2021/9/16

여주시의회 임시회 열고 역세권 환승주차장 설치 등 가결 후 마무리

여주시의회가 세종도서관 증축과 여주역세권 환승주차장 조성 등 공유재산 관리계획과 추경예산 등을 통과시키고 제54회 임시회 일정을 마무리했다.

주민들 환경부의 남한강 3개보 개방 반대 2021/9/28

지역사회 | 여주시

여주 주민들 환경부의 남한강 3개보 개방 반대

승인 2021-09-28 16:37

류진동 기자 san3111@kyeonggi.com
기자페이지 >

간담회

여주지역 주민들이 환경부의 오는 12월 남한강 여주지역 보(洑) 3곳 개방에 반대하고 나섰다.

이들은 28일 오후 지역 내 한 식당에서 열린 남한강 보 개방 관련 간담회에서 "남한강 보 3곳을 개방하면 지하수가 나오지 않아 농사를 망치고 어민들은 생계유지가 어렵다"며 이처럼 밝혔다

환경부는 기후변화, 재해 등으로 비상시 수위가 저하되는 상황에 대응하기 위해 여주시 취·양수장 17개소의 시설을 추진 중이다.

이에 대해 주명덕 어촌계장은 "환경부가 기후변화 등을 이유로 대통령 공약사항을 추진 중이지만 보상대책 없는 보 수문 개방에 반대한다"며 "보 개방을 강행한다면 대규모 반대 집회 등 강력 대응하겠다"고 말했다.

여주지역 주민들이 환경부의 오는 12월 남한강 여주지역 보(洑) 3곳 개방에 반대하고 나섰다. 이들은 28일 오후 지역 내 한 식당에서 열린 남한강 보 개방 관련 간담회에서 "남한강 보 3곳을 개방하면 지하수가 나오지 않아 농사를 망치고 어민들은 생계유지가 어렵다"며 이처럼 밝혔다 환경부는 기후변화, 재해 등으로 비상시 수위가 저하되는 상황에 대응하기 위해 여주시 취·양수장 17개소의 시설을 추진 중이다. 이에 대해 주명덕 어촌계장은 "환경부가 기후변화 등을 이유로 대통령 공약사항을 추진 중이지만 보상대책 없는 보 수문 개방에 반대한다"며 "보 개방을 강행한다면 대규모 반대 집회 등 강력 대응하겠다"고 말했다. 이홍균 전 여주시 이통장연합회장은 "남한

강 보 3곳을 개방하면 여주와 이천 35만 주민이 사용하는 식수원 운영과 농업용수와 공업용수 등 공급에 차질이 불가피하다"며 "보 개방으로 인한 피해에 대한 철저한 영향 평가 실시가 절대적"이라고 강조했다. 박광석 여주포럼 공동대표도 "최근 환경부가 수위가 낮아지는 경우에 대비, 멀쩡하게 가동되는 취·양수시설들을 지금보다 수심이 깊은 곳으로 옮기겠다는 건 혈세 낭비에 농민들의 생존권을 박탈하려는 처사"라고 주장했다. 한편 여주시와 이천시는 지난달 남한강 여주지역 취·양수장 6곳 이전비 등이 459억원, 한국농어촌공사는 5곳에 306억원 등이 각각 소요된다고 예측했다. 취수구 이전에 SK하이닉스는 403억원, OB맥주는 102억원, DB하이텍은 60억원, 인근 골프장 3곳은 14억원 등 기업은 579억원 등 모두 1천344억원이 투입될 예정이다.

고려의 대학자이자 정치가인 목은 이색이 극찬한 청심루 복원한다 2021/10/6

"여주목·청심루 복원 중요"… 학술대회 성료

여주목 관아 복원의 타당성과 남한강 제일 절경인 청심루 복원 가치의 중요성에 대해 전문가들이 한목소리를 냈다.

5일 여주시에 따르면 여주세종문화재단(이사장 김진오)이 주관한 '여주목(청심루)학술대회'가 성공적으로 마무리됐다.

오영교 연세대 역사문화학과 교수는 기조 강연을 통해 "군현제를 기반으로 운영된 조선시대에 여주는 당상관인 정3품 목사가 파견되는 목(牧)으로 지정돼 경기도는 물론 전국적 지방행정체계에서도 중요한 위상을 자랑한다"며 부속건물로서 청심루가 가지는 위상을 고찰했다.

이상순 연세대 박물관 학예연구실장은 국가의 주요한 경제 수로인 남한강의 수운을 관장하던 여주목의 위상과 여주목 관아, 청심루의 문화적 중요성을 소개했다.

또한 노재현 우석대 조경학과 교수와 반재유 연세대 근대한국학연구소 교수는 "청심루는 남한강변에 위치한 누정 가운데서도 손꼽히는 경치를 자랑하는 건축물로 복원한다면 가치가 클 것"이라고 입을 모았다.

조원기 여주박물관 학예사는 '여주목'으로 승격된 역사적 기록과 지리지, 읍지 등의 공식화된 문서를 소개하며 여주목 복원의 타당성 및 중요성과 방향성을 제시했다.

박상일 전 청주대 인문사회대학 교수가 진행을 맡은 토론회에는 구본만 여주시 문화재팀장, 김수경 우송정보대 교수, 이진형 연세대교수 등이 참석했다. 이들은 여주목, 청심루 복원에 대한 정확한 조사와 지역공동체 협의 등의 필요성을 제시했다. 여주=류진동기자

여주목 관아 복원의 타당성과 남한강 제일 절경인 청심루 복원 가치의 중요성에 대해 전문가들이 한목소리를 냈다. 5일 여주시에 따르면 여주세종문화재단(이사장 김진오)이 주관한 '여주목(청심루) 학술대회'가 성공적으로 마무리됐다. 이번 학술대회는 고려말 문인이자 정치가 목은 이색이 극찬한 남한강변 청심루에 대한 역사적 의미를 되새기고 '여주'라는 지명에 대한 역사성과 의미를 재조명하기 위해 열렸다. 오영교 연세대 역사문화학과 교수는 기조 강연을 통해 "군현제를 기반으로 운영된 조선시대에 여주는 당상관인 정3품 목사가 파견되는 목(牧)으로 지정돼 경기도는 물론 전국적 지방

행정체계에서도 중요한 위상을 자랑한다"며 부속건물로서 청심루가 가지는 위상을 고찰했다. 이상순 연세대 박물관 학예연구실장은 국가의 주요한 경제 수로인 남한강의 수운을 관장하던 여주목의 위상과 여주목 관아와 청심루의 문화적 중요성을 소개했다. 또한 노재현 우석대 조경학과 교수와 반재유 연세대 근대한국학연구소 교수는 "청심루는 남한강변에 위치한 누정 가운데서도 손꼽히는 경치를 자랑하는 건축물로 복원한다면 가치가 클 것"이라고 입을 모았다. 조원기 여주박물관 학예사는 '여주목'으로 승격된 역사적 기록과 지리지, 읍지 등의 공식화된 문서를 소개하며 여주목 복원의 타당성 및 중요성과 방향성을 제시했다. 또 안동희 여주문화원 사무국장은 청심루 복원은 시민의 공감대 형성 및 복원에 대한 시민 인식이 매우 중요한 만큼 복원의 당위성과 타당성을 확보해야 한다고 강조했다. 토론회에서는 박상일 전 청주대 인문사회대학 교수가 진행을 맡고 구본만 여주시 문화재팀장, 김수경 우송정보대 교수, 이진형 연세대교수 등이 참석했다. 이들은 여주목, 청심루 복원에 대한 정확한 조사와 지역공동체 협의 등의 필요성을 제시했다.

시민단체 반대 속 '여주 강천보 취수시설 개선협약'... 갈등의 불씨 2021/10/13

시민단체 반대시위 속 '여주 강천보 취수시설 개선협약'...갈등의 불씨

"농업 용수 고갈에 대한 대책도 없이 남한강 보의 철거는 어림없습니다"

환경부와 한강유역물관리위원회가 지역기업들과 취수시설 개선 MOU를 체결하는 날, 여주지역 어촌계원을 비롯해 시민단체들이 강천보 등 여주지역 남한강 보(洑) 철거 반대 시위를 벌여 향후 갈등이 우려된다.

환경부와 한강유역물관리위 등은 농어업 활동에 피해 없이 취수시설 개선사업을 진행한다고 하지만, 시민단체들은 민간을 끌어들여 보 철거 수순에 들어갔다고 비판하면서 극한 대립양상을 보이고 있기 때문이다.

환경부, 한강유역물관리위, DB하이텍, OB맥주, SK하이닉스는 13일 오후 여주 강천보에서 '기후변화·재난 대비 취수시설 개선' 업무협약(MOU)을 체결했다.

"농업 용수 고갈에 대한 대책도 없이 남한강 보의 철거는 어림없습니다" 환경부와 한강유역물관리위원회가 지역기업들과 취수시설 개선 MOU를 체결하는 날 여주지역 어촌계원을 비롯해 시민단체들이 강천보 등 여주지역 남한강 보(洑) 철거 반대 시위를 벌여 향후 갈등이 우려된다. 환경부, 한강유역물관리위, DB하이텍, OB맥주, SK하이닉스는 13일 오후 여주 강천보에서 '기후변화·재난 대비 취수시설 개선' 업무협약(MOU)

을 체결했다. 기후변화와 재난 등 하천 비상 상황에 대비, 안정적인 취수가 가능하도록 민·관이 함께 관련 시설을 개선하기 위해서다. 한강수계에는 팔당호가 있어 안정적인 취수운영이 중요하다. 아울러 한강수계 취·양수장 취수구는 보(洑) 최저수위보다 높게 설치돼 수위가 낮아지면 취수구를 통한 급수가 중단될 수도 있다. 이번 협약에 따라 환경부와 한강유역물관리위원회 등은 취수시설 개선에 필요한 제도·행정적 제반사항을 지원하고, 민간취수장 시설관리자인 DB하이텍, OB맥주, SK하이닉스 등은 취수시설 개선이 알맞은 시기에 이뤄질 수 있도록 개선사업을 추진한다는 방침이다. 환경부는 공공부문(지자체, 한국농어촌공사 등) 취·양수장시설 개선에 대해서도 시설물 개선이행계획(안)을 검토, 연말 한강유역물관리위원회에 보고하는 등 관련 이행계획을 확정할 예정이다.

화재재난시 발빠른 대처는 내가 제일 이기철 전 경기도 의용소방대연합회장

2021/10/20

“화재와 재난상황 발생 시 발 빠른 출동과 대처로 시민의 안전과 재산을 보호하는 일은 제가 제일 잘하는 일입니다” 이기철 전 경기도 의용소방대 연합회장이다. 30여년간 여주지역 농민단체와 의용소방대원으로 왕성한 봉사활동을 펼치고 있는 이기철 전 경기도 의용소방대연합회장(58)은 남다른 봉사정신과 솔선수범하는 지역 일꾼으로 공로를 인정받아 국민훈장 목련장을 수상했다. 이 회장은 “지역사회에서 봉사한다는 것은 함께 나누고 배려하는 것”이라며 “농촌지역은 예로부터 품앗이라는 서로 돕고 함께 나누는 일을 자연스럽게 실천했으며 지금도 그 원칙은 변함이 없다”고 밝혔다. 그는 또, 여주지역 12개 농민단체로 구성된 한국농업경영인 여주시회장과 경기도 부회장, 여주소방서 의용 소방대장과 경

기도 의용소방대연합회장, 새마을지도자 등 각종 단체에서 그 역할을 충실히 수행했다. 그는 솔선수범하는 군인정신과 철저하고 꼼꼼한 일 처리 능력을 인정받았으며, 지역의 참 봉사자와 지도자로서 그 역량을 입증했다. 이기철 회장은 "12만 여주시민의 재난안전과 화재예방을 위해 여주시와 여주소방서에 건의해 주택용 소화기와 화재경보기 보급을 전개하고 의용소방대에서 설치했다"며 "시민의 소중한 재산과 생명을 지키는 일은 그 어느 것보다도 중요하다"고 강조했다.

여주 '능서면→세종대왕면' 추진 탄력

2021/11/2

여주시가 추진 중인 '능서면(陵西面)'의 '세종대왕면' 변경이 탄력을 받고 있다. 최근 여론조사에서 70%가 찬성한다는 결과가 나왔기 때문이다. 이에 따라 '세종대왕면'으로의 변경 추진 가능성이 높아졌다. 1일 여주시 등에 따르면 지난달 20~28일 12개 읍·면·동 주민 547명을 대상으로 '능서면'의 '세종대왕면' 변경 관련 설문조사 결과 70.2%가 찬성했고 반대는 1.5%에 그쳤다. 지난 2015년 행정구역 명칭변경 추진 당시 찬성률 52%에 비해 크게 높아졌다. 특히 찬 · 반 의견 외에 '능서면 주민들의 의견이 중요하다'는 의견도 18.3%로 집계돼 이를 찬성의견으로 분류하면 찬성률은 무려 88.5%로 높아져 '세종대왕면'으로의 변경에 힘이 실리고 있다.

- 익숙한 것을 버리는 것도 쉬운 일은 아니다. 그래서 반대하는 입장도 이해가 간다. 세종대왕면이라는 명칭이 낯설게 느껴지는 게 당연하다. 처음에는 낯설고 어색해도 자꾸 불러주면 정이 들기 마련이다. 주민들의 의견을 항상 존중하는 자세에서 새로운 면모를 볼 수 있다. 마침내 2021년 12월 31일부터 능서면은 세종대왕면으루 변경되었다.

중부내륙철도 가남역세권 개발사업 속도 2021/11/2

여주시, 중부내륙철도 가남역세권 개발사업 속도

여주시가 추진 중인 중부내륙철도 가남역 개통에 따른 역세권 도시개발사업이 속도를 내고 있다. 1일 여주시 등에 따르면 가남역 도시개발사업은 오는 2027년까지 가남읍 태평리 452번지 일원에 54만8천541㎡ 규모로 공동주택용지와 단독주택, 근린생활시설, 공원·녹지, 관광휴게시설 등을 조성하는 프로젝트다.

[1보] 여주 일대 정전… 한전 "피해 규모·원인 파악 중" 2021/11/9

[1보] 여주 일대 정전...한전 "피해 규모·원인 파악 중"

여주 일대에서 정전이 발생, 주민들이 불편을 겪고 있다. 9일 한국전력공사에 따르면 이날 오전 10시30분께부터 여주지역 다수 가구에 전기공급이 끊겼다. 이 때문에 병원과 사업장 등지에서 주민들이 불편을 겪고 있다. 시청 앞 중심가는 신호등이 작동되지 않아 차량들이 곳곳에서 뒤엉키는 사태까지 발생했다. A병원 의사는 "아침 진료를 하고 있는데 갑자기 전기가 나가는 바람에 진료를 중단, 환자들이 불편을 호소하고 있다"고 말했다. 한전 측 관계자는 "이날 오전 10시30분께부터 원인을 알 수 없는 정전이 발생했다"며 "전 직원이 정전사고에 대한 원인을 파악하고 있으며 원인이 파악되면 신속하게 복구할 방침"이라고 말했다.

[2보] 여주 정전 1시간30여분만에 복구 교통·통신 장애 주민 불편 2021/11/10

신호등 꺼지고 승강기 멈추고 여주 1시간30분 대규모 정전

5만2천800가구 피해 집계
전화·인터넷도 차질 큰 불편

지난달 전국적으로 빚어진 KT 통신장애에 이어 여주시 대부분 지역에서 1시간30여분 동안 전기공급이 끊겨 주민들이 큰 불편을 겪었다.

여주시내 중심가에선 교통신호등까지 꺼져 차량들이 접촉사고가 발생했고, 일부 아파트단지에선 엘리베이터가 멈추면서 엘리베이터 안에 갇히는 사건도 일어났다.

9일 여주시와 한국전력공사에 따르면 이날 오전 10시26분께부터 여주지역 12개 읍·면·동 중 가남읍, 대신면, 산북면을 제외한 9개 읍·면·동에서 정전이 발생했다. 이 때문에 5만2천800여가구가 피해를 본 것으로 잠정 집계됐다.

이날 갑작스러운 정전으로 주민들은 큰 불편을 겪었다.

이날 오전 11시5분께 여주 이마트 사거리에선 교통신호등이 꺼진 상태에서 승용차와 SUV 간 접촉사고가 발생, 이 일대가 큰 혼잡을 빚기도 했다.

아파트단지에선 엘리베이터가 멈추면서 엘리베이터에 갇히는 사고도 11건이나 발생했다. 하동에선 빌라 자동문이 열리지 않아 소방대원들이 개방했다.

휴대전화나 관공서 등의 유선전화가 먹통이 됐다는 신고도 이어졌고, 인터넷 데이터 속도가 느려져 은행 등의 업무도 차질을 빚었다.

여주지역 A치과병원에서 진료를 받던 B씨는 "치과치료를 받던 중 갑자기 정전사태가 발생, 치료를 중단하고 응급조치를 받고 집에 왔다"고 하소연했다.

한전 측은 여주시내 한 변전소 전력설비에 이상이 생긴 사실을 확인, 복구작업을 벌여 1시간30여분 만인 이날 오전 11시59분께 전력공급을 재개했다.

김정호 한국전력공사 여주지사장은 "여주의 변전소 2곳 중 1곳의 전력설비에 이상이 생긴 사실을 확인하고 긴급복구작업을 벌였다"고 말했다. 여주=류진동기자

여주 대부분 지역에서 1시간30여분 동안 전기공급이 끊겨 주민들이 불편을 겪었다. 9일 한국전력공사에 따르면 이날 오전 10시26분께부터 여주지역 12개 읍·면·동 중 가남읍, 대신면, 산북면 등을 제외한 9개 읍·면·동에서 정전이 발생했다. 이 때문에 5만5천700여 가구가 피해를 본 것으로 잠정 집계됐다. 여주지역에서 접수된 엘리베이터 갇힘사고는 모두 11건으로 파악됐다. 오전 11시10분께 하동에선 빌라 자동문이 열리지 않는다는 신고가 접수돼 소방대원들이 출동해 개방하기도 했다. 이날 갑작스러운 대규모 정전으로 주민들이 큰 불편을 겪었다. 신호등이 대부분 꺼져 경찰관들이 주요 교차로에 긴급 배치돼 수신호로 교통정리를 했다. 하지만 정전범위가 워낙 넓어 대다수 교차로는 교통통제 없이 차량들이 거북이 운행을 이어갔다. 오전 11시5분께 여주 이마트 사거리에선 교통신호기가 꺼진 상태에서 승용차와 SUV 간 접촉사고가 발생, 이 일대가 혼잡을 빚었다. 휴대폰이나 관공서 등의 유선전화가 먹통이 됐다는 신고도 이어졌고, 인터넷 데이터 속도가 저하되면서 은행 등의 업무도 차질을 빚었다. 여주시는 정전직후 SNS를 통해 관련 사실을 주민들에게 안내하고 비상발전기를 가동, 민원업무를 이어갔다. 이날 정전사태로 교통불편 신고는 56건, 112신고는 52건 등이 접수됐고, 교통사고는 2건이 발생한 것으로 집계됐다. 확인, 복구작업을 벌여 1시간 30여분만인 오전 11시59분께 전력공급을 재개했다. 다만 일부 아파트 등은 정전으로 자체 수전설비가 오류를 일으켜 아직 전력공급이 원활하지 않은 것으로 파악됐다. 한전측은 "변전소 설비를 교체해 전력공급이 재개됐으나 정확한 정전원인에 대해선 좀 더 분석해야 한다"고 말했다.

가라말 자기소 조선백자 장인 이임준옹 재조명 첫 작품전 2021/11/9

천 년의 여주도자기 맥을 이어온 조선백자 사기장 이임준 옹을 조명하고 여주도자기의 우수성을 증명하기 위한 연구모임 '가라말 자기소'가 여주민예총에 의해 출범했다. ㈔여주민예총 시각예술위원회 도예분과인 '가라말 자기소'는 지난 5일 여주 신륵사관광단지에 자리한 백웅도자미술관에서 출범식을 열고 첫 작품전을 오는 11일까지 개최한다. 이임준 사기장은 해방 이후 조선 백자의 최고 도예가로 명성이 높았다. 당시 청자에 유근형이 있다면 백자에는 이임준이라고 할 정도로 당시 조선의 대표적인 사기장이란 평가를 받았다. 첫 작품전이 열린 지난 5일 인문학강의에 나선 최창석 가라말 자기소 회장(60·바우가마)은 "여주도자기의 현재와 미래, 조선 최후의 백자 장인 이임준 선생의 생애와 작품세계를 들여다보는 '천 년의 꽃 여주도자문화'를 발표하고 이임준 사기장 조명을 통해 여주도자기의 발전과 부흥을 이끌어내자"고 강조했다. 사농 전기중 서예가는 "명품 조선백자가 탄생된 것은 여주 오학 싸리산 등지에서 양질의 백토가 생산되어 당시 전국 최고의 도자기 시험소인 오학 도자기 시험소가 설립되어 그곳에서 기술과장과 북내면장을 역임했던 이임준 옹이 관직에 근무하면서 잘 알려지지 않았다"며 "당시만 하더라도 도예가 개인적 영예와 심미적 성취의 표현수단으로 보려는 작가주의적인 분위기가 아니었기에 그가 제작했던 빼어난 작품들은 세상 속으로 퍼져 나갔고 다만 그 당시 사람들의 이야기로 전해질 뿐인 것이 안타깝다"고 전했다.

오곡나루마당 온·오프라인 하이브리드 행사 성료 2021/11/14

여주시는 지난 12~14일 하이브리드형 '2021 여주오곡나루마당'을 신세계사이먼 여주프리미엄아울렛 등지에서 성공적으로 개최했다. 행사는 여

여주 오곡나루마당 온·오프라인 하이브리드 행사 성료

주 농·특산물과 전통문화를 함께 체험하고 즐길 수 있는 자리로 행사장을 찾은 소비자와 관람객들로부터 큰 호응을 얻었다. 또한 여주지역에서 생산된 우수한 농·특산물을 홍보하고 판매와 더불어 여주전통문화를 함께 즐길 수 있는 자리가 됐다는 평가도 받았다. 행사 첫날 이항진 시장과 박시선 시의장, 김진오 여주세종문화재단 이사장, 도현철 프리미엄아울렛 총괄점장 등이 참석한 가운데 개막식이 열렸다. 비슬무용단의 한국적인 멋과 신명이 있는 전통무용 퍼포먼스로 시작되면서 관람객들의 시선을 사로잡았다. 행사는 예술마당, 나루마당, 오곡마당 등 3개의 특성화된 마당으로 구성됐다. 예술마당은 한국국악협회 여주지부, 한국판소리보존회 여주지부, 문화체험공동체다스름 등이 여주전통문화를 함께 즐길 수 있는 프로그램을 마련해 볼거리와 즐길거리 등을 제공했다. 나루마당은 여주오곡나루마당 포스터 메인이미지를 형상화한 거리를 연출됐으며 화려한 빛으로 물들인 야간 전시 콘텐츠는 많은 관람객과 사진작가들의 플래시 세례를 받았다. 오곡마당은 여주 쌀, 여주 고구마, 여주 가지 등 17개 업체가 입점해 여주 농특산물을 홍보했다. 온·오프라인을 결합한 하이브리드형 행사로 준비해 비대면 온라인 플랫폼 여주몰에서도 여주 농·특산물 판매와 홍보를 담당했다.

- 코로나로 많은 것들이 바뀌고 있다. 거리의 화려함도 축제의 풍경도 예전과 확연하게 달라졌다. 하지만 어려운 상황에서도 낙담하거나 포기하지 않으면 새로운 길은 또 있는 법이다. 코로나 경제 속에서도 삶은 계속되고, 보다 나은 내일을 위해 안간힘을 쓰는 모두에게 박수를 보낸다.

여주 점동면사무소 복합건립사업 첫삽 2021/11/17

여주, 점동면사무소 복합건립사업 '첫삽'

市, 202억원 투입… 내년 말 준공
공공업무·주민편의시설 등 조성

여주시는 16일 경기도 최초로 추진하는 점동면사무소 복합건립사업 착공식을 가졌다.

이날 착공한 공공청사 복합건립사업은 여주시가 202억원을 투입해 점동면 청안리 660-1번 일원 4천566㎡ 부지에 1천941㎡ 건축 규모의 지하 1층 지상 3층 건축물로 공공업무시설과 근린생활시설 들어설 예정이다.

내년 연말 준공예정인 이 사업은 농어촌공사가 시공을 맡아 행정동과 주민들이 편리하게 이용할 수 있는 문화동, 주민편의시설, 보건진료소 등을 갖춘 복합청사로 건립된다.

이항진 시장은 "점동면 주민들의 오랜 숙원사업인 점동면 공공청사 복합건립사업을 여주시와 농어촌공사와 함께 조성하게되어 매우 기쁘다"며 "주민 문화생활과 편리한 쇼핑, 편리한 행정지원을 제공받을 수 있을 것"이라고 말했다.

박현철 농어촌공사 여주·이천 지사장은"오늘 착공된 점동면 복합행정센터 등이 완공되면 주민들은 융복합 행정서비스는 물론 건강과 행복쇼핑 등 주민 편의공간으로 사랑받을 것으로 기대된다"고 밝혔다.

여주=류진동기자

4대강보해체저지국민연합 남한강 취.양수구 이전명령 집행정지 소송제기 2021/11/21

지역사회 | 여주시

4대강보해체저지국민연합, 남한강 취.양수구 이전명령 집행정지 소송제기

승인 2021-11-21 16:39

류진동 기자 san3111@kyeonggi.com
기자페이지 >

4대강 보해체저지국민연합(이하 4대강국민연합)은 문재인 정부가 추진 중인 4대강 보해체를 위해 남한강 등에 설치된 취 · 양수구 이전 명령취소와 집행정지 소송을 서울행정법원에 제기했다고 21일 밝혔다.

국민의 힘 임이자(상주 · 문경) · 김선교(여주 · 양평)국회의원과 이재오 4대강 국민연합 상임대표, 박승환 법률지원단 변호사, 박광석 · 주명덕 · 이기철 · 서도원 · 노규남 · 엄완용 남한강 3개 보 해체반대추진위원장과 회원 50여 명이 지난 19일 서울 국회 소통 관에서 '4대 강 보 완전 개방 저지' 기자회견을 했다.

4대강 보해체저지국민연합(이하 4대강국민연합)은 문재인 정부가 추진 중인 4대강 보해체를 위해 남한강 등에 설치된 취·양수구 이전 명령취소와 집행정지 소송을 서울행정법원에 제기했다고 21일 밝혔다. 국민의 힘 임이자(상주·문경)·김선교(여주·양평)국회의원과 이재오 4대강 국민연합 상임대표, 박승환 법률지원단 변호사, 박광석·주명덕·이기철·서도원·노규남·엄완용 남한강 3개 보 해체반대추진위원장과 회원 50여 명이 지난 19일 서울 국회 소통 관에서 '4대 강 보 완전 개방 저지' 기자회견을 했다. 이날 4대강국민연합은 "정부가 남한강 3개보(여주·강천·이포보) 완전개방을 목적으로 남한강 18

개 취·양수구를 갈수기 하한수위로 이전하라는 한정애 환경부장관의 행정명령은 위법한 행정처분으로 취소해야 한다"며"이 같은 행정행위를 바로잡기 위해 서울행정법원에 집행정지 가처분 소송 등을 제기했다"고 주장했다. 또 "낙동강 132개 취·양수구 이전 요구에 대한 앞으로 법적, 정치적 책임을 추구한다"고 덧붙였다. 이재오 상임대표는"정부가 지난 1월 국가물관리위원회가 금강과 영산강 보에 대한 해체와 상시개방 등을 결정하고 집행 시기는 강주변 농민등의 물이용 피해가 없도록 관할 지자체와 주민들과 협의, 결정하라고 했다"며"실제로 환경부가 4대 강의 자연성 회복이라는 이름으로 추진하는 4대강 보해체, 상시 개방결정이 강물을 이용하는 주민, 농민들의 저항에 부딪쳐 이를 집행하지 못하고 있는 실정이다"고 설명했다. 환경부는 산하 한강과 낙동강유역 각 물관리위원회에서 지난 2월 기후변화,재해,수질,오염사고 등에 대비해 한강의 취·양수구 18개, 낙동강의 132개 취·양수구의 시설개선을 의결했다. 한편, 다음달 1일부터 남한강 3개보 개방을 앞두고 4대강국민연합 등은 강천보에서 수십 척의 어선 등을 동원 반대시위를 벌이겠다는 계획이다.

경제발전 위해 여주형 트램 조성하겠다 2021/11/23

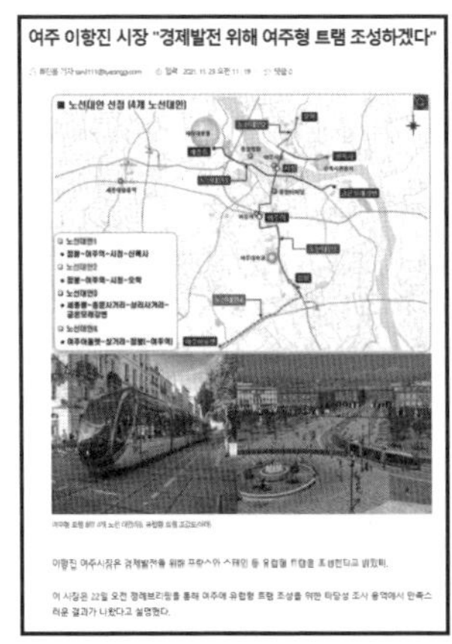
여주 이항진 시장 "경제발전 위해 여주형 트램 조성하겠다"

이항진 여주시장은 경제발전을 위해 프랑스와 스페인 등 유럽형 트램을 조성한다고 밝혔다.

이 시장은 22일 오전 정례브리핑을 통해 여주에 유럽형 트램 조성을 위한 타당성 조사 용역에서 만족스러운 결과가 나왔다고 설명했다.

이항진 여주시장은 경제발전을 위해 프랑스와 스페인 등 유럽형 트램을 조성한다고 밝혔다. 이 시장은 22일 오전 정례브리핑을 통해 여주에 유럽형 트램 조성을 위한 타당성 조사 용역에서 만족스러운 결과가 나왔다고 설명했다. 용역은 여주시가 서울과학기술대와 대중교통포럼㈜, 이산 등에 의뢰해 이뤄졌다. 용역 결과 여주형 트램 BRT는 경제성이 높게(B/C 1.49) 평가됐다. 트램 시행 전 단계에서 전용차로 확보, 정차역 신설 등 장래 트램 변경이 가능하도록 추진하고 송도~강릉 고속철도 개통(2025년), 수광선(2027) 등의 개통에 맞춰 BRT를 우선 추진하고 장래 경제성 확보 시 동일노선에 트램을 투입해야 하는 계획이 제시됐다. 여주형 트램 조성을 위해선 사전 타당성 조사, 도시철도망 구축계획 대상 여부 검토 B/C(0.7 이상 등), 국토교통부 검토 통과, 기재부 타당성조사 통과, 여주시 국비 지원가능 여부 등의 절차가 남아 있다. 현행 도로교통법상 트램은 전용차로만 운행이 가능해 도시철도법 혼용을 이끌어 낼 법령개정 필요와 트램의 장점 등 예타지침 개정(저탄소 친환경, 도시미관, 교통약자배려 등)이 필요한 상황이다.

여주 변전소 노후 등으로 전력대란 예고…대책 시급 2021/11/26

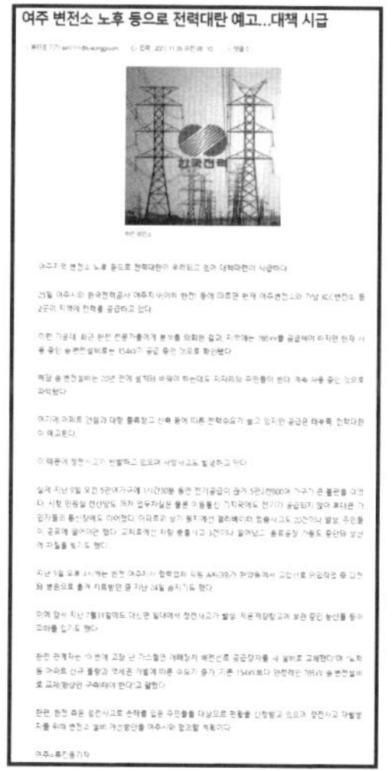
여주 변전소 노후 등으로 전력대란 예고...대책 시급

여주지역 변전소 노후 등으로 전력대란이 우려되고 있어 대책마련이 시급하다. 25일 여주시와 한국전력공사 여주지사(이하 한전) 등에 따르면 현재 여주변전소와 가남 KCC변전소 등 2곳이 지역에 전력을 공급하고 있다. 이런 가운데, 최근 한전 전문가들에게 분석을 의뢰한 결과, 지역에는 765㎸를 공급해야 하지만 현재 사용 중인 송·변전 설비로는 154㎸가 공급 중인 것으로 확인됐다. 해당 송·변전설비는 20년 전에 설치돼 바꿔야 하는데도 지자체와 주민들이 반대, 계속 사용 중인 것으로 파악됐다. 여기에 아파트 건설과 대형 물류창고 신축 등에 따른 전력수요가 늘고 있지만 공급은 태부족, 전력대란이 예고된다. 이 때문에 정전사고가 빈발하고 있으며 사망사고도 발생하고 있다. 실제 지난 9일 오전 5

만여가구에 1시간30분 동안 전기공급이 끊겨 5만2천800여 가구가 큰 불편을 겪었다. 시청 민원실 전산망도 꺼져 업무차질은 물론 이동통신 기지국에도 전기가 공급되지 않아 휴대폰 가입자들의 통신장애도 이어졌다. 아파트와 상가 등지에선 엘리베이터 멈춤사고도 20건이나 발생, 주민들이 공포에 떨어야만 했다. 교차로에선 차량 충돌사고 3건이나 일어났고, 음료공장 가동도 중단돼 생산에 차질을 빚기도 했다. 지난 5일 오후 4시께는 한전 여주지사 협력업체 직원 A씨(39)가 현암동에서 고압선로 인입작업 중 감전돼 병원으로 옮겨 치료받던 중 지난 24일 숨지기도 했다. 이에 앞서 지난 7월31일에도 대신면 일대에서 정전사고가 발생, 저온저장창고에 보관 중인 농산물 등이 피해를 입기도 했다. 한전 관계자는 “이번에 고장난 가스절연 개폐장치 배전선로 공급장치를 새 설비로 교체했다”며 “오학동 아파트 신규 물량과 역세권 개발에 따른 수요가 증가, 기존 154㎸보다 안정적인 765㎸ 송·변전설비로 교체(환상만 구축)해야 한다”고 말했다.

어촌계원 등 50여명 강천보 개방반대 수상시위 2021/12/1

지역사회 | 여주시

여주 어촌계원 등 50여명 강천보 개방반대 수상시위

승인 2021-12-01 17:13

류진동 기자 san3111@kyeonggi.com
기자페이지 >

1일 오전 9시부터 여주 남한강 강천보에서 수문개방을 반대하는 여주 시민과 어촌계원 등 50여명이 어선 수십척을 동원해 수상시위를 벌이고 있다. 류진동기자

여주 시민과 어촌계원 등 50여명은 1일 남한강 강천보 상류에서 어선 수십척을 동원, 환경부의 강천보 등 3개보 수문 개방에 반대하는 수상시위를 벌였다.

주명덕 남한강 여주어촌계장은 이날 “3개보 수문 개방은 12만 여주 시민과 남한강 어업인들의 생계와 직결됐다. 정부가 수조원을 들여 조성한 보를 수천억원을 들여 해체하는 것에 동의할 수 없다”고 주장했다.

여주 시민과 어촌계원 등 50여명은 1일 남한강 강천보 상류에서 어선 수십척을 동원, 환경부의 강천보 등 3개보 수문 개방에 반대하는 수상시위를 벌였다. 주명덕 남한강 여주어촌계장은 이날 “3개보 수문 개방은 12만 여주 시민과 남한강 어업인들의 생계와 직결됐다. 정부가 수조원을 들여 조성한 보를 수천억원을 들여 해체하는 것에 동의할 수 없다”고 주장했다. 박광석 남한강 보개방 반대대책위원장도 “정부는 여주 시민과 농민, 어민 등의 생존권을 보장하라”며 “남한강 3개 보 개방을 강행하면 수도권 시민이 이용하는 상수원을 사용하지 못하도록 하겠다"고 주장했다. 환경부는 기후변화·재난대비 한강수계 취·양수시설 개선방안으로 이날 오전 9시부터 여주 강천보 수위를 낮추고자 3개 보 관리주체인 한국수자원공사를 통해 강물 방류를 진행한 것으로 파악됐다. 한편 남한강 3개보(강천·여주·이포보)를 통해 여주시와 이천시, DB하이텍, SK하이닉스, OB맥주 등 취·양수시설 18곳에 하루 수백만t의 강물을 공급 중이다. 환경부는 3개보 해체수순을 밟기 위한 첫 사업으로 이들 취·양수장을 하천 중앙 부위로 이전시키고자 1천344억원을 투입키로 결정하고 순차적으로 남한강 수위를 8일에 한번 15㎝씩 1.5m 정도 낮출 계획으로 알려졌다.

여주 수자公 한강보 등 10여년째 무단 사용… 지자체는 '깜깜' 2021/12/7

지역사회 | 여주시

여주 수자公 한강보 등 10여년째 무단 사용...
지자체는 `깜깜`

승인 2021-12-07 17:08

류진동 기자 san3111@kyeonggi.com
기자페이지 >

한국수자원공사가 한강보 통합관리센터 등 정부 공공시설 수십동 용도도 변경하지 않고 무단 사용하고 있는 것으로 드러났다. 사진은 한강보 통합관리센터. 류진동기자

한국수자원공사가 한강보 통합관리센터 등 정부 공공시설 수십동의 용도도 변경하지 않고 10여년째 무단 사용하고 있는 것으로 밝혀졌다.

7일 여주시와 한국수자원공사 한강보관리단(공사) 등에 따르면 정부는 지난 2012년 4대강 사업의 하나로 한강보 3곳(여주 · 이포 · 강천보)과 한강보 통합관리센터 등을 건립한 뒤 공사에 통합관리를 맡겼다.

한국수자원공사가 한강보 통합관리센터 등 정부 공공시설 수십동의 용도도 변경하지 않고 10여년째 무단 사용하고 있는 것으로 밝혀졌다. 7일 여주시와 한국수자원공사 한강보관리단(공사) 등에 따르면 정부는 지난 2012년 4대강 사업의 하나로 한강보 3곳(여주·이포·강천보)과 한강보 통합관리센터 등을 건립한 뒤 공사에 통합관리를 맡겼다. 하지만 공사 측은 한강보에 대한 준공허가는 받았지만 해당 시설들이 위치한 토지에 대한 지목변경(용도변경)을 하지 않고 10여년 넘게 무단 사용 중인 것으로 파악됐다. 이와 함께 한강보 통합관리센터와 연결된

부속 건물 10여동에 대해서도 건축허가를 받지 않아 최근 여주시가 실태를 조사, 이들 건물에 대한 불법사항 행정조치(사전예고)를 공사 측에 통보했다. 이런 가운데, 공사가 통합 관리 중인 단현동 26번지 한강보 통합관리센터 건물과 부속 건물 10여곳도 대부분 무허가 건물인 것으로 확인됐다. 한강보 통합관리센터는 지난 2011년 11월29일 서울지방국토관리청 남한강살리기팀이 여주시로부터 건축허가를 받은 뒤 소유권이 지난 2013년 8월 서울지방국토관리청에서 공사로 이전됐다. 해당 센터는 같은해 7월29일 증축된 뒤 방재자재 보관창고 등은 가설건축물 인·허가를 받지 않고 사용해온 것으로 조사됐다. 특히 해당 센터가 허가받은 토지 지목이 개발 당시의 농지(전)에서 대지로 변경되지 않고 준공허가를 받은 것으로 드러나 여주시의 불공정 행정행위도 도마 위에 올랐다.

[사설] 안그래도 혼란한 대선기간 3개월

2021/12/2

올 12월이 갖는 의미가 있다. 계절적으로는 추운 겨울이다. 남한강변의 강바람이 살을 엔다. 중요한 정치 일정이 겹쳐 있다. 제20대 대통령 선거다. 오늘이 D-96일이다. 국론이 첨예하게 대립한다. 바로 이런 때 던져진 이슈가 있다. 여주 강천보 방류계획이다. 아니 4대강 해체 논쟁이다. 사업기간이 공교롭게 3개월 대선과 딱 떨어진다. 인근 지역사회와 환경단체가 맞서는 이슈다. 이런 걸 하필 대선을 앞둔 추운 겨울에 던졌다.

예상대로 '남한강 격돌'은 시작됐다. 사업 시작 첫날인 1일 남한강에 어선 수십 척이 떴다. 어촌계원 등 시민 50여명이 띄웠다. 환경부의 강천보 등 3개 보 수문 개방에 반대하는 수상시위다. 참석자들의 반대 주장은 절박하다. 수문 개방이 지역민 생계를 위협한다고 주장했다. 보 해체의 비효율도 비난했다. 보 설치에 혈세 수조원이 들어갔다. 이 보를 다시 해체하는데 수천억원이 들어간다. '돈이 썩어 남아 도느냐'는 비난도 나왔다.

같은 날 육상에서도 집회가 진행됐다. 내용은 정반대다. '우리 강, 남한강 자연성 회복을 위한 경기도민회의'가 주도했다. 이름에서 보듯 보 해체를 주장하는 단체다. 자연성 회복을 위한 조치가 되레 느리다고 비난했다. 문재인 정부 남은 임기 내에 구조적 방안을 마련하라고 주문했다. 1.5m로 책정된 방류량 목표도 더 늘리라고 요구했다. 강천보 이외 여주보, 이포보의 방류도 시작하라고 주장했다. 향후 강변 충돌이 우려된다.

정부는 이번 사업이 보 해체와 무관하다고 설명한다. 사업명이 '기후변화·재난 대비 한강수계 취수시설 개선 사업'이다. 하천 비상 상황에 대비하는 개념이다. 안정적인 취수가 가능하도록 민관이 함께 관련 시설을 개선하는 것이다. 그래서 강변 지역의 민간 기업들도 끌어들였다. 환경부가 DB하이텍, OB맥주, SK하이닉스를 참여시키는 MOU 체결 이벤트도 했다. 하지만, 주민들은 안 믿는다. 보 해체 시작이라고 확신한다.

왜 안 그렇겠나. 환경부가 지금껏 그래 왔다. 환경부가 이 계획을 세운 건 지난 2월이다. 한강의 18개, 낙동강의 132개 취양수구의 시설 개선 사업을 의결했다. 4월에는 지자체와 기업, 농어촌 공사 등에 보의 완전 개방에 따른 갈수위 아래로 취양수구를 이전할 것을 지시까지 했다. 이래놓고는 아니라고 했다. 여주에 12월 방류설이 돈 건 지난 9월이다. 그때도 한강유역환경청은 '확정된 거 없다'며 잡아뗐다. 이렇게 시작할 거면서.

공교롭게 겹친다. 어제부터 시작된 사업 기간이 3개월이다. 대통령 선거도 3개월 남았다. 4대강 철거 문제는 보수와 진보의 가장 첨예한 현안이다. 언제든 국론을 양분할 수 있는 파급력이 있다. 이런 사업을 하필 대선 기간과 겹치게 시작했다. 왜일까. 정치적 혼란에 감춰 밀어붙이려는 것일까. 아니면 국론 분열에 뒤섞어 추진 동력을 얻으려는 것일까. 어느 쪽이든 틀렸다. 지금 이 나라에 강물 빼느냐 마느냐로 싸울 여유는 없다.

정부가 '남한강 싸움' 붙인 2일, 코로나19에 5천266명이 감염됐고, 733명이 위험했고, 47명이 죽었다.

한전에 대규모 정전사고 피해보상 촉구 2021/12/19

대규모 정전사고 관련 한전 측에 피해보상 등 대책마련을 촉구했다. 앞서 지난달 9일 여주 부분의 지역에서 1시간30여분 동안 전기공급이 끊겨 주민들이 큰 불편을 겪었다. 19일 여주시에 따르면 시는 최근 한전 경기본부를 방문, 한전 측에 피해보상 등 대책 마련을 요구했다. 한전측은 이에 "현재 정전 원인에 대해 정부와 전문가 합동조사가 진행 중이다. 합동조사단에 한전이 포함되지 않아 정확한 원인은 조사결과 공개 후 알 수 있다"며 "GIS(Gas Insulated Switchgear:가스절연개폐장치)의 노후화가 배경으로 작용했다"고 설명했다. 이어 "여주변전소 설비는 1994년 설치된 제품으로 현재 GIS 설비교체를 거의 완료했다. 피해보상과 관련 시민 전체를 대상으로 12월 기본요금 일부를 감면 적용했다"고 덧붙였다. 한전 측은 개별 신고건에 대해서도 필요하면 현장조사를 통해 연내 처리를 완료한다는 계획이다.

'능서면→세종대왕면' 바꾼… 여주시 세종대왕면 초대 김용수 면장 퇴임

2021/12/25

'능서면→세종대왕면' 바꾼…여주시 세종대왕면 초대 김용수 면장 퇴임

여주시 세종대왕면 초대 김용수 면장이 33년의 공직생활을 마치고 지난 24일 퇴임했다.

여주시 세종대왕면 초대 김용수 면장이 33년의 공직생활을 마치고 지난 24일 퇴임했다. 김 면장은 고향에 대한 남다른 애향심과 사명감으로 이천시와 여주시 접경지역에 조성될 예정인 화장장 입지반대에 적극 앞장서 경기도의 '조건부 승인'이라는 결과를 이끌어 내고 능서면 공공복합청사 건립을 위한 타당성 용역 예산확보로 청사건립 초석을 다졌다. 수도권 광역

전철시대를 맞아 여주시의 관문인 경강선 세종대왕역과 세종대왕면을 상징하는 라일락꽃 나무를 27개 리 마을에 심어 향기 가득한 세종대왕면을 조성했다. 그는 또 일제 강점기인 1914년 세종대왕릉(영릉) 서쪽에 있었다는 이유로 107년간 사용해 오던 여주시 '능서면(陵西面)'의 명칭을 세종대왕면으로 변경 추진하는데 성공했다. 능서면은 당시 여주군 수계면과 길천면 13개 리가 합쳐져 1914년 명명되어 그동안 사용해 왔다. 2015년에 행정구역명칭 변경이 처음 촉발됐으나 한 차례 실패한 후 김 면장이 다시 추진해 '세종대왕면'으로 행정구역명칭 변경 조례안이 지난 23일 여주시의회 제56회 임시회에서 최종 의결됐다.

여주, 연말연시 '사랑나눔' 성금 릴레이

2022/1/4

신세계 사이먼·KCC글라스 여주공장·루트52골프장 등

여주, 연말연시 '사랑나눔' 성금 릴레이

여주시에 연말연시를 맞아 어려운 이웃돕기 성금이 잇따르고 있어 지역사회에 귀감이 되고 있다.

3일 여주시에 따르면 신세계 사이먼은 지난해 12월31일 이항진 여주시장을 찾아 '희망 2022 나눔 캠페인'에 동참하기 위한 성금 5천만원을 전달했다.

이번 성금은 코로나19 이후 경제적으로 어려움을 겪는 관내 저소득층을 돕기 위한 지원 사업에 사용될 예정이며, 사랑의 열매 사회복지공동모금회에 지정 기탁된다.

이에 앞서 KCC글라스 여주공장은 같은

달 27일 지역내 저소득층을 위한 불우이웃돕기 성금 1억원을 기탁, 지난해 1월에도 8천만원을 전달하는 등 지난해 1억8천만원의 성금을 여주시에 맡겼다.

또 계룡건설이 운영하는 루트52골프장(대표 유용승)이 2천만원과 렉스필드CC(대표 송호정)가 1천만원, 여주신라컨트리클럽(대표 박형식)이 이웃돕기성금 1천만원 등을 각각 이항진 시장에게 전달했다.

이항진 시장은 "코로나19로 사회적 거리두기가 다시 강화되는 연말연시를 맞아 어려운 시기에 이렇게 정성껏 이웃돕기 사랑의 손길을 내밀어 준 지역의 기업과 골프장 등에 깊이 감사드린다"며 "도움이 필요한 곳에 소중하게 전달하겠다"고 말했다.

여주=류진동기자

한반도 중심 물류도시 날개

2022/1/6

사통팔달 편리한 교통… 한반도 중심 물류도시 날개

여주시가 준비중인 국내 최대 물류단지의 예상 조감도 여주시가 경기도와 함께 국내 최대 100만m² 규모의 한반도 중심 물류단지를 조성한다. 코로나19로 인해 택배 물량이 급증하면서 이를 반영하듯 기업들 사이에 얼마만큼 빠르게 고객이 원하는 장소에 가져다줄 수 있느냐는 인식이 퍼지면서 물류센터의 중요성이 더욱 커지고 있다. 과거 저렴한 임대료와 단순 창고 개념에서 벗어나 이제는 고객 서비스 강화의 시발점을 물류센터부터 찾는 기업들이 증가하면서 물류업계는 수도권 인근 물류센터 확보에 나서고 있다.

• 2022년 대망의 새해, 흑호랑이 해를 맞았다. 여주는 세계로의 비상 날개를 활짝 펴고 날아가고 있다. 여주는 한반도의 기준이 되는 표준시간을 갖고 있고, 한반도의 중심인 수도권에서도 뭐 하나 빠지는 것이 없는 선진국형의 면모를 두루 갖추고 있다. 자랑스러운 여주는 세계의 중심에 설 것이며 세계화는 이미 진행중이다.

자연과 더불어 사는 여주… 한반도 물류거점 도시 채비 2022/1/16

자연과 더불어 사는 여주
한반도 물류거점 도시 채비

이항진 여주시장

■ 지난해 기억에 남는 정책

한 번도 경험해 보지 못한 코로나19라는 어려움 속에서도 현장PCR검사를 도입했다. 컨소시엄형 장애인 표준사업장을 만들어 발달장애 청년들에게 일자리 제공, 농민수당과 공공 산후조리원 개원, 결혼 이민자의 귀화 신청비용을 지원, 저소득층 생활비 지원 등을 실행했다. 여주시 등록 공장 수는 코로나 이전보다 46개가 더 늘었다.

■ 도시재생 뉴딜사업은 어디까지 왔나.

도시재생사업은 하동 제일시장을 시작으로 진행했다. 옛 경기실크 공장부지는 문화적 활용 방안에 대한 공론화 과정을 모두 마치고 시민위원회로부터 학습과 토의라는 숙의 과정을 거친 최종안을 받았다. 추진된 2개의 사업은 지난 연말에 2022년도 국토교통부 도시재생 뉴딜사업으로 선정돼 국비 180억원을 확보했다.

■ 남한강 인도교 출렁다리와 문화예술교 추진사항은.

여주 중심 시가지와 오학·현암동을 잇는 친수기반형 도시재생 벨트 조성의 상징적인 사업이다. 문화예술교는 시민 과반이 넘는 지지를 받았다. 경기도 정책 공모를 통해 이미 60억원의 예산을 확보한 상태다. 사업이 완료되면 남한강의 아름다운 자연경관을 즐기며 구도심과 신시가지를 잇는 도시 발전의 기폭제가 될 것이다. 출렁다리는 신륵사 관광지구와 금 은모래지구를 연결하는 출렁다리 사업으로 도비 94억 원을 확보, 올 연말 준공을 목표로 공사 중에 있다. 이 사업은 시민 과반이 넘는 지지를 받았다.

■ 여주를 한반도 중심 물류거점도시로 만들겠다고 했는데

여주를 수도권 광역철도망과 연결하고자 중앙정부에 지속적으로 요구했다. GTX-A와 수서~광주선 접속부 설치를 위한 인근 원주시와 이천·광주시가 연대해 촉구하고 대선공약 채택을 요구했다. 수도권 광역철도망 연결은 탄소 중립 실현과 지역 간 불균형, 불공정을 없애고 수도권 내 균형발전을 촉진할 것이다. 남여주IC 대형물류단지, 여주물류단지, 가남 일반산업단지, 북내 일반산업단지, 남여주 일반산업단지 조성 등 여주를 신흥 산업단지 거점도시와 물류거점도시로 육성해 자족도시로서의 기능을 강화해 나가겠다.

여주시, 경강선 강천역 신설 박차 2022/1/19

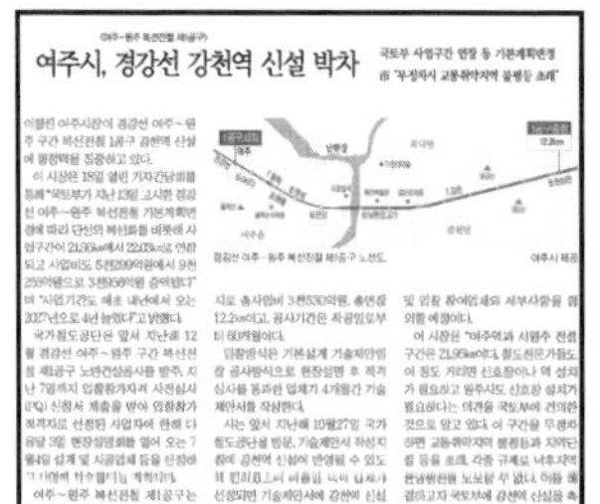
여주시, 경강선 강천역 신설 박차

국토부 사업구간 연장 등 기본계획변경

이항진 여주시장이 경강선 여주~원주 구간 복선전철 1공구 강천역 신설에 행정력을 집중하고 있다. 이 시장은 18일 열린 기자간담회를 통해 "국토부가 지난 13일 고시한 경강선 여주~원주 복선선철 기본계획변경은 단선의 복선화를 비롯해 사업구간이 21.95km에서 22.03km로 연장되고 사업비도 5천299억원에서 9천255억원으로 3천956억원 증액됐다"며 "사업기간도 애초 내년에서 오는 2027년으로 4년 늘었다"고 밝혔다. 시는 앞서 지난해 10월27일 국가철도공단을 방문, 기술제안서 작성지침에 강천역 신설이 반영될 수 있도록 건의했으며 다음달 적격 업체가 선정되면 기술제안서에 강천역 신설이 반영될 수 있도록 국가철도공단 및 입찰 참여업체와 세부 사항을 협의할 예정이다.

여주 KTX시대 활짝… 전국 1일 생활권 진입 2022/1/24

여주시가 2022년 새해 시작과 함께 KTX 이음(고속열차) 여주 가남역 개통으로 고속철도시대를 열었다. 지난 1일부터 운행에 들어간 중부내륙선 고속철도사업은 국토교통부가 1조2천143억 원을 투입, 지난 2015년 11월 첫 삽을 뜬 이후 6년 2개월간의 긴 여정을 거쳤다. 이번에 개통한 이천~충주 구간은 이천~문경 간 총 93.2㎞ 단선철도 건설 구간으로, 수도권에서 중부내륙을 거쳐 거제까지 이어지는 중앙간선축의 일부다. 이천 부발역과 여주 가남역, 감곡장호원역, 앙성온천역, 충주역까지 56,9㎞ 구간을 30분대 주파할 수 있는 KTX 이음 고속열차를 배차하도록 설계됐다. 내년 말 개통될 예정인 충주~문경 철도 구간에 이어 현재 추진 중인 수서~광주, 문경~김천과 남부내륙철도인 김천~거제 사업이 마무리되면 오는 2027년에는 수서에서 거제까지 하나의 노선으로 연결된다. 중부내륙선 이천~충주구간은 전체구간 중 48%를 터널과 교량으로 건설해 급곡선을 최소화함으로서 열차가 시속 230㎞까지 고속으로 주행 가능토록 시공된 게 특징이다. 또 고속철도에 적용하는 안전설비 설치와 4세대 무선통신망(LTE-R) 등 고도화된 최첨단 철도시스템을 적용해 안전 운행을 돕는다. 여주 가남역은 순백의 여주 도자기를 표현해 지어 지역 대표 상징물 형상화한 '역사'이다. 이번 개통구간은 수도권과 중부내륙을 이어 거제까지 이어지는 중앙간선축의 일부로 여주와 충청 서북부에 고속열차 시대가 열려 지역균형발전을 촉진한다는 데 의미가 있다. 그동안 한반도 중심 교통망을 구축해온 여주시는 수도권과 영·호남지역을 잇는 철도가 없었다. 버스로 이동할 때에는 환승을 해야 하는 불편함이 있었다. 여주시는 중부내륙선 가남역 개통을 통해 고속열차로 충주까지 30분 이내 영·호남권 등 1일 생활권으로 더욱 가까워질 것이라고 전망했다.

- '하얀 손을 흔들며 입가에는 예쁜 미소 짓지만' 어릴 때 듣던 아련한 노래. 그때 버스의 차창은 그리움의 전령사가 된다. 고개를 빼고 버스를 기다리며 털어 내던 정거장의 수다도 옛 일. 이제는 고속 철도의 시대. 빨라진 대한민국의 중심에 선 여주는 새로움이라는 이름으로 바뀌어 가는 많은 것들을 향수를 간직한 채 써내려가고 있다. 잠업처럼 잊혀져 가는 아쉬움은 어찌하랴만 펫 시대에 따른 뒤처지지 않는 반려 동물에 대한 사랑을 보였고 항아리 고개의 도로 공사, 민생이 즐거워야 한다는 '생생지락'은 더욱 빛나는 모습으로 시민에게 다가갔다. 새 빛으로 빛나는 일에는 교통과 물류, 경제의 히든카드가 얽혀 있기 마련. 문화가 흐르고 남한강의 개벽이 여주의 멋을 따라 이어지며 선진의 역사를 만든다 해도 고향의 정취를 그리는 이들에겐 어색할 뿐이다. 앞서가는 추진력에 민심을 달래주는 것도 천심인지라 소통과 화합이 어느 때보다 필요하다. 해마다 펼쳐지는 행사가 거듭될수록 발전하는 기록을 해왔고 전통과 문화가 현대적 예술로 변화되어가는 화려함에 길들여졌다. 어리숙한 촌놈의 가슴은 어딘지 허함을 감출 수 없지만. 그러면 세련되지 않은 사람일까봐 도회적인 글로 칭송했다. 여주는 변하고 있다. 22년 동안 강산은 두 번이나 바뀌었고 郡은 市가 되었다. 도로가 바뀌고 쌀이 변하고 고구마가 달라져도 나를 안아주는 여주의 따뜻함은 그대로 있다. 지상낙원에서 꿈꾸듯 달려온 길, 그 길이 한반도의 중심이었다. 남부럽지 않은 여주의 표준시로 알린다. 새 빛 날아라. 오늘은 '飛上'이라고.

여주는, 이제

FA • 농업 Farm
• 행정 Administration

E3 • 환경 Environment
• 경제 Economy
• 교육 Education

TV • 관광 Tour
• 비전 Vision

■ 농업을 세운다 -Farm

여주쌀이 최고라는 것은 익히 알려진 사실이다. 그러나 변화하지 않고 제자리에 있으면 최고를 유지 할 수 없는 법. 새로운 품종을 개발하고 관련된 개정 농지법을 알리고 농민이 받을 수 있는 혜택을 챙 길 수 있도록 널리 홍보하여 여주의 자존심인 농업, 농작물의 개발과 신품종의 출시를 업데이트 해야 한다. 여주를 대표하는 작물들을 일구는 손길에 감사하고 땅을 일구는 노고에 소홀함이 없어야 한다.

■ 행정을 소통 한다 - Administration

이미 2000년대 중반을 넘기면서 세상은 온라인과 비대변 세상으로 접어들었다. 이른바 무인이 대세가 된 것이다. 이에 따라 여주에서도 각종 정보 원스톱 검색 빈원안내 도우미들이 도입되고 이른바 키오스크의 환경에 노출되었다. 그러나 시민은 아직 서투르기만 하다. 고령층이 많은 이유도 있지만 컴퓨터 환경에 빠르게 대처하는 인구는 컴퓨터의 발달을 미처 따라가지 못하고 있기 때문으로도 해석 된다. 알려주고 익히는 일에 솔선수범해야 하고 익숙하지 않은 시민에게도 차별적 대우가 되지 않는 소통이 필요하다.

■ 환경을 지킨다 - Environment

여주가 환경을 훼손시키는 일을 감시하지 못한다면 정말 슬픈 일이겠다. 녹색사업의 결실이 연속적으로 인정을 받는다고 해도 방심은 금물. 기업도 좋고 일자리도 중요하다. 그러나 여강의 숨이 푸르게 이어지지 않는다면 소용없는 일이다. 천년을 지켜온 자원인 만큼 여주의 청정함을 지키는 것은 두 말이 필요 없다.

■ 경제를 살린다 - Economy

기업하기 좋은 여주. 시의 지원도 따라야 하겠고 이로 인한 경제적인 효과도 구미가 당기는 일이다. 그래도 마구잡이식의 유치는 피해야겠다. 우후죽순 생겨나는 산업단지의 난립은 제어해야 할 필요가 있다. 그렇게 하는 것이 미래에 남겨지는 위대한 유산이 될 것이다.

■ 교육을 향상 시킨다 - Education

시골학교가 아이들의 함성이 활기찬 채로 남아 있어야 한다. 출산율이 줄고 도시로 나가는 인구가 늘면서 침체된 학교로 애들이 돌이오는 것만큼 좋은 소식도 없다. '돌아오는 농촌학교 만들기'에 정성을 들이고 특기적성 교육 운영 및 수요자 중심의 교육을 실시하는 다양한 프로그램의 개발이 필요한 때이다.

■ 관광을 정비 한다 - Tour

남한강변 생태체험 관광지와 화려함의 공존에는 책임도 함께 해야 한다. 이에 대한 점검이 필요하다. 농촌관광협의회를 구성하는 바람직한 일들을 여주는 하고 있다. 도자기축제도 이제 변해야 한다는 목소리가 높다. 전문가들이 제시한 해법을 활용하여 주민이나 단체의 적극적인 참여가 필수다. 안 그러면 관광의 세계화는 먼 일이 될 것이다.

■ 비전을 선포 한다 - Vision

2014년 2월, '비전 2025'를 표방하며 남한강 기적은 시작됐다. 청정자연의 선물인 명품 농·특산물은 먹거리·볼거리·놀거리 3樂으로 나들이가 보다 즐거울 수 있도록 했고 전국적으로, 그리고 세계적인 규모의 행사 유치도 기획해 볼 일이다. 세종대왕을 모신 왕의 기품으로 이어지는 행정은 위민으로 다가가는 사람중심의 길로 나아가고 있다. 해를 더해 갈수록 아름다운 여주에는 남한강의 비전을 이어가는 환경 친화 미래도시를 꿈꾼다. 여주는 제일시장과 경기실크를 포함한 중앙동 1지역(하동) 등 여주의 특성을 살린 도시재생사업에 대한 상생발전을 추진하고 있다. 아파트 단지들이 들어서고 도시화, 세계화를 향하면서도 느린 체험과 효의 근본을 가르치는 사람됨의 여주로 거듭나고 있다.

비 오는 날 여주는 더 아름답다.

대지를 적시는 향기와 물안개 몽연한 강가, 그리고 추억.

초보 기자의 좌충우돌 취재기는 비와 함께 시작됐다.

매룡리 사건으로 탑면을 장식한 뿌듯함이 식지 않았던 초년에 수해 현장으로 취재를 갔다. 2000년 7월, 사상 유래 없는 폭우가 쏟아지던 날이었다. 망연자실한 주민들과의 접근도 서툴렀고 사태를 파악한다는 것이 패인 물구덩이에 빠지는 일이 되었다. 취재를 마치고 돌아오는 길에 그치지 않는 세찬 비를 본다. 아스팔트를 향해 전 속력으로 떨어지는 빗줄기들은 물이 만들어 낸 꽃밭처럼 튕겨 오르며 피어났다. 아름답기까지 하다. 갓길에 차를 멈추고 꽂혀있는 오디오 테잎을 누르니 'C'est La Vie' 선율이 곱게 흐른다. 아직 인생이 무언지 모를 30대에게 '이것이 인생'이라고 哀歌는 읊조린다.

열정도 과하면 일 내는 법.
쏟아지는 폭우는 쉬어 가는 거라는 교훈 하나 얻었다.

한 꼭지, 한 꼭지 기사로 지면을 채워 갈 때마다 자신감이 붙으면서 교만이 자라고 욕심과 타협하며 언론의 맛에 어깨를 세웠다. 빗줄기를 꽃밭으로 보던 감미로운 애상은 잊은 채.

어느새 60을 바라보는 나이, 남한강과 함께 22년이 지났다. 세월이란 것이 나쁜 일을 덮어주는 은총인지, 교만은 잠난 일인 줄 알고 살아왔던 일들 앞에 겸손 하나씩 늘려 보려 애쓰는 중년이 됐다.

기자 생활을 5년 정도 하고 나니 책을 한번 내보고 싶다는 생각을 하게 됐지만 10년차, 15년차, 20년차를 마음만 다지다가 22년이 되어서야 노안으로 흐린 눈이 빨개지도록 원고와 맞붙었다. 그간, 책을 쓰는 지인들을 대수롭지 않게 생각했었다. 고작 한권의 책을 내고서야 세상의 작가는 다 위대하다는 걸 알았다. 앞으로는 모든 책을 귀하게 여기겠다는 마음의 새김도 이번 출간에서 얻은 일침이다.

이 책이 나오게 되기까지 마음을 아끼지 않으셨던 여주세종문화재단과 경기일보, 여주시, 가족, 추천사를 보내주신 모든 분들께 감사의 마음을 전한다.

2022. 3

남한강이 보이는 창가에서 류진동 드림

여주를 기록하는 시간여행

경기일보 류진동 기자의 취재수첩

1993

1994

1995

1996

1997

1998

Epilogue

시간여행 22년의 회고록

'여주를 기록하는 시간여행'을 출간하면서 여주를 돌아보는 발자취에 대한 감회가 새롭다. 기자, 그것도 고향에서 활동하는 기자는 정말 바쁘다. 도움이 되는 일은 힘이 되어야 하고 해를 끼치는 일을 막는데는 앞장서야 한다. 그러다 보니 차를 타고 다닐 때도 늘 일을 처리하며 어느 누구의 일도 가볍게 보지 않으려고 치열하게 해냈다. 경기일보 입사 동기 최해영, 홍성수, 신동협, 최종복, 정인홍기자는 힘이 들 때마다 툭툭 던지는 한마디로 새힘을 받곤 했던 진국들이다.

처음 여주에 주재기자로 발령 받을 당시 민선 1.2기 박용국 군수와 임창선 여주군의장이 '아름다운 관광여주'를 주창하며 문화관광 도시로 거듭나기 위해 2001년 세계도자기엑스포와 명성황후 생가 성역화사업, 고달사지와 파사성지 복원, 국립자연사박물관 유치,금은모래유원지 활성화 등 을 진행했다. 박용국 군수는 2선 군수로 농업과 문화관광 등 분야에 행정력을 집중, 문화관광도시로 틀을 마련했다. 민선3기 임창선 군수는 '공원속에 여주만들기'를 추진, 황학산수목원조성, 소양천과 금은모래유원지 생태공원화, 누구나걷고싶은거리, 신세계첼시 여주프리미엄아울렛 조성, 여주소방서 개서, 여주창리 포창마차촌 철거부지에 공영주차장 설치, 세종초와 세종중 증설,여주군청사 이전부지 확보 등을 추진했다.

생명중심의 도시 새 여주창조를 슬로건으로 내건 민선 4기 이기수 군수는 지역경제 활성화를 위해 단순 골프장 조성허가는 불허하고 기업유치와 지역발전에 기여할 수 있는 시설유치시 골프장 허가를 내준다는 입장을 펼쳤으나 잡음과 상처만 남겼다. 하지만 전국 최초 쌀산업특구와 100억원 규모의 여주군인재육성장학회 설립, 경강선 여주역세권 지구단위 계획수립, 농촌테마파크조성 등은 성과다. 민선 5기 김춘석 군수는 2013년 여주시 승격으로 초대 시장이 됐다. 김 군수는 '남한강에것 날아올라 더 넓은 세계로'를 주창하며 118년 만에 여주목 영광 되찾기에 성공했다. 정부의 4대강 정비사업의 하나로 남한강 여주구간에 여주와 이포, 강천보 등 3개보와 강천섬과 당남리섬이 개발되고 대신면 양촌리에 여주저류지 등이 조성됐다. 여주공군사격장 이전촉구 및 확장저지 범여주군민 반대집회에는 1만 5천여명의 군민이 집결해 반대집회를 개최해 국방부가 전격 철회하는 성과를 거뒀다.

민선 6기 원경희 시장은 세종대왕의 정신을 접목, 여주를 세계로 도약하는 전기 마련을 위해 세계 광고축제인 뉴욕in여주 페스티벌 개최, 공직자들에게 친절명찰을 부착해 실명제 열린 행정을 펼쳤다. 또 시청 담장을 허물고 민원봉사실을 리모델링하는 등 민원인 중심의 시정과 평생학습도시 구현, 경로당 대폭지원, 시민의 인문소양 강화 등 삶의 질 향상에 매진했다. 여주나들목에서 점동을 잇는 도로와 여주시내에서 가남읍 도로 개통 등 교통 환경을 크게 개선했다.

민선 7기 이항진 시장은 사람중심 행복여주다. 특이한 것은 여주출신 민선 7기 시장을 선택하지 않았다는 것이다. 이항진 시장은 취임 후 여주를 한반도 중심 물류거점도시 육성을 위해 철도와 국가,지방 도로망 확충에 나섰다. 2022년 새해 여주는 중부내륙철도 KTX 가남역 시대를 열었다. 또 GTX 여주역 유치를 위한 인근 원주와 이천, 광주시 등 지자체장들이 협력, 정부를 향해 적극 유치에 나서고 있다. 코로나19 선제적 대응, 현장 PCR 검사소를 전국 최초로 설치해 전염병 예방과 방역에 노력했다. 행정부문 전국 기초지자체 50만 미만 시 부문 평가에서 종합 1위, 역세권 학교 복합화 사업, 친수기반 도시재생벨트 조성, 신활력 플러스사업으로 로컬푸드 기반 구축, 반다비체육센터 국비 확보, 여주도자기 온라인 플랫폼 구축 등은 높은 평가를 받았다. "아이 키우기 좋은 여주"를 만들기 환경 조성과 도시재생 사업, 문화교와 출렁다리 조성, 여주역 환승센터 조성 등 괄목할 만한 성과를 냈다.

신항철

경기일보 대표이사 회장

류진동 기자의 '여주를 기록하는 시간여행' 출간을 축하드립니다.

류기자는 여주의 자랑스런 언론인입니다. 또한 경기일보와 수십년을 함께 한 유능한 기자이기도 합니다.

무릇 기자는 공공적 활동을 하는 것이 가장 중요한 가치입니다. 저널리즘의 핵심도 지역주민에게 봉사하는 것입니다. 이 가치를 여주라는 지역과 함께 실천해 오고 그 내용을 책으로 확인하는 것은 우리 모두에게 큰 즐거움입니다.

세종대왕 시대에 언관(言官)이라는 제도가 있었습니다. 언관의 역할은 임금이나 정승들의 횡포를 말(상소문)로 지적하는 것이 중요한 임무였습니다. 조선시대를 통틀어 수많은 언관들이 자신의 목숨을 내놓고 공공이 아닌 사적 이익에 대해서는 단호하게 문제를 제기하고 개선을 요구했습니다. 어쩌면 오늘날 기자와 같은 활동이었습니다. 류기자의 활동이 이들과 다르지 않습니다. 옳고 그름을 밝혀내고 공적 영역과 사적 영역을 정확히 지적하는 여주 관련 기사가 수두룩 합니다.

비록 이번에 발간하는 책의 내용이 자극적이지 않지만 그 글 속에 이같은 공공적 가치가 곳곳에 묻어 있음을 확인할 수 있습니다.

더욱이 류기자는 여주의 대지를 모정(慕情)이 물씬 풍겨나는 곳이라고 표현합니다. 이 말 한마디에서 여주에 대한 그의 마음가짐을 오롯이 느낄 수 있습니다. 부디 이 책을 읽는 분들도 류기자의 여주사랑과 기자로서의 마음가짐을 따뜻하게 느껴보시길 기대합니다.

이항진
여주시장

저의 여주 활동을 돌아보면 거의 대부분은 류진동 기자와 함께 떠 올립니다. 환경운동가로, 시의원으로, 또 시장으로 '경기일보 류진동 기자'와 20여년을 현장에서 함께했습니다. 그는 스스로를 촌놈으로 지칭했지만, 우직한 촌스러움에 여유가 흐르는 완강함을 드러냅니다. 그 고집으로 여주를 사랑했고 누구보다 강인하게 여주 지킴이임을 자임했습니다.

신문의 기사는 팩트를 기록하여 현실을 드러내지만, 시간이 지나면 역사로 남습니다. 촌놈 류진동 기자가 지난 22년여를 땀으로 적셨던, 여주 취재기를 한 권의 책으로 정리했다니 반갑고 기쁩니다. 이로써 그는 자신의 바람대로 여주의 사관(史官)이 되었습니다.

여주의 길목 어딘가를 가면 그가 있을 것 같은 착각이 들 정도로 류기자는 여주의 골목 골목을 누비며 아픔과 기쁨과 문제를 지면에 옮기기에 최선을 다하는 여주 토박이입니다. 이 시대에 할 일을 다 하는 기자, 할 말을 할 주 아는 언론인을 만나기는 쉽지 않습니다.

후대에도 류진동 기자가 남겨 놓은 여주의 시간여행이 여주를 지켜주는 버팀목이 되어 많은 이들에게 도움이 되는 자료가 될 것입니다. 60여년 지켜 본 여주를 바라보는 시각으로 써 내려간 글들이 고향, 여주에 대한 또 다른 사랑 표현이었을 것이기에 더 소중한 기록물이 될 것입니다.

김선교
여주·양평 국회의원

22년간 이 곳 여주에서 발생한 수많은 일들을 취재하고, 正論直筆의 자세를 잃지 않았던 류진동 기자님의 취재수첩 「여주를 기록하는 시간여행」은 그 자체가 여주의 역사일 것입니다.

“과거를 기억하지 못하는 이들은 과거를 반복하기 마련이다”라는 말이 있습니다. 류 기자가 써내려온 기록은 단순히 지나가버린 여주의 과거가 아니라, 현재의 여주가 있을 수 있는 발판이며, 더 나은 여주의 미래로 나아가기 위한 원동력입니다.

시간은 그 시간을 함께 공유한 사람들만이 갖는 공감대가 있기 마련입니다. 그 마음들을 모아서 추억이 되고 정이 되어 때론 각박해진 세상에서 힘을 주는 지주가 되기도 합니다. 여주의 기록을 여주의 변화 속에서 자라난 류진동 기자님의 손으로 엮어 낸 것이기에 여주시민 모두에게 따뜻한 메시지가 될 것입니다.

때론, 험한 길이었을 언론의 사명이 류진동 기자님에게는 고향을 지켜내는 일이라고 생각했었기에 시민을 대신하는 촌철살인의 역할을 담담하게 해냈을 것입니다.

이 곳 여주를 사랑하고 그 속에서 더불어 살아가고 있는 사람이라면 누구나 한번 쯤 소중한 시간여행에 동참해보실 것을 감히 권해드립니다.

김광옥

수원대 명예교수 (시인·소설가)

책을 낸다는 것이 쉬운 일이 아닌데 경기일보 류진동 기자님의 출간은 반생을 바친 일이기에 더 소중하다고 생각합니다. 그 동안 아니 반 生을 수고하셨습니다. 무엇보다 여주의 역사에 남을 만한 기록 서적을 냈다는 것이 축하 할 일입니다. 제가 아는 류기자는 평소에는 종가집 장손같이 장중하고 차분하나 일할 때는 치열한 노력가입니다. 류진동기자가 어느 사이 정년이라니 ... 같은 경기도에서 일하던 연관으로 일찍부터 교류가 있었습니다. 2000년대 류기자의 대학원시절에는 미디어 세미나 장에서 토론을 나누던 학자의 면모를 갖춘 신지식인으로의 활동도 활발하게 했습니다. 여주에서 태어나 여주의 사회, 문화 발전을 위해 헌신한 류진동 기자는 우리 앞에 대기자의 모습으로 나타나 있습니다. 이번에 그간의 노고를 책으로 모아 출판하게 되었다니 다시 한번 축하합니다. 아니 오히려 그의 기록이 여주의 역사에 남아 미래를 전망한다면 고마워 할 일이겠습니다.

김규철

중부일보 (부국장) 여주주재 기자

22년을 기자로 활동하면서 그간의 역정을 한 권의 책으로 엮어낸 류진동 부장에게 축하의 박수를 보낸다. 사실 자신의 고향에서 오랜 기간 기자 임무를 수행 한다는 것은 결코 쉬운 일이 아니다. 그 이유는 기자는 미담이나 PR기사 등의 좋은 기사만 쓰는 것이 아니라 때로는 사건·사고 기사와 비난을 감수하며 비판기사를 작성해야하기 때문이다. 소속 언론사는 다르지만 가장 지근거리에서 오랜 시간 지켜본 류진동 부장은 고향에서의 어려움을 지혜롭게 극복하고 경기일보 여주담당 최장수 기자로 성공하며 육자(60)시대를 맞은 것은 뭐니 해도 그의 성실성과 부지런함으로 평가된다. '기자는 써야 한다.'는 평소 자신의 지론을 선후배 기자에게 강조하면서 이를 스스로 실천하고 직필정론을 추구해 온 류진동 부장은 천상 기자라는 생각이다. 기자로서의 사명감에 충실하며 22년간 올곧은 기자의 길을 걸어 온 류진동 부장에게 다시한번 기사모음 책 발간을 축하하며, 인생은 60부터라는 말이 있듯이 앞으로도 무뎌지지 않는 펜으로 더 활발하고 멋진 활약을 펼쳐 주길 기대해 본다.

김 동 일

경기일보 북부권 취재 본부장

류진동기자는 20여년을 함께 근무한 후배다. 그를 보면 가장 먼저 떠오르는 2가지가 있다. 첫 번째는 부지런하다는 것과 두 번째는 건강한 기자라는 것이다. 사건 사고가 발행하는 취재현장에 언제나 제일 먼저 도착하는 일은 언제나 그의 몫이다. 그러니 기사작성도 언제나 가장 먼저 작성하는 것은 당연한 결과이다. 여주의 많은 일들을 챙기느라 바쁜 생활 속에서도 늘 정진에 힘쓰는 모습은 그 어느 일 보다 아름답다. 일의 깊이와 학문의 섭렵의 결과, 언론출판에 의한 명예훼손과 관련해 석사학위도 받았다. 그가 쓴 기사를 한권의 책으로 낸단다. 파사현정의 기자정신과 지역을 사랑하는 마음이 담겨있을 것이다. 격려와 박수를 보낸다.

김 신 호

현대일보 사장 선임기자

내 친구, 류진동 기자는 온화하다. 그리고 학구적이다. 그는 2005년 연세대학교 대학원에서 법학 석사 학위를 받았다. 경기일보사 기자를 하면서 쓴 그의 논문은 '언론출판에 의한 명예훼손에 관한 연구였다. 주경야독 하느라 무척 고생이 많았다. 당시 경기일보에 함께 근무하던 나도 같은 입장이었는데, 서로에게 위로가 되었다. 류 기자는 학위논문의 결론에서 "개인의 명예권도 우리 사회에 있어서 대단히 중요한 가치를 지닌다. 다만 이것이 절대시 될 수는 없으며, 출판의 자유와 충돌하는 지점에서는 일정부분 양보되지 않을 수 없는 면이 있다. 그래서 그 조화가 중요한 과제로 떠오른다."고 강조하고 있다. 이번에 발간되는 책의 신문기사 중 일부는 경기일보 지방데스크 시절, 내가 제일 먼저 보기도 했다. 따뜻한 그의 마음이 담긴 기사는 심금을 울린다. 착한 친구 류진동의 무궁한 발전과 건강을 기원 드린다.

金我他

갤러리 아르테논 대표
사진예술가

여주를 축복한다. 류진동을 축복한다. 여주는 예사로운 땅이 아니다. 한반도의 중심이다. 한강은 여주를 지난다. 태백에서 발원한 물줄기는 여주에서 한강으로 완성된다. 강은 생명이다. 들은 몸이다. 여주는 강과 들이 어깨 한다. 여주의 實景이다. 이 땅에 세종대왕의 영혼이 산다. 이 땅에서 명성황후가 태어났다. 여주의 眞景이다. 실경과 진경이 융합하여 여주의 정체성이 된다. 여주의 자존이다. 여주에 내 영혼을 묻기로 한 이유이다. 내가 여주에 발 디딜 때, 여러 사람들이 저어했다. 여주는 하도 폐쇄적이라 실패할 것이라 했다. 모두가 같은 말을 했다. 그러나, 나 역시 깊이 흐르는 강을 닮았다. 여주를 닮았다. 여주 사람을 닮았다. 여주는 흐르는 강물처럼 조용한 고장이다. 중심을 잡아주는 자이로처럼 여주는 흔들리지 않는다. 평생을 언론인으로 살아온 그의 성품은 여주를 닮았다. 도산 선생의 유지를 받드는 류진동은 잔잔한 호수 같은 사람이다. 바람에 흔들리지 않는다. 오롯이 여주가 만들었다. 훌륭한 아우를 만났다. 속이 깊은 사람이다. 열을 말하지 않아도 아홉을 안다. 다섯을 말하지 않아도 일곱을 안다. 깊은 것은 그렇다. 류진동의 生을 축복한다.

김진태

신아일보 (부국장)
여주주재 기자

여주의 열악한 언론 환경에도 불구하고 20여년간 주재기자로 활동하면서 크고 작은 팩트기사를 모아 책을 발간하게 된 류기자에게 진심어린 축하를 보낸다. 동료 기자로 활동하면서 지켜본 류기자는 남다른 열정과 오지랖이 넓은 친구로 기억되고 있다. 바쁜 취재 활동 중에도 시간을 내어 학문, 농업에 열중하는 류기자를 보면서 참으로 부럽기도 했다. 특히 동료 기자들에게 양봉을 하자며 벌통 서너개를 구입해 우여 곡절 끝에 꿀을 생산해 냈다. 현장에서 맛본 꿀맛은 지금도 잊지 못하고 있다. 또한 기자들의 친목 단체를 수년간 이끌어 오면서 힘든 내색 없이 선, 후배에게 인정받는 류기자에게 진심으로 감사를 표한다.

이제 여유로운 생활 속에 덕망있는 언론인으로 여주의 어른이 되어주길 기대하며 그간 고생한 출판의 노고를 응원한다. 류기자 고생했고, 화이팅!

김춘석

초대 여주시장

우선 2000년부터 22년 간 경기도와 여주시의 소식을 전하고 시민들의 애로사항이나 의견을 경기도와 여주시에 전달하여 개선토록 한 경기일보 류진동 기자님의 노고에 감사 말씀을 전합니다. 이번에 그동안 보도한 기사를 모아 책으로 출판한다고 하는데 이는 여주시의 산 역사로 중요한 자료가 될 것입니다. 제가 여주시에 재직할 때 추진된 여주시 승격, 4대강(한강)살리기 사업 등 관련 기사도 포함 될 것이라 생각하니 감회가 새롭습니다. 이 책이 여주시 관련 내용을 찾아보는 좋은 사료로 많이 활동되기를 바라며 앞으로 류진동 기자님의 더 큰 발전을 기대합니다.

김평석

뉴스1 (부국장)
여주주재 기자

기자가 오랜 시간을 한 지역에서 취재 현장을 누빈다는 것은 엄청난 행운이다. 기자의 취재는 아는 만큼 그 깊이와 폭이 깊어지고 넓어진다. 기자가 한 지역에서 보낸 시간은 그의 역량과도 직결된다. 거기에 취재 현장이 자기가 태어나고 자란 고향이라면 더 말할 것도 없다.류진동 기자는 20년이 넘는 시간을 고향인 여주에서 활동해 왔다. 그가 그 긴 세월을 여주에서 기자로서 생활 할 수 있었던 것은 여주에 대한 애정과 정론에서 벗어나지 않는 그의 기사에 대한 주변의 응원이 있었기에 가능했을 것이다. 그런 류 기자가 취재 과정에서 확인하고 경험한 고향 여주에 대한 책을 펴냈다. 이 책은 여주의 역사에서부터 동네 어귀, 샛강을 어우르고 있다. 여주에 대한 사랑과 여주에서 쌓은 경험이 없다면 담을 수 없는 내용들이다. 류 기자가 쏟은 열정과 땀도 행간 사이에서 묻어난다. 류기자의 '여주를 기록하는 시간여행'은 여주에 관심 있는 이들에게 여주 곳곳과 숨은 모습을 엿볼 수 있는 길잡이가 될 것으로 기대된다.

박 시 선

여주시의회 의장

어언 22년의 세월, 시민의 눈과 귀가 되어 우리사회 구석구석을 살펴보고 시민의 입이 되어 할 말을 대신해 주셨습니다. 시민이 행복한 사회, 공정하고 바른 세상을 만들기 위해 묵묵히 한 길을 걸어 오셨습니다. 큰일에 호들갑 떨지 않고, 작은 일도 소홀히 다루지 않으시며 가장 어렵고 힘들다는 중도의 입장을 지켜주셨습니다. 현장을 발로 뛰며, 진실을 찾아 고민한 그동안의 흔적들을 모아 이제 책으로 발간해 주시니 지역의 기록이 되어 생생한 使料가 되었습니다. 그동안의 노고에 감사드리며, 소중한 기사책자의 발간을 축하드립니다. 모범적인 언론인으로, 항상 존경하는 지역의 선배로 오래오래 기억 될 것입니다. 유종의 미를 거두시고, 멋진 그 미소에 변함없는 여주사랑 항상 넘치시기를 기대합니다.

박 흥 석

전 경기일보 편집국장

호시우보(虎視牛步)의 자세로 여주에 혼이 담긴 궤적을 그려온 류진동기자의 출간에 깊은 감사를 드립니다. 늘 여주의 새벽을 여는 파수꾼을 자처하며 부지런한 발걸음으로 지킨 22년은 '무차별 개발로 사라지는 문화재', '오폐수로 망가지는 생태계', '외길로 고향을 지키는 장인들'을 비롯해 산더미 같은 발자취를 남겼습니다. 그렇게 탄생한 '여주를 기록하는 시간 여행'은 기록물을 넘어 비상하는 여주의 새로운 이정표가 될 것 입니다.

심 규 정

원주신문 발행인·편집인

저자를 '여주시의 등대지기'라고 봐도 무방하지 않을까. 때로는 미래를 내다보는 탁월한 선견으로 방향성을 제시해주고, 때로는 비판의 칼날을 곧추세우며 예방주사를 놓는 기자 특유의 감시견 기질까지. 이 책에는 그의 '여주 사랑', '여주 사람에 대한 끈끈한 정'이 절절히 배어있다. 이순(耳順)의 길목에서 그가 앞으로 돋음새김 할 삶의 궤적을 지켜보는 것만으로도 가슴이 설렌다.

심 상 해

가남초등학교 교장

오랜 세월이 지났다는 것을 증명하듯 그렇게 갈망하고 생애 꿈꿔왔던 여주의 추억들이 다시 새록새록 피어나고 열정적으로 뛰면서 취재하던 류기자를 다시 한번 생각해 봅니다. 지난 시절 여주의 묻혀있던 찬란하고 다양한 생활상을 그려보며 재조명할 수 있는 계기를 만들어 주심과 잊혀진 여주의 역사를 볼 수 있어 감사한 마음 전합니다. 날카롭게 어떤 때는 정의롭게 보도하여 고향에 묻어 있는 정을 느껴 볼 수 있었습니다. 임인년을 맞이하여 류기자의 취재 수첩을 발간함에 깊은 찬사를 보냅니다.

안 기 주

기호일보 (부장) 여주주재 기자

류진동 선배 출간에 즈음해..... 먼저, 류진동 선배의 출간을 축하드립니다. 22년간 매일 신문 스크랩을 해 보관하시던 모습에 깜짝 놀랐던 기억이 납니다. 공정한 팩트를 위한 선배의 길이 결코 쉬운 길은 아니리라 생각합니다. 같은 길을 걸으면서 그런 작업이 얼마나 어려운지를 아는 후배로서 존경합니다. 후배들에겐 등대와 같은 지침서가 될 것입니다. 평균 나이 85세라는 세상에 선배에 또 다른 발판이 되기를 기원합니다.

양 동 민

경인일보 (차장)
여주주재 기자

선배님이 22년간 언론인으로서 걸어온 삶에 존경을 표합니다. 가끔 경기일보 여주지서 사무실을 찾아가면 따뜻한 차와 함께 지역의 현안에 대해 말씀하시며, 언제나 객관적으로 판단하시고 공정한 방향으로 끌어 주신 선배님의 모습이 생생합니다. 또한 사무실 한 켠에 쌓아놓은 누렇게 변한 신문들을 볼 때면 부러움과 함께, "나는 언제 저렇게 할 수 있을까"라는 생각에 저의 부족함을 채우기 위한 채찍으로 삼았습니다. 분명히 선배님의 '나를 사랑하는 마음으로 남을 사랑하라'라는 신념은 후배 언론인들에게 이정표가 될 것이며, 선배님의 일과 사랑을 담은 기록물은 여주시민들에게는 추억의 공유와 함께 여주사랑의 행복코드가 될 것입니다. 다시한번 감사드립니다.

엄 인 용

경인방송 (본부장)
여주주재 기자

지난 20여년 넘게 기자생활이라는 외로운 길에서 현장취재에 있었던 일들을 하나의 책으로 묶어서 행간의 의미를 다시 한번 되새기게 해주셔서 고맙고 축하드립니다.

우리 여주인의 한사람으로서 언론의 길을 함께 걸어오면서 좀 더 가치있는 삶과 아름다운 생을 위해서 매사에 긍정적이시고 성실한 태도로 모범을 보여주신 형님 글을 읽고 가슴속 깊이 글에 대한 향수를 느낍니다.

역대 군왕 가운데 찬란한 업적을 남기신 세종대왕이 영면에 계시는 능서면 영릉은 제가 어렸을 때 유원지여서 소풍을 자주 가서 보물찾기를 하던 생각이 떠오릅니다. 다시 한번 언론의 길을 걸어오시면서 진실 되고 고귀한 일들을 모아 책을 발간하신 것을 축하드립니다.

원경희

전 여주시장
현 한국세무사회 회장

류진동 기자가 그동안 기자로서 취재했던 내용과 생각을 정리한 것을 책으로 낸다는 것을 듣고 그동안 기사를 통해 알린 여주에 대한 애정을 책을 통해 지역사회와 전국에 알리는 것도 참 의미 있다고 생각했다. 나는 평소 저자에 대하여는 한국방송통신대학교의 후배로, 여주지역 총동문회장을 했던 선후배로서, 그리고 여주시장을 하면서 보아왔던 사람 냄새나는 멋있는 사람이라는 생각을 가져 왔다. 저자가 말하는 상고대가 눈부신 아침의 도시, 세종대왕의 명품 여주는 여강 남한강의 도시이다. 저자는 22년 동안 걸어온 기자의 길은 일을 밥벌이로 생각하지 않고 고향을 지키는 사명으로 한자 한자 심혈을 기울였다고 자부한다. 그러다 보니 어느새 하얀 한 올 한 올의 머리카락이 세월의 흐름을 말해 준다고 되뇌인다. 엄마에 대한 그리움을 속으로 삼키며 한겨울의 흰 눈을 밟으며 외로운 길을 가는 저자를 그려 본다. 지금까지 함께 한 여주를 얘기하고 또 앞으로 살아 갈 여주에 대한 애정과 감사가 글자 사이사이에서 느껴진다. 애기애타를 신념으로 삼고 이웃에 대한 사랑을 말하는 저자의 말대로 그리움은 미래가 되게 하자.

유필선

전 여주시의회 의장

경기일보 류진동 기자님의 취재 역사를 담은 기록물의 출간을 축하드립니다. 참 언론인을 지향하는 모습에서 항상 공정과 진실을 엿볼 수 있었기에 언제나 존경하고 신뢰할 수 있었습니다. 이제 그동안의 취재기록을 책으로 발간하게 되어 살아있는 역사책으로 남게 되었습니다. 피와 땀으로 현장을 누벼온 20여년 기자의 삶이 담겨진 기사들을 다시 보는 것은 곧 우리의 삶을 돌아보는 느낌입니다. 앞으로도 여주를 사랑하는 여주 시민의 한 사람으로 좋은 시정, 바른 의정을 위해 더욱 많은 관심과 애정을 부탁드립니다. 하루하루 실버의 인생여정도 행복하고 아름다운 시간이 되길 기원합니다.

이대직

전 여주 부시장

류진동은 정론직필의 현장 기자입니다. 기자정신으로 똘똘 뭉친 현장을 잘 아는 언론인입니다. 류진동은 참 농군입니다 참으로 부지런한 농군이고 농장주입니다. 어느날 이른 아침에 눈 비비고 길을 나서는데 류진동 기자가 상의를 땀으로 흠뻑 적신 채로 농사에 필요한 물건을 사러 나가는 그의 모습에서 진정성을 느낀 적이 있었습니다. 류진동은 애향 기자입니다. 지역의 분쟁이 있으면 항상 그가 있었습니다. 분쟁의 원인을 파악하고 기사를 쓰기 보다는 서로 화해 할 수 있도록 조정을 위해 애쓰는 사람 냄새나는 기자였습니다. 그런 그가 발로 현장을 뛰어 다닌지 22년이 되었고 그간의 기사 모음 책을 발간한다고 한다는 말에 세월의 무게감을 함께 합니다. 현장기자. 진정한 농군기자. 애향기자. 류진동 기자에게 따라 붙는 수식어가 새삼스레 떠오릅니다. 류진동 대기자님 22년의 기자생활을 정리하신 "여주를 기록하는 시간여행" 출간을 축하드립니다.

이만희

네오에코텍(주)
대표이사

제가 본 류진동기자는 정론직필이라는 원칙을 지키기 위해 노력하는 언론인입니다. 지난 22여년 간 여주시의 역사와 함께 했다고 얘기할 정도로 현장에서 발로 뛴 기자이기도 합니다. 그동안의 노력과 땀방울을 담은 책을 발간한다니 참으로 축하드립니다.22개의 성상을 넘는 동안 여주시를 알 수 있는 기록들을 책으로 볼 수 있음에 감사를 드립니다. 건승하십시오.

이명환

전 여주시의회 의장

생생하다. 그리고 기억한다. 바삐, 예리하게 그리고 친근하게 다가올 때 항상 수첩이 그의 손에 쥐어져있었다. 바로 그 수첩이 팩트의 선순환을 만들어주는 자양분이 되어 그를 자유

민주주의 파수꾼으로 이 순간까지 종횡무진하게 하고 있다. 우리의 일상 속에서 만나는 희(喜)와 비(悲)를 편식하지 않고 중도를 지키면서 군더더기 없이 사실을 전달해 준 기사들을 다시 읽을 수 있는 기회를 갖게 되니 타임머신을 타고 내 고향 여주를 갔다가 온 기분이다. 기자의 마음 저변에 깔려있는 여주에 대한 사랑도 느끼는 계기가 되었다. 가끔 불편한 사회적 이슈와 정면으로 맞닥뜨렸을 때도 덮어놓고 맹목적으로 옳다는 게 아니라 사실적 근거를 제시, 설득력 있게 보도하여 사회의 개선을 촉구하거나 잘못을 저지르는 힘 있는 자들과 집단에 경종을 울렸던 그의 글이기에 기대가 된다. 과거의 여주발자취를 알고 미래를 여주와 함께 하고 싶은 사람이라면 꼭 일독을 하여 그 갈증을 해소하기 바란다.

이민용

경기일보 상무이사

류진동 부장과의 인연은 2000년 초여름입니다. 당시 수습기자로 풋풋한 촌스러움으로 어리버리했던 당시를 기억합니다. 무엇인가를 열심히 파고들고 배우려는 마음으로 묵묵히 임하던 세월이 어느새 22년간 취재 현장을 누비는 자료들로 빼곡하게 채워졌습니다. 그간 보도해 온 발자취를 모아 책자를 발간한다니 마치 저의 일이라도 되는 것처럼 벅차고 감동을 받습니다. 남은 기자생활 동안도 지금의 모습으로 남아 있으리라 믿어지며 문화의 도시 여주의 무궁한 발전과 함께 류진동 부장의 건승을 기원합니다.

이범관

**제18대 국회의원
이천·여주 새누리당**

여주를 빛낸 자랑스런 중견 언론인 류진동 기자는 같은 고향출신으로 선후배의 인연을 맺고 교류한지가 어언 30여년이다. 경기지역의 중견언론 경기일보의 기자로서 혁혁한 활동을 하다가 고향을 지키고 고향의 발전을 위해 헌신하겠디는 뜻을 전하고 여주로 내려간지 어언 20여년이 지났다고 하니 세월이 유수와 같다. 그동안 내 고향 여주를 알리고 고향지킴이의 사명을 가지고 헌신하며 공정과 정의의 붓끝을 흐트러지지 않은 류기자의 모습이 자랑스럽다. 경기일보 독자권익위원장으로 2년여간 류기자와 한솥밥을 먹은 기억도 새삼스럽다. 우리지역의 자랑스런 인물! 정론 언론인의 길을 걸어가는 류기자의 흐트러지지 않는 모습을 기대하며 지켜보려한다.

이연섭

경기일보 논설의원

류진동 기자는 조용한 편이다. 흔히 기자하면 떠올리는 것처럼, 거칠고 시끄럽고 무례하지 않다. 보통의 기자들과 결이 좀 다르다. 부드러우면서 강하고, 조용하면서 적극적이다. 현안에 따라 용감한 쌈닭이 되기도 한다. 류 기자의 장점은 꼼꼼하고 섬세하다는 것이다. 조용조용, 곰실곰실 이것저것 잘 챙긴다. 20년 넘게 여주에서 기자생활을 하면서 누구보다 지역을 잘 챙겼다. 여주 대표기자로서 지역의 대소사와 사람들을 경기일보에 알렸다. 디지털시대로 전환됐지만 그는 기록의 중요성을 인식하고, 종이신문을 꼼꼼히 모았다. 여주의 역사이자 소중한 유산이다.

이용성

경기일보 편집국장

류진동. 당신은 천상 기자(記者)입니다. 1996년의 어느 날, 안양에서 처음 만나 기자다운 기자가 되자고 함께 도원결의(桃園結義)한 지도 27년이라는 시간이 흘렀습니다. 강산(江山)이 3번 변하는 시간이기도 합니다. 한결같은 부지런함과 부드러움, 일처리에 있어 매사 완벽함을 추구하는 당신은 진정 '발로 뛰는 기자란 이런 것이다'라는 표준이 되었습니다. 지역을 대표하는 참 언론인, 당신의 희망찬 앞날을 다시금 응원합니다.

이장호

여주신문 발행인·편집인

신문기자는 현실에서 일어난 일을 전달하는 직업인이다. 기자가 전달한 기사는 시간이 지나면 하나의 사건으로 취급되어 곧 잊힌다. 하지만, 그 하나하나의 기사가 한 지역에서 일어난 일에 대한 것이라고 하면 그것은 기사를 넘어 역사를 기록하는 일이 된다. 22년이라는 긴 시간 동안 여주에서 일어난 일을 취재 보도한 기록을 묶어, 여주의 과거와 대화 할 기회를 만든 류진동 기자의 굴기(屈起)에 찬사를 보낸다.

이재춘

세종신문 발행인·편집인

경기일보 류진동기자님의 여주주재 기자 22년의 역사 출판을 진심으로 축하합니다. 류진동기자님은 언제나 생생한 시민들의 생활 속에, 들끓는 사건의 현장 속에, 흐르고 확산되는 문화의 중심에 서 있었다고 생각합니다. 또한 힘들고 어려운 문제에 부닥친 후배기자들이 제일 먼저 찾는 따뜻한 선배였습니다. 지역신문 기자로서 류진동 기자님의 책이 정말 궁금하고 기대가 큽니다.

이충우

국민의힘 경기도당부위원장

지역의 현안과 이슈, 아름다움을 담아 22년간 발자취를 남길 출판을 축하드립니다.여주지역의 소식을 신속하고 정확하게 전달한 22년의 취재기자의 생활이셨을 것이라 생각합니다.그동안 경기도와 강원도를 잇는 여주시를 편안한 휴식을 취할 수 있는 관광여주로 만들어 나가기 위해 노력을 많이 하셨고, 여주지역의 현안과 문제점을 많이 제시하셨던 것으로 기억이 됩니다. 출판하는 책이 그동안의 경기일보 여주주재기자로써의 22년간을 활동을 잘 담으셔서 우리 여주의 그동안의 변화와 발전의 발자취를 잘 담아주실 것을 부닥드립니다. 오늘 날 다양한 미디어 매체의 등장으로 어려워지는 현실 속에서도 주민들의 알 권리를 위하여 다양한 소식과 정보를 어느 한쪽에도 편중되지 않도록 올바른 여론을 형성하고 미래발전에 대한 희망과 확신을 심어주는 경기일보가 되어주시길 바라며 앞으로도 지역사회의 빛과 소금이 되어 주시기를 기대합니다.다시 한 번 출판을 축하드리며, 무궁한 발전과 구독자 여러분의 건강과 행복을 기원합니다. 감사합니다.

이환설

전 여주시의회 의장

경기일보 류진동 기자의 기록물 출간을 바라보며 새벽을 깨우며 밝아오는 환희의 여명처럼 한결같이 20여 년간 새벽을 열고 동분서주하면서 정론직필에 여념이 없었던 경기일보 류진동 기자의 출간을 지역의 선배로서 진심으로 축하하며 감사드린다. 차분하고 고상한 선비 같은 용모로 부드럽고 유순하게 보이지만 내면으로는 곧고 강인함의 저력을 가지고 불의에 굴하지 않는 정의와 애향심도 엿볼 수 있었다. 그는 고향을 지면을 통해 자랑하며 널리 홍보하는 역할도 기자이기 전에 여주인으로서 게을리 하지 않았다. 역사와 문화가 살아 숨쉬는 문화재로서의 보고인 여주를 기자로서 자긍심을 가지고 면면히 담아내었다. 류진동 기자는 수려한 고향산천을 지켜내고자 부단히 발로 뛰었다. 난개발로 사라져가는 문화재와 오폐수로 인해 망가져가는 생태계를 예리한 눈빛과 끝으로 아름다운 고장 여주를 지키는 발자취를 남겼다. 기록물 출간을 다시 한번 축하하며 강산이 두 번 변한다는 20여 년간의 기록물들은 여주의 한 시대의 획을 긋는 하나의 역사적 기록물로서 넓게 보면 세인들께 특히 여주인들의 가슴속에 각인되어 영원히 기억될 것이다.

임창선

전 여주군수

처음 필자를 만났을 때가 아직도 기억이 난다. 같은 여주출신 기자 선배가 지역 후배 기자로 앞으로 여주를 위해서 사심 없이 일할 인재라고 그를 소개했다. 그런 소개를 듣고 눈여겨보게 된 것이 사실이다. 이후에 여주군수로 취임을 하면서 필자와의 인연이 더 깊어지게 되었다. 그 인연이라는 것이 군수를 그만두고서도 계속해서 이어지기가 그리 쉽지가 않은데도 내 건강을 묻고, 일년에 한번은 저녁식사를 같이 해온 것이 여러 해가 지나도록 이어지고 있다. 그 인연이 있던 날로부터 벌써 25년의 세월이 흘렀다고 하니 그 당시 눈빛이 살아 있던 청년 기자의 모습이 새삼 기억에 젖게 한다. 필자의 기자로서의 직업의식과 지역사랑은 둘째 치더라도 인연의 소중함을 잊지 않고, 한세상을 살아가는 인품을 생각하면, 그 옛날 여주에 머물렀던 여주선비의 정신을 담고 살아가는 여주인이 아닌가 하는 인물평을 감히 하게 된다. 여주라는 지역에는 정신이 살아서 이어져 내려오고 그 정신은 여주의 근간이 될 수 있다고 본다. 그래서 필자의 변함없는 여주인으로서 역할에 지역선배로서 칭찬을 하고 싶은 것이다. 책 한권을 쓴다는 것은 자기 에너지의 90% 이상을 쏟아 부어야만 할 수 있는 것으로 알고 있다. 차라리 두 번째 책은 경험이 있기에 그 정도의 에너지는 소요가 되지 않을 수 있을 것 같다. 필자는 나와의 소중한 추억을 함께 공유하면서 이 책을 써내려 갔을 것 같아서 더욱 친근감이 든다. 내 나이가 되면, 추억을 먹고 산다는 표현이 맞을지도 모른다. 내 추억에는 필자가 아직도 청년의 모습으로 더 남아 있어서 어쩌면 더 정이 가고, 이 책을 한 번 더 쳐다보게 되는 것 같다.

정일형

경기일보 사업 본부장

출간을 진심으로 축하드립니다. 류진동 부장님의 22년을 엮은 기사를 모아서 한 권의 책이 된 여주의 기록물 보도집은 여주 시민의 희노애락은 물론이고 여주시의 과거와 현재 그리고 미래를 담고 있는 소중한 역사적 사료입니다. 기자 생활을 하면서 기쁘고 행복한 일만 있는 것이 아니란 것은 기자를 경험한 저로서도 잘 알고 있는 일입니다. 고향에 대한 연민과 사랑을 전하면서도, 잘못된 일을 바로 잡으려는 채찍은 언제나 고심하는 기로가 됐을 것입니다. 험하고 어려운 길을 달려 오셨고 그 기록으로 손 때 묻은 아름다운 책을 만나게 되었습니다. 이 책 한권이 이 시대를 함께 한 모든 여주시민에게 추억을 되살리고 미래를 여는 또 하나의 이정표가 되길 진심으로 기원합니다.

정흥모

인천일보 사장

고향에 대한 자부심이 이토록 남달랐던 사람은 흔히 보지 못했습니다. 동향인으로서 류진동 기자의 이런 모습이 늘 존경스러웠습니다. 힘 있는 사람들에게는 언론의 존재가 항상 반가울 수만은 없겠지요. 그래도 피해갈 수 없는 게 균형 있고, 건강한 사회를 위해 사물을 비판적 시각으로 바라봐야 하는 언론인의 숙명입니다. 두 개의 상충하는 가치 앞에서 그도 늘 고민했을 것입니다. 그렇게 고민하고 성찰하며 축적해온 지혜의 결과물이 한 권의 책으로 묶여 나 온 다니 사뭇 기쁘고 설렙니다. 응원의 박수를 보냅니다.

조용덕

명지대
사회과학대 겸임교수

류진동기자의 열정은 대단합니다. 2005년6월 남북문화스포츠교류를 위하여 평양 방문을 같이 갔습니다. 정주영체육관을 비롯해 각종 체육시설을 돌아보면서 기자로서 신념과 남다른 문화스포츠를 사랑했던 기억이 납니다. 이 책을 읽어보니 지난 수십년간 여주에 대한 일과 사랑이 고스란히 담겨있습니다. 코로나19의 위기에서도 쉬지 않고 고향을 사랑하며 지방자치시대 여주를 기록하는 시간여행이 좋은 자료로서 인정받고 시민과 함께 행복한 도시발전의 귀감이 되어주리라 믿습니다. 앞으로도 고향발전을 위하여 더 큰 역할을 할 것으로 기대합니다.

최종식

경기일보 기획이사

大人者 不失其赤子之心者也 대인이란 갓난아이와 같은 순수한 마음을 잃지 않은 사람이다(맹자 이루하). 내가 알고 있는 류진동 기자는 여주에 대한 사랑이 위와 같다. 수십년을 함께 취재를 하고 기사를 작성하면서 류기자의 남다른 지역사랑을 확인할 수 있었다. 항상 자신을 나타내기 보다는 여주가 드러나기를 좋아했으며, 여주의 이야기가 알려지기를 즐기는 사람이다. 아마 앞으로도 그렇게 살아갈 것이다. 이번에 출간하는 책도 구석구석 여주에 대한 애정이 묻어난다. 면면히 이어온 여주의 역사는 물론 동네 어귀 한 그루의 나무, 마을을 앞지르는 샛강, 들꽃까지 사랑이 듬뿍 담겼다. 또 류기자는 배움을 즐기는 기자다. 배움을 즐기는 자는 겸손하다. 배움 자체가 새로움에 대한 깨달음이고 기쁨을 아는 자이기도 하다. 만학을 즐기는 류기자는 시대에 뒤처지지 않는다. 냉정해야 할 때를 알고, 신중할 때를 아는 그래서 누구든지 거리감 없이 함께 어울릴 수 있는 힘이 있는 기자다. 부디 이 책을 보는 분들이 행간에 묻어있는 류기자의 여주사랑을 깊게 살펴봐 주길 기대한다.

홍성용

인천일보(부장)
여주주재 기자

선배님. 지난 22년 동안 여주 곳곳의 현장을 발로 뛰며 여주시민들과 동고동락하며 삶과 애환을 담은 기사모음집 출간을 축하드립니다. 돌이켜보면 여주 사회 전반에 대해 잘못된 것을 지적할 땐 매섭게, 올바른 대안을 제시할 때는 정확한 문장으로 기사를 작성해서 이는 보는 이들에게 청량제역할을 해주었습니다. 항상 선배들을 존중하고 후배들에겐 귀감이 되려고 노력하시는 모습들이 눈에 선합니다. 저는 선배님의 '항상 현장을 찾아 발로 뛰는 게 기자야', '기자는 기사를 써야지"라는 가르침을 지금도 마음에 간직하며 되새기고 있습니다. 앞으로도 여주 발전을 위해 최선을 다해 주실 것이라고 믿고 있습니다. 항상 건강하시고 건승하십시오.

여주를 기록하는 시간여행

경기일보 류진동 기자의 취재수첩

1999

1998

1997

1996

1995

1994

1993

부록

빛바랜 22년, 새빛을 만들다.

**류진동 기자의 발자취가
고스란히 담긴 경기일보의
지면 자료**

경기일보

1988년 8월 8일 창간 | 제7768호 | 안내 031-250-3333 kyeonggi.com 2015년 2월 25일 수요일 | 음력 1월 7일

230억 든 이천~여주 도로확장 돌연 취소

국토부, '경제성 부족' 이유로 사업비 7억7900만원 반환 통보

지역발전 기대했던 주민들 반발 권영천 도의원 "정상 추진돼야"

국토교통부가 230여억원이 투입돼 1.5㎞나 공사가 진행됐던 이천~여주 흥천 간 국지도 70호선 확장사업에 대해 10여년 만에 경제성이 부족하다는 이유로 취소결정을 하고 사업비 회수에 나서 해당지역 주민들이 반발하고 있다.

24일 이천시와 경기도의회 권영천 의원(새누리·이천2), 인근 주민 등에 따르면 국토부는 지난달 12일 이천지역 숙원사업으로 진행되던 이천~여주 흥천 간 국지도 70호선 확장사업에 투입된 사업비 중 2014년도 사업비 7억7천900만원을 반환하라고 경기도에 통보했다. 국토부의 사업비 반환통보는 사업 취소 결정에 따른 것이어서 지역경제 활성화와 지역발전을 기대했던 인근 지역 주민들의 반발이 불가피할 전망이다.

국토부와 경기도는 지난 2003년 이천지역 숙원사업인 이천~흥천간 국지도 70호선 확장사업 실시설계를 완료한 후 기존 2차선을 4차선으로 늘리는 확장공사에 나섰다. 이 공사는 이천시 증포동과 여주시 대신면 천서리 세종을 잇는 총 연장 16.03㎞ 구간으로 총 사업비만 2천250억원에 달한다. 하지만 공사는 예산확보 문제 등으로 이천 증포동~이천 모전리 1.5㎞ 구간만 완료한 채 수년간 답보상태에 빠졌다. 이때까지 투입된 사업비는 238억여원(지방채 45억원 등 도비 77억4천700만원 포함)인 것으로 나타났다.

이 같은 공사현장에 대해 국토부 등은 지난해 4월 한국개발연구원(KDI)을 통해 타당성 재조사를 실시했고 그 결과 경제성이 부족하다는 결론에 도달하면서 사업을 전면 취소했다. 이에 국토부는 이미 238억원이 투입됐음에도 불구, 2014년 사업비 반환을 경기도에 통보했다.

권영천 도의원은 "이미 238억원이나 투입된 사업을 무슨 근거로 일방적인 중단 통보를 하는지 이해할 수 없다"면서 "비용편익에 따른 단순한 경제성 분석보다 현재의 여건과 향후개발 등을 반영한 정책적 분석평가로 사업이 하루빨리 정상적으로 추진돼야 한다"고 말했다. 그는 특히 "이 도로 주변인 이천 지역에는 군사시설이 다수 위치해 도로 건설시 원활한 군사작전을 도모할 수 있고 교통량이 증가하는 등 장점이 전혀 반영되지 않았다"면서 KDI 타당성 조사에 대해 강한 불만을 나타냈다.

이에 대해 국토부 관계자는 "지난해 4월부터 진행된 타당성 재조사는 총사업비 관리지침에 따라 진행된 것"이라며 "조사 기법상 B/C(투자비 분석)가 0.5 이상 돼야 공사를 이어갈 수 있는데 이곳은 0.413에 그쳐 공사 중단을 결정했고 이런 현장은 용인이 이천 등 2곳에 이르고 있다"고 밝혔다.

이천=김동수기자

알립니다

제암리에 울려퍼지는 '만세 함성'

순국유적지서 제96주년 3·1절 기념식

화성시와 경기일보사는 국권회복을 위해 민족자존의 기치를 드높였던 선열들의 위업을 기리는 3·1절 기념식을 개최합니다. 올해로 96주년을 맞은 3·1절 기념행사는 순국선열들의 숭고한 희생정신을 기리는 선열 묘역 헌화와 참배에 이어 기념식과 스코필드박사 동상 제막식 및 각종 전시, 체험행사 그리고 33인의 만화가의 일제 만행 고발展 행사가 진행됩니다. 자랑스런 우리 민족의 정기를 선양하고 자라나는 세대에게 역사의식과 애국심을 함양시켜 주는 산 교육장이 되기를 기대합니다.

▲일 시 : 2015년 3월1일 09:00~13:00
▲장 소 : 화성시 제암리 순국기념관
▲식전행사 : 3·1 운동 만세 재현 (09:00~10:40)
묘역 헌화 (10:40~11:00)
추모 퍼포먼스
▲기념식(11:00~11:50)
▲식후행사 : 스코필드 박사 동상 제막식 (12:00~12:20)
▲부대행사 : 전시 및 체험행사 (09:00~13:00)
만화가 33인 일제 만행 고발 전 (09:00~13:00)
▲주 최 : 화성시 경기일보

용인도시公·여주시설관리公

2년 연속 '경영 낙제점'

정부 공기업 경영평가

용인도시공사, 여주시설관리공단 등이 2년 연속 정부의 공기업 경영평가에서 '낙제점'을 받았다.

안전행정부가 3일 전국 328개 지방공기업의 2013년도 경영실적 평가 결과에 따르면 평택항만공사, 용인도시공사, 여주시설관리공단, 인천도시공사, 과천 상수도, 연천 하수도 등이 최하위 등급인 '마' 등급을 받은 것으로 조사됐다.

평가 결과를 보면 시도 공기업 가운데 인천도시공사, 평택항만공사, 부산관광공사, 강원도개발공사, 광주시하수도 등 5곳이 5등급 가운데 최하위인 '마등급'을 받았다.

시군구 공기업으로는 여주시설관리공단, 용인도시공사, 구로구시설관리공단, 춘천도시공사, 과천·평창·김제·문경·의성 상수도, 영천·옥천·연천 하수도 등 12곳이 마등급에 속했다. 반면 구리농수산물공사 등은 우수한 경영실적으로 최고등급을 받았다.

최하등급을 받은 시도 공기업은 지난해 3곳에서 올해 5곳으로 늘었다.

용인도시공사와 여주시설공단 등은 적자 늪에서 헤어나지 못해 2년 연속으로 최하위에 머물렀다. 인천도시공사는 3년 연속 적자를 기록했다.

용인도시공사는 역북지구 사업 실패로 총 4천여억원의 부채를 지고 있는데다 시의회로부터 총 3천600억원의 채무보증 동의를 받아 가까스로 부도위기를 벗어났고 시가 632억원을 추가 출자해 부채율을 448%에서 266%로 낮춘 상태다.

용인도시공사는 2012년 경영평가에서도 '마' 등급을 받아 안행부의 '경영 정밀진단'을 받았다. 안행부는 '개발사업 단계별 축소를 통한 공단으로 환원 검토'하도록 시정 권고한 바 있다.

또 2011년 신설된 여주시설관리공단도 2년 연속 '마' 등급을 기록했고, 과천상수도사업소, 연천하수도사업소 등도 최하 등급을 받았다.

3년 연속 적자를 기록한 과천상수도사업소는 정부의 경영 정밀진단도 받게 됐다. 진단 결과에 따라 사업 규모 축소나 조직개편, 법인청산 등의 경영 개선명령이 내려진다. 이들 공기업 임직원은 성과급을 한 푼도 못 받고 사장과 임원의 올해 연봉도 5~10% 삭감된다.

이밖에 의왕·광주시설관리공단, 화성·안성·여주·양평상수도사업소, 동두천·김포·포천·안성·가평하수도사업소 등도 낙제 수준인 '라' 등급을 받았다. 강해인기자

알립니다

남한강변의 아름다운 추억을 찾아 떠나는

여주 '뮤직&캠핑 페스티벌'

국내 최대의 캠핑 축제, 새로운 여가 문화의 패러다임 축제, '제3회 여주 뮤직 & 캠핑 페스티벌'이 남한강변 최고의 경관을 자랑하는 여주 금은모래 강변 유원지 일원에서 개최됩니다.

'여주 뮤직 & 캠핑 페스티벌'은 여주 남한강의 자연과 더불어 캠핑과 뮤직이 결합된 가족형 테마 축제로 올해 3회째를 맞이합니다.

2박 3일 동안 개최되는 이번 행사에서는 인기가수들의 공개방송과 캠핑요리 경연대회, 캠퍼 노래자랑, 제2회 남한강 전국 학생 그림그리기 대회, 체험 등 다양한 프로그램들이 진행될 예정입니다.

음악, 캠핑, 물, 가족 4색 컨셉의 '여주 뮤직 & 캠핑 페스티벌 2014'에 국민 여러분의 많은 성원과 참여를 바랍니다.

▲일 시 : 2014년 10월 3일(금)~5일(일) 2박 3일간
▲장 소 : 여주 금은모래 강변유원지 일원
▲주 최 : **경기일보사**
▲주 관 : 경기발전연구원, (사)대한캠핑협회
▲후 원 : 경기도, 여주시
▲캠핑 참가문의 : 경기일보 전략사업부 031)250-3382~3
- 캠핑 사이트 : 총 1,000Site 선착순 마감
- 일반 사이트 : 900 Site
- 카라반 사이트 : 100 Site

▲남한강 전국 학생 그림 그리기대회 : 선착순 5,000명(참가비 무료)
- 참가방법 : 경기일보 홈페이지(www.kyeonggi.com)에서 신청서 다운로드 후 E-mail(festival@kyeonggi.com) 또는 Fax(031-250-3353) 전송

경기일보

1988년 8월 8일 창간 제8199호 안내 031-250-3333 kyeonggi.com

여주 뮤직&캠핑 페스티벌… 잊지말아요, 남한강의 추억

'2016 제5회 여주 뮤직&캠핑 페스티벌'이 1일부터 2박3일 동안 여주 금은모래 강변유원지 일원에서 열렸다. 깊어가는 가을밤, 남한강변에 설치된 1천6백여 동의 텐트에서 흘러나오는 불빛과 도란도란 대화를 나누는 가족의 모습이 가을 정취를 더해주고 있다. 이번 행사는 (사)한국예총 여주지회가 주최하고, 경기일보가 주관했다. 오승현기자

'2016 제5회 여주 뮤직&캠핑 페스티벌'이 2만여 명이 참여한 가운데 지난 1~3일 여주 금은모래 강변유원지 일대에서 펼쳐졌다.

경기일보가 주관하고 (사)한국예총 여주지회 주최, 여주시 후원으로 열린 여주 뮤직&캠핑 페스티벌은 캠핑과 콘서트가 결합한 축제로 새로운 여가·문화 콘텐츠를 선도했다는 평가를 받고 있다. 특히 레저체험, 세계먹거리, 노천영화관, 가요제, 그림그리기 대회 등 매년 다채로운 프로그램을 진행, 색다른 재미를 선사하고 있다.

여주시민과 경기도민을 비롯해 전국 각지에서 몰린 캠퍼들까지 총 2만여 명이 참여한 올해 페스티벌은 그 어느해보다 풍성한 프로그램들로 채워졌다. 먼저 페스티벌의 메인 프로그램인 '캠핑'에는 카라반·캠핑카 280대, 1천350개의 사이트 등 총 1만여명의 캠퍼들이 몰렸다. 캠퍼들은 가을 빛으로 반짝이는 남한강을 바라보며 2박3일간 친구, 연인, 가족과 소중한 추억을 쌓았다.

'남한강가요제'에는 총 40명의 참가자들이 참가해 노래 실력을 뽐냈다.

가족 단위 관광객들에게 꾸준한 인기를 얻고 있는 '남한강그림그리기대회'에는 500명의 학생들이 참가했다. 2일 오후 7시에는 페스티벌의 대표 프로그램인 '낭만콘서트'가 열려 캠퍼들과 함께 가을 정취를 즐겼다. 송시연·손의연기자

관련기사 14·15면

道, 여주 상거동에 '반려동물테마파크' 조성

경기도 '반려동물테마파크'가 여주시 상거동 일대 39만1천522㎡(12만여평) 부지에 조성된다.

도는 7일 남경필 경기지사 주재로 '4대 테마파크' 정책토론회를 열고 반려동물테마파크 후보지 선정위원회로부터 제안받은 상거동 일대를 사업 부지로 최종 확정했다. 도는 오는 12월까지 기본계획과 타당성 조사를 완료하고 내년 투·융자 심사, 기본 및 실시설계 등을 거쳐 2017년 3월부터 조성공사를 시작할 계획이다. 오는 2018년 10월 완공할 예정이다.

반려동물테마파크는 부지매입비를 제외하고 모두 465억원의 예산이 투입돼 반려동물 보호구역, 연계산업 클러스터 구역, 리조트형 관광구역 등 모두 3개 구역으로 조성된다. 반려동물 보호구역(4만6천200㎡)에는 유기견 보호시설, 동물병원, 관리동 등이 들어설 예정이며 연계산업 클러스터구역(2만6천400㎡)은 애견박물관, 애견 숍, 체험관, 장묘시설, 애견학교 등으로 구성된다. 리조트형 관광구역(5만9천400㎡) 부지에는 애완동물동산(pet's land), 애견캠핑장, 힐링리조트, 위락시설, 둘레길 등이 조성된다.

이와 함께 도는 반려동물 테마파크가 도내 180만 초·중·고생을 위한 인성교육의 장소가 될 수 있도록 도교육청과 합동으로 다양한 교육 프로그램을 개발할 계획이다.

김성식 도 동물방역위생과장은 "반려동물테마파크는 생명존중의 사회적 분위기 실현은 물론, 자연과 힐링, 엔터테인먼트 등과 결합한 새로운 애견 문화공간을 제공할 것"이라고 밝혔다. 김창학기자

경기일보

| 제7879호 | 안내 031-250-3333 kyeonggi.com 2015년 7월 2일 목요일 | 음력 5월 17일

전세계 광고인들의 축제인 '뉴욕페스티벌 in 여주 2015'가 개막된 1일 여주도자세상 전시장에서 시민과 광고업계 종사자 등이 영상미와 아이디어가 뛰어난 세계 영상광고를 시청하고 있다. 세계 3대 국제 광고제 중 하나인 이번 페스티벌은 오는 5일까지 계속된다. 김시범기자

세계 3대 광고축제 '뉴욕페스티벌 in 여주' 개막

아시아선 中 이어 두번째… 국내외 인사 500여명 참석

세계적인 광고축제인 '뉴욕페스티벌 in 여주 2015'가 '즐기자, 즐기사'를 구호로 1일 여주 썬밸리호텔 2층 그랜드볼룸에서 개막했다.

개막식에는 원경희 여주시장과 정병국 국회의원, 이환설 시의회 의장, 마이클 오르크 인터내셔널 어워즈 회장, 임영헌 여주시발전을 위한 범시민 후원회장, 신태운 경기일보 여주지사 자문위원장, 박찬재 한국여성경영자총협회장 등 국내외 인사 500여 명이 참석했다.

원경희 시장(추진위원장)은 개회사를 통해 "오늘은 뉴욕페스티벌 in 여주 2015 가 열리는 역사적인 날이자 '가장 한국적인 것이 가장 세계적인 것'이란 말처럼 545년전 여주라는 이름이 탄생된 이래 여주가 세계로 나가는 아주 중요한 날이다"며 "여주는 우리조상들이 치열한 전쟁을 벌여 던 곳으로 여주를 얻는 나라가 한반도 패권을 차지했던 것처럼 여주는 앞으로 남한강에서 세계로 비상하게 될 것이다"고 강조했다.

원 시장의 개회사로 시작된 뉴욕페스티벌 in여주 2015는 오는 5일까지 썬밸리호텔에서 세미나와 포럼, 강연회 등 다양한 행사와 더불어 신륵사 관광단지 여주도자세상과 반달미술관, 도자명품관, 세종국악당, 여주도서관, 여성회관 등지에서 전시회, 시사회, 상영회가 이어진다.

또 국제적인 광고창작자인 데이비드 안젤로의 기조강연과 홍대 인디밴드의 문화공연, 전국팔도불고기 시식대회, K-한복대회 등의 행사도 함께 열린다. 특히 여주시내 중앙로에 마련된 특설무대에서는 '시민시사회'가 매일 열려 일반 시민이 광고를 쉽게 이해하고 즐길 수 있는 기회가 마련된다.

한편 미국 클리오광고제, 프랑스 칸 국제광고제와 더불어 세계 3대 광고축제 중 하나로 꼽히는 뉴욕페스티벌이 아시아에서 열리는 것은 지난 2010년 중국 상하이·항저우에 이어 이번이 두 번째다.

여주=류진동기자

교육부 "여주 성추행, 관용 없다"

교육부가 여주 고교 성추행 사건과 관련, 성 비위 교원에 대한 무관용 원칙에 나설 뜻을 분명히 했다.

교육부는 31일 오후 정부세종청사에서 여주 고교 성추행 사건과 관련해 긴급 시·도 교육청 담당과장 회의를 열었다.

금용한 교육부 학교정책실장은 이 자리에서 "각 시·도 교육청이 '학교 내 교원 성범죄 근절을 위한 고강도 대책'에 따라 성 비위 교원에 대해 무관용 원칙을 적용해달라"고 말했다. 이어 "교육청이 해당 학교를 철저히 감사해 성범죄를 은폐하거나, 대응하지 않은 것이 확인될 경우 관계자를 법에 따라 파면·해임 등 엄중하게 조치해달라"고 요청했다.

교육부는 특히 반기별로 교육청의 징계처분 현황을 조사하고, 각 교육청과 '성 비위 근절 추진실태'에 대한 교차 지도·점검에 나서기로 했다. 또 교육청이 교장·교감 등을 대상으로 2학기 시작 전까지 성범죄 관련 특별교육을 시행하도록 했다. 김규태기자

경기일보

사회복지예산 20%대로

경기지사 후보초청 토론회 〈6·7면〉

'사랑하며 살게요

장애·외국인 4쌍 결

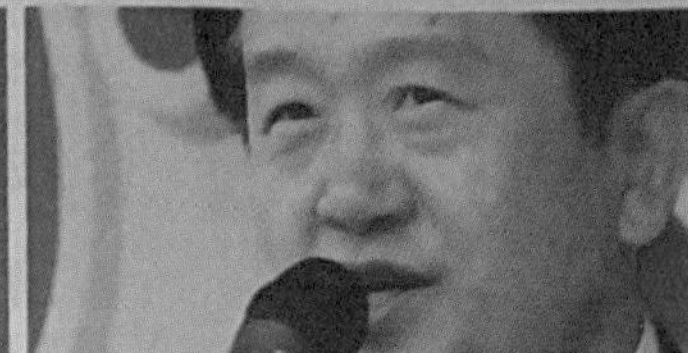

유세에 나선 열린우리당 진대제, 한나라당 김문수, 민주당 박정일, 민주노동당 김용한 경기지사 후보가 지지를 호소하며 열변을 토하고 있다.

냄새 진동' 선거후폭풍 예고

보 줄이어 수사인력 모자랄 지경… 당선 무효사태 우려

여주 수천만원대 공천비리… 국회의원 가족 등 무더기 적발

를 명목으로 현역
등 모당 각 협의
원의 금품을 살포
소하며 유권자에
후보들이 경찰에
5·31지방선거가
하고 있다.
나 당비대납, 불

법 선거운동 등에 대한 제보가 줄을 잇고 수사인력이 모자랄 정도여서 선거 이후 무더기 당선무효 사태가 우려된다.

경기지방경찰청 수사과는 18일 군수공천 지지 대가로 같은 당 읍·면 협의회장에게 수천만원을 건넨 혐의(공직선거법 위반)로 A씨(57)를 긴급체포했다.

경찰은 또 A씨로부터 돈을 받은 B씨(40) 등 한나라당 여주군 읍·면 협의회장 6명을 같은 혐의로 긴급체포하고, 달아난 협의회장 C씨(43) 등 2명을 수배했다.

경찰에 따르면 A씨는 지난 2월말부터 4월초 여주군수 공천을 도와달라는 부탁과 함께 3차례에 걸쳐 1천500만원을 받은 B씨 등 읍·면 협의회장 8명에게 100만~1천500만원씩 모두 7천800만원을 제공한 혐의를 받고 있다.

경찰조사 결과 A씨는 군수공천 심사과정에서 큰 역할을 할 것으로 보이는 현역 국회의원의 동생인 E씨와 사돈인 F씨에게도 돈을 건넨 것으로 밝혀졌다.

그러나 A씨는 여주군수 공천심사에서 탈락했다.

이와 함께 경찰은 지난 17일 모당 여주군 당원협의회 의장 D씨가 출마자 2명에게 수백만원의 금품을 건넨 혐의로 구속 수사중이다.

경찰은 또 선거구 주민에게 금품과 후보 명함을 준 혐의(공직선거법 위반)로 양주시 기초의원 예비후보인 H씨(45·무소속)의 사무장 Y씨(47)와 부인(46)을 불구속 입건했다.

경찰에 따르면 유씨 등은 지난 17일 낮 12시40분께 양주시의 한

디자인 작업장 인근에서 J
(42·여) 등 2명에게 각각 현
10만원과 후보의 명함을 준 혐
를 받고 있다.

경찰은 이날 현재 372건 740
명을 선거법 위반 혐의로 수사
벌여 5명 구속, 60명을 불구속
건한 상태인데다 각 당별로 공
이 결정된 후 공천탈락자 등 선
관련 제보가 하루에도 수백건
접수되는 등 봇물을 이뤄 수사
박차를 가하고 있다.

경찰 관계자는 "선거기간
은 금품살포 등 불법선거운
대한 현장단속에 치중한 뒤
달부터 각 정당의 공천비리
비대납 등 본격적인 공천
[illegible] 기획선거수사에 돌
침"이라고 말했다.

/류진동·전상천
junsch@kgib

경기일보

SUPER SMART
Anycall GALAXY S

13~17℃ 의정부 12~17℃

988년 8월 8일 창간

ekgib.com

olle

수원 (031) 250-3333

2011년 10월 14일 금요일

"경기북부 반환공여

지자체 부담없는 정

김문수 지사, 정부에 촉구

경기도가 지지부진한 경기북부 지역의 반환공여지 개발사업을 위해 정부가 국비지원확대 등 적극적인 정책을 추진해줄 것을 촉구하고 나섰다.

김문수 지사는 13일 성명서를 내고 "경기도에서 진행 중인 상당수 반환공여지 개발 사업이 과다한 지방비 부담과 열악한 재정여건으로 곤란을 겪거나 불투명한 상황에 놓여 있다"며 현 반환공여지 정책에 대한 정부의 발상 전환을 촉구했다. ★관련기사 3면

김 지사는 "정부가 용산 미군기

한강 강천보 '화려한 야경'

여주·안성·포천·연천, 내년 농민기본소득 추진

지역화폐로 월 5만원씩 지급
道, 2022년까지 단계적 시행

경기도가 내년부터 농민기본소득 지급을 추진하고 있는 가운데 여주·안성·포천·연천 지역에 우선 지급될 전망이다.

현재 농민수당을 실시하고 있는 여주시를 비롯한 이들 도내 4개 시·군이 타 지자체보다 농민기본소득의 조기 도입을 적극 추진하고 있기 때문이다.

경기도는 오는 9월 열리는 제346회 경기도의회 임시회에서 '경기도 농민기본소득 지원 조례안'이 통과되면 '경기도 농민기본소득' 도입을 내년부터 2022년까지 단계적으로 실시할 계획이다.

도가 구상 중인 농민기본소득은 농업생산에 종사하는 농민 개인에게 지역화폐로 월 5만원씩 연간 60만원을 지급하는 방식이다. 예산은 도비 50%, 시·군비 50%로 추진하며, 도내 31개 시·군에서 모두 시행될 경우 약 1천700억원(도내 농업경영체 등록 농업인 29만4천여명 대상)의 예산이 소요될 것으로 추정된다.

현재 도는 31개 시·군 모두 농민기본소득 도입에 찬성하고 있으며, 지난해 12월 말 기준으로는 12개 시·군이 내년 도입을 희망하는 것으로 파악하고 있다. 이 가운데 농업경영체로 등록한 농민 수가 1만7천여명인 여주시, 1만9천여명인 안성시, 1만3천여명인 포천시, 5천700여명인 연천군이 내년도 도입을 준비 중이다.

도는 각 시·군에서 조례 제정과 예산확보 등 여건이 마련된 시·군부터 단계적으로 시행한다는 방침인 만큼 타 시·군보다 적극적인 이들 시·군을 중심으로 농민기본소득이 시험대에 오를 것으로 보고 있다.

다만 경기도의회에서는 농민기본소득 지원이 특정 집단을 위한 것 아니냐는 지적도 나오고 있어 향후 도의회의 조례안 심의과정에서 논쟁이 예고되고 있다.

도 관계자는 "지난해 말 12개 시·군이 내년부터 도입 의사를 밝힌 가운데 여주시는 확정적이고, 적극적으로 나서고 있는 안성과 포천시 등을 중심으로 농민기본소득이 시작될 것으로 기대하고 있다"며 "조례가 도의회에서 통과되면 내년도 본예산에 관련 예산을 담아 내년부터 2022년까지 31개 시·군 모두 실시할 예정"이라고 말했다. 최현호기자

2004년 7월 12일 월요일

경기일보

제4853호 대표전화 (031) 250-3333 구독·배달안내 250-3371 THE KYEONGGI ILBO

석산개발 '불법투성이'

여주 허가만료후 복구빙자 채석·허가면적 초과 일쑤

여주군 북내면과 대신면 일부 임야에 대한 석산 개발이 허가기간이 이미 지났는데도 채석행위가 이뤄지고 있는데다 허가받은 지역 이외 임야에 대해서도 불법으로 채석행위가 진행되고 있어 수려한 경관의 산림이 훼손되는등 말썽을 빚고 있다.

11일 군과 관련 업계, 주민 등에 따르면 지난 70년대부터 석산개발 허가를 받은 지역은 3곳(넓이 5ha)이나 이중 2곳은 석산개발 허가기간이 만료됐는데도 복구를 빙자, 불법으로 채석행위가 이뤄지고 있으며 1곳은 허가받은 지역 이외의 임야까지 무분별하게 훼손되고 있다.

북내면 상교리 산 91의1 일대 영일석산의 경우 지난 78년부터 지난 2002년 10월까지 석산개발 허가를 받았으나 업체측은 허가기간이 2년이나 지난 현재까지도 복구를 빙자, 불법으로 석산개발을 진행하고 있다.

이때문에 주위의 수려한 산림이 훼손되면서 갈수록 황폐화되고 있어 대책 마련이 시급한 것으로 지적되고 있다.

북내면 중암리 충원 석산도 20년이상 석산을 개발해오다 지난 2002년 7월말로 허가기간이 끝났는데도 불법으로 채석행위를 계속해오다 사법당국에 고발되자 회사 관계자들이 잠적, 현재 복구예치비 1억5천만원을 들여 복구가 진행중이다.

하지만 충원 석산측에 의해 무분별하게 훼손된 산림은 복구가 불투명하다.

대신면 상구리 산 11의8 성원 산업개발도 지난 93년부터 내년 5월말까지 석산개발 허가를 받았지만 허가 채석량이 고갈됐다는 이유로 허가 지역 이외 임야까지 침범, 불법으로 채석하고 있다.

더구나 충원 석산측은 군으로부터 허가받은 계획고(높이) 이하로 석물을 꺼내 부당 이득을 챙기고 있어 물의를 빚고 있다.

이에 대해 군 관계자는 "채석 허가에 따른 관계 법규 정비와 불법 채석에 대해선 강력한 사법 처리가 요구된다"고 말했다.

/여주=류진동기자 jdyu@kgib.co.kr

여주군 북내면 상교리 산91의1 일대 영일석산 채석장에서 불법으로 골재를 반출하고 있다. /여주=류진동기자 jdyu@kgib.co.kr

---

여주·능서역세권 개발 '제동'

道 "자본확보 방안 없어 유보 처리"

여주군이 추진중인 여주역세권 및 능서역세권 개발에 제동이 걸렸다.

22일 경기도에 따르면 경기도 도시계획위원회는 지난 18일 위원회를 열고 여주군이 제출한 여주역세권과 능서역세권의 도시개발사업 구역 지정 및 개발계획에 대해 심의한 결과 두 안건을 모두 유보처리했다.

도시계획위는 여주군이 제출한 두 계획에 대해 공통으로 사업이 지나치게 확대돼 있는 만큼 수도권 내 택지개발지구를 샘플링해 평균 분양률을 조사, 제출하도록 했다. 또 지구단위계획을 수립하고 추후에 역주변으로 도시개발사업을 부분 시행하는 방안을 검토하도록 했다.

이와 함께 도시계획위는 여주군의 가용재원 자료와 사업성에 대한 전문기관의 검증자료, 실질적 사업시행자와 재원조달계획이 부실하다며 구체화해야 한다고 지적했다.

도 관계자는 "두 사업 모두 규모가 큰 대형 사업임에도 민간 자본 유치와 같은 자금 확보에 대한 방안이 없는 것이 유보의 결정적인 이유가 됐다"고 말했다.

이에 대해 여주군 관계자는 "사업 초기 LH와 경기도시공사에 접촉해 사업 참여를 요구했으나 자체 자금난 등의 이유로 반려되면서 여주군 자체사업으로 추진하게 됐다"며 "현재 사업을 축소하는 방안을 검토하고 있다"고 말했다.

한편 여주역세권 개발사업은 여주군 여주읍 교리 127번지 일원 85만㎡을 개발하는 사업으로 사업비는 2천700억원이다. 또 능서역세권 개발사업은 여주군 능서면 신지리 692번지 일원 33만7천954㎡ 일대에서 추진되며 430억여원의 사업비가 예상된다.

정진욱기자 panic82@kyeonggi.com

2004년 5월 31일 월요일

경기일보

제4817호 대표전화 (031) 250-3333 구독·배달안내 250-3371

THE KYEONGGI ILBO

남한강변 국유지 불법 난무

여주군 당산리 하천부지 5만평 비닐하우스 수백동 무단설치·임대권 전매

郡당국, 군의원 친척 등에 임대후 수년째 방관…경찰 수사 착수

여주 남한강변 하천부지(국유지) 2만4천평을 임대받은 군의원 친척 등 지역민들이 비닐하우스 수백동을 불법으로 설치하고 주변 국유지 5만여평까지 무단 형질을 변경하는가 하면 임대료도 내지 않은 채 수억대 임대권을 전매한 사실이 드러나 경찰이 수사를 벌이고 있다.

더욱이 여주군은 이같은 사실을 수년째 방관해 오다 최근 전매자들끼리 점용권 및 지상권 문제를 놓고 폭력사태를 빚어 법정 다툼으로 비화되자 뒤늦게 실태 파악에 나서 특혜의혹이 일고 있다.

30일 군과 경찰 및 일부 하천 점용

무단 형질변경된 여주군 당산리 남한강변 비닐하우스단지/류진동기자 jdyu@kgib.co.kr

고 멋대로 임대하고 나머지 1만3천

천부지 4만3천평과 비닐하우스 지상권 등을 1억7천만원을 주고 권리를 이양받았다고 주장, 지난해 12월에는 김씨와 이씨가 다투다 폭력사태까지 빚어 법정싸움으로 번졌다.

이처럼 불법과 고소 고발이 이어진데도 불구하고 군은 점용허가기간이 끝난 지난 2000년부터 점용료 한 푼 안낸 윤씨 등에게 지난 2002년 2월 점용허가기간을 연장해 줬고 불법행위를 장기간 묵인, 그 배경에 의혹의 눈길이 쏠리고 있다.

군은 지난 2002년 허가연장 당시 윤씨로부터 비닐하우스를 설치할 경우 직권 허가취소와 본인이 직접 경작하고 전매나 임대 등 불법행위 금지 등을 담은 확약서를 받고도 불법행위에 아무런 조치를 내리지 않은 것으로 드러났다.

'여학생 수십명 성추행' 술렁이는 여주시

교사 2명 구속… 파문 확산되자 엉뚱한 학교까지 피해

여주의 한 고교 교사 2명이 여학생 수십명을 성추행해 물의(본보 7월24·27·28일자 7면)를 빚는 가운데 이들 교사들이 결국 구속되자 지역사회가 큰 충격에 휩싸였다.

수원지법 여주지원은 지난 28일 아동청소년의 성보호에 관한 법률 위반 등 혐의로 K교사(52), H교사(42)에 대한 영장실질심사에서 "증거인멸 및 도주 우려가 있다"며 구속영장을 발부했다. 앞서 경찰은 지난 24일 이들 교사에 대해 사전 구속영장을 신청했다.

교사들이 구속됐다는 소식이 전해진 이날 오후부터 주말 내내 여주지역사회는 깊은 충격에 술렁이는 모습이었다. 이번에 문제가 불거진 A고교는 70여 년 전통을 자랑하는, 명실공히 지역을 대표하는 학교다. 개교 이후 1만여 명의 졸업생을 배출하며, 여주지역 공직사회는 물론 전국에서 동문들의 활약상이 두드러지고 있다. 이에 학교 측은 교사들의 구속 소식에 이어 다른 교사 6명의 직무유기 및 폭언·성희롱 발언에 대한 경찰의 사실관계 확인 결과에 예의주시하고 있다.

파장이 확산되자 여주지역 다른 학교들도 피해를 호소하고 있다. 이들 학교 관계자는 여주시민은 물론, 외지인들이 마치 자신들의 학교에서 문제가 발생한 것처럼 치부해 곤혹스럽다는 입장이다. 지역 공직자들 역시 조용하고 평화롭던 도시에 망신살이 뻗쳤다며 깊은 한숨을 내쉬고 있다.

지역의 한 관공서 간부 공무원은 "최근 며칠 동안 지인들과 전화 통화를 하면서 '여주하면 성 관련 사건이 만연한 도시'인 것처럼 몰고 가 여간 곤혹스러운 것이 아니었다"면서 "하루 속히 사건이 마무리되길 바라는 마음 뿐"이라고 답답해했다.

이날 구속된 K교사는 체육 교사로 근무하면서 지난해 4월부터 최근까지 여학생 31명을 성추행하고, 남학생 3명을 폭행한 혐의를 받고 있다. 또 H교사는 2015년 3월부터 최근까지 3학년 담임교사로 재직하면서 학교 복도 등에서 여학생 55명의 엉덩이 등을 만진 혐의를 받고 있다.

한편 경기도교육청은 A고교에 대한 정식 감사에 착수했다고 30일 밝혔다.

도교육청 관계자는 "경찰 등의 협조를 구해 철저히 진상을 규명할 것"이라고 말했다. 류진동·권혁준기자

006년 7월 17일 월요일

경기일보

전화 031) 250-3333 제5470호 (2판)

가평 은혜마을 산사태 또 어떤 재난 닥칠지 〈4면〉

붕어 수만마리 안성서 떼죽음 〈5면〉

화성유수 조심태 김준혁의 화성이야기 〈9면〉

구멍뚫린 하늘… 퍼붓는 물폭탄…

남한강 범람위기 주민들 야간대피

여주시, SK하이닉스에 물 사용료 3억8천만원 징수 가능

수공이 행사했던 징수권 되찾아… 전국 지자체 최초

여주시가 전국 최초로 수자원공사가 징수해온 남한강 물(하천수)사용료 권리를 되찾아 연간 3억 8천여만 원을 돌려받을 수 있는 근거를 마련했다. 이항진 여주시장이 여주시의원 시절 수공이 징수한 남한강 물 값을 여주시에 돌려줘야 한다는 주장에 따라 여주시가 소송에 나서면서 최근 법원이 일부 이 시장의 손을 들어줬기 때문이다.

26일 여주시에 따르면 대전고법(박순영 부장판사)은 지난 21일 이항진 여주시장이 시의원 때 문제 제기한 SK하이닉스 하천수 사용료 징수와 관련해 여주시에게 징수권한이 있다는 판단을 내렸다. 이 같은 법원 판단으로 그동안 수공이 행사해 왔던 하천수 징수권한을 여주시가 전국 지자체 최초로 돌려받아 행사할 수 있게 됐다.

이 시장은 지난 2017년 시의원 당시, 충주댐 준공에 앞서 여주시가 '하이닉스'에 하천점용허가를 내준 물량 '2만 1천㎥(하루 기준)'에 대해 댐 건설법에 따라 여주시가 하천수 사용료를 받아야 한다고 주장했다. 이에 여주시는 같은 해 8월부터 수공을 상대로 하천수 부당이익금 반환 소송을 제기했다.

결국 2심 재판부는 시가 SK하이닉스로부터 징수한 하천수 부당이익금 5억 1천여만 원에 대한 반환청구건은 시의 손해 발생에 대한 책임을 물어 기각한 반면, 댐 준공이전인 1985년 4월 시가 SK하이닉스에 하천점용허가를 내준 하천수 사용물량 2만 1천㎥(하루 기준)에 대해서는 여주시에 사용료 징수권한이 있다고 판시했다. 시는 이런 내용의 2심 판결이 확정될 경우 매년 3억 8천만 원 이상의 물값을 '하이닉스'에 부과해 징수할 수 있어, 행·재정적으로 큰 도움이 될 것으로 기대하고 있다.

여주=류진동기자

SUPER SMART
Anycall GALAXY S

경기일보

olleh

88년 8월 8일 창간
kyeonggi.com
2012년 1월 27일 금요일
수원 (031) 250-3333 인천 (032) 439-2020

남한강 철새들 실종사건?
4대강 사업의 일환으로 준설공사를 벌인 여주 남한강 일대에서 철새들이 사라지고 있다. 지난 2009년 12월 준설공사 이전에 겨울철새들로 가득했던 남한강(사진 왼쪽), 26일 준설공사 후 철새들이 거의 사라진 여주 남한강 모습. 여주군청 제공

4대강 새물결… 철새는 떠났다

남한강변 주민들 "물고기 줄고 강변에 체육시설·공원 조성… 철새 쉼터 사라져"

대학등록금 뺨치는 사립유치원 교육비

원장이 자율적으로 책정

반전의 도약 2012년 1월 2일 월요일 27

'4대강 반대' 뚫고 여주의 미래로 흐른다

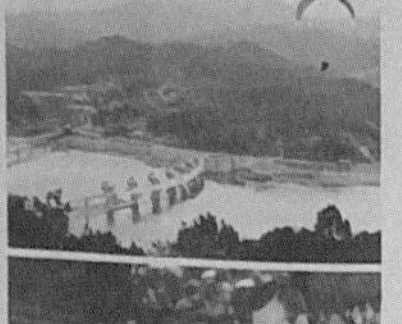

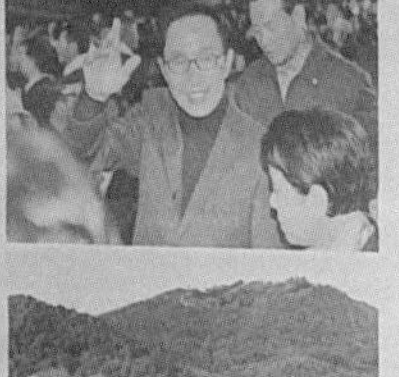

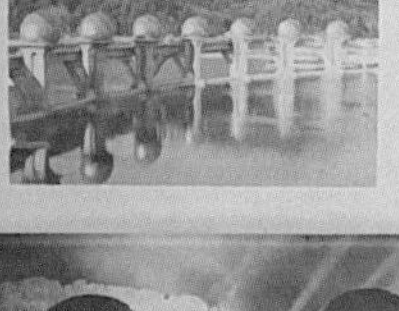

여주 이포보 '새물결'

2010년 7월22일 새벽 환경운동연합 활동가 3명이 4대강 이포보 건설현장을 점거했다. 이들은 '4대 강을 그대로 두라'라는 현수막을 내걸고 폭염속에서 4대강 사업 중단을 요구하며 점거농성을 벌이다 41일 만에 농성을 풀었다. 점거농성 기간에 사업을 찬성하는 지역주민과 반대하는 측의 마찰이 계속됐다.

그 후 1년 5개월. 이포보는 한강을 가로질러 곡선으로 펼쳐진 백로가 날개를 펴고 비상하는 모습을 형상화한 보 구조물은 여주의 3개 보 가운데 가장 '명품보'로 거듭났다.

■ 개방 후 8만명 방문

지난 10월22일 이포보가 개방된 뒤 하루 평균 1천여 명의 관광객이 이 곳을 찾고 있다. 주말에는 평균 5천명이 넘는 방문객들이 이포보를 찾는다.

4대강 사업은 그동안 일부 정당과 환경단체 등에서 부정적인 의견을 꾸준히 제기하면서 논란의 중심에 있었다. 그러나 준공 후 이런 문제점들이 대부분 해소되고 있다는 것이 이포보 관계자의 설명이다.

이포보를 찾는 방문객들은 단체 방문객과 개별 방문객 비율이 거의 균형을 이루고 있다. 이포보를 찾아오는 방문객들은 수도권을 비롯해 대구, 광주, 서천, 부산, 거제도, 군산, 대전 등 전국 각지에 고르게 분포돼 있다. 국민의 관심 대상에서 국민 관광지로 거듭난 셈이다. 이와 함께 학생들의 수학여행 코스로 새롭게 인식되면서 최근에는 거제도와 통영에 있는 중학교에서 600여 명의 학생들이 이포보로 수학여행을 왔다.

여기에 국내외 여행사들도 지역 관광명소와 이포보를 묶는 관광상품을 개발·운영하고 있어 관광객수는 계속 늘어날 전망이다.

하나투어 관계자 "지난 9월부터 관광상품을 개발해 운영하면서 최근까지 3천여 명의 관광객이 이포보를 다녀갔다"고 밝혔다.

■ 외국인 방문객 높은 관심

이포보가 4대강 사업의 중심으로 인식되면서 외국에서도 많은 관심을 보이고 있다. 이들 은 대부분 치수에 관심을 두고 이 곳을 찾는다. 지난달 22일에는 큰 물난리를 겪었던 태국의 전 총리인 탁신 총리가 현장을 다녀갔다. 탁신 총리는 "태국은 매년 홍수와 가뭄으로 큰 피해를 보고 있다"며 한국의 4대강 사업에 대한 벤치마킹 의사를 내비쳤다.

그는 "이포보는 매우 인상적이고, 홍수 예방 외에도 오락이나 치수, 수자원 개발 등이 접목돼 있다"며 "이런 통합 디자인을 2년만에 완성했다는 것이 매우 놀랍다"는 소감을 남겼다. 탁신 총리 방문 후 태국 정부는 4대강 책임자들을 태국에 초청해 사업기술 도입을 적극적으로 검토하고 있는 것으로 알려졌다.

관심을 갖는 국가는 태국만이 아니다. 지난달 20일에는 포레인볼레시(독일), 트리뷴(영국), 산케이신문(일본), 알 자지라(카타르) 등 10개국 11개 주요 외신들이 이포보를 취재했다. 이들은 한결같이 'impressive', 'excellent'라는 말과 함께 인상 깊은 표정으로 이포보 구석구석을 둘러봤다.

자우 리비아TV의 함드 아리쉬 기자는 "생각보다 규모가 커서 놀랐다"며 "리비아에도 수해가 자주 일어나 이런 시설을 도입할 필요가 있다"고 말했다.

아르헨티나 클라린지의 알리시오니 편집위원도 "보의 규모와 디자인이 매우 인상깊다"며 "이 시설을 2년 만에 지었다는게 믿기지 않는다"라고 놀라움을 표시했다.

이 밖에도 지난 7월 15개국 주한대사들이 이포보를 다녀간 것을 비롯해 미국과 파라과이, 일본, 홍콩, 싱가포르, 호주 등 10개국이 넘는 외국의 리더들이 이 곳을 다녀갔다.

■ 복합적 문화공간 자리매김

서울과 그리 멀지 않은 곳에 위치한 이포보는 강턱과 하중도, 저류지와 20미터 수퍼제방 등의 시설을 갖춘 덕에 수도권 2천500만 시민들의 문화, 레저, 여가공간으로 자리를 잡아가고 있다. 이포보 주변지역에는 수중광장과 문화광장, 자연형 어도, 물놀이 광장(수심 50~80cm), 전망대 등 친수시설이 조성됐다. 둔치는 연령과 계층별로 다양한 친수 및 레저활동이 가능하도록 했으며, 당남리섬에는 가족단위 여가공간과 피크닉장, 산책로, 야생초화원 등이 조성돼 관광객들에게 소중한 추억을 선사하고 있다.

심명필 4대강 살리기 본부장은 "이포보는 남한강 3개보 가운데 가장 아름다우며 규모도 크고 넓다"며 "수도권 시민들의 문화와 수상 스포츠 공간으로도 인기를 끌 것"이라고 말했다.

여주=류진동기자 jdryu@kyeonggi.com

> 여주 3개 보 중 'No.1 절경'
> 평균 1천명·주말 5천명 발길

> "수해 해결책 이포보가 정답"
> 해외 정상·외신 감탄사 연발

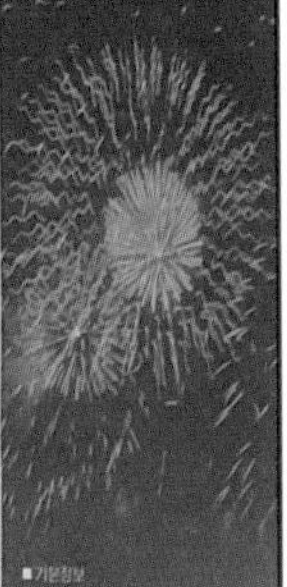

■ 기본정보

■ 디자인컨셉

■ 주변 볼거리

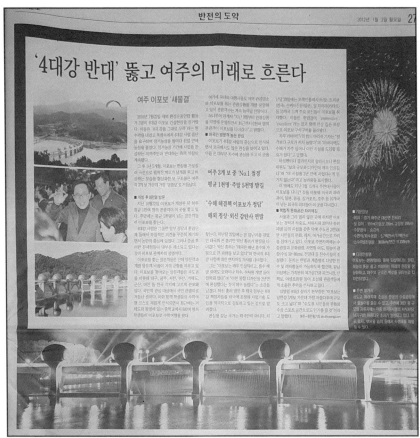

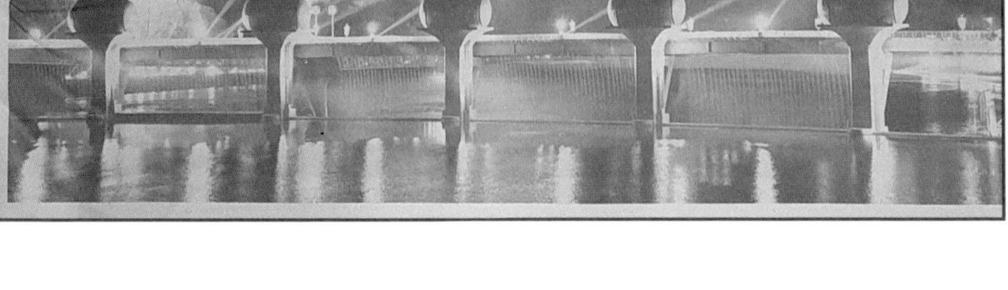

12 문화

경기일보

□ 북한도자특별전/세계도자기 프레엑스포 행사

호방함 넘치는 '북한도자기' 첫선

22일까지 여주·이천·광주서…남북도자 비교 '호기'

인민예술가 임사준·우치선씨 작품 등 100여점 전시

여주 이천 광주

무형문화재 한자리 어깨춤 '절로'

줄타기·풍물놀이 등 공연 '다채'

방자유기장·산성소주 전시행사도

□ 정조대왕 서거 200주년 기념 특별전/14~25일 예술의전당

정조 문화·예술 총체적 조명

한신대박물관, 화성행궁 현판 등 100여점 출품

■ 세계도자기엑스포 이천·여주·광주 상설전시관 개관

세계적 도자문화 명소 '새단장'

#. 도자기엑스포의 새출발

이천 '세계도자센터' 세계현대도자 300여점 총망라

여주 '세계생활도자관' 옹기전 등 생활도자 진수 만끽

광주 '조선관요박물관' 조선 백자 500년 역사 재조명

#. 상설전시관으로 탈바꿈

#. 상설도자쇼핑몰 운영

#. 도예체험 등 볼거리 보완

2003년 12월 9일 화요일

새벽정신

경기일보

발행·인쇄인·편집인 申昌基 편집국장 朴興錫 대표전화 (031) 250-3333

THE KYEONGGI ILBO

남한강 철새가 사라진다

원앙새·새홀리기·중백로·재두루미 1년새 자취 감춰

지난해 개체수 45종 3천마리서

각종 공사·오염… 절반도 안와

철새 도래지로 유명한 남한강이 각종 공사에 따른 환경 악화와 동력선 기름 유출로 인한 수질 오염, 충주댐 수위 조절 등의 영향으로 찾아 오는 철새들이 갈수록 줄고 있다.

8일 여주환경운동연합과 여주군 등에 따르면 최근 팔당상수원 상류인 남한강을 대상으로 철새 개체수를 조사한 결과 지난해까지 목격됐던 천연기념물 제327호인 원앙새와 환경부 보호종인 새홀리기 등은 올해 아예 자취를 감췄다.

또 덤불해오라기와 중백로 등도 겨울이 왔는지만 남한강을 찾아오지 않고 있으며 천연기념물인 재두루미도 올 겨울에는 찾아 볼 수 없는 실정이다.

흰뺨검둥오리와 청둥오리 등도 사정은 마찬가지로 지난해까지만 해도 45종 3천여마리가 관찰됐으나 최근 들어선 절반 이하인 1천~1천500여마리로 감소했다.

환경운동연합은 이처럼 철새수가 급감한데 대해 지난 2001년부터 시작된 여주우회도로 건설에 따른 교량 개설공사와 양섬 정비과정에서 발생된 환경 악화, 지난달부터 동력선을 이용한 어로작업으로 선박에서 유출되는 기름으로 인한 수질 오염, 남한강 상류에 위치한 충주댐의 수위 조절 때문으로 풀이하고 있다.

군 관계자는 "남한강에서 어로행위를 할 수 있도록 면허를 내줘 주민들이 동력선과 무동력선 등을 이용해 고기를 잡고 있어 이들 배에서 유출되는 기름 등도 남한강 수질을 오염시키고 있다"며 "각종 공사가 마무리되는 오는 2006년께 철새들이 다시 찾을 것"이라고 말했다.

서울시립대 환경공학과 이경재 교수는 "남한강에서 철새들이 줄고 있는 건 남한강에서 진행되고 있는 각종 개발공사와 인위적인 충주호의 수위 조절 때문"이라며 "철새 보호를 위해 안정적인 수위 공급과 어로행위 금지 등의 대책이 시급하다"고 지적했다.

/여주=류진동기자 jdyu@kgib.co.kr

8일 오후 3시께 여주군 여주읍 하리 남한강 일대(사진 위)에 지난해 이맘때쯤 각종 철새들이 군락을 이뤘으나 (사진 아래) 올해에는 환경오염 등으로 철새들이 자취를 감췄다. /여주=류진동기자 jdyu@kgib.co.kr

'여주 파사성' 축조시대 논란 예고

백제시대 화덕·토기편등 발굴… 포루도 확인돼 학계 관심 쏠려

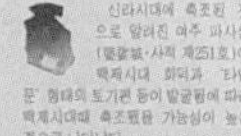

신라시대에 축조된 것으로 알려진 여주 파사성(婆娑城·사적 제251호)이 백제시대 화덕과 '타날문' 형태의 토기편 등이 발굴됨에 따라 백제시대때 축조됐을 가능성이 높은 것으로 나타났다.

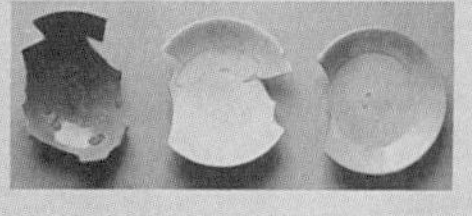

...까지 시대를 달리한 유물이 수백여점 발굴됐는가 하면, 보축(補築)을 통한 성(城)의 변천과정을 한눈에 파악할 수 있는 포루(砲樓)등이 확인돼 관련학계의 비상한 관심을 모으고 있다.

연구원은 이보다 앞서 지난 99년부터 지난해까지 진행한 1~2차 발굴조사에서 ... 유물이 다량 출토돼 이 시기에 대대적인 보축이 이뤄졌음을 확인한 가운데 2차 조사에서 확인된 건물과 축대의 최하층부에서 처음 축조한 주체세력이 백제임을 암시하는 유물이 발견됐다는 점에 주목하고 있다.

이번에 발굴된 백제 화덕과 토기는 2차조사에서 드러난 건물지와 축대가 있는 지구의 하부 유구층 조사를 통해 잔존길이 130×68㎝, 22㎝의 구들골과 관석 4매의 화덕과 토기를 저장해 놓았던 저장공에서 확인됐다.

기전문화재연구원 김성태 실장은 "지금까지 신라때 축조된 것으로 알려진 한강유역 주변에 축성된 이천 설성산성 등에 대한 발굴조사를 통해 성벽의 최하층부에서 ...

...년간 고구려와 신라의 침략을 막아내기 위한 '관방 유적'으로 파사성...

▲여주 파사성 ...

경기일보

1988년 8월 8일 창간
kyeonggi.com
2012년 10월 26일 금요일

olleh

여주 점동면 종중땅 3만4천여㎡
임야 파헤치고 토사 무단 반출

건설업체, 편법으로 개발허가 받아
郡, 규정 무시하고 허가… 훼손 방치

폭력 피해학생 두번 울린 '비정한 학교'

가해학생들 조사 제대로 안하고 보호조치 '뒷전'
피해학생, 우울증에 자살시도… "무섭다" 전학

오늘의 뉴스

아름다운 도전 Challenge & Life

■ 여주 시각장애인協 김 진 신 회장

제4772호
2004년 4월 6일 화요일

人生을 사랑하는 법 가르치는… '희망 전도사'

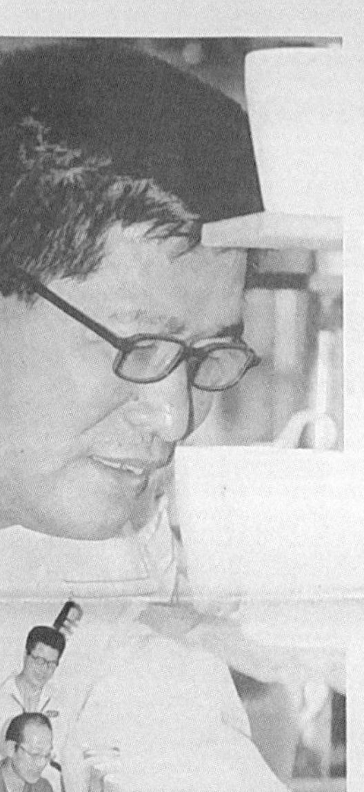

"선생님에 비하면 너무나 작은 시련임에도 불구하고 제 영혼을 악마에게 팔아 세상의 악이 되려 했던 어리석은 사람입니다. 선생님의 기쁨찬 삶의 모습을 보면서 제 인생을 한번 돌아보게 됐습니다…."

교통사고후 실명…소방관 꿈 접어
매월 여주교도소 '삶과 사랑' 강의
재소자들 삶과 재활의지 북돋워…
도예·컴퓨터 교육 등 제2의 도전

장애인으로 당당하게 사는법…장애인에 '용기선물'

경기일보

olleh

수원 (031) 250-3333 인천 (032) 439-2020

1988년 8월 8일 창간 kyeonggi.com 2012년 8월 13일 월요일

남한강 밤하늘… 별·바람과 그리고 음악

한여름밤의 '낭만 폭풍'

여주 이포보 뮤직&캠핑 페스티벌

무더위 날리는 강바람…
캠핑족 1만여명 '행복 충전'

8월 11~12일 양평 전통시장, 여주 이포보 캠핑장 및 당남리섬 일대에서 펼쳐진 'Moon River 2012 여주 이포보 뮤직&캠핑 페스티벌'이 1박2일간의 숨가쁜 일정을 마치고 성황리에 막을 내렸다.

무더운 날씨에도 불구하고 출연진들은 열정적인 무대매너를 선보였으며 이포보 캠핑장을 가득 채운 1만2천여명의 관객들은 출연진의 음악에 빠져들며 남한강 여름 밤하늘의 아름다움을 만끽했다.

★관련기사 및 화보 16·17면

페스티벌의 개막을 알리는 11일 오후 3시부터는 탄탄한 마니아층을 갖춘 국내 인디밴드인 내비다 51, 메이씨, 시소새, 밴드러밍, A-Tempo, 더 크랙, 플리나, BOB4 밴드, 우주히피, 치바사운드 등이 독특한 음악으로 모닥불 열며 축제의 분위기를 한껏 띄웠다.

이어 디 솔리스트, 미지, 더그레인, 하나린, 유주헌 등 퓨전 가수와 대니정, 웅산, 전지오픽, 조은성 등 재즈가수들이 대표곡 메들리로 관객들을 열광의 도가니로 이끌었다.

공연의 압권은 다시 듣고 싶은 7080 콘서트였다. 밤 9시 시작된 공연에는 최백호, 김세환 등이 출연해 '그 시절 추억의 노래'를 선사하며 여름밤의 흥취를 돋웠다. 관객들은 자정을 훌쩍 넘겨서까지 계속된 공연을 보며 함께 노래하고 박수치며 통기타의 선율에 흠뻑 빠져들었다.

이와 함께 11일 정오부터 양평전통시장에서는 '양평전통시장가요제'가 열려 예선을 통과한 주민 14명이 노래실력을 뽐냈으며 안성녀, 박지숙, 차태순 등 트로트 가수들이 출연, 흥겨운 무대로 전통시장 상인을 응원했다.

주최측은 뮤직페스티벌 외에도 관객들을 위해 카약, 바나나보트, 행글라이더 등 레저체험장, 세계먹거리촌, 노천영화관 등 다양한 부대 시설을 마련해 색다른 즐거움을 선사했다.

여주군과 양평군, 경기일보가 공동주최한 이번 행사는 여주·양평군의 문화적 가치를 높이고, 라이브 공연과 캠핑, 레저 등 다채로운 문화 요소를 도입한 차별화된 신개념 복합 캠핑페스티벌로서의 충분한 가능성을 보여줬다는 평을 얻었다. 김한슬기자

'폭염 탈출' 추억속으로 여주군과 경기일보 주최로 11일부터 이틀간 여주 이포보 캠핑장 및 당남리섬 일대에서 열린 이포보 뮤직&캠핑 페스티벌에서 1만2천여명의 참가자들이 다양한 장르의 공연을 관람하며 한여름밤의 추억을 만들고 있다.

도내 저소득층 자녀 절반이상 방학중 굶는다

여주군
YEOJU-GUN

여주군이 2013년을 '변화'의 해로 정하고 현재 추진 중인 '도·농 복합 여주시 승격'에 모든 행정력을 집중할 계획이다. 특히, 내년 시 승격이 예측되는 만큼 여주군은 시 승격을 염두에 두고 내년 역점사업들을 추진할 예정이다. 그동안 김춘석 군수 등은 여주시 승격을 위해 지난 5월30일 '시 승격 특별추진위'를 출범시키며 시 승격에 대한 강한 의지를 드러냈지 못한 주민 반대 여론에 부딪혀 난항을 겪기도 했지만 여주군의 시 승격 행보는 무난할 것으로 전망된다. 을 앞둔 여주군의 내년도 주요 사업계획을 점검해 본다.

2013년 '변화의 해' 제2도약의 발판을 마련하다

도·농복합 '여주시' 승격 꿈이 아닌 현실로…

일자리·교육·복지분야 우선

■ 예산 줄었지만 사업 선택과 집중

김춘석 군수는 지난 3일 여주군의회 제187회 2차 정례회에 출석, 시정연설을 통해 2013년 군정 추진 방향을 제시했다.

김 군수는 "변화 없이는 발전도 없다"며 "여주군이 시(市)로 승격된 후 세월이 지나면 우리 자녀와 후손들은 지금보다 좋은 환경에서 공부하고 자신을 키워준 고장에 대해 긍지와 자부심을 느낄 것"이라고 강조했다.

이어 그는 "시 승격과 관련 일부의 우려에 대해 '위기는 또 다른 기회'로 '시 승격'에 따라 농어촌 특례입학 혜택이 사라지는 것은 일부의 의견처럼 위기일 수 있지만 시 승격으로 증가하는 재정 지원 등으로 튼튼한 교육 인프라를 구축하면 여주 교육의 체질은 근본적으로 개선될 것"이라며 "시 승격은 자라나는 아이들에게 다시 없는 기회가 될 것이다"고 말했다.

이와 함께 내년도 군이 집중할 사업 방향은 일자리 확충 사업과 보육, 교육 등 서민·중산층과 장애인, 노인 등 취약계층에 대한 복지사업 예산을 크게 확대한다는 것이다.

경기침체로 내년도 예산 규모를 올해보다 272억2천600만원 감소된 3천971억2천500만원으로 줄였지만 취약계층 복지사업 예산은 오히려 올해보다 크게 늘렸다.

5대 핵심사업…균형·발전 이끈다

여주군이 시 승격을 위해 내년도 핵심사업으로 추진하는 것을 크게 5가지로 나눌 수 있다.

■ 교육환경 개선 '마스터 플랜' 마련

우선 군이 가장 공을 들이는 역점사업은 바로 지역 교육환경 개선과 인프라 구축이다.

여주군은 지난 9월부터 '여주 교육발전 중장기 연구용역'을 추진, 연구용역 결과를 바탕으로 지난 10월 설문조사 결과와 학부모 의견 수렴회에서 나온 의견을 반영해 우수교사 확보, 진학 전문가 배치 지원, 방과 후 맞춤형 학습, 주말 학력 신장, 학교급식 지원 확충 등 지역 교육 경쟁력을 높이기 위한 구체적인 마스터플랜을 마련할 계획이다.

이와 함께 '대학진학지원센터 설립' 등 자치단체 차원에서 학생들이 원하는 대학에 갈 수 있도록 도울 수 있는 방안에 대해서도 지속적으로 검토할 방침이다.

■ 도시 경쟁력 강화 '중장기 계획' 추진

도시 경쟁력을 강화하기 위해서는 지역 내 소득창출도 중요하지만 교통의 접근성 및 편리성이 충족되어야 한다. 때문에 군은 도시 경쟁력 강화를 위한 중장기 계획을 수립하고 있다.

군의 도시 경쟁력 강화를 위한 기본 여건은 매우 좋은 편이다. 현재, 4대강 정비사업의 성공적인 완수로 이포보·여주보·강천보 등 3개 보와 수변생태공원, 자전거도로 등 우수한 명소 조성과 성남~여주간 복선전철 사업, 제2영동고속도로 착공, 남여주 IC완공, 평창 올림픽 개최에 따른 직·간접적인 경제 상승효과로 '제2의 도약기'를 맞고 있기 때문이다.

이에 여주군은 '도·농 복합 여주시 승격'에 맞는 도시 개발 청사진을 준비해 복선전철 여주·능서 역세권 개발 사업에 만전을 기하기로 했으며 복선전철과 연계된 교통 인프라 조성을 위해 '종합터미널 이전'도 검토하고 있다.

또한, 정부의 수도권정비계획법 시행령 개정으로 여주와 같은 자연보전권역에도 수도권 소재 4년제 대학교 이전이 가능해짐에 따라 대학 유치도 총력을 기울이겠다는 전략을 가지고 있다. 이와 함께 여주지역 경제에 성장 동력이 될 제2영동고속도로 '동여주 IC 설치'를 추진하고 북내면 외룡리 300번지 일대에 950㎿급 'LNG 천연가스 민간 발전소(SK E&S)'를 유치할 계획이다.

■ 수도권 최고 '문화·관광 도
도시 경쟁력 강화를 위
와 교통도 중요 하지만 외
이 있어야 지역 경제가 커
특히, 여주는 유서 깊은
및 주변 수변 공간을 활용
소와 최신 유행의 쇼핑단지
적의 조건을 갖추고 있다.
최대한 활용하기 위해 여주
정비사업을 추진하고 역사
을 계속해서 발굴·정비할 예
또, 2012년 언론기사로
찬 지원에 여주 향시 번역
열전 발간 등을 지원해 여주
고 자랑스러운 역사를 널리
유지한다는 목표를 세우고
아울러 여주박물관 건립
하고 이포보·여주보·강천보
과 연계한 여강뱃길 주변 정
사업 역시 지속적으로 추진
이 밖에 세종대왕릉 인근
설치 과사상에 대한 제5차
화축제·지역행사 등을 철저
을 점검해 내실있게 통합 추
프리미엄아울렛이 2014년까
모로 확장됨에 따라 이용객
단 위락시설 조성사업'도 적극

■ 전략적 농정 통해 '쌀의 고
전략적 농정 업무 추진으
던 쌀의 고장이라는 명성을
복합도시의 롤모델로 만드는
이를 위해 여주군은 농업의
략적 농정을 추진하며 지난
을 조성해 '신(新)여주자채쌀'
에서 최고가로 판매되고 있다
주자채쌀이 '고품질·고가미'로
책해 내년에도 왕실진상답을
신여주자채쌀 생산·판매를
복원과 여주쌀의 차별화로 전
는 명성을 유지하고 '대왕님표
별 음식점' 지정 사업 확대와
할 수 있는 체계를 구축해 농가
키기 위한 토대를 마련하는 방

■ 시 승격 발맞춰 '복지도시' 실
우선 '여주군 공설묘지재개
연장, 불안묘 군립유공자 묘역
정이며 지역 내 국가 유공자들
지원을 강화하기 위해 지역 내
비를 인근 시에 준해 상향 지원
또 다문화가정, 장애인, 경제
사회적 약자에 대한 지원을 강
습센터를 중심으로 여성회관
영하고 출산장려금 지원의 지
한 보육 서비스 프로그램을 개
회활동을 적극 돕는다.
이와 함께 현재 97억원이 조
성장학기금 지원대상을 연차적
승격' 이후 농어촌자녀 학자금
제외되는 100여명의 학생들에
선적으로 지원하는 방안 등도
있다. 여주=류진동기자

SUPER SMART Anycall GALAXY S

경기일보

olleh

1988년 8월 8일 창간

kyeonggi.com

2012년 10월 26일 금요일

여주 점동면 종중땅 3만4천여㎡

임야 파헤치고 토사 무단 반출

건설업체, 편법으로 개발허가 받아

郡, 규정 무시하고 허가… 훼손 방치

폭력 피해학생 두번 울린 '비정한 학교'

가해학생들 조사 제대로 안하고 보호조치 '뒷전'

피해학생, 우울증에 자살시도… "무섭다" 전학

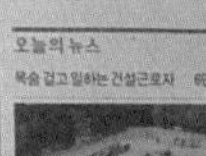

오늘의 뉴스

내일의 희망은 건강입니다

www.kgib.co.kr

특집·화보

2001년 11월 7일 수요일 제4036호

도자엑스포 뜨거운 열기 '다시 한번'

세계도자기엑스포 2001 경기도

'전국사진공모전' 입상작 발표

입상작 91점 오는 15일부터 경기문화재단서 전시

서 찍은 사진으로 도자기를 빚고 있는 외국인을 아이들이 호기심 어린 눈으로 바라보는 정겨운 모습으로 도자기를 통한 세계의 화합이 잘 나타났다는 평을 들었다.

91점의 입상작은 오는 15일부터 20일까지 경기문화재단 전시실에서 전시된다.

/이연섭기자

■입상자 명단■

金賞

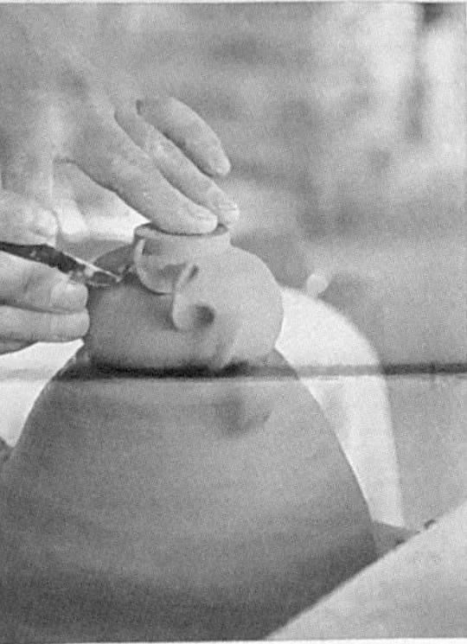

銀賞

銀賞

경기일보

1988년 8월 8일 창간 제7249호 안내 (032)439-2020 kyeonggi.com 수원 -2~3℃ 의정부 -3~3℃ 음력 12월 12일 2013년 1월 23일 수요일

道물가정보시스템, 소비자 혼란 부채질

수급 상황·품질 등 무시한 채 일률적 표본조사로 가격 표시
같은 품목 최대 10배差 제각각 공시가와 다른 값에 판매도

1월 둘째주 전통시장 생필품 가격 비교

품목	규격	수원 권선시장	수원 구매탄시장	안양 중앙시장	용인 중앙시장
갈치	수입산, 생물(60㎝)	8천원	2만원	7천원	1만4천667원
쇠고기	한우불고기(1등급)	1만5천원	1만6천600원	7만3천원	3만7천667원
양파	작은망(까지 않은 것 1.5㎏)	1천500원	3천원	2천원	3천667원
설탕	백설(백설탕, 400g)	800원	2천원	1천430원	2천원
돼지고기	생삼겹살	1만5천원	7천600원	8천400원	9천원
사과	부사, 300g	1천700원	1천500원	2천원	2천500원

지역 주민에게 인근 시장에서 판매되는 물건 가격을 공개, 실질적인 가격인하 효과를 가져오기 위해 문을 연 경기도물가정보시스템이 오히려 소비자들의 혼란을 부추기고 있는 것으로 드러났다.

농·축·수산물의 경우 수급상황과 제품의 품질, 상인들의 소비자 판매가격 등에 따라 제각각인데 이 같은 가격 결정 요소는 모두 배제한 채 무게, 길이 등 일률적인 기준으로 상품의 가격을 비교하고 있어 실제 시장 가격을 제대로 반영하지 못하고 있다는 지적이다.

도물가정보시스템이 발표한 1월 둘째주 가격을 비교해 본 결과 갈치(수입산, 생물 60㎝)의 경우 안양 중앙시장은 2천원, 부천 강남시장 4천원, 수원 조원시장 1만원, 수원 구매탄 시장 2만원 등 가격이 제각각이며 최저가와 최고가는 무려 10배까지 차이가 났다.

양파(까지 않은 것 1.5㎏)는 구리 전통시장과 안양 박달시장이 1천500원인데 비해 수원 구매탄 시장에서는 3천원을 나타냈고, 가격 폭등으로 정부에서 물량 공급을 추진하고 있는 배추는 수원 권선시장과 안양 박달시장에서는 2천500원, 안양 중앙시장에서는 5천원에 판매된다고 명시돼 있다.

같은 지자체에서도 시장에 따라 2~3배까지 가격 차이가 발생했다. 고등어(자반고등어 30㎝)의 경우 부천 강남시장에서의 평균 가격은 1천500원, 원종고강제일시장에서는 5천원으로 3.3배 가량 차이가 났고, 안양 호계시장은 2천800원, 박달시장은 7천원의 판매가가 반영됐다.

22일 실제 전통시장을 돌아본 결과 공시된 가격과 다른 가격에 판매되는 경우가 대부분이었다.

판매 가격 공시에 표시돼 있는 갈치(수입산 생물 30㎝)의 경우 물량이 없다는 이유로 진열조차 돼 있지 않았으며 사과(부사 300g)의 경우 같은 무게일지라도 제수용과 원산지, 신선도에 따라 동일한 시장안에서도 가격이 1천~3천원씩 차이가 났다.

이로 인해 물가관리사이트를 이용해 정확한 가격을 비교해 한푼이라도 절약하려는 소비자들은 오히려 혼란을 겪을 수밖에 없다.

주부 황모씨(53·여)는 "조금이라도 싸게 장을 보려고 사이트를 이용했는데 똑같이 표기된 상품가격이 천차만별인데다, 상대적으로 싸게 표기돼 있는 시장에 가서 구입하려 하니 제품별, 가게별로 가격이 달라서 오히려 구입하는 데 어려움을 겪었다"고 비판했다.

수원 구매탄시장에서 과일가게를 운영하는 A씨(58)는 "시장가격을 조사하러 모니터 요원들이 자주 오지만, 사실상 농축수산물은 경매가와 상품의 맛, 원산지 등에 따라 다를 수밖에 없어 표본 조사로 전체 시장의 가격을 나타내는 것은 의미가 없다"며 "우리 가게에서도 같은 품목, 중량이라도 다 가격 차가 난다"고 말했다.

이에 대해 경기도 경제정책과 관계자는 "가격을 모니터링할 때 표본 추출로 제대로 시장가격이 반영되지 않을 수 있고, 수급상황과 제품 등에 따라 가격이 다른 것은 어쩔 수 없다"며 "물가 데이터를 명확히 보고 재점검하겠다"고 말했다.

황지연기자

수십억 열수송배송공사 인천공항에너지 '멋대로'

정부 승인없이 추진… 관계자 "하늘高 개교 맞추기 위해"

인천국제공항공사 자회사인 인천공항에너지(주)가 정부의 승인도 받지 않고 수십억원의 열수송배송공사를 편법으로 추진 한 사실이 뒤늦게 드러났다.

22일 공항공사 등에 따르면 인천공항에너지는 총사업비 68억5천만원을 투입해 지난 2011년 10월 영종하늘도시 내에 설립한 인천하늘고까지 연장 5.273㎞의 열수송배관공사를 진행했다.

그러나 인천공항에너지는 정부의 승인도 없이 공사를 추진한 것으로 밝혀졌다.

현행법상 인천공항에너지는 민간투자사업으로 설립되어 공항공사로 인수된 자회사이기 때문에, 이 공사를 위해선 지식경제부와 국토해양부 산하 서울지방항공청으로부터 승인을 받아야 한다.

인천공항에너지는 영종하늘도시 개발 지연으로 열수송배관공사 전체에 대해 재검토를 하던 도중, 인천하늘고 개교 시점(2011년 3월)에 맞추려고 이처럼 정부 승인 절차 없이 무리하게 추진한 것으로 확인됐다.

앞서 서울항공청은 인천공항에너지가 열수송배송공사 승인을 신청하자 '영종하늘도시 개발지연 등 변화된 상황이 제대로 반영되어 있지 않다'는 이유로 재검토를 지시했었다.

특히 인천공항에너지는 서울항공청으로부터 사업 재검토 지시를 받자, 인천하늘고와 짜고 편법으로 열수송배관공사를 진행한 사실도 드러났다.

인천공항에너지는 공사를 시행할 자격도 없는 재단 측에 이 사업을 위탁했고, 재단 측이 '시공관리능력이 부족하다'며 이를 반대하자 아예 학교 신축공사에 열수송배관공사를 끼워 넣었다.

이와 관련 인천공항에너지측 관계자는 "당시 정부의 승인 절차를 거치면 인천하늘고 개교에 맞춰 열을 공급할 수 없었기 때문에, 수차례 비공식 회의를 갖고 이처럼 처리했다"며 "앞으론 공항공사와 협의를 통해 사업을 추진토록 하겠다"고 말했다.

한편, 인천공항에너지는 지난 2009년 말 부채 1천613억원으로 자본금 528억원이 잠식되는 등 부실화되자 공항공사에 인수됐다.

이민우기자

폐 쓰레기대란 남일 아니다 6면
'돼지꼬리 허터' 돼지 주의보 7면
이해재 경기도민회장 신년인터뷰 13면

정부가 택시를 대중교통 수단으로 인정하는 대중교통 육성 및 이용촉진법 개정안을 거부하기로 밝힌 22일 수원역 앞 택시 승강장에서 택시기사들이 삼삼오오 모여 대화를 나누고 있다. 추상철기자

정부 '택시법' 거부

재의요구안 의결… 朴당선인 "처우개선 약속 지킬 것"

정부가 22일 택시를 대중교통 수단으로 인정하는 '대중교통 육성 및 이용촉진법' 개정안(일명 택시법)을 거부했다.

정부는 이날 세종로 정부 서울청사에서 김황식 국무총리 주재로 국무회의를 열어 '택시법 공포안'과 '재의요구안'을 심의한 뒤 재의요구안을 의결했다.

임종룡 국무총리실장은 이날 오전 브리핑을 열고 "대중교통이란 대량수송이 가능한 교통수단이 일정한 노선과 시간표를 가지고 운행하는 것"이라며 "택시는 개별교통수단으로 이 범주에 포함될 수 없다"라고 밝혔다.

이날 국무회의에서 김 총리는 "대중교통법안에 대해 국무위원들 간에 심도 있게 논의한 결과 재의요구가 불가피하다는 것이 일치된 의견"이라며 "국회와 택시업계, 국민은 고심 끝에 내린 정부의 이번 결정을 국익을 먼저 생각하는 결단으로 이해해 달라"라고 당부했다.

이명박 대통령은 이날 국무회의에서 의결된 재의요구안을 재가했다. 이에 따라 개정안은 다시 국회로 넘어가 재표결에 부쳐진다. 재적의원 과반수의 출석에, 출석의원 3분의 2 이상 찬성하면 개정안은 통과된다.

이와 관련, 여야는 강한 유감을 나타내면서도 택시법 국회 재의결 추진을 놓고 온도차이를 보였다.

새누리당은 대통령이 거부권을 행사한 데 대해서는 부정적인 입장이지만, 일단 택시업계에 대한 정부의 설득작업을 지켜본 뒤 처리 방안을 확정한다는 입장이다.

이한구 원내대표는 이날 기자들과 만나 "민주당의 의지가 강하면 택시법을 재의결할 수밖에 없다"라면서도 "정부가 대체법안을 국회에 제출하면 검토해서 재의결 여부를 결정할 것"이라고 밝혔다.

반면 민주통합당 박기춘 원내대표는 "이 사안은 이명박 대통령도 5년 전에 실정을 파악하고 공약한 것이고, 박근혜 대통령 당선인도 후보자 시절 여러번 구두 공약을 했다"며 재의결 추진 방침을 밝혔다.

한편, 박근혜 대통령 당선인은 이날 '택시법'에 대한 이명박 대통령의 거부권 행사와 관련해 자신이 대선기간 택시업계에 대해 한 약속은 반드시 지키겠다는 뜻을 가진 것으로 알려졌다.

당선인의 한 측근은 "이 대통령의 택시법 거부권 행사와 관련, 비서실 내에서 이야기를 나눠본 결과 현 정부에 대해 어떻게 하라는 것은 당선인이 할 수 있는 말이 아닌 것으로 결론이 났다"면서 "또 법과 관련된 문제는 국회에서 여야 간에 이야기할 문제"라고 말했다.

이 측근은 "다만, 공약에는 들어가 있지 않지만, 선거 기간 구두로 한 택시업계 지원 및 업무환경 개선 약속들은 (당선인이) 지켜나간다는 입장이 확실하다"고 덧붙였다.

박 당선인 측은 또 새 정부 출범 전까지 택시법을 놓고 제기된 문제에 대해 철저한 보완 대책이 마련돼야 한다는 목소리도 나온 것으로 알려졌다.

김해인기자

관련기사 7면

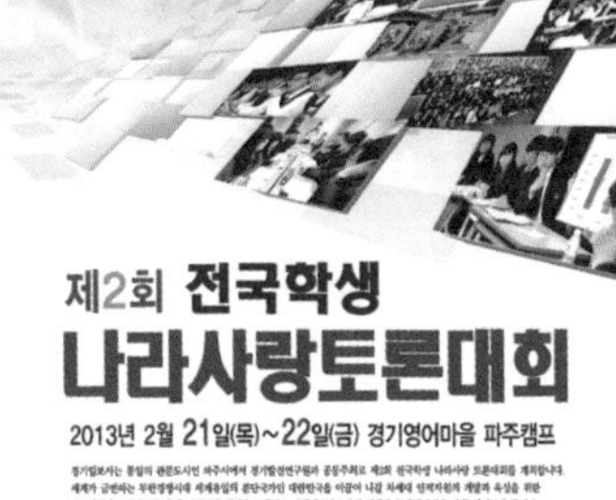

여주·능서역세권 개발 '제동'

道 "자본확보 방안 없어 유보 처리"

여주군이 추진중인 여주역세권 및 능서역세권 개발에 제동이 걸렸다.

22일 경기도에 따르면 경기도 도시계획위원회는 지난 18일 위원회를 열고 여주군이 제출한 여주역세권과 능서역세권의 도시개발사업 구역지정 및 개발계획에 대해 심의한 결과 두 안건을 모두 유보 처리했다.

도시계획위는 여주군이 제출한 두 계획에 대해 공통으로 사업이 지나치게 확대돼 있는 만큼 수도권 내 택지개발지구를 벤치마킹해 평균 분양률을 조사, 제출하도록 했다. 또 지구단위계획을 수립하고 추후에 역 주변으로 도시개발사업을 부분 시행하는 방안을 검토하도록 했다.

이와 함께 도시계획위는 여주군의 가용재원 자료와 사업성에 대한 전문기관의 검증자료, 실질적 사업시행자와 재원조달계획이 부실하다며 구체화해야 한다고 지적했다.

도 관계자는 "두 사업 모두 규모가 큰 대형 사업임에도 민간 자본 유치와 같은 자금 확보에 대한 방안이 없는 것이 유보의 결정적인 이유가 됐다"고 말했다.

이에 대해 여주군 관계자는 "사업 초기 LH와 경기도시공사에 적극해 사업 참여를 요구했으나 자체 자금난 등의 이유로 반려되면서 여주군 자체사업으로 추진하게 됐다"며 "현재 사업을 축소하는 방안을 검토하고 있다"고 말했다.

한편 여주역세권 개발사업은 여주군 여주읍 교리 127번지 일원 85만㎡을 개발하는 사업으로 사업비는 2천700억원이다. 또 능서역세권 개발사업은 여주군 능서면 신지리 692번지 일원 33만7천954㎡ 일대에서 추진되며 430억여원의 사업비가 예상된다.

황진욱기자

SUPER SMART Anycall GALAXY S

경기일보

olleh

수원 5~15℃ 의정부 3~17℃ ▸날씨 9면

수원 (031) 250-3333 인천 (032) 439-2020

1988년 8월 8일 창간 제7047호 kyeonggi.com 2012년 4월 12일 목요일

"99%가 행복한 바른정치… 초심 잃지 마세요"

4·11 총선 경기도의 선택

(11일 밤 11시20분 현재)

(범례) 새=새누리당, 민=민주통합당, 통합=통합진보당, 자유=자유선진당, 무=무소속

- 수원갑(장안) 이찬열(민·52) 국회의원
- 수원을(권선) 신장용(민·45) 정당인
- 수원병(팔달) 남경필(새·47) 국회의원
- 수원정(영통) 김진표(민·64) 국회의원
- 성남 수정 김태년(민·47) 정당인
- 성남 중원 김미희(통합·45) 정당인
- 성남 분당갑 이종훈(새·51) 대학교수
- 성남 분당을 전하진(새·53) 기업인
- 의정부갑 경합 문희상(민·67) 김상도(새·54)
- 의정부을 홍문종(새·57) 교육자
- 안양 만안 이종걸(민·54) 국회의원
- 안양 동안갑 이석현(민·61) 국회의원
- 안양 동안을 심재철(새·54) 국회의원
- 부천 원미갑 김경협(민·49) 한국고용복지센터 상임이사
- 부천 원미을 설훈(민·58) 정당인
- 부천 소사 김상희(민·57) 국회의원
- 부천 오정 원혜영(민·60) 국회의원
- 광명갑 백재현(민·60) 국회의원
- 광명을 이언주(민·39) 변호사
- 평택갑 원유철(새·49) 국회의원
- 평택을 이재영(새·55) 준종합건설(주) 회장
- 양주·동두천 정성호(민·49) 변호사
- 안산 상록갑 전해철(민·49) 법무법인 해마루 대표변호사
- 안산 상록을 김영환(민·56) 국회의원
- 안산 단원갑 김명연(새·48) 정당인
- 안산 단원을 부좌현(민·55) 정당인
- 고양 덕양갑 경합 손범규(새·45) 심상정(통합·53)
- 고양 덕양을 경합 김태원(새·61) 송두영(민·47)
- 고양 일산동 유은혜(민·49) 정당인
- 고양 일산서 김현미(민·49) 정당인
- 의왕·과천 송호창(민·45) 변호사
- 구리 윤호중(민·49) 정당인
- 남양주갑 최재성(민·46) 국회의원
- 남양주을 박기춘(민·55) 국회의원
- 오산 안민석(민·45) 국회의원
- 화성갑 경합 오일용(민·44) 고희선(새·62)
- 화성을 이원욱(민·49) 정당인
- 시흥갑 경합 백원우(민·45) 함진규(새·52)
- 시흥을 조정식(민·48) 국회의원
- 군포 이학영(민·59) 정당인
- 하남 이현재(새·62) 정당인
- 파주갑 윤후덕(민·55) 정당인
- 파주을 황진하(새·65) 국회의원
- 이천 유승우(새·63) 대학교수
- 용인갑 이우현(새·55) 정당인
- 용인병 한선교(새·52) 국회의원
- 용인을 김민기(민·45) 정당인
- 안성 김학용(새·50) 국회의원
- 김포 유정복(새·54) 국회의원
- 광주 소병훈(민·57) 도서출판 산하대표
- 포천·연천 김영우(새·45) 국회의원
- 여주·양평·가평 정병국(새·54) 국회의원

'변화' 택한 경기도서… 새누리 완패

'190억 횡령' 강동대 설립자 구속

학교 3곳서 수년간 교비 빼돌려… 토지·건물 구입 등 혐의

강동대학교(구 극동정보대학)와 과천외고 등 4개 학교 설립자인 류택희씨가 수백억원의 교비를 개인 쌈짓돈으로 사용해 온 것으로 드러나 충격을 주고 있다.

청주지검 충주지청은 190억원대의 학교 공금을 빼돌린 혐의(특가법상 횡령 등)로 극동학원 설립자 류택희씨(76)를 구속했다고 16일 밝혔다. ★관련기사 6면

또 검찰은 류씨의 지시를 받고 공금을 빼돌리는 데 가담한 대학교 직원 2명도 구속했다.

검찰에 따르면 류씨는 지난 2008년부터 2010년까지 극동대와 강동대, 과천외고 등 학교 3곳에서 교비 146억원을 빼돌려 토지와 건물 구입 등 개인 용도로 사용한 혐의다.

또 류씨는 특별수당 명목으로 대학 교비를 빼돌려 학교에 49억원 상당의 손해를 끼친 혐의도 받고 있다.

류씨는 현재 혐의를 부인하고 있는 것으로 알려졌다.

횡령 혐의로 구속된 류택희씨가 설립한 극동학원 소유의 강동대학교 모습.

검찰은 지난달 25일 류씨의 자택과 대학본부 등 6~7곳을 압수수색해 관련 자료를 확보한 뒤 류씨와 학교 관계자들을 소환해 강도 높은 조사를 진행해 왔다.

검찰 관계자는 "다수의 학교 관계자들이 그의 횡령 행위에 적극 개입했고 심지어 알아서 돈을 만들어 준 사례도 확인되고 있다"며 "횡령한 재산이나 범행 가담자가 더 있을 것으로 보고 수사를 확대하고 있다"고 말했다.

극동학원 등 학교법인 3곳을 설립한 유씨 일가는 부인이 극동대 이사장을, 아들과 딸은 극동대 총장과 강동대 총장을 각각 맡는 등 4개 학교를 사실상 운영하고 있다.

이천=김동수·류진동기자 dskim@kyeonggi.com

느낌여행

2003년 10월 24일 금요일 제4637호 9

'名品의 고장' 가보셨나요?

도 최동남부에 위치한, 명품의 고장 여주에서는 지금 세종대왕릉과 명성황후 생가와 신비로 지기와의 만남을 볼 수 있다. 일찍이 여주쌀, 밤고구마, 도자기 등 고유 특산물과 잘 알려진 시대의 유명 사찰인 신륵사 외에도 영릉, 명성황후생가 등 많은 주요 문화재가 관광객들로 을 방문 전에 이미 풍성한 마음을 느끼게 한다. 수확의 계절인 가을 중심에 있는 10월, 여주 면 그 순간부터 시공(時空)을 넘나들며 우리 역사와 문화를 한껏 체험할 수 있을 것이다.

동고속도로 여주 I·C를 빠져나와 여주 방향으로 접근하다 보면, 역사적 재조명 속에 새로운 인물 평가를 받고 있는 명성황후 생가가 발길 게 한다.

은 명성황후가 출생하여 8세까지 살 로서 안채뿐인 건물에 1995년 행랑 채 등을 복원하여 역사적 인물의 생

황후 생가 '역사속으로'

의 번듯한 형체를 갖추었으며 음향 설 등 방문객들을 위한 편의시설 또한 되어 있다.

와 함께 구한말의 아픈 역사를 되새 는 기념관과, 생가 구역 내 현대적 분 조성된 조각 공원이 있어 쓸쓸하지 않은 관광명소로서의 구색을 갖추고 고속도로를 이용하여 여주로 갈 때 여 방향 초입에 위치하고 있어 첫 번째 할만한 곳이며, 외국인 관광객들도 다.

명성황후생가에서 출발하여 여주대교를 건너기 전, 도자기엑스포장 방향 반대편으로 가면 여주에서 관광객이 가장 많이 찾는 곳 중의 하나인 세종대왕릉(영릉)에 다다르게 된다.

조선 제17대 효종과 왕비 인선왕후가 모셔진 효종대왕릉과 함께 나란히 앉은 세종대왕릉은 한글 창제뿐만 아니라 우리나라 과학, 문화 발전에 위대한 업적을 이룩한 세종대왕을 기리기 위한 교육의 장소로서 학생들뿐만 아니라 여주를 방문한 모든 이들의 발길이 끊이지 않고 있다.

입구 정문에 들어서면 좌측에는 전시물품이 다소 빈약한 듯한 유물전시관인 세종전이 있으며, 야외 유물전시장에는 세종시대의 발명품들인 과학기구들이 전시되어 있다.

이들 전시물과 함께 세종대왕릉의 단아하고 호젓함은 여느 왕릉과 마찬가지로 한결 같은 모습으로 자리잡고 있다.

매년 양력 5월 15일 대왕 탄신일에는 숭모제전 행사를 국가행사로서 성대하게 개최하고 있다. 왕릉입구까지의 잘 정비된 진입로와 함께 주차공간 또한 넓고 잘 정리되어 있으며 주차료도 무료이다.

쌀·도자기 '특산물 나들이'

제2회 세계도자기 비엔날레는 2001년 이후 두번째로 여주를 비롯하여, 이천, 광주에서 2003. 9. 1~10.30 (60일간)까지 개최되며, 여주에서는 여주대교 건너 신륵사 관광지내에 주행사장이 있다.

기존의 지역 도자기 전시·판매 및 제작 체험과 더불어 특별행사로서 여주 전시장에서는 '세라믹 하우스'의 21세기 디자인 감각에 맞는 도자기 소품전과 함께 현대 미술의 거장 피카소가 1940년대부터 1960년대까지 제작한 도자기 작품을 만나볼 수 있는 '피카소 도자전', '4F 페스티발(Food, Fashion, Flower, Film)'과 '세계 10대 도자기업 명품전' 등 놓치기 아까운 전시회가 많다.

다른 행사장(이천, 광주)과 마찬가지로 특별 행사장에만 입장료(어른 4,000원, 청소년 3,000원, 어린이 1,000원)를 내고 관람할 수 있다.

시간적 여유가 있으면 행사장과 가까운 여주관광의 대명사인 신륵사와 목아불교박물관에 들러 창연한 고찰의 모습과 함께 단아한 불교 문화를 한번 되새겨 봄도 좋을 듯하다. 신륵사 경내까지 박람회 행사장에서 도보로 10분, 차량으로 3분 거리이다.

도자기 비엔날레 행사장을 살짝 벗어나 남한강을 가로지르는 여주대교를 건너게 되면, 한컨 언더위에 옛 정취를 한가로이 내보이는 누각이 눈에 들어온다.

이 누각은 영월루(迎月樓)로서 당초 여주군청 청사 정문이었던 것을 1925년 청사 이전 때 이곳으로 옮겨 영월루라 칭하였다 한다.

영월루 주변은 누각을 중앙에 두고 산책로가 잘 정리되어 있으며, 남한강변 풍광과 함께 조화롭게 전시된 야외 조각작품 등이 어우러진 시민공원으로서 여주군민들뿐만 아니라 이곳을 지나는 노객들에게도 편안한 휴식공간이 될 법하다.

아름다운 자연 '마음의 여유'

신륵사에서 도보로는 20분 차량으로 5분 거리이며 입장료는 없다. 바로 인근 여주대교 옆에 街路 분수가 시원해 보이는 연인교(戀人橋)가 있어 연인들끼리라면 이 다리를 건너며 물장난을 쳐도 즐거울 듯 보인다.

여주군내 유명 관광명소외에 이색체험 장소로서는 여주군 대신면에 위치한 '한얼테마박물관'을 들수 있다.

폐교된 초등학교 건물에 서울시내에서나 볼 수 있는 전동차를 이곳으로 옮겨와 차내에 정말 엄청난 양의 자료와 물건들을 수집, 진열해 놓았다.

박물관은 과학문화관, 전적유물관, 고문서유물관 등으로 분류하고 있다. 박물관에서 물건 하나하나를 관찰하기 보다는 우선 수집가의 열정을생각하게 한다. 입장료는 2,500원이다. /류진동·김대현기자

여주 '신속 PCR 검사', 방역 패러다임 바꿨다

3차 대유행 속 28일간 확진자 '0명'
이항진 시장 "기존 방법만 정답 아냐"

코로나19 4차 유행이 우려되는 가운데 여주시가 신속 PCR 검사로 방역 성공신화를 새로 쓰고 있다.

여주시는 지난 1월 신속 PCR 검사 도입 후 주민 6만7천여명이 검사받았고, 이 과정에서 감염경로가 불분명한 감염자 22명을 찾았다고 5일 밝혔다.

이 같은 신속 조치로 여주시는 하루 확진자 1천여명이 발생한 3차 팬데믹 속에서도 28일(1월16일~2월12일) 동안 확진자 '제로'를 유지하는 등 효과를 거뒀다.

특히 최근 무증상·경증 감염자발(發) '조용한 전파'가 이어지는데다 다중이용시설 등을 중심으로 집단감염이 속출하면서 신속 PCR 검사 확대의 필요성이 대두된다. 신속 PCR 검사는 기존 PCR 검사에 비해 저렴한 검사비용과 검사 뒤 1시간 이내에 결과를 받을 수 있는 장점이 있어 방역시스템의 패러다임을 바꿨다는 평가가 나온다.

이항진 시장은 "최근 감염경로를 파악할 수 없는 은밀한 감염과 변종 등의 해외유입도 늘고 있다"며 "이런 상황에서 경직된 검사·추적과 과도한 사회적 거리두기만으로는 역부족이다. 신속 PCR 검사가 확산돼야 대면 사회를 앞당길 수 있다"고 강조했다.

여주=류진동기자 관련기사 11면

경기일보

1988년 8월 8일 창간 | 제7788호 | 안내 031-250-3333 kyeonggi.com 2015년 2월 25일 수요일 | 음력 1월 7일

230억 든 이천~여주 도로확장 돌연 취소

국토부, '경제성 부족' 이유로 사업비 7억7900만원 반환 통보

지역발전 기대했던 주민들 반발 권영천 도의원 "정상 추진돼야"

국토교통부가 230여억원이 투입돼 1.5㎞나 공사가 진행됐던 이천~여주 흥천간 국지도 70호선 확장사업에 대해 10여년 만에 경제성이 부족하다는 이유로 취소결정을 하고 사업비 회수에 나서 해당지역 주민들이 반발하고 있다.

24일 이천시와 경기도의회 권영천 의원(새누리·이천2), 인근 주민 등에 따르면 국토부는 지난달 12일 이천지역 숙…간 국지도 70호선 확장사업에 투입된 사업비 중 2014년도 사업비 7억7천900만원을 반환하라고 경기도에 통보했다. 국토부의 사업비 반환통보는 사업 취소 결정에 따른 것이어서 지역경제 활성화와 지역발전을 기대했던 인근 지역 주민들의 반발이 불가피할 전망이다.

국토부와 경기도는 지난 2003년 이천지역 숙원사업인 이천~흥천간 국지도 70호선 확장사업 실시설계를 완료한 후 기존 2차선을 4차선으로 늘리는 확장공사에 나섰다. 이 공사는 이천시 증포동과 여주시 대신면 천서리 세웅을 잇는 총 연장 16.03㎞ 구간으로 총 사업비만 2천250억원에 달한다. 하지만 공사는 예산확보 문제 등으로 이천 증포동~…년간 답보상태에 빠졌다. 이때까지 투입된 사업비는 238억여원(지방세 45억원 등 도비 77억4천700만원 포함)인 것으로 나타났다.

이 같은 공사현장에 대해 국토부 등은 지난해 4월 한국개발연구원(KDI)을 통해 타당성 재조사를 실시했고 그 결과 경제성이 부족하다는 결론에 도달하면서 사업을 전면 취소했다. 이에 국토부는 이미 238억원이 투입됐음에도 불구, 2014년 사업비 반환을 경기도에 통보했다.

권영천 도의원은 "이미 238억원이나 투입된 사업을 무슨 근거로 일방적인 중단 통보를 하는지 이해할 수 없다"면서 "비용편익에 따른 단순한 경제성 분석…한 정책적 분석평가로 사업이 하루빨리 정상적으로 추진돼야 한다"고 말했다. 그는 특히 "이 도로 주변인 이천 지역에는 군사시설이 다수 위치해 도로 건설시 원활한 군사작전을 도모할 수 있고 교통량이 증가하는 등 장점이 전혀 반영되지 않았다"면서 KDI 타당성 조사에 대해 강한 불만을 나타냈다.

이에 대해 국토부 관계자는 "지난해 4월부터 진행된 타당성 재조사는 총사업비 관리지침에 따라 진행된 것"이라며 "조사 기법상 B/C(투자비 분석)가 0.5 이상 돼야 공사를 이어갈 수 있는데 이곳은 0.413에 그쳐 공사 중단을 결정했고 이런 현장은 올들어 이천 등 2곳에 이르고 있다"고 말했다.

알립니다

제암리에 울려퍼지는 '만세 함성'

순국유적지서 제96주년 3·1절 기념식

화성시와 경기일보사는 국권회복을 위해 민족자존의 기치를 드높였던 선열들의 위업을 기리는 3·1절 기념식을 개최합니다. 올해로 96주년을 맞은 3·1절 기념행사는 순국선열들의 숭고한 희생정신을 기리는 선열 묘역 헌화와 참배에 이어 기념식과 스코필드박사 동상 제막식 및 각종 전시, 체험행사 그리고 3인의 만화가의 염세 만평 고발 행사가 진행됩니다. 자랑스런 우리 민족의 정기를 선양하고 자라나는 세대에게 역사의식과 애국심을 함양시켜 주는 산 교육장이 되기를 기대합니다.

△일 시 : 2015년 3월1일 09:00 - 13:00
△장 소 : 화성시 제암리 순국기념관
△식전행사 : 3·1 운동 만세 재현 (09:00 - 10:40)
묘역 헌화 (10:40 - 11:00)
추모 퍼포먼스
△기념식(11:00 - 11:50)
△식후행사 : 스코필드 박사 동상 제막식 (12:00 - 12:20)

최홍건 26.4-이규택 26.2% '박빙'

17대 총선 여론조사

경기일보/케이엠조사연구소

이천·여주

선거구 획정을 통해 통합된 이천·여주 선거구 예비후보자 여론조사 결과, 한나라당 이규택 의원과 열린우리당 최홍건 전 산자부 차관이 0.2% 포인트 차이로 불꽃튀는 접전을 벌이고 있는 것으로 나타났다.

★관련기사 3면

이같은 결과는 본보가 여론조사전문기관인 ㈜케이엠조사연구소에 의뢰, 지난 24일 비례 할당 및 체계적 추출법에 의해 선정된 이천·여주 선거구에 거주하는 만 20세이상 성인 남녀 500명을 대상으로 실시한 1대1 전화면접조사(신뢰도 95%에 표본오차 ±4.23)에서 드러났다.

인지도 이규택 81.6, 이희규 68.4%

지지도에서 열린우리당 최홍건 전 산자부차관이 26.4%, 이규택 의원 26.2%로 표본오차범위내에 있으며 이희규 의원(민)은 7.4%, 장홍석 이천농민회장(민노)과 김만재 전 하이닉스반도체노조위원장(사민)은 각각 1.0%에 그쳤다.

그러나 부동층으로 분류되는 '기타'가 여전히 38.0%에 달해 향후 이들의 표심을 잡는 후보가 당선 고지를 점령할 것으로 전망된다.

인지도에서는 이규택 의원(한)이 81.6%로 선두였으며 이어 이희규 의원(민) 68.4%, 최 전 차관 44.6%, 장 회장 29.8%, 김 전 위원장이 25.6%로 조사됐다. '모름'은 9.4%였다.

정당지지도에선 열린우리당 44.0%, 한나라당 22.8%, 민주당 5.0%, 민주노동당 2.4%, 자민련 0.6%로 나타났다.

/김창학·류진동·김태철기자 chkim@kgib.co.kr

출마예상후보 지지도·인지도

후보	지지도	인지도
이규택	26.2%	81.6%
이희규	7.4%	68.4%
최홍건 (우리당)	26.4%	44.6%
모르겠다	38.0%	

경기일보

1988년 8월 8일 창간 | 제7544호 | 안내 031-250-3333 kyeonggi.com 2014년 8월 4일 월요일 | 음력 7월 9일

공공기관이 수도권을 떠나면서 이들의 빈자리가 점차 현실화 되고 있는 가운데 전주혁신도시로의 이전이 진행 중인 수원 농촌진흥청과 농업과학관에 각종 사무용 책상과 집기류가 잔뜩 쌓여 있다. 추상철기자

뿔뿔이 '기러기 생활'… 한숨만 푹푹

공공기관이 떠나고 있다. 수십 년간 지역의 텃주 역할을 자처하며 각 지자체의 세수와 상권 등에 지대한 공헌을 했던 공공기관들이 하나둘씩 수도권을 떠나가면서 이들의 빈자리는 점차 현실이 되고 있다. '국가의 균형 발전'이라는 이명 아래 추진된 공공기관의 이전은 과연 소속 기관의 발전과 직원들의 삶의 질 향상에 어느 정도 기여하게 될까. 통근 버스마저 준비되지 않은 장거리 출·퇴근은 결국 가족의 해체를 불러오고 이전한 직장인들의 빈자리 잠식은 지방대 학생들의 등골을 빼먹는 기형적인 현상으로 이어지고 있다. 수백억원에 달하는 부지는 부동산 경기 침체 등으로 말미암은 개발 부진으로 장기간 방치돼 우범화, 공동화 현상을 불러올 수 있다는 지적마저 나오고 있다. 또 대부분 수도권에 위치했던 공공기관들이 전라도와 경상도로 이전하면서 회사를 그만두는 엘리트들이 생기고, 이들의 이탈에 따른 업무 공백을 걱정해야 하는 상황도 벌어지고 있다. 이에 본보는 공공기관 이전이 가져온 문제점 등을 짚어보고 합리적인 대안을 제시해 본다. 편집자 주

자녀 교육·집값 문제로 함께 이주 38.9% 그쳐 생활비도 만만찮아 '걱정'

직장인 A씨는 9월 전남 나주로 이전이 확정된 한국농수산식품유통공사(aT) 서울 본사에 근무하고 있다. 밥장을 맡고 있는 그는 '이전'이라는 단어가 머릿속에 떠올을 하면 비용도 만만치 않다.

지난 7월 전북 전주로 이전한 농촌진흥청 소속 B씨(수원 거주)는 요즘 월요일 아침을 맞이하는 게 두렵다. 아직 어린 아이와 사랑하는 아내를 두고 주말 부부로 살아야 하는 게 익숙하지 않기 때문이다. 40만원짜리 월세 방을 구해서 지내고 있는 B씨는 새로 이전한 부지 근처가 제대로 된 인프라를 갖추고 있지 않아 딱히 할 일이 없어 동료와 자짓 술로 시간을 보

시로 떠났다. 사실상 농진청을 시작으로 수도권에 있는 대표적인 공공기관들이 떠날 채비를 하고 있다.

정부소속기관 31개 가운데 종질관리단(용인→경북), 국립농산물품질관리원(안양→경북), 농수산식품연수원(수원→광주 전남) 등 6개 기관은 이미 이전이 완료됐고, 농진청과 국립농업과학원은 현재 전주혁신도시로 이전 중이다. 법무연수원(용인→충북) 등 나머지 기관들도 내

'주말 부부'를 택하고 있다. 지난해 국회 산업통상자원위원회 소속 새누리당 홍일표 의원이 산업통상자원부로부터 제출 받은 혁신도시 이전 대상 25개 기관에 대한 직원가족 이주 및 거주지 마련 계획 설문조사에 따르면 총 직원 1만2천212명 중 38.9%에 해당하는 4천762명만이 가족과 함께 이주할 계획이다.

실제로 농진청의 경우 본청 직원 350여명 가운데 70% 이상이 주말에만 이전

용인도시公·여주시설관리公 2년 연속 '경영 낙제점'

정부 공기업 경영평가

용인도시공사, 여주시설관리공단 등이 2년 연속 정부의 공기업 경영평가에서 '낙제점'을 받았다.

안전행정부가 3일 전국 328개 지방공기업의 2013년도 경영실적 평가 결과에 따르면 평택항만공사, 용인도시공사, 여주시설관리공단, 인천도시공사, 과천 상수도, 연천 하수도 등이 최하위 등급인 '마' 등급을 받은 것으로 조사됐다.

평가 결과를 보면 시도 공기업 가운데 인천도시공사, 평택항만공사, 부산관광공사, 강원도개발공사, 광주시하수도 등 5곳이 5등급 가운데 최하위인 '마등급'을 받았다.

시군구 공기업으로는 여주시설관리공단, 용인도시공사, 구로구시설관리공단, 춘천도시공사, 과천·평창·김제·문경·의성 상수도, 영천·옥천·연천 하수도 등 12곳이 마등급에 속했다. 반면 구리농수산물공사 등은 우수한 경영실적으로 최고 등급을 받았다.

최하등급을 받은 시도 공기업은 지난해 3곳에서 올해 5곳으로 늘었다.

용인도시공사와 여주시설공단 등은 적자 늪에서 헤어나지 못해 2년 연속으로 최하위에 머물렀다. 인천도시공사는 3년 연속 적자를 기록했다.

용인도시공사는 역북지구 사업 실패로 총 4천여억원의 부채를 지고 있는데다 시의회로부터 총 3천600억원의 채무보증 동의를 받아 가까스로 부도위기를 벗어났고 시가 632억원을 추가 출자해 부채율을 448%에서 266%로 낮춘 상태다.

용인도시공사는 2012년 경영평가에서도 '마' 등급을 받아 안행부의 '경영 정밀진단'을 받았다. 안행부는 '개발사업 단계별 축소를 통한 공단으로 환원 검토'하도록 사장 권고한 바 있다.

또 2011년 신설된 여주시설관리공단도 2년 연속 '마' 등급을 기록했고, 과천상수도사업소, 연천하수도사업소 등도 최하 등급을 받았다.

3년 연속 적자를 기록한 과천상수도사업소는 정부의 경영 정밀진단도 받게 됐다. 진단 결과에 따라 사업 규모 축소나 조직개편, 법인청산 등의 경영 개선명령이 내려진다. 이들 공기업 임직원은 성과급을 한 푼도 못 받고 사장과 임원의 올해 연봉도 5~10% 삭감된다.

이밖에 의왕·광주시설관리공단, 화성·안성·여주·양평상수도사업소, 동두천·김포·포천·안성·가평하수도사업소 등도 낙제 수준인 '라' 등급을 받았다. 김해인기자

2013년도 도내 지방공기업 경영평가 결과

등급	도시개발공사	기타공사공단	시설관리공단	상수도	하수도
가		하남개발, 구리농수산	안산, 파주	안양, 안산, 고양, 동두천	안양, 구리, 남양주
나		평택도시	군포, 부천, 안양, 의정부, 인천, 양주	오산, 김포, 군포, 시흥, 구리, 광주, 파주, 남양주, 부천, 평택	시흥, 용인, 고양, 의왕, 부천, 파주, 안산
다		경기관광, 양평지방, 화성도시, 김포도시	남양주, 고양, 시흥, 수원, 과천, 안성, 오산, 포천	연천, 하남, 가평, 광명, 의왕, 용인, 이천, 수원, 의정부, 성남, 포천, 양주	평택, 오산, 과천, 의정부, 성남, 광명, 화성, 양평, 여주, 수원, 이천
라	경기		광주도시관리, 의왕, 가평	화성, 안성, 여주, 양평	동두천, 김포, 포천, 가평, 안성
마		평택항만, 용인도시	여주	과천	연천

윤기 자르르 흐르는 하얀 '쌀밥' 따끈따끈 노란 속살 '고구마'

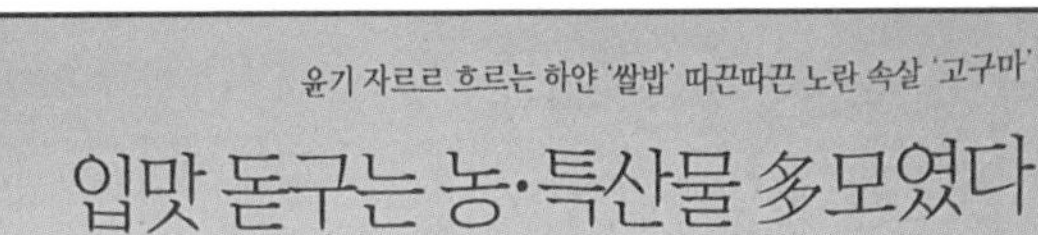

"대왕님표 여주 쌀, 팔~팔~할 때는 여주 고구마가 최고야~"
맑고 고운 남한강 강변을 벗 삼아 여주 농·특산물을
마음껏 즐길 수 있는 축제 한마당이
다음달 15일부터 18일까지 여주 신륵사관광지에서 펼쳐진다.
'제14회 여주쌀·고구마축제'는 쌀과 고구마를 소재로한
여주지역의 농·특산물을 한자리에 모아 다양한 이벤트와
프로그램으로 관광객의 눈과 입을 즐겁게 해 줄 예정이다.

내달 15일부터 나흘간 신륵사관광지에서 열려
쌍용거줄다리기·취타대 행진 등 '화려한 팡파르'

군민·관광객 함께 어울려 즐기는 '대화합의 장'
'오감만족' 다채로운 전시·판매·체험행사 풍성

우선 '여주' 하면 생각나는 것이 '대왕님표 여주쌀'이다.

윤기가 자르르 흐르고 윤향이 듬뿍 담긴 '대왕님표 여주쌀'로 지은 쌀밥은 누구든지 호감을 갖지 않을 수 없다.

또 밤밤까지 가는 날씨와 함께 등장하는 여주고구마는 가을의 정취와 함께 으뜸 웰빙 건강식품.

여주쌀·고구마축제는 여주 쌀의 우수성을 눈으로 확인하는 전시행사, 여주햅쌀을 즉석에서 도정하여 판매하는 햅쌀장터, 현장에서 고구마 구워먹기 및 고구마 조각 작품 만들기 등이 펼쳐진다.

특히 이번 축제에서는 여주 농·특산물의 특성과 생산 과정, 우수 품질을 만들기 위한 노력 등이 전시행사를 통해 알기 쉽고 흥미롭게 전달된다.

다채로운 내용으로 채워질 이번 축제는 군민과 관광객이 함께 어우러지는 대화합의 장으로, 농업인들은 풍년농사를 자축하고, 여주쌀과 고구마를 비롯한 각종 농산물을 농업인들이 행사장에서 직접 판매하면서 도·농간 교류도 촉진하게 된다.

뿐만 아니라 고유한 농촌문화를 통하여 농촌과 도시의 연결고리를 잇는 농촌체험 등 특색 있고 현장감 넘치는 프로그램을 진행함으로써 문화·관광 축제로 승화시켜 나갈 계획이다.

개막행사로 여주의 전통문화를 재현하여 보여주는 '쌍용거줄다리기'의 거대한 이동과 함께 여주자영농고 취타대의 행진이 화려하게 펼쳐지고, 농악놀이가

■ 희귀고구마·선조들의 농사법 '이색 전시'

여주쌀·고구마전시관과 명품 농산물관이 운영되며, 여주 명품 농·특산물, 고구마 책, 희귀고구마 등이 전시된다.

여주쌀·고구마전시관에서는 다양한 벼 품종, 옛농사, 소농기구, 소 달구지 등을 전시함으로써 우리 선조들이 행하던 농사하는 방법과 시대상을 들여다 볼 수 있게 했다.

또 명품 농산물관에서는 여주의 우수한 농산물을 전시하는데 배와 사과, 포도, 블루베리, 버섯 등 여주에서 생산하는 청정 농·특산물을 한 눈에 확인할 수 있다.

■ 지역 우수 농특산물·웰빙 먹거리 '한 자리에'

판매행사는 여주 농·특산물 판매관, 먹거리 판매관, 체험부스 등으로 구분된다.

우선 지역의 우수한 농·특산물을 판매하는 곳으로 쌀 10개, 고구마 16개, 과일 등 10개의 판매장이 각각 들어서는데, 이곳에서는 품질이 우수한 여주쌀을 비롯해, 고구마와 땅콩, 사과, 배 등이 판매된다.

판매장에서는 미질이 뛰어나고 신선한 쌀을 현장에 설치한 정미기로 직접 도정하면서 대왕님표 여주쌀의 진수를 확인시켜 줄 계획이다.

품들이 관광객을 기다린다.

뿐만 아니라 자생화와 허브, 접화, 분화와 같이 정서함양과 집안을 편안하게 꾸밀 수 있는 화훼판매관과 도자기 판매관을 함께 운영하고, 여주 관내에 소재한 중소기업이 생산한 제품도 함께 판매한다.

■ 색밥도 지어먹고 장작불에 구운 고구마도 냠냠

이번 축제에는 추억에 남고 행복이 넘치는 축제가 되도록 하기 위한 프로그램이 풍부하게 준비됐다.

체험행사 중 단연 눈에 띄는 대목은 가마솥 여주쌀밥 지어먹기. 이 이벤트는 지난해 실시한 결과 호응도가 매우 높았고, 여주쌀밥을 현장에서 시식하는 사이 여주쌀밥의 참 맛을 느낄 수 있다는 평을 받아 올해도 이어진다. 대형 가마솥을 걸어놓고 여주쌀밥을 지어 비빔밥으로 만들고, 나물과 국, 고추장 등을 각자의 기호에 맞게 제공한다.

특별히 이번 축제에서는 가지각색의 밥밥을 짓는 '여주 색밥 지어먹기'라는 코너가 눈길을 끈다. 참여는 가족단위로 이뤄지고 행사는 즉석에 설치한 도정기에서 나온 쌀을 구입해 여주도자기로 만든 뚝배기로 밥을 짓는다.

여주 햅쌀을 이용해 인절미를 만드는 체험행사도 있다.

이와 함께 '고구마체험행사'로는 초대형 장작불 고구마통을 활용해 고구마를 구워먹는 행사가 펼쳐진다.

또 한편에서는 고구마를 이용한 나만의 조각 작품 만들기 코너가 준비돼 고구마의 활용가치를 온몸으로 느낄 수 있다.

이번 축제에서는 먹는 기쁨과 더불어 보고 즐길 수 있는 프로그램도 풍부하게 준비됐다.

여주의 전통문화 중 대표적인 볼거리인 '쌍용거줄다리기'는 여러 사람이 행렬을 이루어 자발적으로 '쌀팀'과 '고구마팀'을 구성, 거수단과 농악대가 어우러져 펼치는 여주 주민의 대화합 퍼레이드다.

여기에 한우 송아지, 젖소, 돼지, 토끼 등의 가축과 동

경기일보

1988년 8월 8일 창간 | 제7879호 | 안내 031-250-3333 kyeonggi.com 2015년 7월 2일 목요일 | 음력 5월 17일

★ 빛나는 道북부 야간 명소 키운다

道·관광공사 '야간관광 10선' 심사위원 등 투표로 8일 선정
1박2일 체류형 콘텐츠 개발

안보 중심의 체험 관광지로 알려진 경기북부지역이 톡톡튀는 체류형 야간 관광지로 거듭난다.

아침고요 수목원과 자라섬 등 유명 관광지를 상당수 보유하고 있음에도 관광과 함께 하루 저녁 편히 쉬어갈 수 있는 1박2일 코스형 관광지가 빈약, 개선에 나섰다.

경기도와 경기관광공사는 경기북부지역 관광 활성화를 위해 '별(☆) 볼 일 있는 경기북부 야간관광 10선' 사업을 본격 추진한다고 1일 밝혔다. 1박2일 체류형 관광 콘텐츠 개발을 통한 신규 관광명소 조성으로 관광수요를 창출하겠다는 의지다.

이를 위해 도와 공사는 우선, 지난달 말까지 시·군 추천, 온·오프라인 조사 등을 통해 선정된 야간관광 후보지 25개를 15개로 압축하는 온라인 심사이벤트를 추진한다. 2일부터 6일까지 5일 동안 경기관광포털사이트(ggtour.or.kr)에 사업 정보를 공개, 누리꾼들의 의견을 모으는 방법이다. 온라인 심사이벤트에는 경기북부지역 관광지 숙박권과 식사권, 주요 관광지 입장권 등 푸짐한 경품이 제공돼 누리꾼의 참여를 유도한다.

...천지역이 각각 2개소, 나머지 남양주, 구리·동두천·의정부 등이 각각 1개소다.

앞서 경기연구원은 지난 5월 경기북부 야간관광 활성화를 위해 경기도와 인천 등 수도권 주민을 대상으로 한 모바일 설문조사를 실시해 왔다. 그 결...

경기북부 야간관광 선정 후보지

지역	관광지명	내용
가평	아침고요수목원 별빛축제	별빛축제
	쁘띠프랑스 어린왕자 별빛축제	별빛축제
	자연과 별 천문대	천문대
	칼봉산자연휴양림	휴양
	강씨봉자연휴양림	휴양
	국립유명산자연휴양림	휴양
	자라섬캠핑장	캠핑
고양	행주산성	야간경관
	원마운트	별빛축제
	러브스타	야간경관
양주	일영허브랜드	별빛축제
	송암스페이스센터	천문대
	장흥자생수목원	휴양
파주	프로방스 빛축제	별빛축제
	캠프그리브스	휴양
포천	허브아일랜드 빛축제	별빛축제
	한방김치 주안상축제	기타
	아트밸리 천문과학관	천문대
	산정호수	야간경관
연천	한탄강관광지	야간경관
	한탄강오토캠핑장	캠핑
남양주	축령산천문대	천문대
구리	구리타워	천문대
동두천	크리스마스축제	별빛축제
의정부	국제음악극축제	기타

전세계 광고인들의 축제인 '뉴욕페스티벌 in 여주 2015'가 개막된 1일 여주도자세상 전시장에서 시민과 광고업계 종사자 등이 영상미와 아이디어가 뛰어난 세계 영상광고를 시청하고 있다. 세계 3대 국제 광고제 중 하나인 이번 페스티벌은 오는 5일까지 계속된다. 김시범기자

세계 3대 광고축제 '뉴욕페스티벌 in 여주' 개막

아시아선 中 이어 두번째… 국내외 인사 500여명 참석

세계적인 광고축제인 '뉴욕페스티벌 in 여주 2015'가 '즐기자, 즐기자'를 구호로 1일 여주 썬밸리호텔 2층 그랜드볼룸에서 개막했다.

개막식에는 원경희 여주시장과 정병국 국회의원, 이환설 시의회 의장, 마이클 오르크 인터내셔널 어워즈 회장, 원영헌 여주시발전을 위한 범시민 후원회장, 신태운 경기일보 여주지사 자문위원장, 박찬재 한국여성경영자총협회장 등 국내외 인사 500여 명이 참석했다.

원경희 시장(추진위원장)은 개회사를 통해 "오늘은 뉴욕페스티벌 in 여주 2015 가 열리는 역사적인 날이자 '가장 한국적인 것이 가장 세계적인 것'이란 말처럼 545년전 여주라는 이름이 탄생된 이래 여주가 세계로 나가는 여주 중요한 날이다"며 "여주는 우리조상들이 치열한 전쟁을 벌여 던 곳으로 여주를 얻는 나라가 한반도 패권을 차지했던 것처럼 여주는 앞으로 남한강에서 세계로 비상하게 될 것이다"고 강조했다.

원 시장의 개회사로 시작된 뉴욕페스티벌 in여주 2015는 오는 5일까지 썬밸리호텔에서 세미나와 포럼, 강연회 등 다양한 행사와 더불어 신륵사 관광단지 여주도자세상과 반달미술관, 도자명품관, 세종국악당, 여주도서관, 여성회관 등지에서 전시회, 시사회, 상영회가 이어진다.

또 국제적인 광고창작자인 데이비드 안젤로의 기조강연과 홍대 인디밴드의 문화공연, 전국골도불고기 시식대회, K-한복대회 등의 행사도 함께 열린다. 특히 여주시내 중앙로에 마련된 특설무대에서는 '시민시사회'가 매일 열려 일반 시민이 광고를 쉽게 이해하고 즐길 수 있는 기회가 마련된다.

한편 미국 클리오광고제, 프랑스 칸 국제광고제와 더불어 세계 3대 광고축제 중 하나로 꼽히는 뉴욕페스티벌이 아시아에서 열리는 것은 지난 2010년 중국 상하이·항저우에 이어 이번이 두 번째다. 여주=류진동기자

경기일보

1988년 8월 8일 창간 | 2014년 9월 2일 화요일 | 음력 8월 9일

수입차업체 유리한 평가… 특혜 의혹도

누구를 위한 자유무역지역인가 ② 일관성 없는 평가기준

절대평가 없이 외국 물동량 합쳐 진행… 물류업체들 불러
道 "해수부 방침 어길 수 없어… 평가방식 적용 협의 중"

道, 새누리당과 국비확보 공조

南 지사, 오늘 도청서 중앙당 정책위와 예산·정책협의

알립니다

남한강변의 아름다운 추억을 찾아 떠나는 여주 '뮤직&캠핑 페스티벌'

▲ 일 시 : 2014년 10월 3일(금) ~ 5일(일) 2박 3일간
▲ 장 소 : 여주 금은모래 강변유원지 일원
▲ 주 최 : 경기일보사
▲ 후 원 : 경기도, 여주시

겨울 철새들의 군무 25일 오후 겨울 철새들이 파주시 철조망 위를 날고있다. 성탄절을 맞아 온누리에 가득한 사랑의 전령인 듯 남북을 오가던 철새들이 밤을 보내기 위해 날아들고 있다. /김시범기자 sbkim@kgib.co.kr

임목폐기물 수백t 방치

여주 점동면 에이스골프장… 멋대로 소각·매립

여주군 점동면 현수리 오갑산 기슭 골프장 건설현장에서 발생한 임목폐기물 수백t이 인근 하천 주변에서 불법 매립되거나 소각되고 있어 환경 오염이 우려되고 있다.

25일 군과 주민들에 따르면 교원나라 레저개발(대표 도정웅)은 오는 2005년 10월 완공 목표로 지난해 10월 점동면 현수리 10의1 오갑산 기슭 39만여평에 27홀 규모의 에이스 골프장을 착공, 현재 진입로 조성공사가 진행중이다.

그러나 공사 현장에서 임야를 벌목하면서 발생한 나무뿌리 등 임목폐기물 수백t이 인근 하천 주변에서 방치되고 있는가 하면 일부는 소각되고 일부는 매립되고 있어 환경이 오염될 우려를 낳고 있다. 사정은 이런데도 당국은 사실을 확인하지 않고 있는데다 현장 관리도 제대로 이뤄지지 않고 있어 빈축을 사고 있다.

교원나라 레저개발 관계자는 "현장을 확인하지 못해 임목폐기물 불법 매립에 대해 할 말이 없다"며 "공사과정에서 일부 매립됐으나 바로 처리하겠다"고 해명했다.

이에대해 여주군 관계자는 "현장을 조사해 임목폐기물이 불법 매립·소각된 사실이 확인되면 검찰에 고발할 방침"이라고 밝혔다.

/여주=류진동기자 jdyu@kgib.co.kr

이천 닭 조류독감 "양성"

율면 농장 3㎞內 닭 5만마리 살처분키로

〈속보〉이천시는 지난 23일 율면 본죽리 김모씨(57·N농장대표)의 농장의 닭에서 채취한 혈액과 분비물에서 조류독감 양성반응이 나옴에 따라 인근 위험지역의 닭들에 대해 살처분할 것이라고 밝혔다.

25일 시 관계자에 따르면 국립수의과학검역원에 의뢰했던 율면 본죽리 N농장의 닭에 대한 정밀검사 결과가 양성반응이 나옴에 따라 도 검역당국과 협의 26일 전문인력과 군 당국의 협조를 받아 3km 반경내 위험지역에서 사육중인 5만1천여마리의 닭에 대한 살처분을 실시한다.

또 경계지역 10km 반경내 장호원 설성면 등에서 사육중인 58만4천3백여 마리에 대해서는 강력한 방역과 동시에 정밀 감식을 의뢰할 방침이다.

/이천=김태철기자 tckim@kgib.co.kr

경기일보

1988년 8월 8일 창간 | 제7927호 | 안내 031-250-3333 kyeonggi.com 2015년 9월 8일 화요일 | 음력 7월 26일

수원민자역사 호텔 증축과정 논란

(노보텔앰배서더)

축구장 크기 면적 늘리고, 녹지·공개공지는 줄여
市, 인가 절차도 안밟고 개점 1년만에 뒤늦게 허가

수원민자역사에 들어선 노보텔앰배서더호텔이 변경 인가도 없이 1만㎡가량 증축된 가운데 수원시가 축구장 면적보다 큰 증축 면적을 경미한 사항이라며 변경 인가 절차도 밟지 않아 논란이 일고 있다.

7일 수원애경역사(주)와 수원시 등에 따르면 시는 지난 4일 수원 도시계획시설(철도:경부선) 실시계획(변경) 인가를 고시했다. 변경 내용은 팔달구 매산로1가 18번지 외 11 일대 수원민자역사에 대해 증축을 허가한다는 내용 등이 골자다.

이에 따라 애경그룹 소유의 노보텔앰배서더호텔(지하 3층~지상9층) 건축부지는 당초 1만3천270.99㎡에서 1만4천323.86㎡로 1천㎡가량 늘어났다.

반면 녹지부지는 9천881.80㎡에서 7천607.72㎡로 감소했다. 특히 공개공지도 2천409.95㎡에서 2천358.91㎡로 줄게 됐다. 공개공지는 다중이용시설 건축 시 쾌적한 환경 조성을 위해 일반인들이 자유롭게 이용할 수 있도록 마련되는 소규모 휴식공간을 말한다.

더구나 건축연면적은 18만5천744.44㎡에서 19만4천184.45㎡로 8천440.01㎡나 늘어난데다 용적률도 131.79%에서 138.18%로 6.39% 증가했다.

남북, 판문점서 이산상봉 실무접촉

8·25 합의 첫 시험대

"세월호 참사 재발 막는다"
안산에 해양안전체험관 건립

국가사업으로 총 400억 투입
선박탈출·구명장비 체험 진행

'삼색포도' 달콤한 유혹

道, 여주 상거동에 '반려동물테마파크' 조성

경기도 '반려동물테마파크'가 여주시 상거동 일대 39만1천522㎡(12만여평) 부지에 조성된다.

도는 7일 남경필 경기지사 주재로 '4대 테마파크' 정책보고회를 열고 반려동물테마파크 후보지 선정위원회로부터 제안받은 상거동 일대를 사업 부지로 최종 확정했다. 도는 오는 12월까지 기본계획과 타당성 조사를 완료하고 내년 투·융자 심사, 기본 및 실시설계 등을 거쳐 2017년 3월부터 조성공사를 시작할 계획이다. 오는 2018년 10월 완공할 예정이다.

반려동물테마파크는 부지매입비를 제외하고 모두 465억원의 예산이 투입돼 반려동물 보호구역, 연계산업 클러스터 구역, 리조트형 관광구역 등 모두 3개 구역으로 조성된다. 반려동물 보호구역(1만6천200㎡)에는 유기견 보호시설, 동물병원, 관리동 등이 들어설 예정이며 연계산업 클러스터구역(2만6천400㎡)은 애견박물관, 애견 숍, 체험관, 장묘시설, 애견학교 등으로 구성된다. 리조트형 관광구역(5만9천400㎡) 부지에는 애완동물동산(pet's land), 애견캠핑장, 힐링리조트, 위락시설, 둘레길 등이 조성된다.

이와 함께 도는 반려동물 테마파크가 도내 180만 초·중·고생을 위한 인성교육의 장소가 될 수 있도록 도교육청과 협동으로 다양한 교육 프로그램을 개발할 계획이다.

김성식 도 동물방역위생과장은 "반려동물테마파크는 생명존중의 사회적 분위기 실현은 물론 자연과 힐링, 엔터테인먼트 등과 결합한 새로운 애견 문화공간을 제공할 것"이라고 밝혔다. 김창학기자

수년째 첫삽 못뜬 여주 반려동물테마파크

道, 매년 착공계획 밝혔지만 예산 차질 등 이유로 무산
시민들 "행정에 신뢰 잃고 있어… 3월엔 꼭 추진" 호소

경기도가 성숙한 반려동물 문화 조성을 위해 추진 중인 '여주 반려동물 테마파크 조성사업'이 5년이 지나도록 첫 삽도 뜨지 못한 것으로 드러났다.

경기도는 지난 4년간 매년 사업 착공계획을 밝혀왔지만 번번이 무산, 해당 사업을 기다리고 있는 여주 시민들은 경기도 행정에 신뢰를 잃고 있다며 답답함을 호소하고 있다.

13일 경기도와 여주시 등에 따르면 도는 지난 2015년 여주 상거동 일대(39만㎡)에 550억 원을 투입해 반려동물 테마파크를 조성하겠다고 밝혔다. 당시 도는 2017년 3월 착공해 2018년 10월 준공하겠다는 계획을 공개했으며 사업을 1~3구역으로 나눠 1구역은 반려동물 보호시설, 2구역은 애견박물관 등 연계산업 클러스터, 3구역은 애견공원 등으로 개발하겠다고 설명했다.

하지만 2015년 9월 경기도의 2차 추경예산에서 기본계획 수립 용역비 5억 원 중 1억5천만 원이 삭감되고, 10월에는 도가 확보하려던 42억 원의 국비도 기재부에서 반영되지 못하는 등 예산 확보에 차질을 빚었다. 2016년에도 예산 확보가 지지부진, 같은 해 3월과 6월에 열린 지방재정투융자심사에서 사업이 '보류처분'을 받아 결국 2017년 3월 착공은 무산됐다.

이후 2017년에는 해당 사업의 부지가 당초 39만㎡에서 16만 5천200㎡로 축소됐다. 테마파크로 개발할 수 있는 부지 면적이 애당초 부족했기 때문이다. 그러나 같은 해 민간구역(2~3구역, 7만여㎡) 개발사업 우선협상자가 선정되면서 7월 1구역 착공 소식이 전해지는 등 사업이 급물살을 타는 듯했지만 또다시 국비 확보(10억 원 요구→4억 원 반영)에 실패, 사업이 추진되지 못했다.

이후 2018년 지방선거가 치러지고 민선 7기로 전환되면서 반려동물 테마파크 사업은 또 다른 파고를 맞았다.

민선 7기 인수위는 반려동물 테마파크의 민간개발에 대해 특혜 문제를 제기, 감사관실 조사를 거쳐 민간개발부분인 2~3구역을 공영으로 전환, 결국 경기관광공사가 민간개발을 맡게 됐다. 그러나 이마저도 지난해 경기도가 직접 개발하기로 하면서 2018년 착공이 무산, 2019년 하반기께나 착공할 수 있다는 소식이 전해졌다. 하지만 도는 동절기로 인한 공사의 어려움을 이유로 2019년도에도 착공을 하지 못했고, 현재는 오는 3월 착공하겠다는 계획이다.

수년에 걸쳐 이러한 과정을 거치는 동안 여주지역 주민들은 경기도의 지지부진한 사업 추진에 한숨을 내쉬고 있다. 이런저런 이유로 사업이 차일피일 미뤄지면서 경기도 행정에 신뢰를 잃은 모습이다.

박수영 여주 상거동 마을발전위원장은 "경기도가 공사를 시작해야 여주지역 주민이나 관계자들도 일하고 지역경제가 활성화될 것 아니냐"라며 "매년 이런저런 핑계로 사업이 미뤄졌는데, 사업시공사가 선정된 만큼 올해는 꼭 착공이 이뤄지길 바란다"고 말했다.

도 관계자는 "그동안 계획이 바뀌면서 사업 진행에 속도가 안 났지만 더 이상 변경될 사항이 없기 때문에 오는 3월에는 착공에 들어갈 것"이라며 "기다리는 여주시민과 지역 주민들이 있는 만큼 서둘러 사업을 진행해 제때 완공하도록 노력하겠다"고 말했다. 류진동·최현호기자

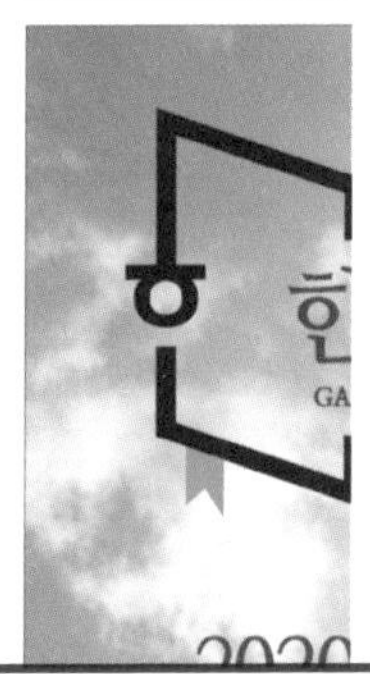

경기일보

1988년 8월 8일 창간 제8411호 안내 031-250-3333 kyeonggi.com 음력 6월 9일 2017년 7월 31일 월요일

최저임금 인상되자 죽을 맛 화성 中企 60% "고용 감축"

경기북부 섬유·가구업체 직격탄
생산성 낮은 외국인 고용도 부담
탄력적 적용 등 제도 지원 절실

고양에서 직원 18명과 함께 가구업체를 운영하는 A씨는 요즘 심각한 고민에 빠졌다. 물량이 늘어나도 일할 사람이 없어 항상 인력난에 시달리는데 내년부터 당장 최저임금 인상으로 올해보다 임금 부담이 30%가량은 더 늘어날 것으로 예상되기 때문이다. A씨는 "외국인근로자도 정해진 인력이 부족해 일할 사람이 없어 감당할 수 있는 만큼의 물량만 겨우 하고 있다"면서 "내년부터 당장 임금이 오르니 매출은 그대로인데 임금만 고스란히 오르게 생겼다"고 하소연했다.

정부의 최저임금 인상이 도내 섬유와 가구 중심의 중소업체 경영에 큰 우려감을 던져주고 있다. 내국인 취업기피로 외국인 근로자를 고용하려 해도 쉽지 않은데다 낮은 생산성에도 내국인과 같은 최저임금을 적용해야 해 고임금 부담이 심하다는 것이다. 심지어 화성지역 중소기업 10곳 중 6곳은 최저임금이 높아 고용을 줄이겠다는 의견까지 내놓고 있다.

30일 중소기업중앙회 경기북부지역본부와 화성상의 등에 따르면 최근 경기북부 중소기업 255개사를 대상으로 '경기북부 특화산업 외국인력 현황 실태조사'를 한 결과 중소기업들은 외국인근로자가 내국인보다 생산성은 낮지만 최저임금이 동등하게 적용돼 임금 부담이 크다는 의견(44.0%)을 가장 큰 애로로 꼽았다. 이들 기업은 내년도 최저임금 인상에 따라 인건비 부담이 더욱 가중돼 심각한 경영난에 직면할 것으로 우려했다.

이런 가운데 기업체의 67.5%는 '외국인근로자 등 생산인력 지원이 필요하다'고 답했고 고용 한도에 대해서는 62.0%가 '확대가 필요하다'는 의견을 나타냈다. 특화산업도 외국인근로자 고용 한도 20% 추가 업종에 포함하면 인력난 해소에 '도움이 될 것'이라는 의견이 80.8%로 높게 나타났다.

하지만 외국인 근로자 채용사정은 만만치 않은 것으로 나타났다. 응답 기업의 51.4%가 외국인력이 '부족하다'고 답했다. 외국인 인력 부족 이유로는 '고용신청은 가능하나 점수제 평가 탓에 배정에서 탈락'(40.5%), '외국인근로자 고용한도로 추가 고용 불가'(37.4%)로 응답해 점수제 및 고용한도 확대 등 제도개선이 필요한 것으로 나타났다.

조인희 중소기업중앙회 경기북부지역본부장은 "경기북부지역 섬유·가구 업종 영위 중소기업의 고용한도 확대 및 외국인근로자에 대한 최저임금의 탄력적 적용 등 정책·제도적 지원이 반드시 필요하다"고 말했다. 이와 함께 화성상의가 지역내 기업 165개사를 대상으로 한 조사에서 업체 89%가 최저임금이 '높다'고 응답했다. '매우 높다'는 응답이 61%, '높다'는 응답은 28%였던 반면 '적정하다' 8%, '낮다' 1%, '매우 낮다' 2% 등 긍정적인 대답은 11%에 그쳤다. 특히 '최저임금 인상에 따른 내년 고용 계획'을 묻는 질문에 41%가 '어느 정도 줄이겠다', 18%가 '대폭 줄인다' 등으로 대답, 59%가 고용 감소를 계획하고 있는 것으로 조사됐다.

한편 통계청 조사 결과 2분기 제조업 평균 가동률은 71.6%로 전분기(72.8%) 대비 1.2%포인트(p) 하락했다. 이는 분기 기준으로는 글로벌 금융위기 여파가 들이닥친 2009년 1분기(66.5%) 이후 가장 낮은 수준이다. 박수철·황지연기자

오산 상공 나는 B-1B 북한의 대륙간탄도미사일(ICBM)급 '화성-14호' 미사일 도발에 대한 무력 대응으로 미국의 전략폭격기 B-1B 랜서(죽음의 백조) 2대가 한반도 상공에 출격했다. 30일 미 공군 B-1B 랜서가 우리나라 공군 F-15K 전투기의 호위를 받으며 평택 주한미군 오산공군기지 상공을 저공비행 하고 있다. 공군 제공

'여학생 수십명 성추행' 술렁이는 여주시

교사 2명 구속… 파문 확산되자 엉뚱한 학교까지 피해

여주의 한 고교 교사 2명이 여학생 수십명을 성추행해 물의(본보 7월24·27·28일자 7면)를 빚는 가운데 이들 교사들이 결국 구속되자 지역사회가 큰 충격에 휩싸였다.

수원지법 여주지원은 지난 28일 아동청소년의 성보호에 관한 법률 위반 등 혐의로 K교사(52), H교사(42)에 대한 영장실질심사에서 "증거인멸 및 도주 우려가 있다"며 구속영장을 발부했다. 앞서 경찰은 지난 24일 이들 교사에 대해 사전 구속영장을 신청했다.

교사들이 구속됐다는 소식이 전해진 이날 오후부터 주말 내내 여주지역사회는 깊은 충격에 술렁이는 모습이었다. 이번에 문제가 불거진 A고교는 70여 년 전통을 자랑하는, 명실공히 지역을 대표하는 학교다. 개교 이후 1만여 명의 졸업생을 배출하며, 여주지역 공직사회는 물론 전국에서 동문들의 활약상이 두드러지고 있다. 이에 학교 측은 교사들의 구속 소식에 이어 다른 교사 6명의 직무유기 및 폭언·성희롱 발언에 대한 경찰의 사실관계 확인 결과에 예의주시하고 있다.

파장이 확산되자 여주지역 다른 학교들도 피해를 호소하고 있다. 이들 학교 관계자는 여주시민은 물론, 외지인들이 마치 자신들의 학교에서 문제가 발생한 것처럼 치부해 곤혹스럽다는 입장이다. 지역 공직자들 역시 조용하고 평화롭던 도시에 날벼락이 떨어졌다며 깊은 한숨을 내쉬고 있다.

지역의 한 관공서 간부 공무원은 "최근 며칠 동안 지인들과 전화 통화를 하면서 '여주하면 성 관련 사건이 만연한 도시'인 것처럼 몰고 가 여간 곤혹스러운 것이 아니었다"면서 "하루 속히 사건이 마무리되길 바라는 마음 뿐"이라고 답답해했다.

이날 구속된 K교사는 체육 교사로 근무하면서 지난해 4월부터 최근까지 여학생 31명을 성추행하고, 남학생 3명을 폭행한 혐의를 받고 있다. 또 H교사는 2015년 3월부터 최근까지 3학년 담임교사로 재직하면서 학교 복도 등에서 여학생 55명의 엉덩이 등을 만진 혐의를 받고 있다.

한편 경기도교육청은 A고교에 대한 정식 감사에 착수했다고 30일 밝혔다.

도교육청 관계자는 "경찰 등의 협조를 구해 철저히 진상을 규명할 것"이라고 말했다. 류진동·권혁준기자

달리던 열차에 날아온 '쇳덩어리' 7명 부상 6면
'얼마나 됐다고…' 현대건설, 또 공사장 사고 7면

'죽음의 백조' 美 B-1B 전폭기 한반도 출격

北 미사일 도발에 무력시위… 文대통령, 사드 발사대 4기 추가 배치 지시

북한이 ICBM 화성-14형 기습발사를 감행하자 문재인 대통령은 국가안전보장회의(NSC)를 긴급 소집해 사드 발사대 추가 배치 등 강력한 무력시위 전개를 군에 지시했다. 이어 한미 양국은 한국군의 탄도미사일 현무2와 미8군의 ATACMS 지대지 탄도미사일을 발사했다.

30일에는 '수분 내 평양을 불바다'로 만들 수 있는 미 전략폭격기 B-1B가 한반도에 전개, 우리 공군 F-15K 전투기와 연합작전을 펼쳤다.

북한의 도발시 '강력 규탄한다', '엄중 경고한다' 정도의 경고성 발언과 국제적 대북제재 공조에 치중했던 이전 정부와 달리 문재인 정부는 실제적 '행동'을 보여주고 있다.

문 대통령은 무력시위 전개뿐만 아니라 사드 잔여 발사대 4기를 추가 배치를 포함한 한미간 전략적 억제력 강화방안을 즉시 협의하라고 지시했다.

아울러 탄도미사일의 탄두 중량을 늘리는 방향의 한·미 미사일 지침 개정 협상 의사를 밝혔고 미측의 반응을 얻었다.

현재는 최대사거리 800㎞·최대 탄두중량 500㎏으로 제한돼 있다. 같은 사거리를 유지하며 탄두중량을 늘리면 유사시 북한의 핵심 수뇌부 등이 위치한 지하 벙커에 '실질적' 타격을 입힐 수 있을 것으로 보고 있다.

문 대통령의 이같은 행보는 북한과 대화를 강조하면서도 '자주국방', '강한 안보'의 기반 위에서 평화적 토대를 마련하겠다는 것으로 풀이된다.

특히 '죽음의 백조' B-1b전략폭격기 2대가 이날 한반도에 전개됐다.

공군은 "미 B-1전폭기 2대가 북한의 미사일 발사에 대응해 한반도 동해와 강원도 상공에서 우리 공군과 연합훈련을 펼쳤다"고 밝혔다.

미국의 3대 전략폭격기 가운데 하나로 '죽음의 백조'라고도 불리는 B-1B는, 최대 속도 마하 1.2로 미국 괌 앤더슨 공군기지에서 이륙하면 2시간만에 한반도 상공에 도착한다. 무장능력과 속도가 가장 뛰어난 폭격기로 북한뿐만 아니라 세계 주요국 모두 두려워하는 전략자산이다.

한편 북한 조선중앙TV는 지난 29일 "대륙간탄도로켓 화성-14형 2차 시험발사를 한 치의 오차도 없이 성공적으로 진행했다"면서 발사 영상을 공개했다.

영상에 따르면 화성-14형은 이동식발사대(TEL)에 운반돼 수직으로 세워져 발사됐다. 공개된 영상에는 김정은 국무위원장이 직접 현지시찰을 진행한 장면도 나온다. 강해인기자 관련기사 4면

여주시, SK하이닉스에 물 사용료 3억8천만원 징수 가능

수공이 행사했던 징수권 되찾아… 전국 지자체 최초

여주시가 전국 최초로 수자원공사가 징수해온 남한강 물(하천수) 사용료 권리를 되찾아 연간 3억 8천여만 원을 돌려받을 수 있는 근거를 마련했다. 이항진 여주시장이 여주시의원 시절 수공이 징수한 남한강 물 값을 여주시에 돌려줘야 한다는 주장에 따라 여주시가 소송에 나서면서 최근 법원이 일부 이 시장의 손을 들어줬기 때문이다.

26일 여주시에 따르면 대전고법(박순영 부장판사)은 지난 21일 이항진 여주시장이 시의원 때 문제 제기한 SK하이닉스 하천수 사용료 징수와 관련해 여주시에게 징수권한이 있다는 판단을 내렸다. 이 같은 법원 판단으로 그동안 수공이 행전국 지자체 최초로 돌려받아 행사할 수 있게 됐다.

이 시장은 지난 2017년 시의원 당시, 충주댐 준공에 앞서 여주시가 '하이닉스'에 하천점용허가를 내준 물량 '2만 1천㎥(하루 기준)'에 대해 댐 건설법에 따라 여주시가 하천수 사용료를 받아야 한다고 주장했다. 이에 여주시는 같은 해 8월부터 수공을 상대로 하천수 부당이익금 반환 소송을 제기했다.

결국 2심 재판부는 시가 SK하이닉스로부터 징수한 하천수 부당이익금 5억 1천여만 원에 대한 반환청구건은 시의 손해 발생에 대한 책임을 물어 기각한 반면, 댐 준공이전인 1985년 4월 시가 SK수 사용물량 2만 1천㎥(하루 기준)에 대해서는 여주시에 사용료 징수권한이 있다고 판시했다. 시는 이런 내용의 2심 판결이 확정될 경우 매년 3억 8천만 원 이상의 물값을 '하이닉스'에 부과해 징수할 수 있어, 행·재정적으로 큰 도움이 될 것으로 기대하고 있다. 여주=류진동기자

경기일보

1988년 8월 8일 창간 제8412호 안내 031-250-3333 kyeonggi.com 음력 6월 10일 2017년 8월 1일 화요일

31일 경기도청 브리핑룸에서 남경필 경기지사와 채인석 화성시장이 '아파트 부실시공 근절 대책'을 발표하고 있다. 전형민기자

"부영아파트 부실시공 뿌리 뽑는다"

道, 시공사 부영주택과 감리자 영업정지 등 강력대응 예고
선분양 제한 등 제도개선… 南지사 "안전한 경기도 만든다"

경기도가 도민들의 피해를 방지하기 위해 '아파트 부실시공과의 전쟁'을 선포했다.

경기도가 첫 번째 조사에 나선 대상으로 최근 부실시공 논란이 끊이지 않는 '화성 동탄2지구 부영아파트'가 지목된 가운데, 도는 화성시와 협조 체계를 구축해 최대 영업정지를 부과하는 등 강력 대응에 나설 방침이다.

31일 남경필 경기지사는 채인석 화성시장과 함께 도청 브리핑룸에서 기자회견을 열고 "부실시공이라는 고질병을 뿌리 뽑아 최소한 집에 대한 안전만은 보장해야 한다"며 "부실시공의 흠이 계속 드러나고 있는 화성 동탄2지구 부영아파트 시공사·감리자를 바로잡는 것으로 첫발을 내딛겠다"고 밝혔다.

화성 동탄2지구 부영아파트(시공사 ㈜부영주택)는 남 지사가 앞서 3차례에 걸친 품질검수를 통해 하자보수를 지적했음에도 현재까지 논란이 끊이지 않고 있다. 특히 최근에는 집중 호우로 배수 불량과 지하주차장 천장 누수 등 하자가 또 발생하면서 1천 세대가 넘는 주민들의 불안감이 계속되고 있다. 시가 파악한 바로는 사용검사 승인 이후 지난 28일까지 부영아파트 하자보수 신청은 총 7만8천962건으로 집계됐다. 다른 일반 공동주택의 하자보수 신청이 2만~3만 건인 것에 비하면 2~3배 이상 많다.

이에 남 지사는 채인석 화성시장과 함께 ㈜부영주택 측에 영업정지를 부과하는 등의 대책을 마련하고 나선 것이다.

먼저 도는 부영아파트의 인허가 기관인 화성시와 함께 ㈜부영주택과 감리자를 대상으로 현행법 저촉 여부를 검토해 영업정지 및 부실벌점 부과 등 제재방안을 적극 검토할 계획이다. 화성시도 ㈜부영주택의 등록소재지가 서울시임을 감안, 부실시공 증빙자료 등을 포함한 공문을 서울시에 보내 조치토록 할 계획이다.

현행법에 따르면 고의나 과실로 설계상 기준에 미달해 시공하거나 불량자재를 사용(건설산업기본법)하거나 잘못 시공해 입주자에게 재산상 손해를 입힌 상황을 전제로 구조안전에 영향을 미치고 사회적 물의를 일으킨 경우(주택법) 영업정지를 부과할 수 있다. 또 건설기술진흥법은 콘크리트균열 발생, 공정표 검토 소홀 등의 사유로 시공사와 감리자에 부실벌점을 부과할 수 있도록 하고 있다.

또 ㈜부영주택이 도내 건설 중인 10개 아파트 단지에 대한 특별점검도 진행한다.

도가 자체조사한 결과 도내 1천 세대 이상 건립 아파트의 평균 공사기간은 32.1개월이지만 ㈜부영주택이 건설 중인 아파트는 24개월여에 불과한 것으로 나타났다. 이에 도는 공기가 짧아 발생할 수 있는 부실시공을 방지하고자 도 기동안전점검단과 민간 품질검수 전문가, 해당 시와 합동으로 특별점검을 실시할 방침이다. 또 점검결과를 국토부 및 다른 시·도와 공유해 사례가 되풀이되지 않도록 할 계획이다.

이 밖에도 도는 현행 선분양제도가 시공자의 성실시공을 전제로 마련된 제도인 만큼 부실시공 업체는 선분양을 제한할 수 있도록 제도개선 방안도 강구한다.

또 입주민들의 불만을 해소하기 위해 하자 부문에 대한 조치사항을 추적 관리할 계획이다.

남 지사는 "도는 이번 부영아파트 사례를 계기로 삼아 아파트 부실시공 근절을 위해 할 수 있는 모든 조치를 검토하겠다"며 "이를 통해 집이 튼튼하고 도민이 안전한 경기도를 만들겠다"고 말했다.

채인석 화성시장도 이날 기자회견에서 "부영주택의 부실시공을 막기 위해 부영아파트 앞에 '이동시장실'을 설치해 운영하겠다"는 계획까지 밝히며 강력하게 대응해 나갈 것임을 분명하게 경고했다.

한진경기자

현대건설 '공死판' 또 전면 작업중지

광주 힐스테이트 태전 공사현장
지난해 이어 4명째 사망 사고
강도 높은 현장 정밀감독 착수

현대건설 '힐스테이트 태전' 사망사고 일지

일시	사고 내용	인명 피해
2016년 6월24일	지게차 사고	1명 사망
2016년 10월19일	철제 거푸집 작업 중 근로자 3명 추락	2명 사망 1명 부상
2017년 7월29일	근로자 2명 타고 있던 리프트 추락	1명 사망 1명 부상

지난해에 이어 또다시 추락 사망사고가 발생한 국내 시공능력 2위의 현대건설㈜ '힐스테이트 태전' 신축공사 현장(본보 7월31일자 7면)에 대해 관계 당국이 전면작업중지(공사중지)명령을 내렸다.

이 현장은 지난해 10월 근로자 2명이 추락해 숨지면서 전면작업중지 명령이 내려진 데 이어 두 번째 전면작업중지 명령이 내려지게 됐다.

고용노동부 성남지청은 지난달 29일 작업 중 1명이 사망한 사고와 관련, '힐스테이트 태전' 신축 공사현장에 대해 전면작업중지를 명령하고, 안전보건공단·경찰 등과 함께 강도 높은 현장 정밀감독에 착수할 예정이라고 31일 밝혔다. 사망사고 유발사업장에 대한 사후조치를 강화해 산업재해로 목숨을 잃는 근로자가 더 이상 발생되지 않도록 하겠다는 것이다.

해당 현장에서는 지난 29일 리프트 해체 작업을 하던 근로자 2명이 아파트 7층 아래로 추락하는 사고가 발생, 1명이 사망하고 또 다른 1명은 다발성 골절로 입원 치료를 받고 있으나 중태다. 이 현장에서는 지난해 10월19일 철제 거푸집 작업을 하던 근로자 3명이 10층 높이에서 추락해 2명이 사망하고, 1명이 부상을 입었다. 앞서 지난해 6월24일에도 지게차 사고가 발생해 근로자 1명이 사망하는 등 작년 5개월 새 근로자 3명이 목숨을 잃었다. 이에 고용노동부는 지난해 10월 일주일간 특별감독을 벌여 무려 628건의 산업안전보건법 위반 사항을 적발했다. 현장에는 약 한 달여 동안 전면작업중지 명령 조치가 내려졌다가 공사를 재개하는 과정에서 이번에 3번째 사망사고가 발생했다.

김호현 고용노동부 성남지청장은 "관련법 위반 사항이 드러날 경우 사업주를 엄중히 처벌할 방침"이라고 밝혔다.

한편 현대건설㈜ '힐스테이트 태전' 1차 아파트는 지하 3층~지상 23층 40개동 총 3천146가구 규모의 대단지로 오는 10월 준공을 목표로 마무리 공사가 진행 중이었다. 현재 96%의 공정률을 보이고 있다.

한상훈·권혁준기자

세계 '걸스카우트' 5천명 여주로 제16회 걸스카우트 국제야영'이 시작된 31일 오후 여주시 당남리섬에서 국제야영에 참가한 청소년들이 경례를 하고 있다. 오는 6일까지 계속되는 이번 국제야영은 세계 각지에서 모인 5천여 명의 청소년들이 미래 여성 지도자로서의 역량 강화와 타인과의 교류를 위해 다함께 어우러져 우정의 대축제를 만들 예정이다. 조태형기자 **관련기사 2면**

'버스도착알리미' 혈세 낭비 실태조사

수원시의회, 설치 배경·현황 등 문제점 전면 조사 착수

수원시내 버스정류장에 설치된 '버스도착알리미'가 시민들의 손이 닿지 않는 높이에 설치돼 문제점이 드러난 뒤에도 수십 대를 더 설치해 혈세 낭비 지적(본보 7월26·27일자 1면)을 산 가운데 수원시의회가 전면 실태조사에 착수하기로 했다.

수원시의회 안전교통건설위원회는 수원시가 설치한 '버스도착알리미'에서 각종 문제점이 드러나자 전면 실태조사에 착수한다고 31일 밝혔다. 안전교통건설위원회는 이에 따라 버스도착알리미의 설치 배경부터 설치 현황, 불편함 등의 민원에 대한 수원시의 대응 등에 대해 면밀히 조사하기로 했다. 또 문제점이 발견되면 조치하도록 시에 시정지시를 촉구할 방침이다.

김은수 시의회 안전교통건설위원장은 "시민들이 제대로 이용하지도 못하는 시설에 수십억 원을 쏟아부었다는 것은 도저히 납득할 수 없다"라며 "사전점검에서 고장 시설물도 방치되고 있는 것으로 확인되는 등 전면 실태조사를 벌이겠다"고 말했다.

한편 수원시내 버스정류장에 설치된 수백 대의 '버스도착알리미'가 노선정보·관공지 안내 등 별은 기능에도 불구하고 정작 시민들의 손이 닿지 않는 높이에 설치돼 40억 원이 넘는 예산만 낭비했다는 지적이다.

권혁준기자

교육부 "여주 성추행, 관용 없다"

교육부가 여주 고교 성추행 사건과 관련, 성 비위 교원에 대한 무관용 원칙에 나설 뜻을 분명히 했다.

교육부는 31일 오후 정부세종청사에서 여주 고교 성추행 사건과 관련해 긴급 시·도 교육청 담당과장 회의를 열었다.

김용환 교육부 학교정책실장은 이 자리에서 "각 시·도 교육청이 '학교 내 교원 성범죄 근절을 위한 고강도 대책'에 따라 성 비위 교원에 대해 무관용 원칙을 적용해달라"고 말했다. 이어 "교육청이 해당 학교를 철저히 감사해 성범죄를 은폐하거나, 대응하지 않은 것이 확인될 경우 관계자를 법에 따라 파면·해임 등 엄중하게 조치해달라"고 요청했다.

교육부는 특히 반기별로 교육청의 징계처분 현황을 조사하고, 각 교육청과 '성 비위 근절 추진실태'에 대한 교차 지도·점검에 나서기로 했다. 또 교육청에 교장·교감 등을 대상으로 2학기 시작 전까지 성범죄 관련 특별연수를 시행하도록 했다.

김규태기자

신호등 꺼지고 승강기 멈추고 여주 1시간30분 대규모 정전

5만2천800가구 피해 집계
전화·인터넷도 차질 큰 불편

지난달 전국적으로 빚어진 KT 통신장애에 이어 여주시 대부분 지역에서 1시간30여분 동안 전기공급이 끊겨 주민들이 큰 불편을 겪었다.

여주시내 중심가에선 교통신호등까지 꺼져 차량들이 접촉사고가 발생했고, 일부 아파트단지에선 엘리베이터가 멈추면서 엘리베이터 안에 갇히는 사건도 일어났다.

9일 여주시와 한국전력공사에 따르면 이날 오전 10시26분께부터 여주지역 12개 읍·면·동 중 가남읍, 대신면, 산북면을 제외한 9개 읍·면·동에서 정전이 발생했다. 이 때문에 5만2천800여가구가 피해를 본 것으로 잠정 집계됐다.

이날 갑작스러운 정전으로 주민들은 큰 불편을 겪었다.

이날 오전 11시5분께 여주 이마트 사거리에선 교통신호등이 꺼진 상태에서 승용차와 SUV 간 접촉사고가 발생, 이 일대가 큰 혼잡을 빚기도 했다.

아파트단지에선 엘리베이터가 멈추면서 엘리베이터에 갇히는 사고도 11건이나 발생했다. 하동에선 빌라 자동문이 열리지 않아 소방대원들이 개방했다.

휴대전화나 관공서 등의 유선전화가 먹통이 됐다는 신고도 이어졌고, 인터넷 데이터 속도가 느려져 은행 등의 업무도 차질을 빚었다.

여주지역 A치과병원에서 진료를 받던 B씨는 "치과치료를 받던 중 갑자기 정전사태가 발생, 치료를 중단하고 응급조치를 받고 집에 왔다"고 하소연했다.

한전 측은 여주시내 한 변전소 전력설비에 이상이 생긴 사실을 확인, 복구작업을 벌여 1시간30여분 만인 이날 오전 11시59분께 전력공급을 재개했다.

김경호 한국전력공사 여주지사장은 "여주의 변전소 2곳 중 1곳의 전력설비에 이상이 생긴 사실을 확인하고 긴급복구작업을 벌였다"고 말했다. 여주=류진동기자

세계문화유산 '여주 세종대왕릉' 전시유물 망신

1 세종 17년에 제작된 앙부일구
2 일구대 위에 놓인 복제품 모습
3 1985년 복제된 앙부일구

해시계 복원 알고보니 '엉터리'

24절기 東·西 순서 바뀌어
小寒→大雪, 大寒→小雪
십이지신 그림을 한자 표기
20년간 그대로 전시 눈총

지난 2009년 유네스코 세계문화유산으로 등재된 여주 세종대왕릉의 오목 해시계(앙부일구)가 엉터리로 복원·복제된 뒤 20년 넘게 그대로 전시되고 있는 것으로 드러났다.

7일 문화재청 세종대왕 유적관리소와 왕릉 지킴이 등에 따르면 여주 세종대왕릉 세종전 인근 야외 전시장에는 혼천의(1만원권 지폐 그림)와 해시계, 측우기 등 세종대왕 시대의 과학유물 26점을 복원한 작품이 전시돼 있다.

이 중 시간을 알아볼 수 있는 오목 해시계 2점 중 오석으로 제작된 검은색의 앙부일구는 지난 1985년 한 대학교수의 감수를 받아 한양 석재공업사가 원본을 복제한 작품이다.

그러나 이 해시계에는 심각한 오류가 있다. 해시계 가장자리에 표기된 24절기의 동쪽과 서쪽 순서가 뒤바뀌어 서쪽의 소한(小寒)이 대설(大雪)로, 대한(大寒)이 소설(小雪)로 표기돼 있기 때문이다.

또 세종대왕은 한자를 모르는 백성이 시간과 절기 등을 쉽게 알 수 있도록 하루를 12등분 해 12시(時)로, 시간을 둘로 나눠 초(初)·정(正)으로, 24시(時)를 오정(午正), 또는 정오(正午), 밤 0시를 자정(子正)으로 제작했으나, 복제품은 이를 각색해 일반인이 알아보기 어렵게 제작됐다.

십이지신인 쥐와 소, 호랑이, 토끼 등의 표시도 원본은 백성들이 알아보기 쉽도록 그림으로 제작됐지만, 복원작은 자(子), 축(丑), 인(寅), 묘(卯) 등의 한자로 표기돼 백성을 위한 세종대왕의 뜻과 어긋난다는 지적이다.

한편 문화재청 세종유적관리소가 지난 2003년 제작한 '세종대왕과 영릉'이라는 책자에도 이처럼 잘못 복원된 오목해시계 등이 사진과 함께 수록돼 있는 상태다.

왕릉지킴이로 활동하고 있는 J씨(53)는 "세종대왕릉에 전시된 앙부일구는 십이지신 등이 한자로 표기돼 있어 소통을 중시한 세종대왕의 뜻과는 맞지 않는 것 같다"며 "24절기 표기가 반대로 돼 있다고 관계자에게 여러 차례 지적했으나, 받아들여지지 않았다"고 말했다.

이에 대해 최병선 문화재청 세종대왕유적관리소장은 "세종대왕릉에 설치된 일부 유물이 잘못 복원됐다는 지적이 있어 다음달 왕릉에 대한 정비복원사업을 추진하면서 이를 바로잡을 계획"이라고 말했다.

여주=류진동기자 jdyu@kyeonggi.com

오늘의 뉴스

농부 자살로 내몬 軍시설보호법 4면

빙판위 누비는 당찬 꼬마들 20면

여주오산초등학교
후배들이 보내준 편지

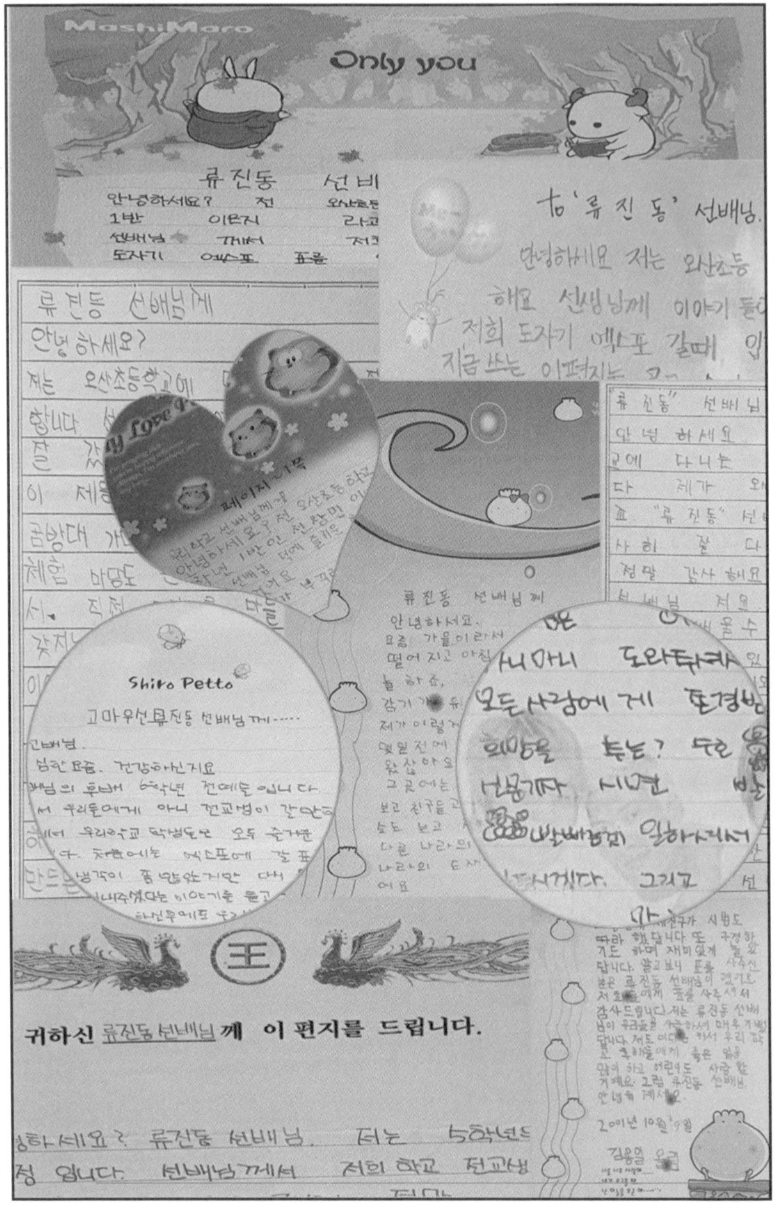

여주기록자원 수집 공모전 수상자료

여주를 기록하는 시간여행

초판 1쇄 발행 2022년 3월 16일
2쇄 2022년 10월 20일

지은이 류진동
편집 · 디자인 홍성주 · 임승연
펴낸곳 도서출판 위
주소 경기도 파주시 광인사길 115
전화 031-955-5117~8

ISBN 979-11-86861-24-0 03070